中国社会科学院近代史研究所
民国文献丛刊

中国社会科学院近代史研究所 译

顾维钧回忆录

第九分册

中华书局

目　录

第九分册

第七卷

再度出使华盛顿

下

（1950—1956）

第四章　对日和平条约

1949 年 9 月—1952 年 8 月

第一节　对日和平条约的准备工作

1949 年 9 月—1951 年 1 月 23 日

1949 年 9 月 14 日，在美国国务卿迪安·艾奇逊和英国外交大臣欧内斯特·贝文进行讨论之后，艾奇逊在记者招待会上说，两国同意订立对日和约已势不容缓。贝文在几天前来到华盛顿，意图尽力消除其政府与美国政府之间的某些争议，特别是对亚洲政策方面的争议，尤其着重于中国的形势。

当时中国形势之不幸真是令人难于忘怀。英国实际上已经决定不再与国民政府打交道，而转向于一旦新的共产党政权正式成立，马上就在事实上承认它。在美国，艾奇逊领导下的国务院刚发表了关于中国的白皮书，好像也想把国民政府一笔勾销。幸而国民党政府在国会里有许多朋友和支持者，他们认为国务院想要做的并不合乎美国自身的最大利益。

英国和美国政府之间的另一个摩擦，是关于日本的情况，这也是两国外长要设法消除的。英国和远东委员会其他成员国一样，对麦克阿瑟将军绕过委员会的做法不满。由于太平洋地区贸易对英国很重要，对于在有关日本的事务中不能起作用一节，英国的感受比其他国家更为强烈。因此，英国对寻求太平洋问题的稳定解决办法，特别感兴趣，而且很明显，到 1949 年 9 月，美国因考虑到原先解决太平洋问题的打算已因苏联不合作而失败,所以也倾向于主张与日本早日缔和。

无疑美国人对中国混乱局势的反应是:另择对象。作为在远东的新的依靠,日本是一个可以选择的对象。并且,依我看来,美国急于要使一个重新整顿过的日本同印度一起参加一个集团,以阻止共产主义威胁的进一步扩展。记得在不到一个月后,尼赫鲁总理到华盛顿时,报纸强调这次访问的重要性是美国政府要印度国家元首放弃他的"第三势力"政策,以便加入西方民主阵营,反对亚洲的共产主义。

美国也急于与日本缔结和平条约,以解除自日本投降后美国为了日本的生存而承担的高昂财政负担。再者,只要和平条约未签订,在对日问题上,美国的双手就被紧紧束缚着,尽管对日财政资助主要是由美国承担的。因为当时有一个十二国远东委员会,其中包括苏联,它运用否决权捣乱和起阻碍作用,美国在对日本问题上,并无真正的行动自由。麦克阿瑟可能已把某些事情控制在自己手中,但大部分实质性的问题必须经由远东委员会讨论,因为这是该委员会的公认的和规定的作用。

自然,贝文在华盛顿时,我拜访了他,讨论了中、英共同关心的一些问题。其中之一就是对日和约问题。我告诉他,我听说他和艾奇逊曾经研究过早日缔结对日和约问题。我提到中国曾在1947 年提出一项折中方案,即召集一次所有与远东有关的国家的会议,起草一份四强保有否决权的条约。这是苏联坚决主张四强有权起草条约并保留四强否决权的立场,和美国、澳大利亚、印度等国所持的各种对立的立场之间的一种妥协办法。我说,我认为,如真想早日缔结对日和约,那么,可以认为这一方案是摆脱僵局的一个办法。如果采取这一方案,则凡是俄国人同其他国家意见一致之点,就放进和平条约,作为总的对日和约的基础。至于为俄国人所否决而为俄国以外的其他所有国家所同意的其他点,其他国家可以和日本订立一个补充协定。这样,早日缔结对日和约的目的就能达到。而且,我说,就法理而论,盟国要想拒绝苏联的否决权是有困难的,因为,据俄国人说,这是在波茨坦同意了的。

贝文说,在波茨坦并没有就对日和约的否决权问题达成协议。俄国人曾坚持条约由四个或五个主要国家起草,美国人不喜欢这种意见。美国人一直否认已就主要国家在对日和约问题上拥有否决权达成协议的说法。现在是该由美国人去决定他们的态度了。贝文认为,在最近的将来不大可能有这样的决定,虽然他本人愿意和日本尽可能早地缔结和约。

五天后,1949 年 9 月 21 日,我见到助理国务卿腊斯克时,我也提到了对日和约问题。我告诉腊斯克,我听说艾奇逊、贝文及法国外长舒曼进行磋商时曾提出对日和约问题,舒曼是在纽约参加磋商的。根据新闻报道,没有得出任何结论。

腊斯克说,情况确实是这样。讨论没有涉及条约的内容,只是关于如何缔结的问题。美国政府盼望和约早日缔结,因为它急于结束占领的高昂负担。这一点,三个国家都同意。但如何取得苏联的合作,仍是一个需要探索的问题。

我说,中国政府也盼望早日缔结对日和约,以便使日本的地位正常化,并使日本能在国际关系中起作用。我于是就像对贝文所说的那样,对腊斯克提起两年前中国曾经提出的一项折中方案,以对付苏联政府所提出的难题。(像和贝文谈话一样,我指的是在 1947 年 7 月开始的外交磋商中中国所作的努力,那时美国在远东委员会上首先向当时与会各国提出召开一次会议来讨论对日和约的准备工作。)我说,苏联的立场有两点:(1)四大国保留否决权;(2)由外长会议起草和约。中国的方案包含(a)召集远东委员会所有国家的代表会议,起草和约;(b)否决权不变。我解释说,这一方案的优点是,如果俄国因保留否决权而感到满意,就可以使和平会议早日召开。事实上,不论否决权保留与否,在大型会议上不会因此有什么不同。一定会有些问题能在所有国家间达成协议;另一些问题则俄国不会同意,即使其他所有国家一致赞成。在这种情况下,按照中国的折中方案行事,就有可能缔结一个包含所有国家同意之点的和平条约;关于俄国不能同意之点,其他各国可与日本订一补充协议。我补充说,我认为这个方案比任何其他方案更为可取,因为按当时的情况,不照中国的方案办就只有两条路可走:一是缔结没有俄国参加的和平条约;一是让现在的僵局继续下去。

腊斯克表示,这种意见确有独到之处而又令人感兴趣,值得考虑。

在那以后的一些时间,关于日本和平条约本身,没有公开地讲过什么,虽然远东委员会继续讨论了有关和约的技术性问题。我猜想,在美国国务院内也是如此。原因之一是,美国,特别是美国军事机构,在冷战背景下看清中国内战的形势将会如何发展之前,不愿对远东采取决定性的行动。但就在我于华盛顿与腊斯克会面的同一天,1949 年 9 月 21 日,中国人民政治协商会议在北平开会,宣布成立中华人民共和国。10 月 1 日,中国共产党政府正式组成;10 月 2 日,苏联承认了它;此后不久,一些别的国家对改变了的中国大陆政治和军事局势明显地开始作出反应,因为新闻电讯表明,承认问题和中国的代表权问题正在联合国和一些国家中进行辩论,不久,整个形势又由于 12 月国民政府全部撤到台湾而发生剧烈的变化。很多人感到,共产党攻取台湾也只是时间问题,而且时间不会很长。

贝文于 12 月 16 日通知艾奇逊,英国决定在 1 月初承认中国共产党政府。印度政府在 12 月 30 日承认了共产党政府。1950年 1 月 13 日,苏联代表马立克以安理会拒绝驱逐国民党政府代表蒋廷黻为理由,第二次走出联合国安全理事会。

关于中国国际地位的不断争论,自然也影响到中国在远东委员会的地位,而按照当时的理解,远东委员会的成员国就是起草和缔结对日和约的国家,除非苏联一意孤行。到了 1950 年 3 月,十三个成员国中已有六个承认了共产党政权。虽然当时在远东委员会中不能有效地提出中国代表权问题，因为考虑接纳新会员也就是接纳共产党中国，已不属委员会的权限，但是，委员会中的某个国家，对国民党中国参加对日和约的权利提出异议，只是一个时间问题了。

虽然我并未陷入悲观主义，然而，在那个时候，国民党政府想要得到美国的任何支持已经没有多少希望。美国政府已经拒绝对台湾国民党中国提供进一步的军事援助，并且正在犹豫：是继续承认国民党政府还是改而承认共产党政府，或者虽不承认，但在国际机构中默认红色中国的代表权。

这些问题很难解决，然而这只是由于国民党中国失去大陆致使美国不得不面对的若干主要问题之中的两个。美国在对日缔和问题上的任何决策，都要受到这些问题的影响。国民政府将大陆丢给共产党，犹如一次地震，掀起了各种碎石，使美国不得不对一系列新的问题表明立场。除去要决定未来对国民党中国的关系外，美国政府突然间要对一大堆问题确定其立场和态度：台湾和澎湖列岛的地位，日本未来的实力（如果以日本代替中国作为美国在远东地区的依靠和主要盟国以防止共产主义的扩张的话），对那些与美国在中国问题上和在重新复活日本问题上有分歧的盟国的未来关系等，在贝文—艾奇逊华盛顿会谈后的两年里，在试图对日缔和的过程中，常常是把注意力集中在这些问题上。

1950 年 4 月 21 日，我和约翰·福斯特·杜勒斯作了一次长谈。他是我请来双橡园吃午饭的。开始，我们讨论了美国的政策，随后杜勒斯问我关于对日和约的意见。我告诉他，在原则上，应当尽快缔结，因为这会满足日本要管理它自己的内务的愿望。但是远东的形势动荡不定，这个问题应当细心地考虑。尽管英国和苏联都明显地要求早日缔结和约，但两国的出发点不同，英国希望搞贸易而苏联则希望看到美国军队撤出日本。但我问他，早日缔结是否明智？并补充说，即使一些有远见的日本政治家似乎也都怀疑这样做是否明智,除非日本的安全能够得到保证。我说,我听说美国的防务部门和国务院在是否需要早日缔结和约上看法不一致,并问,这种意见分歧是否已经解决。我还问,美国是否准备在没有苏联和中国参加的情况下,着手进行缔结和约的工作?

杜勒斯说,国务院和麦克阿瑟将军都赞成早日缔结和平条约,但防务部门害怕和约一旦缔结,防卫会有困难,除非在日本保持基地的问题能事先解决。国务院和麦克阿瑟将军怕拖延会引起日本人民的不满,把过去多年占领中逐步建立起来的友好亲善一笔勾销。他们懂得,长期占领,必然会在日本激起民族主义情绪。

杜勒斯不能肯定甩开苏联是否明智,并感到中国代表权问题也是一件令人为难的事情。大体上,他们是倾向于同意我关于远东形势的动荡状态和早日缔结和平条约含有风险的意见的。但他在这个问题上尚未得出任何明确的结论。接着,他告诉我,他已被邀请作为国务卿的顾问参加国务院工作,特别是有关对日和约的工作。

在我和杜勒斯会见以后不久,英联邦在伦敦开会讨论对日和约问题。这次会议是根据早些时候,1950年1月,科伦坡联邦会议上所取得的协议而召开的。协议认为,对日和约是当务之急,并认为,应举行一次会议来研究整个问题。

根据合众社发自伦敦的报道,英联邦会议成员国虽提出了不同意见,一般说来,还能够取得一个共同的立场。它们已经决定,如果苏联和共产党中国不愿参加和平会议,那么它们就单独和日本谈判,缔结和平条约。它们还同意建议锡兰和印度尼西亚加入远东委员会,以便它们也能参加对日和平会议。看到电文后,我决定把要点电告外交部。

就在第二天,5月7日,外交部给我发来电报。电报说,很多报道都指出,美国政府急于缔结对日和约,因此,很可能三外长会议(计划不久在伦敦召开)会讨论这件事。

该电报还说,我国政府对此深为关切,赞成和平会议早日举行,这一直是政府的观点。因而,电报指出,我们以前曾提供给美国政府的折中方案,是真正为了缩小美苏之间的意见分歧,以便和平条约能早日缔结。于是电报要我秘密查明,美国政府最近是否有具体的计划,或者是否持有一些新的意见。电报补充说,为了我们两国能够通力合作,以便带来预期的结果,也就是说,我们仍愿意合作,使和平条约早日缔结,尽管我们以前提过投票程序和和平会议的组成问题,我们当然愿意考虑美国提出的任何建议。不过,电报要我自己斟酌,我们是否应当将上述意图明白地告知美国。电报还要我在主动和美国当局讨论这事时,不要泄露我们已准备对美国的立场让步。

我与当时负责日本问题的助理国务卿沃尔特·巴特沃思约会,和他讨论这件事,并试探他对外交部电报中所提的几点意见,特别是我曾听说,因为国务院和五角大楼之间的意见分歧,美国已决定推迟在三外长会议上讨论对日缔和问题。这次会见是在 5 月 16 日进行的。

我告诉巴特沃思,我所以要见他,是因为他能帮助我回答我收到的从台湾来的关于对日和约情况的询问。我说,我曾从报刊上了解到,对日和约可能在伦敦三外长会议上讨论,特别是有些美国和澳大利亚的专家已被召集在那里为此问题进行初步的讨论。但在艾奇逊动身去伦敦的前夕,我听说这一问题不会讨论。我说,如果他能对此透露一些情况,我将非常感激。

巴特沃思说,这个问题没有在会上讨论,也没有列在会议的议事日程上。除了麦钱特先生以外,国务院没有派美国专家去伦敦,麦钱特是腊斯克先生的助手。(腊斯克在那年 3 月已经接替巴特沃思作为负责远东事务的助理国务卿,而麦钱特是助理国务卿帮办。)

我问,在华盛顿,美国政府现在对此事抱什么态度?

巴特沃思回答说，最近三年来，情况已经改变。例如，远东委员会十分关心并进行过多次讨论的安全问题，已经不是日本复活军国主义的问题，而是如何保证距苏联仅八十英里的解除了武装的日本的安全问题。

我说，我听说英国由于经济原因，急切想签署和平条约。

巴特沃思说，美国也曾渴望尽早地与日本缔结和平条约。他回忆三年前，美国曾主动地推动这件事，并提出了一个方案。但苏联政府坚持要保留否决权及四国起草条约之权。中国提出以远东委员会的结构为基础的方案，但也保留四国的否决权。另一方面，澳大利亚和印度强烈反对否决权，并坚持由三分之二多数决定。美国是准备沿着这一路线进行的，但是苏联和中国的反对及澳大利亚和印度坚持其各自立场，阻挠了整个事情的进展。这不是美国不果断，而是自从战争结束之后情况已经改变，新的因素必须加以考虑。巴特沃思说，在向公众解释时，美国政府的说法是由于苏联政府不合作，缔结和约的工作无法进行，而没有提到中国，这我一定已经注意到了。

我说，中国方案的提出，目的是促进问题的解决。事实上中国政府一直赞成早日缔结和约，并准备和美国一道走，假如其他国家也这样做的话。

巴特沃思说，现在美国先要对改变了的情况进行研究之后再采取另一次主动。

我说，美国在日本的占领当局，把越来越多的非军事权力移交给日本人，只保留军事占领的地位。考虑到现在缔结和约的困难，我不知道美国是否有结束战争状态从而恢复与日本的正常关系的打算。

巴特沃思说，那样做不能解决已经改变了的整个局势。美国占领当局一直在越来越多地把非军事权力移交给日本人，但是是逐渐地，而不是全部一下子移交的。而且在占领状态下，日本人在很多方面比美国人干得更好。但在盟军最高司令部里仍有约二千人在各个部门工作。他以为,在三年之前能有这种更现实的看法就好了。

他回忆起 1946 年他到日本时,他认为中国对赔偿的重要性抱着一种不切实际的想法,以为需要将日本的工业设施搬到中国去使用。他看到,把机器从日本迁移到中国,并重新安装起来进行操作,是非常不经济的。他为要帮助中国,在看到上海及其他两三个城市缺少发电厂之后,曾想从日本给中国弄些火力发电机。但他发现,不仅拆除、包装、运输、重新组装和更换零部件的成本非常高,而且,从该方面工艺的进展看,当时日本所有的机器实在是已经过时。甚至在第二次世界大战开始以前,日本已经被切断学习国外先进技术的途径,而且由于禁运,日本人对其机器已作了最大限度的使用而未予以必要的更新。

巴特沃思继续说,一回到中国,他就把他所见到的告诉了王世杰和翁文灏,并力劝他们不要对日本的大量赔偿抱太大的希望。(王世杰是当时的外交部长,翁文灏是行政院负责赔偿的副院长兼国家资源委员会主任委员。巴特沃思则是当时南京美国大使馆的公使衔参赞。)巴特沃思说,实际可行的事是从日本向中国运送最需要、并能有利地使用的机床。那就是为什么美国政府主张采用临时调用方案的理由。

巴特沃思说,在当年 1950 年 2 月他再次到日本去,日本在恢复方面所取得的进展给予他深刻的印象。他发现,日本预算平衡,货币稳定。由于准许日本人和外国的买卖人直接联系,出口增加了,贸易扩大了。他记得,在对宋子文讲了他所看到的进展时,宋氏曾说,日本不必拥有军队是幸运的。巴特沃思于是说,防御问题由占领军负责,此外,美国还免费对日本供应食品和许多别的东西。

我说,日本之所以能有所发展,应归功于美国的广泛援助。

巴特沃思表示同意。

然后我谈起关于苏联在中国沿海活动的报道,并问巴特沃思,国务院是否曾收到关于苏联在朝鲜和日本活动的类似报道。

巴特沃思回答说,他很想离开他原来的工作,那真像一个有一万根钉子的座位,他甚至对那一方面的情况从理性上就不感兴趣。事实上,他不久就将离开国务院而另有所就。

我说,我听说巴特沃思先生将就驻瑞典大使之职。

巴特沃思说"是的",并且他将于下周离开国务院去度假。假后,他将在8月去欧洲之前,回国务院按例行的做法用一个月的时间熟悉情况和磋商。

我说,我相信,巴特沃思先生对远东问题的各个方面如此熟悉,虽说将去瑞典,不会对这方面完全失去兴趣。

巴特沃思说,他肯定不会。

当天我把这一会谈汇报给外交部。第二天5月17日,五角大楼发出一份公报,大意是,国防部长和参谋长联席会议主席将在6月11日去夏威夷、关岛、冲绳和东京,对远东的重要军事地区进行视察,整个旅程将用十三天。《华盛顿邮报》报道,这个由国防部长率领的小组,将同麦克阿瑟将军讨论对日和约问题。《明星晚报》说,麦克阿瑟将军的意见是,缔结和约的时间已经到来,但参谋长联席会议则觉得,如果现在缔结和约,将会削弱美国在日本的地位。因此,他们极力主张延期。我给外交部发出另一电报,报告了这一新的发展。

约两周后,远东委员会的中国代表李惟果会见了约翰·福斯特·杜勒斯,当时他是共和党在国务院的顾问,第一次参加远东委员会例会。李惟果利用这一机会和杜勒斯交换了关于对日和约的意见。他以他们的交谈和各方面的报道为基础,就最近情况给新任外长叶公超去了一份电报,并给了我一个副本。根据这份6月2日的电报,杜勒斯在6月1日曾对李说,美国政府渴望早日缔结和约,6月中旬,他和国防部长及参谋长联席会议主席将对日本进行一次访问,并说,美国政府在他们回来后,将对和约作出重要决定。其次,李的报告说,根据新闻报道,日本政府曾在6月1

日发表一项公告,强调在日本实际上已存在着和平状态,并表明,日本愿意同准备承认日本独立的所有盟国分别单独谈判和平条约。

李惟果总结这一情况说,各方面的报道表明,对日和约现在有了一个转折。因此,我们应当注意现实。如果我们能参加以日本为一方,美国和英国为另一方之间的谈判,我们必须首先考虑对程序以及具体问题如何安排。

他于是提出一些他所说的对我们国家有益的步骤:(1)对于缔结和约的程序及其一般的内容,我们应当早作决定。(2)我们还应该就和平条约及早与国务院交换意见。(3)关于前面提到的日本政府声明,我们外交部的发言人应当重申我们关于早日缔结和约的意见。(4)我们应当要求我们在日本的代表团注意美国政府的高级代表的访问,与之保持密切的接触。并且,努力从日本方面取得有关情报。

外交部在6月8日回电说①:

> 我政府鉴于中日两国关系重要,曾于三十八(1949)年对于此事行政院会议决议,对日政策,酌量放宽。授权本部,照此原则酌办。目前国际情势,演变甚剧,我为表示与盟国充分合作,从速恢复中日两国和平关系,及防止中共企图取得我政府应有地位起见,对于召开和会程序,拟于原则上尽量接纳美方意见。三十六(1947)年七月美方原提建议现已事隔多时,是否有何改变,随时密探报部。
>
> 关于和约内容,我原定政策,在政治上不取报复精神,而尽量宽大,军事上则为防止日本侵略之再起。目前远东局势严重,我除仍按照此项政策外,对于日本安全需要,亦兼顾及,日本独立安全得以免受威胁,且能更进一步抵御苏联之可能侵略,以及国际共产主义乘机渗入。因此,凡属对于日

---

① 此件录自顾氏所存函电原文。——译者

本独立安全大有裨益之建议条款，在原则上我均将酌予赞助。

如苏联主张中共参加，我应坚决反对，并坚持我政府之代表权。如苏联借口程序问题，或我代表权问题，拒绝参加和会，我政府仍主张撇开苏联，径行签订和约。

以上各节，均经提请行政院会议讨论通过。除电驻日何团长与盟军总部密切联系，并于美方要员访日时，多方探寻有关情报外，特电参考。

四天后，我去国务院拜访约翰·福斯特·杜勒斯。有一些问题，包括对日和约问题，我想在他作为国务院代表去日本之前，和他进行讨论。他去日本是和麦克阿瑟将军商谈是否进行对日和约。如果进行，则将商谈和约内容。在我们的会见将近结束时，我提出和平条约问题，我告诉他，我听说他将向麦克阿瑟将军提出这个问题。我问他是否认为俄国会坚持否决权，如俄国拒绝参加和平会议，美国是否会在没有俄国参加的情况下举行会议。

杜勒斯说，据他所知，俄国人仍然坚持否决权，对此，其他小国是强烈地反对的。如果俄国人坚持，他们肯定不会参加会议，那么，美国和其他国家唯一可做的，就是举行没有苏俄参加的会议。

我说，那样的话，就没有中共要求代表权的问题了。我补充说，国民政府十分关心对日和约问题，而且它的看法，在与此有关的重要问题上，和美国的看法很多是一致的。例如，鉴于情况的变化，国民政府将倾向于赞成让日本不仅为了它内部的安全，而且也为了反对任何共产党的侵犯威胁而采取预防措施。关于否决权，国民政府为了便于早日缔结和约已准备接受美国的观点。

问到会议什么时候召开，以及会议如何组成，杜勒斯回答说，提到日期为时尚早。如果东京的协商成功，他将回报，那么就会对进行这一工作作出决定。但如作出了肯定的决定，他们仍然认为，为了避免同联合国大会冲突，会议不能或不应在年底前举行，特别是大会的很多代表也将是和平会议的代表。至于程序问题，他根本没有考虑。他的使命是去讨论对日和约的内容，只有那个问题解决之后，才能提到其他的问题。

第二天，我给杜勒斯写了一个短笺，阐明一点，我说：

> 关于对日和约问题，我希望没有给您留下我反对早日缔结的印象。我只是认为，如果苏联拒绝参加为此而召开的会议，在签署条约之前，明确规定某些基本原则以指导日本和共产党中国的最终的政治和经济关系是可取的。否则，在目前远东动荡的形势下，将来可能产生更多变幻无常的事情，使盟国的政治家们在世界的那个地区保证和平与安全的任务更加困难。

不久，杜勒斯即前往日本和朝鲜。当他在那里时，朝鲜战争爆发了，远东形势发生了巨大的变化。几乎在同时，杜鲁门总统就宣布他已命令在远东的美国海空军去援助南朝鲜，并把第七舰队布署在台湾海峡，使台湾中立化。在 6 月 27 日的同一声明中，杜鲁门总统还宣布，台湾的地位有待"这一地区的安定与和平的恢复，或对日和约的缔结，或联合国的研究来确定"。这很可能是打算为美国政策的突然改变提供根据，可以回忆的是这一宣言着重谈到台湾岛的最终地位，在台北和其他各地，引起了严重的疑虑，美国现在对台湾究竟在想些什么。

至于说到国民政府本身，它对台湾的法定权利，从中国本部与台湾和澎湖列岛等岛屿之间的长期的历史联系来看，以及根据许多正式的法令和文件，是非常清楚而完全确定的。这些法令和文件如 1941 年 12 月 9 日对日宣战，废除了过去所有关于中日关系的条约、公约、协定和契约，包括 1895 年割让台湾、澎湖列岛给日本的马关条约；1943 年 12 月 1 日的开罗宣言；1945 年 7 月 26 日的波茨坦宣言；1945 年 9 月 2 日的日本投降条件；以及 1945 年 10 月由政府收回台湾及澎湖列岛领土并建为正式行省。

在朝鲜战争爆发以前,美国如果对国民政府对台湾的主权未明确表态的话,至少对国民政府对台湾的权利要求是完全清楚的。1950年1月5日,杜鲁门总统曾说过:

> 为了遵守这些宣言(即开罗宣言和波茨坦宣言),台湾已交给蒋介石委员长,过去四年来,美国和其他盟国一直承认中国在该岛上行使权力。

同一天,艾奇逊说:

> 中国已经管理台湾四年了。美国和其他盟国都从来没有对这一占领权提出过怀疑。当台湾成为中国一省时,没有人对之从法律上提出过疑问。那就认为是符合约定的。

但从技术上讲,台湾的地位,仍待在对日和约中最后确定。虽然日本已经放弃了对台湾和澎湖列岛的一切权利和要求,虽然据前述文件,这些领土将交回中国是不言而喻的,但是还没有任何国际文件把对台湾的权利授予"中华民国"。美国总统根据当时的情况,在他1950年6月27日的声明中所强调的正是上述形势,而这一形势,使得未来一年中关于对日和约的讨论,对我国政府具有特殊的重要意义。

杜勒斯回到华盛顿时,为了再一次交谈对日和约和其他对我国政府有关的问题,我又去看了他。会谈是在7月25日进行的。记得当时我本人正要离开华盛顿回台湾三周,以便进行商谈,因此我渴望把最新的情报带回去。杜勒斯说,他曾去调查了日本的情况并和麦克阿瑟将军讨论了对日和约问题。于是我立即提到,最近的报纸报道说,美国政府要推进对日和约的谈判。我问他这是否属实。

杜勒斯回答说,他本人还没有见到报纸。如果指的是和平条约的谈判,他说,这是不确实的。但如指的是在美国政府内部将就对日和约进行讨论,那就是确实的。

杜勒斯接着说,在日本时,他没有机会和国防部长约翰逊见面,或对这一问题进行讨论;他只在约翰逊回美国的前夕才见到他。自从他本人回到华盛顿,朝鲜的危机使得他和其他每个人都很忙碌,因此他没有时间向国防部提出这件事。但是,只有国务院和国防部之间对要采取的政策意见一致,才能向杜鲁门总统报告,作出裁决。然后,才能同直接有关的国家进行接触磋商。

我提起在他动身去远东的前夕,我曾给他写过一封短信,说我不反对早日缔结对日和约,而是鉴于远东及世界国际局势的动荡,应当规定指导日本与苏联及共产党中国关系的原则。我说,朝鲜危机,似乎进一步表明了这一考虑的重要性。

杜勒斯认为,缔约工作应当努力进行,朝鲜危机着重表明了早日签订条约的必要性。他说,在日本,他曾和一些日本领袖人物讨论过。其中一人对他说,尽管有日本共产党的种种活动,在西伯利亚经过思想灌输的日本战俘的归来,以及群众的贫困,日本人民是不会全都转向共产主义的。但杜勒斯对此并不那么有把握。他想起 1938 年访问日本和中国时,日本移民当局仔细地检查了他所带的书籍,为的是查看其中有没有共产主义的文献。他接着说,就在最近,许多日本领袖信奉一种完全不介入东西方冲突的政策,盼望一旦第三次世界大战爆发,能够保持中立。他们生活在一种麻木状态之中,而又不想要别人管,他认为,远东共产主义侵略的扩张,使得日本领袖们进入一种现实感,即日本终究免不了要被卷进去。其中有一个人对他说,日本有八千五百万人,如果有四千万人为保卫日本防御共产主义侵略而死,还会有四千五百万人继续战斗。杜勒斯认为,那是不现实的,并补充说,共产主义公开侵入的危险,总是比日本内部渗透和颠覆的危险要小。此外,无组织、无武装的人,是难于有所作为的。

杜勒斯说,苏联的基本目的之一,是把亚洲的日本和欧洲的德国纳入其势力范围。如果把德国、日本,连同它们的高度发达的工业系统和技术用来补充苏联工业的能量和生产力,那时苏联就会感到它可以征服全世界了。不过,他认为,长期的军事占领,会使日本人觉得他们自己不必担负什么责任。

我说，结束占领，给日本一个机会，使其在远东起一个独立国家的作用，是当然的，公平合理的。我相信，把它重新结合到远东反共的自由国家的集体之内，它会起到重要的作用。我说，这样做在心理上会振奋日本人民的精神，并引导他们承担作为国际社会成员之一的责任，特别是在现时远东形势动荡不定的情况下。

杜勒斯说，问题还不仅是需要做一件合乎情理之事，或者让日本人民能够获得他们所渴望的事情而已。作为日本的唯一负责者，军事占领的继续，不仅给美国增加更多的负担，而且给共产党一个借口，说美国拼命剥削日本和其他亚洲国家，以煽动亚洲人民来反对美国。杜勒斯说，他知道我心中的对日和约要保证日本不与苏联或共产党中国联合。但他可以告诉我，美国军队不会从日本撤出，因为，仅在日本建立军事基地，不足以应付局势。事实是，日本宪法不允许有军队，这就使得为它提供安全以应付外来的危险更为需要。他认为，就日本方面说，警察应认真予以扩大，使之能够保证内部的安全。现在实行的分散日本警察力量的政策达到这样的程度，以致没有一个城市的警察力量能够对付共产党有组织地同时对几个城市进行骚扰的活动。一旦某个城市发生骚乱，警察当局就不得不要求其他城市的同僚来一同行动。没有一支独立的足够强大的，能够应付任何紧急情况的警察力量。

因此，杜勒斯说，为了保障日本的安全，对付外来的危险，必须有一些美国军队留在那里。而且这些军队必须能根据情况的需要在日本来回调动。要能这样做，唯一办法是按联合国宪章第四十三条办，换言之，就是代表联合国履行其维持那一地区的国际和平与安全的职责。

我于是提出与此有关的另一个问题，即亚洲公约问题。因为如果缔结这样的公约，则对日和约一旦缔结，日本当然就有资格申请参加公约。在上个月内，我曾接到外交部好几个电报，询问

在台北的一些报道,其大意是,美国现在对促成一个亚洲公约感兴趣。外交部于 1950 年 6 月 30 日来电说:

> 据新闻报道,国务院正研究组织太平洋地区非共产主义国家缔结共同防御条约。杜勒斯将赴日与麦帅商讨。请查明实情回报。

1950 年 7 月 18 日外交部的来电说:

> 据报纸报道,众院外交委员会刚通过并公布一项决议,同意创议缔结一项太平洋公约,并宣称赞同美国参加签署该公约。据称,国务卿正研究此事。请设法查明实际情况及所提公约之内容。

外交部头一个电报的消息显然是不确实的,后来的新闻报道也曲解了实际情况。7 月 21 日,我报告外交部说,实际情况是,外交委员会关于扩大 1949 年的共同防御援助计划的报告中,包含了一项声明,支持美国参加太平洋公约的谈判。可是,我觉得这一声明只是该委员会观点的一种表露,并未包含具体的计划。虽说杜鲁门总统在他给国会的咨文中流露出一种联合整个自由世界来抵抗共产主义的想法,而按照美国一般的意见,这一表示与太平洋公约问题并没有直接的联系。

换言之,就我所知,太平洋公约的前景是很暗淡的,但知道美国政府对太平洋公约仍非常感兴趣,于是我试探了杜勒斯。我说,与缔结对日和约相联系,促成某种亚洲公约,并使日本与之发生联系,也是合乎需要的。这一公约类似大西洋公约,但不完全一样。亚洲的国家,它们本身,和它们之间,都没有好好地组织起来,说不上在军事上互相帮助。但让它们用公约的形式联系在一起,为反对侵略和共同的危险而进行磋商和合作,将是非常有用的,而日本在这样的联系中,可能起到适当的作用。我说,虽说中国人不会轻易忘记日本的侵略和他们的财产所遭受的损失,他们会接受日本作为共同反对共产主义斗争中的合作者。

杜勒斯说,他认为,任何军事公约都不太实际或有用。事实上,他没有过多地考虑大西洋共同体的军事公约,因为缔结的军事条约越多,世界就会越分裂。他提起参议院外交委员会的报告,该报告建议为美国画一条防御线。他说,那将会把世界分隔开,而使这条线成为决定命运的因素。他问道,国家是否应当以它们所在的地方,在线的这边或那边来衡量? 他给我看载于参议院第四十八号文件中的上述报告所附地图。他还给我看了他的近著《战争或和平》中的一段话,在这段话中,他反对军事条约,而支持亚洲国家组成联合协商会议。他说,这是和我最近的讲话中所提出的路线一致的。

　　我告诉他,我很高兴杜勒斯先生的著作与我持同一观点。我认为,一开始就组成一个包括所有亚洲国家的公约是不可取的。最好从少数几个国家开始,包括日本、朝鲜、中国和菲律宾。这些国家较多地暴露在共产主义的威胁之下,它们会更容易被联合起来,而其他国家如印度,肯定会犹豫不定,并提出反对,因为它对共产主义危险的想法与其他大多数自由国家的想法不同。到这时我们的长谈转移到其他话题。

　　8月7日,当我在台北时,外交部给我的大使馆发出一份电报,也是转达李惟果的。外交部希望查明7月15日路透社专电所说,美国政府已经起草了一份对日和约,并要在9月英法外长与艾奇逊会见时,将副本分发给他们。

　　我不在大使馆时,谭绍华公使任代办。他在8月18日回电给叶公超说,他已立即和李代表磋商此事,并各处探听消息,包括国务院。他访问了国务院代理远东事务司司长利文斯顿·麦钱特。麦钱特告诉他,路透社的电讯过于乐观,事实是,国务院曾指派官员负责这件事,并继续研究,起草建议,但对日和约的起草涉及相当多的困难问题,而要找到一个既适当而又满意的解决,不是一件容易的事。虽说美国政府各部的意见逐渐接近于一致,但一些提出来的困难问题,目前还不能很快解决。还必须考虑匆忙完成对日和约是否真正合乎时宜。麦钱特说,可是美国政府仍然打算在准备工作完成之后,将此事同所有有关政府进行接触。

在与谭绍华的交谈中,麦钱特曾暗示,美国政府之所以尚未拿出一份和平条约的全稿,其原因之一是,美国政府各部还是不能达成一致意见。7月25日我与杜勒斯的交谈中,他也曾有同样的说法,说关于和平条约的提出,只能在国务院和国防部之间在所要执行的政策上意见统一后,才能提交杜鲁门总统。国务卿迪安·艾奇逊在他的回忆录《创世亲历记》中也提到,国防部长约翰逊本人是国务院计划进行缔结和约的主要反对者。艾奇逊说,约翰逊为了麦克阿瑟将军和参谋长联席会议的军事需要,宁愿推迟和约。但是艾奇逊说,9月7日,他和约翰逊最后签署了一份他们刚刚同意的关于和平条约的备忘录,并在8日送交杜鲁门总统。这份备忘录系由一份美国安全需要的项目表和约翰·福斯特·杜勒斯准备的七项原则的提纲合并而成。

同一天,9月8日,杜鲁门总统给杜勒斯发出一份正式邀请,要他与美国的盟国尽快和日本缔结和约。我记得,大约与此同时,有消息透露,已要求国防部长路易斯·约翰逊辞职,马歇尔将军已被提名为继任人。

几天以后,叶外长给我和李惟果发来密电。台北曾接到报告说,英国和美国在对日和约问题上,已经决定采取双边协定的做法,法国和荷兰还没有作出决定,但所有四个国家都不想要我国参加。叶要我注意最近的发展并回报。但他补充说,那天(9月12日)中午他接见了美国代办蓝钦,并和他提到了对日和约问题。他注意到,蓝钦关于上述问题的语气比上面提到的报告的语气好得多,他要我注意这一点。

谭绍华在9月12日当天,在又一次访问了国务院的麦钱特之后,拟了给叶外长的机密复电。他在电文中写道,关于对日和

约,他在上个月内曾多次询问过国务院。他还说①:

> 据[麦钱特]密告,不日美将发表声明,主张即行订约,并阐明美政府立场。唯此次三外长会议,必将谈及对日问题,是否因而稍有变更,容俟发展。美对此事已准备多时,就渠所知,将来与有关国家讨论时,美即提出所拟若干原则,以资彼等参考,并作讨论根据,等语。

> 至所谓有关国家,是否包括我政府一层,官方虽无正式表示,然主管对日和约顾问杜勒斯,及该管助理次长[腊斯克],均曾谓,届时将请远委会各国参加,包括我政府在内。昨中国局长[中国科代理科长]所言,大致亦同,但云此系渠等个人看法。该局长又告,美虽主张速订日约,但事极重要,自难立即完成;目前韩事未了,亦非最好时机。察其语气,似乎发表声明,系属策略运用,旨在昭告世界,美政府对日约确有准备,且欲早订,纵使短期内难以完成,亦可博日好感。

9月15日,外交部又来电,报告某些供作参考的情报。电报是打给我的,但要我转达给李惟果一份抄件。似乎是蓝钦在8月30日拜访了叶公超外长。在那次会见中,蓝钦曾说,他肯定地知道,如果在朝鲜事件解决之前进行缔结和约的谈判,苏联不可能参加,在那种情况下,国务院也不会坚持要它参加。因此蓝钦认为,由于朝鲜战争仍在进行,举行大规模的和平会议将是有困难的。他说,某些美国政府官员和麦克阿瑟将军赞成早日谈判,缔结对日和约,并主张,关于日本防务问题的条款,在问题的不同方面,可以分别取得协议。叶部长对蓝钦说,他以前就曾告诉过蓝钦的前任罗伯特·斯特朗(蓝钦是在8月才接替罗伯特·斯特朗的),中国政府鉴于情况的改变,准备重新考虑以前盟国起草委员会的组成和表决程序。

随后,在9月11日,外交部美国司陈司长继续与蓝钦会谈。

---

① 此件录自顾氏所存函电原文。——译者

蓝钦告诉他说,如对日和约一定要包括解决台湾地位的问题,英国就可能不参加。当问到美国是否会与日本缔结双边协定时,蓝钦回答说,美国希望早日与日本缔结和约,并表示希望所有与此问题有关的国家都能参加。但是他说,因为种种困难,澳大利亚、新西兰和美国可能采取单独行动。

关于日本的防务问题,蓝钦说,麦克阿瑟将军认为不宜在日本维持军事基地,但需要在日本驻扎一定数量的武装部队。因此,应当考虑的问题是,武装部队的规模和数量,以及如何定一个驻扎的期限。

电报的第二部分给了些指示,并提出若干问题:

(1)我国准备放弃我们关于起草和表决程序的立场,至望对美方澄清此点。(2)三外长会议在这一问题上有何结果?(3)美国对于和约采取单独谈判之形式已否决定?(4)对驻扎美国部队问题和军事基地问题意欲如何解决?(5)根据其他方面报道,远东委员会可能先行同意三外长所决定之原则,然后各国将分别与日本进行缔结双边协定之谈判。关于这一情况,在华盛顿有无此说?请设法查明报部。

一天以前,1950年9月14日,杜鲁门总统宣布,他已授权国务院,就缔结对日和约的程序问题,与参加远东委员会的政府主动进行非正式磋商,因为美国政府早已认为日本人民已具有缔结和约的资格。听到了这件事后,叶部长又给我来电,要我在讨论这个题目时,特别注意以下各点:

(1)和平条约中对我们最为重要的问题是台湾归还我国。(2)如果日本取得谈判并缔结双边条约之权,则日本是否愿意同我们签署条约将成为紧迫问题。(3)美国将首先设法进行非正式谈判之事实,清楚地表明——因为中国、英国、美国和苏联都在远东委员会有否决权——苏联必然要阻止讨论的进行。美国可能在三外长会议上已经与英、法两国取得谅解,采取一种不包括苏联在内的有效程序。果如此则导致此一安排之原委为何?杜勒斯对此事曾有何暗示?(4)昨日国务院发言人宣称,关于台湾地位问题,可能留待联合国安全理事会解决。此一声明之背景为何?(5)政府正研究对日和约问题,有何看法。请随时电告。

不久,10月7日和10月14日,外交部又来电询问情况。10月7日的电报询问合众社从成功湖发出的一则专电,大意是:美国(1)已经开始与澳大利亚、英国、加拿大和菲律宾就对日和约问题交换意见;(2)据报,准备发出第二个备忘录,其中关于台湾问题将作保留,留待美国、英国、中国和苏联讨论决定,如一年之内四国不能达成协议,即交付联合国大会解决。

10月14日的外交部来电,要我证实一项情报,即国务卿艾奇逊曾在10月11日对记者说,杜勒斯已在成功湖就对日和约同有关各国,包括苏联在内,交换了意见。电报要知道我什么时候可以见到杜勒斯,(我告诉他们,我已给杜勒斯写了信,要求一次会晤。)并问美国对我们参加和约的态度是否有任何改变。

我回电说,杜勒斯曾和我约定在10月19日星期四会晤。但后来他又从成功湖来信,要改在星期五或星期六见面。最后,我们在星期五,10月20日,在成功湖代表会议室见了面,在那里,我们在午餐时进行了讨论。陪同杜勒斯的有:关于对日和约问题的杜勒斯的副手、国务院东北亚洲司司长约翰·艾利森,和盟军最高司令部总部的斯坦顿·巴布科克上校。我由谭绍华陪同。

会谈的记录是由谭记的,他非常客气地附加上一段引言:

> 这一记录是以我的记忆或所能听见的话为基础而记的。因为谈话是在一个公共餐室低声进行的。我不能听到谈话的某些部分,因此,遗漏甚至错误在所难免,请进行必要的修改。

我一定是作了修改。那是我经常要做的。我总是审阅我所记的和我自己口授的记录,并进行修改,然后将清稿归档。由于这些记录包含着交谈的精髓,而这一记录所接触到的是非常重要的问题,即使那些涉及台湾地位的部分已经充分地讨论过了,我仍愿引用原来的记录。毕竟这次谈话是所有以后的讨论和起草条约条款的开端,并对将要发生的问题提供了一个极好的梗概。记录如下:

杜勒斯说,曾就对日和约问题非正式地同远东委员会大多数成员国讨论过,但没有同苏联讨论。(艾利森插话说:这一问题仅仅和加拿大代表团的秘书很不正式地讨论过。)

杜勒斯接着说,美国政府早想和日本缔结和约,但因种种原因,拖延下来,特别是由于程序问题。美国政府感到,无论如何,这一问题不应再拖。考虑到目前的整个情况,对条约内容应该包括些什么,美国政府已经有了一个暂定的主张。美国政府的意见是,条约应当简明,而不是像我们过去所熟悉的很多和平条约那样冗长,以便结束战争状态,重新接纳日本作为国际大家庭中平等的一员,并最后成为联合国的会员国。美国政府主张在日本的国防上不应有任何限制。不应有赔偿。条约应当取消对它的经济上所有的限制,使它的工业能够复兴,它的国际贸易能够尽快地恢复起来。领土问题需要特别提出。日本应承认朝鲜的独立,并同意联合国托管琉球群岛和小笠原群岛,由美国行使管理权。至于台湾、澎湖列岛、千岛群岛和南库页岛的地位,日本应接受英国、苏联、中国和美国将来作出的决定。如果这些领土在和约生效后一年之内没有作出决定,这问题应由联合国大会决定。至于中国政府异常关心的台湾,他说,他愿意特别提出,美国政府承认开罗宣言、波茨坦宣言和日本投降条件三个有关的文件。可是,我们必须看到世界普遍的不安定情况,要非常现实。台湾引起国际上的注意,由于整个问题的背景和远东现时的形势,美国对台湾十分关注。

杜勒斯接着说,日本的安全问题也是非常重要的。美国的意见是,除非有了可以采用的满意的安全措施,例如由联合国承担有效的责任,为了维持日本地区的和平与安全,条约应规定美国军队,或者还有其他军队,同日本各机关之间继续合作。希望此项责任最后由联合国承担起来,并在缔结和约之后,一旦可行即尽快接纳日本加入联合国。

　　此时杜勒斯停顿了一下,中国大使提出了以下的意见。

　　中国大使说,中国政府也早就抱有对日和约应尽早缔结的意见。中国政府曾不止一次表示,中国希望日本能在尽早的时机被重新接纳进自由国家社会,并应是民主的和爱好和平的。我们还觉得,应给予日本将其经济维持在一个合理的水平上的机会,并把它建立在国内需要的基础上。中国无意对日本过去的侵略罪行进行报复。中国政府已准备好同美国及其他有关国家的政府合作,在宽宏大量而无害中国的利益的基础上,同日本缔结和约。

　　当大使停下来时,杜勒斯立即说,鉴于他方才已作简要说明的美国立场,美国政府已经准备了一个简短的一般原则声明。这声明将说明美国政府所设想的适合于结束对日战争状态的条约类型。这个一般性声明,可供有关国家参考与接受,其性质是一般的、初步的,条约的整个内容或措词并不受其限制。

　　这个时候,杜勒斯用手示意给艾利森,艾利森立即从他的口袋里拿出一份声明给中国大使。(其内容参见附录一。)

　　中国大使接过声明后,立即开始阅读,在没有阅完以前,当他读到安全条款时,他说,一眼就感到安全方案的措词巧妙,并且颇有"政治家的风度"。他满面笑容地对美国政府想出这样的方案,并用了这样适当的措词表示祝贺。

　　杜勒斯回答说,由于日本所处的境况,美国政府作为主要的占领者,有很大的责任。美国对维持日本地区的国际和平十分关注,并且非常需要日本的全面合作。但他接着说,像他已经表明的,美国认为,最后一定要对安全措施作出安排,美国政府非常希望由联合国来担负这一责任。

中国大使继续阅读声明,在他仔细读完后评论说,他注意到,在声明中,台湾和千岛群岛被置于同一地位。他说,考虑到杜勒斯先生所提到的文件,并考虑到该岛的历史背景,虽然对日和约尚未缔结,在中国政府和人民的心目中,台湾应当看作是中国的领土。中国政府在所有问题中,对这个问题最为重视。它自然想知道,美国政府除了在这个一般性声明中所表明的意思之外,对这个问题的实际想法究竟如何。中国大使强调提出,鉴于在这一简短声明中表现出来的美国对台政策,不禁要问,美国政府对台湾问题的最终结局到底作何设想。我们知道台湾地位问题本不是在联合国管辖范围之内,然而美国政府却在联合国中提出了台湾问题。

对这一问题,杜勒斯说,他不能回答,其中有很多方面必须由美国政府当局讨论决定。他表示,他要在星期天回华盛顿去,并希望为这一问题在星期一(10 月 23 日)能见到国务卿,并从他那里得到指示。他于是说,现在,就他所知,台湾是个有纠纷的地区,并且是属于国际方面的,对此,美国政府也有利害关系。并暗示说,美国已决定把这个问题冻结起来,特别是当朝鲜战争仍在进行的时候。就个人而言,他能理解中国政府所持台湾是中国领土这一立场的理由;但是他代表美国说话,希望中国在联合国的代表不要过于强烈地反对美国的立场,因为中国的反对会使美国政府为难,而且会使美国政府防止台湾成为一个纠纷地区的政策难以成功。中国政府正式阐明其立场是完全可以的,但过于强烈地反对美国为此事而提出的建议,则不仅意味着使美国政府为难,而且也显得美中之间缺乏协调与合作。他强调,因为中国政府现在就在台湾,美国冻结台湾的政策,也有利于中国政府。

他宣称,这一政策的目的是为了保持世界上那一地区的现状,至少暂时如此。美国政府当然希望另一次世界大战不会爆发,但是谁也没有多大把握能预言那一整个地区不会发生麻烦。让该岛在敌人手中是不符合美国政策的。他于是表示希望中国大使能将他刚才所谈的美国政府的立场报告中国政府,并希望中国政府指示蒋廷黻博士不要过于强烈地反对美国政府的立场。

中国大使于是对日本的安全和赔偿问题加以评论。他说,像他刚才所说的,中国无意对日本在中国的所作所为进行报复。中国政府希望日本有能力维持其内部的安全与秩序,例如防止可能发生的共产党暴乱等。然而,条约中必须作出规定,保证日本不会再次成为其邻国的威胁。中国政府和人民对日本侵略者所犯的暴行和造成的灾难记忆犹新。他说,其他曾经受过日本侵略之害的亚洲国家,当具有同一愿望。

至于赔偿,大使继续说,日本多年的侵略和占领使中国政府和人民遭受极大的损失,要中国完全放弃赔偿的要求是困难的。中国政府曾多次表示过,它对赔偿的问题将采取宽大的观点,但完全放弃这一权利则是困难的。虽说我们不想为了赔偿加给日本以难于忍受的经济负担,但中国政府和人民理应得到适当的补偿。然后他又说,除了合理的赔偿之外,或许可以作出某些安排,即能补偿中国遭受的部分损失,而且比起单纯的赔偿来,对日本也有利。(在这一点上,巴布科克上校说,或许大使心目中想的是台湾与日本之间的商务安排,类似最近所做的那样。按他的判断,这对双方无疑都是有利的。)大使回答说,关于商务安排,像最近已经开始进行的那些,自然可以帮助日本恢复它的经济,而且对其他有关国家也有利,但他所想的要超过通常的商务安排。

杜勒斯说,按照美国政府的意见,赔偿应该豁免,他坚持认为,凡尔赛条约的赔偿条款已经证明,那样的条款是不可能落实的。德国按照条约的规定付出了部分赔偿,但德国付出的数额和德国政府和人民从美国国民获得的贷款的总和不相上下。从二次世界大战后的经验看,赔偿问题的概念和第一次世界大战后已有极大的不同。意大利条约有些赔偿条款,但是行不通。众所周知,即便是要求赔偿的国家把原材料送到战败国去制成成品,也证明是行不通和不明智的。现在日本的经济资源与战前大不相同了,为了使日本成为自由国家的一员,它的经济必须恢复,并置于一个能够存活的基础之上。自从对日作战胜利日以来,美国已经在日本投下了二十亿美元,美国不能继续像那样资助日本。美国人民不能容忍那种做法,即把钱投入日本,然后让一些盟国用这样或那样的方式把它拿走。

中国大使于是问到美国政府对于缔结和约打算采取的程序。

杜勒斯回答说,美国政府的想法是,首先举行一系列非正式的外交讨论,而不召开正式会议。据他说,这一方法有两个优点。第一,在现在的情况下,采取这种非正式交换意见的外交形式,更有利于达成协议。在这种方式下,有关国家可以自由表示自己的意见,而且没有一个国家能反对美国政府发起这样的讨论。气氛也会不同,分歧的意见能够更容易地协调一致。第二,鉴于苏联、英国、印度、巴基斯坦、缅甸和荷兰已经承认了北平政权这一事实,这种方法对中国也有利。

中国大使于是问,按美国政府的判断,这个条约什么时候能够完成。

杜勒斯回答,按他们的估计,这条约可能在明年夏天缔结。他接着补充说,无论如何,美国政府希望能在仲夏缔结。

我在那天的日记中写道:

我得到一个清楚的印象,美国不急于缔结对日和约。至于极为重要的台湾问题,则由于朝鲜危机、印度支那和东德冷战的恶化,美国的政策是拖延时间,以待国际形势的发展。

　　后来,我见到了中国驻加拿大大使兼我国驻联合国代表团副团长刘锴,并在下午见到了代表团团长蒋廷黻。我告诉他们和杜勒斯的谈话内容,并特别和蒋廷黻进行了一次长谈。第二天,向外交部发出一份同杜勒斯谈话的完整的电报报告,并于10月26日见到李惟果时,把谈话的重点以及杜勒斯交给我的七点备忘录的副本交给他。

　　第二天,10月27日,我为回复10月22日王世杰的信发出一份长电。王世杰是总统府秘书长,他奉委员长之命,写信问我关于联合国讨论台湾问题的意见。事实上,我的回答总结了台湾地位问题的各个方面,并将联合国内的情况同对日和约的准备工作联系起来。现将全文引述于下①:

　　　　十八日尊函敬悉。台湾问题曾两度分别与国务院主管次长及国务卿顾问杜勒斯详谈,均经报告外交部,并送电公超部长,胪陈鄙见,谅经转呈总统。美向联合国提出台湾问题,意欲保障台湾安全不使仇者取得,尤不愿为苏联利用,危及美国在太平洋之防线。故采台湾中立化政策,先令第七舰队执行。继因英国声明不能赞助,印度传达中共坚决反对之意,中共地大物博,万一实施攻台,不特远东战争扩大,美单独抵抗,牺牲必巨,胜券难操,不如以和平解决为口号,将此问题付诸联大公同讨论。既以表示美国对台毫无野心,缓和中共,且期将保台责任,由联合国分担。赖此一举,解除目前军略与外交上两重困难。此举原为美国本身利害计,并非有所爱好欲示我者。但美维持台湾现状政策,影响所及,不得不维持我政府之国际地位,以免其他种种纠纷。即杜顾问所

──────────
　　① 此件录自顾氏所存函电原文。——译者

谓冻结台湾,即是维持我国民政府地位云云。然美欲达此目的,须有根据。故特别注重台湾岛虽经开罗会议决定,波茨坦追认,日本放弃,然尚未完全成为我国领土,仍须由和约正式规定。美惟采此立场,方能贯彻其保台宗旨,而维持我政府地位。否则中共所坚持台湾为中国领土,而视美对台措施为干涉内政,按之联合国宪章第二款规定,美亦将难辩护。职此之故,杜顾问深望我不坚决反对美之立场,以致损害美我两方共同利益。

窃意我政府国际地位动摇,处境艰危,目前第一要着为:(一)保持我政府代表权,及(二)保障我台岛安全,以待世界局势演变,转能利我。此二目的,后者亦为美之目的,前者有连带关系,我能实受其益。其他一切法律理论,实际与我有损无益,似可不太重视。

回忆第二次世界大战时,弟驻节英伦,其时目睹法、比、荷、挪、波兰、捷克、卢森堡等政府,均以各本国国土沦陷,驻在英京,各友邦继续承认。派驻各该国之外交团,亦移驻英伦,照常往来。并未以各该政府之所在地非其本国领土,而不承认其国际代表权。况台湾之为我国领土,并无根本否认者。美以现今国际形势复杂,前途难测,不得不利用国际法上之一线理由,为其立场根据,而求贯彻其保台政策。此亦即为我之利。

至美对我政府,原抱成见固未解除,然亦望我对内能继续改革庶政,克得民众拥护,俾一切台湾独立、托管等说,可不成立;对外持重,勿予中共有所借口,而实施攻台。如仍来攻,是为侵略,美与联合国可兴师问罪有名。

总之,美之目的为保台,美之策略为争取时间,以待国际局势演变。故在联合国有提议派调查团赴台调查之意,在对日和约大纲节略内则有,台湾问题如于和约订立后一年内,中、美、英、苏四强不能议决,则应交联合国解决之建议。此皆与我维持我国际地位,增强我实力之政策,并不相背,且有助益。

上述鄙见,业与蒋代表洽谈,谅另有电陈复,请转呈。

就在这份电报发往台北的前一日,在朝鲜的联合国部队终于到达了鸭绿江边,可是突然发觉他们是在与共产党中国的部队交战。记得,中共参加朝鲜战争是麦克阿瑟将军11月5日给安理会的特别报告所证实的。但此后不久,中共显然撤出了战斗。这引起了劝说他们不要参加战争的一阵紧张的外交活动。

11月4日,叶公超来电谈到中共大规模干预朝鲜战争的事实已很明显,美国很可能要采取进一步的措施来应付这一形势。虽然蒋廷黻和我希望考虑对指令中的某些要点暂缓通知美国政府。可是电报说,政府不想改变既定的指令。

叶公超电中所提的指令,包含在他11月1日给蒋廷黻的电文中,并要求转达给我和李惟果。指令的头两部分谈到联合国的形势,第三部分涉及美国关于对日和约中的七点备忘录,其内容如下①:

> 关于对日和约问题,节略中所载七点,自以领土部分为最要。关于台湾、澎湖,我在原则上接受美方所提解决程序,惟应附带主张:(子)美方所提一年期限,宜予延长,或改为两年。(丑)南库页岛及千岛应与台湾澎湖同时同样解决。

> 关于放弃赔款问题,我愿从美方主张。但关于返还劫物等事,盼美方予我特别协助。其余美方建议我愿悉力支持,以示我方对美合作之诚意,兼答美方对我政府之支援。

11月4日,我去纽约与蒋廷黻磋商。他认为,我国政府应当表示反对美国备忘录中关于领土的第三点。他还认为,台湾和澎湖列岛不应该与南库页岛和千岛群岛相提并论。至于我对那个特殊问题的意见,在11月7日致叶公超的电报中已简明地表达了。

我告诉叶,因为美国已经提出要推迟解决台湾问题,我们可

---

① 此件录自顾氏所存函电原文。——译者

以支持台湾、澎湖列岛、南库页岛和千岛群岛全由英国、苏联、中国和美国来解决的意见。然而，我们有必要对美国讲明，如国际形势恶化，千岛群岛和南库页岛归属苏联不能通过，那么台湾和澎湖列岛属于我们这一事实，不应受到影响。

关于我们准备接受美国关于日本赔偿问题的意见，我们希望美国对归还掠夺财产的问题给予我们特别支持，同时，我在同一电报中告诉外长，我们必须考虑到我国人民的情绪，并且鉴于菲律宾强烈地坚持要求赔偿，我们应当附加一个声明，大意是我们对于日本赔偿问题是以所有国家全都同意放弃为条件的。如果美国支持任何一国的赔偿要求，我们就可引为前例。

叶公超11月11日回电说，关于领土问题，将南库页岛和千岛群岛让给苏联的协议，其基础与台湾和澎湖列岛应属于我们的依据是不同的。我们的意见是，台湾和澎湖列岛问题，应作为以上问题的实例，他说，当然，这意思就是要尽量拖延。如果国际形势恶化，那么和平条约的领土问题就必然要重新处理。

叶接着说，蒋廷黻在这一点上另有看法，并要我和他充分讨论，然后回电详细说明他的看法的理由。叶还说，毛邦初将军当时正在台北商议，将于本月15日赴美，并说，他已请毛带给我两份详细的备忘录，要我秘密地保存作为参考。

毛将军来到华盛顿时，带给我那两份备忘录，附有11月4日的一封说明信。该信说，这两份备忘录是根据政府的决议由外交部整理的。与这里所谈问题特别有关的一份备忘录，是如何对付美国七点备忘录的指示，比11月1日的那些指示更为完备。原文如下①：

关于美方所提对日和约节略之因应方案说明书

（一）

对日和会，因苏联之蓄意作梗，而迟迟未能召开。美方

---

① 此件录自顾氏所存函电原文。——译者

此次所提节略,其主旨自在表示虽无苏联参加亦将早订对日和约之决心。关于此事,美方目前所采步骤,为与对日作战各国个别商谈,将来或即以商谈所得之共同结论分别与日本缔结双边协定,察其主要考虑,除为避免苏联作梗外,似尚有如下三者:(甲)若干国家已承认匪伪政权,我代表权问题易滋纠纷;(乙)民主集团中,亦尚各存歧见,不易沟通,如澳大利亚、纽西兰必反对日本整军,菲律宾不愿放弃赔款,即其荦荦大者;(丙)终结对日战争状态,使日本重返国际社会,实为适应目前远东情势所必需,如于此时遽行召开和会,势必再遭延宕而无补时艰。

我国目前国际地位至为低落,于此时与日媾和,我方发言力量自极微弱;且无苏联及匪伪参加之和约,自日本观之,其实用价值原属有限,自不尽抱热望,而于与我媾和部分,尤难免越趄不前,故于此时议订对日和约,我实未见其利。但如上文所述,美方既已痛下决心,我方反对无益,即以索价还价之方式略事延宕,亦将招致美方之重大反感与误会,而与我方对日宽大之口号亦不相符。计惟有因势利导,尽量与美方合作,尽量对日表示宽大,俾美方乐于助我,日本不便对我冷淡,使和约之签订,我方仍能获得参加机会,至如我方对日基本主张亦应同时顾及,自无待言。

查我方对日基本主张,仍系以总统于三十七年五月二十一日所为宣示为基础,即对日不采报复主义[1],而主张"合理的宽大",嗣后几经补充及变通适用,而有行政院第一〇三次院会秘密会议之决定。该决定规定:我对美方主张,应力图接近,本部并曾遵照该项决定之精神,拟定如下方针,报请鉴核:(一)关于日本领土问题,我应坚决主张在和约内确定我对台湾及澎湖之主权。(二)关于赔偿问题,我于不得已时可

---

[1]　声明的背景参见附录二。

酌情核减或全部放弃。（三）关于解除日本武装问题,凡属对于日本独立与安全有所裨益之措施,我应酌予赞同,(见本部本年九月十六日外39东一字第五八五九号代电。)是为我方对日之最近基本主张。窃以为上述方针,对目前环境,尚能适应,惟鉴于赤祸日益猖獗,我应更进而赞助日本积极整军,俾能成为有力反共抗俄分子。我对美方节略之审核,自应以上开方针为依据。

（二）

美方所提节略,共分七项,而其与我基本主张,存有密切关系者,仅为(一)领土(二)安全及(三)赔款三项,余为技术问题。兹以此为分类依据,逐项予以检讨。

（甲）基本问题

（子）领土问题——领土问题中,自以台湾及澎湖问题为最要。美方所提节略,将台湾、澎湖与南库页岛、千岛群岛同列为尚待解决之地区,其将来地位须另经中美苏英四国协商决定;如在和约生效后一年之内,尚未获致协议,则由联合国大会予以决定。此与我方所持台湾澎湖已为我国领土之主张适相背驰。美方坚持此议,系其目前处境及现行政策所致,(本部所拟《关于联合国有关台湾各案因应方案》已有较详分析,兹不复述。)自非我方所能变更;然为维持我方民心士气起见,我于美方主张自亦未便竟予苟同,换言之,即惟有各持己见,而在其他方面另谋合作。[关于台湾、澎湖之地位,中美所持主张既属无可调和,关于台湾、澎湖之最终解决,自以尽量拖延为上策。查美方所提程序,如能贯彻始终,不生其他枝节(如同时由联合国大会予以处理),已能发生拖延作用,盖以和约何时观成,尚未可知,而台湾、澎湖之交由联合国处理,复系和约观成一年后之事也。]似此我对该项程序,自不妨在原则上予以接受,而另附以如下意见:(一)所定一年期限,应酌予延长,改为两年或不作时间上之硬性规定,均属相宜;(二)台湾、澎湖,应与南库页岛、千岛群岛同时同样解决,俾更能曲尽拖延之能事。

此外,美方并主张(一)琉球及小笠原群岛由美方托管;(二)日本应承认韩国独立。查我与琉球,固另具历史关系,但我从未主张收归我国版图,如由美国托管,自足避免分散我方实力,且可吸致美方实力于远东,对我尚属利多害少,宜予赞同;至小笠原群岛之宜由美方托管,韩国独立之应予确认,自更无待论。

(丑)赔偿问题——美国主张在日本受降前因战争行为所引起之一切赔偿要求概予放弃。美国此项主张,原为我所逆料,我原拟对日和约方针,早已载有"关于赔偿问题,我于不得已时可酌情核减或全部放弃"之规定,今美方既已正式提出上项主张,在我惟有予以接受,而另望美方助我取得其他补偿,借图补救于万一。

(寅)安全与军备问题——美国主张"和约中将提及在未有其他圆满安全办法,如由联合国担负切实责任之前,日本区域之国际和平与安全,将由日本供给便利与美国军队或美国暨其他军队,以继续合作之责任维持之"。此种过渡措施,原属绝对必要,且与我方原拟方针适相配合,我方自应予以赞同。

(乙)技术问题——美方节略所举各节,大抵均已见诸对义和约或第二次世界大战后之其他和约,兹分别略论如后:

(子)日本加入联合国及参加国际技术合作各节,对义和约绪言中载有类似规定,我可赞同,至何时加入联合国及其加入手续如何,仍应依照联合国宪章有关规定办理,自无待言。

(丑)取消日本战前在华特权一节,查对义和约中曾有专章规定,美方所定原则谅系以该约为蓝本,在我自表赞同,但日本放弃特权之日期,似应追溯至卅年十二月八日我国对日宣战之日始,届时本部当就此点妥为因应。

(寅)关于战前所有双边条约之存废问题,对义和约中已有类似规定,所不同者即对义和约所定恢复战前双边条约之方式系由盟国于和约生效后六个月内,自行抉择通知义方,此次美国所定原则,则采用相互同意恢复之方式。查战前中日条约,概经我于对日宣战时宣告废止,此点我似应于和约中先由日本追认。至何者应予恢复,美方所定相互同意之方式,于我并无不利,似可听之。

(卯)关于处理日本在各盟国境内及盟国在日本境内之资产一节,对义和约亦有类似规定,美方所定原则,谅系以此为据,自可赞同。

(辰)关于和约后之商务关系,美方所定原则,仅提及日本应给予最惠国待遇,而在对义和约中,则规定各盟国亦事实上给予最惠国待遇,查最惠国待遇一词,我国因有过去不平等条约之历史关系,常被国人误解,实则我如不以特殊优惠与人,人亦莫能凭此向我要求特殊优惠。且此一待遇,已成现代商业中之不祧原则。最近我与盟总所订关于台日间之贸易协定,即已将最广泛之无条件最惠国待遇列入其中,今美方正式提出,我自无反提异议之理。

(巳)关于争端之处理一节,查对义和约中规定由有关盟国与义大利派员共组委员会进行处理,美方此次所提对日和约原则,则规定由国际法院解决,其用意想系在予日本以同等地位而泯除其战败国之心理。此项用意,我自赞同,惟在技术上似不妨另予研讨。

(三)

据上论断,我于此时除应就台湾澎湖问题强调我方主张外,对美国节略所载其他建议,似均宜予以接受,并允以通力合作。

11 月 24 日,我向外交部报告,国务院刚发表一份公报,宣布美国已送交十二个国家的对日和约七点备忘录,还有 11 月 20 日苏联答复的英文译本。同一天,麦克阿瑟将军在朝鲜发动联合国大规模的攻势,为的是使他的部队能在圣诞节回家;还有,中共代表到达纽约出席安全理事会,讨论共产党指控美国侵略台湾,引起很大的好奇和注意。两天后,11 月 26 日,中共在朝鲜对联合国部队发动了大规模攻击,在朝鲜开始了一场"新的战争",使得有关美国军队可以很快回国的种种议论烟消云散。

在我又一次同杜勒斯见面会谈对日和约时,北朝鲜的首都平壤及其以南各地,已经被共军夺回;杜鲁门总统刚刚宣布了美国"全国处于紧急状态";而联合国大会希望阻止一场他们所害怕的无止境的战争,即便意味着对中共进行迁就也罢,通过了要求中共与联合国进行谈判以便在朝鲜停火的决议。由于我们在联合国的席位和我们的国际地位,比朝鲜战争爆发以来的任何时候都更为危险,美国决定无限期地延缓由联合国考虑台湾问题,并没有给我们以什么安慰。

我和杜勒斯的会谈是在 12 月 19 日举行的,我们讨论了朝鲜局势、停火的前景、中国在联合国的席位,以及有些国家想迁就中共等问题。我告诉杜勒斯说,我要和他谈的,主要是对日和约问题。

杜勒斯问,我是否要谈这个问题的具体要点,如果是这样,他要让东北亚科科长艾利森参加讨论。

我提起上次 10 月份在成功湖同杜勒斯的会谈,并说,我曾将会谈的要点报告给我国政府。我说,从那时以后,曾和台湾交换了几次电报,我愿就某些一般性的问题向杜勒斯先生作一个初步的回答。但是在和约问题以外,还想讨论其他一两个问题。

杜勒斯说,那就不必要找艾利森先生了。

我说,一般来说,我国政府对他在成功湖交给我的备忘录中所表示的七点意见,有同样的看法。因此,关于领土问题,我认为在对日和约中的提法将是用总的条款形式,由日本方面声明放弃它对台湾、南库页岛、千岛群岛等的主权,而关于那些领土的处理,则不作任何具体规定。

杜勒斯说,这也是他的看法。他接着说我们前一阶段曾经提到,有关各个领土的处理,要经盟国同意,但台湾问题则必须在联合国讨论。总而言之,备忘录建议由主要国家达成协议来处理台湾及其他领土,如不能达成协议,则将问题交由联合国决定。但是,由于形势在最近已经发生了重大变化,已设法将领土问题同联合国联系起来,这样就有理由将第七舰队派驻台湾,以便使台湾中立化。可是为了回答我的意见,他还说,美国认为,在现时情况下,讨论台湾问题是不合时宜的。

我于是提到琉球群岛和小笠原群岛,并说,美国备忘录提出这些岛屿应置于联合国托管之下,由美国作为管理国,我国政府对此建议是同意的。我接着说,备忘录的另一项建议是要日本继续合作,并提供其设施供维持国际和平和保障日本自身安全之用。中国政府赞同这一建议,因为它也认为,鉴于远东局势动荡不定,应该使日本能够对保证其安全,以及为促进远东地区的和平与安全,尽一份力量。国民党中国像美国一样,没有报复的想法,并希望能看到日本重行加入独立国家的行列。

关于赔偿问题,我提到,备忘录建议应全部放弃。虽然中国人民受日本侵略之害,蒙受巨大的损失,中国政府仍准备接受美国的建议,但假如任何其他盟国坚持赔偿,并得到满足,则中国政府也将坚持要求赔偿。

杜勒斯认为这立场是合理的。

接着我说,这些就是中国政府对美国建议总的反应,我把它传达给杜勒斯先生作为对美国备忘录的初步答复。晚些时候,我将找机会给他更详细的回答,它将包括备忘录提出的具体各点。但此刻我希望能得到某些澄清。我想杜勒斯先生现在已经完成了他和远东委员会所有会员国的第一轮会谈。我告诉他,我曾从新闻报导中注意到,苏联也问了美国政府若干问题,因而我想知道美国是否已作了答复。

杜勒斯说,回答是要做的。实际上,他正在进行这一工作。苏联提出的问题其目的显然是为了宣传。例如,所问的第一个问题是,缔结和约是不是只打算包括几个而不是所有的盟国。然而在美国备忘录的第一个建议中就说,美国准备缔结一个包括所有盟国在内的和约,如不可能,则由那些愿意参加的国家来缔结。鉴于这种情况,美国政府打算,对苏联的答复一经送交俄国人马上就予以公布。

杜勒斯继续说,苏联政府的态度有时是莫明其妙的。他想起他和马立克第一次在纽约见面交谈对日和约之后,托马斯·汉密尔顿得到一份断章取义的谈话记录,并发表在《纽约时报》上。因此,当杜勒斯第二次在家里接见马立克时,向他保证,对他们的会谈一定十分注意保密。马立克同意了。但使杜勒斯惊异的是,第二天早晨,报纸上载有他们谈话的详尽的报道,那显然是马立克本人透露出去的。

我说,我已经注意到,苏联政府提出要北平共产党政权参加和平会议。我对此并不惊奇,但我想知道,是否其他代表团在和杜勒斯先生谈话中也提出了这一问题。

杜勒斯回答说,迄今为止,他们还没有提,但他觉得,像英国和印度,他们已经承认了中共政权,肯定在一定的时候会这样做的。安排举行双边会谈的程序,就是为了避免讨论这一棘手而又麻烦的问题。这样,没有哪一国能反对还没有承认中共政权的美国的代表与国民党中国的代表会谈,像他和我所做的这样。但他觉得,一些国家在以后的场合肯定会提出这个问题。

我问,除了苏联代表外,在他与其他代表团的会谈中所出现的有什么比较重要的反应,杜勒斯先生的印象如何。

杜勒斯回答说,有几个重要的意见。菲律宾、澳大利亚,在某种程度上还有新西兰,都担心日本的重新武装,并提出反对。缅甸和菲律宾坚持要日本赔偿。英国特别关心的是,对日本的船舶总吨数将给予什么限制,因为他们害怕日本船舶的竞争复活,并担心日本的贸易竞争卷土重来。但是他认为,所有这些问题,尽管重要,是可以解决的,不会有太大的困难。

我提到,新闻报道,杜勒斯先生为了对日和约将再次去日本,我想知道杜勒斯先生什么时候动身,将离开多久。

杜勒斯说,这个问题曾在国务院讨论过,但尚未作出决定。自从他在成功湖开始那轮谈话以后,情况又有了重大的变化,在决定这个问题时自然要考虑到这一事实。

杜勒斯曾告诉我,苏联就美国七点备忘录曾送交美国一份备忘录,美国对此将会给予回答,而且事实上,他正在进行这一工作。12 月 28 日,美国在一份公报中发表了美国答复的全文,我把此事报告了外交部。我指出,美国的答复包含领土问题,并说明,美国的意见是,虽然开罗宣言已声明台湾、澎湖列岛和满洲将归还给中国,但其他没有参加开罗会议和联合国宪章的国家的意见也应予以考虑,只有那样做了之后,才能提出一个最后的解决方案。公报还说,美国一向主张,开罗宣言及其他战时宣言,都是属于同一性质的,那就是,这些宣言都要服从于能够对一切有关因素同时加以考虑的最后的和平解决。

关于琉球群岛交由联合国托管,并由美国行使管理权问题,我报告说,美国致苏联的答复说明,这些办法是以联合国宪章第七十七条为依据的,并说明,此外波茨坦宣言也包含一项关于决定该群岛未来地位的规定。我还告诉外交部,我正把全文邮寄给他们。(副本见附录三。)

1951 年 1 月 3 日,远东委员会中国代表李惟果来访,我对他谈到我最近就我们回答美国的七点备忘录同杜勒斯的谈话。我们接着讨论了联合国讨论台湾问题所产生的影响。

一周后,1 月 10 日,杜鲁门总统批准了国务卿艾奇逊和国防部长马歇尔的联合建议,派以约翰·福斯特·杜勒斯为首的总统使团去日本。第二天,国务院宣布任命杜勒斯为大使级特使,赴日本进一步讨论加速缔结对日和约事宜。

同一天,报纸上出现了斯图尔特·汉斯利的合众社专电,因为汉斯利是一位比较慎重的记者,这一专电提出一个关于该条约最近发展的全面总结,我将此专电报送外交部,并在我的卷宗里面存一份。其全文如下:

（东京）华盛顿 1 月 10 日……（合众社）据权威人士今日宣称,美国已放弃举行全面对日和会的一切希望,并将试图与盟国分别协商,以结束盟国与日本之间的战争状态。

他们补充说,国务院的共和党政策顾问、负责条约准备工作的约翰·福斯特·杜勒斯,在本月底前将去东京,向道格拉斯·麦克阿瑟将军和日本人解释美国的立场。

美国今天的态度是,赞成以各国分别签订协定的方式结束对日的战争状态。

经杜勒斯与国务院的迪安·腊斯克和国务卿迪安·艾奇逊商量后提出的美国的意见是,试图在当前举行全面的和平会议是不明智的。

他们的感觉是,这样的会议只会为苏联的阻挠和宣传战术提供讲坛,对实际毫无用处。

为此,美国政府决定按"沉默即同意"的原则,开始与日本进行和平安排。

自从美国人发表其对日七点和平计划以来,已经三个多月。迄今为止,他们只从俄国、菲律宾和印度得到了明确的反应。

因此,他们当即假定其他国家对此问题无明确意见,不然,他们此时早就会作出反应。

美国政府的愿望是,求得能为盟国最广泛接受的结束对日战争状态的基础。在他们开始这一努力之前,他们将抛开俄国和中共。

他们的想法是,拟订能为具有共同利益的国家同意的结束他们对日战争状态的文件。

他们的想法是,由各个最为有关的国家分别签署这一文件,随后该文件即可变成一个总的和平协定。

国务院在取得参谋长联席会议和国家军事领导人对这个办法的同意过程中,曾遇到一些困难。

一些军方人士似乎希望美国的占领继续下去,直到远东局势比较明朗为止。

但是现在杜勒斯在艾奇逊的大力支持下,已使他的意见获得通过,美国正全力以赴与日本拟订某种缔和方案。希望其他盟国参加签署这一协定。

在美国的和平计划中,对日本经济和军事的恢复,未作任何限制。

国务院在审阅文件的过程中曾非常细心地删除任何对日本人加以限制的提法。

官员们承认,作为对印度和其他国家的一种姿态,他们说,可能必须在这些方面作出一些"象征性的让步",但基本原则将保持不变。

美国反对举行全面的和平会议的态度,是由于他们认识到这个事实,这样的会议只会向苏联提供另一个讲坛来谴责美国的政策,而不会达到任何所期望的目的。

由于这个原因,国务院决定拟出一系列对日和约,而不像通常对这类事情那样大吹大擂。

他们将首先设法为日本人获致与英国和印度的和约。然后再与十三国远东委员会的其他成员国继续照此办理。

他们在远东形势充分明朗之前,将不把国民党中国拉进这一安排。

下一周,在一次记者招待会上,国务卿艾奇逊说,杜勒斯预计下周初去日本"与麦克阿瑟将军和日本领导人商谈在缔和方面再推进一步的办法"。他说，约翰·艾利森将作杜勒斯的帮办，并提到使团的其他随行人员，包括助理陆军部长厄尔·约翰逊、国防部的卡特·马格鲁德少将及盟军最高司令部的斯坦顿·巴布科克上校。

同一天，1月17日，我收到台北叶公超两封标明急密的电报。前一电说①：

对日和约事，请先就我所持立场草拟正式书面答复，以备于杜勒斯赴日前送交美方。至何时发出，容续电达。

后一电说，政府已决定用书面形式正式答复美方，以便引起注意，以免美方批评我们对和约未提出具体意见。电报要我立即将文件送美方，并用电报报告外交部，同时邮寄一份全文。

关于缔结和约的程序，电报说，我们应在文件中加上我们认为与日本重建和平极为必要的观点，并说明我们支持早日召开和平会议的见解。但假如少数国家持有不同意见，以致无法召开会议，则我们自然赞同各自与日本谈判单独缔结和约的意见。可是，如果照此办理，我们就要求所有分别缔结的和约都采用共同的文本。

关于杜勒斯赴日访问，电报说，外交部已电告盟国对日委员会我方代表团团长何世礼将军，要他非常慎重地掌握局势。电报补充说，外交部还打算派一个代表去日本，目的是与日本政府和人民联系。

几天前收到叶公超来的另一封电报，报道1951年1月9日路透社的伦敦专电。专电说，英联邦国家一致决定共产党中国应参加对日和约的谈判；如共产党中国拒绝参加，他们仍将继续进行对日和约的谈判。叶公超希望知道美国政府是否接到关于路透社专电的正式报告，以及美国采取什么态度。他还要我敦促美国对赞同共产党中国参加的表示提出明确的反对。

1月19日我回复了全部三份电报。但事先我曾和负责远东

---

① 此件录自顾氏所存函电原文。——译者

事务的助理国务卿迪安·腊斯克进行了一次相当长的会谈,在会谈将近结束时,我提到最近在伦敦举行的英联邦会议。我说,我在新闻中注意到,会议通过一项决议,大意是中共政权应被邀请参加缔结对日和约的会议。我问,这一决议是否已转达美国政府,英联邦是否曾采取步骤要求美国接受。

腊斯克回答说,他只是从新闻报道中看到。就他所知,关于这个问题,还没有从英联邦收到任何函电。他问在座的柯乐博。中国科科长柯乐博证实,腊斯克的印象是正确的。

第二天,我打电报给叶公超,我说,关于英联邦国家一致赞成中共参加对日和约事,国务卿迪安·艾奇逊在 1 月 10 日答记者问时已说明了美国的看法,而且他的回答已记入前次的电文中。我前天会见助理国务卿时,我再次提出了这一点,但我没有从他那里得到明确的回答。

我接着转而谈到我们对美国对日本和约七点备忘录的答复。我说,根据 10 日合众社专电,苏联、菲律宾和印度已经发出对美国备忘录的书面答复,但其他国家大部分只给予口头答复,某些国家则只是提出一些问题。13 日,另一合众社专电说,杜勒斯已和远东委员会各成员国进行了商量,十二个国家,包括英国、法国、中国和苏联,都逐个谈到。而且,我听说,苏联对美国备忘录的答复主要是提出要求澄清的问题,并指出某些困难,但没有提出苏联的具体意见。此外,报纸上发表的美国原来的备忘录,清楚地表明,备忘录所提出的只是一些初步意见,以后起草具体条款或者选择条约措词时,美国将不受上述备忘录措词的束缚。我还听说,杜勒斯此行的目的,只在弄清麦克阿瑟将军和日本政府领导人的看法。因此,我说,如果我们现在不答复,不会给予他们批评我们没有答复的借口。但是,既然外长认为我们应送一书面答复,那么,我和杜勒斯讨论的各点,外交部就美国关于对日和约所提各项措施送交给我的计划和备忘录,都可以包括在送给美国参考的书面文件之中。可是,我告诉他,我们应作一保留,在我们作了更彻底的研究之后,为了维护我们的立场,我们可能要把我们进一步的看法送交他们。

关于所提书面答复的内容,我说,我将另行电告。我还指出,杜勒斯已决定在 22 日下午动身,我已用电话和他联系,并告诉他我将在他动身之前把备忘录送给他。最后,我问叶的意见。

当天,我口述了那个书面答复,概述中国政府关于对日和约的意见,采用了致杜勒斯备忘录的形式。我还将一份草稿送交外交部,以供阐述和评论。1 月 20 日,我和公使衔参事谭绍华和杨云竹举行了一次会议。杨公使是这个问题的专家。在委派到大使馆以前,他曾在远东委员会中国代表团工作,后来是盟国对日委员会中国代表团的一位成员。谭公使实际是我的助手,为大使馆处理条约问题并和美方会谈。这次会议的目的是讨论我的备忘录草稿,因为,叶外长曾要我起草备忘录并送交杜勒斯,但并没给我一份政府的决定或意见的明白而详尽的说明。

谭绍华极力劝我不要承担撰写备忘录的责任,主张要求详细的指示。但时间不容许这样做,最多只能请求外交部审阅我的草稿,因为杜勒斯将于星期一(1 月 22 日)下午去东京,并且我已和他商定在那天中午将备忘录交给他。

幸亏叶公超批准我的备忘录草稿的电报及时到达了——1 月 22 日上午——只提出了一条意见。他希望我将草稿中写的中国对日宣战日期 1941 年 12 月 8 日改为 1941 年 12 月 9 日。(由于地区时差,两个日子都对,我写 12 月 8 日是根据毛将军送来的外交部 11 月 4 日备忘录中所写日期。但台北的官方记录一定是一般都写 12 月 9 日。)从外交部收到回复之后,作了那一轻微的修改,我立即送一份给杜勒斯,因为他将在下午很早就动身。(备忘录见附录四。)

1 月 23 日,我把备忘录一份副本寄给纽约的蒋廷黻。1 月 24 日,当李惟果来访时,我和他讨论了这个备忘录。我告他,我曾按叶公超的指示在杜勒斯动身去东京之前,把这个备忘录送给了他。我对李说明这是如何起草的:添上了我上一次和杜勒斯会谈时没有回答的各点的我方意见,删去了我们同意日本在某种程度上重新武装,以满足其内部安全的需求,并使其能对增进太平洋地区(远东)的普遍安全贡献一份力量。因为后一意见我已在12月份按外交部指示亲自向杜勒斯谈过。

我告诉李惟果,我们必须考虑我们自己的人民对日本的情绪,以及菲律宾、新西兰和澳大利亚等国对日本重新武装的强烈反对。这是一个很微妙的问题。按实际情况说,美国认为日本必须对自己的内部安全作出些贡献,意即要有某种程度的重新武装,这是有道理的。然而,日本以前的敌人和受害者,仍然对日本非常忿恨。其他的受害者,还有中国人民,乃至我本人,在心里都觉得日本的侵略实在是极为可耻的事,这不仅对日本是可耻的,而且对全世界也是可耻的,因为日本的侵略手段十分残忍,对生命和财产造成了极大的损失。所以,由于考虑到中国和其他一些国家的民族情绪,关于日本重新武装一事我不想白纸黑字地写出来。因为,我已对杜勒斯说过,如要日本负责其内部安全,则中国同意,某种程度的重新武装是不可避免的。

在考虑中国对日本重新武装的态度时,我们必须记得,日本侵略中国才过去不久,中国人民在日本人的手里遭受了多么巨大的苦难。人民对日军的暴行给他们造成的灾难,记忆犹新。然而,与此同时,这也是非常明显的,在日本战败之后,自由中国的真正危险是共产主义,并且,对这种危险,即使是违背着人民仍然对日本存在着的敌视、恐惧和忿恨等自然的情绪,还是要设法在实际上加以对付。可是,对日本不进行报复的政策,在日本投降并解除武装后就开始了,并在决定支持日本完全重新武装时达到高潮。这原是蒋委员长的主意,并由他下达命令付诸实施的,根本不能代表中国的公众意见,特别是在此项政策发展的初期。委员长有他的理由,因而用他在国内的权威地位和巨大影响,把这一政策强加给国家。实际上这是违反人民的意愿的。

委员长坚持对日本的宽大政策,是由于他想在中国压制共产主义的危险。日本当初侵略中国的借口之一就是抵抗共产主义的威胁,并使中国成为这一政策的同盟。这与委员长称共产主义是最大的危险的看法正相符合。战后,他感到现实的危险是共产党人,因而他可能想要培养日本,日本在战前曾是非常反对共产主义的。

但是,在委员长的政策后面,显然还另有想法。他一定感到,就亚洲而言,中国的天然盟国是日本。美国,甚至在战争即将结束时,似乎就已对他失去了信心——这种感觉随着时间的推移变得愈益显著。他也对美国的远东政策大大地失去了信心,而且还觉得很难与美国共事。毕竟,美国人是西方人,并不很了解远东的事,而他本人也从来未到过西方,也不完全了解所谓的美国民主和盎格鲁撒克逊人对自由的概念。另一方面,日本则是一个亚洲国家,其文明大部分渊源于中国,而且与中国具有许多共同的历史经验。像中国一样,日本也从经验中认识到苏共的扩张主义,正和以前的沙皇帝国主义一样,是远东国家真正的,长久的威胁。

第二节　对日和约临时草案的谈判和修改
1951 年 2 月—1951 年 5 月

在美国七点备忘录所设想的对日和约草案能够正式提出并进行讨论之前,有许多障碍必须清除。所设想的条约有很多地方是独特的,对于日本重新武装之类的问题要获得盟国的一致同意毫无疑问将是非常困难的。为了达成协议,到 1951 年 1 月,杜勒斯已在纽约与参加联合国大会的有关国家代表,并在华盛顿与各国大使进行了多次讨论。随后,在 1 月份,杜勒斯被任命为大使级特使,赴远东与日本人以及菲律宾、澳大利亚及新西兰政府进行直接的会谈。

到 2 月,当杜勒斯到达澳大利亚时,澳大利亚和新西兰完全同意早日缔结对日和约是合乎需要的,但他们特别反对美国要在条约中规定重建日本军事潜力的决定。如要他们同意,他们认为必须有某些具体的保障,以防止重新出现来自复活了的日本的威胁。一个可能办法是缔结太平洋地区的安全及防御公约,这个问题对我国政府曾经是,并在当时仍然是具有重大利害关系的问题。

1950 年夏,我同杜勒斯讨论对日和约时,曾提到太平洋公约的问题。台北的政府曾要我查实关于美国对这样的公约感兴趣的报道。虽说我对这些报道感到怀疑,可是美国面临朝鲜战争及其可能的反响,确实更加可能接受和所有反共国家加强合作的政策,而不论这些国家的对内政策如何或者在第二次世界大战中站在哪一边。和杜勒斯谈话时,我心目中有一个同大西洋公约差不多的公约,这样的公约可以使亚洲国家(包括缔结和约后的日本)在面临共产主义的危险时,联合在一起进行磋商及合作。但是,杜勒斯当时并不认为军事公约是可行的或有益的,而美国政府总的说来,也不赞成这样的公约。可是,到杜勒斯接受新任命时,美国的想法已经有所改变。

1951 年 2 月 7 日,当杜勒斯还在东京时,国务卿艾奇逊在一次记者招待会上讲,他对太平洋公约没有成见。两天后,远东事务助理国务卿迪安·腊斯克所表示的态度就稍微更加肯定些,他说,美国对太平洋公约将表示同情的态度。一周后,新闻报道说,杜勒斯同澳大利亚和新西兰政府讨论过,甚至提议缔结太平洋公约。2 月 21 日,国务卿对新闻界发表了关于太平洋安全的声明。声明说,美国同情某些太平洋国家为了该地区的安全进行合作的愿望,已经就此与有关政府进行了非正式的讨论,而且将会继续这样做;但迄今为止,美国对此还没有具体的计划和建议。(《国务院公报》24 卷 609 号 369 页)

美国态度的这一明显改变,受到台北的注意。1951 年 2 月 23 日,外长叶公超打电报给我说:

> 美国政府对拟议中太平洋公约之态度似已较前积极,美

国政府显然已曾与澳大利亚及新西兰当局充分讨论。请查明美国在该谈判各阶段之态度，并查明其是否已就此公约拟定进一步之步骤。

3月6日，我就我对形势的看法回电说，美国政府曾强烈反对缔结太平洋公约，但它最近的态度似乎有某些改变，并表示现在可以和各有关国家讨论这一问题。不过根据此间的一般看法，美国政府还无意按照大西洋公约的模式，积极地促进缔结一个全面的包罗一切的太平洋集体安全公约。

我接着解释美国态度的这种变化的主要原因是，它热心于与日本缔结和约，并建立起一支日本的武装力量，使日本能成为反对共产主义的军事基地。由于澳大利亚、新西兰和菲律宾虽然对共产主义的威胁都感到必须极端小心地注视，但根本不赞成重建一支超过自卫需要的日本军队。因此，美国不得不在某种程度上迎合这三个国家的意见，特别是澳大利亚和新西兰的意见。同时，我说，因为亚洲的局势看来已发生了根本的变化，美国对远东的总的政策也不得不重新考虑。我接着提出美国可能遵循的路线：

（1）如果澳大利亚和新西兰坚持要得到安全的保证才同意和日本订立条约，那么美国就分别与每个国家缔结双边条约，以提供某种安全保证。可是保证的程度和美国的义务将低于大西洋公约的规定。

（2）即使将来的情况使得美国政府必须缔结多边条约，条约的规定也会与大西洋公约的规定有所不同。这一新公约的缔约国，将仅限于美国、澳大利亚、新西兰和菲律宾。日本的参加要等到和约缔结之后，并将根据当时的情况来解决。该公约不会包括亚洲大陆的国家，因为印度支那、泰国和缅甸全都位于危险地区，因此，马上邀请他们参加是不妥当的。（换句话说，美国不想卷入共产党中国和其大陆邻国之间的直接纠纷之中。）至于英国殖民地、马来半岛和印度支那，虽说一部分美国人认为这些国家的安全与日本对外贸易的复兴有关,并是美国所需要的原材料供给地,因此,应当予以适当的援助,但美国政府人士的感觉是,这些国家不能和澳大利亚及新西兰相提并论。至于印度,它怀着成为亚洲领袖的野心,已经声明它反对缔结全面公约。而且,华盛顿印度使馆的人员曾以个人的身份一再告诉美方,如这样的公约成为事实,美国应该阻止我们参加。巴基斯坦则希望参加这样的公约,但美国迄今尚未表明它的态度。

我在电报中说,前面所述的是总的情况。可是,在过去一年内,美国在远东所采取的措施,似乎是不自然的,并且是错误的,表明它确已丧失了主动权。虽说最近以来对此好像有些认识,美国仍难于作出公开的承认,更没有决心来改变其方针。而且,西欧国家不愿看到缔结一个全面的太平洋公约,而美国似乎也不愿分散它援助欧洲的力量。因此,它采取了头痛医头、脚痛医脚的政策,希望情况不致恶化。所以,我总结说,美国政策将来的发展仍须等待总的形势的发展。

在我发给叶公超这一电报的同一天,他给我来电说,根据报道,英国已经授权其东南亚高级专员与美国和菲律宾讨论太平洋公约问题。不过,它指示高级专员:(1)尽量不让邻近共产党中国的东南亚国家参加;(2)不让日本在公约中处于领导地位;(3)缔结此公约的会议一定要讨论并决定我们的政府应以什么资格参加。叶问,关于上述报道,我是否曾有所闻,而且英国是否在进行其他有关的活动。他还想知道美国的态度。在3月20日,我见到杜勒斯之后,我才回复了外长。

杜勒斯访问东京后,经由菲律宾、新西兰和澳大利亚,于2月25日返抵美国。其后不久(3月1日),在一次广播讲话中,他告诉美国人民关于他最近在国外会谈的基本原则:对日和约应使日本恢复其主权;日本应恢复经济独立;在日本与西方之间应建立密切的文化关系;日本应有合理的安全保障。对此,杜勒斯补充说,日本最后应当参加太平洋集体安全的安排。

杜勒斯回来后，也与苏联驻联合国首席代表马立克接触，讨论苏联继续商谈对日和约的可能性。但是，当马立克对新闻界发表一份声明否认他有任何这样的意图时，国务院正式答复说，美国将继续设法就和约条款取得全面的协议，但他们决不让任何人获得"否决和平之权"。换句话说，美国政府表示得非常清楚，现在不管有没有（假定没有）俄国人参加，它都要进行缔结和约的工作。那是3月5日的事。

约一周后，我收到叶公超的密电说①：

  据东京所传消息：（一）美所草拟之对日和约稿，将于三月底完成；（二）并分送各有关国家参考，惟我国与苏联则不在其内；（三）美国希望各该国能以类似之条款与日本分别签订双边和约；（即与美国草案类似。）（四）美日和约在七月以前当可签字云。希设法探明：（1）美国所拟之约稿格式，是否如我希望之共同约稿？（即包括我们向美国所建议各点之草案。）（2）约稿之草拟，是否不再拟继续征求各国之意见？（3）美国是否决定将我撇开？

约在同时，巴黎法新社报道，法国政府已经收到了美国对日和约草案的详细内容。所要采取的方式将是每个国家同日本缔结一个双边条约，但条约的内容将是相同的，并且希望所有这些双边条约都尽可能同时签字。报道进一步说，由于苏联的阻挠，盟国无法缔结一多边条约，因此，苏联应负延误之责。关于中国，该电讯说，西方国家关于中共政权意见的分歧，是中国不能参加对日和约的原因。外交部将3月18日的巴黎电讯通知了我，要我查明这则消息有多少是真实的，并且美国在对日和约的准备工作上有多大进展。

总而言之，在3月20日我会见杜勒斯时，有很多问题同他讨论，这次约会是在我的要求下确定的。不出意料，杜勒斯在回答

---

① 此件录自顾氏所存函电原文。——译者

我对他的准备对日和约之行和对太平洋公约所提的主要问题时，给了我所要寻求的信息。虽然和约的进展是巨大的，公约则仍处于预备、探索的阶段，美国还没有自己的明确意见，它的态度是愿意听一听意见和建议。

根据交谈的记录，班克罗夫特上校和国务院的罗伯特·费尔里也在座，费尔里曾陪同杜勒斯作了最近这次旅行。一开始，我告诉杜勒斯说，我要见他的目的是为了从他赴日本、菲律宾、澳大利亚和新西兰就对日和约所进行的讨论，得到某些启发。我告诉他，台北我国政府曾收到新闻报道说，美国的条约草案将在3月底准备好，并可能在7月签署。我告诉他，我不知道这些报道有多少是正确的，但我想知道是否会采用以共同文本为基础的一系列双边条约的形式。我对他说，对于这件事他最有权威，定能给予我以所需要的信息。

杜勒斯说，他不知道新闻报道说了些什么，但和约已经起草完毕，而且正在美国政府各部门间磋商，他希望磋商将于3月底结束，并完成文本。然后将送给我和有关国家的代表各一本以供评论，因为美国不希望被人认为在确定条约的条款上有任何独断专行的意图。

在回答另一问题时，杜勒斯说，美国草案的实质内容和美国关于这个问题的第一个备忘录所阐述的七项原则基本上没有什么不同。但关于领土问题，解决台湾问题的方式的条款，有所改变，以满足某些国家在商谈时所提出的要求。和约草稿决定把台湾问题的解决留待将来根据国际形势的发展决定。只要求日本放弃它对台湾、朝鲜、南库页岛和千岛群岛的主权、权利和要求，而把这些领土的处理留给盟国。并要求日本放弃太平洋委任统治岛屿的权利和要求，而接受由美国托管的制度。杜勒斯补充说，关于领土问题，不准备和日本进行进一步的讨论。

我问到关于重新武装日本问题的情况。

杜勒斯说，他大部分的讨论是同日本首相吉田进行的。但他说,他同吉田并未交谈此事。吉田觉得他不应进行包含内容过多的讨论,因为根据现行日本宪法,政府无权建立和维持武装部队。麦克阿瑟将军也不希望讨论这个问题,因为远东委员会曾经决议反对重新武装日本。因此,这个条约将不提这一问题。杜勒斯在与日本领导人结束讨论时发表的公报中,说明了美国在这方面的立场。吉田也发表了意思相同的公报。杜勒斯又说,美国建议在日本留驻部分美军,吉田在他的公报中表明他欢迎这一建议,并保证在经济和财政可能的范围内作出日本的贡献。杜勒斯认为,美国与日本之间对此事的协议,将采取互换函件的形式。

我说,我国政府一般地同情重新武装日本的建议,以便使日本能保卫自身的安全,并能对太平洋的整个安全事业作些贡献。但是,我听说,菲律宾、澳大利亚和新西兰对此感到很大的不安。

杜勒斯说,为了减轻他们的顾虑,美国建议允许日本建立某些地面部队,作为它对那一地区的集体安全体系的贡献。至于海军,比如说,可由美国提供,空军则由其他国家提供。这样,就没有哪一个国家能够对它的邻国实行侵略政策了。杜勒斯继续说,事实上,日本即便有限地重新武装,也会承担相当大的开支,而日本是否能负担得起,也是个问题。他认为,在可以预见的将来,日本能做到的最多是建立一支能够维持其领土内的和平与秩序的保安力量,而辅之以一个装备有快速巡逻艇和供监视用的一些直升飞机的海岸警备队体系。

我说,我听说英国想要限制日本的船舶总吨数。

杜勒斯说,这是真的,但美国不能同意英国的建议。由于与共产党中国的隔绝,日本现在的海运路线长度为战前的两倍,而船舶吨数只等于战前的百分之五。如日本的船舶再被限制,就不得不向美国要求更多的援助,而美国不准备给予比现在更多的援助。此外,日本为了维持其工业发展,开展海外贸易以赚取外汇,就需要进口原材料。假如日本不能用自己的船只装运,就不得不请求美国帮助。但美国不能帮助日本,因为本身还面临着船舶不足。美国不得不动用封存的船只,即足以证明这一点。他又说,还有钢材缺乏问题,即便日本在财政上能建造更多的船只,要获得造船所需的钢材也是困难的。因此,从全面考虑,实在没有限制日本船舶吨位的必要。一个在海上能对其他国家进行激烈竞争的日本,这要在二十年后才会成为需要考虑的实际问题。

我提到国民政府以及菲律宾和澳大利亚对西太平洋捕鱼区问题都有强烈的兴趣,并问在这一问题上是否得出了结论。

杜勒斯回答说,美国对这一问题也感兴趣,他将在当天下午和马格纳森参议员讨论此事。(马格纳森最近曾去日本研讨此问题。)杜勒斯说,所考虑的是要日本保证为了保护和发展太平洋的渔业资源,愿意与有关国家合作,并达成双边协议。由于这问题涉及许多详细的规定,把它包括在总条约中是行不通的。

提到下一点,我说,我相信某些国家,如英国,一定曾提出反对台湾参加对日和约,但其他如澳大利亚和新西兰等还没有承认北平的国家,由于他们对台湾比较友好,不会提这个问题。

杜勒斯说,恰恰相反,澳大利亚和新西兰明确地说,虽然他们承认台湾的国民政府,他们看不出台湾在对日和约上签字怎么能约束庞大的中国大陆,因此,在这一点上,他们宁可采取英国的观点。不过,美国直率地告诉他们,既然美国承认台湾的国民政府,它就只准备与该政府打交道。他本人力劝他们现在不要提出这一问题,因为这只能使情况更加复杂,最好是把它放在一边,等待将来国际形势的发展,或许可能澄清这个情况。

问到东京在这个问题上曾表示过什么看法时,杜勒斯说,他主要是和吉田会谈,吉田没有提到过这一点,实际上吉田似乎对此没有多大兴趣。

杜勒斯于是将情况总结起来说,对日和约的美国草案,将于3月底准备好,分发有关政府。他希望到4月底可以完成第二轮磋商。那时将制订出最后文本,然后再提出程序问题和条约的形式问题。他认为,条约可能在仲夏签署。

我接着提到太平洋公约问题,并且说,我从新闻报道和杜勒斯的演说中得知,在他最近所作远东之行,曾与菲律宾、澳大利亚和新西兰讨论过。我说,事实上艾奇逊在最近的一次声明中,也概述了美国在这个问题上的主张。

杜勒斯说,菲律宾似乎对此不大关心。他和季里诺总统交谈了对日和约,季里诺没有提出太平洋公约问题,只是一般地提了一下。杜勒斯推测,菲律宾对此不很热心是因为美国有一支空军驻在菲律宾,而且季里诺觉得,美国对帮助保卫这一地区至少负有道义上的责任。

杜勒斯继续说,在堪培拉,他发现澳大利亚急于要有一个公约。不过在他与澳大利亚对外事务部长斯彭德的讨论中,(新西兰外长多伊奇也参加了。)并没有提出任何具体建议。杜勒斯强调,美国不谋求这样的公约,但愿意考虑切实可行的建议。美国不想增加在远东所承担的已经很重的义务。美国认为太平洋公约不会为它带来好处,而只会增加义务。这个问题仍在初始阶段。

杜勒斯说,他对斯彭德和多伊奇说,首要的是,英联邦国家本身之间应商定一个实际可行的建议。到目前为止,英联邦各成员国不仅对于所提公约的性质和范围,而且关于谁应是公约的缔约国,意见仍不一致。如果英国参加,法国自然也要参加。那就会提出保护缅甸、香港和马来亚的问题,而引起公约是打算在亚洲保证殖民主义制度的误会。任何这样的印象,对共同事业都是十分不利的。那时,印度尼西亚可能也要求加入。

我提到,当斯彭德几月前访问华盛顿时,他曾对我谈到他对太平洋公约的意见,甚至给我这样的印象,他认为台湾也应当参加。我问,斯彭德在和杜勒斯讨论时,是否曾提到台湾。

杜勒斯没有给我一个明确的回答,而只是重申美国准备听一听任何切实可行的建议才能决定。

最后我说,我想提另一个问题,这问题可能对远东的形势有影响。于是我就提到巴黎的外长代表会议。我告诉他,我听说西方希望在拟议中的这次外长会议上讨论东西方之间所有不同的意见和紧张关系的原因。

杜勒斯说，那是美国、英国和法国的希望。他补充说，当马立克公开否认曾和杜勒斯讨论过对日和约问题时——尽管马立克的否认使他感到惊讶——他猜想，这是由莫斯科授意的，以便为在这次拟议召开的外长会议上讨论亚洲和远东问题铺平道路。但是，最近巴黎的发展已经清楚，亚洲问题不会列在议事日程上。他相信，外长会议在代表们商定议程后，将会以某种方式召开，但他怀疑会议是否会有成果。我们就这样结束了谈话。

当然，我立即就把和杜勒斯的谈话报告给了外交部长。同一天，3 月 20 日，我还给他发了下面的电报：

> 昨日合众社伦敦专电称，英美已大体同意在拟议之对日和约中采用宽大规定，俾使日本成为一有实力之强大非共产党国家而与西方合作。英美间之主要意见分歧乃关于日本之重新武装问题。英拟对日本之重新武装加以若干限制，特别在建立一支有效之海军方面。而美则主张恢复日本地位，使其与其他非共产党国家立于平等地位。

美国对日本重新武装的态度是美国政策十分明显的变化。对这一点，无论如何强调也不会过分。由于国民政府丧失了中国大陆，使美国突然把它的注意力转移到日本，帮助其成长。在世界历史上，一个国家用这样大的力量帮助一个敌国建设，是很少有的。对美国来说，德国和意大利，比之于日本，实际上敌对程度要小些。日本由于袭击珍珠港，实际上是最主要的敌人。但新的形势显然需要采取前所未有的行动。朝鲜战争只是占有大陆的共产党中国潜在威胁的一次表现。然而，它却产生了使美国转变其犹豫不定的态度的重大发展。在那以前，华盛顿的一些高级官员实际上是同情中共的。

见到杜勒斯一周之后，我再次访问了他，这一次是应他的请求。对日和约的美国临时草案已经完成,他想给我一本。这草案虽然仍以原来的七项原则为基础,可是详细多了。他还附交给我一份对草案制订过程作一般说明的备忘录。(三者抄件见附录五。)

我们交谈时,东北亚科科长约翰·艾利森在座。杜勒斯特别指出,备忘录中讲到,如认为有必要进一步考虑,美国保留提出改动和改变草案内容和文字之权。

在回答我的一个问题时,他说,虽然所提的文本是一份条约草案的形式,它仍然是以早先的备忘录所阐述的七项原则为基础的。他要我注意关于领土的第三章,该章申明日本放弃它对朝鲜、台湾和澎湖列岛的权利和要求;还有关于安全的第四章,其中规定承认日本拥有单独或集体自卫的固有权利。

我说,上次见面我忘了问一下关于赔偿问题,特别是菲律宾对此事的态度。

杜勒斯说,菲律宾外长罗慕洛将军刚寄给他一份备忘录,从中他推断,菲律宾政府是因为国内的政治原因,使问题悬而不决,而不是坚持要日本支付赔偿。菲律宾政府觉得,其人民因日本所从事的战争而蒙受重大损失,因此希望得到日本的赔偿,如明确放弃赔偿,会使政府为难。但他告诉罗慕洛将军,日本没有能力付出任何赔偿,即使有此能力,对菲律宾也不会有多大好处。原因有二:首先,在美国国会通过的菲律宾复兴法中,批准了付给菲律宾约五亿二千万美元作为预付款项,由菲律宾以从日本得到的赔偿来偿还;第二,美国政府在对其占领费用放弃任何要求的同时,对作为一项美国对日经济援助的二十亿美元作了保留。因此,这一要求应得到优先考虑,战争赔偿将放在后边。就菲律宾来说,如果它从日本得到赔偿,日本支付的款项必须转到美国以抵付原来的五亿二千万美元的复兴基金。实际上,在日本偿还了应当优先考虑的美国在占领时期给予日本的经济援助之后,以及在归还了美国预付的复兴基金之后,菲律宾已经不可能再从赔偿中得到任何好处。

我问,条约草案对日本和共产党中国之间的贸易是否有加以某些限制的规定。我说,除非这样做,否则日本和大陆之间的贸易将会严重削弱或甚至完全抵消美国特别对北平政权制订的贸易禁运措施。

杜勒斯说,草案中没有这样的规定。他能理解这是个重要的问题,但是他认为共产党中国不大可能通过日本得到对它具有特殊重要意义的东西。美国总是能够控制局势的。现在美国正在对日本供应煤、焦炭和铁。同时在日本和共产党中国之间也有一些贸易来往,供应它纺织品之类的东西。日本将会一直需要美国的原材料。如果日本对共产党中国供应有战略价值的原材料,美国就可以停止供应日本工业所需要的原材料。

我问,据我的理解,是草案文本达成协议之后,再来确定缔结条约的形式和程序,不知这样理解是否正确。

杜勒斯作了肯定的回答,并且指出,所附备忘录的最后一段就是这样说的。

我说,我将立刻把我的会谈报告给台湾,并寄一份备忘录给我国政府,一俟接到回复,立即与杜勒斯先生再次联系。

杜勒斯说,下星期六他将作对日和约进展情况的概括声明,并概要地说明所要讨论的问题。但他又说,这个草案应暂时保密,因为它的条文一旦在报刊上发表,则草案就会趋于定型,而给人以最后文本的印象,使修改工作更加困难。

谈到这里,我提到太平洋公约的问题,并问,自从我们上次会谈后,是否有了新的进展。

杜勒斯作了否定的回答,说那要由有关国家制定出一些具体建议。美国并不追求这样的公约,不想采取主动。因此,美国不去推动而是准备研究一切明确的建议。

最后我问杜勒斯,据报纸报道,美国政府对朝鲜问题很想实现和平解决,并已向有部队在朝鲜作战的其他国家提出一和平解决草案,不知是否属实? 我说,我认为,虽说这与对日和约没有直接关系,却是一个目前大家非常关心的问题,它不仅对所拟议的条约,而且对亚洲总的形势也可能发生影响。

杜勒斯同意这是目前大家非常关心的问题,它对其他许多问题,即便不能起决定作用,至少也会发生影响。但是,对于这个问题,他虽有一般的接触,而对其最近进展的详情却并不熟悉。他认为,腊斯克和麦钱特天天处理这个问题,他们能更好地提供所需要的消息。

第二天,谭公使会见菲律宾外长罗慕洛,同他谈了对日和约问题。罗慕洛告诉他,菲律宾人民把赔偿问题看得很重,不能接受美国全部放弃的意见。罗慕洛说,他曾把这种态度一再告知美国当局,而且他在最近和杜勒斯会见时,曾再次提出,为的是说服杜勒斯能理解菲律宾人民的想法。

罗慕洛还告诉谭,根据他的政府得到的消息,日本经济情况正在逐渐好转,并不像美国人所想的那样坏。因此,他的政府已指定一些专家来研究如何能获得起码数量的赔偿。他本人回到菲律宾后,将亲自参与这件事。

关于美国准备的对日和约草案,罗慕洛说,不久就会完成,并且说,希望一旦收到,中国和菲律宾要充分交换意见。他说,他将告诉菲律宾大使馆的公使兼出席远东委员会的代表阿贝略先生,除通知该委员会我们的代表李惟果外,并同谭博士保持联系,经常进行研究。后来谭向我作了报告。鉴于这次会谈之重要,我要他将会谈要点报告外交部长。

4月2日,叶外长通知我,关于我和杜勒斯会谈的长电,美国对日和约草案,及其所附美国备忘录均已收到。他还要求我继续报告我的看法,并告诉李惟果,作为我国远东委员会的代表,在他和我共同研究并讨论了这一问题之后,要报告他的看法。

两天后,李惟果应邀来访。我告诉他关于对日和约新的美国草案情况,并建议和他的代表团举行一次会议,以便我们能共同研究这个问题,并向外交部报告我们对草案的修改意见。那次会议是在星期一(4月9日)召开的。在会上我强调,为了不给美国人以我们是在给他们制造麻烦的印象,我们政府总的政策是赞同美国的意见,这是明智的。因为英国和其他承认了北平政权的国家,强烈反对国民党中国代表参加和约谈判,甚至澳大利亚和新西兰这些国家,虽未承认北平政权,但为了实用的目的,极力主张在和约问题上应该与之商谈的是北平而不是台湾。我们可以想象,当时国民政府处境的困难和令人难堪的境况。然而,出席的人总的意见还是赞成为了我们的利益,在需要修改的各点上,应细致研究,详细报告,由政府决定取舍,以免使自己承担过多的责任。

然而,这项研究工作是以尽可能快的速度进行的,研究结果编入一机密的备忘录中(《关于美国对日和约草案的评注》,见附录六)。在备忘录的基础上,由李惟果拟出了一份关于美国对日和约草案的修改意见的电文,星期三带来给了我。在星期四的另一次会议上(有杨云竹公使和黄思研先生参加),我们又进一步作了讨论。这次会议的主要目的是研究:(1)把我们致外交部的电文适当地分为两部分,一部分立刻发出,另一部分说明次要各点的,用航空邮寄;(2)在两部分中都加入了一些我认为必要的改动。他们都同意,并将包含基本各点的、修改过的报告第一部分,于4月14日以我和李惟果的名义发给叶外长,并请外交部送一抄本给蒋介石总统。

第一部分指出,对日和约草案美方约稿经托俞大维将军带回台北,估计业经收到。俞将军曾于1951年2月底到达华盛顿短暂访问,并于3月20日离开,先去旧金山,然后回台北。我们的电报说明,李惟果和我连同使馆和李惟果代表团的几个成员曾研究并讨论了这一问题,然后粗略地总结了我们的"初步"意见如下①:

---

① 此件录自顾氏所存函电原文。——译者

（一）约稿中与我关系最切者，似为第三条、领土之处理；第十一条、日本放弃在华一切特殊权益；第十四条、赔偿问题；及第十九条、关于非缔约国之地位。（二）第三条之主旨，系由日本片面放弃台湾及澎湖（以下简称台湾）。然未规定台湾之谁属，从法律观点言，我方固可主张应依开罗宣言、波茨坦公告及日本投降条款等文件，并参照约稿第五条，将千岛、南库页岛交予苏联之方式，在和约中明确规定台湾应归还中华民国。但此一方案可能引起何者代表中国接收之纠纷，且与当前美方维持太平洋区安全之政策相抵触，恐事实上困难滋多。约稿第三条至少使日本明确声明放弃台湾，似为不得已而求其次之办法。所可顾虑者乃第三条与十九条后段之关系。按第十九条后段规定，如某一国家不签订本条约，则日本一切权利、权利根据及利益等对该国言，并未减少或受限制。准此条文，万一我方未能参加缔约，则第三条虽规定日本放弃台湾，对我方并无效果。其结果，台湾之处置势将听凭其他签约国家之决定，我方将无发言之余地。（三）关于和约缔订之程序，美方于约稿前文之节略内称，俟将来再行商定之。在目前磋商期间，美方既以我国民政府为对手，将来缔约时，理应亦邀请我参加。但据钧前与杜勒斯大使交换意见所得印象，大英集团国家对此仍持异议，有摒弃国府参加缔约之意。细按此次美约稿措词，似亦寓有此一发展之可能。第十九条要旨虽系对付苏联，但亦顾及中国不参加缔约时之情形。尤以该条首始"除第十一条外"一语，显为针对中国而言。此点可能有两种解释，一为预防国府因遭其余国家反对，未能参加缔约；一为对付中共，为美方留措施自如之余地。蓄意深远，至堪注意。（四）关于赔偿，我曾决定在其余盟国不索赔偿之前提下，亦愿放弃。本此原则，第十四条大体上似可接受。惟该条所列各项豁免，我方对前四项似有保留之必要。（五）第十四条第二段规定，在某盟国境内之日本财产等,若遭另一盟国取得时,该项财产等,应由取得国向财产原在地之国家负责清理。此显系指苏联自东北搬运之物资而言,于我关系深切,亦堪注意。(六)领土部分,尚有团沙群岛,前曾一度由日本占据,中法两国似均曾认为己有,似应于第三条内,加入由日本一并声明放弃任何要求。请查案核夺。

叶公超首先在 4 月 19 日回电说①:

> 电悉。卓见与本部呈院者大致相同。惟团沙群岛,我向认系我国领土。日军既系 1939 年 4 月占领并将其划归台湾高雄县管辖,但投降后,即由我派舰接收,并经我划归广东省管辖。日军之占领,我似宜视为战时占领性质,故无须日本在和约内放弃。再,菲、法两国,对该群岛现仍觊觎,将其加入第三条,不但无必要,且将招致纠纷。

不到一周,我国政府正式答复美国政府对日和约临时草案的全文,外长就拍发给我。

与此同时,英国政府也一直在对美国的草案准备一个答复,且据报载,英国的答复对台北政府不利。大陆丢失给共产主义的另一个前所未有的结果,是引起了关于哪一个中国应该在国际上代表中国的争论,因此而关系到国民党中国参加缔结对日和约的问题。虽说中华民国对日作战时间最长,遭受损失可能最大,但大陆一旦丧失,一些国家就要对其参加对日和平会议的权利提出质疑,这是不可避免的,而且美国急于尽早缔结对日和约,将不得不考虑这个问题,并作出决定。一旦美国决定在没有苏俄的情况下缔结条约,直接来自苏俄的排除国民政府参加的压力,就没有什么可怕之处。但是,英国为追求其自身利益,也在逼迫美国排除国民党中国。人们可能记得 1951 年 1 月 9 日的报道,英联邦国

---

① 此件录自顾氏所存函电原文。——译者

家决定共产党中国应当参加对日和约的谈判,而不应是国民党中国。以后的新闻通讯提出了中国不能参加,并报道了我和杜勒斯3月20日的谈话。

在美国的条约草案公布之后,关于英国设法阻止我们参加的新闻报道就更加突出了。4月11日,国务院发言人公开承认英国政府曾于10日送交美国政府一份备忘录,主张邀请共产党中国参加对日和约的谈判,并在同一备忘录中说台湾应归还"中国"。可是,这位发言人补充说,美国政府拒绝讨论这一问题,在答复中仅仅说明美国对台政策没有任何改变。

大约在此前后,杜鲁门总统发表一个声明,大意是,杜勒斯周末将再去东京,同新任命的盟军最高司令李奇微将军和日本领导人讨论对日和约问题,以加速缔结和约。我给外交部发去一电,报告了这两个声明。

两天后,一位国务院发言人宣称:(1)美国承认国民政府,无意与共产党中国讨论对日和约;(2)美国继续坚决反对接纳共产党中国加入联合国;以及(3)美国对台政策一如自朝鲜战争爆发以来一再声明的那样,仍然保持不变。发言人还提到杜鲁门总统关于台湾中立化的声明,并主张台湾问题应以和平方式通过国际协商解决。他还说,杜鲁门总统宣布,杜勒斯已将美国的意见明白地回复了英国大使,杜勒斯下午已飞往日本。

同一天,4月13日,我与去欧洲旅行后来华盛顿的杭立武会谈。他曾在伦敦停留了约六周,接见他的是上议院议长乔伊特勋爵,因为首相和内务大臣对北平方面的敏感都很小心谨慎。但是乔伊特告诉他,如果朝鲜战争继续下去,也许接近年底,英国对北平的政策可能有所改变。杭还六次见到了次官罗伯特·斯科特。斯科特对他解释说,促使英国承认北平政权,不是考虑英国商务利益或在中国的投资,更确切地说,是想避免1917年英国对共产党俄国革命成功后所犯的错误。(我本人并不相信这种说法。)斯科特承认,伦敦起初对北平政权的性质和意图的赞许,证明是错了,但说,目前还没有撤回承认的意思。

几次会谈的结果,杭立武断定,在最近的将来,伦敦的政策不会有改变的希望。不过他期望最终能改变。他说,当他会见安东尼·艾登时,艾登并没有对将来承担责任,不过他宣称,英国政府本来应当只给予事实上的承认来看一看北平如何表现,而不应一下子就给予法律上的承认。杭立武在作出他的评价时,似乎还不知道英国在最近送交美国政府的一份备忘录中,主张同北平商谈对日和约,另一份备忘录则声称,台湾应交给中国,意指共产党中国。

4 月 14 日,外交部转告我,路透社伦敦 4 月 13 日的一则电讯说,英国外交部正在准备一份对日和约草案,送交美国政府考虑,目的在于能够拟出一个折衷草案送交远东委员会讨论。外交部要我查明美方的反应,并回报。

4 月 18 日,我派一位大使馆人员去国务院询问情况,然后我回复了外交部。国务院说,英国的草案实际上还未收到,但他们了解到,英国的草案早已完成,近日即将提出。关于草案将提交远东委员会讨论的报道,是不大确切的,可能是送交远东委员会的各个成员,而不是要提交委员会讨论。这种曲解可能是由于记者的粗心或者由于他们的误解。

关于最近的英国备忘录,我又另给外交部发了一份电报。我解释说,因为报纸最近曾报道,关于对日和约,英国曾提出两个建议供美国考虑。我曾让谭公使去国务院询问一些高级人员,是否可以将英国的信给我们一份。谭公使得到的回答是,英国的来信很简短,内容大致与报纸上发表的一样,不过有些记者把它理解成阐述英国对华政策的函件,实在是超出了原信的范围。然而,由于英国和美国都不准备公布该信,所以谭公使并未得到抄本。那位官员只能秘密地告诉谭说,美国不同意英国邀请共产党中国参加谈判的建议,而且美国认为,"谈判"一词应该解释为正式谈判,而现在的协商是非正式的。关于台湾和澎湖列岛领土问题,那位官员告诉谭,英国的意见是日本应当放弃对这些领土的主权,而将其让与"中国"。他还一再说,告诉谭的是机密,要求我们不要对任何人提及。向外交部汇报谭的谈话的电文中,我补充说,在台湾和澎湖列岛的地位问题上,英国的措词乃是出于狡猾的动机,对此我们应特别注意。

几天以后,4 月 22 日,叶公超外长通知我,我们对和约的意见已得到蒋总统批准,将用英文拍发给我。接着他专门谈到台、澎的地位,他说,如我们的意见得不到美国的同意,那么我们打算在条约签字时发表声明,说明台湾和澎湖列岛属于中国,这是事实,不需要任何手续来加以确认。我们还打算在事前对美国进行解释,以获得美国的谅解,至少要使美国不致感到需要发表一个相反的声明。外交部长还说,由外交部准备的我们对美国条约草案的修正案,因为与我们的看法和答复不同,还没有得到政府的批准。

我们答复的英文全文于第二天到达,附有一个要求,要在 24 日将其送交国务院,因为在那天,外长将要交一本给台北美国大使馆的蓝钦先生。由于英文原文是分两部分拍发的,而第一部分直到那天夜里很晚才到,所以有些困难。但我告诉谭公使,尽快地把文本准备好,并准备按照外长的要求,于第二天送交国务院。

第二天,我准备去国务院拜访杜勒斯。碰巧他那天上午十点钟刚从东京归来。在谭绍华对他的秘书说明我们要求紧急会晤的理由之后,他给予特别照顾,约我当天下午与他会见。会见之前,我自己仍有一些工作要做。因外交部来电改正美国关于七项原则的第一个备忘录的日期,而这份电报在上午十一点才到达大使馆。

下午,我按照安排见到了杜勒斯。我把我们的答复交给了他,还对他读了我们对某些国家企图在条约讨论时让北平政权参加而排除国民政府的声明,并表明我们希望美国想方设法在事前加以制止。这个声明是和我们的答复文本一起由台北拍发给我的,叶部长还特意要我在会见时,当杜勒斯之面宣读。(两份文本见附录七。)

当杜勒斯粗略看了一遍答复的内容之后,我解释说,这个答复和 1 月份我交给他的评论美国提出的作为对日和约基础的七项原则的备忘录,没有多大出入,有几处改动,最重要的改动是关于领土问题。

杜勒斯说,他注意到中国政府现在不希望回到美国原来提出的关于解决台湾问题的建议。

我说,确是如此。我告诉他,我记得我国政府在其上次备忘录中,曾表示愿意接受美国关于台湾问题的建议,并曾提出把缔结对日和约后解决该问题的一年期限延长为两年。不过,由于美国政府改变态度,现在只提要日本一般地放弃它对台、澎的主权和权利,中国政府不明白,为什么美国草案中规定日本将库页岛南部归还苏联,将千岛群岛移交苏联。对两组领土的不同处理,造成了对中国歧视的印象,这肯定不是美国的意图。

杜勒斯说,中国政府这方面的意见是合乎逻辑的。

我说,我认为,对这两组领土给予不同处理,一定有其特殊的原因。

杜勒斯说"是的"。美国认为,苏联不会参加所拟议的条约,因而草案规定,根据雅尔塔协定的措词,日本将南库页岛"归还"苏联,将千岛群岛"移交"苏联。"归还"和"移交"这两个词,从法律观点看并不特别合适,但美国觉得不应作任何改动,免得俄国以此作为不参加条约的借口。换言之,他暗示,因为苏俄不会参加这个条约,第三条的好处反正它得不到,但他不希望因这一条的措词关系成为苏联不参加的借口。

我说,从杜勒斯最近去日本以前的新闻报道,我了解到英国曾递交美国政府一份备忘录,极力主张邀请中共政权参加对日和约的谈判,并建议条约中包括一项按照开罗协议将台湾归还中国的规定。我还听说,美国政府不赞成那两项建议。

杜勒斯说,不是这样。美国政府在对英国的书面答复中说,美国只承认"中华民国"的国民政府,没有理由邀请北平政权参加讨论。

我说，我认为美国不赞成中共参加这一条约的态度，今天仍然有效。

杜勒斯表示同意，并派人拿来一份 4 月 23 日他在东京的讲话交给我，用铅笔标明一段要我注意，在那一段中，杜勒斯提到苏联对中国不守信义。1945 年订立中苏友好同盟条约后不久，苏联不顾它向作为中国唯一合法政府的国民政府所作要在道义上和物质上给予援助的保证，将大批日本武器和弹药移交给中共，并在 1949 年 10 月，进一步违反它对中国的条约义务，承认了中共政权，撤回了对国民政府的承认。

至于台湾问题，杜勒斯继续说，美国政府对英国备忘录的答复中指出，开罗协议规定，台湾和澎湖列岛应归还"中华民国"。他本人也曾亲自告诉英国大使奥利弗·弗兰克斯爵士——杜勒斯要求我对此保密——美国愿意执行开罗协议关于台湾和澎湖列岛的规定，但由于中国的国民政府坚持台湾是中国领土的一部分——北平共产党政权也持同一观点——如果美国承认这一观点，就无法证明美国第七舰队派驻台湾以保护其不受中共攻击的政策是正确的，因为那将构成干涉中国内政。为此原因，他说，他曾对奥利弗·弗兰克斯爵士解释，美国宁愿让日本简单地放弃其对台湾的主权和权利，故意在条约中使台湾的地位含糊不清，留待将来决定。

我说，我猜想，杜勒斯最近赴日与日本领导人讨论时，曾告诉他们关于英国、澳大利亚、新西兰和其他国家主张由北平共产党政权参加条约讨论的事，我很想知道日本对此有何反应。

杜勒斯回答说，他没有把有关国家的这种要求告诉日本人，日本人也没有提出这个问题。

接着谈到朝鲜，我回顾了我国政府第一次答复美国对日和约草案中，曾表示在条约中应明白规定承认朝鲜的独立，并说，我国政府仍持同样的意见，这已在最近的答复中表明。

杜勒斯说，美国已想到这一点，不反对这样的规定，因为这是在开罗协议中规定了的。他于是查找了开罗协议，并读了有关的文句，其意是，"朝鲜在适当时候应当获得自由和独立"。他补充说，事实上这一规定已经履行了。

我表示同意，并说，不仅中国和美国，而且还有一些国家已经承认了朝鲜的独立。

杜勒斯说，没有专门对朝鲜作出规定，而是把它包括在有关台湾和澎湖列岛的条款之中，只要求日本一并声明放弃其对这些地方的主权和权利。这样做的理由是，美国不希望对待台湾和对待南库页岛、千岛群岛的差别过于明显。另一理由是，朝鲜问题和台湾问题一样，也在开罗协议中作了规定。他补充说，但由于中国政府的建议，他将仔细研究这一点以及中国的答复中所提到的其余各点。

杜勒斯最后让我注意美国条约草案中第十四条的规定，如一个盟国在另一盟国的领土内拿走了日本的财产，前者应向后者交代。

我说，我和我国政府都以赞赏的心情注意到那一条的重要性，我们认为，那一条是打算应用于俄国在中国东北掠夺日本财产之类的情形的。

杜勒斯说，他不知道是否能使中国从这一条得到好处，不过，把它列在草案中是需要的。

至此，我对杜勒斯在长途飞行回来后当日就会见我，表示谢意。杜勒斯说，他立刻就去休息。

李惟果 4 月 25 日来访，我告诉他与杜勒斯会谈的要点，以及已经把我们政府关于对日和约的答复交给了杜勒斯。由于他是中国出席远东委员会的代表，我要让他随时了解情况。在台湾问题上，李同意我的意见，但强调台北需要在我们的人民面前表现出我们的政治立场，坚持主张台湾已经是中国领土的一部分。他接着说，他预料由于中共采取新攻势，朝鲜的局势将会有重大的发展。他觉得，这将会迫使美国进一步改变其对我们政府的政策。共产党的春季攻势已于 4 月 22 日开始。

4月26日,叶外长来电通知我关于蓝钦对备忘录的反应,叶外长在台北曾将一份备忘录副本交给他。据外长说,蓝钦对我们当前的情况似乎很了解。蓝钦问,我们是希望要一份书面答复,还是只是为了口头的讨论。我们告诉他,我们希望认真地讨论。叶外长还问我,杜勒斯是否会与我在华盛顿继续全面讨论,我与杜勒斯的会谈达到某一地步时,美国是否会给我们一份书面答复。他还强调,政府诚挚地希望美国不要回到当初七点备忘录中所提的由四国讨论台湾地位的方案。

　　叶外长还从新闻报道中看到,杜勒斯将去英国作进一步的讨论。他想知道,这是否确实,如果确实,他要我设法在杜勒斯动身之前,与他再作一次讨论,以便强调我们的意见。如杜勒斯不去英国,他想知道美国政府是否会另外派人前去。显然,政府唯恐英国说服美国政府接受其反对我们参加条约谈判,而赞成将台湾归还"中国"的意见。

　　就外长提出的问题进行了调查之后,我于26日作了回答。我说,杜勒斯现时没有去英国的打算,新闻报道不确。至少,目前对日和约的会谈将在美国举行,英国外交部所任命的协助英国大使办理此事的特派代表查尔斯·约翰斯顿已经到达美国,并将开始讨论。

　　但在一周后,华盛顿的晨报报道:

　　(1)国务院的消息说,杜勒斯可能在下半月访问英国。

　　(2)美、英专家在这里讨论对日和约已有十天,并据国务院发言人谈,讨论已有实质性进展。

　　(3)据报道,仍有几点须待两国政府当局最后决定。包括:a.英国希望重申1943年所作的诺言,台湾归还中国,这一点美国不同意。b.英国希望限制日本的造船工业,美国也反对。

　　5月7日,苏联政府答复了美国的备忘录和对日和约草案。不出预料,苏联照会所提要求之一是,由中共政权参加缔和。同时,还像英国的备忘录一样,对美国建议规定日本必须放弃对台、澎一切权利而不提将这些领土归还中国,表示异议。俄国的照会说,这是违反开罗宣言的。

美国于 5 月 19 日星期六,作了答复;国务院并于星期日晚将一份公报交给新闻界发表。星期六,谭绍华为远东委员会将美国照会的内容摘要电告外交部,电文如下:

> 关于程序问题,美国拒绝了苏联关于对日和约应由外长会议起草的建议。关于条约的实质问题,美国认为苏联照会中提出的各点,实际上都已包括在美国草案之中。因此,如果苏联确有诚意早日缔结和约,美国希望苏联能遵循美国提出的程序,同美国讨论和约内容。

> 公报中关于台湾和澎湖列岛问题的说法,以及应如何处置,值得我们密切注意。公报说,按照开罗宣言,满洲、台湾和澎湖列岛都应当归还"中华民国"而不是给"中国"。因此,美国的答复问道,苏联现在是否愿意接受归还"中华民国"的提法。

我还要补充一点,美国的答复还说,关于共产党中国参加的问题,美国不会"向公认的侵略者领教",这是一种相当坚定的态度。但是,美国是否会屈服于压力,在谈判过程中将国民党中国也排除在外,仍是个问题。

早在 5 月 11 日,叶公超给我打来密电,说董显光在与日本吉田首相交谈中得知,就中国来说,日本将与台北缔结和约,而且只与台北打交道。5 月 14 日,《纽约先驱报》载有内德·拉塞尔的一则有趣的报道。他说,盟国之间最近就对日和约草案交换意见的结果是,大多数国家,包括几个还没有承认共产党政权的国家,认为邀请国民政府参加缔约是不现实的,但美国尚未最后决定采取什么态度。不过,他说,随着麦克阿瑟将军回到美国,此间政界有很多反应,对远东问题有许许多多的议论。由于这一情况,美国政府可能提出邀请国民政府参加签署和约。但他对这一点是否会成为目前局势的焦点，表示怀疑。他说，所以负责对日和约的杜勒斯已与中国大使会谈，而没有向北平提出这个问题。不过，拉塞尔强调，英国和荷兰，以及尚未承认共产党中国的澳大利亚和新西兰都表示，他们预料共产党中国政府将会拒绝签署条约，但是他们这种推测并不一定意味着赞成国民政府参加。第二天，我将此报道的要点电告外交部。

与此同时，在台北，外交部继续拟订我们对美国和平条约草案的修正案，并已提交政府审批。5月7日，外交部来电通知我，这些修正案已得到"蒋总统"和行政院长批准，修正案将包含在致美国政府的另一备忘录中。其内容将用电报通知我，并要求我在收到电文后，立刻约定时间，将修订草案交给美方，并把约会日期通知外交部，以便外交部同时交给美国代办蓝钦一份副本。外交部电报还说，我们对草案所作的建议，其中以修正后的第十八条最为重要，值得特别注意。

该备忘录草案于当天稍晚到达，至少有几部分是当天到的，第三部分则在次日早上收到。其内容如下：

> 参考了1951年4月24日交给美国政府的信，在信里中国政府阐述了对美国政府准备的对日和约临时草案的一些意见，在这些意见的基础上，中国政府现在对该草案的原文提出一些修改。

> 中国政府为努力与美国合作，促进早日缔结对日和约，决定将其建议只限于对中国特别重要之点作修改。为此目的，中国政府对序言及第一、二、四、六、七、八、九、十、十二、十三、十七、十九、二十、二十一和二十二各条的规定，准备完全赞同。至于第三和第五条中的领土条款，以及第十四条中的赔偿条款，中国政府希望美国政府回忆一下上文提及的信件中所作的建议。由于这些建议仍在审查中，除了下面提出的以外，中国政府将在晚些时候提出其他修改建议。

> 下面的修改建议，供美国及其他盟国考虑。

第十一条；中国政府同意第十一条所依据的原则。但为了在解释关于日本放弃在中国的特权和利益的条款时不致留下可能出现争论的余地，建议对该条作如下修改：

"第十一条 日本放弃在中国的一切特权和利益，包括1901年9月7日在北京签订的最后议定书及其所有附件、照会和补充文件所产生的一切利益和特权，同意就日本而言废除上述议定书、附件、照会和文件。"需要指出，由于1901年9月7日的最后议定书系采取多边协定的形式，因此该议定书是否属于条约草案原定的处理范围可能引起怀疑。

第十四条；关于第十四条，建议作如下的修改：

(1)在"1941年12月7日"后面，应插入如下的附加说明条款："(就中国而言，日期应是1931年9月18日)"，这一日期只适用于中国，因为自1931年9月18日沈阳事变开始，中国和日本之间即存在着武装冲突状态。

(2)"1945年9月2日"这个日期，无论出现在草约第十四条第一段的任何地方，都改为："本条约开始生效之日"。

这一改动之所以必要，因为考虑到日本所放弃的领土，系由盟国在不同日期接收的，找不出其他适当的统一的日期。

(3)删去Ⅱ、Ⅲ和Ⅳ项条款。理由是，这个对日和约乃是在日本投降大约六年之后签订的，各个盟国很难，如果不是不可能的话，把这些项下所提到的财产交还日本或日本国民。而且，这些财产应当也认为是盟国可以从中取得赔偿要求的日本财产的一部分。

第十五条；在第十五条第一句和第二句之间插入下面的话：

"一度声称为某个盟国领土内的伪政权，如中国的'满洲国'和'汪精卫政权'，所保管或所拥有的财产、权利或利益，应认为是这一盟国的财产、权利或利益。"

第十六条;将下面一段补充到第十六条,作为其第二段:

"在不损害第十条规定的条件下,日本向盟国放弃日本及其国民根据战争状态结束前所签订的一切条约、协议或合同所取得的一切权利或利益的要求。"这一建议乃是基于第十四条最后一段的原则,并考虑到盟国的宽大态度而作出的。

第十八条;下面这一段补充到第十八条作为其第二段:

"本条约所指盟国国民,应认为系包括由日本放弃而由盟国管辖的领土内的全部居民。盟国的船只和公司,应认为系包括所有按照该盟国在这些领土上实施的法律和条例登记的船只和公司。"

我仔细研究了外交部的电报和对美国所拟对日和约草案的评论草稿后,在大使馆内召开一次会议,与李惟果、杨云竹和谭绍华讨论这件事。我觉得外交部评论对日和约草案的备忘录草稿的某些措词过于肯定。例如,对一系列条款表示"完全赞同",虽然在末尾也说了在其他国家将他们的意见告知美国后,还会提出更详尽的意见。不过,我知道,我们政府的意图显然是不给美国政府造成任何困难,甚至要避免使人产生我们给美国制造困难的印象,唯恐美国在某些国家的反对下不全力支持我们参加和约,因为英国、澳大利亚和新西兰等国反对我们参加。澳大利亚和新西兰两国虽未承认北平,但却认为让我们参加和约是不现实的而加以反对。再者,由于这项备忘录草案已由行政院和总统正式批准,我对参加会议的人说,我们不要提出过多的进一步修改建议,只提最重要的。

5 月 14 日,在进一步细心考虑后,我给叶外长发一长电,提出我觉得不够满意但在措词上稍加修改就能改善之处。有几点尤更为重要。例如,"完全赞同"这一提法用于美国草案那么多的条款,似乎使自己受过多的约束。在我们现在的草稿和以前交给杜勒斯的两份备忘录中,都保留了将来提出其他意见的可能性,这一明确的保留是需要的。特别是在我们得知其他国家提出的修改意见以后,我们可能非常希望有机会加以讨论,以表达比如我们对第十九条后一部分的意见,和第十八条在我们草稿中没有提到的那一部分。在美国草案的第十八条中,"以及成为本条约缔约国"这句话,有如我第一次见到原文时通知外交部的,深深地暗含着为某些不测事件所作的准备。规定非缔约国地位的第十九条可以说也是如此。因此我对外长反复说明,虽说大部分是暗指苏联,但是第十九条与第三条密切相关,在某些情况下,例如,因为这样或那样的理由,我国政府不能参加缔约时,这一条可能对我们产生严重的不利。我说,因此,在那种关键问题上,应避免明确地表示同意,似乎比较妥当。我建议使用不那么肯定的措词。例如"一般地同意"或者"初步同意"。这是我的电报的头一点。叶公超 5 月 18 日答复说,他同意可将这一措词改为"中国政府表示一般地同意"。

我的第二点意见是关于对第十四条的修正案中提到的 9 月 18 日这个日期。实际上,从法律的观点看,战争开始的日期问题,是很容易引起争论的,因为即使在九一八以后,中国和日本还保持着外交关系,而且又签订了几个协定。因此,所提的那个日期,会引起许多争论。我不知道是否可以用 7 月 7 日这个更适当的日子,特别是按照第十四条。我觉得,在这两个日子之间作一选择,事实上对我们不会造成太大的差别。

关于这一点,外长解释说,他们选定 9 月 18 日这一天,是因为它有更大的政治意义。但是他说,如果不能得到其他国家的同意,我们可以用 7 月 7 日作为我们方面的让步。

我的第三点是关于建议在美国草案第十五条中增加的那句话。我认为,如果不用"一度声称为……的财产、权利或利益……"而改为"一度在日本的财产、权利或利益……"就会使这一条更加清楚。对这一点,外交部同意了,但对我所提另外一点建议,(即提伪"满洲国"和"汪精卫政权"不合适,可简单地称"伪政权"。)回答是,这不会引起更多的困难,相反,这样可以消除解释上的困难。在我给外交部长的电报中，还有其他一些建议，以上提到的那些，已足以表明所做的工作，表明在我感到必要时对细节也是很注意，很小心的。

一收到外长答复，就把批准的改动写入临时和平条约修订草案中，并备好了一份修订过的备忘录，以便交给杜勒斯。但是，由于杜勒斯已于5月17日离开美国，要到26日才回来，而这件事是很紧急的，我就要求谭绍华公使把它交给国务院中直接在杜勒斯手下负责对日和约工作的约翰·艾利森。他们的约会是5月23日，我将此事报告了叶外长，并且告诉他，我将和艾利森安排好，杜勒斯一回到华盛顿，我就去拜访他，以便在他动身去英国之前，弄清美国政府对我们签署和约问题和关于台湾的处理问题等等的态度。

5月26日，外交部通知我①：

> 胡次长已于廿五日上午将草稿副本面交美大使馆林登秘书。于谈及我参加签约事时，胡次长曾谓，美反对中共参加和约，已有坚定声明，日首相亦表示日本政府决以我国为签约对象，且对日和约如无中国参加，将不成为对日和约。故我目前处境似见好转。又关于赔偿及日本安全问题，我方已排除种种困难，与美合作。关于领土问题，望美方能支持我方主张，即将台、澎明定归还我国，否则我国政府对友党、对立法委员、及对人民，均难解说等语。彼云，颇了解，并谓对此问题，已一再电询美政府意向等语。

> 执事晤杜大使时，自仍当以领土问题为洽商主题。查美方之所以拟将台、澎成为悬案者，并非由于：（一）为协防台澎一举留一法律依据；（二）顾忌英方反对。实则杜总统六月廿七日声明，业经我方明白接受，自不失为中美间谅解。此谅解已足作为协防根据。至英方态度，由于匪方已由联合国制定为侵略者，且予制裁，而其事事听命苏联，已日趋明显，不

---

① 此件录自顾氏所存函电原文。——译者

能无所变更。盼杜大使此行能力向英方解说,勿再反对台、澎还我。以上各点,希参酌办理。

总而言之,甚至到了 1951 年 5 月 26 日,外交部和政府至少在表面上,全都表示乐观。认为英国会改变主意,同意我们参加条约,并接受我们在领土问题上的观点。但在内心里,他们却是异常担心的。这至少是从我看到的情况所得出的印象,如,催促我再去与杜勒斯会谈的电报的数目;和除两个头等重要的问题(我们参加和约和领土问题)之外,政府在所有问题上都过分地表现出合作的倾向。

第三节　中国参加对日和约问题
1951 年 5 月中—6 月

一、面临反对国民党中国参加对日和约的问题
1951 年 5 月末—6 月 21 日

1951 年 4 月中旬,英国向美国提出备忘录,提议应由中共参加签订对日和约。美国对此坚决反对;表示绝不邀请中共参加。后来,5 月最后一周的报纸上有消息说,英国政府与印度政府都与美国国务院交涉,声明反对中国国民政府参加签订拟议中的对日和约。这些报道还透露,英、印两国政府还一直在积极联合与对日和约有关各国,特别是英联邦各成员国来支持他们的立场。有的报道甚至说,英国驻华盛顿大使业已对国务院施加强大压力,明确表示:如果美国政府坚持邀请中国国民政府参加签订对日和约的政策,英国政府、印度以及其他英联邦国家政府都将断然拒绝参加拟议中的和约。预料杜勒斯大使访问伦敦时,自然会遇到同样的压力。

当时,杜勒斯已肯定要在 6 月份第一周前往伦敦继续举行会

谈。要着重谈判的是诸如国民党中国参加签约这一类的问题,看来一直在华盛顿进行的英美会谈在解决这些问题上已经无能为力。这么一来,如果说国府对参加签订和约一事,5月下旬以前尚能在表面上保持镇定与乐观,那么面临5月的最后几天和6月初的种种新趋势,就再也沉不住气了。国府有关这一问题的全部电文,都明显地流露出忧虑之情。例如,5月27日外交部通知我,合众国际社25日由华盛顿发出一条电讯报道说,如果有国民政府参加,联合王国就拒绝签订对日和约。又报道了联合王国业已要求美国采取保留态度,等候远东方面的问题获得全面解决,并要求不让中国任何一方参加签订对日和约。部里要求我查明真实情况,并直接询问杜勒斯大使。

还收到总统府秘书长王世杰来电,他通知我,总统本人在对日和约签订的问题上深为关切。他问我是否可以秘密地和国会议员们接触,要求他们警告杜勒斯慎重行事。

英国所持的基本论点是,中国国民政府业已丧失大陆控制权,条约签订后无法履行。但这一论点极难令人信服。5月末与6月2日(星期六)杜勒斯伦敦之行的前夕,我连续两次与他会晤,都指出了这一点。

第一次会晤是5月29日在国务院举行的。我们专门讨论了国民政府对日和约的签订权问题,还讨论了国府也十分重视的领土问题。远东事务助理国务卿帮办利文斯顿·麦钱特和谭绍华公使也在座。杜勒斯大使抱同情态度,但深感反对我国参加的巨大压力;远东委员会的十二个国家当中就有十个反对国民党中国签约。杜勒斯想寻求某种办法,既可以将国民政府排除在外,以应付这种反对势力,又可以避免打击国府的威信。我们只谈了四十分钟左右,因为加拿大人应邀前来等候会面。后来我就会谈的详细情况向台北提出报告,还照例编写了一份记录。

根据谈话记录的记载,我首先提到委托谭绍华提交约翰·穆尔·艾利森先生的备忘录和我们提出的修正案,但不知杜勒斯先生是否来得及详细过目。

　　他说，文件已收到，可是还没有来得及进行研究。接着他把手上的文件看了一眼。他说，他注意到中国政府愿意把中日之间开始进入战争状态的时间定在 1931 年 9 月 18 日。但他提出，是否有必要追溯到那么远，卢沟桥事件爆发的 1937 年 7 月 7 日是否同样可以适应中国的意图。他认为 1937 年 7 月以前并没有连绵不断的敌对行动。

　　我说，杜勒斯先生对这一点的疑问我可以理解。这个问题台湾研究过，确定这个日期的理由是，导致中国长期抗战的日本侵略确实肇端于 1931 年 9 月 18 日的沈阳事变。尽管到 1937 年 7 月以前，两国间的战争时断时续，可是在心理上，全中国人民都感到，导致他们生命财产重大牺牲与损失的长期抗战是在 1931 年 9 月 18 日开始的。

　　杜勒斯先生就中国人民对这两个日期的心理状态问题，征求麦钱特的意见。

　　麦钱特回答说，他认为从心理上讲，中国老百姓的感情与中国大使的看法相符。从中国观点来看，确定 1931 年 9 月 18 日这个日期更合乎情理。

　　杜勒斯说，据他所知 1937 年 7 月日本再次进攻中国之后，中国才认为两国之间处于战争状态，可是他记得一直到珍珠港事件爆发才正式宣战。中国对日宣战还是在美国宣战后的第二天。因此他觉得 1937 年 7 月 7 日这个日期更为合适。

　　我说，事实上日本总是把它的对华侵略看作是一次事件，而中国本身由于种种原因（其中之一是接受了诸如英美这样友好国家的劝告）并没有对日宣战，相反地，继续允许日本的大使馆、领事馆留在中国境内，在日本也以某种方式保留着中国的外交代表，直到珍珠港事件前夕。但是毫无疑问，那时候事实上业已处于战争状态，战事连绵不断。在导致对日正式宣战的珍珠港事件以前很久，日本军队就几乎占领了半个中国。

谭绍华指出,中日战争本是不宣而战,这是更应看到的事实。

杜勒斯问,中国选择这个较早的日期,除了心理上的原因之外,是否还有什么实际的理由,他本人觉得毫无这种理由。他认为1941年以前,南京早已失守。接着他就转向麦钱特,请麦钱特向迪安·腊斯克提出这一问题,并由腊斯克来和我一起解决。

我说,如果杜勒斯先生确实觉得1931年这个日期不如1937年的日期合适,我可以上报我国政府,他们肯定会重新予以考虑的。

麦钱特说,从法律观点上看,1941年12月7日才是合乎逻辑的日期。

接着我就提出中国对美国草约提出的修改意见中的其他问题。我说,关于日本放弃其在华的特殊权益的第十一条,建议将1901年9月7日在北京签订的最后议定书中各项条款所赋予的一切权益包括进去。此修正案一如对意和约,行文比草案详尽,以免产生任何疑义。

杜勒斯说,比较简练的美国草案实为可取。在制订草约的时候,曾考虑过我的观点,但是觉得仅提放弃在华特权和利益就可以概括一切;而如果提出某一种特权,就会有人要求将其他尚未提到的东西也包括进去。他说,英国人也详尽地提出了种种修正案,但是他主张这个条约应该尽量简练,否则必然要卷帙浩繁。杜勒斯谈了这个意见后说,十一时他另有约会,要会见加拿大人,恐怕这次谈话不能过长。

于是我说,既然如此,我就只提我国政府极为重视的两个问题,有关修正案的讨论可以以后再说;第一是领土问题。我说,美国政府在提出七点原则的备忘录中建议,台湾与澎湖列岛问题应该留待对日和约签订后一年以内进行解决(第三点)。中国政府虽然在复照中接受了该项建议,而今美国已经放弃这项建议,中国政府为此感到高兴,并衷心希望不要再重新提出。我说,按照美国新草约,这个问题有专项条款(第三条)加以处理,该条款规定日本放弃对这些岛屿的主权,但并未指明向什么人进行移交。另一方面,在同一草约中的另一条(第五条)里却规定了日本把库页岛南部归还苏联,并向它移交千岛群岛。中国政府担心这种无异于歧视的区别对待可能在中国老百姓中间引起误解与不安。首先,它会造成一种不可靠的感觉,使他们为这些岛屿的安全感到忧虑。对台湾来说尤其如此,它暂时是国民政府所在地,中国大陆老百姓摆脱共产党统治,争取自由的希望就寄托在它的身上。因此中国政府衷心希望台湾与澎湖列岛能够享有库页岛南部和千岛群岛的同等待遇。这不会有什么为难之处,因为开罗宣言尽管局限于几个主要大国,却明确规定,这些岛屿必须归还中国。如果能增加一个条款,规定日本放弃的这些岛屿应该交还中国(中华民国),那就符合中国政府的意愿了。

杜勒斯说,关于台澎问题,他和其他国家也进行过多次讨论。他认为对这些岛屿的安全感到不安并无道理。

我说,杜勒斯先生的意见我可以理解。只要第七舰队留驻台湾海域阻止来自大陆的进犯,这些岛屿当然安全。但是对于这些岛屿的最后命运不作规定,自然会引起猜测,从而加深人们的忧虑,尤其是对它们的处置与南库页岛和千岛群岛迥然不同。

杜勒斯说,这些岛屿要移交苏联的规定从表面上看似乎对苏联有利,但是他要我留意一下附加条件(即第十九条):如果苏联不参加对日和约,日本向它移交岛屿的规定就毫无意义,而日本对这些岛屿的领土主权将维持不变。这种情况很可能发生,因为苏联业已宣布它不想参加和约。他深信我肯定不会情愿由于中国政府未能参加签约而使台湾与澎湖列岛遭到同样的后果。

我说,杜勒斯先生方才讲的话使我想起了我国政府特别重视的第二个问题,即国民政府对日和约的签订权问题。我知道许多业已承认中共的国家对此表示反对,但我强烈要求对国民政府的签约权予以充分承认。提出这一观点具有充分的理由。国民政府仍旧占有联合国安理会常任理事国的席位,而且为三分之二的成员国所承认。十四年来一直领导并引导中国抵抗日本侵略的正是这个政府。该项条约是要结束对日战争状态，如果没有首先抵抗日本侵略，打得最久、牺牲最大的国民党中国参加签字，那必将是一个违反惯例的条约。如果仅仅因为共产党中国不能或者不愿参加，就剥夺国民党中国的签约权，那是对它不公正，因为实际上这等于对它的抗战施加惩罚，把它与共产党中国划进了同一范畴。

杜勒斯说，国民政府签约问题已成了美国与其他国家之间一个反复讨论的课题。不仅承认共产党中国的国家反对，而且像加拿大、澳大利亚与新西兰这样的国家也都同样反对。他浏览了一下远东委员会的会员国名单，他发现除了国民党中国以外，共有十二个会员国，而这十二个会员国中间赞成它参加的不过两国。十个国家反对，他们都说不明白这个条约如果由国民党中国批准，将怎样应用于中国大陆。对他们而言，这是个实际问题。

我说，这个问题可以分解成两部分：签字与批准。就有关签约问题而论，根据我陈述过的理由，国民政府履行这种权利是不容置疑的。至于国民政府的批准在大陆上的实效问题，那必须看世界形势的发展与变化。当然，世界未来形势的进程如何谁也不能断言，可是截至目前为止，似乎有迹象表明，国民政府的批准肯定会在大陆上越来越有效，并最终在大陆贯彻执行。

我接着说，无论如何，这个酝酿中的条约顶多不过是个局部条约，因为苏联不会参加已成定局，共产党中国也可能不会参加。这些国家不签字，该条约在中国大陆和俄国的广阔领土上就不会生效。这就意味着与各国签订条约并得到批准之后，日本还要面临俄国这样一个强国，这个强国对日本的意图决不能令人放心。换句话说，条约签订之后不过是个过渡局面，最后还要随着时间的推移和世界形势的变化，经过调整和转换，形成一个稳定的局面。

杜勒斯说，这种状态对于美国本身来讲，是困难重重的。如果没有多数以上的对日作战国家签字,签订这样一项条约对美国就毫无意义。如果大多数国家拒绝签约,此约美国是否还值得签订,那就值得考虑了。因为拒签各国都会认为,从技术角度上看,他们与日本依旧处于战争状态。他们就会继续行使盟军最高司令部的职权,没有美国也照样开展远东委员会的工作。美国方面并不反对国民政府参加签约,不过这个问题应当从各方面考虑:万一大多数有关国家拒绝参加签约,会有什么后果。他认为,一项能够起一点作用的条约,最低限度要包括亚洲大多数的国家,诸如印度、缅甸以及英国与英联邦中的其他成员国。

我说,我国政府和我个人对美国的友好与同情的态度表示感谢,我知道美国为国民政府参加签约问题,在各国之间排难解纷,竭尽了自己的最大力量。我衷心希望杜勒斯先生此次在伦敦讨论这一问题时,继续全力劝说英国政府不要再坚持它那种不现实的反对国民政府的立场。

杜勒斯说,他当然要继续尽力而为。

我表示,希望能在杜勒斯先生由伦敦归来后不久再次与他会晤。

杜勒斯说,如果有什么新情况,即使在星期五他启程赴伦敦以前,也很乐意与我再次会面。

我说,承蒙杜勒斯先生的厚意,如有重要情况,我一定再次求教。

5月30日,我接见了中国使馆法律顾问里格尔曼先生。他对某一诉讼案的协作问题提出一些建议,我接着就告诉他,需要公开辩护的新问题是国民党中国在对日和约上的签字权。英国、印度,甚至还有澳大利亚、加拿大和新西兰,似乎都提出异议和加以否定。倘若美国舆论界不加反对,就存在美国政府予以迁就和默许的危险。我说,我认为并没有拒绝承认国民党中国的签字权的充分理由。

他说,最近他和英国大使奥利弗·弗兰克斯爵士谈起英国对台北的态度问题,这位爵士对他说,英国舆论日益觉察到当初承认北平政权的错误,但是作出新的决定与变化需要时间。(乔伊特对杭立武也是这样讲的。)至于印度,印度大使潘迪特夫人对他说过,印度最关心的是实现亚洲和平,这样印度就可以努力开发自己的国家,提高人民生活水平。

我告诉他,这样的论调我也有所闻,那不过是冠冕堂皇的话。印度目前所遭受的潜在的共产党侵略威胁,不亚于被共产党征服前的中国。我说,印度当务之急,莫过于首先出力保卫亚洲的自由,然后才可能真正富有成效地实现其国内发展计划。康斯坦丁·布朗跟我说过,即便这一法案获得通过,印度也得不到美国的小麦。鉴于法案所采用的词句,不符合规定的条件。(这正是国会针对印度态度所作出的反应。)

次晨,我收到了外交部长对我最近电报的复电。电报上标有"特急,密"字样,他首先要求我在杜勒斯去英之前再与他会晤一次,强调我国对参加签订和约极端重视。他说,倘各有关国家一一履行签约手续,恢复和平,单单把我国排斥在外,不能参加签字,那不仅对我国政府的威信、对台湾与大陆人民的士气是一次沉重的打击,而且对中日合作的前途以及对稳定远东整个局势的种种努力,都将产生有害的后果。

他说,在抗日战争中,我们曾与美国并肩作战。如今由美国主持的对日和约我们居然不能参加签字,那么大陆上的中国老百姓当然会觉得,美国既然能够如此轻易地抛弃自己的盟国和友邦,那么他们所谓的美国友谊也就难以信赖,而中共叛乱分子的一边倒政策归根结底也就不能算作失策了。叶衷心希望美国能对这些评论给予重视。他还说,在必要时,对1931年9月18日改为1937年7月7日的提议,我可以表示同意。他还要我与有影响、对我国又友好的美国朝野人士进行联系,请他们在杜勒斯动身之前敦促他在伦敦进行谈判时,就签订和约问题给予我们最大的支持。

那天下午，我再次与杜勒斯面谈。这次见面是由他主动提出来的。按双方约定，随行人员都没有出席。谈了八十分钟。我们议论了伦敦、渥太华、新德里、堪培拉和惠灵顿在国民政府对日和约签订权上给我们造成的困难和提出的反对意见，讨论了解决的途径与办法。我们以各自的观点进行了充分的争论，但气氛是友好的。我得到的印象是，他一定会竭尽全力首先和英国达成令人满意的妥协方案，否则条约本身就会面临全盘失败的危险。

我首先告诉杜勒斯，星期二的会谈要点我已经报告台北，今天早上收到回电。我说，中国政府万分重视对日和约的签订权。剥夺它的这种权利不仅意味着对它的威信以及对台湾和中国大陆老百姓的士气的一种沉重打击，而且也会损害国民党中国与日本的未来合作以及远东的安全。我说，事实上必将产生影响深远的反响，也必将给美国在亚洲的威望造成严重损害。首先，这必然会使大陆老百姓的最终从共产党的统治下解放出来的希望幻灭。他们指望的就是国民政府，他们苦苦盼望的正是它在美国的援助下，领导这个解放运动。倘若国民政府由于美国支持不力，在其他国家的反对下果真不能参加和约的签订，台湾和大陆上的老百姓（事实上也包括亚洲人民），必将得出这样的结论：美国的友谊再也靠不住了，因为到关键时刻，美国会将朋友抛弃。这不仅会使中国老百姓大失所望，从而觉得共产党百分之百地倒向俄国的政策也未必不对，而且也会为共产党提供一个重要的理论根据，进一步宣传他们的亲苏外交政策无比正确。

杜勒斯说，我方才所陈述的一切，他是可以理解的，但他要指出，他本人对国民党中国和国民政府是一向十分同情的。自从来国务院任职，他一直尽心竭力地设法改善美国对国民政府的态度与政策。他总是希望提高身临逆境的国民政府的威信。为此目的，他一直在与我这个国民政府的代表，商谈对日和约问题，与其他政府一视同仁。可是现在的远东委员会里，除了中国以外的十二个国家中提出反对国民政府签约的居然有十国之多。他说，在近四十年的外交生涯中,他从来没有遇到过像这样的难题,也许在我的长期外交生涯中也未曾遇到过。如何提高而不是损害国民政府的威信,同时又能实现对日和约的签订,对他来说真是一个极端困难的问题。正是为了这个缘故,他本想将我们 29 日的会谈接续谈下去,充分讨论,可惜他当天另有约会,未能如愿。

杜勒斯说,也许我能制订出某种方案,以达到他方才说过的目的。他盼望这个问题可以通过这样一种方式加以解决;这种方式将体现国民政府对签署对日和约的一种贡献,它不仅获得国民政府的同意,而且还是国民政府出于共同利益主动倡导的。如果国民政府坚持它的签约权,而大多数反对它签约的国家拒绝签字,从而使和约流产,那对中国的事业非但毫无裨益,反而会有所损害。至于那些对国民党中国不睦的国家必然要乘机攻击,说国民党中国是美国的累赘,对日和约未能实现是因为它采取不妥协的态度,而签约的失败必然要危及日本的安全,从而恶化整个局势。从这方面来看,美国人民一定会归罪于国民政府。为了避免这一切,他想与我共同拟定一项双方都满意的方案,而实际上他业已和几位参议院的朋友谈过,说他正在与中国大使共同研究这个问题。

我说,我认为困难是由于某些国家的反对而引起的。但他们的反对即使有点道理,我本人也难以理解。首先起来对日本应战而且抵抗日本侵略的时间最长的是国民政府,中国老百姓牺牲也最大。珍珠港事件之后,美国与国民党中国结成盟友,他们共同对日本军国主义作战。事实上,中国已被公认为抗日战争中的四强之一。指挥这次战争并领导中国人民坚持长期抗日的国民政府居然不能参加签字,这样的对日和约当然是荒谬的。我认为我国政府在对日和约的签订权上不应也不能出现任何问题;那些反对国民政府参加签约的国家也从来没有为他们的态度提出过一条明确的理由。

杜勒斯接着说,据他看,这个问题可以从三方面考虑。首先,从合法性这一角度看,国民政府毫无疑问应该拥有签约权,因为它在整个抗日战争中领导全国抗日。第二,关于权威性,他确信无疑,关于这一点他 1951 年 5 月 18 日在纽约华美协进社的演说中就已经明确表示:国民政府更能代表台湾与中国大陆老百姓的观点与思想感情。第三是权力问题。那些反对国民党中国签约的国家,特别强调的正是这一点。他们认为它的签字与批准在中国大陆上不能生效。杜勒斯说,这是不容否认的明显事实。一小时前来访问的澳大利亚新任大使斯彭德先生也持同一论点,反对国民党中国参加的理由是,它的政权管不到中国大陆,因此条约也就不能在那里付诸实施。

我说,这一点我自然可以接受,然而我怀疑这是否可以构成否定国民党中国签约权的充分理由。因为条约上没有它的签字并不能使条约在中国大陆上更有效。显然共产党中国和苏联一样,都不会在条约上签字。所以对那些反对国民政府参加签字的国家,我想出一种反驳的办法:杜勒斯先生不妨采取这样的立场,即美国只承认国民政府,不承认北平政权,愿意支持台北政府参加签字。尽管国民政府签署与批准和约的效力可能有限,虽对大陆无效,可是最低限度在拥有八百万人口的台湾绝对有效。

我接着说,据我了解反对国民政府签约的大多数国家都已承认中共政权,所以锐意支持共产党中国成为签约国。果然如此,杜勒斯先生就可以对他们声明,他们倘若觉得条约草案应该征求北平政权的意见,并争取它参加签字的话,美国可不予反对;但是要美国同意这一立场必须实现两个条件。第一条是美国与各国达成协议的共同草案,不得徇中共的修改要求而有所变更。第二条是中共必须从朝鲜撤军,并提出保证,不再从事侵略。我说,那些国家(更不必说美国)竟能与一个被联合国定为侵略者,其军队至今犹在攻击和屠杀联合国部队的政权共同承担庄严的条约义务,这实在令人难以想象。我觉得这两条合情合理,任何人也无从提出异议。我相信,结果一定会迫使反对的国家放弃反对立场,接受美国的主张。

杜勒斯说,关于北平从朝鲜撤军并保证不再侵略的问题,他觉得让朝鲜问题介入对日和约谈判是不明智的,特别是因为美国一贯采取这样一种立场:朝鲜问题的解决不应牵涉诸如台湾联合国会籍这些不相干的其他问题。

我说,即便丢开这两个条件,共产党中国也不会愿意在对日和约上签字。

杜勒斯表示同意,接着站起来让我看了一份北平给苏联大使的照会。照会上宣称,中共政府完全赞同苏联政府在对美国草约问题复文中所表示的意见和评论。他说,这就清楚地表明,北平政府本身没有独立见解,其见解都是莫斯科的。这就再一次证实了他的看法:各国并不是在与北平、莫斯科分别地单独交往,实质上不过是在与莫斯科一家打交道。

我反复重申自己的看法:因为苏联不想参加签约,共产党中国也当然不想参加。

杜勒斯先生对此表示同感,并且说,不能指望苏联改变主意,接受目前草拟的条约。

我说,英国与其他英联邦国家阻挠国民党中国参加签约,我实在难于理解。我重申,截至目前为止,实在看不出它们提出反对有什么正当理由。但我又补充说,仔细研究一下当前的形势,我禁不住要怀疑它们灵魂深处是自有动机的,不过不便说明而已。两个世纪以来,英国一直是世界公认的头号强国,唯一的权威帝国。它本是公认的亚洲盟主。由于种种力不从心的原因,盟主地位已输给了美国,而它总想设法夺回来。在英国人的头脑中,亚洲一直是他们帝国最宝贵的一部分,如果英国人依旧企图在印度与其他英联邦国家的支持下,继续把亚洲划归英国的贸易与特殊势力范围,我认为并不足为奇。

回顾历史,我记得英国仿佛一向是对第三者介入亚洲地区心怀妒忌。在 1894 年至 1895 年的中日战争之前,美国是公认的日本密友,与它保持着极其亲善的关系,而当时英国的注意力集中在中国,它在中国的铁路、矿山都有投资,还控制着海关。它在对华贸易中是个大亨,把中国看作它实质的与潜在的特殊势力范围。中国在战争中败给日本后,英国将注意力转向日本,两国友好关系日益成熟,直至结成英日同盟。当时美国通过宗教方面与教育方面的种种活动在中国大陆上占了上风。这个英日同盟的目的就是要抵消美国的在华势力,也同样是为了防止俄国向南亚渗透。我说,因此我倒认为英国所以要反对国民政府,其动机实际上是要在亚洲建立一种抗衡局势,特别是力量的平衡,以对抗美国在亚洲大陆方兴未艾的权势。尽管英国业已放弃了印度这块殖民地,可是仍然千方百计地把印度控制在大英联邦之中。他们一直在同心协力争取共产党中国,意欲使亚洲成为美苏之间的一种第三势力;这是十分明显的。

我说,这样讲也许有些牵强,但是大战期间我在伦敦住过五年,有许多地位显赫的英国朋友偶尔也透露过他们内心的若干想法。他们痛感两次世界大战中英国牺牲惨重,而美国却由于战争的最初几年避不参战而大占便宜。下次大战他们本身也要置身于战争之外;如果战争爆发必不可免,他们就打算让美国和苏联去打,以便他们也抓住机会享受一番中立之利,补偿以往的损失,重建自己的经济实力。

我补充说,我并非有意在英美之间制造恶感或误解。我所讲的不过是我了解到的英国人内心深处的若干想法。在英国人的心目中,对美国是存在着严重的妒忌、对立情绪的。只消考虑一下美国一跃而为世界第一大国之前英国的全球霸主地位,就可以看出,这种情绪是很自然的。也只有根据这一点我才能解释英国为何坚持反对国民政府,而实质上反对的正是支持国民政府的美国政策。我觉得英国是在展望未来,看到美国、日本、国民党中国的大联合(中国在美国的援助下迟早会重返大陆)必然会进一步损害英国与英联邦在亚洲的地位。就国民政府的签约权来说,我认为英国应该首先带头承认。在亚洲的对日作战中出力最大的是中、美两国。例如收复缅甸,国民党中国的伤亡接近二万五千人,在也有美国人参加的缅甸战役中首当其冲。杜勒斯先生肯定会记得,史迪威将军麾下的盟军所展开的缅甸之战是十分艰苦的。

接着我问杜勒斯,想采取什么方式解决问题,既能维持国民政府威信,又能排除其他国家的阻挠促成对日和约。

杜勒斯说,他一直在考虑这样一条路线:由国民政府主动地采取不妨碍条约签订的立场。他所考虑的是,一旦美国与各国签订了条约,并经批准生效,该条约所赋予的各种权利,国民政府可以同样受益。例如,与日本恢复外交关系,签订贸易、商业以及国民旅游等协定。所有这一切国民政府都能办到。而美国也将设法为国民政府作出安排,这样国民政府并不会丧失任何威信。他还说,其他国家对这种安排也无从反对,因为条约生效后,日本就恢复了主权,可以随心所欲地签订这一类协定,而且他相信日本肯定有意于同国民政府达成这些协议。

我说,杜勒斯先生所谈的话可以归纳成一句话:国民政府不必实际参加签约,照样可以享受条约所赋予的权益。

杜勒斯说,这正是他的想法。不过从法律上看来,由于国民政府并未签订和约,国民政府与日本之间的战争状态尚未结束而已。

我说,就日本而言,我可以私下向杜勒斯先生透露,中国政府通过一位会晤过吉田先生的密使,业已证实日本首相是赞成国民政府参加签约的。当问到吉田先生,这是他的个人意见还是代表日本政府时,他回答说是日本政府的意见,并表示这是日本的民意所归。这位密使问他,是否准许把吉田先生的声明报告中国政府,吉田先生作了肯定的回答。我估计,日本方面不会有多大困难。

杜勒斯说,他也有同样的印象。

我说,日本政府的态度可能是受了美国的影响。

　　杜勒斯重申,美国是赞成国民政府参加签约的。

　　我说,对这个问题,我已深思熟虑,认为杜勒斯先生的解决方式恐怕不能使我国政府满意,因为其结果依旧将其排斥在参加签订条约之外。我认为较好的办法是避免举行会议,只是安排各国在不同的时间签约,也不必举行什么仪式。例如美国可以在上午首先签约,下午或者次日再由英国和别的国家接着签约,随后是其余各国,只要条约的文本是经过商定由各国共同使用的即可。我相信在这种情况下,我国政府一定不会坚持第一批签字。满可以等相当多的有关国家签字之后再签。到那时,现在反对国民政府签约的国家早已签了字,如果美国政府坚持自己的立场,其他国家也就无法再反对国民政府签约,因为他们在条约上签了字。也许,这个办法既能使那些曾经宣布反对的国家保住面子,又可以保持国民政府的合法权利与威信。

　　杜勒斯说,这倒是个令人感兴趣的主意,里面自然大有文章。就他个人来说,他无论如何是不赞成召开会议签订和约的,因为一召开会议,事事都要通过多数表决,在目前的情况下,这种办法会使美国处处感到棘手。但是他认为,如果中国能够等到各国批准之后再签字,那就格外理想了。

　　我认为,那样可能为时过晚,难免造成歧视国民政府的印象。我说,我希望再次重申上次的意见。杜勒斯先生如果在这个问题上坚持自己的立场,英国与其他各国必然会接受美国的观点,因为它们在许多方面都要依靠美援,这是不容否认的事实。此外,依我看,他们反对国民政府参加条约的签订并没有真正充分的理由。我国政府的全部要求也不过是行使条约的签订权。考虑到国民政府在抗日战争中的功绩,考虑到战后年代它在远东委员会与东京盟国对日委员会里,在对日问题上始终不渝的合作态度,谁都不能合理地反对它成为条约的签字国。难题的产生并非来自我国政府的非分要求,实应归咎于英国和其他国家的无理阻挠。

杜勒斯认为,在当前的情况下,国民政府希望参加签约并非小事(势难如愿)。其他国家不管以什么样的理由加以反对,它们的反对终归是个事实,他觉得自己应该正视这个问题,处理这个问题。他当然要尽力而为,根据中美两国的观点说服它们。可是他并没有成功的把握,也并不希望这个条约仅仅由美国和另外一两个国家签订。果真如此,则远东委员会与东京盟国对日委员会的大多数国家将有权继续会商,并行使东京盟军最高司令部的职权,这样一种态度美国是不能支持的。这样一来,还不如干脆不签订条约。他所希望避免的正是这种局面。这对国民政府也不利,会使它在美国也遭到责难,特别是因为日本的安全会遭到危害。

我接着又问,《纽约时报》那天上午报道说,伦敦与华盛顿业已达成协议:共产党中国与国民政府都不得参与和约,此事是否属实。

杜勒斯说,报道不实。他说,读到这条消息,他很恼火,立即下令否认。美国在这个问题上并未接受英国的意见。这个问题尚待充分讨论,他即将前往伦敦正是这个原因。

我问,据说印度发表了与伦敦类似的声明说,只要有国民政府参加,印度就不在对日和约上签字,此事是否属实。

杜勒斯作了肯定的回答。

我再一次要求杜勒斯,在即将与英国人举行的伦敦会谈中态度坚决,我感到他最后必将取胜。

杜勒斯再次表示,他一定尽力而为,可是没有把握。他说,他要想尽一切可以采取的办法。我所提出的两项建议,他觉得很有帮助,他一定多加考虑。杜勒斯在回答问题时表示,他准备星期六下午一时零四分启程,希望我在这段时间里思考一下其他的妥善解决办法。他对我说,如果有什么新的设想,要毫不犹豫地去和他会晤,如果需要,即便到了机场他也高兴和我见面。这是一个十分棘手的问题,因此他仍准备听取各种意见。但是他说,他希望我不要把他的话作为美国政府的意见上报。他提出的这些纯属他本人意见,美国政府对这些意见或其中的某一部分是否同意,他并无把握。

我说,对我所提出的建议,也希望作同样说明。这些都是我个人的见解,事先没有向政府请示,可能与我国政府的意见并不一致。

在回答另一个问题时,杜勒斯说他在伦敦大约要逗留六天,然后前往巴黎,返回华盛顿的时间大概是 6 月 13 日。

第二天是 6 月 1 日,星期五,在杜勒斯启程之前,我又安排了一次临时会晤。上午收到叶公超来电,让我再次会晤杜勒斯时,加提下列两点①:

> (一)对日战争实由日本侵华开始。我国作战最久,且与美国实负主要作战任务。如不获签约,反不如其他盟国,于理实难谓平。(二)如杜氏在英时对此事遭遇困难,我亦可赞同各国分别签订和约,但仍主用共同约稿。请照办,并复。

我立即电告外长,这两点我早已面告杜勒斯——在他发这封电报的时候,无疑是尚未收到关于我最近两次会晤杜勒斯的详细电报。但是我说,我业已约定次日上午第三次会晤杜勒斯,一定向他再提此事。我同时还告诉叶公超,我正和国会里的朋友们保持接触,要求他们拥护我国政府参加签约,以此来支持杜勒斯在伦敦进行谈判中的立场。(事实上,那天我就召集使馆的高级官员举行了会议,布置他们与我国在美国国会中的朋友们联系,请求他们帮忙,支持我国参加签订对日和约的要求。那本来是毋庸争议的权利,却遭到了伦敦、渥太华、新德里和惠灵顿方面的反对。)另外,我还告诉叶公超,艾奇逊将出席参议院外交委员会与军事委员会联席会议(麦克阿瑟听证会)阐明美国远东政策,我正建议杜勒斯趁此机会向国务卿提出问题。这样一来,艾奇逊就可以借此机会公开提出保证,他无意迁就英国政府对中共政权的新

---

① 此件录自顾氏所存函电原文。——译者

政策。我又说,但是否得以实现,还没有把握。

次日上午,会见杜勒斯之前,又收到叶外长的一封加急密电。有关上次与杜勒斯会谈的电报他已经收到,现在要我根据他前两次的电报,以及我对杜勒斯提出的建议继续交涉。我的建议是,一、不召开和平会议。二、让各盟国在几天的时间里,一一分别签字。但是他就第二条特别强调说,这一步骤绝不意味着我国政府对这个条约仅仅属于加入性质。他要求分清各别签约与美国草约提到非签约国的第二十二条所规定的加入条约之间的区别。

与杜勒斯约会的时间是上午十一时,这是一个星期以来的第三次会见,是商量为国民党中国争取对日和约签订权的问题。但是他这一次似乎对条约的签订信心减弱了,因为伦敦、渥太华和堪培拉提出许多要求,要对日本的行动自由施加种种限制。分别看来无关紧要,可是结合起来看,恰恰与签订一项宽大条约的美国政策相抵触。

谈话一开始,我就告诉杜勒斯,上星期四的会谈纪要我已上报,现已收到我国政府的表态回电,我想在他启程赴伦敦之前向他面陈一切。我对他说,美国政府和杜勒斯先生在我国对日和约的签订权问题上所表现的同情态度,我国政府深表感谢。然而台北的领导人对英国政府与其他国家政府顽固地阻挠国民党中国参加条约的签订,显然感到十分不安,甚至极其愤懑。他们和我本人一样,对于这种反对实难理解。我说,中国毕竟是首先抵抗日本侵略的国家,而且战争的时间最长。战场上伤亡三百万人,逃难的平民死伤二千万人,全中国的损失不计其数。然而今天为了国民党中国的和平条约签订权却居然引起激烈的争议。

我想缅甸参加签约是不会出现这种问题的。然而缅甸是中国部队在美国的配合下,经过艰苦作战才从日本侵略者的手中解放出来的。在缅甸的各次战役中,中国的死伤人数不下二万五千人。所有这些牺牲仿佛都被英国与其他持反对立场的国家所遗忘了。

我接着说，为了继续执行与美国合作的政策，国民政府准备同意，把上星期四我亲自提出的建议作为最后的解决办法，即不举行和平会议，但安排各国在不同的时间，分别在条约上签字。英国和其他各国政府既不想和国民政府坐在一起签约，后者也并不渴望奉陪。所以我国准备从容地在条约上签字——其他国家签字几天之后再签也未尝不可。我说，我国政府所以准备采取这一步骤，唯一的目的是要为杜勒斯先生与各反对国家进行谈判尽量提供方便。但绝不能因此而误解为中国政府承认他们的反对理由充足而予接受。从表面上看，他们反对国民政府也许是为了在他们业已承认并不愿意加以触犯的北平政权面前保全颜面。但据我看来，他们的反对是从根本上反对美国继续承认国民政府的政策。这似乎是在采用一种转弯抹角的方式攻击这一政策，设法使美国改变这一政策。如果任凭他们肆意进行阻挠，国民政府的国际地位必将遭受严重伤害，它的国际条约签订权必将受到影响，这是毫无疑问的。那也就意味着由此产生的后果为美国所承认。我又说，尽管有几个国家承认了北平政权，世界上还有三分之二以上的国家和美国一样，依旧承认中华民国的国民政府，它在联合国、远东委员会，以及东京盟国对日委员会中仍然是一个正式成员国。剥夺国民政府对日和约的签订权，势必削弱其国际地位。

　　杜勒斯说，既然中国政府反应如此强烈，那就必须想办法保卫它的威信。他一直在想，如果美国采取种种步骤，敦促日本在各国签字、批准之后，将条约的一切权益赋予国民政府，这样，国民政府即便不签字，也会享受到条约所提供的权益，其威信也得以保持。日本可以照办，这一点他认为没有问题，因为和约生效之后，日本就恢复了主权，就可以根据本身的意愿与其他国家自由签订协定。但是根据我的陈述可以判断，国民政府对这一办法不会满意。我在上星期四提出的建议也许可以采纳，即北平与国民政府都参加签约。

我说，我是提过那样的建议，但那不过是驳斥英国政府和其他政府反对国民政府签约的争辩之辞，让共产党政权真的参加签字，那可完全不是我国政府的本意。

杜勒斯说，他并没有误解我的观点，而且相信北平政权并没有接受这个条约的迹象，按条约的现状来看，它是不情愿签字的。他还告诉我，北平致苏联照会中信誓旦旦，完全赞成苏联对草约的看法与批判。

我问杜勒斯，除了我提的建议以外，他是否想到过其他可供选择的方案。

杜勒斯回答说，也许可以召开一次会议，邀请国民政府和各国政府派代表团参加，借以表示国民政府与参加过对日战争的其他国家享有平等待遇。但签约一事，可以依旧安排各国分别签字。拉丁美洲各国则必定会等到与此事关系更密切的国家签字之后再行签字。所以国民政府可以等到各国签字、条约生效之后再签字。

我问，杜勒斯先生所考虑的是否就是草约中的第二十二条所规定的加入行为。

杜勒斯回答说："是的。"

我紧接着说，这可是我国政府断难接受的。今天上午收到的电报已经对我作了明确指示。这样的步骤简直是让国民党中国走后门或旁门进去签约。长时间的等候肯定会使国民政府所遭遇到的歧视引人注目，并使它的国际威信遭到打击。如果把这种措施强加给国民党中国，我相信我国政府宁可不加入条约，而向世界舆论提出控诉，要求对这种措施裁定是非。我说，我依旧认为杜勒斯先生本来的想法也许可行，即不举行会议，而安排各国按不同的时间分别签字，并可以达成一项谅解，让反对国民党中国签字的各国首先签字，国民政府随后选定日期再在条约上签字。我表示希望杜勒斯先生暂不提出这一折衷方案，而在与英国政府谈判中坚持国民政府的条约签订权，以迫使后者按我所建议的方式提出折衷方案,作为最后的解决办法。

杜勒斯认为从原则上讲,国民政府的地位并不像我所想象的那样巩固,因为正如反对国民政府签约的那些国家所指出的那样,国民政府既控制不了大陆领土,也管辖不了那里的百姓——这毕竟是个事实。换句话说,它并不能使它的签字在大陆上具有任何意义或产生任何约束力。

我说,对这一事实我不想争论,但国民政府的签字可以结束对日战争状态,这一点我过去就说明过了。至于签字在大陆上无效的问题则无需争辩,因为没有国民政府的签字也不能使条约在大陆上产生什么约束作用。

于是,杜勒斯先生要求我复述上星期四就签字与批准之间的区别所讲的话。

我回答说,我曾力图指出签署乃是一种权利问题。这是一个不容置疑的原则问题。至于批准行为的实效那是事实问题。世界处于今天这种局势,在台湾的国民政府所批准的条约当然不会在大陆上生效。但这种逆境随着国际局势的发展(特别是远东局势的发展),会有所改善的。共产党政权控制下的大陆老百姓业已日趋不稳,说不定会有那么一天起来造反,推翻这个政权,或者颠覆大陆上的若干地方政权。一旦作战条件成熟,那么国民政府就可能在美国的支持下派部队登陆,恢复政权,即便不能全境恢复,至少可以局部恢复。

我接着说,拟议的和约充其量是一个局部条约,因为北平政权与苏联都不参加,它在中国大陆和苏联的广阔领域里就不会生效,这种缺陷只能由国际局势的根本变化加以补救。所以我希望杜勒斯先生与英国人会谈时,会像他以往多次表示的那样,坚持国民政府的签约权。

杜勒斯先生反复重申,就原则而言,对国民政府并不十分有利。他追溯到当年的凡尔赛会议,俄国要求参加凡尔赛条约,但它的申请遭到了拒绝,而诸如高尔察克、邓尼金那些反苏维埃的政权也没有获准参加。换句话说,两大集团都被拒于和平会议之外。所以反对国民政府参加对日和约是有先例的,因为中共政权也不能参加签约。

我说,反苏维埃政权的情况完全不同,因为西伯利亚的高尔察克政权和黑海沿岸的邓尼金政权都处于苏联控制区的全面包围之中,而国民政府至今仍是联合国远东委员会和东京盟国对日委员会中的正式成员国,并为世界上三分之二以上的国家所承认。

杜勒斯重申他的期望:和平条约不应该由于国民政府的态度而招致失败。若果然如此,美国人,特别是对国民政府并不同情的那些美国人,会说国民政府成了美国的累赘,导致了条约的流产。他当然意识到,按当前的各方面情况来看,即使国民政府签约与否的问题得到解决,和平条约的签订也没有把握。但是他并不希望条约的流产会归咎于国民政府。还有许多其他争议需待解决。

我问杜勒斯,这是否指英国提出的限制日本船舶总吨位问题,以及对日安全措施问题。

杜勒斯回答说,除了这两个问题以外,还有澳大利亚、新西兰和加拿大提出来的其他问题,这些国家对一个复兴的日本提心吊胆。他说,仔细研究一下这些分别提出来的各种问题,并没有哪一个是性质严重的,可是同时一齐写进条约,就会阻碍条约的早日签订,因为它们的性质都属于限制日本的独立主权与行动自由。实际上,这就意味着一种政策上的矛盾。美国在条约上的倾向是,应该在宽大政策的基础上签订,这不仅可以促使日本与外部世界建立和平的正常关系,也可以帮助其自立更生。其他各国则坚持各种限制,似乎是企图订立一项限制严格的和平条约,其结果必然使日本在条约一旦生效之后,就千方百计地设法摆脱这些限制。这样就必然直接有利于阴谋把日本推进俄国怀抱的那些人,而俄国也就会毫不迟疑地利用条约的这个性质,在日本人民中间煽起对实施条约本身的不满与对抗情绪。

我趁势说,蒋介石委员长多年以前就宣布了中国在对日和约上的政策,其主要精神是必须以宽大条件为基础,不可怀有复仇意识。换句话说,国民党中国对待日本的观点与美国一致。所以国民党中国为了早日签订对日和约,希望与美国通力合作。这可能就是英国与其他国家反对国民政府参加的另一原因。我又说,世界局势变了,对整个条约的问题总应该采取现实主义的手段。在某种意义上来讲,现在就与日本结成友邦与盟国是荒谬的,但却是一种高明的策略。

杜勒斯说,这正是美国的政策,美国要帮助日本强大起来,在援助日本上已经花了二十亿美元,这一行动在国际史上是没有先例的。其他各国虽然口头上不承认,实际上,由于担心日本重新发动侵略,希望它保持虚弱状态。

我问,关于签订条约的地点,美国是否已经有所考虑,作了选择。

杜勒斯回答说,有几个地方,如马尼拉、东京、檀香山、旧金山、华盛顿都在考虑范围之内,但还没有定下来。

迪安·腊斯克这时候进来,杜勒斯把我们讨论的要点告诉他。他再次强调一定要及早签订对日和约,并要求国民政府不可只顾保持威信,使自己陷于导致条约流产而遭受非难的境地。

我则再次申明,国民政府与美国同样急于早日签约,它的唯一要求是它的签约权不遭到否认。我重申国民党中国在抵抗日本侵略方面所作的贡献,以及全中国为完成此项任务所作出的牺牲,并表示国民政府批准条约的实效是个实际问题,只有等待世界形势的演变来解决。

腊斯克说我是一位有名的方案专家,他相信杜勒斯先生和我一定能够拟定出一种大家一致满意的解决办法。

外交部收到有关这次会谈的电报,觉得杜勒斯已不再同意给予我们全力支持。所以外交部长赶紧再次要我抓紧时机,争取美国两大政党中的朋友们给予积极支持。他说业已致电蒋廷黻，要他与托马斯·杜威和亨利·鲁斯接触，并在采取这一步骤之前与我商量。接着他要我把最近三次会见杜勒斯的情况告诉蒋廷黻，并酌情与民主党取得联系，向保罗·道格拉斯这些人士求援。（叶公超在阿默斯特大学求学期间，道格拉斯是他的教授。）总而言之，叶外长担心杜勒斯在伦敦不会采取强硬的立场。但是我在6月4日那天的日记里写道："我觉得他（杜勒斯）会尽心竭力的，鉴于美国舆论界的现状，姑息北平是不会得到谅解的。"

第二天，我给纽约的蒋廷黻写了一封长信，向他简要地介绍了我与杜勒斯就国民政府签订对日和约问题所举行的三次会谈。我还收到叶部长5月28日的一封来信，秘密地通知我，蓝钦觉得在我国签订对日和约问题上，美国可能抵制不了某些国家的反对，我们必须准备万一。

快到黄昏时，又收到叶的几封来电。一封电报说，国府为了取得对日和约的签订权，决心为平等地位而斗争；含有异议的任何提案，即使有助于我国的参加，也要另行考虑，国府碍难轻易接受。他要我将此铭记在心，并转告蒋廷黻。

次日，即6月6日，我如约拜会迪安·腊斯克。有五六个问题我想提出来和他讨论，其中包括国民政府参加对日和约的签订权问题。

在提出我国参加和约问题时，我引用报纸上的消息说，杜勒斯先生正在伦敦与英国政府讨论对日和约问题，我问腊斯克是否已经收到会谈的报告。我对他说，我当然是在考虑国民政府的签约权这个我国政府极为关心的大事。我说，上星期六当他来到杜勒斯先生办公室的时候，我就对他说过，那些反对国民政府参加签约的国家所提的理由，我和我国政府都难以理解。我国政府认为，它的签约权不应该有任何异议，因为它领导全中国抗日十四年，而且大部分时间都是中国孤军苦战。中国在战争中军队伤亡三百万，老百姓死伤二千万，此外财产的重大损失不计其数。接着,我又简要地重申了国民政府据以要求和约签订权的全部主要论点,这些论点在与杜勒斯的会谈中我曾多次提出,并已在前文中详述。

腊斯克说,到目前为止,杜勒斯先生一直在伦敦商谈日本的航运与贸易限制之类的问题,对于签约问题尚未提出。他问我想提出什么方案借以渡过难关。

我回答说,曾向杜勒斯先生提过两个方案:

(1)其他各国向北平提议,约请它参加签约,美国不必反对,但要以它们不再反对国民政府签约为交换交件;要美国同意不加反对,必须履行两个条件:a.北平必须接受美国和各国一致通过的条约,不要求作任何本质上的更动。b.必须提出明确证据,证实北平业已放弃对朝鲜的侵略,其部队业已从朝鲜撤退。我说,这都是合情合理的条件,谁也无从反对。

(2)不必为签约举行和平会议,但要拟定一份大家一致同意的统一的条约文本,由各国在不同的时间签字。这样,美国在某一天签字,英国就可以跟着在下午或者第二天签字,依此类推。国民政府不会非要抢到其他国家前面去签字不可,有些国家不愿和国民党中国一道出席,国民政府也不屑与它们为伍。所以国民政府对推迟几日再行签约也并不介意。这样一来,那些反对和国民党中国一道签约的国家就早已签过了。

腊斯克说,他依旧希望杜勒斯先生回来的时候,我可以和他一道想想办法。

我估计杜勒斯不会屈从反对国民政府签约那些国家的意见,我希望杜勒斯坚持立场,因为屈从反对派意见一定会在亚洲产生非常不利的反响,这一点我早就提过了。我说,东方人仍是非常尊重道义的。

腊斯克说,遗憾的是大多数反对国又都是亚洲国家。

我说,制订政府政策的都是那些国家的首脑人物,未必能反映出各国人民的情绪与意见。这些首脑人物陶醉于争取独立斗争的胜利,显然是得意忘形,不能作出现实的判断。我还记得两年前缅甸在中美两国全力支持下,得以批准加入联合国以后,它的代表在联合国政治委员会的一次会议上所发表的第一次演说。这位缅甸代表在长达一小时左右的演说中,竭力向委员会宣扬缅甸在大战中所发挥的巨大作用,以及该国为了共同事业所作出的牺牲,而中国在缅甸的解放事业中所作的种种贡献他居然只字不提。我说,这体现了亚洲新兴各国的态度。所以我要再次力劝美国在国民政府对日和约签订权的问题上绝对不能让步。

腊斯克认为,还非靠这"让步"二字不可。美国所期望的是国民政府不被人视为签订对日和约的一种障碍。

我说,我国政府和其他国家一样,急于设法使条约尽早签订。它并没有进行阻挠,所要求的不过是作为签字国之一的基本权利不遭到非议。设置种种障碍的正是那些反对国。我希望美国政府在这个问题上要态度坚决。

腊斯克说,这个问题要由杜勒斯先生定夺。

我再次表示希望杜勒斯先生始终态度坚决,万一杜勒斯先生发现英国人的立场顽固,宁可作为悬案也不要迁就。腊斯克紧接着说,杜勒斯先生带着总统的训令,他要根据这些训令行事。于是我们就此结束了这段谈话。

早在6月4日,《纽约时报》发表过一条专电,报道了杜勒斯的"严格"训令。据说训令的内容是:(1)坚决主张国民政府签字;(2)中共在停止侵朝战争之前不得参加和平条约的谈判。

这条专电还说,麦克阿瑟将军免职之前,杜勒斯曾想采取一项妥协办法,即让国民政府与中共都参加签约。但最近几周,美国政府对我国政府的态度好转了,并主张,只要中共不停止侵朝,就绝对不能对共产党采取任何妥协措施。专电最后说,关于台湾问题,美国政府坚决主张,和约内必须明文规定,日本要放弃一切对台权益,但对台湾主权的未来归属问题不必加以说明。

向外交部上报这条电讯时,我附加说明,对所转训令内容各点实际上是否属于美国当局的国内宣传,或确系该训令的实际内容,我要进行核实,然后提出报告。所以,6月7日得到新情况以后,我再次致电外交部。我了解到下达给杜勒斯的训令,不过是要他必须反对中共参加和约谈判。训令暗示:关于我国政府签订和约问题,可能再作一些让步。关于签订和约的日期,我听说可能仍须等待朝鲜战争结束。

蒋廷黻6月7日来电话,说已收到我关于对日和约的信,他同意我向杜勒斯提出的两项方案。我信上谈到的另一问题,我们的意见也不谋而合,那就是关于叶公超要求蒋廷黻与托马斯·杜威和亨利·鲁斯联系,想办法会见杜威,请求他支持我们参加签约这件事。因为大家一向都知道,杜威在外交事务上依靠杜勒斯出谋划策,我认为让杜威对杜勒斯施加压力会使他感到为难。蒋说,他对会见杜威也很伤脑筋,但他业已见过亨利·鲁斯,他答应通过他的《时代》杂志帮忙。

四天以后,蒋廷黻前来看我,就对日和约的签订问题深入探讨。我对写给他的那封信作了全面的详尽补充。他说,他根本不想去见杜威。他和我的看法一致,认为这会使杜勒斯产生误解,因为他是杜威外交事务方面的首席顾问。而且可能引起国务院的怀疑,从而造成更大的不利。蒋廷黻也认为杜威对这个问题的始末不可能熟悉,可能会发表一通愚蠢的言论使某些人感到为难,反而坏了我们的大事。

6月8日,我请李惟果前来,向他讲了与杜勒斯和迪安·腊斯克的会谈要点。李也觉得我们签订对日和约的前景不妙,如果我所提的方案美国或其他国家一个也不采纳,那么我们的上策便是使和约的签订拖下去。

同一天,我得到台北叶部长的消息。几天之前,他好像约见过蓝钦公使,进行了一次密谈。蓝钦对他说,他仔细研究过亲自搜集的各方面情报,他的个人看法是,我们参加和约似乎只有两种可取的方式,即:(1)在其他各国与日本签订多边条约的同时,我们可以单独与日本签订一项条约;(2)我们可以参加多边条约的签订,但要在其他国家签字三月或六月之后再签字为宜。另外,我们还可以这样声明:中日两国关系特殊,因此我们需要和日本单独签订。蓝钦说,采取这种做法,我们就能够保持威信。至于美国在这一点上所给予我们的支持,蓝钦说,实际上比我们所想的更坚定有力。蓝钦还强调指出,他所提出的方式完全是他个人的看法,并没接到有关这方面的训令。

据叶部长说,他当即告诉蓝钦,因为我们不能接受任何属于歧视性质的方案,对所提的第二种方案我们碍难加以考虑。至于第一种方案,我们很想首先听听美国国务院的反应。(叶的意思是,我方在表态之前,希望听听国务院对蓝钦所说的纯属他个人的意见有何反应。)蓝钦公使当即表示,他将就第一种方案征求国务院的意见。叶告诉我,目前部里已就参加签约的斗争问题向国府请示。

获悉蓝钦与叶谈话的情况,我给部里拍了个加急电报。我说,叶告诉蓝钦公使,我方要看看国务院的反应,我感谢他把这件事通知了我;但是我希望,同时也这样理解,这并不意味着我们愿意考虑接受美方建议的一种暗示。因为我们果真与日本单独签订和约,那当然要在各国签订多边条约之后进行,这仍旧难免伤害我国的威信。我又说,蓝钦先生所申明的中日关系特殊,显然也代表着他个人的单方面观点,因为国际上的看法未必如此。我进一步指出,这种逻辑——日本与中国的关系性质特殊——正是日本当年对付欧美所坚持的逻辑,因此也易于引起误会。(换句话说,这就是日本过去在中国进行专横的侵略活动的理论基础。)

我告诉叶,关于我们签约的问题,杜勒斯在英国的磋商与谈判能否取得成果尚无把握。但是我说,美国社会舆论对美国远东政策是否明智深表怀疑,对政府深为不满。所以美国政府对我国是否签约的问题必须谨慎从事。因此,我们等候杜勒斯归来,弄清楚他在伦敦会谈的全部实际过程,以及美国政府的反应,然后再提出我们自己的意见并无不可。不过我说，上述意见是否妥当，请部里决定。

次晨，我在《纽约时报》上看到一条发自伦敦的电讯，大吃一惊。主要内容是，杜勒斯与英国外交大臣就对日和约以及军事形势、财经问题都进行了商谈，对后一个问题尚能取得适当谅解，但在哪一个中国应该参加签约的问题上发生了突变。杜勒斯与英国外交大臣达成一项协议，其大致内容是美国、英国和某些盟国首先签订对日和约，至于哪一个中国应该签约的问题，可在上述条约签订以后，由日本政府自行抉择。《时报》说，但出人意料，这个方案英国内阁未予批准，因为大多数内阁大臣不愿意给日本以选择权。所以杜勒斯当天要去法国，下星期三、四（即 6 月 13 日或 14 日）方能返英。

同一天，合众社也从伦敦发来一则电讯，说法国打算建议杜勒斯先生将 8 月间与日本签订和约一事予以推迟，以免刺激苏联。但法国官方对这一报道予以否认。这则电讯还说，另有一种谣传还说，法国十分赞成采取对西德的处理办法，即允许各盟国分别与日本就外交与经济问题进行谈判，签订协定，这样各盟国仍能保留某些占领权。

我立即将这两则电讯上报外交部。我觉得虽然一时尚难判断这消息是否可靠，所报各节都还值得我们考虑。我给叶外长本人另拍一电，注明"特急"二字。电报上说，蓝钦公使 6 月 6 日所提的两项方案，可能是出自国务院的授意，要他作为个人意见提出，以便探听我们对这些方案的意向与反应。换句话说，我怀疑两项方案很可能出自国务院，并非蓝钦个人的意见。所以依我之见，我们应对这些方案予以最充分的考虑，静待未来局势的发展，在这段时间里，最好的办法是避不表态。

叶收到我的几封电报，考虑了我的意见，并拍来回电。他说我的见解与外交部的看法丝毫不差，他与蓝钦公使的谈话属于私人交换意见性质，这一点双方都作了明确表示。至于我们签订双边和约的问题,他只不过是要蓝钦拍电了解国务院的看法,他并没有以任何方式暗示我们对这个方案可以加以考虑。对于这个问题的今后发展,他要我拍电报告。

外交部同时要求驻在与我尚有外交关系的各有关国家的代表,尽量探听各国的观点,要求他们支持我国参加签订对日的多边和约。在台北,外交部趁杜勒斯大使尚在巴黎之际与法国代办进行了对话。部里希望弄清法国在条约问题上的看法,可能对杜勒斯如何表态。但是法国代办只是说,在法国政府与美国正式进行联系以后,他才能向外国政府提供情况。而目前,法国正在与杜勒斯先生交换意见。(这是一种不予置评的外交辞令。)

6月12日,我才得知法国代办的答复。6月13、14日两天,杜勒斯先生已经返回伦敦,大概又在和英国人谈判中国参加签约问题。此时,我获悉我国驻加拿大、新西兰与菲律宾的代表所探询到的情况。

驻马尼拉的陈质平大使听菲律宾总统季里诺说,他业已指示菲律宾外交部长、远东委员会首席代表罗慕洛先生,要他注意两点:(1)菲律宾政府赞成中国国民政府签订对日和约;(2)由于国民政府有资格代表整个大陆并签订和约,台湾就必须包括在内。但是万一国民政府守不住台湾,菲律宾也绝不希望它落进中共手中。

驻加拿大的刘锴大使听加拿大副外长和众议院外交委员会主席说,对我国参加对日和约问题,他们将慎重考虑;但暂时尚无法提出肯定意见。刘大使的印象是,加拿大究竟采取什么态度,显然尚未作出最后决定。加拿大仍在观望英美谈判的结果。刘议论说,在过去每逢英美之间意见分歧,加拿大的态度总是设法采取折衷办法,以便增强这两个国家之间的合作。

至于新西兰,汪丰从惠灵顿提出报告,外交部长多伊奇声称,我国在对日和约问题上的立场,新西兰完全理解,他要把这个问题提交内阁讨论,但报界所传新西兰业已决定附和英国,同样反对中国参加,该项消息并不属实,毫无事实根据。然而,新西兰真心实意地盼望美国、澳大利亚与新西兰之间的共同防御公约早日签订。关于对华政策,它自然希望避免与美国的观点发生任何抵触。

1951年3月中旬,我曾就太平洋地区安全公约与杜勒斯先生进行了最后一次交谈,未能作出具体决定。但一个月以后,许多官方与半官方声明都阐明了美国对太平洋公约与太平洋地区安全协定的立场。至关重要的是4月18日向报界公布的总统声明,其原文如下:

美国和太平洋各国协力一致,稳步前进,决心在太平洋地区为自由世界建立日益强大的阵地。

关于恢复对日和平关系问题,我们正与日本政府进行协商,以便实现它所提出来的签订和约后建立安全体系的愿望,据此,美国武装部队可以暂时留驻日本本土及其周围地区。

美国主张并期望它的武装部队继续驻守琉球,特别是冲绳。

根据与菲律宾签订的协定,美国业已在菲律宾取得某些军事行动权和若干军事设施。举世周知,美国认为对菲律宾的军事进攻将被美国视为危及其自身的和平与安全,因而必将起而应战。

在对日恢复和平的问题上,澳大利亚与新西兰两国政府建议根据联合国宪章第五十一、五十二两条与美国签订协定。该协定将明确规定,如果这三个太平洋国家中一旦有一个遭到武装侵犯,三个国家都要根据各自的宪法程序采取行动对付共同危机;还要建立协商制度,以便在不断地进行卓有成效的自助与互助的基础上加强防御力量。

杜勒斯先生已经在澳大利亚的堪培拉和新西兰的惠灵顿就签订这一条约的可能性问题进行过全面探讨,而且已与参议院外交委员会和众议院外交委员会的有关小组委员会非正式地讨论了这个问题。

我现已命国务卿、国防部长和为我处理日本和平问题以及有关事务的特使杜勒斯先生,在执行该项任务的同时,进行各种必要的谈判,以期早日圆满解决对日和平问题。

上述的一系列协定与措施将会加强整个太平洋地区的和平结构,该地区的安全主要取决于海军与空军。它们会为巩固该地区和平制定一些初步措施,同时也会对联合国所追求的世界和平建设作出贡献。我国正在为这一伟大目标努力奋斗。(《国务院公报》24 卷 617 号 699 页)

同一天晚上,国务卿艾奇逊重申了杜鲁门总统有关为太平洋安全建立巩固基础的论断(《美国外交文件》1951 年第 12 卷 432—433 页)。杜勒斯也在记者招待会上宣告,如果驻日美军遭到袭击,澳大利亚与新西兰必将履行义务,采取行动。换句话说,果然不出我当日所料,美国不是赞成太平洋地区的全面的公约,而是首先与澳大利亚和新西兰签订协定。在必要的时候,这个协定就可以为将来的、范围更广泛的太平洋条约的签订奠定基础。

就眼下来说,新西兰,澳大利亚两国政府迫切盼望三国公约尽早签订,从而向两国国民提供他们所要求的保证,一旦日本重新发动侵略,他们可以获得援助。至于美国政府,4 月间就三国公约所发表的声明中业已再次提出保证,以确保美国的建议为澳、新所采纳,即对日和约中必须规定日本可以在一定程度上重新武装。这就使美国和其他盟国能够在 5、6 月间集中全部精力考虑中国参加和约的问题,在这个问题上它们分歧很大。

6 月 14 日《纽约时报》刊登了 6 月 13 日伦敦发来的一条专电,说杜勒斯与英国国务大臣扬格业已就对日和约的内容与程序达成一项协议,但该协议尚须由 14 日举行的内阁会议给予批准。专电还说,美国并没有同意中共参加和约。据说,究竟邀请哪一方代表中国参加签字的问题可能还要由日本决定。同一天,合众社发自伦敦的电讯报道说,杜勒斯与英国外交大臣莫里森在最后一次会议上,讨论了对日和约问题。据悉,究竟由国民政府,还是由中共参加签约的问题将暂时缓议。

两条电讯我都上报了外交部,并表示将查核真相后上报。事实上查清之快出乎意料。第二天中午一过,迪安·腊斯克就来了电话,问我是否可以当天下午会见杜勒斯先生。他说,杜勒斯上午已从伦敦返回华盛顿,他在伦敦一直与莫里森、艾德礼以及其他英方代表,就对日和约问题进行协商。

二、伦敦方案

1951 年 6 月末

根据腊斯克的安排,我会见了刚刚从伦敦、巴黎会谈归来的杜勒斯。我们的会晤时间是 1951 年 6 月 15 日下午。我马上了解到杜勒斯举行的这次有腊斯克在场的会晤的目的,是想使我信服,他所带回来的议定方案既是国民政府的一次胜利,同样也是美国的胜利——即不让国民政府签订筹备中的多边和约,让我们在多边条约生效,日本恢复了主权与独立之后,再和它单独签订条约。腊斯克支持这一立场。他们既一致敦促我从这个角度看问题,又要我建议台北接受这一观点,在适当的时候予以公布。我既吃惊又失望,展开了一场激烈的争辩。这次会见实际上持续了一个多小时。

这次会见的情况颇为奇特,我按约定时间来到杜勒斯的办公室,有人告诉我杜勒斯正在白宫向总统汇报工作。十分钟后,腊斯克进来了,领我走进里间办公室,并向我表示歉意,说杜勒斯先生正在向总统汇报工作,没想到时间会这么长。我们在等候的过程中闲谈了一阵,谈话要点我已在上文中提及。杜勒斯一回来,我们三人立即来到他的办公室,一进屋杜勒斯直截了当地谈公事。

杜勒斯说,他要尽早和我谈谈他在伦敦与英国政府就中国要求参加对日和约一事进行谈判的结果。这是一个十分棘手的问题，起初英国的态度颇为强硬。我当然知道，英国想要北平政权作签约国，反对国民政府参加签字。但他坚决反对，表示在任何情况下也不能予以考虑。最后他才终于迫使英国外交大臣莫里森先生接受他的方案，其主要内容是，若干国家可以根据一致通过的条文与日本签订多边条约，而中国因为与日本的关系特殊，可以单独与之签订双边条约。

杜勒斯先生接着说，然而他与莫里森先生达成协议的方案遭到了英国内阁的否决，他们坚决主张，和约中必须有一条规定，日本与中国协商并签订单独和约，必须首先与各条约签字国磋商。他解释说，也就是英国内阁想在日本与哪一个中国签约这一选择上加以控制。这一点他拒不接受，口气十分坚决。他说，实际上为了坚持自己的这一立场，如果必要他可以听任谈判失败。于是他动身去了巴黎。三天后他听到莫里森先生传来的口信，说他终于说服内阁重新考虑这一立场，并希望与他再次会谈。他返回伦敦，并达成了一项协议。

杜勒斯然后说，尽管这项协议不一定能使国民政府百分之百地满意，然而他们认为这的确是它的一次胜利。他相信这个协议百分之九十是成功的，并衷心希望国民政府也会把它看作是一次立场上的胜利。他记得在去伦敦的途中自己一直在想，这个方案也许可以摆脱进退维谷的困境。他一到伦敦，就收到了台湾蓝钦公使的报告，转来了与他本人的方案十分类似的中国外长的建议，要求美国根据这个建议摸摸各国的底，所以他很高兴。他高兴的是，中国外长的意见与他本人的意见实际上是一致的，而且在这一问题上他又获得了英国人的同意。

杜勒斯先生说，尽管中国不能成为多边条约的缔约国，可是它有充分理由与日本单独签约，因为两国之间存在着特殊关系，而且中国方面还有种种特殊问题。他引对日进入战争状态的时间为例。根据中国的情况，1937 年 7 月 7 日是一个适当的日期，可是对其他国家就不适用了。许多其他问题也是这种情况,诸如日本占领时期中国傀儡政权的在日财产,中国大陆上的日本资产,以及台湾人的国籍等问题。据他看来,所有这些问题都需要中日单独签订和约,才能更妥善地加以解决。他并且说,他认为这种安排不会在哪方面有损于国民政府的威信与尊严。另一方面,还可以为对日和约的签订作好准备。倘国民政府本身就把这一安排看作是一次失败,并对之表示不满,那么其他国家也会持相同的看法,把它看作是对国民政府的威信与尊严的损害。这样一种态度对国民政府本身有损无益。

我表示要把他刚才讲的话详尽地报告我国政府,但为了反映得条理清楚,我首先要对某些问题进行澄清。我说,对杜勒斯先生所作的努力我表示感谢,但其结果,简而言之,是不准国民政府签订多边条约,而让它与日本单独签订双边条约。这似乎正中了英国人的下怀,而与美国政府的原来立场大相径庭。据我了解,美国政府当初是愿意国民政府参加签订多边条约的。这种安排设想显然并不把中国与其他国家平等对待,由此看来,的确是一种歧视性措施。如此处理,我担心不仅要伤害国民政府的威信,也要伤害美国的威信。

我接着说,中国大陆和台湾的老百姓,甚至应说整个亚洲的人民,都会感到失望,而把这种安排看作是美国向英国政策屈服的一种表示。这将引起深远的反响,因为远东人民把美国看作是自由世界的领袖,主持正义,坚定不移地捍卫正义。他们会感到美国放弃原则,附和英国所搞的政治权谋,后者因为承认了北平政权,不愿意由于容许国民政府签订对日多边和约,而损害它自己的威信。

腊斯克说,从法律上看,国民政府未必拥有这种权利。

杜勒斯说,还有若干国家虽未承认北平政权,但也反对国民政府签字。

我说,我认为它们的反对毫无道理,这一点我过去曾经屡次声明过。国民政府是一个主要盟国,与其他盟国一道作战,打击共同敌人。尽管某些国家承认了中共政权,对国民政府撤销了承认,但后者仍旧是联合国、远东委员会和东京盟国对日委员会的正式成员国。即便是业已承认北平政权的英国,对国民政府在这些国际机构中的会员资格也并未予以否认。我觉得英国反对国民政府签字纯粹出于政治动机。但是我认为依旧承认国民政府的美国,满可以理直气壮地坚持自己的政策,绝不附和英国人。

杜勒斯说,美国渴望与日本签订和约,后者可以借之恢复主权,参加国际集体协作,以抵制共产党的威胁。倘和约仅仅由于国民政府坚持它的签约权而招致失败,那么这种失败必将归咎于国民政府——这种趋势是他绝不希望出现的,特别是此时此刻,对国民政府的态度业已大为好转之际。和约失败的结果不仅国民政府受到指责,而且也将对它极为不利。目前的世界局势正处于紧急关头,把日本和德国拉到自由世界一边具有压倒一切的重要意义,因为听凭日本陷入共产主义阵营,必将有害于自由世界的整体利益,而且对台湾的切身利益也会大为不利。

必须让日本作为一个正式成员加入自由世界,这一点我完全同意,并表示这也正是我国政府的愿望与既定方针。我说,我认为蒋委员长多年以前就率先向全世界宣告,中国坚决主张与日本签订一项宽宏大量的和平条约,坚决反对在恢复和平的过程中实行任何复仇政策。这些意愿与观点与美国完全一致。所以我就不能理解,一旦对日和约失败为什么非要归咎于国民政府不可。杜勒斯先生一直向我提出这样的问题:国民政府如果不能签字,难道就宁可不要对日和约?可是我认为,鉴于国民政府同样渴望与日本签订和约,让它加入自由世界,以便共同对付共产主义的威胁,那么他一向对我提出的这个问题,其实应该去问那些反对国。因为对别国参加签字提出反对的并不是国民政府,而是联合王国与其他国家,是它们反对国民政府签约,我认为这是多余的,毫无根据的。难道它们也像美国与国民政府这般锐意追求和平条约？从坚持反对国民政府签约这一举动来看，我觉得在它们的心目中，排斥国民政府于和约之外简直比签订和约还要重要。我不知道杜勒斯先生是否向它们提出过这个问题，而它们又有何言可对。依我看来，和约如果由于某些国家方面顽固地反对国民政府签字而宣告流产，那么就必须归咎于它们，而绝对不能归咎于国民政府。我觉得我必须交待清楚的正是这一点。

杜勒斯说，已问过他们，他们的回答是，国民政府在条约上的签字如何能在中国大陆生效。国民政府无权控制大陆这是不容否认的，难道我能说国民政府的签署对大陆有效吗？

我说，国民政府签署的有效程度是个事实问题，我过去就是这样讲的。我国政府的签署对大陆的实效目前肯定有限，这一点我并不否认。但这并不意味着它的签署实效就不会随着时间的推移而日益扩大。然而对于国民政府签署无效论的实际答复，应该是没有国民政府参加，对日多边和约并不可能对大陆更有效。这也是事实。杜勒斯先生说条约如果流产就要归罪于国民政府，我觉得实属惊人之谈。

杜勒斯说，那么他就收回这种言论，并且说在任何情况下，美国总是把对日和约的签订，以及让日本参加集体安全体系作为绝对重要的问题加以考虑。

我指出，如果其他国家没有提出这种我认为毫无道理地反对国民政府签字的问题，和约的签订就不会产生什么困难。而且我认为，1942年1月1日联合国宣言的签字国谁也不能随便单独签订和约，因为该宣言明确规定反对这种做法。我补充说，上述宣言有关部分的具体措辞我记不准确了，可是我有这样的印象。

杜勒斯查阅了宣言，读了有关的段落，大意是各签字国应联合作战，打击共同敌人，直至赢得胜利，各签字国不能与之单独签订条约。但他与腊斯克都说，他们对这一条进行过研究，结论是：取得胜利后，宣言所赋予的义务即告完成，因此这一限制就不再适用。如果对这一条另作解释，那就意味着任何一个宣言签字国在和约不符合本国的要求时,都有权否决和平条约的签订。

我说,苏联曾受到邀请,可是它对和约的讨论与签订执意拒不参加,那么它就不能乞灵于宣言,阻挠其他国家签订和约。但是国民政府的情况则迥然不同。我国政府不但要求与日本签约,而且也接受了草约的全文。它依旧遵循联合国宣言,承担着不单独签约的义务,但其他国家居然加以反对。至于杜勒斯先生与腊斯克先生对该项宣言的解释,我觉得与过去对类似文件上的类似文字的惯例解释颇有出入。

杜勒斯先生问我,如果我处在美国这种地位,面临着要在签订和约与否的问题上作出抉择,我将如何处理。他重申从各方面考虑,最要紧的是签订和约,使日本参加集体安全体系。

我回答说,这就牵涉到一个原则问题,我认为如果美国立场坚定,捍卫原则,那么坚持若干歪理反对国民政府签字的国家,也就未必愿意承担条约流产的责任。

杜勒斯说,美国必须作出抉择,他认为美国所采取的是上策,既可以使和约的签订得到保证,又能维护国民政府的威信与尊严。如果国民政府一定要坚持异议,把这一安排看成是一种失败,那只能在外界造成一种错觉,而不会有任何益处。

我说,我想起了中国在雅尔塔协定中的教训。美国签订这个协定事先并没有和国民政府协商,就把中国的若干重要主权让给苏联。事后中国又在美国的极力要求下与苏联签订条约,对上述协定加以承认。国民政府这样做是迫不得已,是清醒中干糊涂事。但是为了体现与美国精诚合作,它不仅与苏联签了约,而且竭力表白该约对中国有利。然而中国老百姓也和其他国家的老百姓一样,是有美国人所谓的"起码常识"的,他们一开始就发觉这个中苏条约对中国来说并不是件好事。我还记得,当时立法院和我国的舆论界坚决反对批准该项条约,而我国政府不得不采取强硬措施统一全国舆论。时至今日,雅尔塔对苏让步的危险,以及签订中苏条约的失策,全世界已经都一清二楚。我又说,事实上中国人民一如既往,依然反对该条约。最后我说,所以在对日和约这个问题上,我绝对不相信中国和亚洲人民会把多边和约排斥国民政府,安排它与日本单独签约一举,看作是国民政府的或是美国的一次外交胜利。事实上必然会像我说过的那样,其沮丧情绪必将造成影响深远的后果。

杜勒斯说,在雅尔塔协定这个问题上他同意我的看法。事实上,他已对美国这方面的错误进行过公开的抨击,尤其是因为俄国完全没有履行中苏条约所规定的各项义务。但是他与英国人达成的协议则不同。它为国民政府与日本签订和约铺平了道路,这就意味着不会再和大陆上的中共政权签约。多边条约也就能够签订,从而排除了英国的反对。他补充说,要英国签约关系重大,因为它是大英联邦的领袖。换句话说,英国一旦签约,大英联邦各成员国必将亦步亦趋。

杜勒斯还说,与英国外交大臣会谈给他留下的印象是,英国人对签订对日和约的后果深感不安。他们似乎在担心:对日和约一签订,日本的主权一恢复,不仅会取消通过远东委员会与盟国对日委员会对它进行控制的现行办法,也必将使美国在日本处于操纵一切的地位。所以英国与英联邦国家参加签约实在是一件难得的好事。

提起杜勒斯关于日本要与国民政府单独签约的意见,我问与英国人商定的草约中是否专门有这样一条,规定由日本承担这一义务。

杜勒斯回答说有这么一条,但并没有,也不便提国民政府的名。但这一条款的目的是明确的。根据我的要求,他把这一条读了两遍,其要点是:日本准备与 1942 年 1 月 1 日联合国宣言的签字国,但未与日本签订多边条约的任何国家单独签订和约。

我问,对国民政府单独与日本签订和约一事是否规定了时限。

杜勒斯回答说,所提到的时间是从多边条约生效之日起三年以内。

我问，美国是否已与日本达成非正式的协议，使后者决定与国民政府签订和约。

杜勒斯先生作了肯定的回答。

腊斯克说，该项非正式协议不能公开发表。

我说，这件事需要保密，我当然理解。接着我又询问打算采取哪些步骤来促成多边条约。我估计不会召开会议，但不知签约地点定在何处。

杜勒斯回答说，地点定在旧金山的可能性最大。华盛顿不合适，因为 7 月份十之八九要在该地召开一次外长会议，如定在华盛顿签约就会促使苏联政府在那个会议上提出对日和约问题。杜勒斯在回答另一个问题的时候说，签字要分别进行，并在一天之内完成。

我问杜勒斯，估计国民政府与日本谈判并签订单独和约还需要多长时间。

杜勒斯说，那必须在多边条约批准生效之后方能进行。草约规定，日本可以在三年之内与其他国家谈判并签订单独和约，而他觉得像拉丁美洲那些国家一定要等一等，让那些与和约关系更为密切的其他国家首先与日本签订多边条约。中国并不是与日本单独签约的唯一国家，因此也不会在任何方面丧失国际威信。此外，与英国议定的草约中还采纳了国民政府的若干建议。如关于领土问题，千岛群岛与南库页岛现在都按照台湾的办法同等对待。（谈判初期，领土问题是我国政府最重视的问题。但目前面临着可能完全被排斥于条约之外的问题，这个领土问题只是当作次要问题处理，随便提提而已！）

我说，据我推测，关于千岛群岛与南库页岛的问题，只能要日本放弃对这些地方的主权，而不必按照美国草约的原议将领土移交俄国。杜勒斯说正是如此，于是我问他是否有意援美国草约之例，把英美草约也给我一份。

杜勒斯先生作了肯定答复,并且表示,正文一经英美两国政府批准,即将传阅,当然一如既往要给我一份以便进一步商量。

事后,我立即给外交部拍发加急密电,为了争取时间,对这次谈话的内容只拍了一份最简练的提要。我要求叶部长,倘蓝钦前往外交部与他商谈此事,请他暂时不要代表我方表态。

次日上午,叶公超从台北打来电话,询问我与杜勒斯谈话的结果,以及有关解决我国与日本签订和约问题的英国方案。他的询问显然是依据我上次就杜勒斯出访一事所提出的报告,以及他对英国政府在这个问题上的态度的个人看法。

我向他陈述了杜勒斯的意见:台北应该对伦敦方案感到满意,因为百分之九十是出自叶氏本人的要求。叶解释说,国务院和杜勒斯先生都错把蓝钦的个人提议当成他(叶)亲自提出的建议。蓝钦的建议是,国民党中国与日本的关系特殊,与日本签订双边条约也是一种出路。我对叶外长说,我业已向杜勒斯解释,指出那是一种误解。叶接着说那也并不十分要紧,他会和蓝钦说明白,而蓝钦当初就该理解清楚的。后来他又问我,最近发出的电报中是否也提到这一误会,希望我把它删去。但我的电报已经拍发,无法收回改正了。

显然,蓝钦当日向国务院提出报告,说中国外长想了解一下美国政府对他的第一种方案的反应——即中日的双边条约与其他国家的多边条约同时签订——此时国务院与杜勒斯本身在中国问题上处境尴尬,顺手抓住蓝钦的报告,曲解成中国外长想要这样一种方案,甚至说这个主意是外长出的。我事先提醒台北采取保留态度,等待全面了解伦敦会谈的结果,就是怕产生这种误会。

我在电话上不愿多说,因为我知道电话不保险。但是叶一再提出问题,又问会谈的性质,又问杜勒斯的看法,我只好跟他提纲挈领,着重说明,杜勒斯认为这件事对美国与国民党中国来说都是一次巨大的胜利,我已告诉杜勒斯,对于这种说法我深感怀疑。

事后不久,密码室送来叶公超的一封来电,答复我汇报与杜勒斯、腊斯克会谈纪要的简短急电。回电中说:

> 当俟详尽来电,然后与总统府及行政院商议。昨日回答报界记者询问时曾申明:中国政府绝不接受任何具有歧视性质之和约签订办法。吾兄当能理解此意。

同一天,即 6 月 16 日,我给外交部长拍去一封长电,标明"加急密电",并请他转呈国府。电文中详细地汇报了我与杜勒斯先生所进行的长时间争论。叶公超的回电(外交部 820 号来电)是 6 月18 日发出来的。其主要意图是把国府的决定通知我,并要我向美国转达。决定的内容是①:

> 兹经政府决定:(一)杜勒斯所提办法对我显示歧视,我不予接受。(二)我所能接受之方案为下列二者:(甲)我与其他盟国同时参加多边和约。(乙)我及各盟国均与日本同时分别签订双边和约。至如美另有非歧视性之其他解决办法,我自仍愿予以考虑。希转达美方,并将洽办情形电示。又,蓝钦前所建议者,系以彼个人意见向弟提出,杜反谓由弟发动,绝非事实。此点已详 801 号电,谅察。

那天一早,我还没有收到叶公超的回电,迪安·腊斯克先生就从国务院打来电话。他想了解蒋委员长就国民党中国在对日和约中的地位一事所发表的声明用意安在。问我是否收到了台北的信息? 问委员长的声明是否意在答复杜勒斯先生与他让我转达台北的口信? 我告诉他,上星期五与他们会谈的报告迄今尚未收到回音,也未见到蒋委员长的声明。但我一定查核,然后再给他打电话,说明我的意见和具体情况。

事关重大,我赶紧来到大使馆办公处,找到了合众社发自台北的一条电讯,其中简要地报道了委员长的声明。声明中强调国

---

① 此件录自顾氏所存函电原文。——译者

民政府在拟议中的对日和约上与其他盟国拥有平等的签订权,并且声明,中国人历尽浩劫,而世界上占压倒多数的国家依旧承认国民政府是中国的政府,并承认它在联合国、远东委员会和东京盟国对日委员会的合法席位,在这些事实面前,否认其和约签订权,非但不公而且不智。

我给腊斯克回电话说,我估计蒋委员长的声明并非回答杜勒斯先生的口信,不过是意在反映包括立法院、国民党各界和新闻界在内的中国人民的舆论。在国民政府签约问题上大家情绪激烈,一致迫使政府在这个问题上明确立场,发表公开声明。我告诉腊斯克,我觉得我那篇报告比较详尽,台北还来不及充分研究,但他们一定会及时给予答复。我说,腊斯克先生如果愿意,我可以去国务院,对该项声明提出我个人比较全面的看法,否则就等台北对杜勒斯先生所赞成的方案来电作出反应以后,立即前往。腊斯克先生希望我一收到台北的信息,立即前去会面。但是他声称,如果我方再次发表声明,他们就不得不采取同样的行动。

那天中午,国际新闻社记者打来电话,说国务院正在草拟一项声明准备公布,他听说,委员长的声明不会促使既定方案有所更改。这个消息很可能是国务院向报界透露的。

外长6月18日来电,通报他当天与蓝钦会谈的情况,关于委员长声明的意图我从中有所了解。该电文肯定是在同一天起草的,尽管是在19日星期二发出,并且是和"蒋总统"的声明稿在同一天收到的。

821号来电称①:

> 弟今日下午邀蓝钦来谈,告知已有电致兄及前电内容,并谓我政府代表中国签约权不容反对。盖我政府为联合国所承认,与日作战最久,牺牲最大,现仍为对日作战极大多数国家所承认,盟国对日委员会亦承认我国代表权。任一盟国

---

① 此件录自顾氏所存函电原文。——译者

或任何少数盟国集团决不容有自行规定其条件之权利,尤不容有自行规定其他盟国参加权之权利。美不支持我以平等地位参加合约,将使自由中国及大陆人民大感失望。现折衷方案规定由日本抉择与我签约,不仅予我打击,且极不光荣,故我不能接受等语。另谈及杜勒斯误会以折衷方案为弟所提,蓝钦颇感歉然。谓其去电措词极仔细,未知何以引起误会;并允即电国务院再为说明,并请国务院电复。以上系谈话情形。又,蒋总统对美折衷方案颇表愤慨,已决定今晚发表声明,请注意美方反响。

早在那两封电报收到之前,19 日清晨,我还接到叶公超从台北打来的另一次电话。国际新闻社记者前一天跟我说过,国务院准备发布新闻稿,这件事他已经知道。实际上蓝钦刚访问过他,通知他这次新闻稿的内容。他说,那是英美关于中国在对日和约中的地位问题的联合方案,即将于华盛顿当地时间星期二下午三时公布,伦敦也将同时公布。叶请蓝钦立即要求国务院延期二三日,以便争取时间进一步寻求解决这个问题的妥善方案。接着他就立即向陈诚院长报告。其实他就在陈诚院长公馆内,当着行政院全体要员和总统府秘书长王世杰的面给我打电话。

他要求我再次向国务院提出这一要求,并要我在上午十时,即台北无线电对话线路关闭以前,回个电话说明结果。(当时实际已经过了八时三十分。在那些日子里,华盛顿与台北的无线电联系仅在规定的时间内开放。)叶还说,委员长对英美的协议心烦意乱,十分愤怒。行政院晚上要就应采取哪些新步骤问题向他汇报。

我告诉他现在已经过了八时三十分,十时以前会见腊斯克与杜勒斯已不可能。但是我请谭公使给腊斯克打电话联系会晤,说有要事相商。电话接通后,腊斯克说,我可以立即前往,十时前后任何时间都可以。我什么时候来访,他都要设法与我会面。

我去会见他的时间恰好刚过上午十时。在谈起这次会谈之前,我想插叙一下外长与蓝钦的谈话,因为我从国务院一回到大使馆,就收到了外长的来电,对这件事作了比较详尽的传达。叶在电报中说,蓝钦方才来过,亲自交给他一份就我国参加和约问题在伦敦与英方共同拟定的公报草稿。公布时间定在 19 日下午三时。公报明确宣告,决定不邀请我国签订和约,这个问题要留待日本恢复主权之后,根据该国的对华态度自行决定。

叶在电报中说,该公报如果立即宣布,对我方必将极端不利,通向进一步商谈的大门也必将关闭。因此,他立即要求蓝钦采取给该国政府拍发急电等等措施,蓝钦同意照办;叶和他在电话里讲的一样。至盼我尽快与杜勒斯联系,直接要求他应允延期公布。如能干脆把这一公告取消,那就再好也没有了。

方才说过,十时刚过我就去会见腊斯克,杜勒斯也在场。不费多大周折,就征得他们的同意延期发表公报。我觉得他们发表这个声明意在威胁,以回敬蒋委员长的声明,并制止我方在问题尚在商讨之中再发表其他声明。多少有些警告成分,未经磋商不可再发表种种声明。

我在日记中写道:

> 腊斯克与杜勒斯对委员长的声明显然十分恼火,我也同样觉得这个声明的发表不合时宜,在我读到合众社台北电讯中的声明提纲时,尚未收到委员长或外交部的只字片语。

然而在国务院与腊斯克和杜勒斯商谈的主要内容并不是原来想谈的公告本身,而是我方不能接受伦敦方案的问题。我和杜勒斯与腊斯克一开始交谈就说,我所以一大早就要与他们会面,因为事情十分紧急。我向他们转达了叶外长电话中传来的口信,再次提出我国政府的要求:缓期发表有关中国参加对日和约问题的公告。我本人尚未收到该公告的原文副本。但不论公告的内容如何,据我看来,最好缓期公布,以便创造条件进一步寻求双方满意的方案。如公报果真发表,国民政府注定要丧失签约权利,那么国民政府必将被迫提出抗议,向全国人民表明在这一问题上的立场。我说,对于这一切我当然深感痛心,因此坚决要求缓期发表该项公告。

腊斯克说,蓝钦先生的报告他还没有见到,关于国务院所拟公告的发表时间也尚未作出决定。直到委员长在这个问题上发表了声明,美国才觉得也有必要发表一项声明,因此蓝钦先生才受命向中国外交部长递交了这一声明的副本。正如所料,他又说公告可以缓期,以便深入探索。但是他说他认为不会有多大变通。

接着就中国参加对日和约问题我回忆了与杜勒斯的多次会谈,其中有一次还是杜勒斯与腊斯克一道参加会谈的。我跟他们说,我既不想重复一再提出过的法律论据,也不准备重谈维持国民政府立场的种种道理,因为不管这些论断如何无懈可击,高明的律师们总会有办法把它驳倒的。但我打算提出的只有一点,那就是中国政府与台湾老百姓之所以忧虑,甚至愤慨,是因为他们感到这整个事件牵涉到一个道义原则。

我接着说,首先抗击日本侵略者的是国民政府。中国人在它的领导与指挥下抗日十四年,战场上的伤亡人数达三百万,逃难的老百姓死伤在敌人手中的达二千万,财产与物资的损失不计其数。直至今天大陆上家破人亡的至少还有二千三百万家,那就意味着尚有一亿多人仍处在由于日本侵略而造成的生离死别的痛苦折磨之中。他们一直在质问:亲人死了,财产光了,他们的牺牲究竟换来了什么?过去一直对他们说,他们的牺牲都是为了祖国的利益。如果现在连对日和约签订权都被否认,国民政府对他们还有何话可说?所以我国政府觉得自己负有一种道义责任,要坚持与各国享有平等的地位,全权参加对日和平条约,倘听任美国和其他国家剥夺自己的权利,政府本身必将陷入极其狼狈的境地。

我说,抗日战争的最后胜利,正是来自中国的惨重牺牲与美国所作的卓越努力,也正是这一胜利为许多亚洲国家的独立铺平了道路。而今这些新生国家的签订权垂手可得,而国民政府的签约权却弄得大成问题。这难道公平合理?如果国民政府接受了伦敦议定的方案,它对中国老百姓如何交代?我还说,国民政府维持它的权利不仅考虑到它本身的威信,也考虑到这种权利的丧失会在大陆上中国老百姓的情绪上产生什么样的广泛影响,会对他们与美国人的友谊产生什么样的影响。大陆上的中共当局一直在进行反美宣传,强迫老百姓参加反美示威,即便不是受到他们苏联主子的嗾使,也是完全来自他们的鼓动。他们简直是要把中国人对美国和美国人的一切友好感情连根拔掉。如果美国现在拒绝承认国民政府的签约权,那么中共又会抓住一条说服老百姓的理由,说美国的友谊分文不值。总而言之,国民政府在对日和约签订权上所要求的仅仅是与各国享有平等待遇,在这个问题上绝不能容忍任何歧视。

杜勒斯说,他最后终于说服英国人接受的方案并非一种歧视,只不过是一种区别对待。国民政府本身提出过许多有关中国特殊利益的问题,诸如中日两国出现战争状态的日期——他采纳了 1937 年 7 月 7 日作为对中国适宜的日期,这与其他各国都不相同;还有日本占领时期,中国傀儡政权的在日财产以及台湾人的地位及其在日财产等等。所有这些特殊问题都为中日两国签订特殊条约提供了充分理由。

杜勒斯继续说,他一向以中国之友自居,在伦敦与莫里森以及其他英国官员谈判的时候,他也像对待我这样固执。在这件事的种种关键问题上他对英国人并未让步。例如,英国人要把台湾与澎湖列岛归还给共产党中国,反对草约上的有关条款,该条款仅仅规定日本放弃各岛的主权,处理方式留待日后解决。他坚决反对他们的提案,费尽了唇舌才使他们终于一字不动地接受了这项条款。杜勒斯说,英国人还要明确草约中的"中国"二字系指共产党中国,因此日本应和共产党中国谈判并签订单独和约。他建议,日本究竟要和哪个中国签订单独和约的问题,应该由日本本身自由决定。莫里森坚决反对他的主张,并提出反建议说对日多边条约中应该有一项规定:日本在确定与哪一个中国进行谈判的时候,必须首先与多边条约各签字国进行磋商。杜勒斯连这一点也拒予接受,后来莫里森终于同意将他的建议提交英国内阁批准,但又被内阁驳回。所以最后会见了艾德礼,声称断难接受英国提案,准备前往法国,并且说,他本人的提案如果不能采纳,他觉得就没有必要重返伦敦了。杜勒斯说,只因采取这样坚定的立场,后来他在巴黎才得悉英国政府终于接受了他的提案,要求他返回伦敦再次会谈。

杜勒斯认为,关于哪一个中国应该作为对日和约缔约国的问题,英国人是另有打算的。起初英国人拒绝接受这样的提案:让日本根据自愿决定跟哪个中国签订和约,因为他们清楚:美国在东京有势力,日本当然会决定与国民政府签订和平条约。英国原来主张日本作出抉择之前要与多边和约各签字国商量,是企图使英国与英联邦在日本的最后决策上拥有否决权。杜勒斯说,英国同意了他的方案,放弃了原来的主张。他说,所以他盼望我能从这个角度看待这个问题,要看到国民政府由此而赢得的优势。他说,美国对国民政府的政策总是朝着有利于它的方向发展,随着时间的前进,可以愈来愈清楚地看到日本、国民党中国与美国一定要紧密合作,以增进远东的共同利益。

杜勒斯再次重申,美国盼望对日和约的签订能够尽早实现,他力劝英国人接受的有关国民党中国参加和约的方案确实有利于中国。国民政府如果坚持反对,美国只好在二者之间进行选择:要么单独(或与菲律宾一起)与日本签订和约,要么干脆放弃和约。采取前一种办法,远东委员会的大部分会员国仍将通过盟军最高司令部,有权对日本的政策进行控制。若采取后一种办法,美国就不得不继续承担占领日本的重任。

杜勒斯说,对于他与英国达成此项协议的办法,以及中国所得到的待遇,国民政府本来可以感到心满意足。他说,他本人一直就条约问题与我商谈,与其他各国代表的磋商比较起来,不仅同样充分,甚至更为详尽,因为他觉得国民政府的见解更真实地反映了中华民族的见解,这一点他与腊斯克先生上个月在纽约华美协进社的午宴席上都公开声明过。杜勒斯还记得周恩来在给苏联的照会中宣称,该国政府在对日和约问题上完全赞成苏联的观点。换句话说,中共的见解并不代表中国人民,而是苏联的观点。杜勒斯进一步申明,日本一定愿意与国民政府,而不是与共产党中国签订和约,他对这一点确信无疑。坦率地说,国民政府在大陆上的权力与其说是一种现实,倒不如说是一种虚构,对于国民政府来说,能够做到这一步就算很了不起了。

我说,对国民政府的领导权在大陆上不起作用这一点,我并不想否认。但是它全面参加对日和约的签订问题却牵涉到一个不容忽视的道义原则。

这时,杜勒斯因为另有约会,向我表示歉意,请我与腊斯克继续会谈。他说,我所讲的话腊斯克会转告他的。

我告诉腊斯克,关于杜勒斯先生的方案我已经收到国府的训令。我国政府不能接受上述方案,只能在下述两种方案任择其一,即:(1)国民政府与各国同时签订对日多边和平条约;(2)国民政府在各国签订双边条约的同时,与日本单独签订双边条约。

腊斯克说,这两个方案一个也不能接受,因为不能解决美国所遭遇的困难。他想坦率地指出——希望我不要介意——国民政府尚能在若干国际机构中保持席位,这种现状完全靠的是美国支持。事实上,正是由于美国的态度坚决,许多国家本来要承认北平中共政权,只好引而不发。如果没有美国支持,国民政府的地位必将大为改观。某些国家反对国民政府参加签约也并非脱离实际,且莫说国民政府的批准,就是它的签署对大陆来说,也毫无实效,这一点是不言而喻的。所以他们的反对是有道理的。

我说,国民政府对条约的签署与批准对大陆无效这一点我并不否认。但是终究还有台湾岛和岛上的八百万老百姓。国民政府对于该岛和百姓的领导是千真万确的现实,而它的签署最低限度对台湾人和该岛本身生效,这是毋庸置疑的。我接着说,考虑种种现实之外,还牵涉到一个道义原则问题。我记得上次大战期间我在伦敦,当时至少有九到十个流亡政府设在英国领土上。他们不仅得到英国、美国、中国以及一些其他国家的承认,而且经常以盟国的名义应邀参加一切重要国际协定与宣言。美国特别积极,愿意把他们拉进一切盟国宣言,目的在于高举道义原则,高举盟国大团结原则,共同捍卫自由大业。

国民政府与台湾老百姓在这个问题上所以态度强硬,还另有原因。他们感到愤慨的是,既然不准共产党中国参加对日和约的签订是理直气壮的,因为它已经被联合国打上了侵略者的烙印——即便是英国也无法对此提出反对,因为英国在朝鲜的士兵正在遭受中共部队的杀害,他们也在杀害中共士兵——那么给国民党中国以同样对待,岂不等于对它施加惩罚。因此否认国民政府对日和约的签订权当然是一种歧视性措施,也是一种无辜惩罚。我又说,我国政府所要求的只不过是享有与其他盟国的平等待遇,我国从废除不平等条约的斗争开始,五十年来一直为了这一平等原则而奋斗、抗争。

腊斯克复述了杜勒斯的说法,这种处理并不是歧视行动,乃是一种区别对待。

我说,如果仅仅是因为中日两国之间存在着某些特殊问题,而导致它们之间要单独签订双边条约,那么就建议中日双边条约首先签订,多边条约可以随后签订。(这个方案是我拟定的两个备用方案之一,作为国府训令的补充,因为我知道,训令中的两个备用方案美国都不会接受。实际问题是中国被排斥于多边条约之外,正是杜勒斯在伦敦会谈后的注定结局。所以眼下的问题,也可以说是我与杜勒斯和腊斯克谈判的目的,在于尽一切可能减轻由于我们被排斥以及受到不同对待而在威信上遭到的损失。

我估计可以达到这个目的的任何方案国府都会接受的。)

我向腊斯克解释说,我所提出来的当然是一种恰如其分的程序,因为首先抵抗日本侵略的是中国。而且这样安排签字次序就可以排除歧视与待遇不公的嫌疑。

腊斯克说,那就意味着盟军总部在对日本施加压力要它这样办。再说,日本在签订多边条约并经各签字国批准之前尚未恢复主权,岂能与国民党中国签订双边条约。

我不同意这个说法,认为这不过是各有关国家之间的具体安排问题。我认为,我国政府虽然不接受杜勒斯先生的方案,提出两个备用方案,但还是准备与美国一道寻求其他妥善方案。我想出了另外一种可行的办法,即沿用对待战败国的惯例,让日本首先在多边和平条约上签字,然后由各盟国在规定的期限内签字。这样,各盟国都可以根据各自的方便,在规定期限之内选定时间签字。我相信,我国政府绝不会抢到各国前面去签约的。我还说,不过我想说清楚,所有这些都是我个人的建议,尚未报告我国政府,更谈不上得到批准。我问拟定的公告是否可以给我一个副本,因为台北寄来的尚未收到。

腊斯克回答说,不过是一份草稿,可能还要进行修改。

我表示,很想与杜勒斯进一步共同探索其他可行的方案,以满足国民政府的愿望,同时也可以解决美国所面临的难题。在这个问题上并不存在难以逾越的障碍,因为国民政府与美国同样关切对日和约的签订,它赞成美国备忘录原来提出的主要原则,诸如在条约上实行宽大政策,早日把日本纳入集体安全体系,以及种种赔偿问题,所有这些都足以证明它的真诚意愿。

我说,英国人坚决反对我国政府参加对日和约居然到了这种地步,除非接受他们的反对意见,否则就必须彻底放弃,这实在令人难以理解。如果这就是他们的真实意图,那就清楚地表明,他们把排斥国民政府看得比签订对日和约更重要。换句话说,英国在对日和约的签订上不可能真心实意。果真如此,那就不难看出对日和约的流产责任所在,当然不能归咎于国民政府。

腊斯克两次站起来,说还有一位大使等着与他会晤。看来他是急于结束这次会谈。

我说,我想再次与杜勒斯先生讨论这个问题,并问腊斯克我该如何向政府汇报。我是否可以说公告从缓发表,杜勒斯先生将再次设法寻求一项双方满意的方案。

腊斯克明确表示,我可以与杜勒斯先生进一步会谈。至于公告问题,我可以向国府报告,倘台北在这段时间里不再发表声明,那是可以缓期的;否则美国就有必要发表自己的声明。

国务院会见一回来,我就给台北发了一个注明"加急"二字的简短电报,大意是美国业已同意缓期,并盼望我方不再发表其他公报。接着我又发了两封长电,报告了会见情况。我在晚上的日记里提到了上午与叶公超电话中的交谈,我写道:他"十分焦急,害怕国务院一发表公报,和解之门就会砰然关闭"。事实上,他最担心的正是这一点。但据我看来,无须担心,因为我识破了,这不过是国务院方面的一种策略而已。

6月20日,早上8时30分叶公超又打来电话,打听杜勒斯讨论那几种符合我方观点的备用方案时口气如何。他反复重申,伦敦方案和蓝钦给他的公告全文都是不能接受的。他认为,听候日本决定与哪个中国签订和约,对我国的威信是一种极其严重的破坏。叶公超质问:中国怎能忍受这样的打击,日本还是个战败的敌国么。而且公告的最后一段竟说,台湾的前途问题待以后决定,这也是一种侮辱,委员长对此极为愤慨与恼怒。

我跟叶说,尽管杜勒斯和腊斯克都声称,无意对伦敦协议进行实质性更改,并在建议缓期的时候,把这一点通知了英国人,然而我认为公告的措辞并非定稿,还是可以修改的。叶接着告诉我,他业已向蓝钦口头保证,我方今后不会再发表任何声明,以便对美国方面表示安慰与谅解。蓝钦即将于三两天内给国务院发电报,让他们放心。我考虑这也是个最好的办法,因为我方提出什么书面保证未免小题大做,而且会引起误解。

叶公超接着就要我再次会晤杜勒斯与腊斯克,强调他所提各点。我说一定设法照办。他说委员长身体欠安。我想所有这些问题和局面必然会使他忧忿交加。

经过深思熟虑,我决定让国务院至少用一天的时间与英国,也许还与其他国家,全面地谈谈情况,希望他们能够重视我们的坚决抗议,以及反对伦敦协定的道义理由与法律根据。虽说外长急于让我尽早地与杜勒斯、腊斯克会晤,但我了解国务院内部与华盛顿内部的情况,认为等一等会有好处。

我利用这段时间,在中午 12 时召开了一次会议,约谭绍华、李惟果与我的公使级顾问杨云竹参加。杨先生是早些时候从东京调来华盛顿,专门协助我处理日本问题与对日和约的。这次会议是让这三位同僚了解一下,我与杜勒斯、腊斯克的谈判过程,以及伦敦通过的有关国民党中国问题这一方案的内在含义。我同他们磋商,也想征求最理想的方案。

李惟果很坦率。他说他曾向委员长提出建议,他(蒋)必须在干脆放弃对日和约和对美国的政策追随到底之间作出抉择,因为如果没有美国的亲善和支持,光靠我们自己的力量,往后我们就没有指望重返大陆。据他看,过分刺激或者反抗美国均属不智。杨公使认为,即使单独签订双边条约对中国来说意味着一种屈辱,但这种办法总比没有条约略胜一筹,因为与日本恢复关系十分重要,台湾必须依赖对日贸易。

政府最后决定采纳的正是这个办法,也可以说是最后一着。6 月 22 日我收到了叶的回电,答复我汇报 6 月 19 日与杜勒斯和腊斯克会见情况的两封长电,我才知道他对我的论辩高度赞赏,他认为那些论点高明而又得体,还说所提的两项计划也显然符合国府的决策尺度。(这两项计划是:中日双边条约要在多边条约签订之前签字;或多边条约各签字国要在规定的期限内分别签字,我国政府的签字可以略予推迟。)叶要求我在这个基础上与杜勒斯继续交涉。

关于英美方案,他说美国认为如果我们在多边条约生效之后,也就是在日本恢复主权之后再签订和约,其中并不存在任何歧视成分;但我们的看法却与之大相径庭。他说,我们签订和约的问题要听候日本政府的挑选与决定,那就是剥夺了我们作为一个胜利盟国的地位,尤其难堪的是会造成这样一种印象:我们是在向日本恳求和平,乞求日本跟我们言和。因此我们绝不可能接受。

他希望我能促使美方对所提折衷方案中的歧视成分全面理解,并借以要求它主动采纳 6 月 20 日晚外交部发给我的电报(825 号)中所提出的计划。那封电报接受了伦敦方案中所提出的双边条约这一概念,仅仅附加了某些条件,例如,事先定好日本将与国民党中国签订条约。

第四节　中国被排斥于对日多边和约之外
1951 年 6 月 20 日—7 月 11 日

6 月 20 日上午,外交部叶公超部长自台北打来电话,重申不能接受伦敦方案,并嘱我立即再会见杜勒斯和腊斯克,向他们着重指出该方案对我国的歧视性,以及强调我们拒绝那种听候日本决定和哪一个中国签订和约的建议。

当日下午七时三十分,叶公超又自台北打来电话。他要了解我与杜勒斯会谈的结果。我把我推迟一天走访杜勒斯的原因告诉了他,是为了使杜勒斯有时间联系了解伦敦及其他各处对我方立场的反映。我说,反对我们正式参加对日和约的毕竟是那些国家,而美国能否采取迎合我方立场的态度,取决于那些国家的政府,尤其是英国政府的态度。

叶在电话中再次告诉我,他曾问蓝钦,在要求签订双边和约方案问题上,蓝钦已经说明是他个人的见解,何以杜勒斯会如此严重地误解为叶的见解。叶还对我说,委员长已经很不耐烦,并曾用电话询问他是否已收到我汇报杜勒斯对我方备用方案的答复的电报。我方的备用方案是:(一)国民政府和其他国家一起与日本签订多边和约;(2)在其他国家与日本签订双边条约的同时,国民政府与日本签订一个单独的双边条约。这些方案已于 19 日送交杜勒斯与腊斯克。但是叶说,他已说服委员长同意另一方案作为最后一着,那就是在多边和约签字之后与日本签订双边条约,因为实际上这两个条约不可能同时签字。这个方案委员长已勉强予以同意。叶说,我本人关于双边条约签订于多边条约之前的建议,当然更好;他希望我能说服杜勒斯予以接受。

我在那天的日记里写道:

> 在今晨的电话交谈中,叶公超说,政府拟授予我接受任何折衷办法的处理权。他说,他对此完全同意,并愿进一步授权我在此地进行谈判,而他在台北将不再与蓝钦会谈此事。

显然,委员长对于杜勒斯有关中国在多边和约签字之后再行签订双边和约的误解感到不满,从而归咎于叶,因为杜勒斯曾说那是中国外交部长自己建议的,但实际情况并非如此。我在日记中接着写道:

> 在晚间电话中,叶告诉我说,他已向委员长保证,我是一位非常谨慎的谈判者,轻易不作让步,因而凡我所接受者,一定是政府完全能接受的。我告诉他,我当尽力而为,但这是个难题,请他不断给我指示。

当天晚上台北发出了外交部第 825 号特急密电,内容为政府所能接受的修订后的备用方案。这些方案应作为我在华盛顿谈判的依据。来电称,政府希望我国仍能和其他盟国一起参加多边和约,或同时与有关盟国分别和日本签订双边和约。但是如果办不到,政府决定提出下列建议供美国考虑:(1)在其他盟国与日本签订多边和约的同时,中国与日本签订双边和约;(2)不得予日本以选择签订双边条约对象的自由;(3)由中美两国参照多边和约的条款制订双边条约的主要条款,另加若干条为中国所必需的特殊条款。

第二天6月21日下午,我按照约定的时间访问了杜勒斯。会谈涉及政府原来提出的那两个可予接受的方案,以及为迎合美国的异议而由我个人对两个方案稍加更改所提出的两点建议。杜勒斯表示将再加以研究。他承认国民政府有权要求与其他盟国平等地参加和约,但是他指出了我们所处的实际情况和其他各国的强烈反对。

我向杜勒斯回顾了上星期二(6月19日)的会谈。那天他离去后,我曾向腊斯克说,国民政府不能接受英美商定的排除中国参加对日和约的方案。我还对腊斯克说,我国政府可以接受两个可供选择的方案之一,即:(1)与其他盟国一起签订多边和约;(2)与各盟国同时签订对日双边和约。如果美国对这两个方案都不能接受,则我国政府愿意考虑双方都满意的其他方案。由于腊斯克表示两个方案都难接受,我提出了两点个人建议。这两点建议尚未向政府请示。一点是确定一段时间,比如说一周或十天,在这段时间里任何盟国均可签署这个多边和约。可以假定,日本签约后,首先由美国签字,然后继以若干其他国家。我确信国民政府不会抢先在其他盟国之前签字。很可能国民政府愿意等到若干盟国、最好是远东委员会的多数成员国签字后再签。我说,这个方案应当能使英国满意,英国一直反对国民政府参加多边和约。

杜勒斯说,不只英国,还有许多其他国家反对国民政府参加。只有美国和菲律宾赞成。

我说我的另一点个人建议是,如果不可能让国民政府签署多边和约,则国民政府愿与日本签署双边条约,条件是这个双边条约在其他国家签署多边条约之前签订。这个方案或许可予接受并可向中国人民解释，因为中国是抵抗日本侵略的第一个国家，同时因为有许多问题涉及中国的特殊利害关系。我接着说，我想腊斯克已将这些方案告知杜勒斯先生，我很想知道杜勒斯先生对这些方案的意见。

杜勒斯回答说，关于确定一段时间以供签署多边和约的建议，各国相互交换全权证书将使已经承认共产党政权的国家发生困难，因为他们会拒不承认国民政府所发的证书。他又说，多边条约对所有签字国都有约束力，不可能未经相互承认各自的全权证书而允许任何人签署。

我问杜勒斯对第二点建议的看法。这个建议就是国民政府与日本签署双边条约，但签署须在多边条约签字之前。

杜勒斯说，他认为国民政府不可能与日本先行签约，因为只有在全面和约生效之后，日本才恢复主权，才能与国民政府单独签订双边条约。否则就得由盟军最高司令部命令日本签署，而这就意味着强制，是他所力求避免的。他接着说，他认为能够办到的是多边条约签字后谈判与签署中日双边条约，但使两个条约大约同时生效，从而使中国在事实上与其他国家处于同等的对日地位。

我询问条约草案有关批准的规定。是否要求日本批准多边条约？据他估计，同盟国各签约国完成各自的批准手续需要多少时间？

杜勒斯说，让日本批准条约是必要的，草约有关条款措辞比较笼统，只是说条约应由日本和其他签约国批准。

我又问杜勒斯认为多边条约生效约需多少时间。

杜勒斯说，那至少须由远东委员会多数成员国予以批准，就是说，不算苏联和中国，十一个成员国中至少须有六国。但他相信条约签署后约一年能够生效。

我说我国政府最反对的是歧视。我相信任何方案只要不歧视我国政府,均可予以接受,这就是我提议中日先行签订双边条约的原因。如中日条约签订于多边条约签字之后,中国人民就会感到国民政府所受待遇与其他盟国不是平等的。我接着说,从其他方面考虑,如果国民政府被排斥于多边条约之外,或是如果中日和约不能与多边条约同时签订,也将不利于日本和其他盟国。按照美国驻台北代办递交中国外交部长的拟议中的公告第三段所述,日本在多边和平条约生效后,即可根据国际法恢复主权与独立,因而就有权决定与哪一个中国签订和约。这种设想使国民政府特别反感,因为日本毕竟仍然是战败国,而国民党中国和其他盟国一样,是战胜国。怎么可以听任战败国决定是否与战胜国缔结条约呢? 尽管日本对多边条约的签署国来说,是恢复了主权与独立,但这不能适用于中国。中日之间的战争状态依然存在,而且依照国际法战胜国有权与敌国签订条约。

杜勒斯说,国民政府作为一个战胜的盟国当然有权与战败国签订和约。

我说,我很高兴杜勒斯先生理解我说的要点。然后我进一步争辩说,除非国民政府与日本签订和约,不论是参加多边条约,还是在多边条约签署前与日本单独缔结双边条约,否则共产党中国就可以根据联合国宪章第一〇七条对日本采取行动。(第一〇七条规定:"本宪章并不取消或禁止负行动责任之政府对于在第二次世界大战中本宪章任何签字国之敌国因该次战争而采取或受权执行之行动。")我说,在苏联的指使或阴谋策划下,共产党中国可能对日本采取侵略行动。

杜勒斯对于这一点似乎并不重视。他问我,如果国民政府是对日多边条约或双边和约的签署者,共产党中国会不会承认国民政府的签字。

我说,我想当然不会;我的意思是随着国民政府与日本签订和约,其他盟国就可以声称第一〇七条不再切合适用于这种局势,因为中日间的战争状态已经终止,可以认为共产党可能提出的要求是毫无根据的,而盟国则完全有理由采取这一行动。

杜勒斯说,他已考虑到这种可能性,并已采取预防措施,即在条约中规定日本须全力协助联合国维护国际和平与安全。他向我提出联合国宪章第二条的第六款即:"本组织在维持国际和平及安全之必要范围内,应保证联合国非会员遵行上述原则。"他的意思是说,如果共产党中国对日本诉诸武力,联合国就可以对共产党中国采取行动。他又说,还得与日本作出更为详尽的安排,以应付这种意外事故。

我说,还应该考虑到另外一个因素。我问道,是打算在朝鲜战争结束之前还是之后与日本缔结多边和约。如果和约签订于朝鲜战争结束之前,美国就不能继续利用日本作为在朝鲜作战的基地,因为它继续允许其领土用作在朝鲜作战的基地,就会使本身面临严重的危险。共产党中国可以要求运用北平与莫斯科之间的互助条约,而且事实上苏联也可能声称这个互助条约是适用的,并可能指使共产党中国单独或与它联合向日本施加压力或威胁日本。

杜勒斯说,共产党中国已经援引这项互助条约了。我表示同意,但指出,那还只是针对美国的,而在拟议中的对日多边条约生效之后,共产党中国就可以针对日本援引互助条约。因此在这种情况下,除非国民党中国参加和平条约并通过签署这个条约而在法律上终止中日之间的战争状况,否则根据联合国宪章第一〇七条,苏俄和共产党中国就都可以采取威胁日本的行动,或者苏联可能在千岛群岛或南库页岛集结兵力威胁日本。这些都是不应忽视的因素,因为这些与其说是为了国民政府的利益,不如说是为了远东和平与安全的整个利益,这些因素影响着盟国在那个地区应付任何意外事故的地位。

杜勒斯认为我所说的危险是可能出现的,因为共产党中国可能试图向日本施加压力。但是,他说,计划是在朝鲜战争结束之前签订多边条约,而可能在一年之内予以批准,这就意味着到那时朝鲜战争应当或者可能已经解决。

我说,把所有这些因素都考虑在内,我愿意敦促他仔细考虑我所建议的方案,并推迟公布伦敦方案。

他说,他已经安排了延期发表公告,但这不是为了更改已经商定的方案,而是为了有更多时间和我研究如何避免给中国人民以不良印象。他已向英国解释说,盟国在军事上已经战胜日本,就必须特别注意不要使这一胜利伴之以道义上的失败。这是一个如何处理此事,使之不在中国造成不良印象的问题。他对英国说,安排延期公告并无变更已经商定的方案的意图。他说,为了消除英国的疑虑,这种解释是必要的。

接着,杜勒斯给我看了伦敦《新政治家》周刊的一篇社论,这篇社论发表于英国政府最后接受他的方案之前。文章强烈抨击杜勒斯的方案,并敦促英国政府坚决予以拒绝而不要屈从。文章争辩说,听任日本选择和哪一个中国缔结和约,等于承认一个预料中必然的结局,那就是讨好美国的日本必然屈服于美国的势力,而与国民政府签约,这就为美国、日本及蒋介石政府的联合铺平道路,以便在一年内扩大反对共产党中国的朝鲜战争。

杜勒斯说,一年内会发生这种情况,会出现日本、美国和国民党中国的联合。因此他请我更多地注意未来并能认识到他的方案实际上对国民党政府有利,尽管他当然要仔细研究我所建议的各个方案。他又说,他不久将赴纽约,并将于星期一(6月25日)回来。他愿在返回后继续和我商讨。他说,腊斯克将和他同机飞往纽约,所以他能把我们的会谈内容告诉腊斯克。

我说,他从纽约回来后,在他方便的时候,我一定乐于和他继续商谈。

将近黄昏时,叶公超又来电话了解我和杜勒斯会谈的消息。我告诉他,我们详细讨论了各个方案,但未作结论,预计下星期继续会谈。我说,我不喜欢在电话上多谈。他说,他那里是有防护装置的,但是我听到了嘈杂声和另一个人的声音,据他说那是台北的接线员。于是我告诉他,我按他的吩咐,强调了不让我国参加多边条约不公正,使我蒙受屈辱。我还告诉他,杜勒斯承认我们有权要求与日本缔约。

6月23日,我会见了董显光。他在华盛顿作短暂逗留之后,即将动身返回台湾。我们的谈话内容包括交换对美国政策和世界局势的看法。关于对日和约问题,我告诉他说,美国政府、国会以及一般人民都急切希望与日本签订和约,以便解除军事、经济和财政的沉重负担。至于是否要没有国民党中国参加的和约,还是要国民党中国参加而宁可没有条约,何去何从,美国的选择无疑是要和约。

从以上的叙述,可以看出当时我个人的想法。这些想法,我已经在叙述中附带地提到。那就是我认为中国参加对日和约问题的最终解决办法,将是中日之间基本上按照美国主张的条件单独签订双边条约。再者,叶外长在电话中曾对我说,委员长本人尽管极不情愿,但已同意以多边条约之后与日本签署双边条约为最后一着。但我在与美国谈判中,并未轻易让步。首先,我认为鉴于所涉及的原则的性质,这个原则是不容抹煞或忽略的。根据这个原则,中国参加多边条约的权利应当得到充分承认,因为首先遭到日本进攻的和抵抗日本侵略最久的是国民党中国。如有必要,我要反复强调这一点。同时,我当然完全知道,在国际关系中,道义原则往往是不起作用的。这就导致我的第二点。那就是通过谈判,尽可能挽回伦敦方案对我们的威信所造成的损害,力求达成某种可行的折衷办法,把受歧视的印象缩小到最低限度。

第二天(6月24日)外交部来电。内容是外交部刚从东京接到的一则消息,大概是从中国驻盟国对日委员会的代表团接到的。消息说,虽然日本政府及公众由于得到选择和中国的哪一方代表签约的权利而感到非常高兴,但是他们实际上觉得在日本的权利与义务问题方面,处境是很困难的。日本外务省主张采取缄默与拖延的态度。日本首相吉田也有这种倾向。据6月17日电讯称,吉田在与新任驻日盟军最高司令官李奇微将军会谈中,表示希望由联合国决定承认中国哪一方代表的问题。(他们都力图推卸责任,美国推给日本,日本推给联合国。)东京方面的报道还说,英国驻日外交代表团代办克拉顿参赞曾与吉田秘密接触,现在仍经常与吉田联系。这一事实值得我们注意。

当天我在日记中写道:

> 苏联代表昨天在联合国电台发表广播讲话。讲话结束时他声称,作为解决朝鲜战争的第一步,可以安排停火,并在停战协定中规定双方部队均自三八线后撤。这个声明引起了华盛顿、成功湖及整个美国的轰动,他们都一直热切希望以任何可能的条件结束朝鲜战争。美国国务院说,如果这个建议是真诚的,而且保证今后不重启侵略战端,则美国是乐意的……

第二天(6月25日)杜勒斯回到华盛顿,但我并未立即走访他。如我于26日致电叶外长所解释的,这几天美国政府当局正集中注意力于拟议中的所谓解决朝鲜战争的和平方案,而不论这一事态发展的结果如何,必将影响对日和约的会谈。此外,我还听说和平条约的第二个草案将在今后几天内分发给各国。鉴于这些情况,我打算稍等些时候再会见杜勒斯。我征求叶对此的意见,并询问政府对我前一封电报中汇报我与杜勒斯上次谈话情况所提各点建议的反应。

我知道台北在参加对日和约问题上急切想与美国达成谅解,因而最后我于6月28日要求会见杜勒斯,而且见到了他。他要求我不要急于催他答复。他说,他不是那种不善于相机行事的人,而且我可以相信,他会尽最大努力去争取使国民党中国和美国都满意的结果,但是他的困难很大。

根据记录,谈话开始时,我解释说,我没有早一点来访,是因为苏联对朝鲜战争的和平建议的报道,国务院必然要予以专注,还因为停火商谈的结果可能影响拟议中的对日和约问题。我很想知道杜勒斯先生对朝鲜和平前景的看法。

杜勒斯说,他并未直接参与朝鲜和平的讨论。本来腊斯克要来参加我们的会谈,但他因事未能前来。利文斯顿·麦钱特先生即将代他前来,或许麦钱特能回答我的问题。杜勒斯又说,朝鲜如恢复和平,当然会影响对日和约,尽管他和其他各国仍在继续商谈,而未中断。

我回顾了我国政府所能接受的两个方案以及我个人为了使杜勒斯更易接受而提出的两点修改意见。第一个方案是确定一段时间,在这段时间里,所有盟国均可签署对日多边和约。关于这个方案,我还回顾了杜勒斯的看法,即英国和其他已经承认北平政权的国家可能不会承认国民政府代表的证书。我说,不过我认为这不应造成任何困难,特别是因为我国政府代表不会抢在其他国家代表之前签署多边条约,而将等到美国及远东委员会若干成员国签署之后再签。既然那样,就不会有各全权代表互相审阅证书的场合。我还认为由于美国既是东道国,又是继续承认国民政府的国家,它应当可以自由决定全权代表的证书是否合格,将会核准国民政府代表的证书。就国际条约来说,不需要所有签署国彼此都有外交关系。过去的国际联盟和现在的联合国,都有为数很多的国家签署了不少国际公约,我确信其中的几个国家之间并无正式外交关系。

杜勒斯说,这是他没有想到的一点。当然,就联合国来说,会员国代表之间一直在进行讨论,这些会员国不一定都已经建立外交关系。但对日和约的讨论与国际条约的讨论有所不同。他问我是否想到我所说的那种条约。

我说,眼下我所能想起来的只是在联合国教科文组织主持下签署的一些公约,我确信签署那些公约的许多拉丁美洲国家与好几个亚洲新国家并无外交关系。

我接着说,我上周对他提到的另一个方案是由国民政府与日本签订双边条约。但为了消除受到歧视的指责,由我国政府先与日本签署双边条约,然后再签多边条约,这样做是可取的,甚至是必要的。然而在这两个方案之间,我国政府还是更喜欢前者,就是说,在确定的一段时间内所有盟国均可签署多边条约。事实上没有必要特为国民政府采用这个方案,因为从法律的观点看,所有盟国都有与日本签订多边和约的同等权利,在一定的一段时间内,早签和晚签应由它们自己决定。只有在其他各国严重反对这个做法的情况下,我国政府才会接受第二个方案,即在多边条约之前签订双边条约。我想知道自上周以来,杜勒斯先生研究这两个方案的结论是什么。

杜勒斯说,他一直在考虑,但尚未得出一个方案。中日双边条约的想法,是他原来的主张。他仍然相信这是一条出路。但是当初他的想法是在多边条约之后签订这个双边条约,而不是如我所建议的在多边条约之前。让日本先与中国签约,这将意味着日本已经恢复了主权和独立,而实际情况是多边条约签署并生效之后,日本才恢复主权和独立。

我指出情况不一定如此。多边条约的生效将使日本恢复主权和独立,但那只是就多边条约签署国同不是该条约缔约国的其他盟国对比而言。对这些其他盟国来说,日本仍不是独立自主的;从法律意义上讲战争状态仍然存在于它们之间。但是我认为没有必要考虑所有这些法律细节。需要做的事情是在美国给予协助并在东京运用其影响的条件下,国民政府与日本立即开始谈判。

我说我国政府感到特别担心的是公告草稿中的这样一段,即由日本行使恢复后的主权与独立来决定与中国哪一个政府缔结和约。国民党中国是一个有充分资格的盟国并为共同战胜日本作出了巨大贡献,日本在法律意义上还是它的敌国,而要使国民党中国服从日本的意志,由日本决定是否同它缔结和约,这在台北看来,简直是莫大的屈辱。当然,我知道美日之间已达成谅解,即日本将选择与国民政府签订和约,而且这个谅解应予保密。

杜勒斯说,确有应予保密的谅解,而且这个谅解就是日本将选择国民政府作为签约对象。他问道,按照我所说的我国政府的态度,国民政府是否宁愿选择英国最初坚持的主张,即由盟国决定日本和中国哪一个政府签订和约。

我回答说,这不是我国政府的想法。我国政府所想的是如果我们不能签署多边条约,而只能和日本签订双边条约,则台北与东京之间应即开始谈判,以便双边条约能够在多边条约签订之日签署,或先于多边条约签署。至于伦敦方案的公告草稿,我说,实在没有特殊理由现在或在缔结多边条约之前的任何时候予以公布。因为不论如何措词,都会引起这样的疑虑,即为什么国民政府被排除于多边条约签字之外。我觉得,如果作解释的话,应在多边条约签字之日而不是之前,而且公告的措词要看当时的情况而定。

杜勒斯同意我认为原拟的公告应予取消的想法。这个时候发表一项声明是为了确保英国同意他有关中国参加和约问题的方案。但是经过进一步考虑,他觉得予以发布是不明智的,而现在他还认为是不必要的。

我说,我很高兴杜勒斯先生在使英国人放弃他们的想法方面赢得一分,英国人的想法是,日本关于和哪一个中国政府缔结和约的选择,应听从盟国的意见。

杜勒斯说,这是很重要的,因为英国在这一点上让步时,那就意味着虽然他们不赞成,但他们已经默认美国的想法,即日本应该与国民政府缔结和约。照他看来,有一点很重要,即国民政府不要把签订双边条约看成歧视,而应看成应办的正当事情,并把他说服英国人接受他的方案看作是国民政府的胜利。他所希望的是国民政府与他一起致力于树立这样一个思想,就是与日本单独缔结双边和约丝毫无损于它的威信。他说,他一直在努力树立这种思想。上星期日在纽约的电视节目《会见新闻界》中,他曾说,已与国民政府充分协商;国民政府的许多建设性意见都已列入和约草案。他还说,与国民政府的协商和与其他有关政府的协商一样充分,而且他指出,北平政权并未提出任何建议。事实上,苏联政府把条约草案抄件送交北平政权后,北平政权并未代表中国人民的利益提出任何新建议,而只是声称它同意苏联就条约草案对美国所作的答复。这和国民政府的答复形成鲜明对照。国民政府代表全体中国人民的利益,提出了许多修改建议。杜勒斯又说,他曾料想共产党政权至少会代表中国人民提出赔偿问题,而它竟一点有主见的建议或意见也没有提出。

杜勒斯接着说,在电视会见中,他被问到根据他敦促英国接受的方案,是否国民政府将与日本缔结和约而且英国已表示同意。他当时答称,他不能说英国已经同意,那将由日本在恢复主权与独立后进行选择,他预计日本的选择将是与国民政府缔约。日本与国民政府已经很友好,日本与台湾的贸易额和台湾是日本殖民地的时代不相上下。所以他预计日本会与国民政府缔约。

我说,我国政府得到的东京报道表明,日本虽然感谢英美让它自愿与国民政府缔约的意图,但它还是宁愿把这个问题交由联合国决定。

杜勒斯说,那不行,美国不喜欢那样做法。

我说,这也是我的想法。我又说,台北从东京收到的报道还称,英国驻东京盟国对日委员会的代表在上个月内经常拜会日本政府。

杜勒斯问我是否听说他们的会谈是有关国民政府参加和约的问题。他说,他本人从东京的约翰·艾利森得到报告称,他们一直在讨论的是航运、纺织品及金融问题,而不是国民党中国参加和约问题。他还接到艾利森的报告称,日方正在台北谈判设立驻台湾领事馆。他问我是否知道。(大概他认为这可能便于中日之间的和约谈判。)

我回答说,我知道这个问题在会谈中,但详情不悉。我问是否已制订某种方案,这种方案既能解决杜勒斯与英国及其他国家之间的难题,又能消除我国政府、特别是中国人民受到歧视的疑虑。

杜勒斯回答说,他的想法是如果国民政府在多边条约签订后与日本谈判双边条约,双边条约大约可以和多边条约同时生效。

我问多边条约大约需要多少时间生效。

杜勒斯回答说,约需一年。

我问何以要如此长的时间。

杜勒斯回答说,条约不可能在9月以前签字,届时国会即将休会,因而要到明年1月才能讨论对日和约问题以及与日本、澳大利亚及新西兰的共同安全条约问题。再者,有必要举行听证会,而且纺织业和其他工业以及航运业等的代表都会要发表意见,这又需要一两个月的时间,所以要到明年春季和约才能由参议院通过。

我再次强调说,为了不显得有任何歧视,有必要先签中日双边条约,或者与多边条约在同一天签署。因为这样就能解释说,那是正常的程序,因为中国是第一个抵抗日本侵略的国家,并且事实上在其他国家参战以前已经打了多年的仗,同时还因为中日之间有若干特殊问题。

杜勒斯再次指出,订立双边条约并无歧视国民政府或损害其威信的意思。他认为许多拉丁美洲国家不愿参加多边和约,而宁愿与日本签订双边协定;印度及印度支那各国可能也一样。意大利也想与日本签订双边条约,但由于意大利在最后几天才参加对日作战,他认为不应该把它与其他国家置于同等地位。因此,他相信适用于亚洲及拉丁美洲国家的各双边条约的条文必将与多边条约的条文有所不同,但是他估计国民政府与日本之间的双边条约的条文,除增加几条对中日双方有特殊利害关系的条款外,基本上将与多边条约文本一致。这是中国未受歧视的又一个说明。

我重申中日双边条约应予先签的意见，并愿知道杜勒斯先生的反应。

杜勒斯回答说，他希望我不要逼他立即答复，因为他这时候不能作复。他愿予以更多的考虑，并向其他各国提出讨论，但他可以说，我的方案并未超出莫里森已经接受的方案。他于是要求我相信，他不是不善于随机应变的人，他要尽力运用他的机智，在这个问题上找到维护国民政府威信与尊严的办法。他认为不损害国民政府的威信也符合美国的利益。

我说，我当然不想催逼杜勒斯先生，因为我觉得这不是一个紧急问题。我们可以共同制订某种方案，以克服他在和其他各国打交道中所遇到的困难，同时又使国民政府能够接受而无受到歧视的感觉。事实上我国政府所想的不仅是它自己的威信问题，而且也是遭受歧视会使中国人民、尤其是大陆人民在思想上产生什么心理影响。

杜勒斯说，如我所知，他一向非常同情国民党中国。他当然会尽最大努力制订令人满意而又可行的方案。他曾指望英国内阁批准他在伦敦的会谈结果，但他刚接到莫里森来信称，内阁要到下星期才能予以考虑。他宁愿等到英国政府表态，以免他们改变态度。

当我问到条约草案的最后文本什么时候分发时，杜勒斯说，在下周内分发，而且除其他人外，他将乐于送我一份。

这时候我转向负责远东事务的助理国务卿帮办麦钱特。在这之前他已参加我们谈话一段时间。我向他询问朝鲜和平的前景。他未作确切答复。他说美国抱着正当的怀疑态度。

我问杜勒斯说，朝鲜停战是否会影响对日和约的商谈，是否会产生苏联参加的问题。杜勒斯说，朝鲜停火肯定会影响他的工作，但正如我所指出的那样，局面仍不稳定。他认为只要美国仍然不放弃琉球群岛，俄国就不大可能参加对日和约，因为俄国把美国占有琉球群岛看作它的肉中刺。如果把这一条款取消，他相信其他条款苏联都能接受,可是美国不打算放弃这条。

我向杜勒斯回顾了国民政府是第一个同意美国占有琉球群岛的,因为它愿使美国在那里充当守卫。

杜勒斯说,有关在日本本土建立基地和驻军问题,俄国并不反对,因为他相信莫斯科认为美军不可能长期呆在那里,到了一定时候,美国会厌倦于所担负的职责,而宁愿予以全部放弃。但如美国永久占有琉球群岛,情况就不同了。他又说,英国也不喜欢有关琉球群岛的条款,或者说,至少它不喜欢把这些条款载入多边条约。因此,这些条款已自多边条约草案中删除,而载入将由美日签署的双边条约。这样,英国虽然知道此事已与日本商定,但可以佯作不知。

杜勒斯提请我注意这样一个事实,即他提到了美国也将和日本缔结双边条约。他说,因此,国民政府与日本签订双边条约不一定就有损于它的威信。要紧的是国民政府向前看一年。届时不会有人还记得国民政府与日本签订双边条约是在多边条约签署之前还是之后。要紧的是国民政府与日本之间有个条约。

虽然我同意杜勒斯所说的话,但我再次强调说,关于国民政府参加拟议中的对日和约,不应采取不仅损害我国政府的威信,而且使全体中国人民失望的程序。中国人民指望在美国的领导下,帮助他们从共产党的压迫下恢复自由。共产党已经采取日益严厉的措施来压制不满及反对的表现。经常的大批清洗与处决沉重地压在广大的中国人民身上。美国和自由世界使他们失望的行动会使他们丧失反抗共产党统治获得成功的信心。

第二天外交部长又拍来了一封特急电报。电文说,据外交部得到的情报,艾利森已将英美双方一致同意的和平条约修正草案给日本政府看过。我国未被列入序言,但条约包含一条单独的特别条款,以便于我国和其他不包括在多边条约之内的国家与日本另行缔结和平条约。电文说,中央政府对此问题感到焦虑,担心会发表条约草案而不给我们一份。序言不列我国国名,这是对我国政府的威信和我国人民的精神状态的最大损害。来电嘱我迅速联系杜勒斯,根据我国政府决定的目标再举行一次会谈,以期获得一个能使我国以平等地位签署条约的方案。来电同时嘱我向杜勒斯查明:(1)我国是否包括在条约序言之内;(2)美国是否准备给我们一份条约抄本。

我发了回电,其中提到我28日最近一次与杜勒斯会谈的报告。我还询问杜勒斯所提到的艾利森所谈消息是否确实,即我们正在东京商谈日本拟在台湾设立领事馆之事,以便促进日台贸易。我想知道关于这方面的一般情况。

同一天,即6月29日,我乘飞机去纽约赴几个约会。7月2日星期一,我接到谭绍华电话后返回华盛顿。谭从大使馆打来电话称,杜勒斯要求我前往国务院会见他。星期二上午,我拜会了杜勒斯。他向我提出了这样一个问题:在吩咐日本与国民政府谈判双边和约时,如何避免给人以这样一个假象,即条约生效后,能在中国大陆有效。他暗示这个问题是加拿大、澳大利亚和新西兰以及日本提出的。我们进行了长时间的会谈。我提出了一个方案。他认为我的方案并未完全解答这个问题,但是他说他将予以仔细考虑。

为了更为详尽地叙述这次会谈,我翻阅了我的笔记。杜勒斯首先说明,他想就国民政府与日本签订双边条约问题和我再谈一次。他说,以往我们曾一般地商讨这个问题,而没有深入研究如何实现这个想法及其可能具有的意义。要求日本政府与国民政府谈判双边和约是他的想法,但是这个想法会引起这样一个问题,即国民政府签署双边条约会对大陆有多大的约束力。他不能以假定这样一个条约对大陆也有效为根据来要求日本与国民政府谈判。显然这种假定是一种虚构,要求日本据此进行谈判是不公平的,也是不合情理的。

杜勒斯说,其他国家提出了同样的问题。例如,加拿大、澳大利亚和新西兰也想知道怎样把这样一个双边条约看作对中国的共产党大陆有效。如果双边条约对共产党中国没有约束力,那就得发表某种说明,明确拟议中的日本与国民政府之间的双边条约,其效力限于国民政府辖区。如何说明这种情况以及用什么方案既能予以说明又能消除误解,这是他愿意向我提出的问题。他希望我予以思考并和他商讨解决这个问题的最好办法。杜勒斯转向在场的麦钱特说,他和我在各种场合共事已有三十年。

我说,我们之间的合作至少始于 1918 年的巴黎和会,因而已经超过三十年。杜勒斯对麦钱特说,他和我在这段非常长的时间共事,发现我是他所认识的最富有才智的人之一。

我说,杜勒斯先生才是一位足智多谋阅历极深的人。至于杜勒斯刚才向我提出的问题,我说,我也一直在考虑这个问题,但还没有把我自己的意见向我政府汇报或请示。所以我准备讲的话完全代表我个人意见,尚需政府批准。我记得我以前曾和杜勒斯谈过这个问题,因为我知道某些反对国民政府平等参加多边条约的国家曾提出这个问题,以证明他们的反对是有道理的。但如我以前所已经提出的,这个问题由两个部分组成。第一,关于国民政府与日本谈判并签署和约的权利,这是毫无疑问的。第二,关于国民政府签署这个条约的有效程度问题,在必须由日本及国民党中国双方批准的前提下,只有在条约批准并生效时才会出现。

杜勒斯说,在日本方面,必须经过批准,但他不知道国民党中国的宪法是怎样规定的。

我说,条约须经立法院批准。我又说,我认为这样一个双边条约对大陆的有效性问题不应该在这个时候提出,而可在条约批准后予以处理。只有到那个时候才有必要发表某种宣言或声明以说清情况。但是我认为这样一个声明应由日本发表,如果它认为宜于或有必要这样办的话。我怀疑国民政府在这一点上是否应该或愿意发表任何声明。我希望我刚说的这些话已经回答了杜勒斯先生的问题。

杜勒斯说,他认为这还不是回答。这个问题需要现在回答,因为不能要求日本与国民政府谈判双边条约而不知道条约对中国大陆的有效程度。接着他说明了他的困难的关键所在。他说,美国希望其他盟国和它一起向日本提出与国民政府谈判双边条约的建议,但是这些盟国不愿意,除非它们确知已经明确条约不适用于大陆中国。杜勒斯记得我以前曾说国民政府有权与日本谈判和约。他自己认为美国有正当理由说国民政府是一个合法政府,是真正代表全体中国人民意见的,而且是盟国为了了解中国人民的思想感情和意见而能与之联系的唯一政府。此外,国民政府有效地控制着台湾及其附近岛屿,直接代表这些岛上的八百万人讲话。再者,它拥有五十万军队以及一些原先的国民党部队,这些原先的部队分散在大陆各地并得到当地某些民众团体的支持。因此,承认国民政府有权与日本缔结和约,从而结束它们之间的战争状态,这是公平合理的。杜勒斯接着说,但是,如果声称这个和约应该或将会对大陆有约束力,则这种说法显然是站不住脚的,因为国民政府的权力在那里已经不复存在。问题是如何说明这一情况,使之得到清楚的理解,以便一方面应付盟国的反对,另一方面应付日本。

我说,我愿重复我以前说过的话。国民政府有权与日本缔结和约,这是不容争辩的。领导中国抵抗日本侵略的是国民政府。它仍然是一个完全有资格的盟国。它仍然是许多重要国际组织的成员。它仍然为世界绝大多数国家所承认。它除了有效地控制台湾和澎湖列岛及沿海的许多岛屿外,仍然在缅甸及印度支那边境有一定数量的武装部队,以及在大陆的大量转入地下的部队。大陆的绝大部分中国人民同情台北国民政府并予以道义上的支持。

我接着说,条约经我国政府批准生效后对大陆的有效程度,这是一个事实问题,但是这个事实可能由于今后的事态发展而发生变化。如果是由国民政府发表声明,它就会说,由于共产党的叛乱,它的权力暂时达不到大陆,但是不能把条约对大陆的有限效力看作反对国民政府与日本缔结和平条约的充足理由。为此，国民政府批准的有效程度问题可以留待条约生效后再议。

杜勒斯说，我所说的或许可作为解决困难的最后办法，但他要仔细考虑一下。他对麦钱特说，有这么一位最富有才智的人和他一道寻找圆满的解决办法，他觉得他无须为这个问题担心。他对我说，他当然知道一个政府的权力范围不见得是承认的唯一标准。他记得在第一次世界大战期间，克伦斯基政府被布尔什维克取代很久以后，美国继续予以承认。在第二次世界大战期间，美国继续承认那些在伦敦的流亡政府。以丹麦来说，美国承认丹麦大臣考夫曼的权力，和他签订关于冰岛和格陵兰的协定。但是他上面所举的事例都是为了达到某种具体目的。就冰岛及格陵兰来说，美国想要用为军事基地，因而决定承认考夫曼的签字，尽管考夫曼的权力肯定是有争论的问题。

杜勒斯认为，就目下的问题而言，最好是由美国与其他盟国建议日本与国民党政府进行谈判，而不要听任日本自己选择，因为美国想要确保日本不站在共产党中国一边；更因为我曾对他说，我国政府把听任日本选择同哪一个政府——国民政府或是北平政权——缔结和平条约看作羞辱。

我说，我知道日本并不想承担这种责任。照我的看法，美国可以建议日本着手与国民政府谈判双边和平条约，并向日本指出，这个条约对大陆有多大约束力，是一个事实问题，可以留待以后再议；届时国际事态的发展或许有助于提供答案。但是，要发表的声明可以按照当时的情况表达得现实一些。

杜勒斯认为这个问题不但对日本很重要，对国民政府也是如此。因为目前发表的一项声明尽管可能用来应付某些盟国的反对，但是在另一方面也可能损害国民政府在各世界组织中的国际地位。例如，假定国民政府说它的权力目前达不到大陆，这个说法就可能被人抓住，说是国民政府自己已经承认对共产党大陆不能行使权力，这样就会被人利用，为反对国民政府在联合国继续占有席位增加一个论据。

我说，这正是我认为国民政府在批准条约时不应发表声明的理由。但日本认为必要，它可以发表声明来表达其观点。

我接着说，我国政府得到东京的报道，大意是拟议中的多边和约在序言中列举各盟国的名称，但其中没有中华民国。这一报道在国民政府方面引起了极大忧虑，并要求我查明真相。

杜勒斯说，这个消息不确。他给我看了一份多边条约草案，指出并未列入任何盟国的名称。他读了序言的第一句："各盟国及日本，等等"。我看了一下草约，确实如杜勒斯所读的那样。

我说，杜勒斯先生和我一直在讨论他所提出的关于国民政府与日本之间缔结双边条约问题中的具体问题，但我还是希望他不要放弃另一个方案，那就是国民政府参加多边和约；我国政府仍然非常重视这个方案。

杜勒斯说，他不会轻易放弃任何可能的解决办法，但他愿意指出，国民政府参加多边和约的可能性是很小的。无论如何，他要求我仔细考虑他提出的问题，把考虑结果告诉他。

我说，我一定研究，再次和他讨论。

午后不久，我接到外交部绝密急电。首先，他们仍然对如下情况惶惑不安，即一方面中美之间正在磋商中国参加和约的方式问题尚无具体结果，另一方面，美国就在这个星期要把在伦敦商妥的条约草案分发给各有关政府。这当然不是台北所希望的，他们嘱我敦促美国政府推迟这一行动。外交部说，如果美国不同意推迟，美国政府应该同时正式发给我们一份。如果不这样办，必将在我国人民中引起误解，使他们失望。我国外交部长已在台北亲自把这一点告诉蓝钦公使，他已同意立即向美国国务院汇报。

其次，他们说，杜勒斯曾劝告我们不要过急，以免影响参加签署和约问题的解决，而同时有许多迹象表明，美国正在积极推动它和其他盟国的磋商。他们担心如果其他国家决定签署条约，我们会措手不及。因此，他们说，我们在和美国积极谈判时，必须争取更多时间,以便迅速获得一个解决我们的问题的方案。为此,他们嘱我遵照外交部第825号电最后一段行事,即敦促美国正式同意我们在多边条约签订时,能签署双边条约,而且特别强调日本无权为签订条约而选择由哪一方代表中国。他们还嘱我不要再提规定我们先签双边条约的方案,因为他们觉得这个提法本身就表明我们愿意脱离盟国集团。

这至少是外交部7月3日来电第二点所要传达的意思。但由于电文错误,外交部实际是嘱我遵照第821号电行事,而不是第825号电①。这引起了相当大的误解;幸而为时不久,在我再次见到杜勒斯继续商谈和约之前,就发现了这个错误。

外交部7月3日来电还有第三点。第三点强调指出,既然美国已经表示中日双边和约在内容上应与多边和约相同,那就应该立即给我们一份在伦敦商定的条约草案,以便我们用作起草双边和约的依据。来电嘱我向美方提出这一点,并立即与美国洽谈所有以上三点。

当天下午我草拟了一封致叶部长的长电,并请转呈蒋介石总统。我想把整个情况予以概述,因为我觉得台北并不完全了解。虽然这份电报是由上述误解引起的,但所表达的意思则是扼要中肯的。电报还阐明了我对情况的之了解。

我说,我和杜勒斯讨论和谈判我们参加对日和约问题已近半年,我和他前后会晤达十三次。我注意到重要环节并不完全取决于美方。最主要的似乎是英联邦的一致而坚决的反对。而另一方面,美国是愿意和解的,因为它急切想实现和约,但又不愿意与日本单独缔约。美国希望至少要有远东委员会多数成员国签署内容相同的条约;否则它担心会出现各种纠纷,和失去对日本的领导地位。美国无法强制英国、加拿大、澳大利亚、新西兰等国效

---

① 原注:第821号电报于6月19日发出,内容是叶公超部长与蓝钦公使的会谈情况,其中说明我们有权在平等的基础上参加对日和约的理由,说明为什么其他国家无权对此另作决定,以及为什么我们不能接受伦敦方案。

法它。它只能充当中间人，把我们的观点和建议提出来和这些国家讨论，以决定一个美国和我们自己都可勉强接受的方案。至于杜勒斯的态度与倾向，我说，看来他倾向于采取中日双边和约的方案，而且根据他在伦敦达成的谅解和协议，和英、加、澳、新等国接洽，目的是同它们讨价还价，希望他们能和美国一道催促日本和我们开始谈判。

因此，我说，我的意见是我们必须与上述各国以及法国联系，向他们解释并力陈我国政府在法律上和公理上都应享受参加对日多边和约的平等权利。我们还应说明，如果我国被排除在外，那会给远东的总形势带来不利后果。如果它们理解这一点，而且不作进一步反对，美国和它们谈判所遇到的困难就会减少。而另一方面，如果我们把美国看作讨论这个问题的唯一对手，那就很难获得成果。我们还易于引起美方的误解，认为我们完全不顾现实，强人所难。

接着我说，依照外交部820号电报，我国政府考虑了可予接受的两种可能的方案：(1)与其他盟国同时参加多边和约；(2)与其他盟国同时签订双边和约。后来我自己斟酌增加了一些补充条款，并将以上各点告诉了杜勒斯。现在他似乎已经把这些提出讨论，并已经和几个主要国家洽谈，希望它们同意一致促使日本与我们谈判，单独签订双边和约。此外，按照杜勒斯回答我的问题时所告，我们签署多边和约的前景极不乐观。如果我们打算首先放弃签订双边和约的念头，而集中力量于争取在平等地位上签署多边和约，这在原则上是完全正当的，在公理上也应如此。严格地讲，我们也可以采取这一步骤。但是在这样办时，我们必须对万一办不到也有所准备。如果办不到，我们就要阐明理由提出抗议，以听任自由世界舆论发表意见，并等待今后国际局势的演变。我说，这一步当然关系重大，须由政府全面考虑并作出决定。至于我本人，自当遵照指示办理。

外交部长接到我电报后，感到我的观点与政府不一致，遂于

7月3日发来复电。他提醒我说,外交部以前曾致电驻澳大利亚、新西兰、加拿大、法国及菲律宾各国使节,指示他们向各自的驻在国政府解释为什么我们应该代表中国参加条约的签署并敦促这些政府予以同意。叶公超部长说,他们交涉的进行情况及结果已曾先后用电报通知我。(他列举这些电报以资证明。)

关于我国政府的最终立场,他说,这已在第825号英文电中予以详述。他说,那份电报非常重要;他要求我仔细而全面地予以研究并照办。如果我认为那份电报所说明的既定政策难以执行,或是我另有看法,则要求我通知外交部并详细说明理由,以便政府再次研究和讨论这个问题。至于我上次与杜勒斯会晤时他所提出的问题,即如何避免给人以条约不能在大陆有效的印象,部长说,在研究了我的电报之后答复。

我仔细通读了部长的来电,并立即看出问题所在,于是用电报加以解释。外交部来电的第二段后一部分称:"希按本部821号电后一部分办理。"我发现第821号电与820号电实际上是互相联系的,因而设想外交部所想的是6月18日第820号电提到的两项既定政策,而不是第821号电。从第820号电看,政府还是坚持联合签署多边条约,而放弃签订双边和约的想法。可是一收到部长的最近一封电报,我就看出了前一封电报所说的关于第821号电实际指的是825号电。

于是我告诉部长说,第825号电内容已予全面研究,而且我与杜勒斯在反复商谈中所讨论的各点也是以该电的意见为根据的。看来杜勒斯的观点甚至日益接近我们的观点。然而我觉得有关我们在其他盟国签署多边和约的同时签订双边条约的建议可以留作以后我方的最后让步。因此我没有立即放弃我们在多边条约前签订双边条约的想法。

我接着解释说,然而目前棘手的问题并不在于先签与后签,而在于我方执行和约的有效性。这一点在我以前的电报中已详予说明和解释。我请求部长参阅我的前电并予指示。

提到另外一点，我说，以前外交部曾就澳大利亚、新西兰、加拿大及菲律宾等国对于我们签署和约的态度问题多次来电。这些来电都已收悉。但是最近我听说加拿大、澳大利亚及新西兰似乎已经改变了态度。他们的借口是，这涉及我国在大陆上履行条约的能力问题。这就是为什么我建议我们应再次联系这三个国家以及法国，向它们解释我们的态度，以使它们不能再有反对我们立场的任何借口。我要求外交部考虑这一建议并作出决定。

最后，我指出，参阅电报而只提编号的做法，如果电报局把编号发错就会造成后果严重的差别。为此，我要求今后提到某些编号电报时，还应提及主题或摘由，以便大使馆查对核实。

电报发往台北后的次日，叶公超部长给大使馆来电话。他对我谈了两件事。一件是关于对日和约的政府立场。另一件是打算加派一人到大使馆译电室工作，因为全部电报的译码工作极为繁重。关于前一件他重申了如他 6 月 20 日致我的 825 号英文电所阐明的政府最后立场。他征求我的意见或反应。我说，根据他 7 月 3 日来电，我曾以为政府已回到坚持以平等地位参加多边条约的立场，但后来发现不是这样。事实上，叶部长急切想推行缔结双边条约的计划。

因此，那天下午我拜访了杜勒斯。他曾要求会见我，为的是面交我一份对日和约文本。我们再次商谈了如何着手安排国民政府与日本谈判和缔结双边和约问题。这次会谈时，东北亚科科长艾利森也在座。他当时已从东京回来。

杜勒斯说，如前所允，他愿给我一份对日和约草案。之后，他回顾了我曾问他如下情况是否属实。即条约草案序言中列有作为缔约国的各盟国名称，而没有中华民国的名称。当时他曾答复说，情况不实。但他愿向我指出第二十三条确实有署约的盟国名单，其中没有中华民国的名称。他还指出了日本须承认朝鲜独立的那一条，以及有关处理某些前日本领土的另一条，其中说，南库页岛及其附近岛屿以及千岛群岛，现都和台湾及澎湖列岛以同样方式处理,仅要求日本对所有这些领土放弃权力要求。他说,国民政府所提出的这些及其他建议都是富有建设性的,而且都已载入了条约。

他接着说,他即将致电台北蓝钦公使,嘱他把一份条约文本递交中国外交部长,以免我打电报或是用外交邮袋送回的麻烦。在电报中还嘱蓝钦对中国政府所提出的并已载入条约的建设性意见代表美国表示赞赏。他还向我提出中国关于在条约中明确提及 1901 年 9 月 7 日的辛丑条约及其附件的建议亦已采纳。(条约草案及将由日本发表的两项声明草案,见附录八。)

我回顾了以前杜勒斯曾表示他愿意见到的国民政府与日本缔结双边和约并且和多边条约内容一致。既然看来国民政府将被排除在多边条约之外,我想知道他是否仍持这个观点。

杜勒斯作了肯定的回答。他指出,根据第二十六条,日本保证与非多边条约缔约国的任何其他盟国依照这个多边条约的同样条款缔结条约。他补充说,就中国而言,战争的开始日期当然不同。

艾利森说,应该是 1937 年 7 月 7 日。

杜勒斯说,一些对中国有特殊利害关系的其他问题可以列入双边条约。

我说,当天晨报报道,草签对日和约的预备会议将于 8 月在旧金山召开,而签约的正式会议将于 9 月在该城举行。我想知道这是否属实。

杜勒斯回答说,没有草签条约的会议,但他希望能于 9 月在旧金山开会正式签约。

我说,我从台北获悉,东京的报道表明条约草案业已分发。这些报道使国民政府颇为不安。

杜勒斯说,条约正分发有关的主要国家。

我说,杜勒斯先生所指的想系远东委员国的成员国。

他说,"是的"。他又说,稍迟几天条约草案还要送交墨西哥和巴西。前者在对日战争中曾派遣一个空军中队,后者曾派出一些海军。其他国家则可根据第二十六条与日本谈判缔约。但根据这一条,日本在这方面的义务以三年为限,因为没有理由只顾苏联的方便而把这个义务无限期地加在日本身上。

我回顾了 7 月 3 日星期二我和杜勒斯的上次会议。我问他是否已就他向我提出的那个问题得出结论。

由于上次会谈时艾利森不在场,所以杜勒斯向他解释说,他曾问我怎样应付在吩咐日本与国民政府缔结和约时的巨大困难。他说,国民政府执行条约的权力达不到大陆,而且正如我所指出的,这是一个事实问题,它与我国政府的合法性问题不同。但是正如若干国家曾向他指出的那样,要求日本与国民政府在一种假象下缔结和约是不公正的,这种假象就是这样缔结的条约适用于大陆,而且国民政府有权力在大陆执行。

我对艾利森说,我在回答杜勒斯的问题时,曾表示这个问题应从两个方面分析:第一,国民政府与日本缔结和约的权力,这是不容置疑的;第二,条约的适用范围,这是一个事实问题,完全可以留待批准时再议。

杜勒斯说,他认为在条约签署时,必须有所说明,以便排除误解或假象。提请他注意这一点的不仅有英国,还有澳大利亚、新西兰及加拿大,其中英国已承认中国共产党政权。

我说,我进一步思考了这个问题。我愿意边想边说,把我的想法说出来,这些想法我甚至尚未告知我国政府。我认为如果日本认为有必要发表声明,以便不会被误解,它可以在批准条约时发表一个简短声明,大意是它一向珍视和中华民国的关系,而且极愿通过缔结单独的和约与它结束战争状态。但是,我说,我不认为批准条约时的这一行动会妨碍按照条约生效时的局势决定其适用范围。

杜勒斯说,他完全理解我的想法。这个想法实际上是说,日本可以发表一个声明,大意是它认识到国民政府的权力未能达到大陆,而限于台湾及在它有效控制下的岛屿。

我说,我更愿意这个声明措词再笼统一些,而不要明确规定条约的适用地区。

艾利森说,他记下了我所说的话。他愿把根据我的想法所写的文字读一下。他大致地读了一下,意思是国民政府声明本条约适用于在它有效控制下的领土。

我对此表示反对。我说,我认为国民政府不应该而且我相信也不会发表这样一个声明。如果日本认为必要,最好由它来发表,声明的措词可以由国民政府和美国以及日本事先商定。如果声明的措词能为我国政府所接受,我想它会予以默认,而我可以告知我国政府不要发表声明。

杜勒斯说,他相信在多边条约签字时,盟国会明确他们的立场。他给人的印象是至少美国愿意发表一个声明。

我说,如果任何盟国愿意发表声明,那么,除了日本想结束与中华民国的战争状态的愿望外,考虑到1942年1月1日的华盛顿宣言,这就提供了使日本和国民政府之间的双边和约与多边和约同时签字的又一个充足理由。国民政府是华盛顿宣言的签署国,而且依照这个宣言,它承担不与共同敌人单独媾和的义务。(此项文件见附录九。)我说,这和诸如拉丁美洲各国等不愿参加多边和约的其他一些国家的情况不同。国民政府不但有权参加多边条约,而且有义务不与日本单独缔结和约。如果它要和日本签订双边和约,那是因为其他盟国想把它排除于多边条约之外。所以说,一提华盛顿宣言,就有充足理由使各盟国同意日本和中华民国之间的双边条约与多边条约同时缔结。

杜勒斯认为我所说的话可以研究,他愿意仔细考虑我的建议。他又说,在表达他自己的想法时,也是边想边说的;实际上,他并未同国务院的同事商量。他问我曾否接到我国政府关于这个问题的电报。我回答说,在我离开大使馆到国务院来之前,我收到了我国政府来电的第二部分。第一部分还没有到。但从第二部分电文可以清楚地看出,我国政府坚决认为在大陆上执行条约的权力问题不应提出,失去对大陆的控制是由于中共在苏联的唆使及支持下进行侵略的结果,同时不应以一个国家对其任何一部分领土暂时失去控制为理由来否定其固有的主权。电文还说,在目前动乱的世界局势下,至关重要的是不要漠视正义与公理的原则,共产主义的侵略威胁是对自由世界的共同威胁。如果过多考虑暂时局势,不大注意道义原则问题,那么不仅国民政府受害,而且对自由世界的其他地区以及对共同的自由事业的影响也将非常不利。我又说,我提出的并非我国政府的观点,因为我正在等待来电的第一部分。

杜勒斯说,既然看来国民政府反应强烈,他愿意等到我收到电报全文后再和我进行更为详尽的商讨。

我说,我希望下周初再次会晤,继续讨论。

回到大使馆,我发现电报的第一部分已到。首先,来电重申政府所采取的最后立场,即要求美国协助我们单独与日本签订双边和约,其内容大体与多边条约相同;这个条约应与多边和约同时签署;我们应该强调指出,日本无权选择同哪一个中国签约,明确这一点具有特殊的重要性。来电称,这个立场与我第119号去电所述有点相似;那封去电是汇报6月28日我和杜勒斯会谈的情况,大意是杜勒斯大使对我说,他的意见是双边和约在多边和约之后签订,但要安排得使两个条约同时生效。来电强调说,政府的决定现与这个想法十分接近,我们要竭力尽快取得美国的正式同意。

其次,来电说,我在汇报历次会谈的某些去电中曾提到,杜勒斯大使及腊斯克助理国务卿证实美国已与日本达成一项谅解,大意是日本将和我们签约,但这一点要保密,不得泄漏。然而我最近的去电又说,杜勒斯担心如何向日本解释我们执行和约的权力问题。由此看来,杜勒斯的态度似乎变了。外交部嘱我弄清导致他再次提出这个问题的原因。在外交部看来,杜勒斯所说的澳大利亚、新西兰和加拿大的态度是他再次提出这个问题的表面原因。

第三,来电专门论述了我们执行和约的能力与权力。这就是来电的第二部分,也就是我已向杜勒斯扼要说明的那部分。但是我愿予以复述,因为这个问题对于政府是一个非常容易动感情的问题,而且是非常重要的。首先,电文说,我自己已全面分析并答复了杜勒斯有关我们执行条约的能力问题,台北深为赞赏和钦佩我的见解。接着,电文提出了台北的论据:目前我们失去对大陆的控制,是苏联利用中共进行侵略的结果,这是一个举世皆知的事实。但这种局势只是暂时的,不能以我们部分领土之一时得失为借口来影响我们国家的永久权利。再者,世界局势处于不断的变化中,一切都在变,今后国际局势的演变,目前难以逆料。因此,面对一切可能的变化,唯一应做的正确事情是强调正义与道德原则。只有在这个基础上,利益和危险相同的国家才能联合为一体。即使是英国在考虑与我们的关系时,也应重视这一点。

最后,来电重申我国驻澳大利亚、新西兰、加拿大及法国的使节已将我们的整个观点向这些政府说明。来电还嘱我考虑在华盛顿继续会谈时,如何将以上各点再次向美方表达。

关于这一点,我愿补充一句。外交部终于又致电我国驻澳大利亚、新西兰、加拿大和法国的使节,指示他们向各该国政府解释何以我国在大陆上执行和约的问题不应提出或作为借口的道理。后来,外交部来电把这一点告诉我,列举我国使节应向这些政府提出的论据或解释;电报是分为两部分,分别于 7 月 9 日及 10 日打来的。

7 月 6 日傍晚,我给外交部发出几封电报。其中一封概括说明当天下午我与杜勒斯的洽谈情况。我特别提到杜勒斯交给我一份对日多边条约以及将由日本发表的两个声明草案。我还说,杜勒斯将电嘱蓝钦公使交一全份给叶部长。我还提到,杜勒斯说和约草案刚刚分发给各主要国家。

同一天,旧金山市政府宣布,杜勒斯已通知它,对日和约签字仪式将在 9 月 4 日至 8 日之间在旧金山歌剧院举行。这是当年联合国宪章签字的地方。据说,杜鲁门总统也可能亲自参加并发表演说。我以另电把这一情况汇报外交部。我还开始草拟一项声明,其中包括我向杜勒斯提出的处理有关他所提的对日和约适用范围问题的想法,实际上也就是以某种方式规定我国政府执行对日和约的权力范围问题。

7 日,我和谭绍华公使及杨云竹公使开会研究我所拟的处理对日双边和约适用范围问题的方案。然后于当晚十时经过进一步修改后,我把结合这个方案的声明草案电达外交部长,声明内容如下:

> 鉴于中华民国与日本国间关系之重要性与若干对两国有特殊利害关系的问题,并鉴于两国之间及其他盟国与日本之间同时结束战争状态的愿望,美国政府(或与日本签署多边和约的盟国)考虑到 1942 年 1 月 1 日华盛顿宣言关于签署国同时对日媾和之规定,欢迎中日两国缔结双边和约。不言而喻,缔结该双边和平条约之行动,不因条约生效时国民政府在中华民国领土上之有效管辖范围而影响其适用范围。

与此同时,叶外长在台北收到我有关他将从蓝钦处拿到一份条约草案的报告后,立即与蓝钦联系,但蓝钦说,他尚未接到国务院要他给外交部一份的指示。为此,叶部长于 7 日来电称,政府还在等待条约文本;俟收阅后,将予以全面研究,并就多边条约以及我国执行对日和约的权力问题,一并早日作出决定。或许外交部最早能在台湾时间星期一来电告我。(台湾星期一是华盛顿星期日;当时是星期五。)至于我是否再次约见杜勒斯,还是我自己知道这情况就可以了,则由我决定;但不论怎样决定,都须电告政府。

我于同日回电称,既然签署对日和约的旧金山会议日期已经宣布,我们就必须催促美国帮助我们与日本谈判,单独签订双边和约,以便与旧金山会议同日签字。我说,我还是希望在多边和约签字之前签订。

接着,我论述了外交部 7 月 6 日来电第一部分所提出的问题。台北认为杜勒斯重新关心如何解释我们执行和约的权力问题,反映了他的态度有所改变,而他提到澳大利亚、新西兰和加拿大的态度只不过是他重新提出这个问题的表面原因。我解释说,在我历次与杜勒斯的会谈中,最初他只是在原则上提到另行谈判双边和约;但现在为了实现这个想法,就有必要研究签订的程序。我说,我还觉得再次提出我们执行条约的权力问题是因为日本询问这个问题,而澳大利亚、新西兰和加拿大也要求杜勒斯解答。此外,在这些国家以及美国的心目中,一定有某些担心和打算,即:(1)担心有可能激怒中国共产党,从而影响和平解决朝鲜战争的前景;(2)打算为将来与中共建立关系留有余地。美国是否抱有后一想法虽不能肯定,可是澳、新、加等国则认为那是时间问题。他们至多会承认台湾与大陆两个政权共存。至于美国政府与人民则至今仍有一些人鼓吹美国帮助台湾成为独立国。

我说,就我们来说,在重重困难的情况下,我们自然不能完全依靠外交和谈判来挽回局面。我们只能继续尽最大努力推行我们的计划,以便有可能在一定程度上达到我们的希望与设想。

至于我,我说,在前一天我曾和杜勒斯商讨如何应付有关我们执行和约的权力与能力问题。我还草拟了一份以美国或多边和约签字国的口气发表的英文声明。这个声明草稿包括两句话,用以解释中日两国之间另行缔结双边和约的原因,并对条约执行范围提出保留。

我说,我还仔细考虑过,在我们这方面,不宜参加这个声明,也不宜过问由谁发表这个声明的问题。我解释说,如果声明由日本发表,那就显得对我们不够尊重。另一方面,如果我们不能以平等地位参加多边条约,这就很可能引起推测和激起情感上的反应,美国和其他主要盟国就不得不发表某种解释性的声明。因此,我拟订了一个出自美国及多边条约其他签字国的声明。

我接着说,我正以另电拍发所拟的声明英文稿,供审核批准。如政府认为大致可行,我将以我个人名义向杜勒斯提出,以便观察他的反应,而且也为了我方保留修改的可能性。最后,我强调指出,声明草稿的措词是假定我们可以签订双边条约,或者可与多边和约同时签订。到时如果双边条约还在谈判中而不能立即签署,那么措词当然要相应修改。我要求外交部长对此予以全面考虑,并呈交政府,请予最后指示。

第二天是星期日。除大使馆的例行工作外,近来我因对日和约及毛邦初、周至柔案件的额外工作而特别忙碌,所以午饭前后赶写了日记。7月9日星期一叶部长又来电报,是拍给我个人的特急密电。电文说,那天蓝钦公使曾赴外交部交叶一份和约草案。他对叶说,草案将在7月12日在华盛顿发表。他还说,中日两国在多边和约签署前签订双边和约及两个和约同时签字这两个建议都办不到。叶部长于是对蓝钦说,他注意到第二十三条所列签署国名单中没有我国,整个草案中未提我国与日本签订双边和约,而且看来第二十六条的规定在这方面也不够充分。因此他要求蓝钦立即致电国务院把条约草案的发表推迟到商定如何解释中国参加条约的方案为止。他对蓝钦说,如果美国打算按所说的于12日公布,我们就不得不发表公开声明,说明由于中日之间的特殊关系,中国将与日本谈判双边条约,使之与多边条约同时生效。蓝钦答应立即电告国务卿。叶部长通知我,政府正在对这个问题的各个方面加以详尽研究。

我读了来电,立即感到这个拟议中的公开声明是不明智的。美国会抓住这个声明,摆脱它在如何吩咐日本与台湾谈判问题上的责任。一方面,我知道政府决定采取主动与日本缔结双边条约乃是为了应付台湾当地的局势。在那些知道中国将被排除于多边条约及和约会议之外的人中,已有极大的不满。所以政府想发表这个声明,以便如果可能的话,平息发表条约草案后在台湾必然引起的普遍不满。另一方面,很清楚的是台北在作出这一决定时,显然没有充分研究和考虑世界局势,尤其是美国及日本对台湾声明的必然反应。

如我所说的那样,美国会抓住我们的声明,摆脱它在如何吩咐日本与台湾谈判问题上的责任,而日本一旦能够根据自己的意志行事,就至少会观望、拖延和提出条件。这就是我为什么在华盛顿进行工作,设法使美国负责向日本施加压力并立即与日本作出与台湾谈判的确切安排。这是应付局势的唯一办法。但是台北显然没有认识到日本不愿和我们谈判双边条约。台北似乎至少是没有考虑到这样一点,即通过公开表示立即谈判双边条约,并想当然地以为条约必将缔结。这就置日本于有利地位,而置自己于不利地位。因为一旦中国急于早日解决,而日本则慢慢来,处于这样的境地,我们就会在处理中日间许多困难问题时丧失讨价还价的地位。一些料想不到的事可能发生。但是到了谈判的那个阶段,美国只能给予我们有限的帮助,迫使日本进行谈判,因为届时可供美国向日本施加压力的手段是有限的。

为什么日本会拖延,而且大概会在和我们缔结双边条约的道路上设置更多的障碍呢?因为日本人民和世界其他地区人民一样,在对华问题上是有分歧的。日本不仅有共产党,还有考虑承认共产党政权的可能性的自由主义人士和其他人士。他们这种考虑是为了促进日本的利益,因为日本在台湾的利益实际上是有限的,而它在大陆的利益则要大得多。日本商人、实业家以及那些一贯赞成在大陆上扩大影响的人,都面临一个需要认真考虑的问题,即是否承认共产党中国,是否继续与大陆发展关系;大陆对于日本远比台湾对于日本更为重要。

日本还有这样一些人,他们并不真想与共产党中国建立外交或商务关系,但担心明确地站在台湾一边会得罪他们的强邻。通过明确地和台湾谈判而且最后缔结和约,日本必然会招致北平政权的仇恨。我确信日本也必定考虑了问题的这个方面。日本政府(幸而是以自由党总裁吉田为首)不得不考虑日本处境的所有这些问题。因此,中日之间直接谈判与缔结双边和约对日本也不是那么简单。台湾政府在把它决定发表以当然能缔结这样一个条约为内容的公开声明通知美国政府之前,应当把所有这些都加以考虑。

收到外交部长来电后,我感到非常担心。我要求杜勒斯于次日星期二约定时间会见。第一次答复使我很失望。据告他日程已排满,只能在7月11日星期三上午见我。于是我要求和他用电话会谈;我打算说明事情紧迫,一定得在星期二见他,除非他能立即同意推迟在华盛顿发表条约全文。正当此时,我的参赞崔存璘说,杜勒斯的秘书来电话称,杜勒斯定于星期二中午和我会见,他在排得满满的日程内挤入了这个约会。他实际上和我一样急于商讨,但在处理对日和约方面,他至少还得和十多个其他国家洽谈和打交道。

星期二清晨,叶公超自台北打来电话。我很高兴得到他的消息,因为我与杜勒斯的约会是在当天中午。叶说,条约草案的要点已由美联社在东京发表;如果不推迟公布全文,就会给政府造成非常严重的局势。立法院、国民党中央党部及中国报界都迫使政府对中国参加和约问题表明立场。公布全文,表明中国被排除于条约之外,将迫使政府表明立场并发表声明,把政府态度公之于众。政府考虑了全面形势并决定:(1)要求立即同意推迟发表;(2)命我不要提出我所拟的方案,即我7月7日去电关于对日双边条约适用范围问题的方案。

叶公超解释说,政府不能不提收复大陆的可能性及意图。政府认为外交部所拟方案更加可以接受,这个方案如下:

> 本条约将适用于中华民国整个领土。目前的大陆局势(由于苏联的侵略)是暂时性的。虽然国民政府的有效管辖范围限于其实际控制的领土,但一旦收复失地,就会适用于

整个领土。

我提醒叶部长，我所拟的声明将不由我们政府发表，而是如果能够缔结双边条约的话，在双边条约缔结后，由美国或其他盟国在多边条约签署时发表。我说但凡可能，我们不应就我们有效管辖范围的限度问题发表任何表态的声明；他所拟议的声明是易遭反对的，因为公开承认我们有效管辖范围的限度及收复大陆的意图，既没有必要，也不可能为其他国家所接受。于是他答应予以重新考虑。他说，这还不是最后定案。他还说，虽然澄清适用范围问题仍属紧迫，但推迟发表条约全文在此刻更为重要。

我有这样一个感觉，就是外交部没有时间仔细研究这个问题，特别是没有研究送去的我所拟方案的微妙措词，我的方案是打算应付局势所涉及的全部错综复杂问题的。政府不同意我的方案，我并不介意，但是他们在草拟自己的方案时应当谨慎。迄今为止，他们这一具体立场的改变，在当时的情况下，是不必要的，也是不可取的。我觉得如果他们仔细研究了我的方案，他们可能会看出我的方案能更好地应付情况。我可以说，我的方案是充分考虑了各方面的微妙情况而草拟的。但是，正如现在应当看清楚了的那样，在这个问题上，感情激动是不可避免的，因而他们大概不能仔细予以观察和研究，也不能考虑所涉及的其他因素。需要考虑的不仅是我国的以至美国及日本的反应，而且还有其他盟国的反应。正如杜勒斯所认识到的，有必要得到这些国家的同意。他甚至认为不得不屈从于英国的态度。

我和杜勒斯的约会是在中午。我刚要离开大使馆，又收到叶部长的加急密电。来电重申嘱我强烈要求美方推迟公布条约草案，并称政府不可能采用我的声明稿，嘱我不要给美方看，暂时也不要深入讨论这个问题。

当天中午我和杜勒斯先用一点时间谈了推迟公布条约草案的问题。但我们都同意推迟是没有意义的，因为据杜勒斯告我，东京发表的是全文，而不是要点。我们一小时会谈的其余时间都用于讨论如何澄清这样一个实质问题,即双边条约的谈判与缔结并不意味这个条约在全中国都具有约束力。杜勒斯抓住了叶部长建议的声明,认为是可以接受的,那就是中国将与日本谈判双边条约,这个条约与多边条约同时生效。杜勒斯只是请叶部长删去"与多边条约同时生效"这个短语。

上面所述的是概略。现在再根据谈话记录予以详述。会谈时,艾利森在座。我知道那天杜勒斯的日程排得很满,所以会谈一开始我就问他我能占用多少时间,以便我据以掌握我陈述的繁简。但是杜勒斯回答说,我可以按所需的时间谈下去。于是我说,我国政府通知我,蓝钦将一份对日和约草案递交中国外交部长叶公超博士时,根据华盛顿的指示,提出了两点。这两点令人深感诧异。第一,蓝钦说,国务院打算在 7 月 12 日公布条约草案全文。第二,中日之间在多边和约签署之前签订双边和约及两个条约同时签订,均不可能。我国政府嘱我重申对蓝钦提出的要求,即把条约草案的发表推迟到达成这样一项谅解为止,这项谅解须使国民政府与日本之间开始直接谈判双边条约成为可能。但是我从台北打来的电话得知,东京美联社已经就条约文本的要点刊登一则电讯。这就使我国政府更加为难,因为"立法院"、国民党人以及台湾新闻界都十分关心中国参加对日和约的权利,他们正在迫使政府表明态度。如果发表条约全文,而且其中拟议的签署国名单不包括中华民国,我国政府就会觉得必须发表某种声明以说明其态度。

杜勒斯答复说,他刚收到一份报告称,条约全文已在东京发表,而不只是要点。这显然是驻华盛顿的某一个大使馆发出的。他曾料到条约草案一经分发,就很难长时间保密。为此,原来考虑把 7 月 12 日定为发表全文的日期比较可靠,因为有理由指望这个秘密可以从 7 月 3 日保守到 7 月 12 日,7 月 3 日是最初分发全文的日期。可是他的指望落空了。他补充说,既然全文已经发表,暂不正式公布就没有意义。

我对杜勒斯说,我同意他的意见,但是我认为这是非常令人遗憾的①。我国政府将不得不发表声明,以说明为什么我国政府参加多边和约的权利是不容置疑的,并将提出抗议,以便有案可稽。

杜勒斯说,他能理解这一步骤的目的。

我说,这当然并未解决中日之间谈判和签订双边条约的问题。

杜勒斯说,他从蓝钦关于他和中国外交部长会谈的报告得知,如果公布条约全文,中国政府将发表声明,大意是中国政府将着手与日本谈判一个与多边和约同时生效的双边条约。他已答复蓝钦说,这样一个声明完全可以,但他嘱蓝钦向中国外交部长建议不要提中日双边条约与多边条约同时生效那一部分,因为公开这样讲,除了给促成双边谈判造成困难之外,解决不了什么问题。这种讲法会使日本对与国民政府进行谈判犹豫不决,而且会给那些反对中日缔结双边和约的国家以提出异议为借口,从而造成更多的障碍。

杜勒斯接着叫人拿来一份他致蓝钦复电的副本,并读给我听。复电实际是详尽说明杜勒斯为什么建议删去拟议的中国声明中关于双边条约与多边条约同时生效那部分;并说明为什么需要明确讲清楚:与日本开始谈判双边条约并不含有条约在全中国都具有约束力的含义。他提到了他和我的历次讨论,并着重指出有必要制定一个令人满意的方案,以排除可以在全中国生效的任何暗示。杜勒斯接着又说,他不知道我国政府是否已将叶外长对蓝钦讲的话告诉我,也不知道我是否接到了我国政府的最近消息。

我回答说,我也于昨天中午收到关于叶外长与蓝钦的会谈报

---

① 原注:回到大使馆后,我得知道国务院新闻发布官林肯·怀特已经宣布,和约草案全文将于 7 月 11 日公布,比原计划还早一天。

告,今天上午又从台北电话知道更多的情况。我说,叶公超已把他与蓝钦的会谈向政府汇报,政府当即决定两点:(1)要求推迟条约草案的发表;(2)要求美国吩咐日本立即开始与国民政府谈判双边和约。关于这个条约的适用范围问题,我说,我国政府的意见是留待批准时再议,届时可以发表一个适当的声明,以避免任何误解。我还对杜勒斯说,不管怎样,美国可以告诉日本,这个问题可在谈判近结束其他问题都已解决之时,向国民政府提出讨论。我觉得一个令人满意的方案是能够制订的,如果不能,美国政府可向日本表示愿从中斡旋。我相信这样一个意见是能被日本接受的,因为日本和国民政府一样,是信任美国的善意的。我着重指出,要紧的是美国与日本商定立即开始与国民政府谈判。

杜勒斯认为把这个问题交由日本与国民政府洽谈不是一个好办法,因为他的印象是自从大战结束以来,日本外务省不了解国际局势,没有几个日本人能够理解各国之间的微妙关系。他认为这个问题最好由他和我讨论解决,因为这个问题不但涉及中日两国,而且涉及其他各国。因此,讨论解决这个问题要对世界的全面政治局势予以应有的考虑。他还指出,不澄清适用范围问题,日本是不会愿意进行谈判的。正如他电复蓝钦所说,除非通过一个令人满意的方案排除在全中国生效这个暗含的意思,否则,美国对日本的劝告不会收到最大的效果。他还说,我自己曾提出国民政府暂时无力在大陆上执行这个条约的问题。

我说,实际上我本人并未提出这个问题。我只是说明这是一个事实问题,而我之所以作此说明是因为杜勒斯曾告诉我,那些反对国民政府与日本缔结和约的国家坚决要求知道这样一个条约是打算适用于全中国,还是仅适用于国民政府有效管辖的领土。(这是实际情况。)

杜勒斯说,他可以告诉日本,而且如有必要,也可以告诉公众,国民政府是进行抗日战争的政府,它是世界大多数国家承认的二次大战中的一个盟国,因此根据合法性,国民政府的权限是不容置辩的。至于缔结和批准条约后国民政府在中国大陆执行条约的权力,则不能这样说。

于是我重申拟议中的双边条约的适用范围问题,可留待批准时或签署时再议。目前要紧的是安排尽早开始谈判。现在距离9月份旧金山会议所剩时间无几,因此,应尽一切努力达成双边条约,使之与多边条约同时签字,或是如果双边条约届时未能达成,则可以稍后签字。如果能办到这一点,那么国民政府及美国就都可以说,由于中日之间有若干特殊问题,所以未将中华民国列入多边条约,缔结双边和约的谈判正进行中。我补充说,这样一个声明就可以应付困难的局面,而且可以成为冠冕堂皇的理由来说明这种不正常的情况,而无损于国民政府或美国的威信。

我接着说,如果美国不吩咐日本与国民政府进行谈判,那就意味着国民政府在何时开始谈判问题上,须听任日本摆布,也就是说,在是否谈判双边和约方面,国民政府要服从于日本的意愿。这一点是国民政府最为疾首痛心的。所以我敦促美国明确地吩咐日本尽早开始与国民政府谈判。

杜勒斯说,根据条约草案第二十六条日本须准备与不属多边条约签署国的其他盟国缔结双边条约。日本方面的这一义务,第四条规定得更明确,因为日本必须与有关领土的当局解决财产及权利要求的处理问题,包括日本国及日本国民的债务处理问题。关于台湾,其当局就是国民政府。

我说,中日双边条约的谈判时间不应过长,而且一定能够及时达成,以与旧金山多边条约同时签订。

杜勒斯认为谈判并不那么简单,不可能在短时间内达成,因为第四条及第十四条所涉及的一些复杂问题,需要一些时间来制订解决办法。杜勒斯重申适用范围问题须首先明确,然后美国才能吩咐日本进行谈判。他问我,上星期我和他讨论这个问题之后,我已否拟出比较具体的方案。他记得艾利森也试图草拟一个方案。

我说,我曾进一步思考这个问题,并草拟一个方案汇报政府,但政府未予批准。所以我不能把它提出或照着那个想法继续谈判。

杜勒斯说,既然我国政府不予批准,讨论我的方案也就没必要。

我说,我能代表我国政府说的就是,适用范围问题是一个事实问题,应该制订出某种方案予以澄清。

对于我的暗示,杜勒斯说,如果我愿意的话,他可以吩咐蓝钦向叶公超提出这个问题并在台北制订方案。

我说,我刚才所谈的我国政府的意见是非正式的,但我当然不反对由蓝钦在台北提出这个问题。

杜勒斯再次表示有必要明确这一点,否则他不能催促日本与国民政府谈判,因为日本已经提出这个问题并等候答复。此外,他还要向那些反对国民党中国与日本缔结双边和约或至少会因适用范围问题而提出异议的国家进行解释。他又说,当他在伦敦与莫里森讨论国民政府与日本缔结双边条约问题时,这位英国外交大臣也提出了适用范围问题,因为他坚持认为共产党中国不会同意中日之间的战争状态将由此而结束。

我问杜勒斯,由于9月份的旧金山会议日益临近,我是否可以说他同意在会议前尽快开始中日谈判的意见。

杜勒斯说,他原来考虑在多边条约签字后开始谈判,但是他能够理解在多边条约签字前开始谈判的可取性。然而对于我的问题,他不能讲带有保证性质的话,因为他自然必须向国务卿汇报并请求批准,而且还要得到东京的盟军最高司令部的同意。但如适用范围问题能通过某种谅解而得到解决,他就能尽力为开始谈判铺平道路。他问我,我认为谈判应在哪里举行。

我回答说,我尚未与政府商讨这个问题,但我认为台湾对日本和国民党中国双方都很方便。

杜勒斯说,他不知道日本政府是否有合适人选可以派往台湾谈判,因为一大批有经验的日本外交官已被清洗;当他在东京时,他的印象是日本外务省几乎没有足以胜任重大谈判的人选。吉田虽兼任外相,但他把大量工作交由次官办理。杜勒斯问我,在东京谈判怎么样。

我回答说,初步安排或许可以在东京讨论解决。

杜勒斯回忆说,有一次我曾提到日本准备向台湾派遣领事。

我说,后来我获得消息称,原先日本当局要求准予派遣的不是领事,而是所谓海外代表,任务是商讨日台之间的商务问题;这件事仍在进行中。

我提到的上述消息来自外交部 7 月 3 日对我去电的复电。我去电内容是根据艾利森自东京报告的在台北设立日本领事馆的消息,我要求了解实际情况。外交部复电说,艾利森所指的一定是日本想在台湾派驻一位海外商务代表。复电接着概括了这个建议的背景,并告知此事尚在商讨阶段。1950 年 9 月日本外务省次官太田一郎向我国驻东京代表团表示希望能派一位商务代表驻台。台北于是立即沿用了美国的先例。美国曾通过盟军最高司令部邀请日本政府在纽约、旧金山等地派驻代表。1951 年 2 月 14 日我国代表致函盟军最高司令部,请其按上述先例为中国办理此事。盟军最高司令部于 3 月 6 日复函称,日本政府由于所受限制,不能立予答复,但他们正予以考虑。稍后,在 4 月间,中国驻东京代表团报告称,盟军最高司令部已告知代表团,日本政府同意中国的要求,盟军最高司令部正进行最后研究。此后,外交部不止一次敦促迅速办理,但尚无回音。然而不管怎样,外交部复电的结尾称,这位拟派的海外代表只是处理日常的海外商务,并不享受外交官及领事官待遇。

我告诉杜勒斯说,在讨论中而尚未完全商定的是一位商讨商务问题的海外代表,而不是领事代表。之后,杜勒斯转向艾利森,问他是否对此有所了解以及此刻情况如何。

艾利森回答说,他认为此事取决于盟军最高司令部是否批准。

我说，既然中日媾和将采取双边条约的形式，而且谈判即将开始，我想知道杜勒斯先生是否打算邀请中华民国出席旧金山会议，以便在双边条约备妥待签的情况下，可与多边条约同时签字。而且即使双边条约尚未备妥待签，国民政府作为二次大战中的一个盟国及 1942 年 1 月 1 日华盛顿宣言的一个签署国也有资格出席。

杜勒斯说，不准备邀请国民政府，因为召开会议的唯一目的是签署多边条约。

我又问会议安排目前是否在进行中。杜勒斯问我是说召开会议的事务性安排，还是其他。我说，我是说与其他国家的政治性安排。

杜勒斯说，正在加紧进行。

当天傍晚及晚间，我拟了三封立即发往外交部的电报。第一封简单说明了为什么推迟公布条约草案没有意义，并且说，事实上，草案将于次日公布。电文还说，美国方面已向蓝钦拍发了对我方于 9 日对蓝钦所述意见的全面答复。第二封电报详尽汇报了我与杜勒斯的会谈情况。第三封电报包括我在双边条约适用范围上所拟方案的修改稿，我希望这次修改符合政府所表示的不同意见。

第二天，即 7 月 11 日星期三，对日和约修改草案向新闻界发表了。通过这一行动，国民党中国被排除于拟议中的缔结对日和约的会议之外的消息，就正式公诸于众了。我曾预料台湾必有强烈反应，但政府实际作出的反应却是有点出乎意外的。

第五节　对中国被排斥于多边条约之外的
反应及其对双边条约谈判的影响

1951 年 7 月 11 日—9 月

1951 年 7 月 11 日星期三,美国国务院向新闻界发布了对日和约的修改草案。发布时国务院发表了如下声明:

> 对日和约草案及日本的两个声明已由美国政府及联合王国政府在如下基础上拟出:(1)美国的条约草案,已于 3 月下旬交由与对日作战有最密切关系的各国政府传阅;(2)联合王国单独拟出的草案,约在同一期间交由英联邦各国传阅;(3)对上述两草案的各有关政府的评论和意见。

> 草案已于 7 月 2 日至 6 日一周内交由与对日作战有主要关系的各国传阅,但有特殊情形的国家除外。对日作战的其他国家则于 7 月 9 日非正式传阅。待收到主要有关各国的评述后,草案将于 7 月 20 日左右据以修改。然后,草案将正式交由所有对日作战各国传阅(有特殊情形的国家除外),并请各国提出意见。同时邀请各国参加进行最后讨论及签署和约的会议;会议计划于 1951 年 9 月 3 日前后在加利福尼亚州旧金山召开。

在此之后,杜勒斯大使发表声明,阐述条约的特点及拟订情况。

至于条约草案本身的全文,中国当然不在第二十三条所列签字国名单之内,也未提到中日之间的和平条约的谈判。中国完全被排除在外。

当日上午九时三十分,外交部长叶公超就从台北来电话说,政府将送交美国一份备忘录,以表不满,并列举中国有权平等参加多边和约的理由。他说,备忘录将用我的措词表达并避免"抗议"字样,但将写明中国也赞成一个非惩罚性的和平条约并对美国的倡议采取和解与合作的态度。他说,由于国内及政治原因,备忘录是必要的,而且由于国际原因,也有必要做到有案可稽。在我关于这次通话的日记中,我记下了我表示完全同意,并对叶说,如我以前所建议的那样,这个备忘录应当发出,而且还应写明中国将研究这个条约,并保留提出修改意见的权利,同时要求修改第二十三条,把中国列入。

叶说,他已要求美国驻台北大使馆代办蓝钦转请美国发表声明,说明国民党中国与日本之间的双边条约的谈判正在安排中。蓝钦又向叶谈及条约的适用范围方案。叶告以对日谈判问题解决后才能讨论这个问题。

在电话中,我问叶已否收到我有关前一天和杜勒斯会谈的详细报告。

他说,尚未收到,但预计很快就会收到。我着重指出,据杜勒斯说,条约的适用范围方案仍然是和日本开始谈判的先决条件。叶说,他的备忘录措词很委婉,为的是不把美国进一步协助我们达到尽快开始对日谈判的目的的大门关死。我表示完全同意,并建议他再次要求蓝钦晤谈方案问题。

当天晚些时候,我看到外交部 7 月 10 日的一封来电。来电嘱我送一份该电抄件给李惟果,内容是通知我们,总统已注意到行政院 5 月 30 日的决议,并已决定此事应暂缓办理,以待再议。5 月30 日决议的内容是原则上同意日本商人到台湾来进行贸易活动的建议,而且根据推断,我想同时还有使一位日本海外代表驻在台湾以商讨商务问题的建议。这个决议曾于 6 月 15 日电告我,同时告我实行该建议的细节正在拟订中。总统关于缓办此事的新决定可能影响双边条约的初步谈判的开始。

李惟果本人于那天下午来访。他来访前刚和腊斯克会谈了关于准许巴基斯坦及缅甸参加无主劫物款的分配小组问题。分配无主劫物问题是李惟果在远东委员会一直在处理的一个问题。

例如 6 月 21 日他曾来访并和我商谈分配这笔财产变卖所得款项的一般问题。这笔财产是战时日本在各占领区掠夺的,当时变卖所得款项共约三百万美元。

人们可能记得远东委员会 1949 年的一项决议曾规定驻日盟军最高司令部可以变卖这种无主劫物,并以变卖所得作为一笔保证金,而这笔资金最后应按照"业经认可的各国应得赔偿百分比"分配给澳大利亚、中国、法国、印度、菲律宾及英国等七个国家①。但由于没有公认的分配比例,1949 年 10 月的另一个决议规定由七国自行决定比例并据以分配。不幸的是要想达成一项一致同意的决定几乎是不可能的,因而问题仍未解决。

李惟果曾解释说,由于各国之间未能就分配百分比达成协议,澳大利亚就提议把全部款项交给联合国儿童基金会。他说,现在巴基斯坦要求进入七人工作委员会并要求参加分配此项财产;缅甸也是如此。巴基斯坦代表甚至要求他(李)支持该国的权利要求。究应如何处理,李在致电外交部之前,来征求我的意见。我建议投票时弃权,即既不投赞成票,也不投反对票。鉴于美国要求我们在这个问题上不使用否决权,这就是中国所能做到的最大限度。李表示完全同意。我还建议在投票前,他和巴基斯坦代表商谈支持我们立场的问题;我们的立场是反对将这笔款交给联合国儿童基金会并主张在盟国之间早日予以分配。

我说,多得百分之一或百分之二,不大要紧,重要的是立即分配该款。李表示同意。他说,他赞同我原来的建议,并曾向外交部推荐,遗憾的是外交部未予批准。我原来的建议是接受其他六国提出的中国应得的份额占赔偿总数的 23%。外交部坚持 28%,以致在 1949 年造成僵局。这种拖延使得美国有机会提议完全放弃赔偿。他说,外交部最近忽然同意美国关于在对日和约中放弃全部赔款要求的建议。他还回顾了只是由于我的建议,我们才附

---

① 七个国家只有六个国名。原文如此。——译者

加了这样一点,即如果各国坚持要求赔款,我们就保留要求赔款的权利。我对李说,这一保留保护了政府在中国人民面前的立场,中国人民毕竟是日本侵略的最大受害者。

事情有时令人难以理解。像赔款这样一个重大问题,台北政府竟会突然作出出人意料的决定。中国人民受害十四年,不但受伤亡之苦,而且受财产损失与生活艰辛之苦。我认为台北至少应当在完全屈从于美国压力之前,把赔款问题加以慎重考虑。美国急于想摆脱占领日本的财政重担,因而非常慷慨地放弃全部赔款要求,中国的情况则完全不同,我记得,当时在这类问题上使台湾跟着美国政策走的外交压力,还不是强迫性的。在这类问题上,美国给我们留下了回旋的余地。但是在台湾,他们对此似乎并未充分意识到,也不知其全部背景。此外,蓝钦是一位职业外交官;处于他的地位,他强调他从国务院接到的关于赔款问题的指示,迫使国民政府同意,而且以更多的理由来增加压力,这是很自然的。在我看来,政府在要求日本赔款问题上,是可以坚持较长时间的。

7月11日,李惟果又来征询关于准许巴基斯坦和缅甸加入无主劫物款分配小组问题的意见。腊斯克刚刚劝他在准许这两个国家参加小组问题上投赞成票,而不要只是弃权,从而表明中国本身不把这个问题同这两个国家已经承认北平政权这一事实联系在一起。腊斯克还说,他并不希望在小组成员意见不一致时,把这笔资金交给盟军最高司令部分配。他说,盟军最高司令部不能进行仲裁,因为这件事属于远东委员会的权限。

我和李惟果讨论了一会儿这个问题,然后就把话题转到我国参加对日和约问题。他说,关于条约适用范围问题,他赞成我的方案,而不赞成叶公超告我的政府方案。他还相信有个条约比没有好,但认为我们不能受日本意志的支配,由它来决定是否和我们订约。但他担心甚至在谈判开始后,日本也会采取拖延的手法。这也是我所担心的。

第二天即 7 月 12 日外交部长叶公超发表了如下声明①,声明的副本临近月底才发给我:

自日本投降以来,中国政府迭次主张各盟国应以不报复之原则早日与日本缔结和约,为达成此目的,中国政府对于迭次美国所拟约稿提出之修正建议亦皆本此精神,其所提之若干建议业已纳入现在之修正约稿内。

中国政府固认为该约稿大体上与其对日政策趋于一致;但对于该约第廿三条竟未将中国列入该约签字国一节,不能不深表反对,中国政府一贯维护与其他盟国处于平等地位参加缔结对日和约之权,中国政府之此项权利,有下述事实为依据:

一、对日共同战争系以日本于一九三一年九月十八日武装侵略中国为起点。

二、中华民国为最先抵抗日本侵略之国家。

三、中华民国军队伤亡最重,中国人民所蒙受之牺牲与痛苦亦最大。

四、中华民国对于击败日本曾作重要之贡献。

五、中华民国政府为对日宣战及实际作战之政府。

六、中华民国政府向为在有关日本之各国际机构(如盟国对日委员会)中,代表中国之政府,现仍为在各该机构中代表中国之政府。

七、中华民国政府为联合国及其各专门机关所承认之合法中国政府。

八、中华民国政府为对日作战或存有战争状态国家之大多数所承认之合法中国政府。

因此,中国政府对于该和约稿第廿三条之现有方式,已向美国政府表示严重抗议之意。

---

① 声明全文录自台湾出版的《中华民国年鉴》(民国四十一年)第 341 页——译者

中华民国政府兹严正声明:关于其对日媾和所应有之权利与地位,决不因该约稿第廿三条之规定而受任何影响;而对于任何不合国际道义与法理之主张亦自不能予以接受。

同日,各大报纸都刊登了英美联合和平条约草案全文,还刊登了杜勒斯的声明并提到了叶部长的声明,大意是叶说,不把国民党中国列入条约签署国名单是"不能予以接受"的和"不合国际道义与法理"。

至于杜勒斯的声明,如我前面所说,是阐述草案拟订经过与特点。在杜勒斯所强调的一些内容中,有"对所谓日本重新武装问题所提出的处理办法"。他声称:

在联合国原则的启示下,我们正在设计一项新的现代的方法,其原则是在集体的基础上寻求安全,而其结果则是各国武装力量以一定的形式彼此联合起来,从而使任何一国的武装力量不能单独构成侵略威胁。这就是计议中的对日关系。根据集体安全条约,将会出现美国及未来的日本武装力量的联合,或许还有其他国家……

继此声明之后,7月13日草签了澳、新、美安全条约。这个条约的序言,除其他内容外,声称缔约各国还愿"在形成更为全面的太平洋地区安全体系之前,协调它们为维护和平与安全的共同防御行动"。我把条约要点电告外交部,并邮寄全文。

在我13日的日记中,我写道,当天各报发表了条约全文。但更使我注意的是对于对日和约草案以及我国被排除于和约之外的一般反应。7月13日《纽约时报》社论写道,国民政府被排除于对日和约之外是不公平的,这只是美国必须得到英国联合倡议缔约的结果。社论还说,国民政府抗议其被排除于和约之外,这肯定不是没有道理的。

该报还报道了其他国家对对日和约草案的反应。要点如下:
(1)英国政府声明保留其保护大不列颠的经济与商业利益的

权利。英国某些方面人士还主张日本应该赔偿被日本俘虏的英国人所受的损失。工党左翼对未能解决中国签署条约问题及台湾问题表示失望。英国外交大臣说,他当然希望以适当方式解决中国问题,但美英两国意见大相径庭,因而这些问题未得解决。

(2)法国官方人士表示同意草案,但是很多人因未使印度支那三国参加签约而表示失望。

(3)澳大利亚外交部长对和约给予日本东山再起的机会表示深为关注。

(4)菲律宾总统主张和约应包括日本偿付战争赔款的条款。他认为条约草案各条款对日本过于宽大。

至于苏联的反应,合众社发自莫斯科的电讯称,莫斯科的外国人士普遍认为苏联将拒绝参加旧金山和会。电讯还谈到苏联工会机关报的声明,声称和约草案说明美国奴役日本的企图,并重申其历来的主张,即对日和约必须由苏联及共产党中国参加起草。声明还断言苏联、共产党中国以及包括日本人民在内的亚洲人民将拒绝接受美国起草的和平条约。

我把所有这些情况都电告了外交部。由于叶公超要求我把美国各方面对他的声明的反应电告外交部,我在几天后又根据报纸的报道以及国会和美国政府的评论等补充了一些观察报告。我说,《纽约时报》、《先驱论坛报》和《巴尔的摩太阳报》都于7月13日根据合众社的台北电讯刊登了他的声明要点。但除了我前一封去电所报告的《纽约时报》赞同我方态度外,各报均未表示意见。

至于美国国会,我说,所有议员似乎都谨慎从事,保持缄默,未发表任何意见。但是上月在我驻美大使馆与国会的一些重要共和党议员接触并导致他们表示对我有利的意见后,他们和他们的党内同僚讨论了此事,发现一般都认为应该早日缔结对日和约。虽然他们不愿见到英国利用局势坚持其要求,但他们都深感如不迎合英国的意见,就不可能缔结和约。我说,我也曾努力劝说民主党参议员保罗·道格拉斯给我们以帮助。但是他也说,如果注重我国过去的作战成果及目前的声望,那就根本不能缔结和约。把签约的重要性与帮助国民政府维护其观点这两者加以权衡,他感到难以公开表示他的意见。

谈到美国政府,我说,目前它正强调对日和约实际是两党在外交方面合作的结果,而且它打算邀请两党的重要成员前往旧金山参加条约的签字仪式。再者,杜勒斯随时把情况秘密地告知两院的外交委员会并取得他们的同意,结果是现在国会中没有一个人反对这个条约。

至于美国的舆论,我说,一般都认为盟国方面必须早日缔结对日和约,以便日本能够对其自卫发挥作用并减轻美国的负担。公众似乎对我国参加和约的问题并无多大兴趣。但是,我说,我当然要继续宣传我国的立场。

在我 7 月 17 日去电的结尾,我指出大使馆尚未收到外交部长声明的全文。实际上,声明全文在后一周才到达。

我寄出报告的同日,即 7 月 17 日,收到了监察院的一封长电,抗议中国被排除于对日和约会议之外。来电是致美国国会的,嘱我尽快翻译和转交。我于 7 月 19 日把来电转交众议院议长萨姆·雷伯恩及参议院临时议长艾尔本·巴克莱。第二天我嘱崔存璘参事将副本一份送交国务院参考。数日后雷伯恩及巴克莱正式告知收到来件。

同一周及其后几周内,还有许多其他抗议函电。这些函电来自世界各地的中国组织及团体。例如有一封英文的抗议电来自菲律宾的一百二十个中国团体,嘱我转交杜鲁门总统及美国国会。另一封来自台湾大学各教授,由大使馆转交胡适博士,再由胡转交美国教育及文化界的知名人士。纽约中华公所代表纽约市华侨界直接致电杜鲁门总统,强烈要求将国民政府列为和约的签署国。旧金山中华公所反共同盟直接致电国务卿提出类似要求。上述纽约市及旧金山两个公所是华侨在美国的两个最大团体。几星期后,国务院致函两个团体告知收到来电并作复。

8月间,各地继续纷纷来电。例如,中国在印度支那北部的各省同乡会、同业公会、学校及慈善团体代表当地全体华侨联名来电。还有来自柬埔寨金边转交旧金山会议的电报,来自马来亚怡保华人组织的电报,和来自马来亚丁加奴若干华人组织的电报。所有这些电报都抗议中国被排除于条约及缔约会议之外。后来,在旧金山会议期间,还有更多的同样宗旨的活动。我将于后文叙述。

7月19日下午,我接见了李惟果。他把一项拟好的声明给我看。这个声明是打算在就准许巴基斯坦及缅甸两国政府参加分配约三百万美元无主劫物款的建议进行表决时弃权以后,在远东委员会发表。表决定在次日7月20日举行。他说,外交部已批准他的建议。他的建议是根据我的意见,最好在表决时弃权,而不要像腊斯克所敦促的投赞成票,也不要像严格讲来应当做的那样投反对票。

李惟果解释说,声明的目的是重申我们主张分配这笔款项的立场,敦促早日达成协议,和希望这两个新成员国能帮助达成协议。但真正的障碍是印度根本反对小组成员国中有国民党中国。

我给李看了我致监察院来电的复电稿。监察院来电是对英美决定把国民党中国排除于对日多边和约之外表示不满并要求我再作努力进行谈判以达到我方目的。我在复电中说,"良用疚心"。李同意只能这样说,聊以安慰他们。

当天下午驻加拿大大使刘锴博士自纽约打来电话(当时他是中国驻联合国的代表团成员)。他对我谈了中国正式参加缔结对日和约的问题。他说,他知道加拿大外交部的几位首脑都已外出,因而会见了诺曼先生。诺曼是和英国在伦敦会谈的加拿大代表,后来任加拿大驻联合国的代表。诺曼对刘锴说,在对日和约问题上,加拿大政府并无意见,但他知道英美在伦敦达成的协议仍然有效,并暗示加拿大将按照这个协议办理。刘锴在回答我的问题时说,大约一个月前,加拿大外交部对他关于这个问题的交涉答复称,此事当时正由杜勒斯与英国外交部讨论之中,而且加拿大在得知英美的讨论结果以前,不准备表示态度。但刘锴被告知,加拿大政府的态度主要受伦敦支配。

刘锴大使的电话无疑是应外交部对他的要求打的。外交部要求他查明加拿大在这方面的态度,并要求他除报告外交部外并直接告我。前已提到,7 月 9 日及 10 日,外交部曾分作两部分给我来电,其中说外交部已和我驻澳大利亚、新西兰、加拿大及法国使节再次联系,要求他们敦促这些国家勿以我无力在大陆实施条约为借口,反对我国参加条约。来电还说,将把他们联系的结果通知我。刘锴的 19 日电话就是将加拿大的态度告我。

23 日我得到了驻新西兰惠灵顿代办汪丰的消息。他说,根据外交部的指示,经与新西兰外交部联系后,他探悉新西兰政府的态度如下:

(1)新西兰从未借口我国无力在大陆上实施和约,反对我国参加和约或提出异议,而且无意联合其他国家采取这种态度。

(2)新西兰认为对日和约及澳新美安全条约是密切相关的。新西兰希望两个条约的签字都不会延迟。因此尽管它赞同我国参加签订和约,但由于英国及印度强烈反对我们,它在这方面未采取任何具体步骤。新西兰担心,在这个问题上继续争论会影响整个和约,造成推迟签订;这是有害的,它认为,这对国际形势也是无益的。

(3)新西兰是小国,它的外交政策只能依从英国及美国。当英美之间在政策上有冲突时,如果是关系到欧洲的问题,新西兰一般依从英国;如果是关系到太平洋地区问题,新西兰一般就依从美国。关于对待和约的政策,新西兰自始就接受美国的领导;它对我国参加和签署条约的观点,和美国相同,而并未依从英国意见行事。如果英美两国能就这个问题达成协议而且确已达成,新西兰即使有不同观点,也无意予以表达。

外交部收到澳大利亚和新西兰的电报后几天,来电概述了两地所汇报的观点。显然,澳大利亚外交部秘书长在我们代表请求澳大利亚在参加和约问题上予以帮助时,曾表示对和约草案非常不满,但是由于其政府所受到的间接压力,勉强地予以同意。澳大利亚对我国深表同情,并为未能给我们以有效的帮助而感到抱歉。(我认为这是外交辞令。)

中国驻巴黎代办段茂澜早在 7 月 15 日来电。他报道了他会见法国外交部政治司司长的情况。他向那位司长详细说明了中国所采取的态度的理由。那位司长答复说,他个人深表同情,但看来在时间上是太晚了。他建议我们在华盛顿设法挽回局面。法国本身并不反对中国参加对日和约。

段提出了他的个人意见。他说,我国参加对日和约问题看来和我国的代表权问题——我想他是指参加联合国的代表权问题——是一样的。虽然有一半签署国已承认共产党政权,我们仍然有希望在公开讨论和辩论时得到支持。他还说,越南、老挝和柬埔寨未被邀请参加,法国舆论对此深表不满。他们认为这三个国家至少应和印度、巴基斯坦及锡兰得到同样待遇。他说,如果这三个国家参加,则很可能对中国有利。这又是一种推卸责任的做法。

两星期后,外交部在收到段茂澜发自巴黎的报告后,把有关法国态度的一些进一步的消息电告大使馆。段曾告外交部,法国政府非常关心我们的期望。它曾特地致电法国驻美大使,嘱他特别注意并查明美国国务院对我们的迫切要求的反应。其实这也没有多大用处。

早些时候在 7 月 19 日晚,我在《会见新闻界》电视节目中露面。那个节目是从沃德曼公园旅馆播送的。记者欧内斯特·林德利、彼得·埃德森、约翰·海托华及劳伦斯·斯皮瓦克等问了我许多问题。有些问题涉及开城和平谈判。例如,为什么马立克提议朝鲜停火?为什么共产党要求休会五天以考虑对他们撤走外国军队的要求的拒绝？等等。其他的问题是关于我国被排除于对日和约之外的。例如，美国在伦敦是否已尽力维护中国平等参加的权利？中国对被排除于对日和约之外是否已向美国政府提出抗议。

事实上，华盛顿报界已经多次询问我国对对日和约的态度，特别是想知道除已经公布的声明外，我们是否已正式向美国提出抗议或是书面表示我们的不满。

我于7月23日将上述情况汇报外交部，并请电复。7月25日接到了答复。当叶公超外长于7月11日约见蓝钦时，给蓝钦一份备忘录，并正将副本寄来。备忘录申述为什么中华民国有资格参加对日缔结和约以及其他各点，其中大多数都在7月11日上午叶部长在电话中对我谈过。当时他对我说，也将把这样一份备忘录送交美国。但他没有告诉我什么时候把备忘录交给蓝钦转送美国；而且直到这时候才将副本寄我。但正如我曾在电话中向叶建议的那样，备忘录要求把中国的国名列入第二十三条签署国的名单，并保留我们提出进一步的意见的权利。（见附录十。）

7月23日晚，埃塞俄比亚大使伊姆鲁夫妇举行招待会。当我到达时，大使向我打招呼并致意说，"我在明天的电视上看到你。"他所说明天云云，一定是指昨天的《会见新闻界》节目。我和意大利代办卢奇奥利闲谈。他说，意大利并不热衷于被邀请参加旧金山会议，因为在对日和约中，没有什么与意大利有关的问题。条约副本已经非正式地送给意大利一份。他说，在日本只有一些属于意大利的资产待解决。

同日，星期一，谭绍华休假半个月后回到大使馆。他在纽约见到了蒋廷黻，和他讨论了对日和约和中国被排除的问题。蒋对他说，美国决心早日与日本签订和约，因此不能违背英国意向而坚持把我们列入。鲁斯曾对蒋廷黻谈了同样的话，并称这是美国的一项主要政策，因而他认为试图加以反对是无济于事的。

随后的周末我在纽约。29 日星期日我会见了宋子文。我们谈了几件事,其中包括我国被排除于条约之外。我把导致将中国排除于对日多边和约之外的背景告诉了他,以及为防止排除中国而进行的谈判未获成功,同时由于在华盛顿进行紧张谈判期间,台北仓促向蓝钦提出建议,这就使得行动更加困难。

星期一,我在蒋廷黻的纽约办事处与他会晤。我向他叙述了我与杜勒斯有关维护中国参加对日和约平等权利的会谈、英国之坚持排除我国、美国的折衷方案以及我们的不满和台湾表示反对。我还告诉他美国国会领袖并不热心于为我们的事业出头,理由是美国人民急于缔结对日和约。

蒋廷黻对我说,他曾第二次和鲁斯谈话,敦促鲁斯用他的出版物予以帮助,但鲁斯告诉他,早日缔结对日和约是美国政府的一项主要政策,这项政策得到美国公众的支持,他难以就国民党中国被排除于条约之外而提出异议。这证实了谭绍华告我的话,而且这和参议员保罗·道格拉斯在我们的一位朋友同他联系时所说的话大体相同。

一周之后,我向外交部报告了一则有关印度尼西亚及加拿大当时意见的合众社电讯。印尼驻美大使曾把一份照会送交杜勒斯,主张对日和约由中共签署,并主张在应由日本放弃的各岛屿举行公民投票。加拿大外交部长则声称加拿大对对日和约草案总的来说感到满意。

合众社电讯的日期是 8 月 7 日,即多边和约修订草案公布后约三周半。在此期间,中美关于中国单独缔结双边条约的会谈实际上没有任何进展。

还记得在 7 月 11 日上午,仅在条约草案正式向新闻界发布前数小时,叶部长自台北打电话告诉我说,他已通过蓝钦要求美国发表声明,说明与国民党中国的双边条约的谈判正在安排中,蓝钦反过来对叶谈了双边条约的适用范围方案问题,但叶说,与日本谈判问题解决后才能讨论适用范围问题。

在前一天，与杜勒斯就这些问题进行长谈，并在得知政府不能接受我个人关于条约适用范围的方案之后，我曾亲自起草一封致外交部长的电报。电文中对包括我的原方案的拟议声明作了修改，修改的目的是迎合政府的意见，政府认为不能不提收复大陆的可能性和意图。在声明末尾加上"及此后随时逐渐收复其余领土"，于是，拟议中的声明的两句话的第二句就变成：

> 不言而喻，缔结该双边和平条约之行动，不因条约生效时国民政府在中华民国领土上之有效管辖范围及此后随时逐渐收复其余领土而影响其适用范围。

然而我7月14日的日记，记下的是自7月11日上午与叶部长通话后，外交部一直未来电报。我写道：

> 我希望他和蓝钦之间的直接商谈能够产生一个双方都满意的方案，以便使美国能吩咐日本开始与国民党中国谈判双边条约。在华盛顿和台北两个地方都进行谈判已使情况复杂化。虽然我奉命作为全权代表与杜勒斯谈判，但是叶公超两次向蓝钦提出建议，并被美国国务院抓住作为我方迎合他们观点的让步，因而打乱了我和杜勒斯的谈判。在杜勒斯领会我的论点并建议由他直接和台北处理此事之后，政府最近对我草拟的方案的否定提供了一个把谈判转到台北的机会。

7月16日外交部来电，但如上述，来电只是询问此间对叶部长7月12日声明的反应。

7月18日下午，我召集李惟果和杨云竹开会讨论对日和约问题。(当时谭绍华度假两周尚未归来。)我们讨论了中国被排除参加旧金山签约会议的问题。他们两人都说美国不应当拆我们的台，并认为对我们被排除于多边条约之外的正当答复应当是任何双边条约也不签订，因为在多边条约中已经涉及的许多难题将会使我们更难以接受，例如台湾以及台湾人的不确定的地位等。我对此也有同感。

第二天上午九时十五分,杜勒斯来电话询问:"我们所一直讨论的问题情况如何?我急切想促成日本与国民党中国谈判双边条约……"我告诉他说,坦率地讲,关于此事已经有四五天未得我国政府消息,但我知道我国政府和民众对我国被排除于和约之外都十分不满和激动。我说,待得到消息,我就去会见他。我还说,我将再次致电台北。

杜勒斯说,我们最好再次会晤,因为所剩时间越来越短,他想要促成东京与台北之间尽早谈判。接着,他询问我们上次所谈的日本海外代表已否到达台北。

我回答说,我不知道,但我最后听说的是,日本打算派代表访问台北与中国当局讨论商务问题一事,已提请盟军最高司令部予以批准;我不知道是否已予批准。杜勒斯说,他听说盟军最高司令部已予批准。我说,既然这样,我就致电台北查询日本代表已否到达以及最近的情况。

接着,我又对他说,既然我没有收到我国政府关于对日和约问题的消息,我愿意等一下;一俟得到消息,我就安排和他再次商谈。杜勒斯认为这个办法很好。

之后我把我与杜勒斯谈话情况电告叶部长。我说,我从杜勒斯的提问推测,他似乎对我方长时间沉默感到意外,认为这是不可思议的。7月22日我终于接到了叶的复电。叶解释说,外交部已草拟一份备忘录,其中包括和约在我国适用范围的方案。备忘录草稿已呈送行政院。然而一星期以来,政府及舆论对美方未能将我国列为条约签署国深感愤慨,立法院及监察院尤为如此。因此,这个问题没有什么进展。但外交部收到我上述电报后,已再次呈请行政院批示。一俟得到行政院示复,外交部就通知我。

至于杜勒斯所提的另一点,我于7月19日另电询问,而且也于7月22日收到外交部的复电。我在去电中指出,杜勒斯又询问日本以前打算向台湾派海外商务代表一事;据他了解,盟军最高司令部已予批准。我说，杜勒斯想知道这位代表已否抵台；我答应他予以查复。

外交部的回电提到了它7月3日的来电。那封来电的内容是日本同意台湾的意见，盟军最高司令部正在作最后研究。这次来电说，自那时以来，日本政府和盟军最高司令部没有新的表示。相反，谣传日本可能已经决定不建立海外事务所。因此，外交部正电嘱驻东京代表团团长何世礼将军查明实际情况。一俟收到答复，他们就给我来电。

外交部的复电接着说，由于某些原因，政府只是在最近才同意日本商人来台，而日本方面则表示，日本迟迟未派代表去台，是因为我们对同意允许日商去台一事的耽搁。但是复电说，最近美国驻台大使馆也一再要求外交部查明日本派遣海外代表的实际情况。因此，来电嘱我查明美国是否打算把这件事情作为确定中日和约前途的一个因素。来电还嘱我酌情回复杜勒斯。

第二天，外交部又来电说明政府同意日本商人来台是指行政院原则上的同意。换句话说，外交部是在强调他们7月10日来电所告的委员长关于缓办此事的决定。委员长作此决定，无疑是由于考虑到一方面准许日商在台湾做生意，而另一方面中日关系仍悬而未决，这将会造成一种尴尬局面；同时也由于委员长必定怀疑一旦日本人获得所想望的特权，他们就可能在双边条约方面拖延。

7月24日，叶公超来电说，蓝钦曾于23日拜会他并询问我是否已在华盛顿就双边和约问题与杜勒斯恢复商谈。蓝钦还说，他在向国务院报告7月11日他与叶部长的会谈时，强调了我方不愿讨论和约适用范围的理由。叶部长对蓝钦说，自从美国公布没有我国参加的多边和约草案以来，没有就双边条约恢复会谈。我们确实不反对订立双边条约，但是既然美国负责和约事宜，它就应当承担通知日本订立和约程序的责任。此外，他对蓝钦说，我们签订双边和约应该与旧金山签订多边和约同时举行。没有这一谅解,而讨论条约适用范围的技术问题,那是没用的。叶部长还对蓝钦说,美国在公布多边条约草案时,不愿提我们签订双边和约问题,这很可能是因为杜勒斯在英国时达成的协议,再次把我们舍弃到条约草案第二十六条所规定的地位。蓝钦说,他对此并无所知,但他相信未必如此。

第二个周末我在纽约。在那里,我于 29 日和 30 日分别与宋子文和蒋廷黻谈话。我于 30 日下午回到旅馆时,谭绍华自华盛顿打来电话说,杜勒斯一直在找我。我自纽约打电话给杜勒斯。他想了解对日和约的情况以及中国的立场。我说,蓝钦曾于 23 日会见叶公超并已得知中国的立场。从叶对我所讲来看,我想蓝钦一定已向国务院汇报了中国的立场。杜勒斯解释说,他前几天不在华盛顿,还没有阅读全部文件。他还没有看到这个报告。但是他说,他将立即查找这个报告。他要求我回到华盛顿后和他通电话,以便约期会谈。

次日,我飞回华盛顿,并立即电告叶部长我即将会见杜勒斯。8 月 1 日星期三,我与杜勒斯约定星期四上午见面,并立即把这个情况电告叶部长。我在去电中说,如果蓝钦曾再次会见他,以及如果对日和约有新的进展情况,请他立即来电指示。

幸而在星期四上午八时一刻,即与杜勒斯的约会前约三小时,叶部长自台北打来电话。他说,他已接到我的两封电报,而且曾以我的方案为基础,起草一个关于双边条约适用范围的新方案。然而行政院长陈诚及委员长均未予批准。

叶还说,蓝钦曾于 30 日拜会他。蓝钦所给的答复仍然是坚持要求制订条约适用范围的某种方案,以使美国便于说服日本与台湾开始谈判。叶补充说,他已用急电把这两点告我。他嘱我看完电报再会见杜勒斯。

通话后,译电室的人很快就把电报交给我。来电提供了叶部长起草的方案,亦即声明的文句:"本条约就中华民国而言,适用于其目前或今后所管辖之全部领土。"来电说,叶原打算在互换双边条约批准书时予以发表;但呈送总统后,得到了如下批示:"此事不宜发表任何声明。"

来电的第二段详述了蓝钦 30 日拜会叶部长的情况。蓝钦对叶说,他已把我们的立场向国务院详细汇报,而且现已收到国务院的复电。复电笼统地说,美国为了促成日本与中国谈判和约而可以对日本施加的影响,其程度难以确定。美国首先必须得到我国政府的保证,内容是该条约对中国目前实际控制的领土或今后可能控制的领土具有约束力。蓝钦说,我们或许愿意就这一点制订一个方案,这个方案不会影响我国在联合国或在其他方面的地位。

来电的第三部分重申了对条约适用范围问题的当前立场。来电说,按照总统的上述指示,并鉴于政府人士及舆论的最近反应,不论采取何种方式来确定和约的适用范围,我们都难以考虑。来电还说,幸而美国似乎理解我们的处境,那就是不管声明如何措词,必然都会损害我国在联合国及其他方面的地位。因此,我们只能把我方所感受的困难和我们的处境诚恳而着重地告诉杜勒斯,这些困难和处境使我们无法考虑这类方案;同时要求杜勒斯把这个问题搁置不谈,而直接催促日本在美国协助下和我们谈判和约,并要求杜勒斯等到确实遇到实际困难时再商谈解决这个问题的办法。

来电最后指出,由于旧金山会议不日即将召开,我们热切希望美国帮助我们抓紧利用这段时间,争取在多边条约签订的同时签订双边条约。来电嘱我把我即将与杜勒斯商谈的情况详尽上报。

十一时起,我与杜勒斯会谈一小时。会谈时,中国科代理科长特罗伊·珀金斯在座。我对杜勒斯说,我最近一直没来见他,是因为关于对日和约问题,已由蓝钦在台北与中国外交部长洽谈。最近,即 7 月 30 日,蓝钦答复了叶部长于 7 月 23 日向他说明的中国政府观点。答复的大意是日本及美国对于拟议中的中日双边条约的态度取决于中国在条约适用范围问题上能提供什么保证。已经明确,拟议中的条约只适用于在国民政府管辖或可能管辖之下的领土。我对杜勒斯说,国民政府本愿制定一个无损于它在联合国及其他国际组织的地位的方案。但是我对美国的态度并不十分清楚。

杜勒斯似乎吃了一惊。他说,他对通过蓝钦答复中国政府一事,一无所知。他问珀金斯是否知道。

珀金斯说,上周末已给中国答复。(这时候已经是从那时算起的第二周,星期四。)他说,复文是艾利森起草并经腊斯克批准的。杜勒斯随即叫人把卷宗拿来。他查阅后找到了复文。他把全文读给我听,大意与我所说的相同。但复文比台湾外交部给我的来电更为详尽。复文称,美国为了使日本与国民政府开始谈判而对日本施加影响所能达到的程度,取决于国民政府在条约适用范围方面提供什么保证。总之,复文重申了美国在这个问题上的立场。

然而杜勒斯解释说,他急切希望中日谈判立即开始,因为关于这个问题报刊上发表了很多议论。作为例子,他提到了最近报刊上的一篇文章。文章说,日本在同哪个中国打交道的问题上仍然保持中立。他说,另一篇文章的作者甚至走得更远;那位作者说,日本会选择共产党中国为谈判对手。杜勒斯因此认为重要的是使东京与台北之间开始谈判,以便明确日本承认国民政府为中国的合法政府。

杜勒斯接着说,美国并不愿日本在两个中国之间保持中立。如果日本想和中国谈判和约,它应当和国民党中国谈判。作为美国在这方面的态度的证明,他提到了美国政府最近的通告,内容是根据国际贸易协定对中华民国实行关税减让;还有这样一个事实,即对共产党中国和苏联及其卫星国撤销了普通税率表。

我说,我国政府的态度是:除非仍有可能把中国列入多边条约,否则美国就应该从中帮忙,安排中日之间立即开始谈判双边和约,至于适用范围问题,可留待日后再议。

杜勒斯说,如果中国政府能够承认适用范围问题将予讨论解决,他就可以着手安排开始谈判。他认为有必要在某个阶段解决这个问题。

我回顾了我以前曾建议日本人可以在日本国会批准条约时发表一个声明,而且日本政府完全可以就这个问题发表声明,因为这个问题国会中某些议员肯定会提出。因此,看来没有必要提出这个问题作为中日之间开始谈判的先决条件。

杜勒斯认为在条约签字时,日本可能就适用范围问题发表声明。

我表示希望双边条约能够及时谈妥备签,与多边条约在即将召开的旧金山会议同时签字。在那种情况下,最好由美国作为会议东道国和中日双边和约倡议者来发表这个声明。无论如何,不宜由国民政府发表声明,而且,我补充说,我国政府非常反对就这个问题发表任何声明。

杜勒斯说,他并未建议由国民政府发表这样一个声明。正如我以前所建议的那样,声明可由日本发表。

我表示同意。我说,我也曾说明可由日本在批准条约时发表声明。但如声明要提前发表,例如在旧金山会议期间发表,则由美国发表更为合适。

杜勒斯说,在他和我以前的历次会谈中,他认为我们对准备采用的方案,意见已接近一致。他相信可以在这样的基础上制订某种方案,即中日双边和约的缔结将不影响按照条约生效时实际情况的适用范围问题。除非发表某种这样的声明,否则不但英国及其他已经承认共产党中国的国家,而且其他国家如加拿大及澳大利亚等,都会提出异议,理由是日本与已经丧失对中国大陆的控制的国民政府谈判和约是不现实的。因此,他想让大家理解,国民政府不会声称双边和约适用于全中国。

我说,如我以前所提出的那样,这是一个事实问题,我国政府无意予以否认。但是在法律上，国民政府是中国的合法政府，这一点是不容争辩的。

杜勒斯说，这正是他急于使日本与国民政府开始谈判的原因。这样就明确了日本承认国民政府是中国的合法政府。他询问以前我们所谈的日本海外事务代表已否到达台湾；如果没有到达，是否由于国民政府反对。

我回答说，恰恰相反，我国政府急切想接待所说的人员。但据我了解，这个问题须由盟军最高司令部决定，需要它批准。

杜勒斯认为盟军最高司令部已经予以批准。

珀金斯说，他认为这个问题现在取决于日本。

我说，我国政府早在去年 12 月就催促东京向台湾派遣代表，但东京复称，当时日本预算中没有向台湾派遣代表的规定。本年3、4月间，中国政府又向日本提出此事，但仍无结果。我说，因此我想请问杜勒斯，他是否打算使这位日本代表在到达台湾以后处理双边条约的谈判事宜。

杜勒斯说，他从和我以前一次谈话中了解到双边条约的谈判应在台湾举行。他切盼这位代表受到台湾的接待。他说，届时这位代表甚至可以处理日台贸易协定问题，这样就可以明确日本与国民政府之间已经开始直接谈判。

我说，据我了解，我国政府和人民由于国民党中国被排除于多边和约之外而感到心烦意乱，他们目前的注意力集中在这个问题上，而把商务协定看作次要问题。

于是杜勒斯扼要地重申了美国对中国的立场。他说，美国非常急于与日本缔结和约，以便使日本能够恢复主权并采取保障日本本国安全的措施。美国愿意让国民政府参加多边条约，但是由于英国、印度、加拿大、澳大利亚等国坚决反对国民党中国参加，美国感到有必要在这个问题上让步，以便使这些国家参加和约。如果美国坚持自己的愿望，那就意味着美国能够得到一纸和约，但参加者只有国民党中国，或许还有菲律宾，而置远东委员会的绝大多数国家于条约之外,这就使这些国家有可能合法地继续行使对日本的管制权。这样一种局面是绝对要不得的,在美国军事当局看来尤为如此。

我说,我能够理解美国面临的困难,但我也愿重申我国政府的立场,这种立场是完全正当的。把国民党中国排除于对日多边和约之外,不仅对我国政府和台湾人民,而且对大陆所有爱国的中国人,都是巨大的打击。事实上,从我收到的马尼拉、马来亚及其他地区华人组织的来电判断,所有华侨都强热反对排除中国,而且都支持国民政府的态度。我还收到台湾监察院的来电,嘱我转交美国参议院及众议院,这封来电吐露了他们对国民党中国被排除于对日多边和约之外的不满。我还得悉立法院召集了特别会议,以采取类似行动。这是立法院根据宪法第一次召集的特别会议。所有这些现象都表明中国人民对于这件事情是何等反感。

我接着说,国民党中国毕竟是第一个抵抗日本侵略的国家,作战时间最长,遭受损失最大。这是为全世界所共知的事实;而既然要举行和会以缔结对日和约,那么,排除中国就是极不正常的。我说,我愿指出,我国政府曾要求修改多边和约草案第二十三条,以便列入国民党中国。我想请问杜勒斯先生,修改是否有望。

杜勒斯回答说,他愿坦率相告,他完全看不出有修改的可能性。美国不能对英国出尔反尔,但与此同时,美国愿意尽力而为,以不损害国民政府的国际地位。这就是为什么美国建议中日缔结双边条约。这样做也是由于考虑到 1942 年华盛顿宣言关于盟国保证不单独和日本媾和的规定。

我说,这一点也说明了为什么我建议中日双边条约与多边条约同时缔结,如果不能先缔结的话。这是我国政府的要求。

杜勒斯说,他觉得双边条约与多边条约同时签订不大可能,但他希望双边条约在多边条约签字不太久之后能够签署。

我说,我还有一个想法,我愿意把它提出来。我知道我国政府和台湾人民以及大陆同胞——但当然不是共产党当局——由于国民党中国被排除于多边和约及即将召开的旧金山和平会议之外而感到自尊心受了极大伤害。为了减轻这个精神上的打击，我觉得美国最好作出友好姿态，邀请国民政府出席旧金山会议。既然大家知道国民政府即将和日本缔结双边和约，那就不会有英国及其他已经承认共产党中国的国家承认或者不承认国民政府代表的证书的困难，因为只有关系到多边和约的签署，才会出现证书问题。

我接着说，我注意到虽然多边和约草案是美英两国联合提出的，但和会是美国单独邀请的。因此，美国可以主动向国民政府发出请帖，而英国不能加以反对。此外，我以前曾听他说只打算邀请远东委员会的成员国参加会议，可是现在我看到几乎所有曾对日作战或是曾与日本处于战争状态的国家都在被邀之列，只有国民党中国未被邀请，而不邀请的唯一理由是存在着一个不准参加会议的共产党中国。但事实是现在的共产党中国是自由世界公认的敌人，联合国部队目前正在朝鲜和中共侵略军作战。因此，把国民党中国排除于和平会议之外就意味着它与共产党中国受到同样的惩罚。

我着重指出，为了中美两国人民之间的传统友谊，为了减轻中国人民对此极不公平行动所感受的痛苦，美国政府应该邀请国民政府出席旧金山会议。我补充说，这是我个人的建议，我不知道我国政府是否愿派代表团出席会议，但我相信向我国政府发出邀请在美国政府方面是一个明智的姿态。

杜勒斯沉思片刻后说，他将考虑这个建议。他接着说，虽然确实已向五十多个国家发出邀请，但他并不确知有多少国家会来参加。印度曾对草案表示反对，不愿参加会议。他认为通常受印度影响的缅甸会跟随印度不出席会议。但由于尼赫鲁是个摇摆不定的人，不能肯定他在最后一刹那不改变主意而决定印度参加会议。

最后,我问杜勒斯,我是否可以向政府这样汇报,即美国将安排中日两国立即开始谈判双边和约,而把适用范围问题留待适当时候解决。

杜勒斯仔细考虑后说,他不想在当天给我一个肯定的答复,因为他想和腊斯克商量一下。腊斯克是中国问题的关键人物。

珀金斯说,腊斯克正外出度假,下星期二才回来。

我说,那样看来时间相距颇长。杜勒斯说,下星期二以前他也许能与腊斯克联系。无论如何,他最晚在下星期三左右答复我。

从这次会谈情况看,十分明显的是,杜勒斯作为与包括中国在内的有关各国磋商的实际负责人,认识到国民党中国及双边和约问题是一个棘手而又重要的问题。他希望在多边条约达成最后一致意见和签约会议召开之前,使台北和日本之间开始谈判,以便日本不能在国民党中国与北平之间进行选择。总之,杜勒斯更为同情国民党中国的处境,认识其重要性,并因而希望双边会谈尽早开始,而把双边和约的适用范围问题留待以后再议。这正是我一直极力主张的要点。

另一方面,美国国务院,甚至腊斯克,对国民政府似乎远不如杜勒斯那样同情。可能腊斯克还不了解日本对举行双边条约谈判的意向,因而他就同意了国务院的主张,就是坚持国民政府先接受国务院考虑的那种方案。国务院当然可以左右国民政府,因为它知道国民政府如果不能参加多边和约,就会退而求其次,急于和日本订立双边和约。

我想杜勒斯必定是看到而且更深地理解到这种棘手的局面和日本的战略地位。一旦日本实际上成为与台湾订立双边条约与否的唯一主宰者,日本政府就可能利用这种地位捞到好处。所以杜勒斯采取了现实的态度,而对台湾来说,这种态度比腊斯克的态度有利。

关于我与杜勒斯的会谈,我在日记里写道:

我和杜勒斯都感到诧异的是,他竟不知道国务院 7 月 27 日致蓝钦并由蓝钦于 30 日转交叶部长的答复。杜勒斯叫人把副本拿来并于阅读后对我说,答复的内容是重申他本人以前曾告我的美国观点。

在珀金斯刚接完一个电话的时候,杜勒斯对他说,由于他打算在对日和约缔结后辞去国务院职务,所以他不愿再处理可能办不完的新事务。

我不知道他说的这番话是作为一项通知告诉珀金斯呢,还是由于作为国务院请来的对日和约全权负责人,他对未被告知致台湾的答复而感到恼火。

当天下午,我先拍电汇报我和杜勒斯会谈的要点,然后寄出了一份详细报告。

同一天下午,我回访哥伦比亚新任大使唐·西普里亚诺·雷斯特雷波-哈拉米略。我们所谈的内容之一是即将到来的旧金山会议。

我问他,哥伦比亚是否已接受美国政府关于参加旧金山会议的邀请,以及是否准备签署对日多边和约。

这位哥伦比亚大使说"是的"。他解释说,哥伦比亚是个小国,它虽曾对日宣战,但未出兵参战。然而他的国家既被邀请参加会议,他的政府就指派他为出席会议和签署条约的代表。然后他问我对条约草案的看法。

我回答说,在讨论条约草案的每个阶段,美国都曾和我国政府商议:草案收录了我国政府提出的若干建议,但主要还是美国的作品。

雷斯特雷波-哈拉米略说,他也认为条约至少包含了美国政府观点的百分之八十。

我于是说,作为条约基础的原则,关于日本,一般都与中国政府的政策一致,因为中国也主张对日订立一个宽大的和平条约,以便使它回到国际大家庭,并使它能够对维护远东安全作出贡献。日本仍然是远东的一个重要因素,正如德国在欧洲那样,这是由于他们的巨大的军事工业潜力。

这位哥伦比亚大使认为德国人和日本人都是优秀的战士,他说,把德国分成东西两部分是个错误。如果把德国像日本那样当作一个整体来对待,欧洲和平前景就可能比现在好一些。他对世界这样动乱深为惋惜。

第二天下午,我召集大使馆主要馆员及中国驻远东委员会代表李惟果开会讨论对日和约问题。会上,我发现我们对大多数问题的看法是一致的。但有一位与会者极力主张我们建议台湾向美国提出修改多边条约草案中的一条,以防止日本武装到又能威胁其邻国的程度。我说,原则上,这个修改建议是可取的,但它和我国政府公开宣布的政策矛盾,会引起对我们真实意图的误解。我国政府的政策是赞同美国的政策,即宽大的和平条约和鼓励日本为其自身的安全而重新武装。我说,台北基于促成日本军事力量的重建,以便日本能够更好地和国民政府、美国及远东其他自由国家联合反对共产主义的扩张。我自己也感到惊奇的是,甚至有从前的日本军事专家在台湾帮助我们修筑防御工事。我指出,美国急于使日本处于这样一种地位,即能够在地面部队方面参加抵抗苏联侵略的共同行动。此外,美国曾向我们保证,日本不可能再成为一种威胁,因为它不得发展空军和海军。

这位原来提出修改建议的与会者于是说,他的理由是,为将来的历史学家着想,我们应当在这个问题上留下明确的记载。但是,我说,至于政府希望将来在日本合作下光复大陆,这是不现实的。最后,我们决定:(1)致电外交部,提出修改多边条约草案的建议,以便预先为我们提出双边条约应包括的内容排除障碍;(2)邮寄一份报告,提出双边条约应当包括的和不应当包括的内容。

在我的要求下,两天以后,我们驻远东委员会的代表团草拟了一份恰如其分的电稿。电稿说,对日多边和约即将定稿。尽管我们未能得到参加和约的平等权利,并退而谋求另行缔结双边和约,但既然我们迄今对多边条约草案所提出的一些观点未被接受,而且还有对我们不利的一些新条款,我们不得不提出我们的看法或修改意见,或者保留我们的立场。因为按照条约草约第二十六条规定,这个草约将成为日本与其他国家缔结双边条约的依据。因此,电稿说,如果我们制订修改多边条约草案的计划,以便获得一个比较有利的地位,那么,即使我们不能参加缔结这个多边条约,我们也可以为将来中日双边条约的谈判准备条件。

电稿接着说,如果政府有意按照这个想法行动,那么,我们认为我方的建议应当和现实相一致,而且我方应当只就那些直接影响我国以及那些对我国有切身关系的条款提出意见。电稿说,根据这个目标,大使馆及我国驻远东委员会代表团研究并草拟了某些建议,现综合提出如下,供台北考虑:

(1)关于台湾及澎湖列岛:在第二条乙项及该条关于库页岛南部和千岛群岛的规定后,加上"日本由于1895年4月17日马关条约所获得的主权"。这样说我们就间接说明了台湾及澎湖列岛原属中国,从而间接地加强了我们的地位。此外,这样措词从表面上看,只是说明历史事实,因而更能为美国所接受。

(2)关于日本所放弃领土内的公私财产的处理:第四条规定这种财产的处理应由该领土的行政当局与日本双方商订特别处理办法。目前,日本在台湾及澎湖列岛的财产早由我国政府作最后处理。因此,对"特别处理办法"这个措词,我们应提出适当修改意见或保留我们的立场。

(3)关于赔偿:第十四条甲项(一)规定战争损害由日本以技术服务赔偿。按照该条的含意,我们未必会从中受益。因此,我们应当向美方讲明,我国政府至少应和其他受害国家享受同样的利益。再有,该条甲项(二)中"在本条约生效时即受该盟国管辖"一语对我们不利,应改为"在1945年9月2日即在该盟国领土之内者"。至于该段其余部分(即各项例外),我们是否应当对某些项目有所保留,以免我们受限制,请按实际情况考虑决定。

（4）关于战前债务关系：第十八条承认日本与各国之间的战前债务关系继续有效。关于战前中日之间的债务关系，日本处于主宰的地位，而且它的借款都具有侵略剥削的政治性质。我国在12月9日正式对日宣战时，我们已声明对日合同、协议及条约全部作废。据此，看来我们应对本条所述的一般原则有所保留，或者加上一个例外条款的形式予以修改，即已由有关国家声明作废的债务不在此列。

（5）关于该条约中旨在把共同利益普遍给予各盟国或人民的各条款：这些条款对中国也应适用。例如，关于规定分别缔结渔业协定的条款；又如，第十六条关于把日本在中立国家及以前敌国的资产用于援助和救济各盟国的前战俘的规定也应适用于中国的军官及士兵。中国还应分享由这样的有关条款而得到的利益，即为了支付盟国的一般费用，日本在泰国的资产须予变更；我们在这方面也应当有所保留。

8月7日星期二，我打电话给杜勒斯问他关于上星期四我们的会谈是否已经准备好答复。那次会谈时，他曾说最晚在第二周的星期三左右给我答复。但是他这次说，他那里仍有不同意见，他将在次日与腊斯克商议后给我打电话。这就证实了我的推测，即在国务院内部，以负责远东事务的助理国务卿腊斯克为代表的一方和以对日和约谈判负责人杜勒斯为代表的另一方之间，存在着分歧。

两天后，我在国务院会见了腊斯克。杜勒斯先是用电话安排了这次约会。显然他认为最好由腊斯克会见我，因为他提到的意见分歧依然存在。会见时，东北亚科科长艾利森也在座。

会谈开始时，我提到了8月2日我与杜勒斯的会谈以及前一天杜勒斯的电话；电话的内容是由于他忙于其他约会，腊斯克将接待我并代替杜勒斯给我答复。

腊斯克说，他在答复前，愿意与我进一步讨论这个问题。他问我国政府是否打算宣布，通过美国的努力，日本将和国民政府谈判和缔结和约,以便使这个和约在旧金山和平会议上签字。(这当然和早些时候叶外长在台北对蓝钦所谈差不多。但后来我在电话中得知这个情况时,我曾坚决主张不要发表这样一个通告,而叶说将重新予以考虑。)

我告诉腊斯克说,我认为我国政府除了想公布中日两国为议订双边和约的会谈或磋商在进行中外,不想公布更多的情节。早日开始会谈或许能使双边和约与多边条约同时签订,而且无论如何会平息这样的谣言,即如果不理会日本,它就会愿意在两个中国之间保持中立,而且可能最后选择共产党中国作为谈判对手,因为它的商业利益在大陆。

腊斯克说,任何不适当的宣传都会造成复杂的情况。美国不愿意像发布命令那样吩咐日本谈判。最好是由中国和日本进行安排,因为美国不愿意日本产生一个印象,以为在这件事情上日本必须执行美国的指示。他问道,关于此事有什么谣言。

我说,杜勒斯(谣言是杜勒斯上次和我会晤时提到的)大概是指一位名叫维拉明的在《华盛顿邮报》发表的一篇文章。艾利森说,这位作者是菲律宾新闻记者。腊斯克说,他没有见到这篇文章。

文森特·维拉明是一位菲律宾律师,也是《马尼拉新闻简报》的撰稿者。7月28日的《华盛顿邮报》刊登了他的一篇文章。文章对不邀请中国参加对日和约会议的不公正行为表示不满。文章还指出,日本将有权选择和哪个中国签订和约,并称,事实上,由于商业利益关系,它会选择与中共政权签订条约。文章接着阐述了这一行动的后果:日本不但会承认中共政府,而且会因此而导致所有其他签署国默认中共政权的地位是合法的。这就会提高国际共产主义的声望,而且最终会使共产党政权取得国民政府在联合国的席位,并进一步根据开罗宣言要求占有台湾。维拉明说,所有这些会成为对美国在太平洋的防线的打击。

随后,在8月2日共和党众议员克劳福德在众议院发表演说，敦促国会注意维拉明文章所提出的各论点，并坚持认为和约草案无形中把台湾奉送给中共政权，这和美国保卫台湾的政策是非常矛盾的。他说，如果失去台湾，那不但会影响美国的太平洋防务，而且会意味着东南亚遭受共产党方面的威胁。

（就在那天，杜勒斯在和我会谈过程中说明他急切想使中日开始谈判，因为关于这个问题报刊上发表了很多议论，他还举了几个例子。）

接着，8月6日华盛顿的《时代先驱报》上午版以显著地位发表了克劳福德的发言，并表示该报同意克劳福德的看法。这样，维拉明的论点就逐渐传开。此外《明日背景》周刊在7月24日的特刊上也发表了一篇文章。这篇文章为我国以平等地位参加对日和约的权利以及出席对日和平会议的权利争辩。

我在8月6日向外交部报告所有这些情况时，答应把《明日背景》周刊的文章的全文寄给他们，这篇文章为其立场列举了许多理由。自从我上次向外交部报告美国对于我国被排除于多边条约之外的舆论以来，已经过了一段时间；美国某些阶层的人士及国会对这个问题已不再像以前那样沉默。显然他们正开始考虑排除我国以及允许日本选择同哪个中国另订双边条约的决定可能产生的影响。有关日本可能迁就共产党中国而不利于美国的太平洋防线的"谣言"，是这种考虑的一个方面，而且提供了又一个理由，说明为什么不但从中国方面看，而且从美国的观点看，我国政府和日本之间的谈判也应当立即开始。

我提到腊斯克尚未见到的维拉明的文章后，接着说明了我国政府关于与日本开始会谈双边条约的立场。我说，由国民政府联系日本以探明日本是否愿与国民党中国缔结这样一个双边条约，确有困难。我说，坦白地讲，我没有充分认识到台北对这一点是何等反感。但这是一个不容忽视的事实。台北认为这是国民党中国的莫大耻辱，特别是国民党中国作为一个对抗日战争胜利作出巨大贡献的盟国，在缔结和约问题上竟要听从战败国日本的选择或意志。监察院、立法院、新闻界,以及侨居马来亚、菲律宾及美国的华人无不群情愤慨。他们都给我来电抗议中国被排除于多边和约之外。我说,我认为美国既然决意把中国排除于共同条约之外,那么,为了减轻中国人民及政府的痛苦情绪,至少应当作出安排,使日本与国民党中国的双边谈判能立即开始,以便双边条约有可能在旧金山会议上签字。或者,美国作为东道国,至少可以宣告谈判已在进行中。我说,国民党中国坚持以平等地位参加和约的权利,这毕竟不是不合理的。缅甸要求有代表权,没有人提出质疑,但却是中美两国的帮助使它有可能采取那样的态度。

腊斯克说,他不同意美国决意把国民党中国排除在共同和约之外的说法。美国曾希望把中国包括在内,但它不得不在要和约与坚持把国民党中国包括在内而不要和约这两者之间作出决定。

我说,我能够理解美国处境的困难,但是我仍然怀疑如果美国坚持把国民党中国包括在内的立场,英国真的会坚定不移而拒绝支持这个条约。英美两国的最高利益是紧密联系的,不能想象英国真的宁愿置身于和约之外,从而与美国分道扬镳。英国处理世界问题已有几百年的历史,以其老谋深算,它知道自己的真正利益所在,不可能在这个问题上采取拒绝与美国合作的真正不妥协的立场,这尤其是因为它在亚洲的真正利益与美国及其他自由国家的利益是一致的。因此,令人遗憾的是美国已经承担了义务,当然就不能违背。

腊斯克说,美国没有在伦敦承担排除国民党中国的义务。这是由多种政治因素造成的。美国不得不考虑这些因素,而国民党中国的地位并不是唯一要考虑的事情。全部困难是因为存在着两个中国,而美国对此是没有责任的。

我说,我并不想否认目前存在着两个中国这一事实。然而正如英国有坚持它排除国民党中国的政策的自由那样,美国也有坚持它原来把国民党中国列入多边和约的政策的自由。基于我刚才所说的理由,其实没有必要屈从于伦敦。

腊斯克说,他不能同意我的看法,不过此事已成过去。伦敦协议必须遵守。他问为什么认为由国民党中国联系东京以开始谈判双边和约是不恰当的。美国通过杜勒斯已经这样办了,杜勒斯曾几次飞往东京与日本政府商议。

我说,这是两回事。作为主要占领国,美国在这件事情上,正如在许多其他方面那样,必须采取主动。基于同样理由,中国必须指望美国安排中日开始谈判双边条约,且不说在伦敦屈从于英国压力而把中国排除于共同和平条约之外的是美国。

腊斯克说,因为美国是主要占领国,所以容易使日本误解,以为美国和它联系是迫使日本政府进行谈判,干涉它的主权,而美国曾表示希望日本完全恢复主权。

我说,我可以理解为什么美国如此留意日本在这件事情上的敏感性,但我觉得国民党中国在抗日战争中作战时间如此之久,受害如此之深,是值得美国方面对它在同一件事情上的敏感性予以考虑的。此外,即使今天日本已完全独立自主,美国从中斡旋以实现日本与国民党中国之间的双边和约谈判,也仍然是十分恰当的。这种斡旋在国际关系中是正常的做法,艾夫里尔·哈里曼当时正在调处伊朗和英国之间的石油争端就是一例。再者,我听说关于这个问题,事实上美国经常与日本政府联系。

腊斯克承认有此情况并补充说,他认为如果国民政府与日本政府联系此事,不会遭到拒绝。重要的事情是使谈判开始,因为这对国民党中国有利。他认为双边条约谈判结束时赶不上在旧金山会议上签字,因为他相信有许多问题应当在条约中澄清。但是,他说,关于准备工作的磋商,可由国民党中国立即与日本安排。

我说,我的想法是拟议中的日本驻台湾的海外代表,可以安排这些准备工作,但是这位代表尚未到台。国民政府则在很久以前就同意其前来了。

艾利森解释说,这件事情现在取决于日本政府。

腊斯克说,国民政府目前必有代表在东京。他认为这位代表可以与日本人联系。他又说,他过去曾听我说,国民政府曾与日本政府联系并得知日本政府赞成和国民政府而不和北平打交道的意见。美国通过直接与日本政府联系,也了解这一情况。所有这些都对国民政府有利,因为日本仍然是远东的一个重要国家,在促进该地区全面安全的共同利益方面尤为如此。一两年后,就会看得更清楚,日本和国民党中国而不和北平政权打交道对国民党中国是何等有利。

我问我应该向我国政府汇报什么,以及我是否可以说美国将安排中日之间立即开始谈判,而把所缔结的双边条约的适用范围问题留待以后再议,届时可能制订双方都满意的方案;这个方案或者由日本在日本国会批准条约时宣布,或者最好由美国在条约缔结时在旧金山宣布。

腊斯克说,如他已经说过的那样,他非常怀疑双边条约的完成能赶上在旧金山会议上签订。至于另一个问题,他愿意予以更多的考虑,并早日给我答复。

我说,由于这个问题已经讨论多次而仍无结果,我想知道他心目中是否有一再推迟的特殊原因。腊斯克说,美国不得不考虑这个问题的许多方面。这个问题不仅关系到中日两国,而且关系到其他许多国家的态度。他将在下星期初给我一个明确的答复。

我说,那我就等他下星期三、四的答复并听他之便。他说,他将早一点在下周的前半周答复。

我与腊斯克的会谈是在星期四。在那个周末,台北发来了四封电报,都是关于对日和约问题的。政府仍希望美国同意使日本负有与我们签订双边和约的义务。我在 8 月 13 日的日记中写道,这是"一个不切实际的计划"。

在这四封台北来电中,最早的一封实际上是外交部对我汇报8 月 2 日我与杜勒斯会谈情况的去电的答复。来电说,政府现已予以充分考虑并决定：

（1）从目前情况来看，如无外来压力，日本未必愿意主动与我们谈判和签订和约。而美国方面则再次告诉我们，它不能催促日本和我们签订和约，它所愿做的只是从旁协助，促成中日之间的和约谈判；但是在它这样做之前，还得承认和约的适用范围问题必须先予讨论。这说明美国的态度和我们的立场以及我们对美国能为我们做的事情的希望之间还有很大距离。

（2）如果我们和日本的谈判不成功，那将是对我国声望的又一次严重打击，而且意味着我国将失去盟国的地位。因此，为了维护我国的地位，在与日本商谈这个条约之前，我们必须得到美国这样的保证，即日本肯定会和我们缔结和约。

（3）鉴于美国目下只是采取从中斡旋的立场，它自然不会向我们提供保证。再者，从法律观点看，我们没有迫使美国向我们提供这种保证的依据。因此在试图达到我们目标的过程中，我们只能重申 7 月 11 日的要求。

外交部来电回顾了那天叶部长交给美国代办一份备忘录，其中说明"中华民国"坚决反对目前形式的第二十三条，因为其中略去了"中华民国"的名称。我们要求作为占领国的美国把"中华民国"列入该条的名单，或者，如果认为这样做更方便的话，就使日本明确承担义务：在和美国及其他盟国缔结多边条约的同时与"中华民国"缔结类似的双边条约。

（4）既然现在不可能修改第二十三条，我们就应该要求美国明确保证日本与我们订约的义务。与此同时，我们应向美国说明：（甲）既然我们拟与日本订立的和约基本上与美国所拟的条约草案相同，就没有必要等待与日本另行谈判；（乙）既然我们是盟国之一，日本和我们订约的义务，就必然和它与其他盟国订约的义务完全相同，而且既然美国政府主持签订和约，那它就必须负责明确规定日本在这方面的义务。

（5）如果美国接受我们有关重申日本有义务与我们订约的要

求,那么所有其他技术问题,如双边和约草案的准备,签署的时间与地点,以及中日之间的磋商渠道等,都不难解决。我们将以合作与采取一致行动的精神与美国充分讨论这些问题。反之,如果美国拒绝我们的要求,那么,这种讨论就不会有什么结果,而且这只会造成对我们声望的又一次打击。(换句话说,从政府的观点看,美国的保证是整个商谈的先决条件。)

来电嘱我和美国联系,并要求美国慎重考虑和答复。来电还说,关于旧金山会议,请帖是由美英联名发出的,估计它们不可能邀请我国。再者,我们既然无权签约,就没有理由考虑参加会议的可能性。来电嘱我,再提到这一点时,说明那是我个人的意见;这样就比较恰当,以后则不要再提。来电最后说,政府的上述决定已由叶部长口头通知美国代办,而且叶部长将把会谈气氛与详情另电告我。

所说的另电实际上比上述来电到达大使馆的时间还略早一点。这封另电谈的是1951年8月8日蓝钦和叶公超的会谈情况。来电说,蓝钦是为另一件事情来访的,但也谈到了和约问题。开始时,蓝钦提出了双边条约的适用范围问题。叶部长回答说,我们方面不想讨论这个问题。我们认为美国方面必须使日本负有与我们谈判和签订双边条约的义务,正如日本负有与其他盟国谈判和签订多边条约的义务一样。他对蓝钦说,这就是我们继续磋商的先决条件。蓝钦说,他担心国务院不能接受"使负有义务"的提法,并建议我们用另一种提法。来电接着说,这一点经过再三讨论,但未能订一个双方都能接受的语句。

来电在谈到另一点时说,经叶部长反复询问之后,蓝钦回答说,美国已经开始与日本联系中日签订条约事宜,而且日本实际上已表示同意。他说,美国还建议日本迅速向台湾派遣一位商务代表,以开始商谈双边和约。但是,蓝钦又说,适用范围问题是迟早会提出的。

来电说,关于蓝钦所告叶部长日本已经同意一节,蓝钦并未得到向我方转达的指示。因此,我方在与杜勒斯会谈时,暂时不要提这一点。但来电嘱我试探杜勒斯并迫使他表明看法。

外交部对我的电报报告的答复是 8 月 13 日收到的。我的电报报告的内容是我和杜勒斯在电话中所谈会见腊斯克一事以及我在国务院与腊斯克的会谈情况。外交部的这封来电包括两点。首先,来电说,我们以前已与美国达成这样的谅解,即双边和约内容应与多边和约相似,中日谈判似将只限于解决仅与两国有关的特殊问题,因此没有再拖延的理由。可是美国一方面希望我们立即与日本开始谈判,另一方面则采取双边和约不能与多边和约同时签订的态度。来电问道,美国的真正意图何在,并称看来难以理解。来电说,外交部担心美国已向英国承担义务,因而不能催促早日谈判和签订双边和约,或者,甚至比这更坏,那就是美国希望我们按照多边和约第五条与日本建立关系。来电说,由于这种局面是难以接受的,因此我们在开始进一步会谈之前,有必要把实际情况弄清楚。外交部已因此备妥一份备忘录。来电告诉我,备忘录已于 8 月 13 日下午由叶部长面交蓝钦。

第二,来电说,如果我们立即与日本开始谈判,我们不得公开宣称我们和日本进行谈判只是由于美国的催促。这一点已经告知蓝钦,但来电还嘱我也向美方说明这一点,以便消除美方在这点上的可能疑虑。

第二天星期二,我收到了叶部长在台北交给蓝钦的备忘录的抄件。备忘录重申了政府的要求,即美国"接受使日本负有与中国签订双边条约的义务的谅解",正如日本负有与其他盟国签订多边和约的义务一样。备忘录还要求美方将双边条约的内容及签署时间加以澄清。(备忘录全文见附录十一。)

8 月 14 日星期二,众议员周以德打来电话询问我方对对日和约及我方被排除于旧金山会议之外的立场。他正考虑发表讲话,并认为苏联接受参加旧金山会议的邀请,可能使美国感到也邀请中国参加是适宜的。

8月12日苏联发出照会,宣布接受美国的邀请,参加旧金山会议。苏联此举出乎美国意料之外,美国原以为苏联政府将予谢绝。美国在答复时,小心翼翼地指出,会议的目的不是重新磋商条约的条款,而是缔结和签署条约。

当天晚上,我参加了一个宴会,出来时亲自遇见了周以德。我对他谈了我们对被排除于对日条约之外的立场与观点。他说,他曾会见杜勒斯,杜勒斯对他说,提出和日本签订双边条约的是中国自己。我纠正了这种说法。周以德保证说,旧金山会议后不久,一定会有关于中国的好消息,但是他还不能透露。(我想他指的是双边条约。)

那个星期四,我在国务院又一次会见了腊斯克。这次会谈持续了一小时又一刻,珀金斯在座并作记录。我问腊斯克,他对我在8月9日会谈中提出的问题有何见教。我说,我相信他一定已经见到外交部叶部长在台北面交蓝钦的关于这个问题的备忘录全文。这个备忘录很清楚地阐明了中国政府的立场与态度,并要求美国阐明其态度。

腊斯克说,他没有见到该备忘录。珀金斯当即交给他一份。腊斯克仔细阅读后说,美国不能吩咐日本承担与国民党中国缔结双边条约的义务。美国一直想避免给人以命令式和约的印象,因为经验表明,像希特勒在二次大战期间强加于一些欧洲国家的那种命令式的条约,是不符合世界利益的。美国不能把与国民党中国签订双边条约的义务强加于日本。盟军最高司令部是一个执行军事占领日本的机构,与媾和无关。当然,波茨坦协定所订的投降条件规定了日本必须与盟国媾和,但是美国根据世界的经验,决定采取和好的媾和政策,以便今后与日本重建正常关系及友好合作,任何惩罚性的和约都会引起以前的敌人在思想上的怨恨。美国愿意给日本一个宽宏大量的条约,这个条约将使日本完全恢复主权与独立。因此,如果美国吩咐日本与国民党中国缔结和约,那就不但违反美国的总政策,而且会引起日本的反感。(腊斯克的这番颇为自信的陈述,说明他高高在上,或者不完全了解现实情况,或者故意给人以这样的印象,即他不想以切实可行的方式处理这个问题。)

我说,我能够理解美国的态度,但是与此同时,就盟国的总体而言,日本方面负有与盟国媾和的义务。国民党中国仍然是对日作战的盟国之一,应该有资格参加多边条约;但是既然美国由于其本身的原因,作出了排除国民党中国于多边条约之外的安排,而且建议中日另订双边条约,那么,在我看来,日本方面就有与国民党中国缔结和约的义务,正如它有与其他盟国缔约的义务一样。

腊斯克说,如果日本拒绝签署多边条约,那就会出现不履行义务的问题,但是发生这种情况是不可能的。

我说,这种情况的确是不可能的,因为现在的多边条约草案是非常宽大的,与过去的和平条约相比尤为如此。条约不仅赋予日本以平等地位,而且以朋友相待。

腊斯克表示同意。但是他说,根据条约,日本也不得不放弃很多东西。例如,日本帝国瓦解了,而且随着海外领土的丧失,日本就限于四个主要岛屿了。然而在与国民党中国缔结和约问题上,美国愿意使日本感到是它自己自由决定的。国民党中国目前的困境不是日本所能控制的,然而是日本严重关切的一个问题。他又说,他不能理解备忘录所说的中国不能开始与日本谈判订立和约是什么意思。这句话的意思是说中国不愿与日本谈判吗?

我解释说,我国政府的看法是,既然拟议中的双边条约应和多边条约相同或基本相同,那就没有必要再对多边条约逐条进行谈判。缔结双边条约只是一种手续,是因某些盟国反对国民党中国参加多边条约而成为必要的。这实际上等于在两张纸上签署同样的条约,以应付某些国家的反对意见。如果这种理解是正确的,那就没有必要用很长的时间谈判了。

腊斯克说,有若干对国民党中国有特别利害关系的问题需要谈判,诸如中日敌对状态的开始日期以及条约的适用范围等。

我说,关于对中国有特别利害关系的问题,当然可以立即进行谈判,或者留待双边条约签订时再议,正如多边条约所规定的补充协定可在适当时候谈判那样。但是关于适用范围问题,我认为不应在开始谈判时提出,而可在临近结束时,即整个条约即将备妥待签时提出。如果一开始就提出这个问题,则可能招致无尽无休的讨论,而且大大推迟双边条约的缔结。换句话说,那真是本末倒置。

腊斯克认为这个问题可以留待后一阶段再议,但是应当提出来予以慎重考虑。他不愿对应当如何解决这个问题提出意见,但是他说中日之间应设法予以解决。

我说,叶部长的愿望是美国保证日本与国民党中国开始对话或谈判后,日本必须与国民党中国签订一个双边条约。所担心的是日本可能使谈判无限期地进行下去,而不实际缔约并予以签署。如果发生这种情况,那就有损于国民政府的声望,因而是可悲的。

腊斯克说,他只能说美国不仅赞成中日之间缔结双边条约的意见,而且将全力支持予以实现,而不能作超出这种说法的保证。再者,美国清楚地知道日本也愿意并准备与国民政府签订这样一个条约。因此,没有理由担心国民党中国与日本之间的谈判会落空。

我问腊斯克,他认为双边条约以何时签订为宜。

腊斯克答道,如同杜勒斯以前多次对我说过的那样,双边条约不可能在多边条约签署之前或与之同时签订,因为那样就会和一些盟国发生纠纷。还有批准的问题。腊斯克说,美国急切想使尽可能多的国家签署多边条约;如果双边条约在多边条约之后签署,并在与多边条约批准的同时或之后批准,美国的工作就容易做了。

我说,我听说美国批准多边条约需要若干时间,要到明年上半年才能批准。

腊斯克说,情况确实如此,因为除和约本身外,还要和诸如澳大利亚、新西兰及菲律宾等国订立几个安全条约;所有这些将构成一批条约,须同时予以考虑,而且他预计在批准之前须经参议院的多次讨论与辩论。这些都会耗费时间。(就在当天,刚刚宣布了美国与菲律宾也已就订立共同防御条约取得一致意见。)腊斯克在回答问题时还说,只要双边条约的签署在多边条约的签署之后,那么,早一些或晚一些关系都不大。

我说,我国政府的意见是,在美国保证日本肯定与国民党中国签订这样一个条约之后,双边条约的谈判应尽快开始,以便这个条约能够和多边条约在大致相同的时间签订,如果不能再早一些签订的话。但是既然看来这很难办到,我个人认为最好中日之间在美国的协助下开始谈判,以便美国能在旧金山会议上发表一个声明,大意是中日之间双边条约的谈判已经在进行中。因为中国不出席旧金山会议是会引人注意的。

腊斯克认为不宜由美国发表这样一个声明,因为这样做同样会引起中国参加会议所会造成的复杂情况。一些与会国家的态度会受影响而拒绝签署多边条约,而美国的愿望则是签署国越多越好。他说,一旦签署了多边条约,就会为日本积极参加国际事务和在某些国家建立使馆扫清道路,而且日本就会不受约束地与国民政府开始谈判双边和约。

我说,我知道杜勒斯先生愿意看到中日之间尽早开始会谈以缔结双边条约。

腊斯克说,会谈不等于正式谈判。日本同样渴望多边条约的签署国越多越好。如果在多边条约签字之前,日本现在就和国民政府开始正式谈判,它也担心会造成复杂情况。

腊斯克在谈到朝鲜停火谈判时说,停火谈判也是日本所关切的事,正如国民政府必定关切那样,因为谈判的结果会影响日本的态度并影响国民政府,在 11 月份的巴黎联合国大会上尤为如此。

我与腊斯克继续谈了一会儿停火谈判的可能结果，然后又回到了中日双边和约谈判问题。我问他认为下一步应该怎么办。他是否认为美国已做了它所能做的一切，现在打算不再过问此事，而完全听任中日双方办理？

腊斯克作了否定的答复。他说，美国继续关心此事。实际上美国通过西博尔德几乎每天都在东京与日本接洽这个问题。

我说，如果日本向台湾派驻海外贸易代表，这位代表可以和国民政府为开始谈判进行初步安排。

腊斯克说，日本准备应国民政府要求，向台湾派一位财务代表。

我说，我尚未接到这方面的通知。

珀金斯说，这是通过何世礼将军按照台北的指示在东京安排的。

我认为如果谈判立即开始，不需很长时间即可完成。

腊斯克认为谈判需要相当长的时间。例如，条约适用范围就是一个重大问题。它不但关系到日本，而且关系到美国及其他盟国。对任何一个国家来说，与另一国家正式订约而适用范围不确定，这是一个严重问题。他相信国民政府会利用从现在起到旧金山会议之间的这段时间准备双边条约文本并研究条约的适用范围问题。

我说，就条约文本而言，我认为多边条约文本即可适用。至于适用范围问题，我知道我国政府一直在仔细地研究。实际上，政府曾几次夜间开会，直到凌晨。我自己曾提出方案，并得到外交部的大体赞同，但政府未予批准。所有这些情况都说明这个问题一直在仔细研究中。但是，我说，如我以前所多次指出过的，适用范围问题不应在谈判一开始就提出来。我问道，他的意思是否谈判开始后会无期限地持续下去。腊斯克说："不是。"但是他又说，我所提出的时间安排问题应该予以研究。

我问道,他认为时间如何安排最好。

腊斯克回答说,初步会谈可以开始,但他相信日本在多边条约签署并从而澄清其地位之后,才会愿意开始正式谈判。

我问道,关于我们刚刚进行的会谈我应当怎样向我国政府汇报。

腊斯克说,他将对叶部长的备忘录予以正式答复,并将抄件给我。他已经向我解释了美国态度的背景,但他认为不可能详尽解释为什么美国不能为日本与国民政府谈判双边条约提供保证的道理。

我接着谈到了苏联忽然接受邀请,参加旧金山会议,并询问腊斯克,苏联此举用意何在。腊斯克说,苏联将派遣一个三十人之多的相当大的代表团,其中有四位主要代表。

我说,我认为俄国不大可能最终同意签署多边条约草案。腊斯克诙谐地说,如果苏联代表团突然决定签署条约,那么,其他代表可能得用担架从会议大厦抬出去。他认为俄国人的目的除了鼓吹偿付赔款以获得一些要求日本赔偿的国家的同情外,是攻击条约的全文和引起对重新武装日本的恐惧。

我说,我认为苏联还会提出有关远东的政治问题并谋求全面解决这个地区局势的办法。

他说,苏俄有可能提出朝鲜问题,并极力主张把台湾归还共产党中国以及接纳共产党中国进入联合国。

我说,这似乎超出了会议的范围。

他说,这肯定超出了会议的范围,美国不会同意扩大会议的议题,也不会同意在会议上讨论朝鲜问题。

我和腊斯克的会谈又持续了一段时间,但所谈的是军事及经济援助问题。之后,我向叶部长发出了一份完整的报告,于17日另电了解有关腊斯克所说的一个情况。腊斯克说,我国已聘请一位日本财政顾问,不久即将到达台湾。我想知道聘请的是谁,什么头衔,任务是什么,以及什么时候到达台湾。就在那天,即8月

17 日,外交部来电催我敦促美国从速回复我国政府的备忘录。

8 月 20 日,外交部回复了我有关日本向台湾派代表的询问以及我和腊斯克会谈中所提出的有关各点。复电说,政府原拟聘请河田烈,他是 40 年代初近卫内阁的大藏相。但由于美国军援顾问反对我们聘请一位日本军事顾问,聘请日本财政顾问一事也受了影响,因而这个打算就延缓了。外交部接着说,如果我们仍然打算聘请一位日本财政顾问,而且如果这位顾问还将代表日本和我们谈判双边和约,那么,这两种不同的职务似乎很难协调。但是如果日美之间另有谅解,希望我们能指定某种头衔,以便能早日来台商讨和约问题,我们自然非常乐意予以考虑。外交部嘱我查明美国的真实意图,并趁机表示我们这方面欢迎河田烈早日来台商讨和平条约。

第二天 8 月 21 日,蓝钦在台北拜会了叶部长并对他说,美国不久即能答复我国备忘录提出的各点,但在表明美国对我国的态度之前,仍有必要与英国及日本商讨。外交部报道蓝钦这次走访的 8 月 23 日来电接着说,蓝钦所说美国愿意促成中日双边和约的话和助理国务卿腊斯克在 8 月 16 日和我会谈时对我说的大致相仿。但是,关于双边和约的生效日期,蓝钦声称美国心目中的目标是尽力使双边条约与多边条约同时生效。

蓝钦还暗示英国不反对日本与我们缔约,但是其中有些复杂因素。他给叶部长看了杜勒斯和汤姆林森在英国驻华盛顿大使馆的谈话记录。记录说,英方表示不反对日本以我们为订约对象,但是英美双方早在伦敦会谈时曾商定在这件事情上不对日本施加任何压力。杜勒斯曾说,据他了解,日本愿意在多边和约签订后与我们订约,而且双边条约可与多边条约同时生效。英国官员声称,在日本完全恢复主权后,可以听任它签订任何条约。杜勒斯曾说,中国之有权与日本订约实际上与其他盟国的缔约权利是相同的。对此,英国官员说,他必须向伦敦请示。

至于拟议中的河田烈前往台北的使命,叶部长向蓝钦提到了这件事。蓝钦说,他将立即致电国务院查明情况。外交部说,一俟收到美方回答就来电告我。

我读了外交部的来电,感到诧异的是我们尚未收到美国阐明美国对双边条约谈判的态度与立场的正式答复。同时,在华盛顿,有迹象表明美国在这方面的思想动向。就在那天,8月23日,我把所听到的向外交部作了汇报。例如,艾奇逊刚刚宣布美国已邀请印度支那三国参加对日和约,并在答记者问时说,美英两国并未修改它们原来的协议,即听任日本决定与哪个中国订立和约。

我在另一封去电中说,根据我收到的一份机密报告,杜勒斯已向参议院外交委员会提出保证,大意是一俟旧金山会议召开和各国签署对日多边和约,就会开始促使中日签订双边和约。杜勒斯向该委员会解释说,这是因为美国十分重视多边和约的缔结,因而正尽力避免在旧金山会议前或会议期间出现纠纷。我在电报中说,不过某些共和党参议员所采取的立场是,他们对多边条约的支持取决于中日双边和约的顺利进行和圆满达成。再者,由于参议院批准条约须有三分之二的多数票,共和党在参议院有力量左右投票结果。我还说,有一位共和党参议员说,他将于24日在参议院就对日和约发表演说,并宣布他坚决反对漠视抵抗日本侵略达九年之久的自由中国。

我在去电中所说的参议员是印第安纳州的威廉·詹纳。根据我刚刚收到的机密报告,他准备列举五点以反对条约草案。这五点如下:

(1)条约草案确认了雅尔塔协定(指库页岛及千岛群岛的归属问题)。

(2)条约草案破坏了美国的太平洋防御体系(指千岛群岛)。

(3)条约草案漠视"对日作战九年"的自由中国。

(4)条约草案允许联合国在日本驻军,而联合国包括苏联在内。

(5)日本的自决意味着可以积极与赤色中国通商。这位参议员将进一步说明，"这个条约为联合国承认赤色中国以及把台湾交给新近被承认的共产党卫星国开了方便之门"。

那天我还接见了文森特·维拉明。他是菲律宾新闻记者。他写了一篇文章，反对把中国排除在和平条约之外，并就其后果提出警告。这篇文章发表在《华盛顿邮报》上。维拉明是季里诺总统的同学。如前所述，他是多年的时事评论员，有一个时期还曾为美国国务院工作。最近他曾访问台湾，对他受到的款待很满意。他主张菲律宾和台湾密切合作。他说，菲律宾人民还没有充分认识到台湾对菲律宾安全的重要性。他认为排除中国于对日和约会议之外是没有道理的。他曾见到杜勒斯。杜勒斯秘密告诉他，日本将与台湾的国民政府签订双边和约。他已经把这个重要消息告诉马尼拉，以转告台北。

维拉明还说，美菲共同防御条约和澳新美安全条约相同，但有一点重要的遗漏，他已提请罗慕洛予以注意。（罗慕洛那时仍然是外交部长和菲律宾驻远东委员会的首席代表。）那就是没有协商会议的规定。他认为美国虽然被尊为自由世界的领袖，虽然沉溺于强权政治之中，但缺乏经验丰富和训练有素的人员。他把美国的远东政策，特别是美国过去对国民党中国的政策看作是目光短浅的政策，而且是极大的错误。他非常正确地说，各国的外交政策都是以其切身利益为基础的；理解这一点并在制订本国的外交政策时充分考虑到这一点，就可以获致可靠而密切的合作。

晚上，我前往斯塔特勒旅馆看《时代》杂志赞助的电影"太平洋十字军"。电影显示了日本军国主义的进攻力量，不仅征服了中国，而且还征服了整个东南亚，包括菲律宾、香港、马来亚、新加坡，甚至印度尼西亚也在其内。韩国梁大使与我同看电影。他说，这是替日本宣传。坐在我左边的美国客人说，他不能理解为什么在旧金山会议签订对日和约的前夕放映这样一部影片。他说，也许背后的想法是为这个异常宽大并旨在复兴日本的条约进行宣传，以便使美国人民赞同这个条约。使人们看到，日本作为一个敌人是很可怕的,正确的政策是把日本变成反对共产帝国主义的朋友和同盟,而这个条约就是这种政策的组成部分。

8月24日,公使衔参事陈之迈汇报了杜勒斯和他的一位新闻界朋友的私人会谈,内容是对日和约及即将到来的旧金山会议问题。会谈是在8月23日上午进行的;会谈详情当天就传给了陈之迈。陈把要点告我如下:

(1)他的朋友提出了中国参加和约问题。杜勒斯回答说,蒋委员长应当知道台湾的国民政府是无力执行条约的。他秘密地告诉陈的朋友说(而且杜勒斯重复地说,这是极端秘密的),"把国民党人和共产党人都排除在外的主意是国民党人自己首先提出来的"。杜勒斯着重指出,这个方案根本不是出他之手。

(2)陈的朋友于是向杜勒斯询问1942年宣言关于不与敌人缔结单独停战协定或和约的规定。杜勒斯辩解说,1942年宣言有"直到最后胜利"一语,而最后胜利早已取得,因此宣言不再有约束力。

(3)杜勒斯还说,在磋商对日和约过程中,"蒋委员长的态度非常顽固和执拗"。他没有详细说明这一点。陈的朋友指出,蒋委员长"有顽固和执拗的正当理由",因为当他力图接受美国有关联合政府的意见时,他吃了极大的苦头。对此,杜勒斯只是说,他不愿再回顾马歇尔出使中国一事。

(4)杜勒斯还说,俄国"有可能"在旧金山签约,而且如果他们这样做,就会在朝鲜实现有利于共产党的停战,而且会促使美国放慢重新武装。但是杜勒斯并不特别担心这种可能性。

(5)在会谈结束时,杜勒斯向陈的朋友吐露,一俟对日和约缔结,他就脱离国务院。他说他之所以从事条约谈判,是因为这是一项单独的工作,他的意思显然是他今后不愿接受引起争论的任务。

陈之迈又说,他确知他的朋友与杜勒斯关系密切,而且他认为他的朋友不会故意骗他。但是他觉得关于会谈的叙述如此离奇,或许它是显示杜勒斯对这个问题的态度的一个新线索。他说,这是值得我们密切注意的。

另一次会谈于 8 月 23 日进行,并由外交部于 8 月 25 日以特急绝密电告我。蓝钦终于在台北拜会了叶部长,并按照华盛顿的指示把美国政府对我国政府 8 月 13 日备忘录的答复交给了叶部长。复文包括五点:

(1)美国愿意尽力使日本在它签署多边和约后不久与我国签订双边和约,但有两个前提:(a)我国政府不对多边和约作重大修改;(b)我们速与美国进行商谈,以就和平条约的适用范围问题作出适当的规定。

(2)会谈中心移到台北,并希望外交部长能就适用范围提出建议。美国方面充分理解这种方案不应影响我国目前在联合国的地位。

(3)美国原来的政策是打算使我国能够参加多边和约,但远东委员会的所有其他成员国对这个意见都不予支持。相反,半数以上的成员国明确表示,如果我国参加多边条约,它们就不签字。为此,美国只能尽力寻求其他方式来维护中国的权利。除了在可能范围内采纳我国修改条约草案的建议外,美国还在条约的最后草案中增加了第二十三条和第二十六条两条规定。

(4)对引自多边和约的各条款当然不需要作进一步的谈判。因此,中日谈判将限于不在多边和约之内的事项。可能日本届时会坚持要求我国承认该和约不能适用于全中国。因此,美国在设法影响日本方面所给予我国的支持程度取决于我国是否有意于规定或接受关于条约适用范围的方案。

(5)美国完全能够理解为什么我国认为有必要抗议我国未被列入条约草案第二十三条的参加国名单之内。但是我们为表明我国对美国的不满而进行宣传的程度,不但暴露了我国虚弱的地位,而且使美国更难对日本施加最大的影响。美国希望我们能充分理解问题的复杂性,并继续与美国合作,以达到和平条约的远大目标。

叶部长随即向蓝钦解释说,美国在公布和约草案时,本应按照我们的请求,发表声明,说明中国也将和日本签订和约,减少对我国声望的损害。蓝钦回答说,由于我们坚持美国在声明中宣称中国将在多边条约签署的同时签订双边条约,所以国务院未能接受。他接着又说,如果我们以双边和约不能与多边条约同时签订为理由,再次采取宣传手段表示不满,那么,他担心这种宣传会对我们得不偿失。因此,他希望在条约适用范围问题上我们迁就一些并提出一个建议草案。美国方面当然不愿看到中国由于所建议的方案而丧失其合法要求。

总之,没有达成实质上的谅解,以使中日条约的会谈能够开始,而再过一个多星期旧金山会议就要召开。除了与各方人士交往的工作外,在华盛顿已经没有什么可做。

驻纽约中华新闻社社长倪源卿应我要求从纽约来和我、谭绍华、陈之迈及崔存璘商议按照台北的命令出版一本小册子,说明我们对中国被排除于对日和约之外的立场。这是委员长的命令,由叶外长及政府发言人沈昌焕联名传达。命令要求在 8 月 31 日前汇编、出版和分发小册子,其内容包括所有抗议把中国排除于对日多边和约及旧金山签约会议之外的官方及私人声明、讲话、消息及电报。由于指令于 8 月 24 日才到达,办理的时间已经很少。因此我于 24 日召集了大使馆主要馆员开会讨论执行此项指令的办法;随后我要求倪源卿前来华盛顿参加 25 日的另一次会议。在这次会上,我们商定这项工作最好由中国商会出面,而且如果可能的话,由该会出资;但我表示愿意负责费用。我们还决定由陈之迈起草前言,由倪源卿立即着手编辑,而且如果时间不允许把全部材料列入,倪源卿有权予以删节。

会后,我和参议员诺兰谈了一次话,主要是关于毛邦初案件。但是我先把台湾对于被排除于对日和约及旧金山会议之外的反感告诉了他。我向他说明,从历史、法律及道义上来看,这是不公正和不明智的行动。他说,他赞同把国民党中国列入会议及条约之内,而且他在前一天向参议院发表讲话时就是这样说的。但是,与此同时,他说,他体会到使日本回到国际社会以发挥其远东反对共产主义扩张的作用的重要性。他相信美国排除国民党中国的行动是由于英国的反对,但是从长远的观点来看,对日条约的效果也将有益于中国。

8月29日,我有两个有趣的约会。第一个是我约威廉·波利共进午餐,主要目的是说明毛邦初案件的一些事实真相,他对此深为关切。但是我们的长谈也涉及了其他问题,因为他以前到过中国,而且刚代表国务院访问远东回来。

波利说,他在台湾见到了蒋委员长夫妇,并发现委员长对排除中国于对日和约之外极为痛心。他对波利说,这件事将成为美国历史上最黑暗的一页。波利表示最好的办法是由委员长表明中国在目前情况下不愿签约,到情况好转时再签订。这样就显得是中国拒绝订约,而不是被排除。波利认为这个办法不会损害国民政府的声望,而且会在全世界得到同情和唤起中国人民的自尊心,但是委员长怀疑波利是在向他兜售国务院的政策路线。

而另一件是,当天下午我会见了助理国务卿腊斯克,目的是商谈扣留在印度支那的中国部队问题,但我趁机利用这次访问提到了对日和约问题。我对他说,我知道蓝钦已经答复了叶外长关于这个问题的备忘录,而且我很高兴地注意到已向叶外长建议以台湾为谈判中心。(如前所述,把谈判地点从华盛顿移到台北,最初是由我提出的,这样最便于摆脱困难。因为我知道,对于拟议的和约适用范围的切实可行的方案——这也是和原来的多边条约有关的重要问题——台北政府极为重视而且坚持己见。但是在实际情况下,不采取像我所提出的那种变通方案,就难以解决。)我向腊斯克表示,希望谈判中心移至台北后,谈判的进展和成效将会比我在华盛顿的谈判更快更好。我问腊斯克是否已收到台湾商谈情况的报告。

腊斯克回答说,他未曾收到。但是他希望能制订关于适用范围问题的某种方案。他问珀金斯,河田烈(拟议中的日本代表)已否确定赴台日期。

　　珀金斯答:"还没有。"

　　我说,我从台北来电得知,已商定河田烈作为财政顾问前往台湾,我国政府正期待他到达。

　　腊斯克说,美国驻东京代表几乎每天都与日本商谈此事。他希望河田烈不久将前往台湾。

　　接着,腊斯克在谈到即将召开的旧金山对日和约会议时,询问我认为俄国人参加会议的用心何在。

　　我略作回避,设法让腊斯克先谈谈他的看法:我说,俄国人将派遣一个庞大的代表团。

　　腊斯克说,苏联代表团成员有四十二人之多。他认为今后两周可能出现种种事态。他希望知道我的看法。

　　我说,我认为俄国人确实极为重视对日和约问题。

　　腊斯克问我是否认为俄国人除了宣传以外,还有别的想法。

　　我说,俄国人显然对美国的和平条约草案不满意。我回顾了斯大林在日本投降时,在俄国人民面前把自己描绘为一位英雄,因为在对日战争中,俄国所得如此之多,而所付代价如此之少。现在他发现他所赢得的领土,如千岛群岛,在会议上不会确认为俄国的领土,因为他不签署条约。因此,我相信俄国人在会上将会抨击条约的条款,在各国之间挑起敌对情绪进行分化离间,千方百计破坏条约。其次,由于俄国在它统治亚洲的野心方面,一直把日本视为一笔重要财富,所以它会努力煽动日本人民及亚洲其他国家人民把美国看成敌人,反对缔结拟议中的对日和约。

　　第三,我接着说,我认为俄国人想利用它反对对日和约来制造另一次世界危机。换句话说,它希望世界局势严重到极点而不迫使对方摊牌,以察看美国与其他民主国家会有什么反应。我说,我非常怀疑俄国人愿意迫使对手摊牌,或者准备摊牌。俄国不用武力手段而得到那么多的好处,所以我相信斯大林会继续从事所谓冷战,同时会予以加剧。但是,我还说,我确信腊斯克和杜勒斯对葛罗米柯的诡计都能应付裕如。我问腊斯克什么时候动身前往旧金山,预计在那里逗留多久。他回答说,他将于 8 月 30 日星期四动身,逗留多久则说不定。我祝他胜利完成任务。

大约一星期后,中国驻巴拿马公使郑震宇前来征求我的意见,因为他刚刚奉召前往台北汇报国外形势。我对他所谈各点之一是:不管我们是否与日本订立双边和约,我们都应培植与日本的良好关系。

8 月 30 日上午,华盛顿《时代先驱报》刊登了一篇报道。这篇报道证实了我早些时候所得到的机密消息。报道说,国务院确实曾向参议院小组保证日本将于旧金山会议后与国民政府谈判条约。国务院要求参议员对这个情况保守秘密。但是报道解释说,某些参议员由于担心国务院故意忘记它自己的保证,因而向报界泄漏了这个消息。该报还说,诺兰及其他参议员曾质询国务院为什么不邀请国民政府参加旧金山会议。

在我传达上述消息给台北的电报中,我还说,国务卿艾奇逊在 29 日记者招待会上回答问题时称,和约草案没有明确规定日本不得与中共政权订约。当一位记者随即问他日本与中共谈判订约的可能性以及美国对此的态度时,艾奇逊很生气,拒绝回答。我的电报最后说,国会某些议员在批评和约草案时指出,没有阻止日本与中共政权谈判订约的条款,这是严重的遗漏;这种遗漏很可能影响美国的安全。此外,参议员麦卡伦曾于 29 日在参议院说,国民政府未被邀请参加旧金山和会,这样做实在令人惊骇。

9 月 4 日缔结对日和约会议在旧金山歌剧院开幕。杜鲁门总统致开幕词。开会之前,旧金山的华侨代表访问了杜鲁门,杜鲁门予以接见。他们抗议把中国排除于对日和约之外,并强烈要求美国继续支持国民政府。旧金山华侨界还就这个问题发表了声明。

驻旧金山总领事张紫常给华盛顿打来了电话。他报道说,旧金山会议充满欢乐气氛,在这种情况下,很难甚至无法引起对排除中国问题的注意。但是他说,著名的中国问题专家乔治·克里尔即将"站出来"讲这个问题,而且其他人在"欢乐情绪"有所减退时可能照办。

他还报道说:(1)他已看到杜鲁门当天晚上的讲话全文,其要点为日本今后的地位;(2)澳大利亚的斯彭德很可能被选为会议主席;(3)日本首相吉田曾和国务卿艾奇逊会谈一个半小时,详情不悉;(4)人们相信美国起草的议事规则会被采纳,条约的正式签署将按预定时间于9月8日举行;(5)大家都很注意俄国人的动态,预料他们会进行阻挠,因而准备大力克服。他还说,总领事馆收到大批的抗议电,都是中文电报,由于人员不足,他感到很难处理这样多的来电。

9月6日张紫常再次用长途电话向大使馆报告旧金山会议情况。他说,与会代表对杜勒斯讲话中解释排除中国于对日和约之外的一段显然有些不满。对英国代表在这个问题上的陈述也显示了同样的不满。由于这种不满,有些预定在前一天晚上发言的拉丁美洲国家代表决定推迟他们的发言时间。张解释说,在和这些代表的私下谈话中,他们都表示很同情中国的处境,而且打算把他们了解的情况包括在发言之内。然而有人向他们施加压力,不让他们谈这个问题,所以他们将自己的讲话撤销了,因为他们觉得他们"被剥夺了发表自己的观点的自由"。(后来,在10月间的一次宴会上,秘鲁大使唐·费尔南多·贝尔塞梅耶对我说,在旧金山,他曾代表拉丁美洲各国告诉艾奇逊,在解决对日和约方面,不应当忽视国民党中国。艾奇逊回答说,他没有这种意图。)

张紫常还说,某一位美国朋友曾于9月5日晚前往会见杜勒斯,以抗议排除中国。杜勒斯向他解释说,当前的主要任务是"扶植日本",中国沦于共产党之手是"由于过去的错误,此时无法补救"。他还着重说,在世界事务中,维护英美的团结十分重要。

张接着说,英国代表肯尼思·扬格曾对某人说,如果决定不把台湾交给中国共产党,英国赞成将台湾划为"非军事区"。张还报告了以下几点:(1)预计两三天后会有更多的人抗议排除中国。在开始阶段,会议忙于制止苏联的阻挠。现在这个问题已成过去,会议代表会安下心来研究具体问题,其中包括排除中国问题;(2)许多代表,特别是拉丁美洲代表,感到他们在会上不受重视,日本代表则备受关怀;(3)旧金山唐人街各方面人士对台湾最近向大会的呼吁,包括立法院的呼吁,感到不很愉快。他们认为我们应该"保持尊严",而不应该向其他国家乞怜。

9月6日我收到了立法院9月5日的来电,是四百六十九名立法委员的抗议书。立法院嘱我翻译后转交美国国会。译文于9月7日送交参议院议长艾尔本·巴克莱及众议院议长雷伯恩。几天后,两人都告知收到抗议书。我还收到台湾省主席致美国总统及美国国会的一封信,转交一百零五个机关抗议排除中国于旧金山对日和约会议之外。此外还有其他抗议文电,但这些是最重要的。

9月6日,我还接见了中国的友人汉密尔顿·赖特夫人。她来对我说,她认为把中国排除于旧金山对日和约会议之外是荒谬绝伦的,而且她将为此会见几位参议员。我之所以提到她的来访,是因为她所说的话反映了我所听到的许多方面相当普遍的观点,特别是那些同情中国事业的人的观点。

最后,9月8日,我在日记中写道,尽管曾有对苏联阻挠的种种过分担心,但对日和约还是按预定时间在旧金山签署。我还写道:

> 令人悲痛的是中国被排除在外,尽管中国第一个抵抗日本侵略,而且在其他国家因同样遭到日本进攻而参战之前,中国已单独作战多年。连美国的政策也受强权政治的支配,权宜之计压倒了道义原则和国际正义。

至于中日条约的签订,那还是遥遥无期的。事实上,美国所要求的开始谈判先决条件,即商定关于条约适用范围的双方都能接受的方案,直到 10 月下旬才得到解决。

第六节　对日双边和约

1951 年 9 月 8 日—1952 年 8 月 5 日

一、开始缔约谈判的困难

1951 年 9 月 8 日—1952 年 1 月 25 日

多边和约正在旧金山签字的时候,美国驻台北大使馆公使兼代办蓝钦也正在同外交部长叶公超讨论妨碍中日开始谈判单独缔结双边条约的某些问题。蓝钦是应叶部长之约而来的。第一,关于日本拟派往台北的代表问题,蓝钦说,他听说日本政府现在拟派遣前外务次官(1948—1951)太田一郎为驻台商务代表,原来打算任命前大藏相河田烈为驻台财务或商务代表的想法已经放弃。第二,关于日本的态度,蓝钦说,杜勒斯已经同吉田首相讨论过中日缔结双边和约的问题(可能是在旧金山),但对达成何种协议,他(蓝钦)还不得而知。第三,关于条约的适用范围问题,蓝钦说,这个问题并非如台北猜测的来源于英国方面,而仅是美国方面的解释或理解。1951 年 9 月 8 日外交部来电通报了这次谈话内容,并补充说,我方仍旧希望不提出条约适用范围问题,不过此问题我国政府正在讨论中。

一周后,9 月 17 日蓝钦再次拜会叶外长,说刚收到国务院来电。电报中提到旧金山会议讨论的某些问题,并涉及中日缔约问题。叶外长 9 月 19 日来电扼要通知我,蓝钦转达的要点如下:

(1)现在讨论对日双边和约,首先必须解决条约的适用范围问题。设若我们等到多边和约生效后再谈,那时日方似会愿意同我们讨论缔结双边和约,那就不会涉及条约适用范围问题。而且,美国届时也将通知日方,表示美国愿意支持此项行动。因此,从我们自己的利益着想,我们应该暂时不考虑双边和约问题,而应集中精力于发展中日间的实际业务。

（2）如果我们现在想草拟关于适用范围的方案,则应避免暗示台湾是我国合法领土的一部分,因为这一点影响到联合国一些会员国的利益。即使我们打算以后谈判这样一项协议,此点也要力求避免。

叶外长告诉我,18 日他曾邀请蓝钦再次前来会谈。他向蓝钦指出,前次所谈似与过去所说相矛盾,要他向国务院问清:日本对美国究竟作了哪些承诺。叶外长在电报中提到蓝钦曾在 8 月 23 日来外交部转告国务院对我们早些时候所提各点的答复。电报要我查明国务院上述答复是否仍旧有效。

显然,政府未及等待通过我或蓝钦得到国务院的答复即径自进行这项工作,认为立即着手进行双边条约谈判为可取,即使意味着必须涉及适用范围问题。外交部于 9 月 26 日通知我,叶外长同蓝钦 9 月 17 日的谈话记录业已呈送总统府和行政院,总统于 9 月 22 日召开会议,决定了关于适用范围的两个方案,以便书面通知美国方面。外交部在电报中说,部内已准备好一份备忘录,内容包含叶外长将要在那天(9 月 26 日)中午亲自交给蓝钦的上述方案。我也将收到一份副本,全文已交周宏涛带给我,周是委员长的秘书,当时正在前来华盛顿途中。他此来系协助我处理毛邦初、周至柔案件,于 10 月 1 日抵达华府。

同时,我们为促使日方派遣一名驻台代表而作的努力也已取得某些进展。外交部 9 月 27 日来电说,据中国驻东京代表团报告,日本首相对我们要日方派遣代表的照会答称,日本政府愿在台湾建立办事机构,但建议将机构的名称改为日本政府海外事务所,并有权签发护照。据悉外交部已电示我国代表团同意日方建议。

政府海外事务所是当时允许日本政府设在国外的最高形式

外交机构。从当年美国文献中可以看出,杜勒斯特使和国务院特别力促日方提出设立这样一个事务所代替商务代表,以具体表明日本对中国的意图,从而减少某些美国参议员的忧虑。

我在 9 月 13 日报告外交部说,由参议员诺兰领衔的五十六名参议员刚刚致函杜鲁门总统,明确表示如果日本承认共产党中国或与中共政权缔结双边和约,将对美、日两国人民非常不利。这无异向美国政府明白表示:除非中日间的未来关系首先得到澄清,否则多边和约即难得到参议院的批准。

征集到五十六名签名者(其中有十七名民主党人)的诺兰参议员说,被征集签名的人没有一个拒绝签名;如时间许可,本会有更多的人签名。据说,这次行动有意选择在英、法两国外长来华府访问的时候进行①。

10 月末,妨碍中日开始谈判的最大难题,即条约适用范围问题,似乎也已接近解决。我们曾于 9 月 26 日提交美国国务院可供选择的两个方案:

A.双边和约签字时,中华民国全权代表将发表下列声明:

> 本条约应适用于中华民国之一切领土。至于领土中因国际共产主义侵略之结果,现仍处于共军占领下之地区,中华民国政府一俟该地区置于其有效控制之下,即将在该地区实施本条约。

B.中华民国政府和日本政府互换双边和平条约批准书时,下述声明将列入双方认可的记录中:

> 关于中华民国之一方,本条约应适用于目前在中华民国政府控制下及今后可能在其控制下之全部领土。

(上述引文来自致美国政府备忘录。备忘录全文见附录十二。)

---

① 《国会周报》1951 年 9 月 21 日,第 1408 页。

外交部收到美国大使馆的一份普通照会,其中有美国 10 月 19 日的答复:(1)国务院认为我们建议的 B 方案比 A 方案较为可取;(2)已指示美国大使馆要求外交部对下列另一选择方案发表意见:"双方互相谅解,本条约在任何时间均适用于缔约任何一方实际控制下的全部领土";(3)条约一经签字,有关适用范围的协议即行生效;但国务院认为,此项谅解是否包括在条约之中,或以共同声明的形式发表,或记入双方认可的记录之内,并不重要。

根据外交部 10 月 20 日电报,外交部拟建议政府接受美国方案;根据外交部随后发来的电报,政府已接受了该项方案,但作了些小的修改。下列方案已于 10 月 24 日以备忘录形式交给蓝钦:

双方互相谅解,本条约将适用于缔约任何一方目前及今后可能在其实际控制之全部领土。

备忘录并说,上述方案不应包括在条约之中;我国政府认为在签署条约时将其记入双方认可的记录的做法是可以接受的;我国政府并希望就适用范围一事尽早与美国达成协议,以期该项条约可望在多边和约生效前正式缔结。

面对上述进展情况,10 月 30 日董显光忽对我说,他认为我们不能在东京同日本缔结双边条约,使我颇为惊讶。他解释说,日本内阁官房长官冈崎胜男告诉他,如果日本同国民党中国缔结和约,可能伤害大陆上中国人的感情而给北平政权以敌视日本的口实。董显光前天晚上从台湾经东京抵达这里,他还对我说,日本准备向台湾和赤色中国派遣海外事务代表。但授权该代表同台湾缔结和约是完全不可能的,因此,预计和约将因日本方面的原因而拖延。

董显光和我已经知道了吉田首相在日本国会发表的声明。次日外交部来电称:吉田首相已经告知日本国会:(1)如果中共提出请日本政府在上海设立海外事务所,日本也会欢迎中共在日本设立类似的机构;(2)如果中共在今后三年内提议根据旧金山和约与日本讨论并缔结和约,日本政府自然愿意谈判并缔约,丝毫不会提出反对。

外交部在电报中还说,杜勒斯已经就上述两点向新闻记者发表了评论,不过讲得不十分清楚。因此,外交部正在与蓝钦接触,并且希望我尽快从国务院打听一下美国官方对上述两点的反应。

11日2日午后不久,我拜会负责远东事务的助理国务卿迪安·腊斯克,向他探听美国对吉田首相在日本国会所作两点声明的反应,而该项声明已在台北引起很大的不安。简言之,腊斯克的看法是,吉田的声明是面对不同政党的各种成员,特别是对反对批准条约的人在国会中提出质询时不得不作出的"反应",意在减少反对。因此吉田的声明从整体来看前后并不一致;有些地方对北平有利,有些则对台北有利。他建议要耐心,要谅解。

说到这次谈话,开始时我说我已多日不曾向腊斯克先生说起国民党中国同日本缔结双边和约的问题了,因为讨论的中心已经移到台北。我现在又来商谈此事,是奉我国外交部长之命而来的。我说,吉田首相在日本国会辩论批准多边和约和美日安全条约时发表了一些声明,对此,国民政府颇感不安。有两点声明特别引人关切。一是说,如果共产党中国邀请日本政府派一海外贸易代表驻在上海,日本将欢迎共产党中国任命一个同样性质的代表驻在日本。二是如果共产党中国在从现在起的三年内,按照旧金山和约的条款,建议与日本谈判缔结和约,日本即准备与之缔约。我问,美国政府对这些声明有何反应。

我说,正如腊斯克先生所知,国民政府很想同日本缔结一项双边和约,关于所谓该条约适用范围问题的方案,最近已经通过蓝钦先生交给了美国政府。我个人的看法是,该项方案实际上与国务院提出的、经由蓝钦先生交给叶公超博士的方案是一致的,因此,我以为在这个问题上不存在更多的困难。

腊斯克表示同意关于拟议中的双边条约的适用范围问题,不存在更多的困难。至于吉田声明,他说他能充分理解国民政府的感情。不过据他体会,吉田在国会中发表某些声明,是为了回答议员们向他提出的问题。这些声明并非全是一个调子。为了回答社会党议员在国会中质询所作的某些声明,可以认为是不利于国民政府的;而回答其他议员提出的问题时所作的另外一些声明则又对共产党中国不利。吉田热切希望国会尽早批准和约和安全条约,因此必须对社会党议员所表达出的情感尽可能地有所反应。但是,腊斯克补充说,如我所知,社会党本身在批准和约和安全条约问题上是有分歧的。接着腊斯克读了日本首相在国会中发表的一项声明,作为吉田持有利于国民政府的态度的具体说明;声明的大意是,日本准备同中国和苏联缔结和约,但是他认为日本不应采取主动,因为共产党中国赞成共产主义,而日本的政策则是反共的。

谈话时负责中国科政治事务的官员华莱士·斯图尔特也在座。他说,关于派遣驻海外代表的问题,日本首相说,日本不反对向台湾派遣代表,也不反对向共产党中国派遣。

腊斯克指出,虽然吉田说他愿意同中国缔结条约,但是他并未说明他指的是国民党中国还是共产党中国。不过,杜勒斯说过他将敦促国民政府耐心一些,无须太看重吉田在国会中的声明,那些声明主要为了应付国会里的各类议员提出的各种问题。如果国民政府公开批评或要求澄清吉田的声明,或者让公众知道它不满意美国政府对这一问题的态度,或者坚持要美国政府向日本政府提出这件事,这对事情不会有什么好处。因为这类行动只会给吉田增加困难,延缓日本国会对和约和安全条约的批准。腊斯克认为,在日本国会批准和约和安全条约以后,吉田才好澄清他的态度。日本国会就这件事的质询和回答,只有在日本国内才会认为具有重要意义。

我说,我充分理解腊斯克先生的解释。不过另一方面,如果不引起吉田注意他的声明所涉及的问题,以后他可能会感到须受这些声明的约束,而不能放手去执行他原来确定的同国民党中国缔结双边和约的政策。我说，不过我个人认为，根据腊斯克先生的解释来看，这些声明应该不致损害美国政府同日本政府就日本保证同国民政府缔结和约所达成的基本谅解。

腊斯克表示同意说，他认为吉田在国会中的声明不会改变日、美间关于日本将同国民党中国缔结和约所达成的基本谅解。他接着说，之所以这样认为，还有另外一个原因。吉田热切希望日本国会及早批准和约和安全条约，并且相信 11 月 10 日以前就会批准。在那以后，吉田会尽可能地努力创造一种有利的气氛，以便美国国会批准上述两项协议。

腊斯克还说，蓝钦也已报告了国民政府对这一问题的急切心情。他一定要找到日本首相在国会中几个声明的文本，不过现在不准备向日本政府提出这一问题。他本人预计在十天或两周内访日，以便同李奇微将军商讨和约和安全条约批准后驻日美军的部署问题。腊斯克在回答我的问题时又说，他肯定要会见吉田，并同他商谈与国民党中国缔结和约的问题。

我说，知道腊斯克先生要出访日本我很高兴，很想知道他这次旅行要去多少地方。如果他考虑访问整个远东地区，我希望他也能访问台湾，在那里他将受到极其热烈的欢迎。

腊斯克表示感谢，并说，他这次只想访问日本，为期很短，而且直接回来。但是不出两三个月，他将作一次范围较广的旅行，访问远东各国，到时肯定也去访问台湾。

我于是说，我已收到一份报告说，虽然日本已经任命一名叫太田的前外务次官作为海外代表驻在台湾，但是该代表无权与国民政府讨论和谈判和约问题。

腊斯克说，在现时，日本所有的海外代表都仅仅是商务代表，不过在日本国会批准和约和安全条约后，这些代表的职能都能扩大到包括外交问题在内。他问斯图尔特，日本向台湾派驻海外代表一事现在进展如何。

斯图尔特回答说，日本政府已经指派了代表，但是，尚无迹象表明很快会衔命首途台湾。

我再次说道,腊斯克先生对日本首相声明的解释,使人放心,我将随即向本国政府报告。

11 月 10 日,大使馆接到外交部告知收到了这次谈话的报告。复文说,外交部也已接到美国国务院的答复,是蓝钦于 11 月 5 日拜会叶外长时转交的。蓝钦告诉叶外长,国务院答复的要点如下:(1)国务院与这件事(吉田声明)没有任何关系;(2)美国政府反对日本政府与中共发生更密切关系的任何计划或企图;(3)美国政府将继续努力促成中日两国进行谈判,以期缔结双边和约,并力使双边和约在多边和约生效的同时或在其后不久生效。

外交部在来电中还说,叶外长反对"其后不久"一语。部长并感到,缔结双边和约,实属紧迫,不能再加推延。因此,外交部已将上述意见,备文请行政院采纳。

在此三天前,大使馆收到总统府秘书长王世杰来电,要我转交董显光。董显光曾就缔约一事以及日本重获主权后与印度合作的可能性问题向王世杰发过一些电报。王说,首先,日本很可能采取与印度合作的路线,不仅日本共产党和社会党自然赞成与印度合作,而且自由党内至少一大半人也将持同样观点。日本一旦恢复了主权和能建立一定程度的军事力量,自然就要努力发展与印度的合作关系。届时美国会发现,即使其武装力量仍旧驻在日本,也已不能限制日本的行动。王说,这就构成了亚洲未来的真正危险。

第二,王世杰说,如果中日间能立即缔结双边和约,就可迫使日本走上正确的道路。但是如果国务院不对日本施加最大压力,中日和约肯定无从谈判缔结,即使条约得以缔结和签署,日本也不会批准。如果美国在中日双边和约批准之前批准了多边和约,那么中日和约就很难缔结了。因此,美国必须迫使日本在美国批准多边和约之前就范。

第三,王世杰指出,国务院担心吉田言论和声明的语调会妨碍美国参议院批准多边条约,也会使国务院取得条约成就的自豪感受到影响。因此,他觉得,国务院必会力劝我国政府不要发表任何声明。当然,我国政府也觉得不便发表声明,但要考虑今后应采取的政策。

王世杰最后说,民主党和共和党有五十多名参议员曾写信给杜鲁门总统,对日本可能承认中共或企图与中共谈判缔约一事表示反对。但除非他们把吉田首相的言论和声明作为向国务院施加更大压力的理由,否则,国务院肯定不愿尽力去解决中日和约问题。因此,他说,如何去影响参议员们的行动,对我们至关重要。他要求董显光和我就如何进行此事互相磋商;也可与他人秘密商讨,并给他回电。

10日下午,胡适、宋子文和董显光同我共进午餐,讨论了毛邦初案件。宋于午餐后很快就走了,胡是第二个走的,董显光则留下来同我商量日本同台湾缔结和约问题,以及目前日本似将与印度合作以形成一种统治亚洲而置身于东西方冲突和斗争之外的国际第三势力问题,以便答复王世杰。我对他说,关于同日本缔结双边条约,他认为现在可能性很小,我不那么悲观;对于后一个问题,我要考虑一番再回答他。

11月14日,我再次接到叶外长的指示。他接到报告说,杜勒斯打算在12月上旬访日,至少有一部分原因是要讨论中日条约问题。他要我尽快与杜勒斯会晤,把我同腊斯克谈话的内容和叶外长本人同蓝钦谈话的内容告诉杜勒斯。至于双边和约适用范围的方案问题,叶外长指出,还没有接到美国对我们10月24日备忘录的答复,鉴于吉田最近在日本国会里的声明语调,我们对此事颇感忧虑。叶说,我们最近提出的方案非常接近美国建议的原方案,我们希望美国能早日对我们方案表示同意。我们并希望杜勒斯在访日前能获得日方对方案的同意。

叶外长提出了另一点,说明政府对此何等关切。他说,蓝钦在11月5日对他所说多边和约生效"后不久",双边和约即可能生效云云是很不够的。如果美国仅仅促成日本同我们签署和约，而不能肯定双边条约将在旧金山和约之前生效或与之同时生效，那么，旧金山和约批准后，日本就一定会拖延中日和平条约，即使届时美国有意对日本施加压力，恐怕也不会产生效果。叶外长强调说，我国政府对这点非常重视，因此要我在与杜勒斯会谈时也予以强调。不过他告诫说，蓝钦告诉他，国务院关于时间因素问题的指示只供蓝钦个人参考，因此，希望我注意到这一点，以便在谈及条约生效时间问题时，不致造成困难和使人尴尬。

叶外长又提到由诺兰参议员领衔五十六名参议员联合给杜鲁门总统写信一事。他说，因为现在有谣言说，吉田已经发表声明，日本政府有意于三年内在旧金山和约基础上与中共缔结一项和约。我们应密告诺兰，在适当时机请他给予帮助。不过，我直接与诺兰接触有所不便，他希望我将和约问题的最新发展情况告诉董显光，请董尽力而为。

叶外长还提到，在和约问题上，美、日两国都受英国的影响。但新上台的保守党政府正在力求获得美国的援助，如果美国坚持自己的观点，英国很可能作出让步，改变态度。叶意此点也可提请诺兰注意。

我在 11 月 20 日复电叶外长说，我已与董显光就对日和约问题作了三次长谈。美国参议院现正休会，参议员多已回到各自所在的州，或者正在旅行，因此，须待下个月他们回到华府后，才能同他们进行接触。早在 15 日我已电告叶，杜勒斯正在加拿大休假，11 月 28 日方能回来。确切地说，杜勒斯已经完全隐居起来，甚至不通电话。

显然，杜勒斯在完成了召开旧金山会议和缔结对日和约的艰巨任务后，在着手最近受命的新任务之前，是很需要这样一次休假的。本来有迹象表明，杜勒斯在和约缔结之后要离开国务院。但他被挽留协助政府使和约在参议院顺利通过，从而获得批准。他已经接受了这一任务。

11 月 22 日,外交部再次电告,杜勒斯行将访日。外交部在电报中说,几周来一直有消息说,日本政府声称,杜勒斯访日之行可能涉及两个中国中央政府的问题。原因有二:一是日本不愿得罪中共;二是英国已承认共产党中国。因此,即使美国希望日本同我们签署双边和约,日本是否能迅速坦率接受,尚属疑问。

11 月 26 日,外交部又来电告知,部里刚收到总统的代电,内开:"密电顾大使及驻东京代表团团长何将军,特别注意与杜勒斯先生及其他行将访日的人员保持密切联系。"这份电报不仅表明委员长对此事特别关切,同时也反映出政府中一种普遍情绪,即杜勒斯日本之行对中日条约的前途至关重要。

杜勒斯从加拿大回来后,我约好在 11 月 29 日上午与他会晤。我们交谈四十五分钟。开始谈话前,他问我是愿意同他单独谈话,还是和艾利森一起交谈,艾利森已在候见室等候。我说,同他单独谈话可能更随便些。这样,我们就进行了一次非常坦率的交谈,不过杜勒斯无从告诉我日本最近的意图,他也正等着腊斯克从东京回来汇报这方面的消息。

谈话开始时我说,自从国府和日本之间双边和约问题的讨论中心移到台湾以后,最近我还未拜访过他;今天拜会是我国外交部长鉴于他(杜勒斯)即将访日而建议举行的。我说,台北接获的有关日本政府对于同中国政府缔结双边和约的意图的报告,颇感不安。吉田已向日本国会表示,如果北平政权建议日本派一名海外代表驻在上海,日本政府同样也欢迎对方在东京派一名中共代表。日本首相还说,如果在三年之内北平政权提议在旧金山多边和约的基础上同日本缔结和约,日本将毫不犹豫准备谈判。

我接着说,我曾同腊斯克先生就吉田声明晤谈,腊斯克劝我对该声明不必过于重视。腊斯克指出,吉田在国会发表了一系列声明,互相矛盾。吉田可能是为了回答各政党成员提出的质询,因为有些政党是反对批准对日和约的。腊斯克并劝我耐心些,他说一旦日本国会的辩论结束,他要调查研究这件事。我补充说,我听说腊斯克刚刚访问日本归来,正在返回华府的途中。虽然腊斯克此行主要是同日本当局讨论即将结束军事占领所引起的问题,但是他也会利用这个机会同日本政府讨论拟议中的国民党中国和日本之间的双边条约问题。(日本国会已经批准了旧金山条约。事实上,日本批准书交存仪式已于前一天即 11 月 28 日在国务院举行;日本是根据条约有关条款交存批准书的第一个国家。)

杜勒斯说,腊斯克应于当天夜晚回到华府,一两天内杜勒斯会找他谈谈这次出访的结果。

我说,传到台北的另外一些消息也同样令人不安。日本内阁官房长官告诉一位访问日本的著名中国人士说,日本同国民党中国缔结和约,那是不可思议的。最近他又对这位中国人士说,日本不可能这样做。当然,我能理解日本在这件事上谨慎小心的原因,因为从政治方面考虑,日本自然担心中共和苏俄会进行报复(倒不一定是军事报复);从经济方面考虑,日本工商界领袖人物肯定急于要使共产党中国成为原料来源地和日本产品的市场。但是在我同他上次进行的谈话中,了解到已经同日本政府达成一项明确的谅解,即日本要同中华民国政府缔结双边和约。现在传说日本态度似乎表明,他们的打算有了改变,而这是与他们同美国达成的谅解相违背的。

接着我说,也有迹象表明,多边和约生效、日本重新获得主权以后,它就会设法同印度,并且通过印度同共产党中国密切合作,以便奉行亚洲人的亚洲政策。换言之,日本更倾向于参加尼赫鲁所说的世界第三种势力,并且置身于东西方冲突之外。如果这些迹象是日本未来外交政策的明显信号,它就不大可能急于同国民党中国缔结和约,除非美国在多边和约生效前对它施加压力。

此外,我说我了解到英国在东京正在力图影响日本的政策。以前我已说过,英国历来把美国看作是它在亚洲的对手和竞争者。英国的政策一贯是维护它在亚洲的特殊地位和利益,它肯定不会热心让美国在那里扩张其贸易和利益。它自然要精心培育同日本的友好关系,实行密切合作,这使人回想起过去英日同盟的岁月,那次同盟对他们双方都有利,而不利于美国。

我想,仅仅缔结一项双边和约还不够,还必须保证使日本在多边和约生效之前就批准这个条约。因为一旦多边条约生效、日本恢复主权,即使双边条约已经缔结,日本也不会迅速批准。相反,日本很可能无限期地推迟批准。这种可能性不仅会损害国民党中国的利益,而且同美国抵御共产帝国主义和帮助维护自由世界的基本政策也背道而驰。我说,因此我国政府非常希望拟议中的双边条约能尽快成为事实,并且希望美国能施加影响和压力,促其早日实现。

我很想知道,杜勒斯对日本政府在这问题上的意图有什么印象,同时回想起,他曾经告诉过我,在这个问题上,美国政府和日本政府之间存在着一项明确的谅解,而且在他的口袋里甚至还有关于这项谅解的一封信件,他在旧金山和会期间就曾经给好几位美国参议员看过。我说,要是杜勒斯先生能澄清此事,我将不胜感谢。

杜勒斯说,他刚休假回来,没来得及翻阅所有的文件。他没听说吉田曾就同北平政权缔结和约的问题发表过声明。这时,他召来秘书,命他把有关这个问题的文件取来。他把文件翻阅一遍以后说,没有这样的声明。

我说,我很高兴所听到关于那个问题的消息并非确实。之后,我请杜勒斯谈谈他对日本真实意图的看法。

杜勒斯回答说,老实说,他对这件事确实感到关切。吉田发表的各种声明大体上表明,日本政府在这个问题上的意图不像过去那样坚定,甚至向台湾派遣一名海外代表的问题上也比他过去设想的还要勉强。不过,他听说日本代表已经抵达台湾,开始执行任务。他还听说,日本代表正在台湾搞日本贸易展览。他又问我目前情况如何。

我回答说,关于这一点,我尚未接到任何报告。

杜勒斯说,这一切也许表明,日本方面的态度有了变化。他认为,东方人的心理,特别是日本人的心理,常常比西方人的心理计多善变,他本人不相信日本人的性格和天性已改。此外,也不排除日本正对美国要弄两面政策。好在美国影响日本政策的能力不会在多边和约生效之后就终止。事实上,杜勒斯说,美国在终止占领之后而能够更好地施加影响,因为在占领期间,美国作为各盟国的代表,不能奉行只符合自己利益的政策,而不考虑其他盟国的态度和观点。但是在终止占领之后,就可以自由地奉行自己的对日政策了。他补充说,有许多原因使日本依赖美国,例如日本维持保安力量的经费和经济援助就都来自美国。

我说,蓝钦在同我国外交部长会谈这一问题时说过,美国与吉田在日本国会发表声明一事毫不相干,美国反对日本同共产党中国发生条约关系,美国仍然赞成国民党中国和日本缔结双边和约。

杜勒斯说,他本人也没有改变观点,他与吉田就这个问题达成的谅解虽不是一项明确的协议,但对其理解,双方均明确无误。

我说,腊斯克先生自称明确地感到日本将同国民党中国谈判缔结双边条约问题,肯定无疑。

杜勒斯说,他也如此理解。他将于 12 月 6 日出访日本,定于 12 月 10 日抵达东京,届时将与完成了访问马尼拉和台湾任务的新泽西州参议员亚历山大·史密斯和参议员斯帕克曼会合。他这次旅行的唯一目的是搜集资料,以便在参议院辩论批准对日和约和安全条约时使用,尽管如此,他仍会找到机会同日本当局谈谈双边和约问题。

我表示热切希望杜勒斯先生能澄清形势,让日本履行其所承担的同国民党中国缔结和约的义务,强调在多边和约生效之前或同时使这一条约生效的必要性。我进一步谈到,杜勒斯先生堪称对日和约之父,举世公认的和约缔造人。条约是他的婴儿,因为从一开始就是由他指挥与各有关政府进行商谈,终于引导它们取得最后的成果。我确实觉得,日本人认为完成这项宽大条约首先应归功于杜勒斯先生。但是我很担心，日本人在旧金山和会之前固然谦谨随和，以保条约缔结成功，然而目的既达之后，就很可能奉行只顾其本国利益而不考虑美国的基本政策和利益的方针。

杜勒斯再次说，他即将去远东，定会有机会与日本当局讨论此事。

我问，在这次旅行中，杜勒斯先生是否能挤出时间访问台湾，那里一定会热烈欢迎他。我告诉他，我实在想不出还有哪一位活着的美国人或他的家族，比杜勒斯先生和他的家族同中国和中国人民有更为密切的关系，而且杜勒斯先生也被自由中国看作是一位老朋友。

杜勒斯回想起他的家族从他外祖父时起就同中国发生了联系。他的外祖父作为李鸿章的顾问，参加了马关中日条约的谈判。在一本珍藏簿里，仍保存着李鸿章的亲笔信，信中拒绝日本医生要为他手术取出面颊内一颗子弹时使用麻醉剂。结果，子弹仍旧留在面颊内，因为日本医生不愿不使用麻药就为他的面部开刀。

杜勒斯说，他原计划靠近11月底时访问日本，但届时巴克莱副总统将在东京访问，他感到那时访日不好，因为与巴克莱同时访问相同的一些人，将会诸多不便。他准备在日本停留十天左右，圣诞节以前回美。他12月20日左右离开日本，因而不能访问台湾。

之后我说，我想提到当前局势中有另外一个因素，那就是英国对日本的影响。我提到我曾希望由邱吉尔领导的最近在英国10月大选中获胜而重新执政的保守党政府，将会改变英国对共产党中国的政策，但是现在看来实现这一希望的前景渺茫，实在不幸。我说，因为，英国和美国如能在共产党中国问题上立场一致，也会使其他外交问题易于处理，例如日本问题。我们就这个问题讨论了一会儿。杜勒斯说，他认为，英国现驻东京的代表丹宁对英国的政策有很大影响，这位先生一向认为日本对英国很重要，因此主张与日本密切合作。我同意杜勒斯的看法，因为我了解丹宁这位职业外交官，实际上他一生都与日本有密切联系。之后，我提出最后一点，即拟议中的国民党中国和日本间双边条约的适用范围问题。

我告诉杜勒斯，中国政府提出两个供选择的方案作为讨论的基础，国务院的答复认为，经过一定修正的 B 方案比 A 方案更为可取。我说，中国政府已经同意采用 B 方案，但在措词上作了一些小修改，并已于 10 月 24 日作出答复。我从腊斯克先生那里了解到，中国外交部长提出的最后方案不难接受。然而，迄今尚未接到美国方面表示同意的明确答复。我国政府希望很快给予同意，以便推动拟议中的双边条约得以缔结。我补充说，我注意到美国对我们的 B 方案略作修改，加上互惠内容，使这个方案稍加复杂；尽管如此，我国政府还是接受了。

杜勒斯说，他不赞成把互惠内容写进方案，因为那会造成一种印象，即日本得在将来奉行领土扩张政策。修改的真正原因是出于对前途待定的琉球群岛的考虑。他说他尚未仔细研究过这个问题，将来一定弄清楚。

我希望杜勒斯先生访日归来，在圣诞节后能接见我，会晤一次。

杜勒斯说，今天上午与我晤谈他很高兴，并期待着访问归来后再次会见，如果我在圣诞节后不久打电话约会的话。

外交部在收到我同杜勒斯谈话当天发出的报告后，复电澄清了下列各点。第一，根据 10 月 30 日日本国会的会议记录，吉田首相在回答羽仁五郎的质询时说，和平条约规定，从现在起三年内，如果任何未参加和会，也未签署和约的国家表示愿意遵守多边和约的条款与日本缔结和约，日本准备缔约，如果"中国"和苏联有此愿望，日本不加反对，并且愿意与之讨论如何维护和平。

第二，复电说日本政府任命驻台北海外事务所副所长中田和另外两名办事人员已于 11 月 17 日抵达台北。所长木村和另外两名办事人员亦于 12 月 1 日抵达台北。为促进中日贸易而举办的日本商品博览会，则是根据台湾省商业联合会和日本商工会议所协商决定的。政府仅许可来台展览。日本劳工界和工商界六十名代表将参加 11 月 25 日开幕、为期两周的博览会；台湾省商业联合会将视情况准备明年 3 月在日本举办一次中国商业博览会。

其后，12 月 12 日外交部给我送来日本国会讨论在上海建立海外事务所一事时所提问题和吉田答复的译本，吉田在国会回答有关与苏联和中国缔结和约问题质询时所作声明的译本，以及在日本国会第十二次会议上吉田首相和芦田之间辩论的译本，供我参考。

叶外长在我会见杜勒斯后的第二天又亲自从台北给我打来电话。第一，他希望了解一下合众社关于我会见杜勒斯的一则电讯的真实程度。那则电讯报道，我曾说过，对于日本拖延双边和约我们感到不快。叶外长担心，这种表示会把日本人惹恼，有碍谈判的举行。我告诉叶外长，我尚未见到这则电讯，先要了解一下情况。无论如何，我并未提过这种口头抗议，从我呈报的与杜勒斯谈话的电文中即可知道。

因此，我派人到合众社去了解，并将结果电告了叶外长。他们对我们派去的代表说，上述电讯是根据杜勒斯办公室提供的消息编写的，报道只说我的谈话反映了中国对日本拖延双边和约的不快。我在电文中补充说，尚好，华盛顿和纽约的美国报刊均未见此项报道。12 月 3 日叶外长来电告我，外交部已在 12 月 1 日正式发表否认声明，指出电讯报道显然与事实不符。总之，台北于此非常小心谨慎。

在我会见杜勒斯的翌日，又会晤了董显光。他来同我共进午餐，相谈至洽。他扼要谈了一些事实，得出印象：日本不准备同国民政府签署双边和约，而在拖延时间。他说，何应钦〔1951 年〕3 月间去日本会见吉田首相，询问吉田，日本对于缔结包括中国在内的和约意向如何。吉田说，日本不能忽视大陆上四亿五千万中国人的感情。董显光说,这就暗含着反对与台湾缔结条约的意思。

4月,杜勒斯就和约问题访问东京之后,董显光见到了吉田本人。吉田说,他赞成国民政府参加多边条约,条约包括它在内是理所当然的。董显光问,他的话是否代表日本政府的意见,能否如实向蒋委员长汇报?吉田作了肯定回答。他在敬酒时对董说,酒是英国使团带来的,暗示英国人正在同他发展友谊。

7月,杜勒斯赴伦敦会谈之后(亦即刚刚缔结伦敦协议,把国民党中国排斥在多边和约以外之后),董显光会见了日本内阁官房长官冈崎。冈崎告诉他,日本同国民党中国缔结和约而同大陆上的中国人作对,那是不可思议的。董最近一次去东京访问时,冈崎甚至走得更远。他对董说,日本根本不可能同国民党中国缔约。

董显光得悉吉田首相在旧金山时曾向艾奇逊谈了日本的困难。日本与国民党中国缔结和约就不能不得罪共产党中国。除非日本能指靠美国经济援助使日本在得不到大陆中国原料的情况下经济能维持下去,否则日本不敢冒此风险。董还说,据了解艾奇逊告诉吉田,美国无意强使日本同国民党中国缔结和约,日本可以同大陆进行贸易,但不得向赤色中国供应战略物资。董显光认为,艾奇逊这种保证使日本在和约问题上对台湾的态度僵硬起来。他已如实分别报告王世杰和总统,但是,不知何故他的报告一直没有受到重视。

12月11日总统府秘书周宏涛来向我辞行。他已在华盛顿为处理毛邦初案件而工作了两个月,行将暂返台北。根据他的要求,我讲了几点,希望他转报委员长。关于对日和约,我说,我们失去了9月旧金山和会前的有利时机,因为当时日本还不是这样执拗,美国也急欲消除或减轻和会上可能出现的反对意见和困难。不幸的是,我们拒绝考虑条约的"适用范围"以致造成谈判中的僵局。现在,尽管我们非常希望缔结双边和约,但是日本手中已经有了一个有利的和约,因此,日本不大肯让步,至少也是变得更加自行其是了。美国也不那么热心于条约的缔结,如果这意味着非向日本施加压力不可的话。但是,据我看,这个条约倒也并非特别重要;事实上,全要看将来如何发展而定。如果世界局势朝着实现东西方之间政治解决发展,联合国乃至美国最终都要被迫采取现实的立场,奉行现实的政策,有条约也不能帮我们多少忙。另一方面,如果我们最终能光复大陆,没有条约也不会给我们带来多少损害。那时,别的国家还会再来找我们缔结条约。我说,现在重要的是,要培植同日本的实际关系,因为日本今后必定要成为在反对共产帝国主义共同斗争中的一个因素,虽然日本将在可能范围内力求在美俄冲突中保持中立或不介入。

第二天早晨李惟果来访,是为了他负责的驻远东委员会中国代表团曾向我负责的代表团贷款之事。他通知我,他已归还了最后一笔款项,并已转账完毕。前此的稽延使我担任代表团团长任内的账务报告未能如期报送。接到李的通知后,我立即把崔参事找来,询问为什么报告尚未准备好。他向我保证,在年底前一定做完报送外交部。他说,现在,在我任职期间的代表团账目上有七千多美元的余额,这笔款项就是在他管理财物期间被李博士借去的。

李和我讨论了对日缔约问题。李说他认为台北以前要是接受了我建议的条约适用范围的方案,双边条约可能已在旧金山多边和约签署的同时或其后不久就签署了。他认为,我国政府前倨后恭,态度很不一致。当时一直反对那个方案,而现在,日本得到了一个宽厚的条约,美国在旧金山也克服了缔结和约的障碍,情势变得对我们不利起来,我们又突然急于缔结双边和约,不惜接受适用范围的原方案,至今还未能获得美方的同意。在目前的情势下,李惟果和我都认为我们同日本是否缔结双边和约,无关宏旨。问题要看世界局势的演变,要看美苏关系的演变。他也认为更重要的是培植同日本的事实上的关系,增进两国之间利害一致的关系。犯不上去向日本乞求缔结条约。

那时,负责远东事务的助理国务卿迪安·腊斯克已经回到华盛顿一个多星期。早些时候,12月1日,我接到叶外长从台北来电通知,驻东京代表团团长何世礼将军已电告他于11月24日在东京与负责远东事务的助理国务卿腊斯克会谈的经过。何是应腊斯克之邀而去会见的,但是谈话内容泛泛,颇为一般。腊斯克只是说,他将在11月27日会见吉田,会见后将把谈话内容向何将军通报。倘因时间紧迫,不能通报何将军时,他将在回到华盛顿后同我联系安排一次会见。因此,叶部长敦促何将军一旦会见腊斯克,随即向外交部报告;并且要我在华盛顿同腊斯克谈话后将全部经过报告外交部。12月4日,外交部进一步通知:何世礼来电说,腊斯克在11月27日下午三时与吉田会晤后已飞返华府。腊斯克没有向何世礼通报谈话内容。

我本已计划会晤腊斯克,希望得到日本对双边条约的态度的准确情报,而且腊斯克在赴东京前我同他的那次会见中已答应了同我讨论这个问题。12月13日,我试图与他约个时间见面。最初,他的秘书建议在当天下午四时见面,后来又打电话对我说,腊斯克(我知道他最近刚辞去国务院的职务,以便在1952年初接受洛克菲勒基金会主席的职务。)业已将有关中国的事务移交给珀金斯,把有关日本的事务移交给他的临时接替者艾利森了。我直接给腊斯克打电话,他也说了这番话。于是我提出想见他的目的。他说,他在电话中就能告诉我:他在东京的时候,美国副总统也在那儿,因此直到11月27日他即将离日返美那天,才得以会见吉田首相。他只同吉田讨论了执行美日安全条约的问题,没有时间讨论日本对同国民党中国缔结双边条约的态度问题。他又说,他原已答应再次会晤何世礼将军通报谈话结果的,但是他走得太匆忙,来不及通知他那次谈话没有什么结果。

我对腊斯克说,既然如此,我不想再麻烦他了,并谢谢他提供的情况。他说,一向关心这个问题的杜勒斯现在东京,他觉得,杜勒斯总会有机会洞察情况，了解问题的真相的。我知道叶外长急等回复，便立即用电报报告了同腊斯克通话的要点。与此同时，阿拉巴马州民主党人参议员、参议院外交委员会远东事务小组委员会主席约翰·斯帕克曼和小组委员会少数党首席成员、新泽西州参议员亚历山大·史密斯已经到达台北，斯帕克曼参议员在台北至少同叶外长进行过一次很好的谈话。外交部已于 12 月 8 日将谈话内容告我。

叶外长对斯帕克曼参议员说，我们必须以同盟国之一的身份同日本缔结双边和约，条约必须与旧金山和约同时生效。斯帕克曼表示同意。至于阻止中共参加多边和约和由我们同日本缔结双边和约的问题，斯帕克曼说，他最初曾向杜勒斯建议采取这个行动，别的参议员也支持这个想法。只不过因为当时英国先已书面要求应该邀请中共代表参加签订中国和约，或者至少应让中共和日本之间缔结一项双边和约。但是，斯帕克曼又说，如果日本现在有与中共缔结和约的打算，美国参议院就不批准旧金山和约。事实上，当时美国的一般印象是，这也正是他和史密斯参议员在东京和杜勒斯会面后要向日本领导人传送的信息。

不过，斯帕克曼参议员也告诉叶外长，他承认应该允许日本同大陆进行有限的贸易，但日本向大陆出口的商品应限于非战略性、非军事性商品。叶外长对此回答说，在这件事情上我们长期抑制感情，自我克制，因此，从没有正式表达过我们的看法。

12 月 17 日，我再次从外交部获悉有关双边和约的消息。在这以前，参议员们和杜勒斯已接近完成在东京的晤谈，即将返回美国。同时，关于邱吉尔首相将于 1 月初由艾登外相陪同访问华盛顿一事，有许多议论和推测。当然，我们特别关切的是这次访问会给中国问题和英国对开始双边条约谈判的态度带来什么影响。据外交部电告，参议院外交委员会另一名成员欧文·布鲁斯特参议员已在 12 月 15 日对叶外长说，英国驻东京代表团团长 14 日接到艾登外交大臣的指示，要他通知日本外务省说，英国政府认为,日本在目前不应同中国的任何一个政府签订和约,吉田当时对杜勒斯说,在邱吉尔和杜鲁门在华盛顿会晤前,日本政府不会对此发表自己的意见。

根据布鲁斯特参议员的说法,杜勒斯和其他的人(指斯帕克曼和史密斯两位参议员)曾告诉日本首相,并且强调说,日本应与美国采取同样步骤,如果日本在目前即承认中共,这将与美国的政策背道而驰。日本方面表示愿意在政策方面同美国合作,至于眼下同我们签约一事,则说未能作出决定,并且仍然希望英美两国能达成谅解。据布鲁斯特参议员说,杜勒斯和另外二人都感到很失望。实际上,布鲁斯特曾预言邱吉尔到达美国时,这一情况一定会引起许多反英议论,而美国参议院,也会因此而在批准旧金山和约时遇到困难。

外交部在电报中并说,叶外长得知上述各点后,同蓝钦进行了谈话,要求蓝钦打电报给美国驻东京代表团长西博尔德,请其将美中两方在这个问题上的最新事态发展告知。

后来,叶外长以个人名义打电报给我,希望我在杜勒斯返美后尽快同他进行一次谈话,从他那里了解日本关于同我们签署条约的真正态度,问他自己对日本态度有何反应,以及他在日本会谈属于何种性质。叶外长还对我说,驻东京的何将军于 13 日同杜勒斯进行了十五分钟的会晤,但谈话内容泛泛一般。杜勒斯开始时说,他来日本没有正式使命。然而他对邱吉尔最近发表的态度感到非常失望。他热切希望,邱吉尔和杜鲁门 1 月会见时,两国间能达成较好的谅解。

20 日在台北,叶外长再次邀蓝钦晤谈。他对蓝钦说,腊斯克和杜勒斯都曾表明,他们要提出缔结中日和约问题。但是腊斯克既未同吉田谈及此事,杜勒斯也对何世礼说,他访问日本没有想讨论具体问题。他问蓝钦:"美国政府的政策到底是什么? 杜勒斯先生到底说没说过缔结中日条约的话?"蓝钦回答说,他也急欲知道详情,但是很抱歉,对此却无可奉告部长。不过他将马上打电报给国务院弄清情况。叶外长于是说,美国政府最近明显的沉默,容易使人认为美国已经对英国作出了某种让步。蓝钦回答说,眼下没有理由得出这样的结论。他们这次谈话的内容已经在12 月 21 日通报给我。

12 月 26 日,外交部电告,据日本报纸报道,日本政府打算派遣犬养健访问台湾。(犬养健是日本前著名首相犬养毅的儿子,犬养毅早于 1932 年被暗杀,他的死标志着日本最后走向军国主义。)电报中说,21 日《读卖新闻》刊登一则新闻说,鉴于朝鲜和平谈判的进展可能给国际形势带来变化,而事态如何发展尚难确定,又鉴于英美两国观点存在巨大分歧,日本在同我国缔结和约问题上宁愿稍事等待。但日本在了解美国的政策之后,打算为恢复同我国的关系作好准备。如果我们表示愿意终止同日本的战争状态,日本一定立即派遣友好使节去台湾讨论缔结友好通商条约的事宜。

外交部在电报中接着说,根据这些情况,似可推测,杜勒斯在东京已经同日本达成某种谅解,这会导致美英两国可能为求得一项妥协方案而重开谈判。电报要求我在会见杜勒斯时弄清实情报部。

同一天,我从纽约(我正在那里度圣诞假日)打电话给谭绍华为我会见杜勒斯约定一个时间。当天下午,我便乘火车去华盛顿。12 月 27 日,我去国务院拜会杜勒斯。我们就日本对与国民政府缔结双边和约的意图进行了一个小时的谈话。我在那天日记中谈到,主要困难似乎产生于英国反对这一条约,使东京受到影响,并由于日本本性害怕得罪赤色中国。

根据我对这次谈话的记录,会见开始时我说:我希望杜勒斯先生在同日本吉田首相的会谈中讨论了日本和中华民国间的双边和约问题,并在日本政府态度方面获得了满意的结果。我说,根据日本报纸报道,特别是《读卖新闻》的报道,似乎英国已向日本政府表示,反对日本同国民政府缔结双边条约,鉴于美国和英国在这个问题上的观点有巨大分歧,日本政府将采取等着瞧的政策;但是如果国民政府终止对日本的战争状态,日本准备由犬养健亲任友好使节前往台湾探讨同中华民国开始谈判缔结友好通商条约的可能性。杜勒斯先生同吉田进行过讨论,也许能对这一情况加以澄清。

杜勒斯问这些新闻报道发表在哪一天。

我说,我接到有关此事的最近报道是 12 月 21 日的。

杜勒斯说,他从日本回来有一个非常清晰的印象,即在他同吉田谈话之后,有关拟议中双边条约的形势已经有了很大的好转。中国驻东京的代表何将军也证实,日本报纸关于这个问题的报道在他(杜勒斯)到达之后变得更加有利。杜勒斯又说,他刚到达东京时,气氛并不很令人满意,但是,在他向日本政府提出此事后,气氛明显好转。杜勒斯指出,英国的报纸评论道,通过他的访问,日本正在受到美国的影响;这些报纸似乎密切注视他在东京的活动。英国不仅向日本政府陈述了自己的意见,而且对它施加压力,不让它同国民党中国缔结双边和约。

我问,英国的观点是否认为目前日本既不要同台北的国民党政府缔结和约,也不要同北平的共产党政权缔结和约。

杜勒斯回答说,英国已经表明,他们反对同国民党政府签订和约。

我问,是否邱吉尔倾向于赞同日本和北平政权缔结条约,并且说,我真不懂为什么邱吉尔政府对共产党中国如此同情。

杜勒斯说,他认为邱吉尔政府不会像工党政府对北平政权那样同情,因为艾德礼和贝文是社会主义者,认为北平政权接近于他们的政治信仰,而邱吉尔和艾登绝不可能抱有同样的感情。杜勒斯接着说,但从经济上看,他能理解英国的想法。英国目前经济危困,为了改善经济地位,急欲扩大贸易,如有可能,还想独占亚洲以及南美和非洲等地的市场。日本在与英镑集团的贸易中大约已经积有七千万英镑的存款,日本在亚洲一向是英国最强的竞争者。如果日本重新同英国竞争起来,英国在缅甸、泰国、马来亚、印度、巴基斯坦、锡兰和印度尼西亚等国的贸易地位将受到削弱,因为,与英国相比,日本能向亚洲市场提供更价廉的纺织品和其他产品。

杜勒斯说,英国已经很难向日本输出货物以减少其英镑债务。英国重建它在亚洲的经济地位的唯一出路就是不让日本进入东南亚市场,而鼓励它同共产党中国进行贸易。在英国看来,日本产品的天然出路是在大陆中国,在那里日本可以输出工业产品,换回大宗的原料。日本现在大部分原料来自美国,很不合算。

杜勒斯又列举英国采取这种态度的一些政治原因,例如英国希望保住香港,希望与印度的对华政策保持一致。他谈完后,我再次提出他最近与日本吉田首相谈话的问题。我说我理解他能同日本首相达成某种谅解,虽然也许这种谅解未必见诸于文字。

杜勒斯说,确无书面协议,而且也不是什么正式谅解。但是他确信,日本有意同国民党中国谈判缔结双边和约,有意同台湾建立外交关系。此外,他相信日本会站在美国一边处理太平洋的安全问题。日本之所以会这样做,简单地说就是因为那是美国的政策,它会采取与美国的政策协调一致的行动,除非美国改变政策,而他个人认为改变是不可能的。他又说,吉田首相反过来也要求他帮助消除英国在关于同国民党政府缔结双边条约问题上对日本的不满。杜勒斯向我保证,整个事情的结局一定是顺利的。邱吉尔和杜鲁门在即将举行的会谈中将会讨论这个问题。他已向总统提交一项备忘录,提出克服英国反对的办法。如果这些办法都不成功,美国就应当,而且他认为美国也必将不顾英国的反对而自行其是。

杜勒斯于是回忆起 1950 年初第一次回到国务院时,他曾经为美国政府拟定了给予台湾国民党政府援助的政策,他高兴的是这项政策在朝鲜冲突爆发时已被采纳。他认为,为了美国的安全,有必要保住包括台湾在内的西太平洋的一系列岛屿,而以日本为主要基地。他说,美国对国民政府的态度不断改进,然而所有这些不过是一种防御性的政策,到头来不可能产生很大的效果。对国民党中国来说,如果它继续被困在台湾岛上,而无外援使其权力扩张到岛外,那么它最终就不会有生存下去的希望。杜勒斯继续说,如果它困守于台湾,人力和资源将会随着岁月的消逝而减少。五十万军队将会老化,整个政权将会衰败而亡。

杜勒斯说,对日本来说,这也是重要的,由于日本在贸易和经济方面依赖大陆中国,因此希望在大陆上有一个友好合作的邻国。它能同共产党中国进行贸易,但是这种贸易不可能很令人满意,因为,北平政权一定要依照它的条件才会同日本贸易,而且还会继续谋取不正当的利益。只有同能够把影响扩展到大陆去的国民党中国合作,日本才有希望最终解决其经济的问题。目前由于要获得美国的援助和支持,它能不同共产党中国进行贸易,但不可能持久。日本有许多商人已经在吵嚷着要同大陆中国多做生意。

我们又就美国对台湾政策的性质和方向简要地交换了意见。随后我说,至于日本同共产党中国进行贸易这件事,我听说吉田在旧金山同艾奇逊谈话时提出过这个问题,艾奇逊答称,只要日本禁止向北平政权输送有战略价值的商品和原料,美国不会反对日本同共产党中国进行贸易。

杜勒斯说,艾奇逊同吉田谈话时,他没有一次不在场,他不记得国务卿曾经作过这样的保证。

我说,我收到的报告看来并不真实,这使我感到高兴。

杜勒斯说,他强烈认为,美国应该对共产党中国推行一种坚决的政策,应该帮助促成一种局面,即在大陆上重新建立国民党中国,使北平现政权能够被一个友好的政府所取代。他再次强调,现在的防御政策,从政策这个字的真正意义上来说,并不是一种政策,在短期内固属一种较好的权宜之计;从长远来看,这种政策将会把主动权让给敌人,由他们选择时间和地点在太平洋上攻击美国。他反复说，对付共产党政府，唯有强硬政策才会奏效。他还说，他已为杜鲁门总统准备了一份备忘录，主张美国为自己的利益着想采取这样一项坚决的政策。

我说，我对他刚才关于美国在亚洲所应采取的政策这一番宏论感受极深；我个人认为，这样一种政策反映了杜勒斯先生具有政治家的真知灼见，这种政策不仅足以遏制和战胜克里姆林宫对亚洲的统治，而且，我以一个客观的国际问题研究者身份来评说，这也会有助于形成对自由世界利益至关重要的美国两党共同对外政策。

杜勒斯说，当天他就要同五角大楼、国家安全委员会和中央情报局的有关当局开会，他将说服他们，美国采取这样一项坚决政策是稳妥而明智的。他还说，艾利森的看法相同，史密斯和斯帕克曼两位参议员亦然如此。美国驻太平洋舰队总司令雷德福海军上将也持有同样观点。杜勒斯说，此外，他将敦请杜鲁门总统派他参加总统和邱吉尔即将举行的会谈。

说到此处，杜勒斯希望中国政府不要去劝说美国国会人士非要日本先同国民党中国签署双边和约才批准多边和约。他确实感到，从各种角度来看，此种举动都无利于国民党中国的威信。他接着说，美国急于批准多边和约，希望它尽早生效，日本也持有同样想法。倘若日本不首先同国民党中国缔结和约，就对国会施加影响，推迟批准条约，这不仅会给美国政府以不好的印象，也会引起东京不满。此外，在这种情况下，即使首先缔结了双边和约，对国民政府的威信也不会产生什么好处。他诙谐地说，这就好比一个男孩子在父母强迫命令下陪他的女朋友晚上出去，女朋友对于他的殷勤，不会感到高兴，因为这不是出自他的本意。日本和国民党中国，比方说也在压力下结合起来，这对它们的未来关系不会有什么好处。

我说，我国政府似乎觉得，我过去报部的有关同杜勒斯先生讨论拟议中的条约问题的谈话，写得过于乐观一些，因为六个月过去了,还没有取得实质性的进展。

杜勒斯说,他从来不认为在去年 9 月旧金山和会之前或者同时,有可能缔结并签署中日条约,不过他承认,开始谈判这一条约的日期,可能他估计得过于乐观了。但是他强调说,他一向坚持最终要缔结这个条约,而现在他就更加不怀疑,迟早会有圆满结局。

我问,根据杜勒斯先生的判断,双边条约最早能在何时签字并生效。我说,我收到东京的报告说,日本在邱吉尔同杜鲁门举行会谈前,将采取观望的政策。我希望知道关于这个问题我该如何向我国政府报告。

杜勒斯踌躇片刻,缓慢而慎重地说,他坚信,双边条约的谈判会在 1 月初邱吉尔和杜鲁门华盛顿会晤后不久开始,但条约的签署、批准和生效只会在美国参议院批准多边和约之后。

我再次谈起,据日本报纸报道,一俟时机成熟,日本将派遣友好使节去台湾探索与国民政府谈判缔结一项友好通商条约的可能,不知这个消息是否真实,也不知日本是否考虑要同我国政府缔结一项正式和平条约。

杜勒斯回答说,那则消息不可能是真实的。他的理解是,日本将根据多边条约的原则同国民政府谈判并缔结双边和约。他认为,如果日本不希望引起其他难题,它很可能会这样做。他重申,他确信日本将同国民党中国缔结这一条约,虽然不能向我作百分之百的保证。

我说,我接到报告说,除非朝鲜停战协定缔结,整个冲突得到解决,否则美国不急于使多边条约批准和生效,因为在该项条约生效后,日本将不会感到不得不在朝鲜战争中给美国以军事占领时期的那种协助。

杜勒斯说,与此相反,美国急于使多边条约获得批准生效。该项条约不会影响联合国军在日本的地位,因为根据同日本签订的一项协定,日本在该项条约生效之后给予驻日联合国军的便利将与现在一样。

我说,按照杜勒斯先生的说法,中日双边条约将在多边和约批准和生效之后签署。那时日本将已完全恢复主权。我问,这一情况是否会使日本同中华民国缔约一事变得不那么肯定。

杜勒斯说,美国对日本的影响仍很巨大。美国可以用多种方式对日本施加压力,例如在琉球和小笠原群岛、在对日财政援助,以及在建立保安力量问题上等等。

谈话即将结束,我对此次会见表示愉快之后,杜勒斯要求在我向上报告此次谈话时要十分审慎,因为许多事情是只限于两个亲密朋友之间才能畅谈的。他又说,当然,应向我国政府报告多少,全由我自己斟酌决定。在分手之前我向他保证,在这方面我一向非常审慎。

12 月 31 日,我又接到外交部的指示。他们已经先后收到我 12 月 27 日发出的报告我同杜勒斯最近一次谈话要点的 508 号简短电报,和同一天晚些时候发出的 509 号详细报告。每逢我知道外交部特别关心某一次谈话结果,我往往先发出一份简短电报。但是,这次我先后发出的两份电报中有某些不一致的地方,外交部希望就台北很关心的某一点加以澄清。

外交部的电报说,根据我的 508 号电报,双边条约能够在美国参议院批准多边条约之前缔结,但其生效将在多边条约生效之后。可是根据我 509 号电报,多边和约经美国批准和生效后不久,双边和约能够缔结、签署和批准。他们感觉两种说法含义大有出入。外交部电报说,关于这个问题,我们坚持以下立场:(1)我们不能接受多边和约第二十六条规定的日本和另一国家缔结条约的方式。(2)为了预防和阻止旧金山和约生效后日本方面改变政策,中日和约应与旧金山和约同时生效。

电报并要求解释杜勒斯和吉田达成的以下谅解的含义:日本将承认国民政府并设法同它合作。这是否意味着日本已经作出口头保证,接受同我们签署缔结和约的建议? 如果英美两国首脑会议上不能就英国反对日本同我签署和约一事达成协议时，日本是否仍旧遵守美国原来确定的政策，同我签署和约？电报要求我澄清上述各点的真实情况，结束语是"切盼"。

事实上，12 月 30 日叶外长拟从台北打电话给我。可惜下起雨来，后来又起雾，按季节来说，当时天气异常温暖；气候条件使电话未通。因此第二天晚上他再次从台北打电话给我，才得以接通。这时我尚未收到外交部于台北时间元月 1 日发出的电报，后来这份电报在那天晚上（华盛顿时间 12 月 31 日）才送到大使馆。他说明通电话的目的是询问我两份电报前后明显不一致应如何统一。我解释说：简短电报是报告杜勒斯开始时自己所作的声明，详电则是报告杜勒斯逐点回答我提问的内容，即关于双边和约开始谈判、签署、批准和生效的时间的问题。叶对我的解释似乎感到满意，发出电报显然为了把事实记录在卷。

我这方面，在 1952 年 1 月 2 日发出复电，说明我在电话中已对此事作了解释，但因叶外长对此事深为关切，特再发此电详陈一切。我说，我报告与杜勒斯谈话要点的 508 号电报中所述，杜勒斯系谈到缔结双边条约问题时，表示说，实际上双边条约应在美国参议院通过多边和约之前缔结。杜勒斯的原话是："我预期双边条约在美国参议院批准多边条约前缔结。"我推断，他很重视双边和约的批准和生效的时间问题。至于上述条约到底是在美国参议院通过多边和约之前还是之后签署，他似乎并无肯定意见。可能因为这个问题取决于中日谈判开始后，会不会有一方提出什么特别问题，致使谈判拖延。

我接着说，509 号长电所报告的，是根据会谈快结束时我向杜勒斯询问的几点细节，和他所作的答复整理而成的。杜勒斯认为，日本将在多边和约批准和生效"不久"之后签署双边条约。

我随后告叶外长，关于日本同我们缔结和签署双边和约问题，杜勒斯从他在东京同日本首相的谈话中了解到，日本已经同意在政策上同美国合作，只是要求美国尽力劝英国减轻反对，以便于日本执行同美国合作的政策。我还说，美国打算把这一点提到即将召开的英美首脑会议上讨论，根据杜勒斯对我说的，英国应能接受这一点。但是，如果英国坚持其立场，美国就将不顾英国的反对而继续按美国的既定政策行事，日本也将自然地履行它的谅解，同美国进行合作。如果日本仍感不安，倾向于保持观望态度，美国也有许多办法促使日本遵守诺言。

我还说，杜勒斯可能很着急，怕我们在国会里进行活动，所以故意发表这些乐观谈话让我们放心。不过，仔细研究我们间的整个谈话，我觉得杜勒斯对实现双边和约的可能性抱有十足的信心。

三天以后，我再次致电叶外长，向他报告另外一条有关的消息，让他放心：美联社莫斯科 1 月 4 日的一则电讯说，在莫斯科的外交界人士相信，苏联有意在年内同日本缔结和平条约，人们认为斯大林大元帅的新年声明即已表明了苏联这一对日新政策。换言之，苏俄非常希望同日本建立贸易关系，也希望日本同中共政权有贸易关系。

斯大林的元旦声明是他直接向"外国占领下处于水深火热之中"的日本人民表示同情的文告。声明发表在致共同社总编辑的一封电报中。但我在电报中指出，国务院的官方人士认为，相反，它并不表明苏联政府的对日态度有何变化，斯大林的官方声明多半是一种戏剧性姿态。总之，斯大林挑拨日美关系的企图很难获得任何结果。

同一天，即 1 月 5 日，邱吉尔首相由英国外交大臣艾登陪同抵达华府，最高级会谈随即开始。我密切注视着新闻报道，看看对杜勒斯同艾登的前任莫里森先前在伦敦达成的协议是否又有新的谅解。上述协议曾规定："日本未来之对华态度须由日本行使多边和平条约所规定之主权及其独立地位自行决定。"

自 1951 年 6 月杜勒斯从伦敦回来以后，我曾同他进行过多次谈话；从这些谈话中，我理解他对上述协议的看法是，多边条约一经签字,"条约规定之主权及独立地位"实际上就已存在了。但是,莫里森等英国人士则认为,只有在交存批准书的国家达到规定数目,"主权及独立地位"方能存在。换言之,英国主张多边条约生效之前,日本无权决定同任何中国政府谈判,美国如向日本施加压力,迫使其作出决定,便不能不违反美英协议。日本当然要等着瞧,看看英美两国的观点能否协调一致。

邱吉尔和杜鲁门总统经过两天长时间的会谈后,于1月9日发表了联合公报。我仔细阅读了公报,发现其中有关远东的声明非常一般,只简单地提到他们在讨论该地区的问题时"观点广泛一致",因为他们认识到"遏制该地区共产党威胁为压倒一切之必需,其重要性超过了双方在对华政策方面存在的分歧"。随后艾登外交大臣和艾奇逊国务卿举行了会谈,但是会谈结束时未发表公报。我不得不等待,直到再次和杜勒斯会谈的时候,方才获悉这次会谈中有关中日双边和约问题的结果。

与此同时,东京传来一则令人鼓舞的报道。我读了1月8日合众社的电讯即转报外交部。据这则报道说,吉田首相在记者招待会上回答问题时说,日本不能同任何共产党国家建立关系,因为如果这样做,日本的和平和秩序将会受到扰乱,届时局势将难以处理。然而,中国倘若放弃共产主义的意识形态,日本自然会同它建立关系。据这则电讯所说,吉田还明白表示,日本将承认国民政府。

我在电报中还说,我从可靠的消息灵通人士处获悉,吉田在记者招待会后立即接见了一位密友,吉田打算任命此人为使节,对台湾表示亲善和密切关系。我还说,据在日本的评论家评论,吉田声明是打算给美国参议院造成良好的印象,以使参议院批准对日和约。

大约在这同时,外交部收到杭立武从伦敦拍发的电报。该电对双边条约也多少持有乐观看法。杭立武在伦敦已经好几周了,一直在注视着局势的发展。他在报告中特别提到,虽然英国对拟议中的日中和约表示反对,但这不过是准备在邱吉尔和杜鲁门讨论其他问题时拿它作为讨价还价的筹码而已。

外交部在 12 日把这个报告通报给我时,要求我设法弄清英国是否已再次向美国陈述了关于这个问题的立场,美国的态度又是如何。还要我向美国当局陈述我们的观点,要求他们在签署和约问题上立场坚定,帮助我们。

三天前,1 月 9 日,我同董显光谈过一次话。我们讨论的是他在等待作出关于建立毛邦初案件复审委员会(他是委员会的成员之一)的决定期间,他打算做些什么。我告诉董显光,周宏涛建议他可以悄悄溜到东京,然后再悄悄溜回来,但是董不同意。他说,一年前在东京,犬养告诉他,他想作为亲善使节访问台湾,日本政府也赞同他的这个想法。但是董显光把这件事向委员长报告后,委员长不赞成,因此,上次董回东京时,就未敢去拜访小犬养。据董显光说,委员长厌恶犬养,原因是他在日本占领时期同汪精卫及其政权有过交往和合作。但是董仍认为我们应当接待犬养,即使只把他当作一名亲善使节而不作为和约的谈判者也未为不可。

在这方面,外交部在 1 月 4 日给我发来一份电报,传达蒋总统对政府的指示。指示有以下各点:

(1)倘如日本报界报道,日本代表访台,目的在谈判和约,则不论所派何人,我方自应接待。

(2)倘其目的不在与我商谈和约,则我应待日本提出正式建议,再行决定。在作出决定以前不应表明我方对日态度。

(3)刻下可密告美国,日本如派人来讨论和约问题,我方十分乐于接待;如来讨论任何代替和约之方案,我则难以考虑。

外交部电报并说,他们已经把以上各点电告东京何世礼将军,并就此事与蓝钦进行了接触。电报要求我酌情处理。

在我这方面,1 月 14 日我应杜勒斯之请前去拜会他,提出了上述问题。杜勒斯请我拜会他的目的,就是要把英美会谈中有关日本和国民政府间缔结和约的问题,特别是将杜勒斯和艾登在华盛顿会谈的结果通知我。会见开始时,杜勒斯就说,我想必希望了解杜鲁门总统和邱吉尔最近举行的会谈中关于拟议中的日本同国民党中国缔结双边和约的问题有何发展。

我表示希望总统和邱吉尔关于这件事的讨论进行顺利,并说很想了解一下实际情况。

杜勒斯说,结果可以说是顺利的,他愿说明一下情况。当他去年 12 月离开东京时,他有一个清晰的印象,即日本首相不仅急欲,而且很高兴同国民政府建立关系,只有一点使他踌躇,那就是美国和英国对这件事在看法上有分歧。吉田要求美国设法消除英国的反对,这样日本就便于按自己的意图行事了。英美在华盛顿会谈的结果表明,尽管美国并没有说服英国,使其相信美国尽力促成日本和国民党中国缔结双边条约的政策是明智稳妥的,但是英国已答应不反对美国对这一问题的政策,并且不再对日本施加压力,反对它在这方面的行动。尽管如此,英国人表明,他们认为美国执行这一政策是个错误,因此,他们把他们不赞成的意见记录在会议记录中。这件事当然使杜勒斯感到失望,但是他强调,美国政府一定会在东京继续推行美国的政策。

我说,我对英国的态度也感到失望,而且不能理解邱吉尔为什么认识不到承认共产党中国的政策并未给英国带来好处。

杜勒斯说,英国尽管承认他们承认共产党中国不合时宜,并无收获,但却把希望寄托在共产党中国的将来。在他们看来,国民党中国已毫无前途。

我很想知道美国政府在华盛顿会谈中采取的立场会对日本政府产生什么效果。我想,杜勒斯将会采取步骤通知日本政府。

杜勒斯说,他于两天前给西博尔德发出一份电报,要求他向日本政府重申,美国政府希望看到日本与国民党中国谈判缔结双边和约事宜。他相信日本政府一定会着手此事,并且与美国政府一起反对亚洲的共产主义。他说,吉田首相领导下的日本一定会这样做。这不仅仅是出于同美国合作的愿望,同时也是基于它自己的利益,因为日本知道美国肯定不会让中国大陆的共产主义政权永久存在下去,而且日本共产党也正在从事颠覆日本政府的活动。接着,杜勒斯说,日本共产党经常接受莫斯科的命令,但是近几个月,给日共下达指示的却是北平。他猜想,这是打算蒙骗日本人,然而,日本人完全明白,北平只是一个代理人,真正的老板还是克里姆林宫,他指出,日本有些势力很想看到日本同共产党中国建立关系。但是他重复说,现在的日本政府了解共产帝国主义的阴险目的,因此反对建立关系,并且认为承认中国大陆的共产党政权无异于接受共产党在整个亚洲的统治。

我问,依杜勒斯先生的看法,日本下一步将采取什么做法。

杜勒斯回答说,他料想,日本政府将会在今后几天内发表一项官方声明,说明它打算开始同国民党中国谈判双边和约。当然,他不能保证一定会这样;日本甚至还可能宣称,由于华盛顿和伦敦对共产党中国的意见分歧仍未协调一致,它宁愿坚持观望的政策。不过他认为日本不至那样做。由于日本知道自己真正的利益所在,它很可能按照美国的政策行事,以他在前面所说的大意发表一项声明。

我料想,既然英国已默许了美国的政策,那么他们将不再给东京施加压力,反对促成日本与台湾缔结和约的行动。

杜勒斯说,他知道艾登会向下院就他对华盛顿会谈的报告发表演说,说明英国希望日本在多边和约尚未生效时不要同台湾开始双边和约的谈判,他甚至会说,英国希望日本在这个问题上不要采取任何行动。杜勒斯这时转向在座的负责远东事务的代理助理国务卿艾利森,问他是不是这样,因为艾利森参加了杜鲁门总统和邱吉尔的会谈,而杜勒斯本人则担负同艾登会谈的责任。

艾利森说,他的印象是,英国对美国的政策并未表示赞同,而且不喜欢日本同台湾发生条约关系——至少不要在多边和约生效之前发生条约关系。

杜勒斯再一次说,英国人并未被说服相信美国的政策是正确的。但是他知道,他们不会继续反对它,反正美国政府决心要执行自己的政策。他认为日本会履行自己的诺言;如果不这样做,美国可以有很多办法去影响它。他希望我不要认为美国对东京的影响会随着军事占领的结束而终止。日本在许多事情上不得不有赖于美国的友好和支持,如果日本拒绝履行自己的诺言,美国拥有压倒的优势足以使它屈服。

我问,依杜勒斯先生看来,日本会采取什么步骤来实现它将要宣布的意图。

杜勒斯回答说,他预期日本将会派人去台湾同中国政府开始双边条约的谈判,但是他认为,缔结这项条约则不会在多边条约生效之前。

我问,杜勒斯先生所指的缔结条约,是否就意味着条约的签署、批准和生效。

杜勒斯说,美国政府不赞成日本同其他国家在多边条约生效之前缔结双边条约。(这一点也是英国坚持的;美国政府所以得出那种结论,或许一则是安抚英国,一则是为了自己的利益。)杜勒斯接着说,国会里有些议员愿意看到台湾和日本首先缔结双边条约,然后再投票通过多边条约,但是政府反对这样做。以他看来,中日双边条约的谈判在多边条约生效之前能够完成,甚至可以草签,但是双边条约的签署、批准和生效则不应在多边条约生效之前。

我提到1952年1月9日吉田在记者招待会上发表声明,表示了日本要和中国国民政府建立关系的打算。我猜想,日本政府在杜勒斯所说的那样宣布意图过后,将会派犬养那样的人到台湾去谈判和约。

杜勒斯说,他也希望派人去台湾,而且很可能是犬养被委以这一使命。

我说,犬养的名字已作为可能担任这项任务的人选在日本报端出现过。

可是艾利森却听说,日本驻台湾海外事务所所长将被授权同国民政府开始谈判。

我说,我国政府将会欢迎日本政府为了谈判双边和约而派遣的任何人前往台湾。因为这是我国政府所希望的,同时,我听说这也是杜勒斯先生几次访问东京时同日本政府讨论的问题之一。

杜勒斯说,他先前几次去日本短期旅行,同上述问题并不特别有关,但是在他去年12月最近一次访问时,他把这件事作为特别问题同吉田讨论过。于是他问我,邱吉尔对蒋委员长有明显的、根深蒂固的反感,是什么原因。

我列举了两位领导人在战争时期的某些分歧,艾利森则补充了邱吉尔在回忆录中叙述的一件事。话题引到了对艾登态度的议论,我说,我认为艾登对美国及其政策的理解大概不如邱吉尔,因此,艾登在日本和国民党中国双边条约问题上采取一种不妥协的立场。我还说,奇怪的是,印度竟然不理解共产党统治中国意味着什么,而澳大利亚和新西兰倒比较懂得其意义。

杜勒斯说,关于这点他说不见得,又说伊瓦特不久前还在澳大利亚议会里反对对日和约,并且批评了美国的政策。

我说,我也注意到了这一点,很可能这是因为伊瓦特现在处在反对党的地位,不再担任澳大利亚外交部部长之故。回到拟议中的中日双边条约这个题目上来,我又说,料想杜勒斯先生不久将会从东京得到一些消息,我要同他保持接触以便了解新的发展情况。

杜勒斯说,两天前他刚给西博尔德发去电报,尚未收到回电。不过他很乐意让我了解有关此事的任何新的发展情况。

我赶紧把我同杜勒斯谈话的情况用电报发出一份详细的报告,在去纽约参加宋子文长女的婚礼之前,又口述记录下这次会见的要点。在我那天的日记中,我写道:

> 他(杜勒斯)感到同艾登的会谈由于英国方面的原因并

未取得多大收获，但此点并不影响美国在东京继续处理这一问题的原有决心。杜勒斯予我一清晰印象，即他已获得吉田对此问题的许诺，吉田将无视英国之不合作态度，发表与国民政府缔结和约之意向声明。

果然，1月16日上午，谭绍华公使从华盛顿打电话告诉我，杜勒斯要在电话上同我交谈，并送我一份他接到的吉田关于同国民党中国缔结和约问题的信件副本。谭说他于接到副本后，就向台北作了报告。杜勒斯告诉他，信件全文已用电报发往美国驻台北大使馆，并将转达我国政府。与此同时，当天早晨《纽约时报》刊登了吉田宣布反对承认共产党中国，愿同国民政府缔结和约的新闻。官方声明的最主要之点是，日本政府的政策是同美国一起反对敌视日本的苏联和赤色中国共产帝国主义。

据我的档卷记载，谭绍华以我的名义给外交部的报告是在头天晚上约十一时发的，这样他从杜勒斯那里得到消息必定比这要稍为早些，并想打电话给我。但是当晚我正参加宋子文为他长女的婚礼而举行的家宴。谭的报告如下：

> 今晚杜勒斯特使送来日本首相吉田去年12月24日致其信件之影印副本，信中所谈为日本同我缔约一事。据杜勒斯称，他已获得许可公布该信，并已将该信全文以电报发至美驻台北大使馆，俾使蓝钦公使递交我国政府副本一份，以供参考。唯杜勒斯并未说明定于何日公布该信。

1月16日外交部复电说，当天早晨美国大使馆派人到外交部，送来一份12月24日吉田致杜勒斯函件副本，吉田在信中向他保证日本将同我们签署和约。外交部并说，日本政府将在中午（1月16日）公布这封信。电报还说，蓝钦公使那天上午十一时拜会总统时亲手将上述文件递交总统。（向华盛顿报界公布的信件副本见附录十三。）

当天及次日，蓝钦会见了叶公超。16日，外长告诉蓝钦，公布这封信肯定会扫清中日间的某些疑虑；日本肯定参加民主阵营，此事意义深远。可是，他希望美国对信件中"在法律上可能时"这一用语给予解释。他还说，在我们这方面，仍然希望双边和约能在多边和约批准前签署，这样两个和约就能同时生效。

部长还向蓝钦提出，关于信件中指出日本将扩大和发展同中华民国政府的关系，是否日本政府已将它打算如此做的方式和方法通知了美国。最后，叶外长告诉蓝钦，对于信件中将所拟条约适用范围公开，我们感到非常惊讶，因为中美两国间达成的谅解不拟公开这一点，而且我们同意的方案乃是适用于中国和日本双方的。（换句话说，双方同意的方案规定适用于"缔约任何一方目前及今后可能在其实际控制下"之全部领土。但是吉田信件谈到这点时却说，适用于"现在在中华民国国民政府控制下或将来在其控制之全部领土"。）

17 日，蓝钦告知叶部长：第一，美国对日本施加了很大压力，日本才同意公开这封信。第二，美国希望叶外长能在一两天内发表一项声明表明我们对这封信的反应。叶回答说，我国政府打算至迟在第二天即行发表声明。

通报蓝钦和外交部长交换意见内容的外交部来电是 1 月 17 日发出的。电文最后通知我说，多边和约生效后签署双边和约一事，我国政府正在考虑之中，一经作出决定，将用电报告我。

我在华盛顿时刻关心华府各界及海外各界对公布信件的反应。在华府，民主党参议员约翰·斯帕克曼、共和党参议员诺兰和史密斯都对日本政府向国民政府保证将同国民政府缔结条约一事表示满意和赞扬。参议员斯帕克曼称之为一种英雄姿态，诺兰和史密斯两人都说，这对扫清许多参议员对条约问题的疑惑和焦虑，是一重要步骤，定将有助于实现参议院批准对日和约。

在东京，对于信件的普遍反应，特别是反对党和商界人士的反应，据说是不赞成。不过这不足为奇。无论如何，据合众社东京发出的报道，吉田首相已向财界二十位领袖发表了一项声明，表示他想同国民政府缔结和约以及与之恢复外交关系的愿望。他还说,日本肯定不会同那些正在与联合国作战并扰乱日本和平与秩序的国家进行合作。

幸运的是,在日本历史上这个关键时期,由吉田担任政府首脑,因为他熟悉西方,了解美国。而且,他还是一位富有经验的头脑冷静的政治家,他清楚地了解日本利益之真正所在,因此,决心奉行一项同美国进行合作的政策。当然,任何人处在吉田的地位都会采取现实的立场,因为日本当时有赖于美国的善意,非如此不可。但是,换一个人,如对美国持不同情的态度,没有日美两国密切合作的远见,就肯定不会如此真心实意地行事。

伦敦对吉田信件的反应也是不赞成。外交部发言人宣布,英国政府对日本宣布同台湾缔结和约的意图以及杜勒斯向日本施加压力促其这样做表示惋惜。这一声明颇为引人注目。根据合众社从伦敦发出的电讯,这位发言人说,英国历来主张,在有足够规定数目的缔约国批准对日和约以前,在日本恢复主权以前,不应对日本施加压力迫使其同意对其他国家的政府履行同样的义务。这位发言人说,日本政府只应按照本身的利益作出最后决定,并且说,英国从来没有要影响日本的企图。至于伦敦的外交界,他们全都感到日本这项决定实际上是对英国远东政策的一个打击。对此,国务院的答复是由其发言人发表一项声明说,日本已经声明,它是基于自己的利益而不是由于受到美国的压力才作出这项决定的。它还公布了杜勒斯对吉田的答复,杜勒斯在答复中说,吉田这一明确声明将会澄清一切误解。(见附录十四。)

《纽约时报》从东京发出的一则电讯报道说,所有英联邦各国政府对吉田信件的反应都是不赞成的。这则报道还说,根据观察家的意见,吉田信件是私人信件性质,丝毫不能约束政府的行动,况且,日本国会才有缔约的最后决定权。

我于1月17日向外交部拍发一份电报,报告各种反应的要点。18日又发出同样性质的电报一份,报告某些新发展。那天上午《纽约时报》刊载一则东京电讯报道说,除了自由党的干事长赞扬吉田首相的中国政策以外,日本其他各政党、日本新闻界和工商界全都表示反对。主要论点如下:(1)吉田为了获得美国参议院批准对日和约,贸然放弃了日本在中国的商业地位;(2)吉田作这样的保证失之轻率,其个人行动既未获得全体人民的同意,也未获得日本国会的赞同;(3)吉田所作声明含糊不清,日本恢复独立后所承担的义务,其确切性质如何也含糊不清,不易解释。日本一家新闻机构甚至说,不同共产党中国进行贸易,肯定会推迟日本的经济复兴。

《纽约先驱论坛报》刊载一则从伦敦发出的电讯也令人注意。它实际是说,英国的舆论觉得,吉田信件使解决远东问题的各种方法变得模糊不清,并将使共产党中国同苏联的关系更加密切。

同一天,1月18日,我收到叶公超就吉田关于双边和约问题的信件发表的正式声明的副本。内容如下①:

> 已在东京发表之吉田首相致杜勒斯先生关于中日媾和之函件,足使关于此问题之误解得以廓清,该函并对日本将与各自由及民主国家之阵营协力维护世界和平及安全之意愿,有所阐明。
>
> 我政府曾一贯主张对日媾和应从速实现,且曾与其他盟国为此目的而共同努力,中日和约之缔结,已遭遇不应有之稽延,中国政府现准备随时与日本政府开始商洽,俾和约得以早观厥成。
>
> 日本政府对于现在占据中国大陆之奴隶共产政权及一九五〇年在莫斯科签订之所谓中苏友好互助同盟条约之真相,均已完全明了,我政府对此殊感欣慰,日本政府复表示将尽力协助联合国制止侵略之措施,对于此点,我政府亦表

---

① 声明原文转录自台湾出版的《中华民国年鉴(民国四十一年)》第342页。——译者

欢迎。

叶外长在同时发来的电报中通知我,该项声明已由外交部于当天中午一时发表,叶本人并约蓝钦来外交部谈话。他告诉蓝钦:

(1)我们深切感谢美国对我们与日本谈判条约一事所给予的协助,特别感谢杜勒斯先生所作的努力。

(2)几天内,我们将在多边和约的基础上拟出双边条约草案,并将副本送达美国方面征求意见。我们希望美国方面给予支持,并望美国将给予支持一事通知日本政府。在实际同日本谈判期间,我们将把进展情况随时通知美国,并且希望,如果遇到困难,美国作为对日和约的主持者,将行使其调停人的职责,俾谈判尽早完成。

(3)我们仍然主张双边和约应在多边和约生效前签署,但是考虑到美国方面遇到的困难,我们——尚属绝对需要——将不再坚持两个条约同时生效。

电报的第二部分很短,但却饶有兴味,它说为了能使日本方面任命一位政治上高职位的人,作为到台湾讨论和谈判和约的使节,我们打算透露这样的消息,即如果日本方面向台湾派出一名职位高的人,我们将任命张群将军为中国方面的谈判代表。后来的电报更正了这个说法,而是说,我们将透露,我们也将特别任命一位高职位的人进行和约谈判,但是我们撤销这样的指示:即中国政府已决定任命张群。电报还说,如果有人问及此点,外交部打算以“无可奉告”作答,并希望我作同样回答。

1月22日午后不久,我请董显光到沃德曼花园饭店午餐,因为我自己的厨师病了。我们交谈了情况。他已会见了参议员诺兰。诺兰告诉他,对日和约将会得到美国参议院的批准;他对吉田关于日本打算同台湾国民政府缔结和约一事致杜勒斯的承诺具有保证性质表示十分满意。然而,董显光和我一致认为,如果吉田政府垮台,他就此事给杜勒斯的保证可能不会被新的日本政府所承认。但是我们感到眼下他(董)已不再需要去国会会见任何人。

下午晚些时候,公使衔参事陈之迈带了有关的传闻进来。他说有些共和党参议员正在考虑准备在对日和约中加上某些附加条款,特别是有关同国民政府缔结双边和约的条款,因为一旦参议院批准了多边和约,也将失去对局势的控制。日本一旦再次成为自由和主权国家,就可以不履行它的保证,因为吉田对杜勒斯的保证,按照杜勒斯的说法,不能约束日本政府。它属于一种非正式的个人谅解的性质,并不意味着是一种国际义务。

外交部另一份电报通知说,蓝钦曾于 20 日拜会叶部长,转达了国务院对外交部所陈述的意见的两点回答。第一,美国政府一贯主张,日本和其他国家的双边条约可以在多边条约生效前谈判并草签,但是正式签署却不能稍早于此。第二,关于适用范围问题,美国现在认为,单方承担义务的条款是可取的,这样可以避免将来日本可以扩张领土的含义。外交部在电报中说,部长在同政府磋商以前暂不表示个人看法。

1 月 25 日,台北政府通过驻东京代表团表示正式同意日本 1月 10 日的建议。那一天,日本政府同中国驻东京代表团非正式接触,建议并要求我们履行盟军最高司令部准备的 1951 年 9 月备忘录。该备忘录打算扩大当时尚待在台北建立的日本海外事务所的职权,这样就使它的职权不只限于商务和日侨方面,而是包括所有涉及中日双方的一切事宜。后来,1 月 19 日,外交部用电报通知我说,我们已对日本建议表示同意,有关此事的交换照会正由中国代表团准备中。

中国驻东京代表团于 25 日递交日本政府的照会定稿,包含下列各点:

(1)上述事务所的职能将包括所有涉及中日双方的一切事宜。

(2)上述事务所能直接同我国政府交往。

（3）上述事务所能使用外交密码和外交邮袋。

看来我们发出这一照会是决定性的征兆,定为日本依照国际惯例采取具体实际步骤开始谈判中日和约铺平了道路。

二、谈判、缔约和批准

1952 年 1 月 26 日—8 月 5 日

1952 年 1 月 28 日,接叶公超外长急密电报。日本外务部门派官员通知我国驻东京首席代表何世礼将军,日本政府已指定河田烈为全权代表和特使前来台湾同我方谈判和约。日本外务部门要求我方同意,并希我方对此事暂予保密。但正当我方考虑这一通报之时,吉田茂突然在日本国会(26 日)宣称:日方只打算同我方签订友好条约,并说这一步骤或行动并不表示承认国民政府代表整个中国。

叶外长说:这一声明极须认真考虑。他立即(27 日)请美国代办电告美国政府,要求特别注意吉田茂上述声明,弄清吉田声明的真实意图后告诉他(叶)。美国代办说:他业已向华盛顿发出此项要求之电报,但尚未接到答复。与此同时,我方采取了下述立场:河田前来台湾如果为了谈判和约,我方自当欢迎;如果只打算谈判友好条约而不是和平条约,则我方只能另作考虑。叶外长还说:这就是他们现在处理此事的立场。并征求我的意见。

我在接到外交部进一步通报情况的另一份电报后,于 1 月 31 日发出急电,原来外交部于 29 日电告驻东京的何世礼将军,指示他约请日本外务部门负责中国事务的官员进行一次谈话,在谈话时,他应就有关日本政府打算派遣河田前往台湾谈判和约一事口头表示,我方政府乐于接待。但希望能请日本外务部门书面声明下述两点:

（1）河田是日本外务省指派的全权代表,并率有一批助手前来台湾。

（2）授权河田与我方谈判并签订一与旧金山和约相类似的双

边和约,只须日本国会批准即可生效。

外交部并要求何世礼,一俟收到日本政府的前述通知,即表示妥收无误,同时以中华民国名义书面表示同意,并在东京公布此事,时间与台北公布时间取齐。

我在电报中说:自未能参加对日多边和约之日起,我方一直坚持日本应与我国政府谈判并签订与多边和约相同的双边和约。但吉田在日本国会宣称,日本打算与我方缔结、签订一友好条约。尽管这一名称未必出自任何不良意图,但其含义仍然不同于和平条约,这对我方殊为不利,我方不应把它视同和平条约。不过,我说,外交部即已电告何世礼要求日本外务部门书面声明河田前来台湾的身份及其职责权力,这足以弄清楚日本方面的真实意图。我请外交部于接到日本外务部门的答复后立即电告我。

接着我说,据吉田致杜勒斯的信中所说,日本政府准备在多边和约所体现的原则基础上,谈判缔结恢复我们两国正常关系的条约,意思指的是和平条约。我还说,我打算最近就前述各点同美国方面进行讨论,探明国务院有何反应。

实际上,未待我有机会在华盛顿研究这个问题,就在我发出电报的同一天,即1月31日,吉田给何世礼送达了一份照会,要点如下:

(1)河田烈将作为全权代表派至台北谈判与"旧金山和约"所确立的原则相一致的结束战争状态、重新建立正常关系的双边条约。

(2)将授予他以签订双边条约的全权,该条约只须经过国会通过即可生效。

(3)将有一名外务省成员陪同前往。

次日,2月1日,政府授权何世礼答复如下:

(1)中国政府谨申明:1月31日日本照会中所用"双边条约"一词应理解为意指中日两国间"和平条约"。

(2)在上述谅解的前提下,中国政府同意日方指派河田烈先生为全权代表。

与此同时,在台北,叶外长交给蓝钦两份由外交部草拟的中日和约草案英文文本,还给了他两份我方草案与旧金山和约逐条对照表,另有一封信,请蓝钦把草案转送美国国务院,以便国务院对此发表意见并给予支持。信中并要求国务院把美国的支持态度通知日本方面。

叶外长还要求蓝钦把英文文本和对照表各转一份给我,并附代电一封。但最后,这封密封的代电又从递给蓝钦请其转交的信袋中取了出来,因为蓝钦解释说:这将使他处于尴尬的地位。至于其他文件,2月8日经国务院送达我手。我派谭绍华前往国务院致谢。(送给我的那份草案文本见附录十五。)

那时,我已再次从外交部听到关于中日条约的大致情况。电报说,蓝钦公使曾于2月2日和5日两次拜访叶外长。在2月2日他告诉外长说,美国驻日代表团团长西博尔德会见了日本外务省次官。同他讨论了双边和约的公开名称。2月5日,蓝钦又说,西博尔德会见了冈崎胜男(日本国务大臣、内阁官房长官),也同他讨论了这个问题。他获悉,日本方面担心,如果日本同意将条约称作和平条约,我方或许会坚持这个条约应适用于整个中国。西博尔德向冈崎解释说,吉田写给杜勒斯信中所说的关于条约适用范围的方案,可能成为,或者说应当成为谈判的基础。于是冈崎答复说,如果中国政府同意,河田将于本周末或下周内前往台北。

叶部长告诉蓝钦,从我方来说,我们最初很难接受关于条约适用范围方案中所说的观点,最后接受了这个观点,只是基于这样的谅解,即双边条约是和平条约,而不是友好条约。而且,我们理解,这个方案将不写入和平条约的正式文本。他请蓝钦把这一情况告诉西博尔德,以便西博尔德把这一点向日本方面说清。蓝钦同意照办。

在电报的结尾,外交部又说,授权何世礼给日本政府的复照,其中第一点措词已经修改为:中国政府谨申明:复照中所指出的"双边条约",应理解为(不用"意指"字样)"和平条约",等等。电报还说,前述复照已于 1952 年 2 月 4 日递交日方。

2 月 9 日,日本驻台湾海外事务所所长木村赴东京商量问题后返抵台湾。叶外长同他进行了交谈,并从中获知,即将谈判的条约如果超出吉田致杜勒斯信中所说的范围,日本政府会感到有很大困难。日本自由党在日本国会的参议院中并不占多数,日本的公众舆论十分关心条约的名称及其内容。如果称之为和平条约,他们担心会过分增加日本的担子。因此,尽管拟议中的条约不会太远离旧金山和约,但在谈判一开始就决定应赋予此条约以何种名称,则易遇到困难。

叶外长回答说:我们能够理解吉田的困难。不过,有关条约实际适用范围的方案能够减少以至消除所说困难。我们原先根本无意考虑这类方案,最后这样考虑正是为了照顾日本方面的困难。而且,叶说,中华民国与美国之间以及美国与日本之间多次磋商的结果,已经达成一项口头保证,即多边和约将成为双边和约的模式。这是我方的明确理解,要修改我方的理解对我们将非常困难。于是,木村说,吉田致杜勒斯的信中,并未将该条约称作或指为和平条约。不过,他坚信双方代表在实际会晤之后一定会找到满意的解决办法。

两天以后,叶外长约请木村到外交部,并递给他一封信,请他转交日本政府。信中说,我们同意河田前来台湾谈判条约乃是基于前次照会中所说的谅解。如果未向河田授予实现这一谅解的全权,双方代表于会谈伊始即可能遇到严重困难。

这封信的副本随即于 2 月 12 日递交蓝钦并电告我知。电报并通知我说,河田已定于 2 月 16 日抵达台湾。2 月 12 日,《东京新闻》公布了日本赴台代表团的全部名单。杨云竹公使衔参赞一直密切观察日本报界对这一问题的反应。他注意到河田随员中约有一半人过去同日本对台政策或主管台湾事务有关。

杨公使还递给我一份备忘录,内录日本报纸的有关评论。要点如下:

(1)日本报界注意到,吉田对问及拟议中的中日条约内容者拒绝给予直接答复。2月6日,他说日本为了建立邻邦关系,准备缔结条约,但不能说明将缔结什么条约,因为这样可能影响谈判。

(2)关于赔偿问题,报界报道说,冈崎在答复是否将向国民政府支付任何赔偿时仅说,此问题在谈判中。他还说,即使有方案草案,他在此际也不能说出内容。

(3)关于台湾承认该条约将是有限度的和约问题,日本报界刊登2月6日发自台北的一则电讯中说,谈判中最重要的问题是日本之与国民政府谈判缔结一有限度和约的意向。该电讯说,虽然国民政府将努力奋斗,但政府内部接触这方面情况的人士感到,即使日本在这一点上不作让步,不放弃自己的意向,大概国民政府也不致搞到谈判破裂。

(4)至于和约的命名,也是报界感兴趣的题目。河田的正式称谓和任务,据2月6日《东京新闻》报道,是谈判友好条约全权代表。国民政府的立场则如该报2月12日报道,是要坚持称条约为和平条约,该报说,尽管叶外长已再次与木村作了会谈,但迄今为止,双方未曾达成任何协议。

关于赔偿问题,该报说国民政府打算加上一条,即保留在收复大陆后要求赔偿的权利。不过,报道指出,此种赔偿的范围涉及战争开始的日期,这是需要谈判的另一个问题。报道并称,双方已达成协议,即双边条约应与多边条约同时生效。

(5)关于日本不同意在条约上列入一项有关琉球群岛托管条款,日本外交评论家田村(音译)在日本经济杂志《东洋经济新报》(周刊)上曾著文,要求美国参议院考虑琉球群岛的托管问题。主要论点为,琉球群岛既有古老的传统,又有先进的文明,因此,应不同于对落后地区的托管。既然美国实际要求的是在琉球群岛建立军事基地,它可运用在菲律宾等地所创的先例,将琉球群岛的领土作为同类基地使用,而无需要求对琉球群岛拥有主权。

张群将军显然是为了支持我们对条约性质和内容的看法,于2月13日接见了《东京新闻》一位记者,以便向日本当局和公众进行解释,鼓励他们同意中国方面递交给日本的方案。因为日本当局和公众对张群是比较熟悉的。关于中国方面坚持"和平条约"这个名称,他说,既然河田前来已被确认,那么,这个问题想必已为日方所理解。关于台湾和澎湖列岛的领土问题,他说,这不过是一个技术问题,既然旧金山和约未作任何明确的规定,日本当然可以陈述自己的观点。

关于战争开始的日期,他说这是难以解决的。他本人认为卢沟桥事件(1937年7月)标志着中日战争的开始,1942年的宣战只不过是个形式和确认问题。关于赔偿的原则,他说,我们应以旧金山和约为基础。关于大陆上所遭损失的赔偿问题的解决,他说这也不过是一个技术性问题。他实际上是说,一旦缔结和约这个基本问题解决了,其他悬而未决的问题都只不过是次要问题。

《东京新闻》2月15日发表的一篇社论对日本为什么要回避和约这一术语作了明明白白的解释,社论指出,张群所说的这个基本问题是不易解决的。社论说,据来自日本外务部门的消息说,中日两国政府都认为缔结条约有好处,因此,毫无疑问,这个条约终将缔结,但是,条约的形式及其详细内容仍有待于调整。日本外务部门估计,该条约可能在两三周内签订。但存在一个争议的基本问题。日本方面认为,所要缔结的条约的名称有问题,尽管实质上承认它是个和约。这是因为,如果称作和约,就会发生严重的法律问题。

社论解释说,日本很重视国民政府实际统治的领土,这个问题由于主权与实际统治情况有区别,日本希望避免对主权作任何规定。社论说,日本外务部门预料这个基本问题一开始就会提出来讨论,并且预料将经过一番曲折方能解决。换言之,日本并不十分关心条约的名称,它真正关心的是对条约的基本态度。因此,社论的结论说:如果这个基本问题解决了,(所谓解决,他们意指双方同意按实际情况达成一致意见。)那么,下述四个问题将不难解决:(1)台湾和澎湖列岛的归属;(2)对大陆上战争损失所负的责任;(3)战争的实际期间;(4)条约适用范围的规定。

20日,该报社论更加直截了当地说明了日本的立场。其要点为日本不能断绝与大陆的关系。

(1)关于吉田给杜勒斯的信,社论说,吉田采取如此重要的决策时未曾咨询公众意见而擅专决定,日本国民对此感到不满。尽管如此,日本国民决无反对与国民政府恢复友好关系之意。

(2)社论说,日本的基本态度是,应当有一个有限定范围的和平。就国民政府威信而言,此点自然不能使其满意。不过,在与国民政府谈判缔结条约时,并不可能解决中国问题。它甚至可能引起更严重的问题,因为,承认国民政府代表整个中国,日本与大陆恢复友好关系的希望就会减小。

(3)社论说,吉田方案不仅使英国不满,而且也不能使美国完全满意,如果国民政府对实际情况采取冷静而客观的态度,便应能理解这一点。日本不能只因希望获得同台湾的关系而失去中国大陆,因此,台湾所接受的东西必须是大陆同时也能接受的才行。如是,吉田信中实际上讲的是:"日本政府终愿与中国有一全面之政治和平与商务关系。"这就是日本方面的理解,应当慎加注意。它的意思是:不切断与大陆的关系,这是日本所能接受的最低方案。

(4)社论最后说,这一最低方案不能退让。如果这次不能缔结条约,日本可以俟诸来日。

这就是叶外长先同木村,后来又同河田在台湾多次举行会谈的背景。2月13日晚间,叶外长和木村第三次会谈。叶对他说,我们,从我方来说,目前的理解是河田先生的任务是同我们谈判、缔结并签订具有中日双边和约性质的条约。如果交换全权证书时出现了河田先生未被授予全权实现前述谅解,那么,他(叶)担心谈判一开始就会引起困难。木村回答说,修改全权证书的文本,对日本说来是一件十分严重的事。担心实际将无此种可能。他问道,除了修改全权证书的文本之外是否有可能考虑其他方法以弥补局面。

叶外长随即向总统作了报告,结果总统决定:如日本能以书面说明全权证书中不足之处,我方可不坚持修改全权证书文本本身。于是,叶外长请木村于 14 日晚再次来外交部会见,通知了他前述决定。叶提议由日本政府提出一份补充文件,说明河田前来台湾谈判签订的乃是个和平条约,用以澄清全权证书含义。木村说,他虽未收到政府对此的任何指示,但他个人愿意提议,这个补充文件采取某种形式,比如,吉田答复我国政府 11 日书面通知时也采用 11 日同一文件的形式,以书面确认河田的使命为与我谈判签订和约,他问我们能否接受这种形式。部长说可以,木村当即同意电请东京指示。

外交部 2 月 15 日的来电通报了全部情况,此外还说到,当日(2 月 15 日)行政院会议决定,任命叶外长为我方全权代表,外交部胡次长任副代表。另一份比这一份早几小时拍发的外交部电报,则嘱我注意驻东京的西博尔德拍给台北蓝钦的电报,这份电报是蓝钦转告外交部的。

据西博尔德的电报说,日方在河田进行谈判的过程中,最终将同意使用"和平条约"一词。不过,日本政府沿用吉田致杜勒斯信中使用的提法,已在国内和国际上一直使用"友好"这个词,因此,很不愿意在当前改称和约。因为,这将给予反对党以口实,在国会中攻击政府。

蓝钦先将西博尔德所传信息转达外交部,然后又以个人身份说,他本人也愿意奉劝我们不要试图把全权证书的名称改为"和平条约"。他感到,我们应当等河田来到台湾,以便观察日本是否确有诚意。如果缺乏诚意,那么从我方来说,我们可以不进行谈判,而破裂的责任不在我方。蓝钦还指出,华盛顿美国政府的观点必定与西博尔德的观点相同。

当日午后稍晚,我召集谭绍华、李惟果、杨云竹开会,讨论我方对日双边和约草案。杨是我在日本问题方面的主要助手,他提出了赔偿、权利要求和债务问题;谭则提出我们应建议写上一条明确规定台湾人的国籍为中国国籍的条款。我说,这些问题不妨以后在协议中加以处理,目前则应集中力量推动解决双边和约问题,而将这两个问题留待会后谈判议定。我解释说,如果我们坚持现在就在双边条约中解决这些问题,也许我们会输日本一筹,因为日本由于一方面害怕赤色中国,另一方面又担心在国会中受到日本企业界和反对党的抨击,对缔约一事仍然犹豫不决,并不急于求成。李惟果和杨云竹都同意目前决不能给日本以任何借口来拖延条约的完成。

两天后,河田启程前来台北。离国前他接见了新闻记者,杨云竹为我摘其谈话要点如下:(1)他希望谈判条约的工作得以在一个月内完成。(2)他对谈判的结果既不抱悲观态度,也不抱乐观态度。(3)关于条约的名称,他并无成见。(4)他说日本已拟就条约草案。(5)他说拟议中的条约,其内容越简单对双方越有利。在摘要的结尾,杨附了摘自日本报纸的一句引语,概括了日本报界对日本与台湾缔结条约的政策的态度,原文为:"凡涉及中国大陆而国民政府目前无法处理的事务,将不在条约中作出规定。"

2月18日,河田同他的谈判对手叶外长第一次会晤,他对叶外长说,他被授予全权签订条约,不论条约的名称如何。他还说,这一点可以立即被认为是双方代表间的谅解,双方全权证书的文本及其范围也可以认为在上述基础上已获得一致。他解释说,全权证书中有关结束战争状态和重修正常关系的两个用语,是为了适当照顾公众的感情,也考虑到日本同英联邦各国的关系。他还说,他这次前来台湾,不仅希望恢复两国间的友谊,而且要为将来的关系消除两国间的误会,增进亲密和相互关怀的感情。随后,双方作出决定:19日午后三时双方互相校阅全权证书,20日上午十一时正式开始谈判。

外交部电报通知我,证书问题已圆满解决,河田口头保证,他有权谈判和约。然而,2月19日吉田关于主权问题的声明却使政府感到十分愤慨。电报说,他们甚至曾考虑暂停条约的谈判。

吉田是在国会众议院辩论中答复质询时发表上述声明的,他那番话实际上是在宣布,日本同台湾的关系应当以他写给杜勒斯的信件为准。日本并未承认台湾代表整个中国,也并未把国民政府看作是足以支配全部领土的政府而与之谈判建立同中国的友好睦邻关系。(这就是说,他们不能把对台湾的行动看作是对整个中国建立友好睦邻关系的努力。说得直截了当些,他是说国民政府并非中国的合法政府。)

据外交部电报说,20日和谈会议开始时叶外长正式向河田说,双方负责当局应绝对避免发表可能伤害或刺激对方感情的言论。至于暗示说我们只不过是一个地区性政府,对这样的言论我们尤感愤慨。河田表示同意遵守,不再发表此类言论。双方代表都发表了演说,我们向河田递送了一份我方草案,以便他有时间加以研究。双方并同意尽快确定下次会谈的时间。

与此同时,叶外长请蓝钦转请驻东京的西博尔德警告日本不要发表有如吉田声明之类的言论。外长还电示何世礼设法将吉田在国会答询的全文抄送外交部,以便加以研究并采取行动。

2月23日,河田由木村陪同来到叶外长官邸交谈。谈话持续四个小时。交谈的主要点已由外交部综合告我。河田说:

(1)我方条约草案过分以旧金山和约为基础。既然我方未参加旧金山和会,在他看来,不照抄上述和约更能维护我方尊严。他指出,日本和印度谈判中的双边和平条约只有十条。基于上述理由,他说,中日双边条约应力求简洁明确。

(2)日本希望迅速同我方缔结条约,以便能在反对共产主义中进行合作。

(3)此条约是否称作和平条约,取决于其实质,应在以后确定。他本人当然不反对称此条约为和平条约,但他宁愿不讨论此点,而先仔细谈判条约内容。

(4)他希望我们另提出一份条约草案,或由日本政府另行准备一份条约草案,作为谈判的基础。

(5)日本政府并不把我国政府视为地方政府,否则毫无必要指派全权代表前来谈判条约。日本政府承认我对大陆的主权,但是希望我们也承认已失去对大陆的控制。他说,日本方面对此颇为重视,并视之为决定未来中日关系的一个因素。

综观河田谈话,叶外长认为,它表明日方只希望同我缔结友好条约,一笔抹掉中日间过去的关系。为此,部长对河田说:

(1)除非日本政府承认我为对日作战的盟国一员,承认我对大陆的主权,除非日本同意将条约写成和平条约并接受草案中有关和平的条款,谈判和讨论都将是徒劳的。

(2)我方从与美国的会谈中所获得的理解是,中国和日本将谈判双边和平条约。杜勒斯一开始就坚持,中日双边和平条约应以旧金山和约为基础。日本方面不要指望我们会以盟国的地位而接受一个空洞无物的条约。

接着叶外长提议在开始正式谈判前,先就拟议中的条约名称及我方草案中有关和平的各项条款设法达成协议,作为讨论的第一步。河田答称,他将用些时间考虑这些问题,然后再同外长进行讨论。

2月25日,叶外长约见蓝钦,告诉他同河田谈话的性质,请他电告美国政府支持我们所提出的条约草案,并将此意见通知日本政府。蓝钦同意照办。

同一天,我去纽约拜访了蒋廷黻。我们谈了很久,意在交换情况,他主要告诉我有关联合国的情况。我对他说了关于毛邦初案件、美援问题以及对日和约问题。说到对日和约问题,我说谈判已在台北开始,但并非没有麻烦。

当天傍晚,我乘火车返回华盛顿,次日,与董显光共进午餐。

他正要前往纽约,从那里首途返台,在作出无限期推迟"毛案"调查委员会的工作,以观起诉进行情况的决定后,委员长同意董显光回国。董显光说,行政院秘书长黄少谷也邀他出席中央社管理委员会会议,但他不克按时抵台,因为他希望在东京呆上几天,董夫人现正住在那里。

前一天晚上,他去看过参议员诺兰,探询美国是否批准旧金山和约。诺兰告诉他,对日和约将于3月中旬左右提请参议院审议,没有问题将获通过。诺兰参议员希望我们能在美国参议院通过多边条约之前在文字上完成同日本的谈判,因为他担心,如果不能完成,日本会试图拖延以至无限期地搁置双边条约,并且把拖延的责任归之于中国。他说,如果双边条约哪怕不能正式签订,但是已经草签,那就不虞日本阻挠了。否则,诺兰感到,日本甚至会把谈判失败之责归咎于国民政府,而美国人民也可能持相同见解。

董走后,我拍电给叶外长,报告董与诺兰交谈情况。我还按董的要求,请叶把交谈内容报告总统府秘书长王世杰,供总统察阅。

3月3日,我再次从外交部获悉关于条约谈判进展的消息。前一天下午举行了和约第二次正式会议。河田表示同意我方所提草案中关于结束战争状态的第一条第一款,并同意了"和平条约"的名称。但是,他同时解释说,条约内容应当简洁明确,以适应当前情况;条约并应对中日未来的合作作出明确的贡献。

日本代表团也向我方递交了日本政府拟定的条约草案,但是外交部电报说,我方草案将继续作为谈判的基础。据外交部电称,日方草案只包括六条,其要点如下:

(1)中国和日本将结束战争状态并恢复正常关系。

(2)中国和日本将遵循联合国宪章的原则进行合作。

(3)在旧金山和约中,日本已放弃台湾和澎湖列岛。我方与日方对处置台湾和澎湖列岛财产、资产等的要求将按公正的和公平的原则加以解决。

（4）在我方控制下之领土内的日本侨民和居民，应准许其按照法律和法令之规定在对方领土旅行和居住。双方在对方领土中有关关税、航运、进出口货物、财产权利以及作为法人参加活动等方面，均享受最惠国待遇。

（5）在条约实施后四年以内，双方均应实现给与民用航空权和无线电通讯权。

（6）本条约适用于目前及将来在我方控制下的全部领土。

事后，外交部来电（3月5日）详述了日方草案。电报说，日方条约草案把对方仅视作政府而未视为国家。而且，草案的各项条款，其性质几全为通商友好条约的条款，并且只涉及台湾和澎湖列岛上的我国国民。有关大陆上我国国民权利的规定，则只字未提。因此，上述草案虽只供我方参考之用，但却彻底表明了日本同我方缔结条约的真实态度。

电报又说，经过几天讨论，日方代表同意了条约的名称.关于适用范围，日方表示理解我方立场，此类条款将不列入和约正文。我方表示，必须坚持保留第二十一条为我方草案的主要条款，因其关系到我们作为盟国一员的地位。如果日本接受了这一条，则我方居于盟国地位而有权享受的一切权利均将得到保证。至于一些对我国利益无直接关系的条文，我们准备考虑删简，以期早日缔结中日和约。

基于上述考虑，叶外长告诉我，他已在行政院长4日召开的讨论对日和约的委员会会议上提出议案。决议对我方草案修改如下：

（1）第一条第二款和第六、九、十八、十九各条，必要时可予删除。

（2）第二、三、四各条可以修正。

（3）第十一条原则上可由日方和约草案第五条代替。

（4）原有文本中其他各条均应保留。

电报说,上述各节亦经蒋介石总统于 4 日批准。

5 日,叶外长接见蓝钦公使时,亲自递交他一份备忘录,其中说,上述决定是我方对日方的希望与期待所作的最大限度的让步,并请求美国方面:(1)向日方表示,中日和约实质上应与旧金山和约相同;(2)表示支持我方上述让步立场;(3)向日本政府最有效地施加影响,俾中日和约早日缔结。同时外交部来电说,日方条约草案的英文文本已送美方参考。

会见时,部长并要美国代办请美国方面对备忘录绝对保密,不使日本有任何机会获知此备忘录。部长还告诉他,我方无意与日本达成秘密协议,签订可能有损我方威信或地位的条约,他强调说,日本方面必须接受我国作为盟国一员的地位。美国代办说,他充分理解我们的立场,并当密报国务院。

仔细阅读了外交部的电报后,我在我手头那份我方条约草案上批示,请谭绍华为我准备一份对照表,以供我进一步研究我们打算保留或删除的各点。谭在制表时须参阅 3 月 5 日第 218 号来电和前些日子即 2 月 19 日收到的第 193 号来电。前封电报通报决定删除关于日本和日本侨民义务的第十二条甲款丑项二目五节,因其可能影响对台湾和澎湖列岛中日本利益的处置。

一周后,美国参议院即将就批准多边和约一事进行表决。为此,陈之迈拜访了参议员诺兰。诺兰询问了中日和约谈判进展情况。我在听取了陈的汇报后向外交部报告说,诺兰参议员对日方的拖延态度感到非常不满,但他也告诉陈:美国参议院即将讨论批准条约的问题,他估计不会发生什么困难,可是如果像他估计那样旧金山和约获得美国批准,他担心日本对我们的态度更不利于我们。他要求我们慎重。

这时候,台北的谈判又出现了某些进展。据外交部 3 月 19 日电,谈到双方在 3 月 5 日至 7 日三次非正式会谈,逐条讨论了我方草案。结果,3 月 12 日叶外长与河田会见时,河田提出了一份全文包括十三条的新的条约草案和一份互换照会的草稿,供我方

研究考虑。电报在总结日方草案的内容时说,现已清楚,对我方条约草案各项规定一般已达成协议,惟以下诸点除外:

(1)第十条关于商务:日方提议以对等互惠为基础并扩大其范围,包括国民的出入境和居留在内。我方准备对日方立场在一定程度上表示同意。

(2)第十一条关于民用航空运输:日方对此亦提议以对等互惠为基础。我方考虑到此项规定与我方作为盟国一员的地位有关,故仍坚持我方原拟草案中的提法。

(3)第十二条关于赔偿:日方坚持,根据旧金山和约第二十一条,我们有权按照第十四条甲款三项规定以没收日本财产和资产作为赔偿,但我方对赔偿之要求即应认为业已满足而不再提出要求。我方认为以日本人的劳务作为赔偿有巨大的重要性,因而仍坚持我方草案第十二条中的原文。但我可在另一议定书中规定,以劳务支付的赔偿留待我方收复曾受战祸地区后再作明确规定。

(4)第十三条关于财产等的归还,第十五条关于司法上诉,以及第十七条关于日本放弃因战争而产生的权利要求:日方提议全部删除以上三条,我方准备同意。但应以议定书规定,倘出现任何涉及此三项条款的事端,应按照旧金山和约类似条款处理之。

(5)第十四条关于日本财产和资产的处置,以及第十六条关于战前的契约性债务:日方提议删除,我方准备表示同意。

(6)第二十一条关于最惠国待遇:日方打算放在拟议中的互换照会第二号中处理,其中将简单说明,凡本条约中未作规定但可按旧金山条约处理或解决的问题,均将按该条约处理。但从我方来说,我们将第二十一条视为我国与其他盟国享有同等地位的保证,因此不可轻易同意删除或修改,为此我方仍坚持原文。

电报接着谈到条约的适用范围问题。电文说,最近的日方草案规定,日方将在互换照会草案的第一号中表示同意下列写法,即:日本政府承认,本条约适用于现在及将来在我方控制下之领土。我方原先只同意记入经双方认可的记录。但在 3 月 17 日举行的第九次非正式会谈中,我方已同意采用互换照会的方式,惟措词仍须讨论修改。我们提议约定:"本条约应适用于双方全部领土。但鉴于我国部分领土目前为共党占领,上述条约就我方而言,适用于我方目前控制或将来恢复控制之领土。"

电报最后说,所有前述各点,除有关条约适用范围外,均已写入 17 日致蓝钦的备忘录中,请其电告美国政府努力影响日方,俾使谈判早日完成。

就在第二天,3 月 20 日,美国参议院以 66 票对 10 票批准了旧金山和约,以 58 票对 9 票批准了美日安全条约。和约须经杜鲁门总统签署,并须由美国正式交存批准书,方算完成批准程序。

但是,对日本来说,促其在台北达成协议的压力,肯定因当日参议院的表决而大为减轻。

3 月 27 日,外交部通知我,经过最近几次谈判,并经我方慎重考虑,我方已采纳日方某些观点,重新起草了我方条约草案。新的文本包括十四条,这些条文的主旨如下:

(1)规定终止日本和中华民国之间的战争状态。

(2)承认日本遵照旧金山和约第二条之规定,放弃台湾、澎湖列岛以及南沙群岛、西沙群岛。

(3)规定以日本为一方,以台湾和澎湖列岛为另一方之间的财产问题,留待两国另订协议解决。

(4)确认中国和日本间前所缔结之一切条约不再有效。

(5)规定日本承认已遵照旧金山和约第十条放弃一切在华特权和利益。

(6)规定依联合国宪章第二条所载各项原则确定中日间的一切关系。

(7)规定中日两国按照联合国宪章之原则进行合作。

(8)规定两国将另行缔结商务条约及贸易协定。

(9)规定两国将另行缔结民用航空运输协定。

(10)规定两国将另行缔结捕鱼及渔业协定。

（11）关于本条约中台湾和澎湖列岛国民之定义以及上述地区法人之定义。

（12）规定除本条约已作特殊规定者外，日本还将遵照其在旧金山和约中对盟国之承诺。对中国提供并承诺最惠国待遇，惟不得损害该条约规定日本应享之权益。

（13）规定以谈判或其他和平方式解决一切争端。

（14）关于和约的批准和生效。

还有三组互换照会。第一组关于本约的适用范围，措词与1951年9月26日我方递交美国的草案相似，但加了一句话：中国之主权范围包括整个中国领土，前述中日间之约定，对此当然不发生影响。换言之，此条大致应为：本条约，就中华民国一方而言，将适用于现在或将来在中华民国政府控制下之全部领土。不言而喻，中国之主权包括整个中国领土，前述约定对此当然不发生影响。

第二组互换照会是关于我方在日本的航海权利，并声明旧金山和约的规定可以适用。第三组适用于1948年和1949年被扣日本渔船悬案，并声明本条约的规定可以适用，但仍将通过谈判寻求上述悬案的解决方法。

此外还有议定书草案一份。第一点涉及我方条约草案第十二条，内容如下：

（甲）关于在日本财产之归还，凡现属于我国政府之财产，应视作我国政府财产。

（乙）关于旧金山和约中所载日本将于何时履行何种义务之不同时限，凡有关我国领土任何地区任何义务之实施日期应自本条约生效之日算起。

（丙）日本承认其赔偿之义务。我方亦承认日本无力作出全部赔偿。为此，我方接受旧金山和约第十四条规定之权利及义务，宣布放弃以劳务进行赔偿之要求，但日本在伪政府领土上所建大使馆、使团之财产，不得视为没收处理之例外。

协议书草案第二点说,旧金山和约第十一条和第十八条不适用于我方情况。关于通商及航海,双方将在对等基础上提供最惠国待遇,并将旧金山和约的有关规定写入此处,以供参考。这句之后又加了一句话,规定上述安排的有效期为一年或一年以上。

外交部电报通知我上述种种之后说,所有草案已于 3 月 25 日举行的非正式会议上递交日本全权代表。日方说,原则上它认为一般不致有问题或困难,但互换照会中有关条约草案第十条及有关适用范围的词句须请示日本政府,日方并说,关于我方在日本航海权的协议,可采取声明的形式写入双方认可的记录。因此,我方正等待日方代表听候政府指示中。

3 月 28 日,河田拜访叶外长,声称日方不能接受我方最近的草案。他递交叶外长一份修订文本。据部里 3 月 29 日来电说,最重要的修改是第十二条,实际上关系到整个条约。日方草案的条款中简单地说,在条约能够实施的地区内,倘出现因战争状态而引起的问题,如能运用旧金山和约的条款加以解决,则此类条款即可作为处理上述问题之基础。

部长认为日方所提措词过于含混。而且,这段文字中间接地隐含着条约适用范围问题。因此我方当然不能同意加以考虑。至于日方所提其他修改意见,在性质上均属我方所不能接受者。电报说,实际上,我方已退让到不能再退让的地步。如果日方不改变态度,和谈将难以继续。

叶外长接着提出了另一情况。电报说,据东京盟国对日委员会中国代表团首席代表何世礼来电,该委员会拟在下次会议上宣布结束,但在事前探询我方意见,我们鉴于和谈过程中,日本对我表现的态度,不能轻易同意解散盟国对日委员会。因此,叶外长已将此想法,连同中日和谈的最近发展情况,亲自通知了美国代办。叶外长同时电告何世礼把我方立场通知盟国对日委员会,并希望我也把我方立场秘密通知美方,说服美国暂缓结束盟国对日委员会,免得我们被迫公开反对结束。

上述电报到达大使馆时,我遵医嘱在波多黎各的圣胡安刚刚休假三周完毕,正在飞返纽约途中,于是由谭绍华以使馆代办的身份安排了拜访负责远东事务的代理助理国务卿艾利森,以了解最近的情况并提出我方对结束盟国对日委员会的立场,亦即否决解散对日委员会,作为抗议日本在台北谈判中不作让步的一种信号。

艾利森的回答,简单地说就是,否决将是徒劳的,起不了作用,只能不利于我们的目的。因为,设立委员会是为了向盟军最高统帅部提供咨询,盟军最高统帅的撤销将使委员会失去作用。为此,他暗示说,美国不能也不会热心于暂缓解散委员会。

我于 3 月 31 日星期一晚间回到华盛顿。星期三,李惟果打电话对我说,远东委员会美国首席代表、该委员会的主席汉密尔顿先生告诉他,美国将于 4 月中旬批准对日和约,因此计划于其后不久结束该委员会。汉密尔顿说,远东委员会的解散将通过外交渠道与有关国家政府协商实施,他将在适当的时候就此与我交谈。他解释道,有关委员会职权范围的条款原来规定的委员会终止程序已不可能履行,因为,对日和约未经苏联同意而已签订。因此委员会本身将不再召开会议来讨论它的解散一事或对此采取任何正式行动。

李惟果讲到这里时,我说外交部也已通知我,鉴于委员会终将撤销,他所率代表团的人员将予削减,他说,他将准备接受委派他在美国的任何工作,就是不乐于到别处工作,因他身边不仅有两个儿子正在美国弗吉尼亚大学上学,而且还有他的女儿和女婿。

当日晚八时,叶公超从台北来电话,询问美国政府实施对日和约尚需推迟十二天是何用意。我告诉他,总统要签字,要把生效日期通告其他有关国家,要安排美国批准书的交存仪式,还要把各国交存华盛顿国务院的批准书已达到规定数目一事通告有关国家,所有这些,估计需要十二天时间。这是多边条约生效的通常程序。

接着叶公超告诉我,同河田进行的双边条约谈判,进展并不顺利。他发现日本人太难对付。当日下午,他向河田递交了一份备忘录,概述了我国政府对谈判的立场,列举已获得协议及仍未获得协议的各点,并请其去电东京,说明我国政府对未获协议各点不能退让。当时电话不太清楚,试了几次还是听不清,我们乃中止通话,我请他把他要说的话用电报告我。

叶外长的电报到达后,我得悉,4月2日送给日本的备忘录篇幅很长,并获悉,我们对日本政府未能同意双方全权代表初步达成的协议向日本表示极大的失望。继而,按4月2日致日本政府备忘录中所述,电报把我方修订草案与3月28日河田提出的新的修订案作了比较,综合列举了未获协议的各主要点。

第一点是关于日方对我方草案第十二条提出的修正案。我方认为对方措词含混,等等,因此不能接受。第二点是关于赔偿。我国已声明愿意放弃以劳务进行赔偿的要求,但在放弃之前,仍坚持我们必须首先有机会承受旧金山和约第十四条(关于赔偿)规定的全部权利和义务。而日方新草案则只简单规定我方有权享受和约第十四条甲款二项下的权利和义务。此点我们当然不能接受。第三点是日方提议在条约协议书中规定旅行和居住权利。电报说,我方认为此种规定属于通商友好条约之事,因此不能同意在和约或其议定书中作出规定。最后一点是关于条约的适用范围。日方提议删除我方所加关于主权包括全部领土范围的文字,我们不能同意。

电报接着说,日本全权代表已将上述各点报告日本政府请示,我方则将备忘录一份送蓝钦转致美国政府。

电报并说,4月5日(即发报当日)又向美国驻台北大使馆送达备忘录一份。内容是关于美国打算解散驻东京盟国对日委员会之事。据电报说,备忘录称:

（1）我国政府愿与日本重修和好，因而对美国倡议的旧金山和谈采取了极为合作的态度。现在我们在与日本和谈中，也一本极为克制和谦让的精神，然而，由于日本在和谈过程中所表现的态度，我方与日本缔结和约的意愿和希望能否早日实现似甚可疑。

（2）鉴于上述理由，我们歉难支持解散远东委员会和盟国对日委员会这一措施，因为此类步骤将导致我驻日人员合法地位的丧失，并使我国在日本的权益失去保障。

（3）既然我们确认不是旧金山和约的缔约国，自无由接受因实施该条约而出现的情况，为此认为中日间之战争状态只能在中日和约缔结后方能结束。

电报要我送李惟果一份副本。

看过这份备忘录，认为措词得当，十分中肯。在当前情况下，我们唯一可取的办法就是说服美国向日本施加一些压力，使其在台北谈判中比较和解一些。不过，当时日本似乎更关心苏联对行将解散盟国对日委员会的反应以及解散委员会对日苏关系的影响。

据《朝日新闻》3月30日刊载的一篇文章说，日本政府打算讨论和约实施后诸如现在被任命为盟国对日委员会中的苏联驻日代表的地位等问题。苏联如向日本当局或政府提出这个问题，日本将加以研究并予答复。如果苏联不作表示（这是很有可能的），则日本政府将候机指出，苏联在日本的代表团是不合法的，因为它根本不是向日本政府派遣的，而只是派来参加盟国对日委员会的。文章说，日本政府也许会等到苏联代表团要求签证护照的问题发生时再乘机同苏联进行谈判。（换言之，据报道日本急于要同苏联接触，试图在适当的基础上对日苏关系作出安排。）但据观察，看来此类谈判十分困难。文章说，无论在任何情况下，日本无意采取强硬措施迫使苏联代表团撤退。文章还说，日本原希望美国对这件事会出面斡旋，但是鉴于美国在这方面未作任何明确表示,日本感到,此种实际问题,只好自行处理。

从俄国的立场来说,俄国人大概将否决委员会的解散,这正符合我国政府的希望。但是苏联政府的行动将基于下述理由,即旧金山和约是非法的,因此,在不存在真正和平的情况下,解散委员会显属非法。实际上发生的事情正是如此。苏联代表团团长基斯连科少将及其大部随员终于离开了日本。而台北反对撤销委员会的姿态则当然完全属于另一种性质,即如我所述,其真实意图是打算对日本施加一些压力,以促其在台北谈判中达成协议。

4月7日,杨云竹公使给我一份摘录,内容为3月30日《朝日新闻》一篇文章的要点。9日,他又给我两份根据日本报纸所作的摘录。第一份的标题是《日本拖延缔结和签订中日和约的原委》。文中说,3月31日《朝日新闻》称,日本要等旧金山和约生效后再缔结和签订中日和约。据该报说,其理由如下:

(1)一向关心缔结中日和约的美国参议院已经批准了对日和约,因此,日本感到已不急于与中国缔结条约,于是指望以拖延应付的办法获致最接近日方观点的条约。

(2)日本政府内部人士所持观点是,即使同国民政府的谈判达成协议,日本仍打算等待旧金山和约生效后再说,那时日本将完全恢复主权,只应到那时才同国民党中国签订条约。摘录说,这些观点,影响日增,这是日本对签订中日和约缺乏迫切感和热情的理由之一。

第二份摘录是据4月2日报纸的两则报道所写。指出旧金山和约的生效将后延。4月2日《东京新闻》刊登了合众社4月1日的一则消息说,美国当局希望英国就英联邦武装力量使用日本基地一事迅速达成谅解和协议。另一则消息说,澳大利亚和新西兰在未获得可能为其军事力量使用日本基地的确实保证,将暂不交存和约批准书。至于加拿大议会,据报道,在规定其军队驻扎日本问题未获得解决前,也无意进一步讨论旧金山和约。

摘录接着说,争议的实质是,日本是否同意承担英联邦武装力量使用日本军事基地的一部分费用。英帝国自治领各国目前正在同伦敦磋商,作出决议后,将通知美国,以便由美国代为出面向日本进行交涉。

可以说这个问题是在美日两国签订行政协定之后发生的。协定具体规定了美军驻日的条件。根据协定(1952年2月28日正式签订),日本除其他义务外,每年尚须向美军提供一笔维持费,美国将享有某些治外法权。英联邦各国驻日军队占盟国其他驻日军队的多数,自然不愿其驻军比美国驻军享有较少特权,因此正在迫使日本提供同等待遇。但是,日本政府已因向美国在这方面作出让步而受到攻击,感到自己势难同意再向英联邦各国提供同等方便和待遇。其结果遂发生报纸所报道的情况。不过,最后,英联邦各国在其驻军的安排问题解决前还是把它们的旧金山和约批准书交存华盛顿。

菲律宾与英联邦各国不同。在赔偿这个悬而未决的问题未获得解决前,它甚至拒绝考虑批准和约。菲律宾政府仍然坚持它在1951年提出赔偿八十亿美元的要求。1952年4月8日,罗慕洛将军作为菲律宾新任大使向我进行礼节性拜访时,我曾问他菲律宾同日本关于赔偿问题的谈判有何进展。罗慕洛回答说进展不大。他说,1月间来到马尼拉的日本代表团给人的印象很不好,就好像什么事也没发生过似的。

这时我说,这也许是因为日本感到他们在这个问题上有美国人撑腰。

这位新任大使说,一点不错。美国人似乎并不了解日本人的心理。他本人确信,有朝一日日本人还将试图东山再起,报复美国。他本人毫无美国人那种以为日本人已经改变心肠的自满情绪。过不了几年,日本凭着训练有素的人力,高水平的工业能力和技术进步,加上军事潜力,就会恢复实力,再度企图主宰亚洲。

我说美国人年轻,富于感情,他们似乎在一定时期总要对某个国家施以爱抚,目前就是日本。

罗慕洛回忆说,1945年在旧金山会议上,他发现美国人对俄国人很亲密,大有交称莫逆之势。当时他对杜勒斯和美国代表团其他成员说,有朝一日他们定会发现俄国人远非他们所想象的那样,但美国人对他所说的话充耳不闻,罗慕洛接着说,最近他和美国将赴任的驻日大使罗伯特·墨菲在大都会俱乐部共进午餐,向他讲了菲律宾人对日本人的看法。他要墨菲注意不要过分相信日本人对美国的友好姿态,而要注意日本采取敌视美国利益的政策的潜在危险。

我问墨菲反应如何?

罗慕洛说,墨菲只是听而不答。

我们的谈话转到了其他话题。但是,大约一个月后我回访罗慕洛大使时,他又旧话重提,说道:"美国人过分想当然地认为日本人对美国的想法可能有了根本变化。他们迟早要因为误认日本人的心理已完全不同于战前而追悔莫及。"罗慕洛相信订立太平洋地区安全条约是个好做法,并且说他正在敦促美国同意美菲两国建立一个防御协商委员会,就像美国、澳大利亚和新西兰所订立的三国安全条约那样。

在台北,4月8日,日本参加和谈的代表团拜访了叶公超,向他递交了答复我方4月2日备忘录的备忘录。其要点如下:

(1)关于对盟国的最惠国待遇,日本提议,除中日条约中特别规定者外,对于因中日间之战争而可能出现的任何问题,旧金山和约的条款均可适用。

(2)关于以劳务进行赔偿,日本将以口头方式提出某些修改。

(3)关于条约的适用范围,日方仍希望删去我们所加的文字,大致使用我方与美国业已商定的措词。其余问题,日本已在某些点上接受了我方观点,但仍有若干地方有待谈判。简言之,外交部4月9日通报上述情况的电报中说,双方观点和立场已渐趋接近。

其后,外交部于4月14日来电说,和约会谈在12、13两日举行了四次会议,只剩下三个问题尚待解决。第一个问题是条约的适用范围。日方坚持使用吉田、杜勒斯信件中的措词。我们仍认为应将我方与美国业已同意的方案作为共同一致的基础。分歧在于"或(及)将来在其控制下……"一语中所用的字眼是"或"还是"及"。第二个问题是关于我方应接收伪政权的全部财产和资产的规定。日方反对作明文规定。第三个问题是关于战争的开始日期。日方只答应在双方认可的记录中载明日期为 1931 年 9 月 18 日。

4 月 19 日,河田烈向我方代表递交了他刚接到的东京指示。内容是日本对旧金山和约第十四条甲款二项,并未改变观点,并将对议定书中一两处口头提出修正和修改。外交部 4 月 20 日来电即将此事通知我,并说,东京虽在条约适用范围上仍坚持使用吉田致杜勒斯信中的措词,不愿将"或"字改为"及"字,但同意在双方认可的记录中写上一段话来作一注释,说明"或"字可解释为"及"。

关于伪政权在日本的财产和利益,以及伪政权驻日大使馆、领事馆的财产,电报说双方全权代表同意改日在会议记录中载明,日本应遵照旧金山和约的规定移交我国,并可视为按旧金山和约予以没收的利益和财产。但将采取的方式,迄今为止,对我方来说仍不能接受。日本政府只同意我国政府在此次谈判的认可记录中声明我方立场,日本代表则作如下答复以供写入记录:日本认为此类问题只应留待"随着未来形势的发展"而成为实际或具体问题时,再行提出解决和决定。

电报解释说,据日方代表透露,东京采取这一立场是为了适应国内舆论和英国的态度。我方感到,这一立场影响到我方向日本政府提出条约草案的整个模式,因此,坚决拒绝接受。日方代表答应立即向日本政府报告。

三天后,河田向我方和谈代表团转达东京的答复说:

(1)关于条约适用范围的换文,日本仍坚持 19 日向我方提出的方案。

（2）关于伪政权在日本的财产和资产，日本政府现同意删除"随着未来形势的发展"等字样，并载入记录。

（3）关于伪政权大使馆和领事馆的财产和资产，日方接受双方先前同意的措词，但也将以问答形式在记录中表示。对此我方不加反对。

这样只剩下前两个问题尚未解决，日本代表团又把我方提案电告东京，请求指示。指示收到后，又转交我方代表团，于是又对条约、互换照会和议定书作了最后的改动。4 月 27 日，中日和谈会议举行第三次正式会议，对经过确认的和约文本达成了最后协议。（文本见附录十六。）签字仪式决定在次日即 4 月 28 日午后三时举行。

外交部电报告我，中日和谈已于 28 日上午圆满结束，其时间与艾奇逊国务卿将旧金山和约的美国批准书正式交存美国国家档案馆的时间约略相同。旧金山和约已于 4 月 15 日经杜鲁门总统签署，所有其他国家的批准书均已交存华盛顿。这样，在国务卿的活动下，对日和约开始生效，日本重新获得主权地位。因此，日本作为一个完全独立的国家，于当日午后三时签订了中日和平条约。

杜勒斯打电话给我说，他对事情的结局很高兴，并祝贺我们缔结了对日和平条约。他还说，他已写了一个书面声明供各通讯社全文刊登。

我给外交部拍了电报，电报抬头写的是叶部长和胡次长，他们两位是和平谈判的首席和第二全权代表。对他们勤奋艰苦的努力使和平条约得以最后完成，谨致祝贺，并向他们转致杜勒斯先生的祝贺。我也把杜勒斯发表书面声明的事告诉了他们，声明副本将另行送达。

然而，中日和约之事并未真正结束，因为，按照条约第十三条规定，该约依惯例在台北交换批准书方始生效。就我方来说，希望日方不再拖延。

与此同时,我电询台北,尚在日本的东京盟国对日委员会中国代表团将处于何种特定地位。该委员会已于 4 月 23 日开过最后一次会议,由于 4 月 28 日旧金山和约生效而即行解散。外交部回电说,在我国对日和约生效前,我国代表团保留原有名称,维持现状,并享受外交豁免权。

　　至于驻华盛顿远东委员会的中国代表团,当时正忙于结束事宜。这个委员会也由于多边条约生效而结束。4 月 28 日,我电告叶外长,当日上午美国国务院发言人声明,远东委员会已随旧金山和约的生效而同时结束。发言人说,理由是,今后它已无事可做。

　　我还告诉叶外长,出席远东委员会的苏联大使潘友新宣布:远东委员会尚遗留许多与莫斯科有关的决定没有执行,因此,美国突然解散该委员会是违背它所承担义务的。美国方面反驳说,日本现已成为一个完全自由和独立的国家,因而远东委员会已无事可做,并说,可以相信,远东委员会所有成员国,除苏联外,均未表示异议。

　　两天后,李惟果前来告我,他已接到外交部训令要他返台,但他愿意留在这里等候命令再为政府效劳。他说,因为他的家在这里,因此难以自由转移。5 月下旬,李再次来访。此番他通知我说,他已全部结束了他的代表团工作。他要我派人代表大使馆接收该团的案卷和财产。至于供他作为代表团团长用的汽车,他要求继续用到年底,然后按外交部命令移交大使馆,我当即表示同意。

　　那年 6 月初,美国驻台北大使馆代办蓝钦公使返华盛顿述职。6 月 11 日,他来大使馆向我作礼节性拜访。我们非正式地交谈了一番,主要谈的是关于台湾的情况。我也赞扬了他在台北对促进签订双边和约所作的努力,他说,有时似乎全部努力将要落空了,但是中国人终究善于就一般条件缔结双边条约,而把许多特殊问题留待将来解决。我说,这是我的意见和建议,因为,对我方来说,此刻缔结条约的目的主要在于政治影响。

稍后,我于 6 月 24 日拜访了负责远东事务的新任助理国务卿约翰·艾利森先生。他接替迪安·腊斯克后,这是我第一次会见他。我们谈了很多问题。在交谈快结束时,我把话题引到中日双边和约。当时,条约在日本国会众议院已获通过,正提交参议院审议中。我问道,艾利森先生估计该约在参议院获得通过时有无困难,会不会拖延。

艾利森说,参议院对这个条约会辩论几天。

我说,这也是我的印象,因为吉田政府在日本国会众参两院都仍占多数席位。我问,艾利森先生最近是否接到什么报告谈及一位新政党的领袖重光葵在下届大选后可能成为总理大臣。(重光葵曾任驻华公使、驻英大使、驻苏大使,后任外交大臣,1952 年 2 月任新组成的改进党领袖。)

艾利森说,日本有些此类谈论,但他怀疑重光葵能否成功。其他不论,重光葵年逾七旬,身体又不大好。而且,他同意我的看法,即吉田茂在日本公众舆论中仍有相当地位。因此,来春大选,虽然吉田在国会中可能失去一些席位,但他们党在国会中仍将获得比以前弱一些的多数。

最后我问他,旧金山对日多边和约是否已获得菲律宾政府的批准,因为报界报道说,季里诺总统召开议会特别会议讨论此事和其他问题。

艾利森说,他知道菲律宾有很多人反对这个条约,主要是出于政治上的原因,因此他担心这次特别会议可能不会批准条约。菲律宾对赔偿问题感到很失望。他们希望得到一大笔赔偿,并且害怕出现复活的日本。但是,获得一大笔赔偿的想法是不大现实的,因为日本无力支付任何赔偿,他相信菲律宾终会了解这一点。他说,总之,多边和约已经生效,菲律宾在条约问题上的态度不会对远东总局势产生多大影响。

次月初,我与纽约中华新闻社社长倪源卿讨论了我国自身对双边和约的批准问题。他来拜访是向我谈谈他最近的台湾之行。他在回答我的问题时说,对日和约在经过报告和讨论相当一段时间后将由立法院批准。他听说,陈诚愿意担任第一任驻日大使,他又不愿听命于外交部。他更愿意当特使,直接向总统报告。如果办不到,则不愿受命。倪源卿说,董显光很有可能被任命。董果真成了战后中国的第一任驻日大使。

新木荣吉是战后日本第一任驻美大使。我们第一次见面是在 7 月 19 日多米尼加大使托曼及其夫人为介绍古斯曼·桑切斯所设的一次午宴上。当时古斯曼·桑切斯即将去台湾返任多米尼加驻中国公使旧职,同时兼任驻东京公使新职。

午宴后,新木大使来到吸烟室与我寒暄,他说,他很想拜访我,先前之所以未能拜访,只是因为他刚刚呈递了国书。他说,日本已批准双边和约,希望台北很快也会批准,这样,我们两国外交关系就正式建立起来了。换言之,他心中想说的是,在正式外交关系建立以前,他不会拜访我,不过不便直截了当说出口而已。

我对他说,不论哪天,我都乐于同他见面,立法院已在考虑批准条约,大概用不了十天半月。(实际上,批准过程比我预期只多几天。)中日和约批准并生效两天之后,新木大使向我作了预期的礼节性拜访。席间,新木还对我说,他曾作为一名金融专家由日本军方派至中国研究过如何稳定因沉重军事费用而大为贬值的中国货币。他说他在南京呆过几个月。我问,他是哪一年在南京,他说是 1943 年,那正是日本人建立汪精卫伪政权的时候,但我未点明此点。

我们谈了一会儿。我发现此人和蔼可亲,态度友好自然。他强调自己不是职业外交家,只是一个银行家,战前曾任日本银行驻纽约代表,他说,他在纽约有不少美国朋友,是战前在纽约任职时认识的。

最后在 1952 年 8 月 5 日,我接到外交部一份电报,电报发到我的大使馆,但要求使馆把内容转告所有其他中国驻外使团。电报说,中日和约业经批准,批准书已于 5 日下午四时互相交换,并同时生效,自"即刻起正式恢复大使级关系"。

第五章　朝鲜停战谈判时期

1951 年 8 月—1953 年 1 月 20 日

第一节　这一时期的国际背景

1951 年 8 月—1953 年 1 月 20 日

一、国际背景

1951 年 8 月—1952 年 5 月

1951 年 8 月 2 日星期四下午,我回访了哥伦比亚新大使唐·西普里亚诺·雷斯特雷波-哈拉米略博士。我们非常坦率地交换了意见,谈得很有意思。哥伦比亚大使首先提了一个并非出我意料的问题,问我对远东的局势有何看法。

我说,尽管朝鲜停战谈判正在进行,但在敌对双方的分界线问题上,谈判已经陷入了僵局。最终也许能实现停火,但我怀疑是否能达到全面的和平解决。

哥伦比亚大使说我显然认为不能在朝鲜恢复和平。

我向他说明,我之所以对此抱有极大的怀疑,是因为从大陆中国传来的消息表明,那里正在进行各种准备,以加强中共在朝鲜的武装力量。通常准备发动一次攻势需要三个月至四个月的时间,这次或许需要的时间更长,因为中共想要确有把握地与火力上占优势的联合国军交锋,这种火力优势已在过去几周中显现出来。我接着指出,还有消息传说在满洲有一支二十五万人的国际部队。此外,还有海军部队、空军部队、骑兵部队和坦克部队。

雷斯特雷波-哈拉米略博士问这是否意味着朝鲜战争将以更大的规模进行下去。

我答说存在这种可能性。

他接着问既然如此,共产党为什么要建议停战。

我的回答:这是共产党战略的一个组成部分,中国政府已在大陆上领教过中共的这一战略。这无非是按照某一个时期的具体情况所采取的谈谈打打、打打谈谈的战略。在朝鲜问题上,无论共产党采取什么方针,他们都不会放弃其最终目的,即以控制朝鲜作为第一步,进而控制日本,正如日本曾经认为欲征服中国必须首先控制朝鲜一样。

他又问我,是否认为第三次世界大战已经迫在眉睫。他说他和他的使馆参赞(此人也在场)都认为这个月大战的紧迫感甚于上个月,因为他们追忆起第二次世界大战的爆发时间是在 9 月,第一次世界大战是在 7 月。(我们正处于这两个月之间的 8 月。)

我说,只有莫斯科才能对这个问题作出明确的答复,但是依我个人之见,苏俄不会在近期内迫使对方摊牌。迄今为止,苏联不经过战争就已获得很大的好处,在朝鲜问题上,目下是叫暂停。俄国人是现实主义者,没有取得最后胜利的确实把握,是不会冒发动另一次世界大战的风险的,而且我不认为到目前为止他们已经作好和西方进行武装冲突的准备。

哥伦比亚大使问在近期内是否存在中共进攻台湾的危险。

我给予了否定的答复,并补充说,在台湾有六十万军队,足以抵御任何入侵。当他问到这些部队武器装备是否精良时,我答道,和诸如美国的军队相比,装备较差,但更好更多的武器正从美国运往台湾。在台湾的中国武装部队,由于受到一个庞大的美国军事顾问团的帮助,实力正在稳步增长。我接着说,我认为中共不会在今年试图入侵台湾。首先,时到 9 月中旬,适宜进攻的季节已经过去,届时海上和天气的条件将对渡海作战(台湾海峡宽达 100 英里左右）十分不利；其次，美国第七舰队守卫着台湾海峡；第三，中共不仅正在朝鲜增加兵力，同时又不得不派兵到中国的西南地区，因为一位前国民党将军已率领一万五千多人插入云南省，占领了深入境内约 100 英里的地区。换言之，中共在大陆上已经无力再顾及其他。

在会见哥伦比亚大使的前几天，我曾和我们驻联合国的首席代表蒋廷黻交谈，他也为朝鲜的局势担心。前文提过，他曾认为会达成某种形式的停战，并认为这种停战将对我们政府的命运产生不良影响。他说联合国将于达成停战协定后廿四小时内予以批准，接着将会提出关于中共在联合国的席位和台湾的地位等政治问题，并将不得不在秋季巴黎举行的联大例会上进行讨论。

他还说，美国代表欧内斯特·格罗斯曾告诉他，已向美国政府建议在巴黎举行的下届联大例会上，采取进攻姿态，以便有效地抵制苏联的宣传。格罗斯曾向艾奇逊提出了"通过自由获得和平"的口号，但是，艾奇逊害怕引起疑虑而犹豫不决。蒋答应支持格罗斯提出的政策，（他的口号体现了这一政策。）因为它将比遏制政策更为有效。

蒋廷黻还说，埃及人要求他在安全理事会上，对根据以色列就埃及禁止装载武器和军需物资的船舶通过苏伊士运河运往以色列一事提出的控告而作出的任何决议，投反对票。蒋征求我的意见，我对他说，鉴于埃及在联合国对我们的事业的支持至关重要，（因为埃及的支持对阿拉伯集团的态度有决定意义。）我们对埃及的事业至少应该答应通过否决这种决议的方式给以消极的支持；如要这样做，就必须能够找到合适的理由。

蒋说，他认为禁运问题仅仅是两个国家整个关系问题中的一个方面。埃及的论点是：尽管停火已经生效，以色列还控告埃及破坏停火协议，但事实上，两国之间的战争状态仍然存在，埃及有理由采取行动阻止以色列增强军事力量。因此，蒋主张全面地解决整个问题，而不能赞同就禁运问题提出的解决办法或声明，因为这样做只是试图零敲碎打地解决问题。我认为他言之有理，这可以作为我们按埃及的要求投票否决的理由，而不致得罪争端的另一方。

1951年8月3日，我和李斡谈话，李是联合国会费委员会的中国代表，又是驻美国中国技术代表团的秘书长。我国政府希望提出减少向联合国交纳的会费份额，他就此事征询我的意见，并解释说政府已经指示他以会费委员会中国代表的身份提出这一建议，但他对此举是否明智感到怀疑，特别是因为委员会的美国代表斯图尔特·赖斯已经劝他不要这样做。

我坦率地对李说，现在提出这一建议不大好，因为尽管我们最近交纳了费足气力才筹集来的一百万美元，仍有四百多万美元的数额逾期未交。而且，促使联合国同意减少我们的份额的可能性很小；再则在可以预见的将来，我们也无力交付任何经过削减的新份额。我认为我们的建议只能在委员会中（以后在联大）为我们的敌人造成口实，趁机提出政治性问题，例如我们在联合国是否能继续保持席位，以及是否让北京政权取而代之等问题。

赖斯提出劝告有其另外的理由，即他希望向委员会建议：在过去五年中，有些国家在第二次世界大战期间被敌人占领，经过同意，没有付全额会费，现在应该全额交付，因为到年底，经认可的五年特殊照顾时期将告结束。尽管这样，我仍然感到他的意见是明智的。我对李斡说，我想赖斯向委员会提出的建议势必遭到苏联集团的反对，辩论一定很激烈。但李斡告诉我，赖斯将坚持自己的提案，因而他希望中国不要提出任何新问题从而分散人们的注意力。

如果李斡按照我们政府的指示提出这类建议，就必须面对我们国际地位很脆弱这样一个不幸的事实。虽然两年来，我们的处境总的说来有了改善，但我们在联合国和其他国际组织中的代表权仍然是经常提出来讨论的问题。

我曾在大使馆设午宴招待代表政府参加在日内瓦举行的国

际劳工组织会议的郭克悌先生,席间,郭克悌先生对我说,在会上印度曾试图剥夺国民党代表团的席位,但没有成功。但另一位客人,前此出席在巴黎举行的国际气象会议的代表薛继埙先生说,他在战胜反对他的席位方面受到的阻力较小。英国代表和美国代表以及其他代表一致投票延缓考虑中国的代表权问题,等到联合国大会采取行动后再说。

事实上,这就是当时西方主要国家代表团在各种国际会议上对国民党中国的代表权问题所遵循的普遍方针;这也就是为什么即将举行的联大会议可能对我国政府是一次关键性的会议,以及为什么我劝告李榦在下次联合国会费委员会上不要提出我国政府建议的原因。可是,9月5日李榦告诉我,他听从了我们驻联合国首席代表蒋廷黻的意见,提出了削减中国份额的问题。正如我原来担心的那样,这一建议引起了一场危机。加拿大主席提议将有关削减会费份额的建议全部列表提交联大会议审查,但就中国的这一建议而言,由于涉及一项重要的政治问题,这项政治问题必须首先由联大会议作出决定,而且委员会的报告中必须指出这一点。李榦说,这正是我早些时候指出要他避免的问题,所以那时他立即向委员会说刚才提出的削减中国的会费份额一节只是他个人的看法,因而不能作为委员会报告的根据,这才挽回了局面。

8月4日,在朝鲜,李奇微将军第二次取消了开城停火谈判。有近一个步兵连的武装共产党士兵,曾在联合国代表团驻地一百码以内的地方出现,从而破坏了7月15日关于会议区中立的协议。事实上,第一次取消谈判就是因为美国坚持要共方同意使开城成为中立城市,范围包括该市周围5英里,并且停止干扰任何联合国代表或陪同他们前往会场的外国记者。

8月7日我在日记中写道:

> 李奇微将军对共方所作这是偶然事件的解释认为不能
> 令人满意,因而拒绝接受,并要求严格保证不再发生类似事

件,然后才继续谈判,使人感到意外。有些人,尤其是俄国人,认为推延恢复谈判的目的在于美国希望保持紧张状态以促使国会迅速通过政府庞大的援外法案。

第二天,8 月 8 日,我和来访的韩国大使梁裕灿博士进行了一次很有意思的谈话。他说,那天上午拜会了杜鲁门总统,为的是从总统那里得到美国将不放弃统一的朝鲜这一目标的保证。他说,他得到了这项保证,但是在如何实现这一目标方面,双方意见有分歧。梁对是否能通过政治手段达到统一表示怀疑,因为共产党不会改变他们自己的目标,即统治世界,所以会继续力图夺取整个朝鲜。他说他常在美国旅行,向美国人民讲演,因为麦克阿瑟将军对他说过要利用一切机会通过广播、电视、讲台宣传朝鲜事业,更由于美国政府的政策,归根到底取决于民意。

梁告辞后,恩格特先生来访。我们讨论了中东问题,他对世界的那个地区特别熟悉。恩格特先生和新闻评论员兼专栏作家多萝西·汤普森都对建立一个委员会以促进美国人民和中东人民之间的相互了解感兴趣。他对我说,他已同意提供帮助,条件是:采取说服的方法,使中东人民相信美国关心于如何保持他们自己的阿拉伯文明和文化并且了解他们,而不是像以前那样,只强调美国生活方式的好处和完美,并坚持中东人民也采取同样的生活方式。他说这个条件已被接受。

恩格特解释说,老的一套办法使得美国一事无成,而且如今的阿拉伯人比以往任何时候都更加反对美国,他们怀疑美国人甚至比怀疑英国人更厉害。美国人还需要使阿拉伯人了解,美国希望在帮助阿拉伯人的过程中使自己也能在共产主义的危险面前确保自由。换言之,恩格特先生不同意当时在中东工作的美国人中间流行的想法,即通过宣扬美国生活方式的好处和完美性来寻求阿拉伯人民对美国事业的友谊、同情和合作。相反地,按照恩格特的看法,在中东工作的美国人应该使阿拉伯人民相信美国有保持阿拉伯文明和阿拉伯文化的愿望,从而真正使阿拉伯人民对美国人为帮助他们共同反对共产主义所作的努力产生兴趣。

8月10日,联合国军司令部接受了共产党关于不再发生类似事件的保证,(这些保证据认为是令人满意的。)在开城恢复了停战谈判。8月16日,共产党方面接受了联合国首席谈判代表特纳·乔伊海军中将的建议,同意建立一个小组委员会讨论陷入僵局的分界线问题,同时会议休会。

同一天,我拜访了负责远东事务的助理国务卿迪安·腊斯克,讨论缔结中日两国双边和平条约事宜。关于此事,前文说过腊斯克曾提到停战谈判,他说我国政府一定关心这项谈判,日本也关心这项谈判,因为谈判的结果将影响日本的态度,也会影响国民政府,在即将举行的联大会议上尤其如此。

于是,我问腊斯克,他是否认为停战谈判胜利完成以后,会对政治问题进行讨论,以求达到问题的全面解决。

腊斯克回答说,他想并不会,并且认为政治问题将会长期拖延下去。他怀疑苏联是否想全面解决问题。他回忆起葛罗米柯曾经声称,朝鲜战争可以作为一个军事问题得到解决,言外之意不会实现政治解决。我说,如果苏俄愿意放弃其政治目的,政治解决是可以实现的,不过对此我也同样持怀疑态度。

腊斯克说,没有任何迹象表明俄国愿意放弃其政治目的。相反,种种迹象表明它不愿意这样做,因而他预料实现停战安排以后,紧张局势将会继续,甚至加剧。

在这次谈话中,后来我又提到苏联突然接受美国的邀请参加旧金山会议,并问他对苏联的企图有何看法。我对他说,我想其企图之一可能是要提出关于远东的政治性问题,试图全面解决该地区的局势。腊斯克认为苏联人可能提出朝鲜问题,并敦促将台湾归还共产党中国,以及接纳中共进入联合国,但他也认为,这些问题已远远超越了旧金山会议的议题范围,并表示对类此的扩大会议的讨论范围,美国决不会同意。

约一星期后,我的参事陈之迈的一位新闻界朋友,在与杜勒斯大使的会见中,又讨论了这一点。事后陈向我报告,据他的朋友透露,杜勒斯曾说,俄国人有可能在旧金山会议上签字,如果他们果真签了字,那就会达成一项对在朝鲜的共产党人有利的停战,从而助长了美国人在重新武装方面的松劲情绪。

同一天,即 8 月 23 日,由于共产党人谴责联合国部队曾在夜间对中立区进行轰炸,开城停战谈判再次中断。25 日我在日记中这样写道:

> 据新闻报道,李奇微将军通知共产党人重开停战谈判,并斥责对方的指控为诬陷,此举使共产党进退维谷。

来自北平的广播也表明停战谈判可能完全中断,大规模战斗可能重起。这引起第二天有更多的消息说,开城停战谈判持续中断以后,共产党有可能在朝鲜发动新的攻势。

正当这些关于战争形势可能加紧的报道到处流传时,驻华盛顿的中央社代表蒋荫恩来电话转达约瑟夫·奥凯里赫上校的口信。这位上校要告诉我,五角大楼已作好一切准备,为反对共产帝国主义,在远东支持与台湾合作,在欧洲则为同一目的与西班牙合作,因为法国内部分裂,而英国渴望在美苏开战时保持中立。奥凯里赫曾说,这就是最近美国接近西班牙以期取得基地的原因,因为在英国的基地也许靠不住。这个口信虽然简短,却包含了许多有关当时国际紧张局势的情况以及美国军方为应付这些问题所作的考虑。

这还使人想起另一个与之有关的问题,即国民党中国和西班牙之间关于恢复外交关系的谈判。那些谈判的纪要具体地显示了第二次世界大战以后西班牙的国际地位得到改善的程度,(二次大战结束时西班牙几乎完全孤立。)而在同一时期内,我们自己的国际地位则始而极度下降,继而逐渐改善,原因是台湾在远东,一如西班牙在欧洲,由于坚决反共,从而使美国愿意结交。这也表明,国家政策如何视实际情况而起变化。

1951 年 6 月 22 日，我曾就恢复和西班牙的外交关系进行谈判一事致驻布鲁塞尔的金问泗大使一信，其中有这样的一段：

在过去的四五年中，两国代表已在几个国家的首都就这个问题进行过磋商。莱克里卡先生 1947 年来到华盛顿，你也许记得，他曾是西班牙驻维希的大使，对我国颇为友好，一到这里首先就要求巴西驻美大使试探我们政府对恢复和马德里的外交关系的态度，我答应向南京报告，但同时表示，由于西班牙承认汪精卫傀儡政权所引起的广泛不满，以及突然中断和重庆的外交关系，南京方面不大可能很快地同意。大约一年以后，莱克里卡本人前来见我，迫切要求恢复我们两国的正式关系，并且承认过去西班牙对中国的局势作了错误地判断。我对他说，我赞成这一想法，并将以好言向我们政府报告。

该报告于 1948 年 5 月 20 日寄给当时在南京的外交部长王世杰。我在报告中指出：联大第一次会议曾通过一项决议，要求会员国从西班牙撤回所有外交代表。但是并非所有的会员国都执行了这一决议，美国就有一名代办在西班牙。

不过我在 6 月 22 日致金问泗的信中接下去写道：

当时美国政府，尤其是美国国务院，坚决反对改变联合国关于召回各国驻马德里大使的决议，此间国会中支持政府的自由主义人士也都直言不讳。如你所知，王世杰是一位很谨慎的部长，他领导下的外交部在充分考虑了美国官方的普遍情绪和中国的舆论以后决定等待更有利的时机。

据悉不久以后，西班牙驻利马大使又找我们的保君健大使，表示了同样的愿望。此事报告给南京后，南京方面作了如下的答复：南京政府愿意应西班牙的要求和西班牙重建外交关系，条件是西班牙政府要发表一项正式声明，放弃与中国签订的现有各项条约中的特权。当时，我国的情况已经恶化，马德里对恢复两国外交关系的附带条件感到惊讶。

南京方面通过保君健大使作出答复的时间当系 1948 年底或 1949 年上半年，因为在 1949 年 8 月，当时的外交部次长叶公超曾从广州电告我说，由于反共情绪强烈，许多人主张恢复和西班牙的外交关系，但外交部自己的看法是，争取得到美援是最主要的，而恢复与西班牙的关系，所得有限，因此不能忽视美国的态度。况且，联大决议并未撤销。他就此征求我的意见。

那时，我回答说，最近几个月来，美国人民和国会中有一部分人，基于反共情绪和西班牙在西欧的地理位置这两个原因，主张向西班牙提供援助。前不久，在国会讨论对西欧的第二期援助时，参议员麦卡伦曾提议向西班牙提供五千万美元的援助。但杜鲁门总统对这一提议已经表示反对，国务卿的反对态度尤为坚决。而且根据国会的态度，通过这一协议不甚可能。

我进一步指出，在协商大西洋公约时，有些人主张将西班牙包括进去，但美国当局认为此举弊多利少。另外，春天联合国大会讨论四个南美国家提出的撤销联大关于西班牙问题的决议时，美国在投票时弃权，提议也未获通过。5 月 11 日，国务卿艾奇逊发表一项声明，大意是美国仍然无意于向西班牙派遣大使。

我对叶说，所有这一切都表明美国政府对西班牙的态度仍然很坚决。我还说，尽管美国对西班牙的态度（我已经在上面作了描述）或是西欧对西班牙的态度（西欧仍持非常冷淡的态度）都不一定是我们行事的标准，但美国的公众舆论仍然强烈反对佛朗哥政权，将其视为法西斯主义的遗毒。如果我们在这个时候恢复和西班牙的外交关系，势必引起反对，并且可能给我们争取美援的努力增添一层困难。所以我提出以推迟恢复关系为宜，以便在是年秋季联大重新召开时，了解各国对西班牙表示什么态度。我说如果我们能等到那时再作决定，为时并不过晚。自然，当时我根本想不到中国的局势会发展得如此迅速，并对政府造成如此巨大的灾难，以致迫使政府在当年 12 月撤往台北。

转年夏末,于斌大主教在中国青年党领袖曾琦及陈立夫陪同下访问马德里和梵蒂冈期间,曾在马德里和西班牙外交部长举行了座谈。于斌返回美国后曾来看我,告知经过情况。时间是1950年9月,恰值该年联大会议在纽约召开之前。

他说,在梵蒂冈时,教皇嘱咐他避免公开和共产党中国对抗,并劝他既不要去台湾,也不要设法回到他的南京教区。教皇陛下还补充说梵蒂冈对共产党中国的政策是避免激怒北平,但要继续为反对共产主义而努力。

大主教接着说,他在马德里和曾琦及陈立夫一起会见了西班牙外交部长,曾琦向西班牙外长允诺将在联合国支持西班牙,并答应中国将投票赞成接纳西班牙进入联合国,因为西班牙外长表示希望我们不要弃权。这位外长还说,尽管西班牙政府有意于恢复中国和西班牙之间的外交关系,它尚存有疑虑,对采取这一行动还犹豫不决。他对西班牙态度犹豫不决的原因作了解释,他说两年前,中国驻布鲁塞尔的大使向那里的西班牙大使递交了一份备忘,备忘录首先要西班牙向中国发出一份照会,声明恢复两国之间的外交关系是根据西班牙的要求;备忘录还要西班牙首先声明愿意放弃在中国的治外法权。然而西班牙外长说,两国必须以双方共同的愿望为基础,不存在同意任何一方附带条件的问题。至于放弃治外法权的问题,他说西班牙并没有在中国保持这类权利的意图,现今其他外国都已放弃了这些权利,西班牙岂能独自保留?不过,要求西班牙声明放弃治外法权似乎并无意义。因此这位外长说,他并未就该备忘录作出答复。

于斌接着向我说明西班牙仍然愿意恢复两国之间的外交关系,它在这个问题上的意图并未改变。西班牙不会一直等到国民党中国重返大陆,因为它对国民党中国反抗共产主义的坚定不移的努力十分钦佩。因此,他要求我向台北发电,主张开始恢复中国和西班牙之间的外交关系的谈判,并提出谈判可以在华盛顿着手进行。因为据他说,西班牙外交部长已经表示同意这一想法,他也了解莱克里卡先生和我私交很好。

根据这一建议,我致电于1950年9月2日就任外交部长的叶公超,并于四天后接到回电。回电称:据我驻曼谷代办孙秉乾电告,关于这一问题,两国授权谈判的代表团已在曼谷磋商多时,西班牙方面曾经提出建议:一俟联大通过关于西班牙问题的新决议,中国和西班牙两国的代表就应该在泰国互换照会;另外,我们的外交使节抵达马德里以后,西班牙政府将立即发表一项声明放弃西班牙在中国享有的一切特权。外交部接到孙代办的电报后,指示他作出如下答复:我们可以原则上接受西班牙的建议,但关于西班牙提出的放弃特权的声明问题,西班牙政府应于两国互换照会的同时发表。孙已经将答复转告对方,但尚未得到回音。总之,看来在曼谷的会谈将会获得结果,所以我没有必要在华盛顿提出此事。事情的这一发展使我甚为高兴,因为当时驻华盛顿的使馆工作已经足够繁重,增加新问题就会更加困难。

叶公超的电报中还有相当重要的几点内容:首先关于西班牙要求我们在联大给予支持的问题,叶说蒋廷黻已经接到外交部的通知,届时在联大投赞成票,驻泰国孙代办也接到提示将同样意思转告西班牙方面。第二点,叶指出,西班牙外长提到两年前我方曾向西班牙递交一份备忘录,想必是指保大使和西班牙驻秘鲁代表所作的口头约定。

当年的10月初,我在华盛顿应邀出席了西班牙代办普罗佩尔·德·卡列洪先生和夫人在西班牙使馆举行的招待会。这是我抵华盛顿以后第一次到西班牙大使馆,出席这次招待会是为了取得西班牙的好感。我在那里见到了莱克里卡,当时他仍是马德里派出的西班牙的无任所大使。实际上那是莱克里卡为纪念哥伦布日和哥伦布发现美洲而举行的招待会。

我看到他对我出席招待会深为感激。他按欧洲习俗吻了我的夫人,也和我拥抱,还指示摄影师们将我们全部摄入镜头。当然,从在法国维希打交道的那些日子以来,我们之间互相熟识已有相当时间。我感到他是个非常讨人喜欢的人。我们在维希住在同一家饭店,他经常带给我黄油和乳酪,我用配给券和他交换。他并非对所有的同事都如此,而是表现了对我的一种友好情意。他之所以能给我这些东西,是因为法国维希政权和佛朗哥政权是盟友,而他作为西班牙驻维希大使,也就享有某些特权。

11月联大就西班牙问题进行投票。1946年的原决议曾经谴责佛朗哥政权,并建议从马德里撤出一切外交使节,还建议将西班牙排除在联合国建立的或通过联合国建立的一切国际机构之外。1950年的新决议,尽管仍然保留了对佛朗哥的谴责,却让会员和联合国的专门机构有权自行决定它们和西班牙政府的关系。这一裁决自然使正在仔细考虑中的西班牙与国民党中国的谈判简单化了,至少从我国政府的观点看来是如此。然而西班牙却显然认为它的国际地位既已改善,和我们重建外交关系的必要性也随之减少。

事实上,我又接到外交部的另一封电报,通知我说,驻曼谷的西班牙公使未能得到他的政府的正式答复,鉴于他即将前往伦敦,希望能在伦敦继续就此问题和他进行会谈,这个建议势必难以实行。外交部要我和莱克里卡联系,设法在华盛顿就此事进行谈判。

我回答说,我将作此尝试,不过建议不将西班牙放弃在中国的治外法权问题作为一项先决条件,而是应该理解为在为恢复外交关系而互换照会的同时,由西班牙方面作出的自愿和自发的表示。

1950年12月29日,我又从外交部得知,三天前外交部曾接到孙代办的电报,他从曼谷报告说,西班牙代办已经根据马德里的指示通知他:(1)西班牙愿意恢复外交关系;(2)西班牙政府经过最后的考虑,认为在华盛顿解决这一问题最为适宜,因为1951年1月初,美国和西班牙将互派大使。至于西班牙放弃在华的特权问题,西班牙政府的指示中没有提及,但西班牙代办说他的政府也许不会坚持要先恢复外交关系。

外交部说，此事已经和西班牙方面磋商了一段时间，但一直未获结果。希望我尽力促其实现，从而争取舆论同情中国。至于西班牙在华的特权问题，我方可以不再坚持在互换照会以前由西班牙方面发表声明，但是仍然必须取得西班牙方面同意放弃特权的保证。

这样，在外交部同意我的建议并允许我着手进行此事的情况下，我准备了互换照会的草案，并于 1951 年 1 月 9 日邀请已任驻美大使的莱克里卡出席我的非正式的私人午宴。我们讨论了国际形势，我告诉他，台北欢迎关于恢复西班牙和中国之间的外交关系的建议。他态度十分和蔼，并说中国政府指示我和他讨论此事，使他很高兴，他感到我们两人一定能够完成这一任务。然而他说，尽管他已了解到这是西班牙驻曼谷的代办向中国驻曼谷代办转达的口信的要点，但马德里并未通知他西班牙政府希望由他和我在华盛顿商定此事。他答应向当时正在纽约市的西班牙副外长询问此事。因此，我决定不把带在口袋里的互换照会的草案拿给他看。

1 月底，莱克里卡曾返回马德里，回到华盛顿后未和我联系。与此同时，外交部曾数次来电促办此事。此时外交部已经收到我托皮宗敢将军带回台北的互换照会草案文本，并经磋商予以批准。于是，在 3 月底，由于他一直没有给我回音，我决定给莱克里卡写一封私信，问他是否已经接到指示。莱克里卡大使于 4 月 6 日回复说，尚未接到他的外交部长的肯定答复，但部长答应将向他发出指示。

一星期后，在一次宴会上，我将马德里方面对于我为恢复中西两国外交关系所作的种种努力迟迟不作答复之事，告知我的两位客人曾琦和于斌大主教。不过，我对他们说，莱克里卡已经给我写信表示他对达成一项圆满的解决并未放弃希望。

在台北，政府和委员长焦急地等候进一步的消息。1951 年

5月3日外交部来电说,政府十分重视这一问题,要我寻找机会敦促西班牙向我们作出答复,然后向外交部报告。5月25日,外交部又来电说,委员长又一次问及此事,要我催促西班牙方面作出回答。

我于当日回电。我说以前是西班牙方面表示急切要恢复外交关系,并且是西班牙首先责成它的大使来和我商谈。但是,我们鉴于当时的国际形势,对进行此事犹豫不决。如今,由于两国的地位发生了相反的变化,西班牙方面似乎在故意拖延,至少是想先看国际形势如何发展,然后再采取行动。莱克里卡和我曾在很多社交场合相遇,但他好像一直要避开这一问题,而我们又不宜直接向西班牙催办此事。因此,我在一周前和于斌大主教讲,请他的外国天主教友为我们试探奉行天主教的西班牙政府的态度,以便弄清它的真正意图。现在我正等待回音。

其后不到两周,美国司法部长麦格拉思和夫人为西班牙大使夫妇举行鸡尾酒会,我应邀出席。大使和夫人见到我们夫妇,显然非常高兴,走过来和我们交谈。然而,莱克里卡对恢复西班牙和中国的外交关系问题仍然只字不提。我明显地感觉到,尽管他本人也许希望两国重建外交关系,但正如我对外交部说过的那样,他的政府并不急于促成此事,似乎要看看国际形势的发展。事实上,他的政府似乎认为,同意和台北重建外交关系是对我们的一种恩惠。否则,这位大使踌躇不谈这一话题,又该作何解释?

这时,外交部指示我们驻比利时大使金问泗在布鲁塞尔试探西班牙大使,看看在那方面是否能够取得进展。因此,我于6月22日送给他一份与西班牙谈判的纪要,并附上台北和我的大使馆之间来往的电报。但是,金大使那里也未能取得进展。例如,那年6月,他向西班牙大使谈起此事,对方仅表示于最新的形势发展不甚了解,他要向政府询问,得到答复后即行告金。于是,又要我们驻奉行天主教的意大利的大使于焌吉着手办理此事。

1951年7月,于大使以私人身份前往西班牙,非正式地试探西班牙政府的态度。根据 7 月 31 日外交部给我的电报,于大使已电告外交部,西班牙方面反应良好,西班牙外交部长已决定指派西班牙驻意大利大使,在罗马通过于大使和我们着手解决恢复外交关系事宜。外交部在接到于的报告后,即回电指示他就地进行此事。

但是,西班牙政府仍然采取拖延态度,这显然是因其国际地位继续改善,而我们则依然前途未卜。就在 1951 年的 7 月,美国国务卿艾奇逊在一次记者招待会上说,西班牙对西欧的防御至关重要,鉴于美国和英国、法国就西班牙问题谈判数月,未能取得一致意见,美国已在马德里自行开始谈判。

1951 年 8 月,蒋荫恩转达了奥凯里赫上校的信息,说美国为获得基地向西班牙表示亲近,以及五角大楼赞成和西班牙合作,以便与欧洲的共产帝国主义进行斗争。当然,这个信息也表明,基于同样的原因,台湾的地位也有了改善,似乎更加牢靠。随着时间的推移,美国对台湾的兴趣越来越明显。于是,1952 年 6 月,中国和西班牙两国终于恢复了外交关系。西班牙是个突出的反共国家,赞赏国民政府坚决的反共立场;它必然注意到美国在巩固台湾的反共立场方面所持的态度不断改进,因而感到和我们达成协议必有裨益。

1952 年 6 月 28 日,我接到于焌吉大使从罗马发来的电报,内容如下:

> 适接外交部电报称,国民党中国及西班牙之间的外交关系方告恢复,您的努力促成了这一结果。外交部指示我向您致意。
>
> 我奉外交部之命进行谈判,其间,不断得到您的指点,使我得以履行自己的职责,我深切感到由衷的感激。

我本人认为 1951 年夏季总的形势是:当前,苏俄要千方百计地加剧国际紧张局势,只是不促使发生实际战争而已。8 月 29

日,我在国务院又一次会见腊斯克时,他问我,俄国人在旧金山会议上有何企图?我提出了几点,然后说俄国人想利用他们反对日本和平条约来制造另一次世界危机。换言之,它想在不致迫使摊牌的情况下,将世界局势的紧张程度推向空前的高度,以此来观察美国和其他民主国家的反应。我十分怀疑俄国人希望迫使摊牌,或者有此准备。我说,它不借助武力,已经受益多多。因此,我相信斯大林会继续采取所谓的冷战方针,同时加快其发展速度。

在这一点上,宋子文和我的看法有分歧。两天后,当我们在他家谈话时,他说他的看法与我不同,他认为第三次世界大战在年内就会爆发。

同一天(9月1日),新西兰、澳大利亚大使和美国国务卿艾奇逊一起在旧金山签署了三国的共同防御条约。菲律宾和美国已于8月30日在华盛顿签署了一项类似的条约。签订对日和约的旧金山会议于9月4日召开,通过这个条约,也将把日本纳入反共阵营。

次日,我见到了张悦联和谭伯羽,前者是世界银行执行董事会的中国董事,后者是货币基金组织中国董事。他们告诉我,财政部长严家淦决定不亲自出席基金会和世界银行的会议,而由席德懋以代理理事身份代表中国,霍宝树先生担任副理事。他们要求我通过函件通知这两个机构。

7日下午晚些时候,席德懋亲自来访。他告诉我,在世界银行和货币基金组织理事会的议事日程上有三个问题与中国有密切关系:(1)捷克斯洛伐克关于驱逐国民党中国代表团的建议;(2)中国欠交三百万美元业经到期的份额问题,以及由于未能交足应付份额,是否有投票权的问题;(3)美国在执行董事们是否有权决定执行董事的年金问题上所持的立场,遭到包括联合王国和加拿大在内的许多国家的反对。席说,美国在最后一个问题上需要中国支持。出席会议的美国财政部长斯奈德先生向他保证,在前两个问题上支持中国,请他放心,而席则答应在第三个问题上支持美国,两个代表团之间就此作成了一笔交易。

几天以后,我宴请参加世界银行和货币资金组织的中国代表以及从纽约来的一些中国银行家,席间就美国经济的前景议论颇多。大家普遍认为,美国的经济在当时世界上首屈一指,但并非没有危险,这种危险是建立在大量消耗和浪费基础上的大规模生产制度内部所固有的。美国经济领域内最近出现的许多麻烦问题已经十分清楚地表明了这危险的一面。

9月11日,我再次设宴招待出席世界银行和货币基金会议的中国代表团和另外几位客人。这次围绕在最近的将来是否会爆发第三次世界大战的问题进行了热烈的讨论,我渴望了解他们的观点,所以征求了客人们的意见,结果如下:认为可能性很大的有席德懋、霍宝树、谭伯羽,中国银行的娄毅(音译)和顾翊群;认为不会爆发大战的有谭绍华、黄思研和俞国华;尚无肯定意见,也就是认为两种可能性各占一半者有张悦联和我。不过,在说明我的意见时,我解释说1952年以后大战的危险性可能增加。

几天以后,法国新任印度支那高级专员兼总司令拉特尔·德·塔西尼抵达华盛顿,目的是和美国当局进行会谈,他希望敦促美国对在印度支那作战的武装部队增加援助并加速运送物资;他还希望美国发表声明承认在印度支那进行战争的重要性,并就朝鲜停战对印度支那形势可能产生的反响进行讨论。这最后一点也和中国政府直接有关,因为法国在印度支那扣留着中国军队。法国认为朝鲜停战可能会使中共放手干涉印度支那,也许会利用印度支那有国民党军队作为干涉的借口。然而,他们又不愿同意将这些部队遣返台湾,因为他们认为这样做可能招致中共的怨恨。

8月22日我收到外交部一份电报,谈及外交部曾反复提出被法国扣留在印度支那的国民党军队问题,以求通过谈判将他们遣返台湾,但法国至今拒不同意。不过,蓝钦公使曾告诉外交部说,美国政府想利用拉特尔访美的机会,提出遣返这批部队的问题。

电报指出,这支国民党部队实属精锐之师,曾在前线屡经战斗,是一支保卫台湾和东南亚不可或缺的力量。因此,外交部责成我向拉特尔提出此事,并要求他同意遣返,以免浪费一支精锐部队的战斗力。外交部还要我和美国驻印度支那联邦的希思公使联系,因为按电报所述,他也赞成向台湾遣返这支部队并愿意为此出力。而且他正要返回华盛顿参加拉特尔和美国方面的会谈。

8月29日,我在拜会助理国务卿腊斯克时向他提出了这个问题,我告诉他,外交部长叶公超要我向他提出两年前进入印度支那并一直被那里的法国当局扣留的中国军队问题。我对他说关于此事我已向他谈起过两三次,接着又将具体情况向他作了简要介绍。

这一问题共涉及约三万中国国民,其中两万名是战斗部队,另一万是难民,包括学生、文职人员及其家属。中国政府一直希望将他们撤至台湾,并已在西贡和巴黎向法国当局提出,然而事情始终没有进展,法国原任印度支那高级专员皮尼翁先生在职时,曾持同情的观点,甚至曾想利用这些中国军队与印度支那的共产党叛乱分子作战。后来,拉特尔·德·塔西尼将军接替皮尼翁先生的职务后,中国驻西贡总领事曾提出此事与他讨论。中国总领事还向美国驻印度支那公使提出这一问题,同时在台湾蓝钦先生和中国外交部长两次讨论了这同一问题。但是,法国似乎犹豫不定,还说一切都取决于美国的态度。

我对腊斯克说,在这种情况下,我国政府指示我要求美国于拉特尔·德·塔西尼将军9月间来华盛顿讨论印度支那形势时向他提出这一问题。我表示希望由于美国的介入,能作出某种有利的决定,使这些中国军队和平民得以遣至台湾。因为这是一支中国军队中的精锐部队,他们将有力地增强台湾的守卫力量。如果中共侵入印度支那,这些部队落入中共之手,那将是极大的憾事。

腊斯克说我可以不必理会法国人关于事情完全取决于美国的这一借口。他知道法国人内部对这件事意见就有分歧。美国政府已经在法国及印度支那和法国人谈过,美国也希望能取得某些结果,他相信这个问题已经列入议程,准备下个月法国将军来到时进行讨论。这时他转向参加会见的他的助手珀金斯问及这一点。珀金斯证实这事确已列入议程。腊斯克又回过来问我,中国政府是否打算在上述中国部队到达台湾时进行宣扬。

我回答说,我想并非如此。事实上,我接到中国外交部发来的电报说,对这些部队撤到台湾的工作,必须谨慎安排,以免引起公众过多的注意。

腊斯克说,法国人之所以如此犹豫不决,正是害怕引起大陆上中共当局的注意,因为他们自然不愿向共产党提供任何进入印度支那的借口。他问是否可以作好安排,使这些部队在法国人毫不觉察的情况下登上等待接应的船只,驶向台湾。

我想这可以办到,但每次只能是一小批人。

珀金斯问中国政府是否可以为此提供船只。

我回答说,我相信政府能够聚集足够的船只,但需要一些时间。

腊斯克又问中国政府是否有在印度支那使用这批部队的想法。

我的回答是:这取决于法国方面。如果这批部队被法国人雇用,那就应该保持完整,并作为一支单独的部队来使用,而不能分散到法国各部队中去。

腊斯克先生说,将向法国人提出这个问题。我表示据我所知美国对遣返这批部队持赞成态度,并希望此事能有所进展时,腊斯克说美国不仅赞同而且愿意看到能为此事作出某些安排。于是,我提出了第二个问题,即美国援助台湾的问题。

事后,我将谈话情况向叶外长作了报告,并告诉他希思尚未到达,但预料几天之内就可来到。9月11日我接到中国驻巴黎代办段茂澜有关遣返事宜的电报。段报告说法国方面由于害怕给中共以采取行动的借口,曾经拖延就遣返在印度支那的中国部队一事作出答复。但是,由于他反复向法国外交部和国防部提出此事,结果使双方的观点逐渐接近。同时,希思也在印度支那为我们力争。但他说,鉴于法国驻印度支那的高级专员目前正在华盛顿访问,与美国交换意见,希望我伺机敦促美国方面说服拉特尔同意拟议中的遣返计划。段补充说,那或许使我们能够很容易地实现愿望。

一周后,尹凤藻总领事从西贡发来电报,内容相同。他还谈到中国部队的焦急心情,他们希望听到会谈取得进展的消息。他说,那里国民党军队的主要指挥官黄杰将军要求将他们的希望转告蒋廷黻和何世礼,请求他们给予帮助。

次日,即9月19日,我电告外交部当天早晨《纽约时报》刊登的一则专讯。专讯说,据法国方面透露,法国政府已授权拉特尔将军就遣返印度支那的国民党军队一事作出决定,拉特尔计划先遣返一小批,以试探中共的反应。如果他们不作出反应,或不施加巨大的压力,那么在印度支那的全部国民党部队就将遣返台湾。

专讯还进一步说,在这一问题上,法国态度的变化是美国最近施加压力的结果,美国正在努力使法国与我们合作。美国政府还向法国指出,如果中共一旦入侵印度支那,唯有国民党的军队能够立即给予帮助。

翌日,我再次发电,电文补充说,我曾和希思公使联系,想和他约定在他到达此地后不久举行一次午餐会谈,但因为他全部时间要参加法美会谈,未能做到。不过,他刚才与我联系,说可在第二天早晨来大使馆叙谈。

9月21日,美国驻印度支那公使唐纳德·希思与美国国务院中国科代理科长特罗伊·珀金斯同来大使馆。希思看来是一位职业外交官,言谈十分谨慎,在发表看法或回答我的问题时,几乎有些胆怯。关于遣返被法国扣留在印度支那的三万中国部队和难民的问题,他含糊其词,直到我对他说,此事我已经和迪安·腊斯克先生和珀金斯先生商议过,他们已经告诉我此问题已列入美法会谈的议事日程时,希思才说他认为此事尚未经过讨论。

关于那次谈话的细节,我查阅了当时的记录,根据其记载,我首先问起印度支那的军事和政治形势。我提出,我个人感到拉特尔·德·塔西尼在接任那里的指挥官职务以后,在控制局势方面卓有成效。

希思说,那位法国将军确实干得很出色,已阻止了越盟武装力量向前推进。

我说,我已接到报告,表明中共一直在训练越盟军队的军官和技术人员,而且在中越边界的中国一侧,共产党一直在建立空军基地,加宽道路,目的显然是为了日后向印度支那发动大规模的入侵。此外,一批所谓的苏联顾问已经到过这些基地,参与基地的建设。

希思说,在一段时间以前,中共确实派过一支部队渗入印度支那边境,但在塔西尼将军还未和他们接触以前,他们就撤离了。他不知那次渗透行动的目的何在。

我指出,他们的目的可能是刺探法国的军事实力。

希思则认为,共产党通常不习惯于作出任何软弱的表示,所以他无法解释他们撤离的原因。

我问到交趾支那的局势。

希思回答说,游击队仍然很活跃,不过是以人数很少的小组到处进行袭击。在回答另一个问题时,希思说,越盟的武器只是迫击炮、手榴弹和其他小型武器,不过这些武器的总数相当可观。一年以来,在印度支那北部的越盟部队也接受了大炮和卡车,但尚未得到坦克。这些重型武器和车辆显然是由中共供应的。

我询问越盟控制地区的人民情绪如何。

珀金斯说,共产党惯于利用当地的人民,逐步增进他们对共产主义事业的支持。

希思则说,印度支那的情况并非如此。他指出有一次一万印度支那农民逃离越盟的统治区投向保大皇帝的控制区。实际上,保大曾对他说,他在越盟统治区的支持者比他自己的控制区里还多。

我又问,法国已经宣布交趾支那、柬埔寨和老挝三个国家已经重新获得独立。这些国家到底在多大程度上取得了独立。

希思回答说,虽然在这三个国家的领土上法国人仍然保留了某些权力,但它们已经重新取得了独立。他认为这些权力不过是在该地区仍然遭受入侵的情况下暂时保留的。尽管严格地说来那里的战争是内战,但实际上却是外来的入侵。他深信印度支那的战争结束后,印度支那人会消除对它们主权的这些限制的。至于这三个国家之间,希思认为柬埔寨最稳定也最富足,而老挝在军事上和精神上都缺乏内聚力,而且至今尚未形成一种强大的民族感情。

在继续记述那次谈话的其他内容以前(我在谈话中提出了被扣留在印度支那的中国军队问题),将希思对我所提出的问题的答复和保大皇帝的弟弟、化学教授保会的截然相反的叙述作一比较,也许是很有意思的。

那年 11 月 1 日,于斌大主教陪同保会教授来见我。据他们说,保会教授是应美国化学学会的邀请,到纽约参加一个会议的,但巴黎的法国当局拖延为他的护照签证,实际上是阻止他按时出席会议。他曾就读于法国,法国人怕他出席会议会暴露出法国在化学教学上的弱点。保会回答我直截了当的提问说,反对胡志明的战争在印度支那不得人心,因为实际上那是法国人为了赖在那个地区不走所进行的战争。印度支那的共产党人实际数目很小。一旦法国从印度支那撤退,共产党的麻烦将会停止。他说印度支那人民真正需要的是完全的独立,而这正是法国人所不愿给予的。已经签订的关于准许自治的协议，并不受到法国的尊重。

为了说明问题，他举例说，由于一个法国军官被谋杀，法国在印度支那的高级指挥部立即处决了在押的人质。此案根本没有经过法庭宣判，皇帝甚至对此一无所知，更没有人要求他的批准。由于法国人仍然为所欲为，所谓的政府内阁成员不起实际作用。保会教授补充说，美国对印度支那要求完全独立的愿望是同情的，然而面临需要与法国合作共同对抗西方的共产帝国主义的情况下，美国对此问题的立场是摇摆不定的。

这时，我向教授回忆到在法国在华租界问题上中国的经验。在1922年的华盛顿会议上，紧跟着英国答应归还威海卫，法国答应归还广州湾，但事后却采取种种借口，顽固地拖延履行诺言，直至1945年结束抗日战争前夕，中国军队开进租借地并予以重新占领。

我还清楚地记得，在华盛顿会议上，贝尔福宣布英国政府将把威海卫归还中国以维护中国主权，引起了与会者的惊讶。接着，法国出席华盛顿会议的代表团团长萨罗，于第二天声明法国准备将广州湾归还中国。但是正如我指出的那样，此项诺言长期未予履行，直到近四分之一世纪以后的1945年，实际上由于中国军队开进了租借地并予以占领，才得以实现。而另一方面，英国为了实现它的诺言，立刻作出了安排，早在1923年就指定一个委员会与中国政府谈判。我当时是外交部长，中国也指派了一个高级委员会进行谈判，并由我批准了协议草案。整个归还威海卫事宜于1923年末即告完成。

重新回到我和希思的谈话。我接着说，中国政府之所以对印度支那感兴趣，不仅由于它和远东总的形势有关，而且涉及另一个特殊的问题，即约有三万名中国国民被扣留在印度支那，其中三分之一是平民，三分之二是前国民党军人，中国政府希望将他们全部遣返台湾。接着我提到前一天《纽约时报》刊登的文章，文章透露，最近法美两国官员在华盛顿举行的会议上，决定由拉特尔·德·塔西尼将军自行处理遣返问题,文章还说,拉特尔将军将先遣返一小部分被扣留的中国士兵,作为试验。我问这一报道是否属实。

希思回答说,他并不知道是否作出过任何决定,事实上,他对此事是否进行过讨论还有怀疑。他证实,法国认为照管这些被扣留的中国人是一个相当沉重的负担,每年需要四百万美元,因而很想把他们送回台湾。但是,他说,法国在这个问题上一直很慎重,并希望由联合国来处理。目前,鉴于印度支那的局势和远东总的局势,他怀疑拉特尔将军是否会在不久的将来采取任何行动遣返其中的任何人。

我告诉他,我已在国务院与腊斯克先生和珀金斯先生讨论过此事,并且高兴地了解到美国对中国方面希望将全部人员遣返台湾的想法表示同情。

这时,希思说是这样的,但是法国人认为最好的解决办法是由联合国在这些被扣留的人员中进行公民投票,让他们选择返回大陆还是去台湾。他重申,他认为这一问题并没有在华盛顿的会议上讨论过。于是我进一步提出,我从和腊斯克和珀金斯先生的谈话中得知,这一问题已经列入会议的日程。希思随即向珀金斯询问此事,珀金斯回答说是的,然而,珀金斯又补充说,由于这是美国以外的两个国家特别关注的问题,所以会议未予讨论。

当我说到我知道拉特尔将军将倾向于将这批人员送回台湾,只是巴黎方面犹豫较多时,希思重申,鉴于印度支那当前的局势和总的形势,他怀疑拉特尔将军本人是否会在不久的将来采取任何步骤,遣返哪怕是其中的一小部分人。但他补充道,如果中共向印度支那大规模入侵,当然另作别论。

我说,我国政府曾经倾向于让法国人在他们认为必要时使用这支部队,条件是:法国人要把这支部队作为一个整体来使用,而不把他们分散到各法国部队中去。我个人认为中共和其他苏联卫星国的共产党人一样,总是按他们自己的计划行事,而且在某一特定时刻,如果按他们的计划并不需要采取任何行动的话,他们就不会抓住某个个别事条,例如遣送被扣留在印度支那的中国人一事,作为入侵印度支那的借口。

希思同意这一看法。但他认为,尽管拉特尔将军是个强有力的人物,有时可能按他认为恰当的做法主动行事,但在这一问题上,他不大可能在不久的将来采取任何行动。

我表示希望这位将军会在这个问题上采取他认为必要的行动。

希思指出,在这件事上,巴黎的外交部有权指挥拉特尔将军。

接着我说,据悉在华盛顿举行的会谈已经结束,不知法国将军是否还在华盛顿。希思回答说,法国将军还要在此逗留一两天。他还说,会议只讨论了加速武器交货和运往印度支那的问题。

两天后,美国国务院和国防部发表了一项联合声明,大意是:成功地保卫印度支那对保卫东南亚至关重要;对印度支那的军援计划将予重新审查;军援交货将得到改进。这一切都表明美国政府对那里的局势日益重视。然而他们未能做到,或者说,没有在最近的会议上,试图使法国人同意让那里的中国人返回台湾,或准备在印度支那将他们作为一支部队来使用。希思相信,同时珀金斯也说这个问题甚至没有摆到会议桌上来。

由于局势难以捉摸,一星期后,谭绍华趁会见珀金斯的机会,向他提出询问。珀金斯说,他本人未参加拉特尔将军和美国当局之间的会议,只听说美国方面曾经提出这一问题,但无结果。他还非正式地了解到,法国方面曾向美国方面提出:如果印度支那当局依照美国的意愿,同意遣返被扣留的人员,从而被中共作为进攻的借口时,美国会作出什么反应。他们想知道,如发生上述情况,美国政府是否会以他们过去援助南朝鲜时同样的程度来援助法国。但是,由于美国政府认为不宜作出答复,故无结果。然而,珀金斯不能告诉谭这一消息是否确实可靠。他说最近一些印度支那报纸发表了一些社论,强烈要求不准国民党部队去台湾,以避免中共就这一不友好的行动作出反应,从而引起事端。他感到这些社论很可能是在法国官方授意下写的。在向外交部汇报珀金斯的答复时,我说,这些情况仅供他们参考,我将继续设法弄清实际的形势。

关于朝鲜的局势,我在 9 月 23 日的日记中有下列记载:据传李奇微将军派了一名联络官去开城安排和共方恢复朝鲜停战谈判。这是共方在谈判中断一个月以后提出的建议。但是与此同时,战斗仍以相当大的规模继续着。事实上 22 日曾发生双方有一百二十架喷气战斗机参加的空战,共方并空袭了汉城,投下两枚炸弹,据说其中一枚是哑弹。

在 10 月 9 日,我又作了这样的记载:停战谈判很可能恢复,因为共方接受了李奇微请他们提出新的谈判地点的建议;当对方提出板门店时,李奇微将军表示接受,并补充建议讨论板门店地区的共同防御措施,以确保该地区的中立。但是一直到 10 月 25 日,也就是停战谈判中断整整两个月以后,才在板门店真正恢复谈判。

关于这一点,我曾和巴德森法官进行过一次关于共产党的策略的很有意思的谈话。那是在 10 月 8 日,那天我们共进午餐,当时主要是讨论在中国政府对毛邦初起诉一案中聘请他担任律师的事。我对他说,共产党为了适应一时的需要,会改变他们的策略,但永远不会改变或放弃他们的目标。他说,他不能理解,为什么中共在朝鲜遭到联合国军如此沉重的打击,仍然不顾自己的重大牺牲,将战争继续下去。他怀疑恢复和谈能否取得成功。当我对此表示怀疑时,他希望知道,既然如此,他们为什么急于继续和平谈判。我说,这是他们的策略——谈谈打打、打打谈谈。假如遭受优势兵力逼迫太甚时,他们就设法和谈,以便争取时间,积蓄力量。对共产党而言,国际法和国际信义是不存在的。他同意这一看法并指出在布列斯特-立托夫斯克,列宁曾要求保持不战不和的局面。我们还一致认为,对共产党而言,没有共同的道德准则或国际法,这就解释了莫斯科指挥下的共产党国家与自由世界之间紧张关系。

几天以后,我和俞大维将军进行了一次长谈。他是应我的要求来讨论毛邦初案件的。同时也是来告知我,他代表我和美国军事当局磋商的情况。他和五角大楼负责军事援助的奥姆斯特德将军谈过。第二次世界大战期间,他在重庆与奥姆斯特德在联合参谋部共过事,私交很深,所以他们的谈话很能说明问题。谈话的部分内容只涉及对台湾的援助,关于这一点我以后再谈。奥姆斯特德还告诉俞最近投票通过的援助东南亚的拨款,有很大一部分可能根据局势的紧急情况转拨印度支那。

谈到世界前景和莫斯科在旧金山和平条约会议上受挫后的态度时,俞和奥姆斯特德一致认为,有三个地方是苏联可能作出反应的危险地点:朝鲜、东南亚及欧洲。在朝鲜,危险性最小,因为美军已经深深卷入了在那里的战斗,如有必要,美国还会作出加倍的努力。欧洲的危险较小,因为盟军的力量已经相当强大。但是在东南亚却存在着权力真空,因此可以合乎逻辑地认为,如果俄国要采取行动,那就会选择对它自己阻力和危险最小的地区。奥姆斯特德说,这就意味着应该将台湾的作用看得十分重要。

他问俞大维,国民政府是否准备为印度支那提供部队。俞说他的答复是:帮助装备台湾的军队并为这种可能发生的事故作好准备是很重要的,但他不能回答向他提出的问题;这一问题只有他的政府才能答复,所以他要向政府汇报此事。俞补充说,昨天晚上,他和奥姆斯特德都应邀出席了皮宗敢举行的宴会,席间奥姆斯特德又一次试图和他谈这一问题。他避而不谈,但为了不使奥姆斯特德认为这次宴会是为了从他口中探听消息而举行的,就说他没有心思进行如此严肃的讨论。俞告诉我,关于奥姆斯特德询问的问题,他未敢电告台北,只是让即将赴台北的李榦在抵台后秘密报告陈诚院长。

在早些时候,即 9 月 28 日,我和蒋廷黻就一些共同关心的问题进行了讨论,其中之一是关于在缅甸(而不是在印度支那)的国民党部队问题。我对他说这个问题在过去一年中,我曾向美国国务院谈过两三次,第一次是腊斯克主动提出的。腊斯克说缅甸一直促使美国支持它,将这一问题提交安全理事会,而美国却宁愿由中国自己来解决。我告诉蒋,李弥将军这支部队有一万五千人,组织严密,装备良好,战斗力强。缅甸军队曾经试图解除他们的武装,但未成功,反被中国军队击败。缅甸担心,中共会以缅甸允许国民党军队留在缅甸从而威胁云南省为借口进行干涉。

我还告诉他,去年我曾在台湾谈论过此事,军事当局反对命令李弥部队撤出缅甸,也反对命令他们向缅甸政府屈服而被解除武装。他们说,这样做势必破坏国民党军队的士气。我还说,事实上有很多关于李弥通过与驻曼谷的中国和美国大使馆联系得到武器供应的消息。

蒋廷黻说,美国代表团的格罗斯不久前去见他,告诉他缅甸仍想将问题提到安理会,并想了解他的态度。鉴于我国政府的态度,他将以相距遥远,又是在本国领土的范围以外,台北无法强使李弥的部队服从命令为理由,以求安理会将问题搁置下来。

接着,蒋谈到当年在巴黎召开的联合国大会。他说格罗斯告诉他,美国国务院已经勉强同意,以拟议中的口号"不失自由的和平"作为积极主题来对抗苏联通过一个和平运动将公众引入歧途的企图,并要求他领头以那个主题为内容发表演说。台北曾要求他在联合国提出中共在大陆上实行恐怖主义和大屠杀的问题。以前,他感到那是不现实的,但现在他正在考虑将此问题纳入他以"不失自由的和平"为主题的演说中去,将中共对人民实行恐怖主义政策的狰狞残暴面目全部公诸于众。我同意那将是一个合适的时机来这样做。

10 月 13 日星期六,蒋廷黻和我又谈到有关联合国的问题。

他特别关心安理会面临的伊朗案件。美国代表团的格罗斯曾经征求他的意见,并且要求他支持美国支持的决议草案。但是蒋答复说,他不能投赞成票,至多只能是弃权。他向格罗斯解释说,他采取这一立场是有几点理由作为根据的:首先,他认为安理会不应干涉别国的内政问题(如伊朗的石油工业的国有化);第二,在这一事件上,安理会不应采取任何强制性的制裁措施;第三,联合国应该以促进民族独立为宗旨,任何倾向于阻止伊朗民族主义发展的行动都不能得到伊朗人民的理解;第四,对伊朗施加的任何压力,都会对全体亚洲人民(他们信奉"亚洲人的亚洲"这一思想)产生不良的影响,因而对自由世界的事业不利,也对美国不利。

据蒋说,格罗斯并没有被他说服,却提出,如果美国政府直接和台北联系,以取得支持,蒋博士是否会感到自尊心受到损伤。蒋回答说,美国政府有权如此行事,他并不反对,蒋同意我的看法,即:在这一问题上如果加入美英集团反对伊朗,就可能引起阿拉伯集团的不满,激起它对中国的敌意。

在其后一周的星期四,即10月18日,我正忙于重新起草拟议中的毛案调查委员会的受权调查范围,我的二等秘书陈家博告诉我,中国科的珀金斯来电话说,迪安·腊斯克希望下午五时半,即约一小时以后,和我见面。我猜想是关于安理会就伊朗石油问题进行投票之事,并且美国要求我们支持英美决议案。事情果真如此。腊斯克和我进行了半小时的谈话。他十分策略地提出这一问题,好似这对国民党政府很重要,而且是一个可以通过支持美国所支持的英美决议案得到好处的机会。

谈话一开始,腊斯克就为如此匆忙地请我去见他而表示歉意。对此,我说这一定意味着他有令人关切的事要告诉我。腊斯克说,的确如此。还说,这件事也许是我未曾料到的。他和他的国务院的同事们感到,安理会面临的伊朗石油议案似乎并不涉及国民政府的直接利益,但是国民政府为了自身的利益,对此问题不妨从远处着想,将眼界放宽一些。因为过去已经有一些国家提出了国民政府在联合国的代表权问题,而且很可能在即将于巴黎举行的联合国大会上再次提出来。同时,英国即将举行大选,英国人民十分关心安理会将在伊朗石油问题上采取什么行动,因为这牵涉到英国的威信。中国国民政府采取什么态度将受到密切的关注。如果中国的行动以其本身的广泛利益为基础,那么通过支持美国所支持的英国决议案,就可能对英国的舆论产生有利的影响。

我问,腊斯克先生是不是说英国决议案能否在安理会通过,将在某种程度上影响下一周的英国选举。

腊斯克回答说,他不能这样说,但无论是工党政府还是保守党在选举中获胜,中国在安理会就伊朗石油问题支持英国,将创造一种有利气氛,使英国重新考虑他们对中国的态度。因此,可以将目前安理会的情况看作是一个国民政府用来为自己取得好处的机会,他和他的同事们感到,他们不应不向我指出而让这个机会逸去。这就是他仓促邀我见面的原因。

我说,我对他方才提出的使我注意之点表示欣赏,并认为我国政府也一定会表示欣赏。正如他正确指出的那样,这个问题并不涉及国民党中国的直接利益。但是我知道在台湾,人们关于英国对待国民政府的态度是怀有不满情绪的,因为近几年来英国政府一直对它采取敌视的政策。以最近的日本和平条约为例,正是因为英国坚持反对国民政府参加旧金山会议,国民党中国才被排斥在会议之外。我了解,那次不愉快事件所引起的对英国的怨恨情绪仍然存在。我接着说,尽管如此,国民政府始终设法争取和英国友好,即使在英国政府承认了北平政权、从国民党中国撤回了外交代表以后,仍然同意允许一名英国领事留在台湾,就是个明证。在伊朗石油问题上,国民党中国在安理会采取有利于英国的态度,是否就足以能使英国相信它的友好愿望,从而使伦敦方面改变对国民党中国的政策呢?

腊斯克说,他要说明一点,就是其中没有任何默契,因为如有默契是不适宜的。英国人并没有对他谈过他刚才讲的内容,美国也没有向英国谈过。他只希望指出中国可以从这种局势中得到的好处,为此,他不想议论石油问题本身的是非曲直,也由于他本人并不十分熟悉详情,并设想我也不熟知内情。

我说,虽然蒋廷黻博士在周末已在纽约向我谈过此事,但我对它丝毫不熟悉。事实上,我并不知道目前这一问题在安理会上处于什么地位。

腊斯克说,英国提出的决议案,经过印度和南斯拉夫的修正,现在已经大打折扣。美国支持这个修正草案,希望它能通过。

我说,据我了解,对投票情况还没有把握,不知目前状况如何。

腊斯克说,肯定支持决议案的有六票,弃权的有三四票。苏俄极可能予以否决。就我所知,假若赞成的不足七票,决议案就不能通过。如果由于缺少中国的赞成票而使决议案未能通过,就可能使人们对中国在安理会的作用产生不良的印象。反之,如果有七票赞成,而俄国予以否决,决议未能通过的责任就将完全归咎于苏联的行动,而中国则会因为投了赞成票而在道义上有所收获。

我说,蒋博士曾向我强调:在联合国,中国不得不经常依靠占五六票的阿拉伯集团国家的投票权。在伊朗问题上,不知阿拉伯国家团结的程度如何。中国投票赞成英国的决议案会不会被联合国中的整个阿拉伯集团看作不友好呢?

腊斯克回答说,在埃及问题上,阿拉伯国家曾经表现得非常团结一致,但是伊朗石油问题基本上被看作是一项伊朗自己的问题。他还提请我注意这一事实,即英国是英联邦的首领,对澳大利亚、新西兰等所有的英联邦国家都有很大的影响,而英联邦国家的选票并不比阿拉伯集团的少。

我再次对腊斯克提出伊朗问题使我注意表示欣赏,并说我认为中国政府在考虑这一问题时肯定会十分重视他的看法。我说，我知道两年来中国在联合国和其他国际组织中曾经处于十分困难的境地，由于有了美国的友好支持以及它在谋取其他国家支持方面所作的努力，才有可能克服这些困难。我想将来中国还会在更多的场合需要依靠美国的支持和类似的努力。

腊斯克说，过去关于国民党中国在联合国以及其他国际组织中的代表权问题，美国政府确实不得不极力劝说英国与其他国家和美国采取同一立场；正是由于美国的努力，才使英国几乎每次都同意赞成推迟考虑国民政府的代表权问题。如果这次中国政府在安理会上支持英国关于伊朗石油问题的决议案，就会给美国提供另一个论据，使它将来用来说服伦敦在国民党中国问题上支持美国的立场。接着腊斯克说，现在的决议案并不要求对伊朗采取任何强硬措施，其内容已经大大降级，看来仅只涉及程序问题而已。然后，他取出一份决议案的副本，要我浏览一下。

我仔细地看过之后说，在我看来，决议的实质性部分是以联合国宪章的条款为基础的，并且运用了宪章的语言。在此部分里安理会号召重新开始谈判和避免任何可能使局势恶化或使有关方面的地位受到损害的行动。

腊斯克说，蒋博士赞成提出一项劝告性的决议案，但就其形成的文字来看，仅只是敦促采用和平方式解决此项争端以实施安理会的一项职责，而这是全体会员国都承认的办法。他再一次指出原决议案已根据印度和南斯拉夫提出的修改案进行了大量修改，因此现在的决议案在更大程度上是程序性的。

我表示一定抓紧时间向台北报告腊斯克先生向我表示的观点，并且敦促他们考虑和同意这些观点。我肯定他们会正确评价这些观点的。我还告诉他，我也要设法和纽约的蒋联系。接着我问安理会将于什么时候再次开会并就决议案进行表决。腊斯克回答说，目前时间尚未确定，但据他所知，星期五（10 月 19 日）上午将举行一次会议。他并补充说，他将和纽约的美国代表团联系,并要他们向蒋博士提出此事。

我刚回到大使馆的办公室,就接到腊斯克的电话,说他刚刚了解到安理会将于星期五上午开会,并可能就决议案进行表决。七时半左右,我打电话给纽约的蒋廷黻,将我和腊斯克的谈话的大致内容告诉了他。

蒋廷黻对我解释说,经印度和南斯拉夫修正后的由美国支持的英国决议案和厄瓜多尔决议案不同,后者温和得多。根据外交部的指示,他已在星期四的安理会上正式宣布他不能支持英国的决议案,但将投票赞成厄瓜多尔的决议案。在他讲话以后,英国代表格拉德温·杰布爵士以及法国和美国的代表都向他祝贺,称赞他的讲话把安理会的讨论提到了一个更高的水平。这些人中谁也没有要求他改变立场。他说,那是因为他们感到七票很有把握。这七票包括南斯拉夫代表贝布莱尔的一票。(贝布莱尔曾提出若干修改意见,并为英国所接受。)但是贝布莱尔先生之所以答应投票赞成修正后的决议案,或许是因为他误解了本国政府的指示,或许是由于他曾被英国所说服,尤其是他们接受了他的修正意见。蒋补充说,现在要他改变立场为时已晚,尤其是在他根据接到的指示已经正式表态之后。现在,据悉南斯拉夫代表已经接到新的指示,命令他弃权,这就意味着通过决议案所需的七票已经少了一票。他认为,这正是腊斯克找我谈话的原因,也就是希望中国改变立场。

我说,从表面上看,修正后的英国决议案似乎主要是程序性的,并未将任何措施或步骤强加于任何一方,但蒋廷黻感到英国决议案具有强制的性质,因为决议案中的“安理会要求……”一语(指重新开始谈判)意味着伊朗和英国都承担一种责任;决议案第二段中的“避免任何行动”一语(指使局势恶化或损害有关方面的地位),事实上有可能使有关方面的地位受到损害。他曾建议在“行动”一词前加上“军事”一词以资明确,但未被接受。他还极力主张使决议案具有“劝告的”而不是“强制的”性质,也失败了。

他说,根据现有的措词,可以理解为伊朗不能从本国国土上开采石油,也不能在市场上出售石油。那就无异于干涉伊朗的内政。他说他认为美国人要求我们改变态度为时已晚。

我说,我现在明白了他的微妙处境,并希望他再和叶外长谈谈,我本人正要向叶报告我和腊斯克谈话的情况,以便作出一项应付新形势的最好办法的决定。我放下听筒,决定立刻和叶公超通话。我在日记中写道:"奇怪,电话很快就接通,我们作了一次谈话,声音听得很清楚。"他告诉我,蒋廷黻已经汇报了安理会的情况,还说蓝钦于上星期六曾去见他,担心蒋廷黻会否决该决议案。但叶说他已向蓝钦保证,为了不使美国为难,我们仅是弃权而已。叶还说蒋廷黻接着向他报告,厄瓜多尔的决议案更易于为我们所接受,因此他指示蒋对英国决议案弃权而赞成厄瓜多尔的决议案。

我建议叶外长再次和蒋廷黻就此事谈一下,并要求他尽力说服蒋,使他看到对美国表示我们最大的合作的必要性,因为今后我们仍需依靠美国继续支持我们的国际地位。我说,由于此问题本身并不涉及我们的直接权益,所以应从它对我们实在的利益方面加以考虑。

这件事情表明,确定一项政策并不总是台北审慎考虑的结果。一般说来,政府采取的最终立场,不仅是大使馆和外交部之间,而且是这两个机构和代表团之间磋商的结果,因为这是有必要的。关于这件事,叶公超于翌晨从台北通过电话告诉我,他已经再次和蒋廷黻谈过,并了解到蒋已经公开宣布了我们对此事的立场,即:他不能赞同英国的决议,而将投票赞成厄瓜多尔的决议案。况且,由于蒋是根据他自己(指叶)的指示做的,他(叶)自然不好坚持改变立场。为时已经太晚了。他说无论如何,蒋廷黻不会对英国的决议案进行否决,而这才是美国希望避免的重大问题。

第二天上午安理会开会。当英国的决议案显然未能获得必需的七票时,安理会最终形成了一个完全不同的决议。新决议案要求在国际法院决定它是否有裁决权以前暂时停止进一步考虑这个问题。该决议案于同日(10月19日)通过。苏联投票反对,英国和南斯拉夫弃权,中国和美国以及安理会的其他六个成员国赞成。

10月19日,我回访了阿根廷驻美国大使伊波利托·帕斯博士。他曾于一个月前来访。那时我注意到他是个三十多岁的年轻人,并且很有礼貌。他告诉我,他是位刑法专家,毕业于阿根廷大学,并曾在意大利、西班牙和瑞士深造。他还担任过两年外交部长,是埃维塔·庇隆的门徒。我们谈了一会儿,但他言谈十分谨慎,除礼节性寒暄外,避免涉及任何其他话题。例如,他对我说他要到乔治城大学去学英语,以提高英语口语能力,虽然在我看来,他的口语已经相当流畅。

我在回访时,提了阿根廷的贸易关系问题。他说阿根廷主要是与英国和欧洲进行贸易,在这当中,双方是互有补益的,而和美国则是相互竞争,因为美国和阿根廷一样,都生产大量供出口的小麦和肉类。他说他即将到巴黎去出席联合国大会,但他对我说不甚喜欢这一任务,因为他在大使馆有更重要和有意思的工作要做。

在同一星期,德国驻华盛顿代办海因茨·克雷克勒来作礼节性拜访。他也比较年轻,言谈谨慎。他告诉我,自1950年7月以来,他一直担任西德驻纽约的总领事,1951年7月以来,任德国代办。我也向他问及德国的贸易关系和贸易进展情况,尤其是出口贸易,因为中国和战前的德国之间一向有着大量的贸易。他说已恢复到战前额度的百分之三十六左右,但进展很困难,因为全部外贸市场已在很大程度上丧失掉。谈到德国的技术人员,我对他说在战前我们曾雇用大批德国技术人员,他说,美国报纸经常报道说,大多数德国技术人员已经离开德国到了俄国和美国,这是讹传。他说,他们如今仍在德国。

10月20日，郑宝南来访。他刚从芝加哥来，准备取道纽约去巴黎参加联合国大会。他对我讲的内容之一是他和他的挚友参议员保罗·道格拉斯的谈话。郑说当他谈到美国的亲以色列政策将阿拉伯朋友都赶到苏俄的怀抱里，对苏俄有利时，道格拉斯粗率地打断了他的关于美国对以色列政策的话，叫他不要谈论这个问题，因为对此问题，他的主意已经拿定了。

当天晚上，我在华盛顿参加了在古根海姆家举行的一次宴会。据我了解，那次宴会实际上是为约瑟夫·戴维斯先生和夫人举行的。约瑟夫·戴维斯夫妇曾在早些时候邀请过某些大使和他们的夫人，内阁部长及其家属，最高法院的法官们等到他们的位于阿迪龙达克的萨拉纳克湖畔的避暑别墅去作客。因为大部分客人都曾在戴维斯的"营地"作客，其中包括首席法官文森、法官汤姆·克拉克、陆军部部长佩斯、农业部长查尔斯·布兰南及夫人，还有挪威、法国、秘鲁、希腊的大使和他们的夫人，所以这可以说是一次重聚。我和我的夫人也曾被邀请，但我未能参加，所以她独自前往，在那里度过了夏季的一部分时间。

宴会上一件有意思的事是和秘鲁大使唐·费尔南多·贝尔塞梅耶的谈话。他对我讲了在9月召开的旧金山会议上，他就国民党中国在缔结日本和约中的合法地位问题对艾奇逊说过的话。他还说拉丁美洲国家对于美国将国防政策的重点放在对抗欧洲的共产帝国主义这一做法表示不满。他们认为，拉丁美洲和亚洲应该得到同等的援助，以发挥它们的重要作用。贝尔塞梅耶大使猜想美国会在朝鲜安排某种形式的和平，因为这在政府的策略上有利于转年的总统选举。他指出纽约股票市场行情下跌是将要发生事情的重要迹象。

10月23日星期二，我为柯克海军上将举行午宴，我还邀请了查良鉴、俞大维和皮宗敢以及周宏涛。柯克海军上将刚结束在参议院外交委员会作证。我为他所作的陈述表示祝贺。他说，他提出反对美国从朝鲜撤军，因为这等于是邀请俄国人进入朝鲜。他也不相信美国政府的政策,即将朝鲜战争进行下去,而又不使用最大限度的军事力量早日取得胜利。他赞成在朝鲜使用中国国民党部队,他感到他们的士气一定很高昂,尽管他们需要更多的装备和较好的给养。

谈到上次大战中采用的战略时,柯克说,麦克阿瑟将军赞成从澳大利亚到英属圭亚那,从荷属东印度群岛到菲律宾使用最大限度的兵力,而他,作为华盛顿的作战部部长,则主张将主要力量集中于贯穿中太平洋托管岛屿的战线,即从塞班到莱特湾的所谓"跳岛作战"计划。他补充道,最后采用的正是这项计划,而麦克阿瑟赞成的那条战线仅仅承受牵制性的压力。他还说,战后麦克阿瑟在接见《旧金山纪事报》的保罗·史密斯时说,他(柯克)曾在有关太平洋战争中应采取的战略问题上,一度使他处于困难境地。

谈到台湾遭到入侵的危险时,柯克说,只要朝鲜战争继续下去,只要第七舰队仍然担负着注视中共尊重台湾中立的任务,这种危险就没有很大的现实性。他说有些中国人,尤其是台湾的军界人士感到担忧,因为他们看不到那里有战舰。但他说海军的作战方式和地面部队颇为不同,军舰可以很容易地移动,并且不希望总是留在一个地方。

柯克认为联合国没有足够的力量可以有效地抵制侵略或防止侵略,他感到地区性的安全条约很有必要。在欧洲已经恰当地订上了这样的条约,但是在远东,只是和澳大利亚、新西兰、菲律宾和日本订了一项不够正规的协议。按照他的看法,要做到确实有效,就必须采用一项包括整个东南亚的全面计划,因为共产党的计划是一个全球范围的全面计划。俞大维指出,目前远东和中东是美国力量最薄弱的真空地区(朝鲜除外),应该制定并实行某种全面性的计划,否则苏俄将毫不犹豫地渗入这个真空,例如打入印度支那。

第二天是联合国日,国会广场一年一度的庆祝会因为有在朝鲜作战的联合国军的代表出席而大为增色,其中有八名美军代表,其他国家(除非洲的埃塞俄比亚和南美洲的哥伦比亚各自有一名代表外)都各有两名代表。开始我对是否去参加犹豫不决,因为中国没有参与朝鲜战争;但后来决定去参加,因为朝鲜战争是联合国制止侵略的行动,而中国已经尽了自己的努力,主动提出为共同事业提供军队(实际上是继美国之后的第一个提出提供军队的国家),至于建议遭到拒绝,过错不在中国。

国务卿艾奇逊根据讲话稿发表了一篇很恰当的演说。但在演说开始,他提到扬专员的开场白时说,(扬在开场白中曾提出,气象局不属哥伦比亚特区,而是归联邦政府主管,也许国务院能够说明开庆祝会时,天气为什么如此恶劣。)有许多事本来和他没有什么关系,却有人要他负责。

随后,联合国驻华盛顿代表阿瑟·斯威策和夫人举行招待会。我以开玩笑的方式向招待会主人祝贺他们的孩子——联合国的六周岁生日。我告诉他们,我这样说是因为他们一直十分关心联合国的创建和发展,正如更早一些时候他们关心国联一样;也是因为他是联合国驻华盛顿的代表。

当天晚上,大使馆的顾毓瑞夫妇为新任空军副部长罗斯韦尔·吉尔帕特里克举行的宴会上,我和主宾谈论了总的国际形势。我告诉他:一位英国朋友在那年的早些时候曾对我说,1951年8月以前肯定不会爆发世界大战,因为在这以前俄国人不能完成向大量生产重型武器转化的计划,吉尔帕特里克说美国已经收到内容与此相同的报告。

他也不相信莫斯科会迫使对方摊牌,但他认为苏联控制世界的计划是全球性的,而朝鲜仅仅是自由世界面临整个问题的一个方面。他将亚洲和太平洋看作和欧洲同等重要的地区,并说苏俄的下一步行动很可能是在东南亚。这番话对我有重要意义,因为这是新任空军副部长的看法,而他的部在美国国防系统中是一个重要部门。

一周后,我又拜会了美国负责远东事务的助理国务卿迪安·腊斯克。前文提到过,当时我是想了解一下美国对吉田茂首相最近在日本国会所作的声明的反应,不过我也想趁这个机会提到即将在巴黎举行的联合国大会,并问腊斯克,他是否预料苏俄或它的卫星国会采取什么重大的行动,重新提出中国代表权的问题,并力求接纳中共进入联合国。

　　腊斯克回答说,如果苏俄提出此种建议,他不会感到意外;但根据它在9月旧金山会议上的态度,表明它完全没有决心坚持自己的观点,即使它要作出某项动议,他也不认为它将竭尽全力为之战斗或取得任何成果。使他担心的倒是印度可能和阿拉伯国家一起,联合提出与此相同的建议。任何这样的动议,当然更难以反对。

　　我表示如果出现这种情况,希望美国代表团集合其他对我国友好的代表团,联合一致,极力反对。

　　腊斯克先生说,美国一定会那样做。但他认为,即使印度和阿拉伯国家提出这样的建议,联合国大会通过这种建议的危险性也不大,因为他们不可能获得多数票。

　　接着谈到朝鲜停战谈判。我说谈判似乎有了一些进展。我问腊斯克对这些谈判取得成果的前景有何看法。

　　腊斯克回答说是:中共已经提出了一些关于停战线的具体建议,而不是像前此那样笼统的讨论,并有可能达成协议。但是除停战线以外,还有其他的难题有待于解决。在达成停战协议以前,首先至少需要在下列三个问题上达成协议,即:(1)检查和监督问题;(2)增援问题;(3)交换战俘问题。腊斯克补充说,由于这个原因,代理国务卿韦布已经告诫美国人民,对期望在朝鲜达成停战协议,不要过分乐观。

　　我说,韦布先生此举实属高明,因为共产党人常常在一夜之间改变态度。

　　腊斯克说,即使在所有问题上都达成协议,朝鲜的战争是否会完全停止还可怀疑。

最后,我说我在报刊上注意到,莫斯科和伦敦以及巴黎方面似乎都赞成在联合国大会期间在巴黎召开四大国的外长会议,我问腊斯克召开这样一次会议的前景如何。

腊斯克回答说,他知道有一些关于这方面的议论,但还没有人提出召开这个会议的明确建议;况且,这并不是一个简单的问题。

我提起邱吉尔在最近英国的竞选运动中,曾主张西方应该在一切悬而未决的问题上与斯大林进行协商,以期达成协议。

腊斯克说,确有其事。但邱吉尔所想的是英国、美国和苏联三大国间的会议。不过,果真如此,法国的舒曼肯定会反对。另一方面,苏联政府所想的是包括中共在内的五大国会议。腊斯克不知道邱吉尔将如何考虑和对待这一问题。他认为不大可能在巴黎举行这样的会议。但是他又补充说,美、法、英三国的外长很可能在巴黎进行讨论和交换意见,甚至他们有可能和苏联外长会谈。但他认为在不久的将来不可能举行四大国的正式会议。他最后说,无论如何,还没有一个国家在这方面提出过任何具体建议。

四天后(11月6日),六届联大会议在巴黎的夏乐宫开幕,不出所料,苏联不失时机地提出中国代表权的问题应列入会议议程。恰好这一问题于11月5日五届联大经过联合国历史上历时最长的会议之后,将要结束在巴黎的工作之际,刚刚讨论过。事实上,联大特别委员会关于中国代表权问题的报告是会议议程上遗留下来的唯一的项目。但报告实质上仅提到在当前的形势下,特别委员会无法提出任何意见。据此,六届联大主席建议只将该报告记录备查。他的这项建议得到通过,而使另一项由苏联代表马立克提出的将此问题列入六届联大议程的建议不成立。在此基础上,总务委员会建议联大拒绝将"中国在联合国的代表权"项目纳入六届联大议程。委员会还建议,在联大会议期间,推迟考虑任何关于排斥国民政府代表或给予北平政权席位的进一步建议。两项建议均为大会所接受。(《联合国通报》第 11 卷 396 页和 443 页)

列入议程的项目却是"由于苏联违反 1945 年 8 月 14 日的中苏友好同盟条约和联合国宪章,所造成的对中国的政治独立和领土完整以及对远东和平的威胁"。当时这也是个老问题了,因为蒋廷黻已于 1949 年四届联大首次提出了这一问题。当年 12 月,联大将这一议题提交临时委员会研究,但被搁置在那里,没有实际结果。在五届联大期间,曾要求临时委员会继续进行调查,以便向六届联大作出报告,但是由于联大正举行例会,而且由于五届联大在六届联大开幕的前一天才闭会,委员会无法召集,六届联大就将该议题列入大会议程,并提交第一(政治与安全)委员会考虑并作出报告。

第一委员会于 1952 年 1 月着手处理这一问题。在讨论中,苏联方面将印度支那和缅甸的中国军队问题拉扯进来,并指责美国的支持和美国对东南亚的侵略。然而,最后蒋廷黻的决议草案以 24 票赞成、9 票反对、25 票弃权获得通过。根据这个决议草案,联大将确认自日本投降以后,苏联在对中国的关系中,违反了(后来按照泰国的建议,将"违反"改为"未能实行")中苏友好同盟条约。

前些时候,1951 年 11 月 17 日蒲立德与我共进午餐。他告诉我将前往台湾,并无特别目的,只是探望老友,并可能在台湾南部逗留一个月,在那里游游泳、晒晒太阳。前一次蒲立德去亚洲时,曾在印度会见过尼赫鲁,和他讨论了对世界政治的看法。蒲立德说尼赫鲁是一个梦想家,头脑中有一个由苏俄、红色中国和印度瓜分亚洲的总计划。即由苏联控制西伯利亚、中亚和朝鲜;红色中国控制西藏和印度支那;印度则除了印度和巴基斯坦外,还控制马来亚、缅甸和印度尼西亚。蒲立德说,按尼赫鲁的想法,西方必将完全被排除在外。蒲立德认为尼赫鲁的计划必然要破产,印度的结局将是被苏俄吞并或统治。他还认为杜鲁门将参加即将举行的竞选,但是要预料选举取胜的可能性实在为时过早。

约一星期后,我在一次宴会上和宋子文畅谈。谈到总的形势时,宋认为第三次世界大战将于 1952 年爆发,因为欧洲的局势,(意大利共产党的活动;法国的失败主义和英国流行的中立主义。)将被苏俄视作进攻的有利时机而加以利用。他说,这对苏俄是唯一的机会。我对时机问题表示怀疑。因为我认为,尽管从坚决抵抗苏联侵略的要求来衡量,西欧的精神状态很成问题,但美国在转年总统选举结束以前以及在美国的战备取得更大进展以前,它将竭尽全力避免摊牌。我告诉他,美国的军事领袖对战备工作进展缓慢是如何地忧虑于怀。甚至在空军力量方面,美国在朝鲜对付共方的空军,也远未能做到随心所欲。我说美国空军部的一位助理部长在最近一次和我谈话时说,当前在朝鲜的共军有力量使美国空军处于饱和点。而且美国之不愿轰炸满洲也受到了鼓励,因为这已形成他们施加于共军的一种约束,阻止了共军轰炸朝鲜美军的基地日本。

此后约两周,宋子文前来同胡适和我会晤。我和胡聚在一起是为了和董显光讨论毛案的调查委员会事宜。宋又提出了国际展望问题,特别问我第三次世界大战是否有很快爆发的可能。

他之所以反复思考那个问题,可以解释为:这种可能发生的意外事变,(但在我看来,可能性很小。)当时在委员长和国民政府的其他许多领袖人物的脑海中想得很多,因为第三次世界大战很可能像第二次世界大战起过的作用那样,再次使国民政府时来运转。

虽然我在前不久刚和宋子文讨论过这个问题,我还是再一次向他说明我的观点。我说,1952 年肯定不会爆发世界大战,而且苏俄在不迫使对方摊牌的情况下,通过冷战政策,已在好几个方面得利。我说它的武器很多:政治的、经济的和宣传的,还有军事的。但是,在胜利尚无把握之前,而且仍然希望更多地依靠其他武器而不是军事来取得成就时,它是不会使用最后提到的那种武器的。国际共产主义赢得了中国大陆,这对于它已经是一个巨大的胜利。现在它正致力于使西方,尤其是美国的经济崩溃。我不知道按美国现在的或进一步增长的巨额开支还能继续多久。我说,沉重的税收正在挫伤着个人进一步发展的积极性。

宋子文说,他相信大战将于 1952 年爆发,因为一方面苏俄在军事准备上仍然稍占优势;另一方面,他确认,重新武装计划或长期消耗都不能破坏美国的经济实力。胡适和宋子文看法一致,认为苏联空军如同它的陆军一样,都很强大,它不会等待西方增强实力以后再行动。董显光则在宋子文来到以前刚刚离去。

12 月 10 日,法国大使亨利·博内先生和夫人举行宴会,我和我的夫人应邀出席。我在法国时与博内夫妇有过多年交往,在华盛顿中法两个使馆的关系很密切。那次宴会是为约瑟夫·戴维斯举行的。参加宴会的约有四十位宾客,大多数是挚友。举行那次宴会与 10 月间古根海姆宴请宾客的情况相似,是对戴维斯夫妇在他们的夏令"营地"盛情款待的回礼。客人们包括首席法官文森和夫人、新墨西哥州的参议员克林顿·安德森和夫人、前参议员泰丁斯和夫人、前意大利大使罗索和夫人。分四张圆桌就座,我受托主持其中的一桌,卢森堡公使加莱的夫人坐在我对面。

安德森夫人坐在我右边,她对我说,参议员的职位比农业部长的职位更符合她丈夫的心意,(她丈夫曾任农业部长。)因为当参议员更能自己作主。她告诉我,新墨西哥州的人口依然稀少,它在国会中的众议员名额只是在最近才由一名增加到两名。她说我可以想象出这个州人口多么稀少。(当然它一直有两名参议员。)进行竞选活动一直很辛苦,因为路途遥远,到各处去对选民演说的任务很繁重。她还说,在作这种旅行时,她总是伴随在她丈夫身边。

罗索夫人是美国人,在她丈夫担任意大利驻莫斯科和布加勒斯特大使期间,曾在那两个地方住过。她告诉我,在德国占领期间,她作为特工,曾为意大利地下武装力量向同盟国传递情报,引导同盟国部队由两条路线入境。可是,同盟国迟迟未作反应,使她不得不继续留在意大利达数周之久,这使她冒着极大的生命危险,因为一旦德国人发现她的所作所为,就会把她枪毙。我还和文森夫人交谈,多半是关于她丈夫在美国对华政策上的一些同情中国的观点。我们的交谈是在宴会后,大多数客人都在跳舞的时候进行的。

宴会开始时,博内夫人在餐桌旁发表了简短而得体的讲话。她说,如果世界上有更多戴维斯那样好心肠的人,天下就会太平。席间还有其他人发言赞美戴维斯夫妇,但我觉得她比大多数人讲得更好。首席法官也称赞戴维斯,说他是一位品质优秀的人,一位不仅只是在物质方面富有的人,起初在威斯康星州以"弄堂老婆队长"而闻名,后来成为伍德罗·威尔逊竞选总统的主办人,并且是一位成就卓著的律师和美国立法班子中的重要人物,这一切都证明了他的才能。

在随后一周的某天晚上,我出席了弗兰克·埃利斯举行的宴会。在宴会上我和前南达科他州参议员亨利·希契科克的遗孀希契科克夫人谈得很投机。她由于传统和婚姻关系,成了一位民主党人。但她告诉我,来年总统选举中她要投任何共和党候选人一票。因为她相信政府变一变有好处。她是伍德罗·威尔逊夫人的密友,她告诉我已故总统的这位遗孀早年如何放弃了她在家族产业戈尔德兄弟珠宝店中的全部股份,去嫁给伍德罗·威尔逊;她又如何拒绝接受塞尔兹尼克电影制片厂因她协助拍摄了《威尔逊传》而付给她的酬金。(一张 25,000 美元的支票。)最后,按照威尔逊夫人的建议,将这笔钱送到伍德罗·威尔逊基金会,用以修缮弗吉尼亚州斯汤顿的威尔逊家故址,威尔逊就出生在那里。

在这方面,我记得我曾如何强调要尽量多参加这类社交聚会,主要目的是尽量多结识一些重要人物。我常常想和我要与之交谈的人物接触,但苦于没有特别的理由去拜访他们。这些人往往了解情况,而且往往置身于政府的决策人物之中。再则,由于这些聚会并非正式的会见或会议,谈话就比较轻松自然。我发现美国人喜欢谈天,我也总是喜欢与人交谈,因为常常使我有机会学到许多东西。

有时我一下午要参加两三个鸡尾酒会或招待会,晚上又参加一次宴会,主要的目的是会见一些头面人物,和他们握握手,如有可能,就一些当前的时事问题交换看法。有时,常是通过寥寥数语我就可以获得十分重要的消息。例如在印度大使馆的一次招待会上和斯塔福德·克里普斯爵士的谈话就是如此。当时他正要回伦敦,我和他交换了看法,时间也许不超过五或十分钟,但谈话十分有趣,也十分重要。

我注意到大多数人参加那些社交聚会是为了享受吃喝,因为有时聚会上的食品确是质优味美而引人入胜,而我只是偶尔接受一杯雪利酒。我的真正目的是转来转去和某些令人感兴趣的人握握手,这些人也许能够当时回答我提出的问题,或者有时他们会发表他们认为中国感兴趣的观点,而这些观点常常使我感到很有启发,因为在那样的场合,人们谈话没有约束,甚至很随便。

12月11日,我和总统府秘书周宏涛谈了一次。他为帮助处理毛邦初案件已来华盛顿约两个月,准备短期返回台北述职。由于他近期即将离美,我应他的要求,向他谈了我对政府所关心的一些问题的看法。其中包括解决朝鲜问题的可能性。我对他说,美国政府出于政治原因,十分迫切地希望达成朝鲜停战协议,尤其是以此来平息民众由于朝鲜战争中伤亡日益惨重而不断高涨的愤怒情绪。

在我们谈话时,停战谈判议程上的第一个问题——分界线问题——已经得到临时性的解决。分界线将按冲突双方的接触线划定。如果到12月27日达成总的停战协议,这条线将成为永久性的分界线。还成立了小组委员会来研究和讨论第二个项目,即实现停火和休战的具体安排。第三个项目是交换战俘。事实上,关于战俘问题的讨论于我们谈话的同一天(即 12 月 11 日)开始;一星期后,双方同意交换战俘名单。

在美国,共方提供的联合国军战俘名单公布后,引起了一种混合反应。我在 18 日的日记中写道:它"再次导致早日停战的希望"。我还写道,名单上有朝鲜战争中美国野战指挥官迪安将军的名字。(以前曾有报道说他在战斗中失踪。)但是,几天后,才明显地出现强烈的反应,对共产党名单上所列人员太少(只有一万五千五百五十九名)感到惊异和忿恨,尤其是因为公布过的美国军人失踪人数是在十万人以上,而且共方曾自称扣押了六万五千多名战俘。此外,下落不明的美国军人人数比英、法等国下落不明的人数多得多。所有这一切都使美国公众加深了对参与朝鲜战争的日益增长的失望。再则,共产党对永久性停战的诚意本来就受到怀疑,现在就再次成了问题。因此,到 12 月 27 日,关于停火线的临时协议失效,未能达成全面协议时,人们感到失望,但并不惊奇。

12 月 20 日,大使馆里就毛邦初一案举行了会议。会后,俞大维和我单独会面。他告诉我几件事,其中包括他和五角大楼的美国朋友们谈话的主要内容。他们对他说,在全球性战争中,朝鲜并非主要的战略地区;而且,只要美国的政策不允许倾其全力,就不能使朝鲜战争以胜利告终;只要共产党中国安然无恙,冲突必然不会就此停止。他说,美国军界人士主张宁可以全力对付苏俄,而不是对付共产党中国,这就意味着最终会发生第三次世界大战,因为苏俄势必起而应战。

大约也就在同一时间,人们普遍获悉,英国新组成的保守党政府的领袖们,(保守党于 10 月大选中险胜。)将于 1 月间访问华盛顿,和美国就一些问题举行最高级会谈,例如欧洲一体化和德国、中东、冷战和中国等问题,当然还有日本问题以及未来的中日关系问题(这一问题我已在前一节中提到)。人们希望,在某些问题上,例如对华政策问题,新的保守党政府能比它的上届工党政府更紧密地和美国站在一起。

我在约翰·福斯特·杜勒斯即将访日和访日归来后和他进行的谈话中,谈到了这一问题。他访日以前,我和他的谈话是11月29日在国务院进行的。我们先讨论了有关未来中日关系的一些因素,后来我说我还想提出一点,即英国对日本的影响。在这个问题上,我表示:我曾希望保守党在英国重新执政以后,在对待共产党中国的政策方面会发生变化,但最近的情况表明并没有即将发生变化的迹象。我说我还是相信,保守党政府迟早会认识到,它承认北平政权的政策是多么不明智,因为尽管新任外交大臣艾登本人立场一向不鲜明,但是一些重要的保守党领袖,如政府的掌玺大臣索尔兹伯里勋爵,从一开始就强烈反对承认北平。但我补充说,也可能英国能利用这一问题来向美国讨价还价。

杜勒斯说,英国大选以前,邱吉尔曾批评工党政府对共产党中国的政策给英国带来的唯有屈辱,还说他曾预料在邱吉尔重新执政以后,政策会有改变。但坦率地说,他失望了,因为,像我说过的那样,并无在不久的将来作任何政策改变的迹象。他同意我的看法,即:邱吉尔可能在以后对美谈判中利用这一问题以取得更多的经济援助。

我说,我相信如果美国坚定不移地要求英国在对共产党中国的政策方面和美国取得一致,英国是会改变主意的。我认为,在这样一个重大问题上,英国和美国形成统一战线是极端重要的。这种统一将使美国的外交问题大大简化,并且将加强自由世界在反对共产帝国主义的斗争中的国际地位。

杜勒斯认为,邱吉尔可能在这个问题上让步,如果他能因此从美国得到某些报偿。他还认为,英国的政策在很大程度上受到英国驻东京大使埃斯勒·丹宁爵士的影响。看来丹宁一直感到日本对英国很重要,并且主张和日本密切合作。

杜勒斯从日本回来以后,12月27日我再次拜访了他。他在谈话中指出,从经济的观点来看,邱吉尔政府对共产党中国的明显的同情态度是可以理解的。当时英国正经历着一场经济危机，力图在亚洲重建它的经济地位来摆脱困境。然而，阻止日本和它争夺东南亚市场的唯一办法是鼓励日本与共产党中国进行贸易。这一点已在中日关系一节中谈到过。杜勒斯还提出英国对中国共产党人明显表示同情的一些政治原因。他说，在政治方面，英国仍然希望保住香港，它相信如果能不引起共产党中国的怨恨，就能达到这一目的。另外，它希望和印度协调对北平的政策，以便将印度保留在英联邦之内；而且，英国和印度似乎都认为，如果不对共产党中国采取敌视态度，就有较大的可能将共产党中国和莫斯科分离开来。但是杜勒斯强调，这是个错误的观点，因为这样做只能产生相反的效果。

杜勒斯指出，对付共产党必须态度强硬，实力是他们能够理解的唯一语言，然而他进一步提到，邱吉尔从不喜欢蒋委员长，仍然反对扩大任何对国民政府的援助。据他所知，两位领袖在开罗相遇时，相互之间都没有好感。我们在 1 月份再度交谈时他又重提这个话题。

在早些时候，12 月 13 日我曾请伍·沃利奇先生共进茶点。沃利奇当时已八十一岁高龄，但仍然思路敏捷，精力充沛。他是英国一家百货连锁商店的经理，还是一位著名的慈善家。他对我说，他这次从伦敦乘飞机来，是他第一百次乘飞机或乘船横越大西洋。他如往常一样，希望和我谈谈。我则想探知英国国内，特别是在邱吉尔重新上台之后关于赤色中国的舆论和政府的政策以及英国的经济前景。

沃利奇为美国和英国对待赤色中国的政策上的分歧和英国承认北平而感到痛心。但是他相信艾登和邱吉尔对工党承认赤色中国的政策持批评态度，认为承认赤色中国主要是由于根据欧内斯特·贝文的错误判断所致。贝文觉得共产党中国会能和社会主义的英国更密切地合作，并为中国人民做更多的事情。沃利奇说，如果贝文还健在，一定会认识到这个错误而努力加以纠正。

然而,现任首相和外交大臣的行动将是非常缓慢的,在他们获得更多的情报和受到美国更大的压力以前,是不会改变他们的政策的。沃利奇说,为了自由世界的利益,他希望英国和美国步调更趋一致,并希望邱吉尔和杜鲁门之间即将举行的会谈,在统一政策问题上能够取得成果。这不仅对中国,而且对整个反对共产主义俄国的斗争都是很重要的。

沃利奇说,英国的经济形势十分黯淡,也毫无立即好转的希望。社会党政府浪费无度,而且在两次耗资巨大的战争之后需要很长时间才能恢复元气。过去两次大战已经耗尽了过去两个世纪的积累,工党政府又挥霍浪费,免费分发药品、眼镜,提供免费牙科医疗,但并未收到应有的效果。他本人已将证券全部变卖,靠本金维生,因为所得税飞涨,使他不得不为每年十万镑的收入支付九万七千五百镑的所得税。

1952 年 1 月 3 日,各晨报就伦敦方面的不满情绪发表文章。伦敦之所以不满,是因为美国方面报道邱吉尔的来访不受欢迎,并且他不会从美国得到他所要求的东西。在记者招待会上,当记者问杜鲁门是否愿意对邱吉尔的议程发表看法时,杜鲁门感到不悦。据当时在场的蒋荫恩说,杜鲁门以他自己也有议程为词表示了他的不快。三天后,邱吉尔抵美,同行的还有安东尼·艾登等人。

我在 1 月 8 日的日记中写道:"今天是邱吉尔和杜鲁门总统会谈的第二天,我知道,他们上午讨论了中东和远东问题。我正等待消息。"

1952 年 1 月 9 日,发表了一项正式声明。在声明中两国都作出允诺,将全力支持创建欧洲防御共同体的努力;双方表示在中东问题上目标一致。另外,我在另一节里已经提到,双方宣称在远东问题上的观点大体上一致,并且声称反对共产主义威胁这个压倒一切的需要超越了对华政策的分歧。(声明全文见附录十七。)

随后,邱吉尔首相前往纽约和渥太华,外交大臣艾登留在美国继续会谈。但根据我在 1 月 11 日的日记记载，艾奇逊—艾登会谈已在前一天结束，双方在赤色中国政策方面毫无改变，两国各自继续坚持自己的政策。杜鲁门—邱吉尔会谈之后曾经发表过公报，而这次会谈却没有发布消息。

1 月 12 日，外交部发来一电，通知我杭立武从伦敦电告英国可能采取的行动。他说英国工党政府曾经决定在联合国大会本届会议结束以后，他们将极力主张让中共政权参加非联合国成员国可以出席的各种国际性会议或国际组织，作为对国内外舆论的一种试探。但是美国已经劝告它将此事推迟。他说据传邱吉尔将重新提出这一问题。然而，如果美国施加压力，英国可能放弃这一打算，或者作出让步，以此作为对其他事情讨价还价的筹码。杭立武还报告说英国还准备把反对拟议中的中日双边和平条约用来作交易。因此，外交部希望我设法了解英国是否再次向美国提出了上述观点，以及美国的态度如何。外交部要我向美国当局表明我们的观点，要求他们坚定立场，不允许中共参加任何国际会议或组织，并在签订和平条约方面帮助我们。

1952 年 4 月杭立武来到华盛顿并来见我。对我谈到他早些时候访问英国之事。他说，他在伦敦逗留了两个月左右，是被特地派去接触英国的政界领袖，了解他们对远东，特别是对共产党中国和在台湾的中华民国的看法。由于他受的是英国教育，在英国度过多年的学习生活，所以结识了不少英国朋友。他为政府执行这样的使命已不是第一次。

他说，他在伦敦发现，随着邱吉尔为首的保守党即将掌政，政策上并不会发生有利于我们的变化。英国对和赤色中国进行贸易感兴趣，而且，尽管邱吉尔对委员长或国民政府不存偏见，艾登却对我们无甚好感。他说，保守党在议会中的微弱多数，是邱吉尔政府对待台湾所采取的态度的一个重要因素，例如在对待台湾防御共产党入侵方面。在对待苏俄的政策上，英国和美国的看法也不一致。英国现政府和它的上届工党政府一样，认为应该寻找途径和莫斯科谈判全面解决的办法,而不赞同华盛顿对苏俄的不妥协立场。

1月14日,我在美国国务院拜会了杜勒斯,他要直接告诉我英美会谈中关于中日和平条约的问题的讨论结果。在我们谈过了几点以后,杜勒斯问我,邱吉尔对蒋委员长显然怀着根深蒂固的反感,原因究竟何在?

我回答说,第二次世界大战期间两位领导人在许多政策问题上有意见分歧。我当时在伦敦,常被请去从中斡旋。分歧的根源之一是英国一再阻挠从美国途经印度运往中国的租借物资运输,并将这些物资挪为己用。蒋委员长对印度的访问和敦促英国允许印度人民独立,(当时尼赫鲁因所谓颠覆活动的罪名仍身陷囹圄。)都不利于促进委员长和邱吉尔的友好关系。除此之外,蒋委员长关于香港问题在开罗采取的立场,以及其后罗斯福劝说邱吉尔以政治家的风度解决这一问题未获成功,都使蒋委员长和英国首相之间的关系进一步恶化。

接着我又回忆起,蒋夫人拒绝接受英国国王邀请她于访美后访问伦敦,也在英国官方各界引起了不满。当时我正巧在美国,我劝蒋夫人接受英国的邀请,并指出如果她无法访问英国,最好也谢绝加拿大政府请她访问渥太华的邀请;如果两国的邀请她都能接受,则以先访问伦敦后访问渥太华为好,但我的建议未被采纳,最后蒋夫人对渥太华进行了正式访问,却未去伦敦。我还说我刚才为了回答杜勒斯先生的问题而重提旧事,当然不能公开发表,但可为邱吉尔和委员长之间不和的原因提供一点线索。

当杜勒斯问到是否还发生过别的事情时,谈话时在场的约翰·艾利森讲述了关于午宴的事件。当时邱吉尔正在华盛顿访问而蒋夫人正在纽约,两人都急切地想与对方会晤。蒋夫人表示希望邱吉尔到纽约去见她,而首相却说在华盛顿十分忙碌,无法前往。

杜勒斯说,他没有听说过此事。

我说,当我闻知此事以后,曾和当时英国驻华盛顿大使哈里法克斯勋爵一起商讨礼仪问题的解决办法。最足智多谋的罗斯福总统提出了一个方案:请蒋夫人到白宫和他及邱吉尔共进午餐,从而避免了礼仪问题。蒋夫人也许当时感觉不适,所以谢绝了这一邀请。但这两位要人未能在这样安排下见面,当然也不利于促进蒋委员长和邱吉尔首相的相互了解。

艾利森提醒我和杜勒斯:那次午宴事件已清楚地记入邱吉尔的战争回忆录的最新一卷《缩紧包围圈》中。

我说,我认为艾登应比邱吉尔更同情国民党中国。

杜勒斯说,在他看来,邱吉尔尽管对国民党怀着强烈的偏见,但还能看到国际形势的大局;而艾登则不能理解美国的政策,坚决反对向台湾提供任何援助。例如,邱吉尔承认,美国现在在太平洋和东亚承担着更大的责任,因而,在决定世界的这一部分的政策方面应该有更多的发言权。

我对艾登的态度表示失望,并说我不能理解他的态度。

杜勒斯认为,艾登可能感到有许多议员和他持相同的立场,而保守党的微弱多数不足以使他去追求一项在本国不得人心的政策。

我说,艾登还可能想着印度对共产党中国的态度,并且不愿意做出任何使尼赫鲁不快的事。

杜勒斯同意我的看法,并说艾登自然不会做任何可能促使印度退出英联邦的事,因为英国和印度之间的关系十分脆弱。

我还认为,也许艾登对美国及其政策的理解不如邱吉尔,所以对待诸如日本和国民党中国之间的双边条约问题采取了不妥协的立场。这使我们的谈话又回到那个话题上来。

1月16日,邱吉尔结束了对加拿大的访问,回到华盛顿,第二天在议会两院联席会议上发表了讲话。首先,他对中国是否会世世代代留在共产党手中表示怀疑。他还说:

> 我很高兴,尽管在程序问题方面可能不时地出现外交上

的分歧,但你们不允许台湾的中国反共人士遭到来自大陆的入侵和屠杀。我们赞赏你们在(朝鲜)停战谈判中的耐心;同时,我们两国同意,如果我们所寻求的停战实现后又横遭破坏,我们将作出迅速、坚决和有效的反应。我在这里的所见所闻使我相信,英国和美国在远东的政策将表现出日益明显的协调一致。

其后几天内,美国报界纷纷猜测英国对中共的政策可能发生什么变化;并猜测,如果停战谈判证明无效或中共在利用停战增强军事地位以后,又一次在朝鲜发动总攻势,英国和美国有无可能达成一项协议将朝鲜战争扩大到现有疆域以外。我本人对此表示怀疑。邱吉尔先生不过是个十足的政客。

1月19日,邱吉尔返英之日,我和俞大维将军交谈了一次。他就对中国有影响的杜鲁门—邱吉尔会谈的结果征询我的看法。我说,在承认赤色中国的问题上,他们同意存异。至于邱吉尔同意支持美国封锁赤色中国,并且在朝鲜停战协定签署后又被共方破坏的情况下轰炸大陆上的军事和战争工业目标,我感到这主要还是口惠,以取悦美国公众和议会舆论。果真发生这样的情况,英国也不大可能给予积极的(不同于道义上的)支持。

杜鲁门—邱吉尔会谈的内容还包括东南亚的形势问题。因此,俞将军问我,在英美首脑会谈后,如果中共入侵印度支那,需要国民党部队参加印度支那战争的可能性究竟是增加还是减少。我答称现在减少了,俞全然同意我的看法。这里的会谈举行以后,他曾在五角大楼会见过奥姆斯特德将军,奥姆斯特德对他讲,他的关于要求台湾国民党部队参加盟国对印度支那援助的想法现在"属于少数派"。我说法国和英国自然更迫切地需要得到美国援助并承担联合作战的义务,而不是要求国民党部队参加。

可以回想一下,1951年10月奥姆斯特德将军曾数次向俞将军询问国民政府是否准备将其军队借给别国用于印度支那,俞将军当时答应向政府汇报。他不敢向台北发报,而是请当时去台北的李榦秘密向行政院长陈诚报告。行政院长的答复于 10 月末由董显光带回。董是在台北逗留一段之后，取道东京返回美国，参加毛案调查委员会的工作的。

在我会见俞将军前一星期左右，董显光告诉我，陈诚曾让他给俞大维带口信说，如果联合国提出在印度支那使用中国国军的要求，我们将考虑同意。关于这一点，他说，最近蓝钦曾就这一问题向叶公超进行试探，叶作了大致相同的答复。当时蓝钦说这一问题并不是根据国务院的指示提出的，而是他个人的想法。叶也对蓝钦说，他一定向政府报告此事。

和董显光谈过此事后，我曾给叶外长打电话弄清实际情况。我对他说，最近几个月以来，美国国防部有很多人反复地（虽然是间接地）来探听如果中共部队入侵印度支那使局势恶化，我们是否愿意派遣部队去援助。我说我们对此曾经间接地作了答复，大意是：两年前朝鲜战争爆发时，我们曾立即表示愿意派遣部队，但没有获得美国的同意。因此，如果美国预料印度支那会遭到入侵，而要求联合抵抗，那么，还是由美国方面提出这一建议更为适宜，我们感到由我方首先如此提出不甚适宜。

我接着说，两天前，杜鲁门和邱吉尔就东南亚形势问题进行了磋商；今天，美国、英国和法国的参谋长已开始讨论具体安排。有人向我秘密报告：法国方面考虑到，最近几年来印度支那在抵抗共产党方面已经消耗了大量人力和物力，假如中共现在进入印度支那，仅仅依靠法国和印度支那的联合力量进行抵抗将是困难的。他们将需要美国和英国军队协助。但是，英国方面感到，马来亚抗击共产主义的责任已经非常重大，而缅甸的形势和印度支那相比，实际上更为危急。因此，它已无法援助印度支那。至于美国方面，同一报告说，美国可以提供武器和空军，但派遣部队困难很大。然后我问叶外长，假如印度支那战争扩大政府对派兵援助印度支那问题最近的态度如何，以及对蓝钦就这一问题提出的询问（据悉最近蓝钦曾主动提出了这一询问。）作了哪些答复。

叶外长的复电是 1 月 17 日以绝密件发出的。复电说蓝钦并未到外交部探听我们的意见。复电还说,由于美国关心印度支那的局势以及我们对派遣军队支援印度支那的看法,现在正是敦促美国帮助解决我们被扣留在印度支那的部队问题的良机。

他说被扣留的人员中有两万左右的战斗人员,被扣留的时间已有两年多。最近由于处境困难,他们开始了绝食抗议,他们的士气在发生动摇。如果不迅速将他们遣返,他们可能开始肇事,其后果殊堪忧虑。他说,加之印度支那的共产党对这些部队正加以利诱,或进行威胁。据调查,三百余人已去向不明,人们相信他们已经加入了印度支那的游击队。如果这些部队中有更多的人前去增强在印度支那的敌军力量,这也令人担忧。因此他说,鉴于此事实属重大,希望我能千方百计地争取美国的积极支持。有关的背景材料将另行邮寄。

接到叶外长电报两天以后,俞将军和我不得不一致认为:杜鲁门—邱吉尔会谈后需要我们军队参加印度支那战斗的可能性已经更小,实际上英法两国更为关心的是美国的参与。然而这并不意味着美国有理由不对我们要求协助遣返我们的部队一事加以有利地考虑。因此,在其后一个月左右的时间里,我继续就此事和许多美国官员接触。

1 月 25 日,我和迈伦·考恩讨论了杜鲁门—邱吉尔会谈。他原来是美国驻菲律宾大使,刚刚卸任,成了艾奇逊的远东事务顾问,现正准备前往远东,包括访问台湾。我注意到此人具有讲求实际、有条不紊的性格。我对他说,伦敦发出的有关会谈的报道,似乎与华盛顿的报道不一致,不知英国是否表示过同意美国对远东的坚定政策并且将予以支持。

考恩对这问题没有直接回答,但说远东的局势必须作为一个整体来看待。

我指出,莫斯科历来十分重视亚洲在其统治世界计划中的作用,并且回忆起,列宁曾宣称通往巴黎和伦敦的道路是经过北京。

我说,无论如何,苏联帝国的五分之四位于亚洲,而其五分之三的人口是亚洲人。我还提到,早在 1922 年我在北京担任外交部长时,莫斯科曾派当时苏联统治集团中的二三等人物越飞到北京,目的是将中国争取到苏联一边。越飞企图通过我诱使中国政府谴责与西方大国签订的所谓不平等条约。尽管越飞曾以要到中国的南方同当时与北京中国政府对立的反对派领袖孙中山合作相威胁,但我劝告我的政府不要接受这项建议。在我告诉越飞,虽然我的政府赞同终止不平等条约这一原则,但不能接受他提出的单方面谴责的做法之后,越飞终于实现了他的威胁。我说,我所要强调的是:克里姆林宫一贯将中国视为推行其统治亚洲和整个世界这一既定政策的不可缺少的同盟者。

考恩同意这一看法,并说正因为如此,他曾建议对一切可能的侵略者提出明确的警告。在那以前他曾说过,要阻止共产党人进攻台湾或远东的任何其他国家,唯一有效的办法是由自由世界的领袖们给共产党人以明确的警告:他们对任何自由国家的侵略都会立即招致不同于朝鲜战争那种地区性行动的报复。考恩对这种办法是否有效并无确实把握,但他认为除此之外,没有任何别的办法可以达到这一目的。他问我,就我所见可能产生怎样的效果。

我答复说,由于俄国人讲究现实,他们面对这样一个严肃的警告,在他们批准另一次侵略性的冒险之前,一定会三思而行。然而,确实不能排斥这样的可能性,即:鉴于在拖长的朝鲜停战谈判中,西方民主国家一再向共产党人让步,苏联人可能不相信它们真正能按提出的警告那样去做。

谈到中国在联合国控告俄国违反 1945 年 8 月的中苏条约时,(该条约是雅尔塔协定之后,中国根据美国的建议签订的。)我说该案列入联合国大会的议程已达两年,现在正在巴黎提出讨论。中国政府希望这次联大通过某些决议谴责俄国违反它对国民党中国的条约义务。我说,我很高兴地注意到美国代表团已经向中国代表团保证给予支持,但为了保证使联大赞成这项决议,我国政府希望美国政府对其他代表团施加影响,以期得到足够的票数通过这项决议。

考恩说,他对这一问题了解不多,问我是否向负责联合国事务的助理国务卿希克森先生谈过。

我回答说,我曾在和国务院官员就远东局势进行一般性讨论时提过此事,但未曾和希克森先生谈过,不久之后,我一定要和他谈谈。

考恩答应将中国政府在这件事上的愿望转告希克森。

接着我提出了法国当局在印度支那扣留两万多中国国民党军队问题。我说两年来这些部队一直被法国人扣留在离西贡不远的一个岛上。我国政府急于解决这一问题,曾反复敦促法国人或在抵抗共产党的侵略中使用他们,或将他们遣返台湾。但迄今法国人尚未对中国的要求作出明确的反应。

考恩问我以前是否向国务院提过此事。

我回答说,我曾经同腊斯克先生讨论过两三次,但没有和艾利森先生谈过。(自腊斯克于12月上旬辞去负责远东事务的助理国务卿这一职务以后,艾利森一直担任此职。)

考恩拿起电话,但未能找到艾利森,(他已去纽约。)只得设法和其他两三个人交谈。最后他了解了大致的情况,并对我说,那里有三万人左右。中国政府曾要求遣返那些人,并愿提供船只将他们送往台湾。美国政府赞同中国的建议,并曾向法国方面提出,但遭到拉特尔将军的拒绝。然而,美国政府仍在就这一问题以及由于中共入侵印度支那而可能发生的其他问题,例如对印度支那的法国和越南军队提供军事援助以及对侵略者可能实行的国际制裁问题与法国进行着讨论。

我说,我很高兴听到美国继续关心这件事,并希望能很快采取某种行动。过分推迟解决这一问题的时间,不仅对国民党中国造成损害,而且大大有利于中共,因为中共能够通过继续帮助被扣留人员逃亡和将他们组织起来作为他们在印度支那的地下特工人员，建立一支在他们决定入侵该国时支持自己的新的力量。

考恩重申，他们正将此事和整个远东局势联系在一起进行考虑。他说美国太平洋舰队总司令海军上将雷德福已来华盛顿参加会议；海军上将斯普鲁恩斯已被任命为美国驻菲律宾大使接替他（考恩）的工作。他补充说，斯普鲁恩斯也是一位四星海军上将，虽然他已从海军退役，但是他关于世界这一地区和海军的知识对于应付远东局势将有很大帮助。考恩说，他可以看出，指派斯普鲁恩斯海军上将到马尼拉是经过慎重考虑的。

我再一次提出这件事是在我为驻台湾军事顾问团团长蔡斯将军举行的午宴上。当时他正访问华盛顿。蔡斯说，有一次他问蒋委员长关于派遣中国军队协助法国人阻止中共入侵印度支那的前景如何，委员长的答复是："不行。"

午宴刚刚散席，奥姆斯特德将军（午宴上我的另一位客人）就将我和蔡斯将军带到位于一角的会客室。他要告诉我们的是，近来法国人一直极力要求五角大楼为印度支那提供更多的物资和装备。他认为这对我们来说是向法国人提出遣返被扣留在印度支那的国民党军队问题的一个良机。他认为，如果我对国务院的态度更强硬一些，可能有助于国务院在此问题上对法国人加强他们的立场，他本人将和国防部长洛维特谈这件事，利用五角大楼影响法国，并使国务院也这样做。

我告诉他，我已经好几次就这一问题向国务院提出了强烈要求，而且肯定将立即再次提出。我认为法国人并不真正反对遣返，他们害怕激怒中共不过是个借口。我对他说，我认为他们的真实目的是利用这一问题作为和美国政府讨价还价的条件，以便为印度支那争取更多的援助。蔡斯将军说，他也将向国务院提出此事。

上面讲的是2月18日的事。2月19日我从大使馆派人会见美国国务院中国科的代理科长申诉我们的要求，并提供了外交部送来的背景资料。去人还告诉中国科的代理科长说,法国人对此问题的处理,除非美国方面考虑这种局势并敦促法国人承担义务,否则将毫无成就,代理科长答应向上级报告。

早些时候(2月6日)获悉英国国王乔治六世逝世,2月8日澳大利亚大使送来一份外交照会通知我英国国王逝世的消息。我决定前往仍然和自由中国保持外交关系的英联邦国家的使馆吊唁,我并将照常在来宾簿上签名,表示哀悼,尽管英国、巴基斯坦、印度和锡兰都已经承认了北平的赤色中国政府,并且撤销了对中华民国的承认,同时,我将我的决定电告外交部。

四天后,我接到回答,批准我在上述有关使馆的来宾簿上签名的决定,并要我向其他地方的大使馆和领事馆转达上述指示采取同样行动。外交部还建议,如果当地的大使馆,例如澳大利亚大使馆邀请出席追思礼拜,应该出席。换言之,外交部在一份专电中建议我为表示客气,也可以出席这样的追思礼拜。但是,正如我在日记中写的,这一建议缺乏周密的考虑,英联邦国家的大使们肯定会参加同一个追思礼拜,而且会在礼拜后在教堂门口列队谢客。在那种情况下,我将不得不和肯定由英国大使为首的所有英联邦国家大使握手,这将是非常尴尬的事;或者只能和那些仍然承认中华民国的政府的大使握手,这更将使所有的人都处于非常尴尬的境地。在台湾,人们是不会想到这种情况的。所以,尽管外交部来电,我决定不参加追思礼拜,而只到各自治领大使馆去签名。

2月6日,共产党谈判代表在朝鲜提议就所有的远东问题举行和平会谈,这一建议遭到联合国方面的拒绝,联合国方面坚持任何和平谈判都必须局限在朝鲜问题上。从而,共产党代表团提出了一项新的建议:为了确保朝鲜问题的和平解决,双方的军事指挥官将向双方国家的政府建议,在停战协定签字生效后的三个月内,举行由双方各自指派的代表参加高一级政治会议,通过谈判解决从朝鲜撤出一切外国军队以及和平解决朝鲜问题等等。

使有些人感到惊奇的是,联合国代表团第二天就接受了这一建议,只是提出了三个条件,即:举行政治会议的建议,应由联合国军总司令向大韩民国和联合国提出;"外国军队"一词的含义应理解为"非朝鲜军队";"等等"一语不能解释为在拟议中的政治会议议程中,包括朝鲜以外的任何问题。(换言之,不包括台湾问题和中国在联合国的代表团问题,尽管这一点并未明说。)所有这些条件几乎立即为共方所接受,并于 19 日,双方同意于停战协定签后九十天内举行政治会议。

　　当天晚上,在弗雷德里克·布鲁克先生和夫人举行的宴会上,拟议中的战后会议上的政治问题成了席间话题之一。《美国新闻与世界报道》社长兼编辑戴维·劳伦斯说,同意讨论政治问题(如为联合国代表团所接受的"等等"之词),是毫无意义的,因为讨论问题是一回事,而达成协议是另一回事。对共产党人提出的让他们进入联合国和将台湾移交给他们的要求,美国政府是不会让步的。

　　我提出了联合国宪章是否凌驾于美国宪法之上的问题。我说,假若如此,美国政府就可以美国已经接受和批准联合国宪章为理由,签订任何协定而无须经过国会同意或批准。另一位客人参议员弗格森说,这是目前国会面临的一个根本问题,因为总统已经要求延长控制权限的期间,而这种控制权限只有在战时才应授予。他说,朝鲜冲突只被联合国称为警察行动,而不称作战争,因此就出现了这样一个问题,即在国会还没有机会批准一项联合国决议对美国具有约束力的情况下,联合国是否能通过对美国具有约束力的任何决议?弗格森说,现在国会正面临着为解决此问题作出一项决议。

　　几个星期以后,我在纽约并到蒋廷黻的办公室去看他,六届联大已于 2 月 5 日结束,蒋刚从巴黎归来,我们谈了一个多小时,交换了情况,并就世界局势交换了看法。我为联大通过了关于苏联违反 1945 年 8 月的中苏条约的决议向他祝贺,并问下一步将是什么。他说,此项决议仅仅是为了记录在案,并未考虑进一步的措施。他在巴黎拜访了艾奇逊并要求他帮忙之后,美国给了很大的帮助。

蒋廷黻解释说,提出的决议在文字上打了很大的折扣。他删去了原草案中要求不承认赤色中国的条款,因为艾奇逊以前对他说过,联合国的许多成员国已经承认了赤色中国,那只能使中国更难获得支持。他还删去了要求会员国不给赤色中国任何援助的条款,因为他看到苏俄无论如何会继续向赤色中国提供这种援助的。艾奇逊说,在这些限度内他可以、也愿意支持这个决议。他这样做了。除美国代表团外,只有法国的拉科斯特就决议案发表了意见,并在他向蒋本人表示赞扬时,宣称这项决议毫无用处。但是蒋又说,法国和大多数受英国影响的欧洲国家一样,在投票时弃了权。阿拉伯国家则故意在投票时采取不同态度。伊拉克和黎巴嫩投赞成票,其他阿拉伯国家如埃及和伊朗弃权,以此表示它们不愿和美国站在一起。因为在有关苏伊士运河区英国驻军问题,和有关伊朗石油工业国有化问题上,美国都站在英国一边。

蒋廷黻认为我们在联合国的地位仍然存在着危险。如果考虑中的普遍裁军会议在夏季召开的话,赤色中国将被包括在内,因为它拥有世界上最庞大的军队之一。假若达成朝鲜停战协定,联合国将按规定召开特别会议,一些会员国势必要求讨论一项全面解决的问题,不仅朝鲜问题,还有远东问题,包括赤色中国在联合国的席位以及台湾的地位问题。

我问蒋廷黻关于爆发第三次世界大战的可能性问题,这个问题我不久前曾和当时住在纽约的前大使钱泰议论过。钱泰认为,苏联不会蓄意发动或挑起另一次世界大战,因为它未经诉诸公开的战争就已经获得了它所需要的一切,但是,无情的冷战和地区性的对抗将继续下去;对此我有同感。蒋认为,第三次世界大战已经比一年前更遥远了,而苏联将继续进行冷战,因为冷战使它得到了很大的好处。他还认为印度支那的动乱将激化,因为法国人民已经感到厌倦,无心再打下去。蒋说,如果能找到一个能保全面子的方案,他们将放弃印度支那。法国认为它在非洲的殖民地对法国的安全和利益极端重要,而印度支那却不同。我完全同意他的看法。

蒋接着说,印度代表曾经和他接触,要求他在安理会(当时安理会也在巴黎开会)讨论克什米尔问题时支持印度。但他未作出任何支持的承诺。随后,克什米尔的总理拜访了他,提出了相同的要求,并声称他赞成第三种选择方案,即克什米尔独立。蒋对那位总理说,这个问题从来不在已经通过的安理会的决议的范围之内。他们赞同在非军事化之后进行公民投票决定克什米尔属于印度还是巴基斯坦。

我对蒋说,我感到美国国务院对台湾的态度有了明显的改善,表现为:它显然已经履行了自己的诺言,支持了我们派往联合国的代表团,并为通过有关 1945 年中苏条约的我方决议案争取了其他代表团的支持。我还向他讲述了和日本的双边条约问题,以及毛案的进展情况、毛逃往墨西哥的消息。

几天前,我曾到公园大道科茨布女伯爵的私邸去拜访她。用茶时,我和女伯爵共同回忆了在法国、英国、美国和北京会面的情景。记得科茨布女伯爵的第三个丈夫是俄国沙皇皇室卫队的一名上尉,她的前一个丈夫是黑森的亨利亲王。她的第一位丈夫戴维先生是一位矿主,在经营矿业的过程中积累了巨万家业,后来由她继承。她在巴黎拥有一座十分引人注意的宅第,在巴黎郊区还有一所乡间别墅,我在巴黎见到她的新丈夫时,乡间别墅正住着她的亲戚,那位新丈夫年轻英俊,年龄只及她的一半。

女伯爵还谈到她在荷兰宫廷的一些见闻。她知道美国大使巴鲁克先生以轻浮闻名,并问朱丽安娜女王他对她举止如何。女王坐直身子,摆出一副严肃的面孔说他是一位好人,是个优秀的外交家,回避正面回答。我本人知道女伯爵十分了解朱丽安娜女王,就是她将伯恩哈德伯爵介绍给当时是公主的朱丽安娜的。她是媒人,我想她一定费了一番苦心才促成了这件婚事。女伯爵回忆说,她曾问前女王威廉明娜对当时的爱德华国王因钟情于辛普森夫人而行将退位一事有何看法。这位王太后禁止她以后对她重提此事,并说国王应该考虑他对他的国家、他的人民和他的王室的责任。

女伯爵还要我查找一位中国绅士的住址。这位绅士有一位金发碧眼的妻子,很富有。女伯爵想给他写信,为她任管理委员会主席的比克曼医院捐款。(这家医院一直在接受日益增多的中国病人就诊。)我告诉她,那可能是薛寿萱先生,他头脑清晰,热心公益,慷慨大方。他是我现在妻子第二个女儿的公公。

3月的大部分时间我都不在华盛顿。当我于4月回到华盛顿后,许多时间都用于应付毛案和对日双边和平条约以及反击因《报道者》杂志发表"中国院外活动集团"一文所引起的喧嚣。我仍然利用正式访问或社交事务来了解国际形势,但那年4月这样的机会似乎减少了。

例如,4月6日午后,美洲国家组织秘书长阿尔维托·列拉斯·卡马戈和夫人为出席国际经济与社会发展会议的代表举行一次招待会,目的是从非政府的观点着重研究第四点计划。但我看到出席者寥寥无几,熟识者更少。事实上我到达时,几乎看不到外交代表。我猜想其原因是那天是星期日,而且正值樱花盛开。

较有意思的是4月8日罗慕洛将军的礼节性拜访。他是以菲律宾新任驻美大使的身份来访的。我们就世界局势,特别是就美国的远东政策交换了看法。他痛惜那些"欧洲第一论者"竟然对亚洲的自由世界所面临的更大危险视而不见。

我在谈话开始时,向罗慕洛同时肩负大使馆和联合国两处工作的能力表示钦佩。

罗慕洛说,他感到这样做越来越困难,曾要求菲律宾政府另外派人担任联合国的工作,但未获成功。

接着我问他,对朝鲜停战的可能性以及停战对远东可能产生的影响有何看法。罗慕洛没有直接回答,但说毛泽东似乎利用停战谈判来掩盖他在朝鲜的军事失利,并让他的同胞看到赤色中国正以平等的地位和美国谈判,从而提高他自己的威望。

　　我说,中共的另一个目的是争取时间以集结他们在朝鲜的军事力量,他们的空军力量日益增强即是证明。

　　罗慕洛同意这一看法。

　　随后,我问菲律宾和日本之间关于赔款问题的谈判进展如何。我们对此问题讨论了一些时间。然后,罗慕洛又回到朝鲜停战谈判问题上来,并说如果谈判成功,将会有好处,因为美国能够更多地关心东南亚,包括菲律宾和台湾。

　　后来我又问罗慕洛对世界形势的总的看法。

　　罗慕洛认为冷战将继续下去,俄国人将继续利用它的卫星国的人力来制造战争,而自己躲在幕后。他个人认为苏联人将在亚洲而不是在欧洲实行他们的扩张政策。

　　我同意他的意见,并说俄国的政策一直是首先指向征服亚洲,为它最终控制整个世界作准备。我说亚洲远较欧洲容易接受苏联的影响,而且俄国人在亚洲的努力,已经取得了比在其他地方都大得多的成果。最近几年的事态已经证明了这一点。一旦将亚洲拉到铁幕后面,莫斯科就会对实现其征服世界的梦想感到更有信心。我还说看来美国人似乎没有认识到(至少到不久以前是这样)克里姆林宫的意图和战略。

　　我问罗慕洛,是否从美国政府界获悉,鉴于目前朝鲜的僵局和军备竞赛的庞大开支有可能和俄国人最后摊牌的消息。

　　罗慕洛作了否定的答复。

　　我说,五角大楼的某些人物似乎感到,如果爆发第三次世界大战,美国不能万无一失地指望法国、英国或意大利进行艰苦的战斗,同时还存在这些国家袖手旁观或采取消极态度的危险。

　　罗慕洛说,确实如此,事实上欧洲没有抗击共产主义的斗志。

他补充说,他的一个新近从印度支那回来的朋友告诉他,所谓法国对越盟的胜利攻势,根本不是什么进攻,甚至几乎没有发生任何激烈的战斗。

我说,像菲律宾和自由中国这样的国家决心抵抗侵略成性的共产主义,这对美国是巨大的财富。

罗慕洛同意这一看法,并且相信美国政府已经逐渐认识到亚洲的重要性,它对台湾和菲律宾的援助不断增加证明了这一点。当我问他美国的军事和经济援助是否使他满意时,他答称"满意",尽管他希望还能得到更多些。但到目前为止,他能够得到他代表自己的国家所索取的一切。

还是在2月,我曾和罗慕洛的同胞菲律宾作家和宣传家维拉明先生交谈过。那时他刚从巴黎回来,他去巴黎是为他的报纸《马尼拉纪事报》报道在那里举行的联合国大会。联合国大会的工作并没有给他留下深刻的印象。他对我饶有趣味地讲述了罗慕洛在获悉菲律宾前任驻美大使伊利扎尔德被任命为外交部长,从而成了罗慕洛这个驻华盛顿大使的上司时,如何耿耿于怀。就这样,罗慕洛最终获得他梦寐以求的驻华盛顿大使的职位时,他的终生对手和敌人却一跃成了他的顶头上司。

据维拉明说,伊利扎尔德的职务尚未获得菲律宾参议院的真正认可,而且有人以他不是出生在菲律宾提出反对意见。但维拉明说伊利扎尔德曾任常驻华盛顿国会的代表、旧金山会议的代表以及驻美大使,而且以前从未提出过关于他担任政府成员的公民权利问题。维拉明认为反对的意见不会得到支持,他本人已经撰文为这项任命辩护。

4月12日周末,我到纽约去赴几个约会,其中之一是和胡世泽会面,他希望在离开联合国回台湾探家之前和我谈谈。他是首次回去,预计在那里逗留十天左右。我们讨论了中国在联合国的境况。他认为境况不佳。他说,如果朝鲜停战实现,届时以印度为首、并受到苏俄和英国支持的相当一部分会员国,将设法提出中国在联大的代表权问题。甚至至今尚未承认北平政权的法国，也会随这些国家行动。

他认为联合国过分地受美国控制，特吕格弗·赖伊在秘书处被美国人包围，他经常和美国国务院保持联系并暗中听命于国务院。他说，联合国正在走上国联末期走过的老路。它立意搞绥靖与安抚，而在解决重大的和平问题方面则软弱无力。至于联合国秘书处里的中国侨民（包括大约四十名口译和笔译人员），内部缺乏团结，更没有组织起来。他们分裂成若干派别，只和本派的人来往。

4月19日晚上，我出席了理查德·考埃尔夫人在"F"街俱乐部举行的盛大宴会。席间，厄瓜多尔新任驻英大使迪利翁的夫人在我左首，我的右邻则是秘鲁驻华盛顿大使贝尔塞梅耶的夫人。和这两位夫人谈话内容，很大一部分是关于英国生活简朴，以及安排从美国定期运送食品包裹的必要性。

晚宴后，在特地请来的班卓琴师的伴奏下，有几位客人应主人的要求，一次一对地起舞，表演他们独特的舞艺。波莉·古根海姆独自表演了"洋娃娃"舞。贝尔塞梅耶夫人唱歌，鲍勃·古根海姆则力图使两位舞会上最胖的海尔伯格夫人（以前曾是道格拉斯·麦克阿瑟夫人）和西德尼·格雷夫斯夫人表演双人舞，目的显然是让她们在众人面前出洋相。开始，海尔伯格夫人对鲍勃说，这是他对她的侮辱，但鲍勃未加理会，却悄声对每个来宾说，他要让那两位夫人一起跳舞，然后再次向海尔伯格夫人提出。这时海尔伯格夫人反唇相讥说："如果你用犹太语提出这个要求，我就跳。"顿时，来宾们脸上那种愉快欢乐的表情消失得无影无踪。鲍勃脸色也阴沉了一阵子，表明他也动气了。

到了十一点半，较年长的一些女客似乎急于告辞，但她们等着我和我的妻子带头。女主人则请我们留下，不要结束聚会，因为她费了很多时间安排这次聚会，而且有一些其他的客人在参加泛美联盟举行的餐后招待会后还要来参加这里的聚会。女主人恳求我们留下而另外一些来宾希望回去,在这左右为难的情况下,我建议女主人宣布我的意见:大家不必拘泥于礼节,想离开的客人不必因我们不走而感到为难。这样就打破了僵局,有几位来宾立刻向女主人告辞。西德尼·格雷夫斯夫人对我说:"请您原谅,我感到有点困倦。"在华盛顿的社交界有一个公认的惯例:凡是有大使和大使夫人在场,其他地位较低的来宾,必须在大使及其夫人告辞后才能离开。

那个月末,古根海姆先生和夫人在官邸举行盛大宴会。美国最高法院首席大法官文森和夫人是宴会的主宾。我的座位在文森夫人和汤姆·克拉克夫人之间。我和两位夫人都进行了有趣的交谈。文森夫人对我讲了我不能向希腊大使转述的一番话。(这位大使在另一桌上。)她说,有一对夫妇庆祝他们结婚五十周年,有一位客人问他们,他们初婚之日和如今感觉有何不同。那位丈夫自告奋勇回答:"想当年度蜜月,她将我比作可爱的希腊神;如今她将我视作讨厌万分的希腊人。"

汤姆·克拉克夫人和她丈夫一样,都是得克萨斯州人。他们有一个女儿毕业于得克萨斯中学,现在就读于麻萨诸塞州的韦尔斯利学院。她和她丈夫都宁愿女儿在某个南方的学院求学,但女儿坚持要进韦尔斯利。他们怕她会就此和她的故乡南方失去联系,并且认为毕业后难以在南方工作和生活。他们仍然珍惜南方的传统习惯,也许还希望他们的女儿嫁给一个南方青年,但是女儿显然不像他们那样感到南北方之间有如此巨大的区别。她属于下一代人。

秘鲁大使贝尔塞梅耶在和我交谈中说到他终于使美国国务院允诺,美国在和秘鲁以及玻利维亚的其他邻国磋商之前,不承认以叛乱起家、政治上左倾的玻利维亚新政权。贝尔塞梅耶深信,必须采取一致的行动来反对这个新政权,这是给拉丁美洲人民以深刻印象的唯一途径。

5月1日晚上,白宫举行了招待会。举行这种招待会,四年来还是第一次。我发现这次对大使们的安排比前些年其他招待会有了改进。这次不再要求大使们和所有其他来宾一起列队依次等候引见。这次,通向接待室的楼梯中间有一根绳子,将楼梯分为左右两半;大使们从左边上楼,其他来宾拥挤在右边,像蜗牛般地缓缓向上移动。

除了外交使团外,出席的还有美国政府内阁成员,包括国务卿艾奇逊、最高法院首席大法官和法官们、主要的参议员和众议员、参院外交委员会和众院外交委员会的委员以及社会领袖们。

白宫内部全部经过整修,增添了令人愉快的气氛。所有使馆的人员都应邀出席,仅我的使馆,包括家属在内,就有三十多人。他们由使馆办公室主任谭绍华带队,但在白宫,我甚至连他也没有看到。我知道他们必须等候接见,最后轮到他们被引见杜鲁门总统和夫人时已经相当晚了。

同一天晚上,我还设法出席了约瑟夫·戴维斯和夫人举行的招待会。在招待会上,我和土耳其大使进行了交谈。他向我坦率地谈了对朝鲜停战前景的看法,尽管他说这是秘密谈话。

当时朝鲜谈判中只有三个主要问题尚未解决:(1)遣返战俘问题,联合国方面坚持志愿遣返的原则,而共产党方面坚持全部遣返;(2)在停战时期修建军用机场问题。共方坚持要在北朝鲜享有修建军用机场的完全自由,联合国方面则坚持此类活动不利于维持停战的稳定性;(3)中立国的确定问题,停战监督小组应从中立国产生。共方选苏俄作为中立国,对此,联合国方面不得不加以拒绝。据《芝加哥太阳时报》的一篇报道,为了打破僵局,联合国方面已经提出一项一揽子建议,在军用机场问题上向共方作出让步,以换取共方在其他两点上的让步。

鉴于形势的这一最新发展,我和土耳其大使埃尔金谈话一开始,就问他对朝鲜停战的可能性有何看法,特别是他在美国国务院和参与朝鲜战争的联合国其他成员国代表讨论以后的看法如何。我说,据悉曾向他们提出过一项"一揽子建议",其中包括在达成停战以后不反对共方修建机场的对共方作出的具体让步。

埃尔金说,他一直不时地参加在国务院举行的有关朝鲜战争的会议,我刚才提到的"一揽子建议"是机密的。

我说,这个建议是《芝加哥太阳时报》的一名记者在一篇特别报道中泄露的,那篇报道披露了建议的基本内容。报道称,关于交换战俘这一难题,联合国方面提议遣返共方战俘的五分之二,从而回避了使那些拒绝遣返的共方战俘留下来的伤脑筋的问题。

埃尔金对建议被泄露出来表示惊讶,但他说报道基本属实。然而他怀疑共方是否会予以接受。他同意我的看法:在停战谈判的幕后,共方的真正策划者是克里姆林宫。但他认为苏俄不想现在达成停战协定。接着他向我吐露,(他没有向其他任何人透露过。)他相信苏联人正在等待美国即将举行的总统选举的结果,届时莫斯科将很快在朝鲜达成一项停战协定,在那以前,谈判是不会成功的。

接着我问埃尔金对另一次世界大战的可能性的看法。美国当局正在给人们造成这种印象,即:如果停战谈判失败,联合国就不得不采取一些更激烈的措施,如轰炸满洲或用海军封锁中国海岸。我说,一个月来,有人故意制造一种印象,即:不迟于5月1日就可以达成一项停战协定。这一消息我从来就感到难以相信。现在5月1日已经到了,但停战协定仍像过去十个月那样遥远。我想美国和其他民主国家都力图避免和苏俄最后摊牌,尽管美国军界有些人愿意这样做,以期迅速解决朝鲜战争。但问题在于俄国是否愿意强行摊牌,我个人对此表示怀疑。

埃尔金同意我的观点,认为莫斯科不会挑起第三次世界大战。根据他的看法,俄国在亚洲的意图很清楚,想将整个亚洲大陆共产主义化,而玩弄的手法向来非常巧妙,例如在朝鲜问题上,它就躲在北朝鲜和中国共产党人的后面。它通过朝鲜战争大大提高了自己在亚洲人民中的威望和影响,并认为亚洲对它称雄世界的计划至关重要。埃尔金接着说,苏联在欧洲的军队十分可畏,但他不相信克里姆林宫会用它来和西方进行实力较量。俄国在欧洲保持一支庞大的军队,其真实目的不如说是出于内部的政治原因——控制它的人民,并通过强征入伍的办法来处置那些招惹麻烦的分子。因此,假若西方民主国家立场坚定,并准备迫使对方摊牌,他相信苏联会妥协让步。

埃尔金认为苏联在外交上一向十分机敏而又大胆。他说,最近苏联提议建立拥有一支独立军队的统一的德国,这一举动非常精明,和过去几年中苏联反对德国统一,反对建立一支新的德国军队的态度相比,是一个剧变,其目的显然是为了使西方大国难堪,并取悦于德国人民。为了实现这一目的,即使俄国甚至不惜强迫波兰接受原来的边界,将奥德河以西的德国领土归还德国,他也不会感到惊讶。他说,苏联人知道得很清楚,要论战斗,无论法国人还是意大利人都无法与德国人相比。因此,与其让拥有军队的西德站在西方民主国家一边,苏俄宁愿建立一个统一、独立和中立的德国来充当它和西欧之间的一个缓冲,以保证它自身的安全。

埃尔金补充说,他认为不存在第三次世界大战的实际危险,因为俄国和西方都不希望它爆发。最后结果将是当前世界紧张局势的继续,并因小的区域性战争而加剧。他悲叹,全世界人民所渴望的和平不能在可预见的将来得到实现。

5月2日,参加朝鲜停战谈判的共方代表团拒绝了联合国军司令部提出的“一揽子”建议,却提出了他们自己的“一揽子”建议。但这包含了一个重大的让步,即:不再提苏联作为中立的大国之一。总之,僵局仍然存在,但仅仅集中在一个问题上——遣返战俘问题。

5月7日,李奇微将军宣布了联合国军司令部4月28日的建议(即“一揽子”建议)以及共方的答复。这是在李奇微前往东京,然后去接替艾森豪威尔将军担任欧洲盟军最高指挥官职务的前夕。据白宫4月11日宣布,艾森豪威尔已要求从6月1日起免去他的职务,以便返美作为总统候选人,并且杜鲁门总统已提名李奇微将军接替他的职务。马克·克拉克将军则代替李奇微就任驻朝鲜联合国军的最高指挥官。

在几天以前(4月26日),法国大使馆曾举办一次舞会。那是一次慈善性活动,事先请每位来宾都购买了入场券,还出售了有奖彩票。两个房间里各有一个乐队,法国使馆人员全部侍者打扮,女人系着围裙,男人不穿上衣。那情景实在有趣,唯有法国人才能做得如此出色,如此自然。我在下午一时许离开,那时舞会仍处高潮。但在我离开前一些时候,参谋长联席会议主席奥马尔·布莱德雷把即将回任的美国驻土耳其大使介绍给我。他还说,艾森豪威尔将军为参加总统竞选而辞去欧洲最高指挥官职务,这不仅使李奇微从日本调离成为必要,而且引起了一系列较为次要的变动,这些变化总是意味着由于个人因素所作的许多深思熟虑。

5月8日十一时半,我回访了菲律宾大使罗慕洛将军,和他进行了一次有趣的谈话。他和联合国秘书长特吕格弗·赖伊以及即将前往东京接替李奇微的马克·克拉克一起,刚参加纽约的一次午宴回来。罗慕洛说,克拉克将军缺乏关于远东的背景知识,对远东国家的许多尖锐问题也缺乏警觉。罗慕洛说他曾试图给他一点启发,但克拉克将军不大感兴趣。

二、再谈国际背景
1952年6月—1953年1月20日

1952年下半年的特点是东南亚的形势恶化,同时朝鲜的僵持局面仍然继续。当美国太平洋舰队司令雷德福海军上将来到华盛顿,于1952年6月12日拜访我的时候,我很自然地问起他对于东南亚国际形势的印象。我告诉他,我自己曾接到情报,中国共产党实际上已经做好侵略印度支那的准备,问题是什么时候他们开始行动。

海军上将说,他也知道中国共产党在印度支那北部边界集结军队,但是,当他们还被牵制在朝鲜的时候,他怀疑他们是否会进攻印度支那。同样的,他们在台湾对面沿海省份也有大量军队,但是他不相信他们会要侵犯台湾。我们更详细地讨论了后一问题,然后我问他,对于他访问过的那些东南亚国家的情况,他的印象如何。

雷德福回答说,东南亚国家的情况,并不像台湾那样令人满意。共产党不仅在印度支那和马来亚,而且还在菲律宾一带进行渗透。他曾访问过印度支那、泰国、马来亚和新加坡。他说,马来亚共产党游击队的数目并不多,但他们受到那里的很多华籍居民的支持,致使英国人对他们的镇压非常困难。

关于世界的全面局势,当我问到他的意见时,雷德福说,苏联人的主要注意力和力量集中在亚洲,他们在欧洲活动,仅仅是为了保持紧张局势。他们真正的目标是首先统治亚洲。

我说,我一直认为苏联人是设法首先统治亚洲,因为那里有庞大的人力和原料。

海军上将同意我的意见,但是他不认为苏联准备实地考验一下西方的力量。在美国,看来有些人夸大了苏联工业的、经济的以及军事的力量,但是他自己毫不怀疑,如果发生摊牌的事,美国及其盟国将会取得最后胜利。他相信朝鲜战争对于苏联和共产党中国都是个重负。苏联由于它漫长的运输线,要依靠西伯利亚铁路以及共产党中国的铁路。

我认为,尽管我知道无论西方还是苏联都不愿强行摊牌,然而最终可能证明那是不可避免的。理由之一是,冷战对于自由世界代价非常高,特别是美国,它是自由世界的公认领袖,承受着费用的主要负担。

雷德福说,联合国在朝鲜给了苏联一个教训,仅美国自己在战争物资的生产上就能超过苏联。另一方面,苏联从冷战中获得那么多利益,因而它不需要发动一场热战。

后来,在谈话中我问他,对于签订朝鲜停战协定的前景有何想法。

海军上将回答说,他一直认为,共产党人并不想要缔结一个明确的停战协定,而宁愿让现在的局面无限期地拖延下去。与此同时,他感到朝鲜战争已证明是代价昂贵的,对于他们是一个沉重的负担,他们不愿继续打下去了。

回忆一年以前,当停战谈判刚刚开始时,有一位美国国务院的官员问我,对于早日缔结停战协定的前景持何想法,我表示了很大的怀疑,并且猜测共产党之所以同意谈判,主要是为了争取时间,而不是希望结束战争。因为共产党的战略一向是:当他们要用强力掠取一个目标的时候,就采取打打谈谈或谈谈打打的手段,这取决于他们自己对其处境的看法。当他们发现在军事上不能战胜敌人时,他们就主张和平,并且要求停战谈判。但是,当他们赢得了时间并且集结了力量时,他们就完全不顾缔结和约的工作了。

雷德福认为,共产党人正在利用朝鲜的形势,来把联合国军队牵制在那里,但是同时,他们自己的军队同样被牵制住了。因此,依他个人的看法,共产党人对缔结停战协定所采取的拖延战术,对联合国来说并不是一件坏事。

1952 年 6 月 24 日,我拜访美国负责远东事务的助理国务卿约翰·艾利森时,关于朝鲜停战协定的前景,也是我向他提出的问题之一。我说,谈判已经进行了一年,据我了解,共产党人对于达成协议好像并无诚意。

艾利森说,谈判正被拖延下去,并且非常令人失望,但是他个人仍然相信,最后终将达成协议。他了解到中国共产党对于战争已感到疲惫,愿意将其结束。

我说,从大陆来的情报表明,人民对于战争没有多大兴趣,而且反对战争,但是我认为,中国共产党领导集团并无自主权,他们继续战争是由于莫斯科的压力。克里姆林宫实际上在操纵着朝鲜的局势,并且在各条战线上施加压力,以便观察西方民主国家的反应。

艾利森认为,这是对朝鲜停战谈判中共产党方面的拖延战术的唯一解释。

正在我们谈话的时候,五百多架美国飞机轰炸了鸭绿江附近的北朝鲜主要水力发电厂,估计是为了切断北朝鲜飞机场和雷达设备的电源,而更重要的是,迫使共产党人在谈判中打破僵局。这是差不多在两年之久的战争中最大的一次空袭。苏联官方通讯社塔斯社强烈指出,美国人对没有军事目标的和平城市开始进行大规模的轰炸。

这次空袭以及苏联的反应,在许多非共产党国家中引起了很大的震惊。而在英国,反应尤其强烈,这不仅因为空袭目标包括水丰发电站,它对满洲及北朝鲜供应大量电力,因而对它的轰炸使英美之间在对华政策上的争论火上加油,而且还因为美国并没有预先通知英国政府,尽管英国国防大臣亚历山大伯爵和外交国务大臣塞尔温·劳埃德在东京与马克·克拉克将军会谈关于朝鲜的局势以后,于空袭的前一天到达华盛顿。在英国集团中有一种恐惧感,觉得第三次世界大战即将来临。

总之,空袭的结果并不太理想。虽然声称在军事上高度成功,但在自由世界中造成意见分歧。此外,也没有使敌人的态度发生明显的软化。威廉·哈里森少将于 5 月 23 日接替海军中将特纳·乔伊担任联合国驻朝鲜首席谈判代表。他在 7 月 1 日提出了一个关于解决僵持的战俘问题的新建议,但是立即被共方拒绝。另一方面,空袭也没有引起在朝鲜的军事活动升级。共军没有采取较大的军事报复行动。朝鲜停战谈判似乎没有受到影响,英国和其他一些人最害怕的扩大化,没有成为事实。

早些时候,6 月 18 日,我接待泰国新任大使朴·沙拉信的礼节性拜访。他是英国内殿法学协会的律师,在参加政府以前曾在曼谷从事多年律师业务。他是一个可爱的人,讲话随便而且直率,不像许多职业外交家那样。他谈到泰国华人在经济、商业和银行界中的重要作用,并且提到他的政府控制华侨学校的政策,对华人怀有无限的同情。但是,据我回忆,我们没有讨论亚洲的国际形势。

6月26日,我接待了菲律宾的新闻工作者维拉明先生。他来同我谈话,因为他将要到芝加哥去观察共和党总统提名大会的发展和党纲的制订。他重申他的信念:在反对共产帝国主义的斗争中,亚洲应当承担重任。争取自由的战斗不能在欧洲决定胜负。

维拉明还对流落在香港的华人问题感到关注,认为国会为登记和援助从欧洲共产党国家逃出的难民而拨出的一亿美元,可以根据克斯顿修正案加以利用。他指的是1951年共同安全法案的修正案,它授权美国总统用一亿美元来帮助"定居"或逃出苏联及其卫星国的个别人士,目的在于把这些人组织成军事力量,以支援北大西洋公约组织,"或为其他目的"。国会议员卡斯顿有一次亲口解释说,这一条款为援助有关国家的地下解放运动开了一条路。但是后来,1951年11至12月间,当这个修正案引起联合国的注意,而且它的意图受到苏联的代表谴责时,参议员曼斯菲尔德在代表美国答辩时说,尽管用了"定居"这个词,修正案的意图是为了援助难民。我认为,维拉明在关于中国难民的问题上提到这个修正案,是根据后一解释。

依照维拉明看法,中国是自由亚洲问题的关键。他觉得,除非中国大陆从共产党的统治下解放出来,亚洲不可能得救。他说,台湾的国民党中国是共同战斗中最突出的因素,而美国在战斗中居于全世界的领导地位。除非台湾和中国大陆安全地站在自由世界一边,否则诸如他的国家菲律宾,就不会感到安全。

大约一个月以后,我接待多米尼加驻美大使卢伊斯·托门博士和古斯曼—桑切斯博士。托门大使带他的同事来作礼节性的拜访,因为后者即将到远东去担任多米尼加驻东京的公使和返任多米尼加驻"中华民国"的公使。古斯曼—桑切斯说,特鲁希略总统决定派他回驻国民政府,是出于对蒋委员长和他的坚决反共的崇敬和钦佩,对于这一事业,多米尼加共和国是深为关切的。

以后,我接待了新任古巴大使奥雷利奥·孔切索博士。他来作礼节性的拜会。他告诉我,当他任古巴驻苏联大使的时候,他就是那个与李维诺夫达成协议的人,承认苏联,并在1934年建立古巴与苏联之间的外交关系。他告诉我,他做这件事,是罗斯福在一次炉边谈话中向拉丁美洲国家作出呼吁之后,要求它们同苏联建立关系。他被他的政府任命为驻莫斯科公使,兼任驻华盛顿的职务,并于同年在莫斯科呈递国书。他因曾与希特勒(在他任古巴驻德公使时)、斯大林和罗斯福亲身相识而出名,这倒是颇为有趣的经历。

第二天,7月19日我参加多米尼加大使托门在大使馆举行的宴会。这是为了介绍古斯曼—桑切斯和其他一些客人,包括日本大使新木、韩国梁大使和夫人、印度尼西亚大使及其夫人。托门向我祝酒说,他的国家是反共的,因此对蒋委员长的决心反共极为赞赏。他对于我的出席感到特别荣幸。他说,多米尼加共和国期望亚洲在共同的斗争中起到伟大的作用,因此希望与远东的国家增进友谊。因此,他只邀请了远东国家的代表。

我致了答词,感谢主人们,并对古斯曼—桑切斯公使将去台湾返任多米尼加驻中国公使表示满意,特别是因为他在参加本国的外交工作以前,作为顾问和西班牙语教授,曾在许多方面对我国作出可贵的贡献。我说,对自由的共同危险正威胁着世界,特别是在亚洲。为保卫自由而共同努力,这一愿望是自由中国人民所深切系念并决心为之尽力的,我相信这也是亚洲所有热爱自由的国家,尤其是在座的各国驻美代表所共同关心的。

我建议客人们同我一起为托门大使和夫人的健康干杯,同时并向古斯曼—桑切斯公使祝酒。接着古斯曼—桑切斯用西班牙语致词,由大使馆的一位多米尼加女士译成英文。他对自由中国、蒋总统和我表示极大的赞赏,并且说,特鲁希略总统派他返任,以及同时兼任驻东京的新职务,正是为反共事业而加强团结的证明。

韩国大使说,他不喜欢古斯曼—桑切斯的谈话,但是欣赏那位可爱的女士所做的翻译。后来他又说,他不喜欢西班牙语的演说,因为他听不懂。他说,不同国家的人们彼此看来显得很古怪,只有通过私人接触才能帮助达到互相了解。他提到有一个英国人对他说,在他看来美国人是多么古怪。美国人常常为取暖而倒一杯威士忌酒,然后放进几块冰来使酒变凉,并且倒进冷水或苏打水把酒冲淡,然后,一面说着"这是你的",一面自己把酒喝下去了。

托门和古斯曼–桑切斯后来小声对我说,他们的新选总统是现任总统的兄弟,将于 8 月 15 日就职。如果能用我的影响去要求政府届时派一位特使去他们的国家,他们将非常感谢。他们希望并且理解台北是会派人去的,但是由于时间紧迫,他们请我向政府说句话。我说,我将打电话催促台北这样做。

一星期以后,我设宴招待赵家骧将军,他是受美国陆军部邀请的四位将军之一,来美参观美国陆军训练和后勤中心。在宴会中,他发表意见,认为第三次世界大战是不可避免的。美国如此紧张地推行战争准备,这一事实表明,苏联和美国之间的冲突将会比许多人预期的更早发生,因为,据他看来,两国都志在统治世界,没有和平共处的可能性。

由于明显的原因,我们的人,特别是军人,总是要回到国际形势的这一方面来。他们往往觉得冷战将会爆发成为实战。但是我告诉赵将军,除非苏联进攻,美国不会发动战争,而美国目前的狂热备战,目的在于使美国能够从实力地位说服苏联回到理智上来,这是莫斯科唯一能够认识到的。

8 月 7 日,我接待了日本大使新木,在多米尼加大使的宴会上,我仅与他简短地交谈过。他来作礼节性的拜会。他说,如果不是由于外交礼节的需要,他本来可以更早一些拜访我的。他对于两国重建外交关系感到愉快,并且高兴地向我致敬。由于他自己仅是一个银行家而不是搞外交事业的,他希望我能传授经验给他,对此他是会报答的。(这是东方礼节性的客套话。)

我说,中日双边和平条约已被批准,而且两天以前交换了批准文件,我也感到高兴。我很喜欢接待他这位新任大使。

新木接着说,他对于过去日本军国主义者所犯的错误感到非常遗憾,但是他将以向前看的态度对待将来中日两国之间保持的友好关系。

我完全同意新木的情感,并且,鉴于中日两国在亚洲面临着共同的危险,希望我们两国将会紧密而协调地合作。

他说,他完全同意我的意见,并且希望不仅在经济范围,而且在政治和文化领域都要紧密合作。

我接着谈到西方的人们,特别是欧洲,在对付自由世界的共同威胁中,倾向于把亚洲看成是属于次要的。美国人在最近两年已经更好地认识到亚洲在全球防御计划中的重要作用,而欧洲人却仍然倾向于认为欧洲在共同斗争中是头等重要的。

新木说,这是对于亚洲的错误观点,因为共产主义的危险在亚洲同在欧洲一样大。这两部分好像一根杆子的两段,它们组成了一个问题。

我说,在面对共同的威胁中,我把日本看作是处于第一线,就像台湾一样。我估计日本正在全力以赴地进行重新武装计划。

新木回答说,正是这样,但是这要花费一些时间。他注意到,有些国家鉴于过去的经验对于日本重新武装的目的产生误会。其实日本的目的是为了自卫。而且为了促其实现,日本还要依靠与美国签订的共同安全条约。就国内来说,亲共的北朝鲜侨民阻挠装运驻朝鲜联合国部队的物资供应,经常在日本制造麻烦,日本当局穷于应付。

我提出朝鲜停战的问题,问他日本国内的人们对于它的前景是怎样看的。

新木说,他们不抱太大的希望。他本人认为,共产党并不想解决什么问题,只是别有用心地为集结军事力量赢得时间。

当我谈到共产党老是在寻找侵略和扩张的机会,他们是渗透和破坏的能手时,他补充说,他们喜欢制造麻烦,目的是颠覆现有政权,攫取政治力量。

当我提到一些著名的日本政治家和外交家的名字时,(过去我在国际会议上或担任外交职务时,曾经遇到他们,并且共同工作过。)新木说,币原男爵一年多以前已经去世,芳泽先生年过八旬,仍然健在。重光先生现已成为一位政治家,并且是一个新成立的政党——进步党的领袖。

我问那个政党是否属于左翼,他说是属于右倾的自由主义者。但是,他又说,它实际上属于右翼,由过去的民政会演变而来,而以总理大臣吉田为领袖的自由党,则是政友会的后裔,两个政党都是保守的。此外,在日本还有社会党、农民党以及两三个小党,而处于其极端的则是共产党。

我问他以重光为主席的进步党是否与自由党合作。

新木回答说,他们都反对共产主义,而在其他问题上,他们的观点并不一致。但是他认为这也不是坏事,因为,如果自由党在下一届大选中没有获得多数,进步党肯定会成功地组成政府,它也会是反共的。

于是我说,我的朋友张群将军,一位非常有名的军人政治家,刚刚被派往日本作为蒋委员长的私人代表进行友好访问。我在报纸上高兴地看到张将军受到了日本人民的热烈欢迎,我不知道新木先生是否认识他。

新木说,在上一次张将军来日本访问时,他曾在一次招待会上遇到过他,但是没有得到谈话的机会。他很高兴张将军又到他的国家来执行另一次任务。

一星期以后,我为杨云竹公使和夫人举行宴会。杨云竹一直在华盛顿大使馆中工作,刚被任命为驻东京中国大使馆的公使衔参事。杨夫人告诉我们,当所谓"支那事变"时期,在珍珠港事件以前,她曾由于间谍嫌疑,在东京被日本警察逮捕和监禁,因为她常去中国大使馆,但这仅仅是为了看望杨先生,后来他们结婚了。她说,她讨厌日本和日本人,不愿再到日本去,因此杨先生暂时单独前往。这也是外交部的决定,要求杨先生首先飞到台湾,然后再去日本,并且告诉他,杨夫人可以晚些时候直接坐船去日本。(这是为了节省旅费,坐船比坐飞机便宜一些。)

8月17日,杨公使前来告别。他在就任驻日大使馆公使之前,奉命前去台北商谈。当时驻日大使馆是在董显光领导之下,他是日本侵华战争后的第一任中国大使。他说,在我们总统的访日特使张群回到台湾以前,董显光是不会走的。这大约要有两个月的时间。即使张群据说将要谈判政治问题以及经济和文化合作等,但为什么这次特殊使命要花这样长的时间?这使他困惑不解。杨猜测主要目的是为防止共产主义扩张而促进共同努力。杨还说,张群曾劝说他接受这一新职。

我告诉杨,当新木对我作礼节性拜会时,我与他谈话的要点。杨认为日本人是很现实的,作为对日本合作的报答,恐怕我们没有什么能够贡献的。我说,战后的日本觉得它的地位与战前颇不相同,它或多或少地仍然处于依靠美国的地位。假如在日美之间,在菲律宾、日本和国民党中国之间,设计出某种形式的密切合作,许多事情是可以做的。但是,菲律宾人对于日本的政策仍然十分不满和怀疑。中国可以做一些事情来帮助缓和他们的情绪,也可以为主要居住在东南亚一带的二千万华侨中帮助消除其反日情绪做许多事情。我曾说过,日本为满足经济上的需要而努力发展与东南亚的贸易,其成功在很大程度上有赖于华侨的友好亲善。

杨认为,日本人在内心里急切想同共产党中国做生意,张群将军也许能说服它不这样做。至于美国,日本人目前则对之采取另一种态度。他们不再像美国军队占领时期那样,对美国人顺从和巴结。日本报纸激励日本人民要有独立的自觉性,并同时对于那些屈从的态度加以嘲讽。杨说,照此行事,这一新的发展,可能预示吉田政府在下届普选中垮台。

早两天,即 8 月 15 日,韩国大使馆举行招待会,庆祝他们的独立日和最近全民直接选举李承晚蝉联韩国的第二届总统。李承晚是我三十来年的老朋友,我给他发了一封贺电,并且参加了招待会。在那里,我偶然有机会与谢泼德将军交谈,他是美国海军陆战队总司令,即将访问远东和台湾。

9 月 4 日,美国驻台北大使馆代办蓝钦前来辞行。他在华盛顿商谈工作待了将近三个月。他认为苏联还要长期继续进行冷战,同时在各处挑起一些小规模的战争。他不相信在朝鲜能达成停战协定。随后三周的形势发展,证实了他对朝鲜停战前途的看法。9 月 28 日,联合国方面各有关政府磋商以后,对于战俘问题向共方提出了三点新的建议,当天就被拒绝了。联合国首席代表哈里森将军于是宣布,板门店会谈停止进行,直到共方自己提出一些新的、建设性的东西来。这使板门店原来就行动迟缓的进程完全停顿。

9 月 12 日我回访了古巴新任大使,并与他作了有意思的交谈。在回答我的问题时,孔切索博士首先对古巴的经济形势提供了非常有启发作用的消息。他说,他的国家去年生产了七百万吨糖,这是历史上最高的产量。美国是食糖的广阔市场。根据同美国达成的协定,古巴应该供应美国食糖消费量的 45%,如果某年美国需要更多食糖时,古巴有权比波多黎各和菲律宾优先供应。根据同一协定,古巴从美国购买其 90% 以上的进口货。

他又说,英国也是古巴糖的一个重要市场。古巴有些进口货购自法国,主要是奢侈品,例如香水。日本也从古巴购买食糖,但奇怪的是要通过法国,因为法国的纺织业需要日本的丝绸,而不能用美元支付,它就用法郎付给日本,日本用以购买古巴的糖,而古巴则用这笔法郎抵付从法国进口的货款。古巴大使还说,印度也从他的国家买糖。

我说，印尼也生产大量的糖，是否是古巴的一个严重的竞争者？孔切索博士作了否定的回答，说日本在上一次战争中大量地破坏了印尼的机器和其他设备，因而印尼生产的糖连供应它自己的需要都不够，更不用说出口到外部世界。这与战前大不相同，那时印尼经常出口两百万吨糖，所以是古巴的一个相当严重的竞争者。至于印度，它对古巴很重要，因为在那里生产制造糖袋的黄麻。

我问，古巴是否也能生产黄麻，因为古巴的气候与印度很相似。

孔切索回答说，通过美国的科技研究，古巴找到一种纤维，可以用来制造糖袋，但是两年前印度通知古巴政府说，假如古巴生产这种纤维，以制造自己的糖袋，来与印度的黄麻竞争，那么印度就要拒绝再向古巴出售黄麻。古巴对此不能忽视，因为发展这项工业需要有许多年，而同时它又不能在别的地方找到黄麻来做糖袋。

我问，古巴是否生产大量稻米。

孔切索说，他的国家生产一些大米，但是不够供应本国的消费。因此，必须从美国进口大米，虽说他同意我的意见，美国大米的价格很高。他又说，美国对大米出口现已采取限额的办法，因为它必须把这种农产品供给许多亚洲国家，例如巴基斯坦、锡兰、日本等等，为的是养活他们的人民，从而使他们不致陷入共产党的影响和统治。当问到古巴是否从缅甸和泰国进口大米时，他说"不"，因为那两个国家可供出口的多余的大米，同战前相比要少得多。他又说，大米是古巴人民的主要食粮，他们一天要吃两顿。

当谈到日本和德国再度进入世界市场，其结果使美国的出口商当前必须面对严重的竞争时，他指出一个例子：古巴过去每年经常从美国购买四百万美元的玩具，但是德国制造的玩具比美国货又好又便宜，而现在日本又制造了比德国更好更便宜的玩具，并且廉价倾销。

9月23日，日本大使新木来访，说他的政府对于我和中国政府对有关日本申请加入联合国之事予以协助，非常感谢。他还接到日本政府的电报，叫他对我和中国政府在安理会上给与的支持表示感谢。对于蒋廷黻博士支持日本申请所作的发言，他知道日本人民也有深刻的印象。申请虽然没有被批准，但日本仍将竭尽全力与联合国继续合作。

我说，当日本大使与我的大使馆联系，要求支持日本加入联合国的申请时，我就高兴地报告了我国政府，并且建议政府给与全力的支持，我相信我国政府一定也有同样的情感。结果，我得悉蒋博士及时地接到了指示，支持日本参加联合国的申请。虽然这一申请由于苏联的否决而没有被安理会一致通过，但是日本应该感到满意的是，投票结果同意申请的是十比一。不管怎样，听到他说日本将继续全心全意地与联合国合作，我感到高兴。

我继续说道，作为联合国的一个忠实成员，自由中国永远赞成任何世界组织的普遍性原则，并且相信一切爱好自由的国家都应成为联合国的一员。我毫不怀疑，日本成为这个世界组织的一个正式成员，只不过是时间问题。苏联虽然常常申明它支持联合国的政策，但是行动并不能证明这一点。苏联最近对日本申请的否决，再一次证明它忠实于联合国的声明，不过是口头上说得好听而已。后来我又谈到，我注意到新木先生曾到美国各地周游，并作讲演。

新木说，他曾游历了太平洋沿岸和墨西哥湾各港口，特别是新奥尔良市，日本从美国进口的大批货物例如米、麦、棉等，都在那里装船。在回答我的问题时，他说，美国米的质量并不太好，而价钱很高。日本也购买台湾米，日本人很爱吃。日本人认为，除了日本的米以外，台湾米的质量是最好的。

我问他，对于正在伦敦举行的国际纺织品会议的前景，有什么想法。

新木回答说,他的国家对于这次会议非常重视,把它看作是对其他国家与日本合作的精神的一个考验。

我说,我很容易理解这种观点,因为我知道纺织品是日本最大的出口工业。

新木说,日本现在也出口很多机器,因为它在机器制造技术上有巨大的发展。日本在生产出口的大量肥料方面,技术也很高明。

我说,我知道这些货物都是其他亚洲国家所迫切需要的,并且相信日本把亚洲视作非常重要的市场。

新木表示同意,并且说日本已能在各种工业中应用最新的科学创造和发明。这样,日本就为它的纺织工业制造出不同种类的合成纤维。但是,为了向亚洲国家出售,日本也要从它们那里购买货物。因此,它从巴基斯坦和美国进口棉花,虽然最近由于巴基斯坦的棉花价钱太贵,日本不可能买得太多。我问日本是否也从埃及购买长绒棉,新木回答说,由于合成纤维的发展,它们能够混合制成不同的品种,满足了纺织工业的需要,因而日本从埃及买得很少。事实上,美国也生产一种长绒棉,但日本很少买它。日本人发现,用合成纤维织成的纺织品在亚洲国家很受欢迎,因为它与完全用棉、丝或毛织成的纺织品相比具有许多优点。

最后,我问日本在联合国是否有一个官方代表团。

新木作了否定的回答,说他的政府正在考虑派一个小组驻在联合国附近,以观察员的身份参加会议。小组的四名成员已经任命,但是组长还没有选好。

大约两星期以后,我对新木大使进行了回访。谈话一开始,我说,据我了解,日本的普选现已结束,请问新木先生,对其结果是否满意。

新木作了肯定的回答,并且说,虽然他预料选举的结果共产党在议会中将会失去许多席位,但是他想他们至少还能保留住两三个席位,可是结果他们却失去了在上届议会中所有的席位。这次投共产党的票的人数大约是八十万,而在上次普选中是三百万。

当问到是否预期由于大选的结果日本政府将会有些变动时,新木说他想不会有许多变动。在大选以前,有许多推测认为,如果自由党获胜(吉田和鸠山都属于这一党),吉田可能辞职,而由鸠山接任首相。理由是,一般认为,当鸠山被占领军当局整肃时,在吉田和鸠山之间存在一种默契,那就是由吉田担任首相,但在任期届满,而鸠山已被赦免,则他要立即把职务移交给后者。由于鸠山已被赦免,而且从那时起,他在政界中非常活跃,他的支持者都要求,一旦自由党在大选中获胜,就由他来担任政府首脑。现在自由党在大选中既以在议会占有 240 个席位的绝对多数获胜,下届政府由谁来担任首相的问题就发生了。这要由党的领袖来决定,而党内又分成两派,一派以吉田为首,另一派以鸠山为首。但是,鉴于吉田显得比鸠山更受群众的欢迎,看来他不会为了鸠山而辞职。他预料自由党的决定不久就会公布,因为议会将于 10 月 21 日召开,会上必须通过新首相的任命。

我问他,以重光先生为首的进步党在大选中结果如何。

新木回答说,进步党在议会中占有 80 个席位,跃居第二位。其后就是社会党,它分裂为左右两翼,右翼赢得的席位比左翼稍多一些,他们彼此之间非常敌对。

我接着谈到新任日本驻自由中国大使芳泽,说我很高兴他已于上星期到达台北,并于昨天向"蒋总统"呈递了国书。我相信芳泽先生一定会在台北中国政府的领导人中找到许多朋友,因为他早先曾在北平工作多年。

新木说,他非常高兴芳泽先生终于决定接受这一使命,因为他是外交部门的老前辈,并且是一位威信很高的人物。日本政府选他担任这个职务,正是为了表明日本对于与台湾中国政府的关系极为重视。

我说,我同样高兴的是,芳泽先生虽年事已高,但身体和精神都还保持健康。

新木说,的确如此,芳泽先生尽管已届八十一二的高龄,但他还能打高尔夫球,虽然他打球的缓慢在日本是出了名的。

我告诉他一个故事:过去在北平的时候,外交使团和中国外交部的成员常到西便门外八宝山打高尔夫球。他们每当排在芳泽先生的后面时(那时他是日本公使),就放弃不玩了,因为那简直是对耐心的一种考验,令人难以忍受。接着,我提出东京的前盟国委员会的苏联代表团问题。我说,从报纸上看到,苏联代表团还留在那里,虽然有些成员已经离去。

新木说,苏联代表团的头头基斯连科和少数工作人员已回苏联,但代表团还有七十多人留在日本。在回答另一个问题时,新木说,基斯连科和他的一些同事离开日本时,并没有通知日本政府,那些留下来的,日本政府也不承认。他们在日本没有正式工作,他认为,他们是在同日本共产党进行一些秘密勾当。

柬埔寨大使依金乃先生于 10 月 1 日来访,他也代表他的政府对于中国政府在安理会上支持他的国家申请加入联合国表示谢意。但是,像日本的情况一样,由于苏联的否决,柬埔寨也没有加入。

依金乃大使说,虽然由于苏联否决,申请没有被批准,但安理会成员中的多数投票赞成,他的政府尤其感激中国代表的支持。因此,他请我把他的政府的谢意转达给中国政府。

我说,柬埔寨是中国的近邻,并且两国之间有许多历史上的和文化上的联系,中国政府对柬埔寨的事业一贯非常同情。因此,中国政府乐于指示其驻联合国的代表支持柬埔寨申请加入联合国。由于苏联的否决,申请没有被批准,我对此同样感到遗憾。但是,安理会的表决大多数投票支持这一申请,我认为这一事实一定会给柬埔寨一些安慰。我还说,我很乐意把大使的信息传达给台北我国政府。接着,我提到他的国家及其邻近的印度支那的形势。关于抗击越南共产党武装力量的印度支那战争,我说,据我了解,大部分战事是在越南进行,柬埔寨的形势较为安定。我问他,共产党影响渗透到柬埔寨,达到了什么程度。

依大使回答说,越盟武装力量的一些零散部队进入了柬埔寨,但是,除了边界的一个城市现被共产党占领以外,他的国家并没有共产党的有组织的武装力量。他的国家现在还没有受到共产党的侵袭,战事主要是在西贡附近的交趾支那和越南北部进行。共产党的渗透大都发生在柬埔寨的东部边界,有些也通过泰国进入。

当问到他对于反对越盟部队的斗争前景有什么想法时,依大使说,现在正值雨季,一切看来比较平静,但是雨季很快就要结束,恐怕激烈的战争将会再次爆发。

我问,法国公开声称,决定继续对印度支那的共产党战斗,直到最后把他们镇压下去,大使对此有什么想法?

依大使回答说,法国在1949年签订的一个条约中,对他的国家提出了保证,要保卫它不受外来侵略。他相信他们会尊重这一保证,继续对共产党进行战争,直到取得最后胜利。他解释说,这一保证对他的国家很重要,因为它还不能自卫,而且刚刚开始建立一支国家的军队。不过,他了解,法国军队在柬埔寨的存在,会被一些国家例如缅甸、印度和印尼视为柬埔寨的独立还不完全的证明。也许他们是对的,或者不完全对。不管怎样,在柬埔寨建成一支能够捍卫其边疆的军队以前,由法国武装部队来维护它的主权是必要的。

我说,我想得更多的是:对于在印度支那继续战争的问题,法国的公众舆论似乎有分歧,政界的一部分人一贯主张法国军队全部从印度支那撤离。

依大使说,那是很对的,但是他相信法国一定会尊重对他的国家作出的保证,保卫他的国家不被共产党侵犯。

我问,据说美国派有比法国更多的军事顾问帮助柬埔寨训练军队,这一消息是否确实?

依大使说,军事顾问都是法国人,正在建立和训练的柬埔寨国民军是一支小部队。他指出,他的国家仅有四百万人口,因此不能维持一支大部队。组织国民军的目的,只是为了保卫国家不受外来侵略。法国曾给印度支那以大量援助,实际上法国自1948年起,从马歇尔计划得到的援助,全部都用在印度支那对共产党的斗争。幸而美国现在送给法国更多的装备和物资。据他了解,美国对亚洲军事援助的三分之一事实上是用于保卫印度支那反抗共产党的侵略,因为美国当局认为,如果失去了印度支那,整个东南亚就要受到威胁。

10月7日,我到美国国务院拜访新任副国务卿布鲁斯。这是他就任此职后,我第一次与他会见。我们讨论了许多重要的题目,包括法国在印度支那的意图等。谈话开始,我说早就想来拜访他,很高兴今天得到这个机会。布鲁斯说,他也一直想去看我,但最近老是外出。

在布鲁斯提到他最近访英以后,我说,常常有消息说,英国对北平政权的态度可能要改变,不知道布鲁斯先生最近在与英国政府领袖的接触中,是否看到什么迹象,表明他们现在已认识到,继续工党政府承认共产党政权的政策是无益的,而有意重新审查那一政策。

布鲁斯说,他最近访问伦敦的目的,是参加美国驻欧洲各国大使的会议,并没有想会见英国政府的领袖,只是在访问将要结束的时候,在新任英国驻美大使罗杰·梅金爵士的招待会上,才遇到几位。

我说,知道布鲁斯先生曾在法国多年,先是经济合作总署驻西欧代表,后任驻法大使。我了解法国人对印度支那战争的态度是不一致的。著名领袖如达拉第等人,是赞成从印度支那撤出法军的。我问布鲁斯,那种情绪严重到什么程度。

布鲁斯回答说,的确有些法国领袖如达拉第和孟戴斯-弗朗斯鼓吹法国军队全部撤离印度支那,而且法国人思想上赞成这一意见的很多。他们对于因战争而使法国在生命和物资上承担的重大牺牲,感到非常关切。但是作为一个实际问题,没有哪届法国政府敢于公开鼓吹这一方针,因为那样会使它自己站不住脚。

布鲁斯接着说道,说来奇怪,法国对印度支那的态度很大程度上受到他们对德国心有余悸的影响。他们认为,由于在印度支那战争中各级军官的伤亡,法国不能保持一支像潜在的德国军队那样坚强的部队,最近几年,现役和非现役军官在印度支那的伤亡,超过了法国军官学校每年毕业生的数目。在这种情况下,除了撤离印度支那以外,唯一可供选择的办法是尽快地训练越南和柬埔寨军队,以代替法国部队。在印度支那的法国部队,目前是由外国军团和法国军队志愿兵等部队组成的。他还谈到,印度支那共产党所采取的游击战术,使越南和法国军队难于吸引他们进行阵地战,从而击溃他们。

我说,这是共产党对付优势兵力的不变战略,也是中国共产党在大陆上用得大为得手的、战胜国民党军队的战略。至于印度支那的斗争,我想那将是一个旷日持久、没有希望很快结束的战争。

布鲁斯说,继续对越盟和中国共产党作战,对于中国、美国和自由世界都是有利的。

我说,我设想,如果美国用军事装备和物资的形式大量援助,印度支那共产党是可以被彻底击溃的。

布鲁斯说,美国将会继续援助印度支那,而且最近已经大量地增加。但是他不认为印度支那战争的胜利结束已经在望。

我接着提出了朝鲜停战的前景问题。

布鲁斯回答说,他不认为可能性很大。看来苏联和红色中国决定要把联合国军队的一部分牵制在朝鲜,就像把自由世界的一部分军队牵制在欧洲一样。他认为朝鲜的局势将会拖延下去,苏联将在不久召开的联合国大会上展开一个政治攻势。由维辛斯基、葛罗米柯和马立克这些"大炮"组成的苏联代表团,将会提出一些"惊人的"和平建议。他还认为,正在莫斯科举行的苏维埃代表大会上所作的报告,以及北平的所谓和平会议,都是安排来配合联合国大会的,在那里苏联代表团会提出一些建议,宣称是为和平事业服务的,而实际上是为了宣传的目的。

我说,我注意到在朝鲜的共军最近两三天加强了对联合国军队的攻势。

布鲁斯说,那没有什么了不起,只是几千名共产党士兵在比过去宽广一些的战线展开了进攻,但是联合国军司令部已经很好地控制了局势。联合国空军部队的沉重轰炸,一定会使共产党的交通线和后方供应中心受到重大损失。他们的进攻活动,可能是企图向自由世界显示他们的军事力量。他问我对此是怎样想的。

我回答说,这也是我的看法:共产党的显示力量,显然是用来增强在联合国大会上讨价还价的力量,并且加深欧洲和亚洲那些国家代表团的恐惧感,它们唯恐朝鲜战争会发展成为全面冲突。

布鲁斯同意我的解释。

我们谈话刚开始时,也讨论了另一个题目。当他谈到最近曾多次旅行时,他补充说,曾到墨西哥呆了几天,与世界银行和国际货币基金组织的会议有关;还告诉我,在那次会议上,中国代表作了一些很好的发言。

我说,对于美国代表团在会议上给中国代表团的支持,我代表我国政府表示感谢,特别是关于在这类会议上照例会发生的、捷克代表又提出了反对台北中国政府的代表席位之事,但是,我知道这一反对是被否决了。

布鲁斯说,捷克代表使自己变得很狼狈,他的反对中国代表席位的提议被压倒的优势所击败。

总之,在这些国际团体中的中国代表权尽管不太牢靠,但还在改善。我们必须注意取得和保持尽可能多的支持,因为在这类会议上苏联或它的一个卫星国提出反对,不但是经常的,而且几乎是不可避免的。在1952年7月16日的日记上,我写道:

下午我参加了沙特阿拉伯的招待会,仅是为了露一面,表示中国的友好。近几年我把出席小国的大使馆庆祝国庆节的招待会,当作一项固定的职责,因为我们在联合国和其他国际会议的事业需要我们取得一切能够得到的支持,以便在苏联及其卫星国的反复进攻面前保持住我们的地位。这些进攻常常受到一些国家支持,它们虽不是共产党统治的国家,但承认了北平的中国共产党政权。

　　我也常常参加较小的大使馆的许多其他招待会,一部分是出于同一目的,但也出于我的习惯性目的,那就是会见一些人,非正式地打听消息。遇有机会,我也争取对于在国际团体上我们受到的任何支持表示我和我的国家的谢意。

　　例如,海地的新大使莱热先生在5月9日对我作了礼节性拜访。他的父亲是海地前任外交部长并曾一度任驻法公使,我在巴黎时同此人很熟。我们简短地谈到他父亲和海地的文化。他说,海地虽然文化是法国式的,但近几年与美国发展关系比与法国更多一些,尤其是在经济和贸易事务方面。在他的国家里,学习英语的现在也更多了。我对他们国家的代表团在联合国和其他国际会议上,例如万国邮政联盟,在代表权问题上给我们代表团的支持表示感谢,他回答时向我保证说:自由中国的事业,对于自由世界来说是有价值的事业。

　　后来,在6月间,海地大使馆为其总统夫人举行招待会,我决定去参加。但在到达时,没有人告诉我们招待宴会设在哪里,在仅有的两间房子里,一些海地人排列两行,神态肃静而庄重。只有经过艰难的试探和询问后,我们才找到那间房子,遇到大使和总统夫人,一位硕长而庄严的黑人妇女。有一位矮小、黝黑、外表健壮的黑人绅士在旁保卫,他是太子港的警察局长兼内政部长。

　　5月16日,我接待了利比里亚新任大使克拉伦斯·辛普森的礼节性拜访。他是黑人,陪同的秘书也是黑人。他受过很好的教育,充满信心。他告诉我,自从利比里亚新任总统就职以来,制定了一条政策,不再任命白人在国外代表他的国家。当我对他的国家在联合国支持自由中国的事业表示感谢时,他说,利比里亚对于我们坚决反共的立场极为钦佩,并且将永远支持正义的事业。

6月17日,我回访了辛普森大使。这一次,我问了许多关于他们国家以及他们人民对美国和西欧的一般情绪问题。他说,他们国家把自己的产生归功于美国,把现在的繁荣归功于美国资本的企业和投资。虽然他是在蒙罗维亚自己国家的大学学习的,而且从未进过美国的学校或大学,但是他对美国非常感激。我觉得奇怪的是,他们国家的宪法也是以美国的宪法为模式的。

7月26日下午,我还参加了利比里亚大使馆举行的招待会。给我印象颇为深刻的是,在房子外边的草坪上搭了两座大帐篷,并放了一些餐桌,虽说大使和他的夫人是在室内接待客人的。在进出大使馆的每一拐角,都站立着秘书和穿制服的服务人员,招待和陪伴客人。他们都是利比里亚本地人,外表机警、文质彬彬,大使馆的妇女们则照料来宾,供应饮料或陪同谈话。两位秘书建议我观看一下照片展览,上面有风景、政府机关、官员,以及利比里亚首都蒙罗维亚的工厂和农业建设。这些照片很有意思,反映出这个国家的政府和人民的蓬勃精神和活动。

在同一时期,从5月中旬到7月,我还参加了古巴大使孔切索和夫人的招待会,菲律宾大使罗慕洛和夫人的招待会,泰国大使沙拉信和夫人的招待会,委内瑞拉大使馆代办为国庆举行的招待会,韩国大使梁和夫人的冷餐会,沙特阿拉伯大使沙伊赫·阿萨德·法基的招待会等等。但是这期间我仅参加过一个欧洲国家的招待会,那就是奥地利新中央银行在陆海军乡村俱乐部为美国官员举行的聚会,这些官员要检查关于该行被指控在处理美国援助基金上有贪污嫌疑的问题。

至于国民党中国在不同国际团体中的实际地位,情况是不一样的。我仅举三四个例子来阐述这一点,先从我们在国际红十字会中的地位说起。6月18日,我召开了一次大使馆的高级人员会议,讨论如何保住我们在国际红十字会中的地位,以及我们在即将于多伦多举行的会议上的处境问题。大约一星期前,中国红十字会会长刘瑞恒曾来与我商谈我们参加会议的问题。日内瓦的国际红十字会会长曾经通知他说,中国红十字会可以派一个观察员,而共产党中国红十字会则已被邀请派一位代表出席。至于对这两个政府的邀请,国际红十字会请加拿大政府邀请国民政府,英国政府邀请北平政权。刘倾向于赶回台湾,因为他不能作为一个观察员前往参加,坐在中国共产党代表的后面。

我告诉他,我们必须进行一场战斗来纠正这种异常的情况,并且建议他去会见美国红十字会,同时由大使馆与美国国务院联系,要求帮助。我解释说,把北平排除在外,这既是为了大家的利益,也是为了国民党中国的利益,因为它在朝鲜曾被宣布为侵略者,而且仍然在反对联合国。

刘说,他对这个问题没有把握。他觉得国际红十字会,甚至美国政府,可能想把红色中国拉进红十字会,从而使它对于国际红十字会有关战争法则和规定的义务负有同样的责任。另外,他说我们毁坏了自己的地位。中国红十字会前任会长蒋梦麟在离开大陆的时候,没有随身带走红十字会的图章、文件和档案,这些全落入共产党手里。共产党在大陆上全部掌握了红十字会以后,过去两年多中,派代表参加了在日内瓦的常务委员会的历次会议。但是我们对此一向未加注意,直到去年年初蒋梦麟受到批评,辞去会长职务,改选刘瑞恒继任。尽管如此,我还是敦促刘留在美国,一致行动,以便挽救局势。他说,他已电报台北,正在待命。

因此,在6月18日的会议上,我们研究立即接触美国国务院和美国红十字会当局,要求支持,以及想方设法引起美国华侨对于这一问题的注意,诱使他们打电报给那些能够帮助和将被邀请作出最后决定的各个方面,声述他们的关切。

6月30日,我召开了另一次高级助手会议,再度提出和讨论我们在多伦多的红十字会会议上的代表权问题,因为红十字会委员会已经邀请我们中国红十字会只能派出一个代表,以观察员身份参加,但却通过英国邀请北平的伪中国红十字会派去一个全权代表。最近,外交部给我来电报说,如果国际红十字会委员会和会议拒绝撤回对北平政权和北平红十字会的邀请,那么我们政府就决定提出抗议并退出会议。训令还指示大使馆要引起美国各地华侨对这一事件的注意,使他们用写信、报纸宣传和发表评论的方式,参加向美国政府、美国红十字会、国际红十字会、加拿大政府和红十字会提出抗议的运动。我指示我的属员们要贯彻外交部的命令。

随后,在 7 月 15 日,蒋廷黻从纽约打电话来,告诉我关于即将在多伦多举行的国际红十字会会议上的代表权问题他与刘瑞恒、胡适和宋子文讨论的情形。他告诉我,他赞成派一名政府代表和一名红十字会代表去维护我们的地位。我告诉他,我也已经打电报给外交部,极力提出同一主张。我还告诉他,所了解到的美国国务院的态度,那就是在会议上支持我们,并且赞成我们除派一名红十字会代表以外,还派一名政府代表。他们还要争取其他代表团的支持,尽管他们没有把握做到撤销对中国共产党政权和大陆的红十字会已经发出的邀请。

7 月 21 日早晨,蒋廷黻又打来电话,告诉我在讨论了我们红十字会在国际红十字会会议上的地位问题以后,他已打电报给外交部。他说,接到的外交部指示是,采取要求撤销邀请的办法来反对红色中国政权和北平红十字会在会议上的席位。蒋的意见是,即使我们没有达到目的,我们也不要退出会议。刘瑞恒的看法则是,如果我们的主张不被接受,对北平的邀请没有撤销,外交部对于退出会议的指示既然如此明确,他参加会议就没有什么意义,因为那时的气氛,包括美国红十字会和红十字会国际委员会的看法在内势将对我们不利。蒋征求我的意见,我告诉他,我已敦促刘去参加,并且斗争到底。如果我们竭尽全力以后,仍然不能达到目的,我们也不要退出,而是留在那里提出抗议。否则我们就会将全部阵地让给共产党,而那正是他们求之不得的。蒋的电话,显然是受到我发给外交部那封电报的副本的鼓舞,在那封电报里,我表示了我的看法,并且汇报了美国国务院的意见和劝告,它们与我的想法是一个路子。

　　同一天,崔存璘参赞问我,他被任命为候补代表,是否要去参加红十字会会议。既然政府的指示是,如果我们的抗议和撤销邀请北平的要求没有被通过,我们就退出会议,他觉得这一次旅行是无用的。当然,我的想法不是这样。我催他去,尽力维护我们的主张,坚持我们的意见。我说,如果失败了,我们应在提出抗议和保留意见之下依旧留下来,这是一种外交行动。我指出,外交部最近发给刘的电报,似乎表明叶公超了解情况,倾向于修正指示,如果刘瑞恒来得及给他打电报,并且等待根据会议的最新发展作出的新指示的话。崔同意参加会议,我祝他诸事顺利。

　　第二天,我又接到蒋廷黻的电话。他说,刘瑞恒告诉他,并且请他转告我,国际红十字会和美国红十字会都劝他不要在会议上坚持撤销对北平红十字会的邀请问题,因为红十字会是人道主义的、非政治性的组织,提出政治性问题,对于自由中国不会起好的作用。他们认为,对于中国红十字会或国民政府,没有获得圆满解决的可能,成功并不能提高国民政府的国际地位,而失败则将对它产生不良影响。

　　蒋并没有说他是否要打电报给外交部申述他的看法,而是问我应该怎么办。我再一次告诉他,我同意美国代表对刘表示的意见,它差不多同我的一贯想法一样。红十字会是讲求实际的,特别关心朝鲜的战争,在那里最重要的敌人是赤色中国。我们也必须讲求实际,并且要有耐心,决不能轻易地把我们在红十字会的地位完全丢给赤色分子。

　　第二天早晨,顾毓瑞报告说,蒋廷黻在联合国代表团的同事江季平从纽约打电话来说,蒋廷黻忘记了告诉我,国际红十字会已作出决定,绝对不改变对中国红十字会的态度。决定说,它实际上是一个新的红十字会,活动仅限于台湾,对于中国大陆的红十字会及其活动没有控制权。决定还说,如果台湾的中国红十字会愿意获得正式会员资格,它必须按照国际红十字会的章程提出申请。

顾说,江曾表示希望我打电报给外交部,建议我们不要退出,即使我们在会议上没有达到目的。我告诉顾为什么我再打电报是不明智的,并说,我们红十字会的代表刘瑞恒博士也正在多伦多参加会议,他可以自己打电报给外交部,支持江的立场(如果他同意这一立场的话),如果他愿意,他也可以提到我的意见。

接着,我在大使馆召开会议,讨论这个问题。出席的人同我的想法一样,特别是陈之迈和傅冠雄。谭绍华也同意我不打电报的意见,但是他的理由不同。他说,外交部一方面要求刘瑞恒随时与我通消息,并且把他的电报副本送给我,一方面却从来不征求我的意见。一周以前,我既已把我的意见电告外交部,而且把美国国务院与我想法一致的意见作了详细的汇报,因此,我不必再打电报作进一步的建议。

后来,我请陈家博参加会议,讨论是否应该考虑西德代办关于西德总统逝世的讣告,以及已在西德大使馆备有吊唁者签名册的通知。在研究了关于自由中国为了与西德之间建立外交和领事关系问题与美国国务院洽商的背景,以及考虑到当前这方面的情况尚不明确以后,我决定派陈家博代表我去吊唁,而不是亲自前去。这一步骤在我们看来是最恰当的,因为这是"不亢不卑",既不妄自尊大,也不过分迁就。

7月26日,崔存璘和刘瑞恒都从多伦多打来电话。先是崔,紧接着是刘。刘说,以观察员身份参加多伦多会议的美国代表马歇尔极力劝说,即使北平红十字会得到席位他也不要退出会议。如果国民党中国和国民党中国红十字会代表出席,苏联和红色中国肯定要反对,并且会提议把他们驱逐出去,不过这个提议是一定会被否决的。如果刘和代表团退出会议,将会受到北平代表团的欢迎,而在政治意义上对国民党中国的反应将是不利的;反之,留在会议上,则无论如何决不会损害刘博士或者国民党政府的地位。

我坚决赞同这一观点。我说,他知道从一开始我就是这个观点。刘瑞恒说,在他电告关于美国代表团对形势的看法,并请求给与新的指示以后,台北的指示尚未来到。不过,当天下午就要再次举行全体会议。在这种情况下应该怎样做,他征询我的意见。

我告诉他,他应该留下来,如果必要的话,可以宣读一份保留权利的声明。他还可以报告台北说,我的意见同美国代表团的一样,并且我曾劝告他留在会议上。如果与此同时新的指示来到,仍然命令他由于红色中国得到席位而退出会议,那么他当然必须遵从。他于是问我,他曾送给我准备在会议上用的一件声明的草稿,抗议行将给予红色中国席位的决定,并且宣布退出会议,我对此稿有什么意见。我告诉他,我还没有收到这件声明稿,但是在我看过以后,立即会把我的意见告诉他。

在电话会谈后不久,我收到了刘博士提到的那份草稿。我发现措辞过于强硬,特别是谴责国际红十字会"违反礼仪的基本原则"和"人道主义传统"的那一部分,因此我建议把调子放缓和些,以免引起国际红十字会当局和友好代表团的愤怒,激起尖锐的回答,使我们丢脸。我要求谭绍华打电话给多伦多,在下午三时开会以前,把我的意见告诉刘或崔。

这些参加红十字会会议的中国代表们,就像在美国地区参加其他会议的中国代表一样,当没有及时收到外交部的指示,并且要在没有指示的情况下应付局面时,常常打电话给我,征询我的意见,我估计这是为了得到指点,也是防备一旦他们的做法受到政府申斥时,可借以减轻他们的责任。我经常觉得我有义务提出意见或帮助他们解决问题,否则我们就会陷入困境或者遇到麻烦。如果他们没有照做，或者做错了，他们同样会说，他们已经问过中国大使，他拒绝给予指导。这是挺古怪的。当然，我能理解，大多数人对于承担责任非常小心谨慎，但是有些场合人民公仆不应当惧怕负责，只要他们是出于为群众利益的正确动机。

崔从多伦多回来后来见我。他说，我们代表团在 8 月 1 日早晨二时半把一份退出会议的正式通知送给会议主席以后，已于那天早晨全体退出。这一决定是根据叶公超的最后指示作出的。他感到遗憾，并说，会议的友好代表团，特别是美国和加拿大代表团，极力劝说我们不要撤出，并且答应帮助我们，为我们的红十字会取得正式和同等的地位，把他们叫作北平红十字会，把我们叫作台湾红十字会。美国代表团尤其渴望把我们的代表留在会议里。它曾说过，退出总是容易的，但是退出只不过是把全部阵地让给红色中国，而这恰恰是他们的希望，把我们赶出红十字会。于是全世界只能看到，他们是代表，而我们不是，正像在奥林匹克运动会上飘扬的是红色中国的国旗，而不是我们的。美国人说，困难是如何在各种国际组织中保持我们的国际地位，而不是如何撤走。不过，外交部的指示曾说："我国格攸关"，这是我们所重视的原则问题。

崔说，美国代表团甚至试图通过台北的美国大使馆说服我们政府不要撤出。但是叶公超告诉琼斯代办说，他是同意的，但我国政府不同意。崔说，事实上，美国代表团在二十四小时以前已经接到我们政府关于决定撤出会议的通知。再者，在我们代表团接到外交部的最后指示以前，台北的特派记者带着我们撤出会议的声明已经到达多伦多，并且在那里分发。因此，我们代表团必须在凌晨的短短时间内把正式通知赶紧送给会议的主持人。我告诉他，我也感到遗憾，台北显然没有完全了解国外的情况。

8 月 8 日，我请杨文达（音译）共进午餐，他刚从多伦多的国际红十字会会议回来。像崔存璘一样，他说，美国和加拿大代表团对我们很好，力图劝说我们不要撤走。甚至在撤出以后，加拿大总理圣劳伦特还打电报请我们政府重新考虑我们的决定,但是无济于事。

杨先生说,他和代表团全体人员都主张留在会议,但是政府关于撤出的指示(是在他们详尽地报告了友好代表团,特别是美国和加拿大代表团劝告并希望我们留在会议以后发来的)是断然的,并且是在台北已经公布它的决定,多伦多的新闻机构已经得到消息之后,代表团才收到的,其时整个会议都已知道。因此,我们代表团不得不在凌晨二时把撤出会议的通知赶紧送交会议主席。

曾经发生的情况或许是这样。一个这类的问题,决定要由蒋委员长作出,他大概再向国民党中央常务委员会报告,然后由中央常务委员会秘书长宣布这一决定,同时把它送到外交部转电代表团。正因为这样,在消息到达代表团以前,已经在台北发表,消息最后到了代表团的时候,整个会议都已经知道。这往往是使人为难的原因。

杨说,赤色中国代表团和我们的代表团住在同一个旅馆里,不过不在一层楼。在电梯里,我们代表团的刘锴博士和刘瑞恒博士遇见了周鲠生博士,他过去曾任国立武汉大学政治系主任和教授,是王世杰的老朋友,现在则是赤色中国代表团顾问。他们想和他交谈,但是他两眼望着天花板,一言不发。刘锴甚至碰了一下他的手,但是仍然毫无反应。

同样情况也曾发生在纽约,当时周是中国共产党代表伍修权的顾问,前来参加1951年的联合国安全理事会的会议。我们代表团的一些成员在电梯里遇见他。他们是多年老朋友,但周转过了身子,当电梯在下一层楼停住时,他立即很快离开,装作他们过去从来没有见过面,彼此从来不认识的样子。

美国人在试图说服我们代表团留在会议时,曾经提到在奥林匹克发生过的事情。这是同一类的事情。早些时候,7月7日孔祥熙博士从纽约来电话说,中华体育协进会的奥林匹克委员会代理会长郝更生在他那里,劝他参加国际奥林匹克委员会在赫尔辛基举行的会议,协助维护中国的地位。孔是国际奥林匹克委员会中三名中国委员之一。他告诉我,他已经做了如下一些事:他给委员会和美国委员布伦戴奇写了信,并收到了复信,他发给叶公超建议我们派一个代表队到芬兰的信和电报,等等。他说,如有必要,他可以去,但是从美国当局得到再入境签证的问题可能有困难,而且他不想麻烦我们向美国国务院要求不大可能得到的帮助。

我告诉孔祥熙,我赞成为维护我们的代表权,反对邀请共产党政权出席,进行坚决的斗争。郝和我以及外交部已经交换了意见,我愿尽最大的努力向美国国务院联系,为他再入境取得方便。这时孔解释说,孔夫人最近不大舒服,他自己的身体也不太好。他不愿在她有病的时候把她一个人留在纽约。

然后我与郝通电话,他说,他想来同我商量。我告诉他,我愿意讨论一下这件事,并且邀请他早些来,以便参加大使馆为王叔铭将军举行的鸡尾酒会,会后可以交谈。大约九点钟,郝果然来了。我们偕同陈之迈和崔存璘一起到卡尔登饭店吃饭。郝已经在飞机上吃过饭,我们边吃边讨论。我劝他去,斗争到底。我不赞成那种如果国际奥委会不撤回对北平政权的邀请,我们的代表就应退出委员会的意见。我说,这样做,我们就让中国共产党当上了正式代表。这正是他们所希望的,同时我们的退出对公众舆论的影响也是不好的。

郝更生解释说,我们政府在 2 月份已经决定,并且通知了国际奥委会:由于情况特殊,我们那年将不派代表队参加,只派一名观察员。但是这样做的时候,并不知道北平已经要求奥委会发出邀请,派一名正式代表和一支大规模的体育队伍参加奥运会。他还解释说,我们对国际奥委会的申请,是用我们在该会的三位正式委员之一的名义提出的。另外两人,孔祥熙和王正廷,都不能或不愿去。但是根据国际奥委会的补充规定,只有国际奥委会的正式委员才能投票,这是另外的困难和要求孔祥熙同他一起出席的另一理由。他又说,我们政府最近决定派出一个田径队和一个由马尼拉华侨组成的篮球队。

我告诉他,我将立即同美国国务院联系,为孔祥熙取得再入境签证,并寻求国际奥委会的美国代表和美国国务院的大力支持。事实上美国国务院已经与我们讨论了这个问题,建议我们应该作出努力维护我们的地位,反对北平侵入奥运会和国际奥委会的企图。但是,最后一切都白费,因为国际奥委会拒绝撤回对北平的邀请。

在那年世界银行董事会和国际货币基金组织的年会上,形势就完全不同了。正像布鲁斯博士提到的,捷克代表想要驱逐我们的企图被完全击败。但即使如此,这究竟是一个问题。因此,世界银行的中国执行董事张悦联于 1952 年 6 月来与我商议,在将于 9 月间在墨西哥城召开的世界银行理事会的年会上,如何应付有关我们的地位的问题。他说,中国应交纳的份额内有三百万美元逾期未交,如果不能交出,就可能受到暂停董事资格的处分。或者受到共产党成员国要求取消资格的压力,他回忆去年由于美国财政部长和世界银行行长布莱克的支持,我们交了三万美元,同时发表声明,重申我们的义务和一旦能力允许,立即全数交纳的保证,才算度过了难关。布莱克和财政部长今年仍旧表示同情,并且还准备帮助我们,但是他们指出,我们必须多交一些。他们说,仅仅继续交纳另一笔三万美元,就会给人以印象,认为我们真的打算要用一百年来履行这一义务。张悦联最初倾向于在我们应付的钱数问题上拖延下去,宁愿让台北去决定。但是我建议我们今年应该提出交纳五万美元,附带一个与去年所作的同样的声明和保证。

我说,增加钱数有两个原因,一是消除对于我们尽早实现义务的诚意和信念的可能误解,二是表明我们愿意按照我们的能力多交一些。由于我们财政,特别是外汇情况的改进,我们的支付能力提高了,这是美国财政部、共同安全署和国务院当局所了解的。这既可以显示我们的诚意,也可以借以宣传我们在台湾取得的进步。张表示完全同意。我答应据此电告台北,请他草拟电文。一星期后,他把要发给财政部长和外交部长的电稿拿来,我就照发了。

6月13日,徐柏园代表财政部长前来参加世界银行和货币基金组织理事会会议,未经约定就来找我商量我们向世界银行交纳份额的义务问题,以及我们在即将在墨西哥城召开的理事会中的地位。徐是中央银行总裁,也是财政部长严家淦的副手。我把我与张悦联的讨论及其结果告诉了他,并且把我拍发给政府的电报副本拿给他看,建议交纳一笔象征性的款项,在美国政府和美国出席会议代表团的支持下,保住我们的成员国权利。

经过和台北的电报往返和多次讨论,应交的数目最后定了下来,附有一封由徐柏园署名写给世界银行行长的措词适当的公函。8月13日张在回答我们的询问时说,付给世界银行的份额交款账户的汇款已经生效,徐柏园已将我们同意的信件送给世界银行行长。

9月15日,徐柏园从墨西哥城回来后,告诉我会议的最后结果。他说,捷克又提出了中国代表团(也就是中国理事和副理事)参加会议的权利问题,但是美国财政部长斯奈德说,捷克的提案没有什么新内容,而且现在也没有任何新的发展需要修改去年会议上已经作出的决定。在这一发言以后,捷克的提议被绝大多数所击败,印度投票支持捷克的立场,联合王国投票支持美国的意见。英国代表阿瑟·索尔特爵士说,联合王国承认了北平政权,但是由于红色中国在朝鲜进行反对联合国的战争,在朝鲜的冲突得到解决以前,对于这一提议不应采取行动。

在布鲁塞尔举行的万国邮政联盟会议上,我们也成功地维护了我们的地位。由我们驻比利时大使金问泗率领的代表团挫败了苏联及其盟国剥夺我们席位的企图。然而,我们没有被选进理事会。

金大使在 9 月 7 日亲自对我叙述了布鲁塞尔会议的情况。他从比利时任所到美国来医治眼睛。他解释说,苏联集团想要驱逐中国代表团的企图很容易地被打垮了,由于目前的规章规定每四年理事会改选一半人选,又由于印度竞选中国席位,中国仅因几票之差没有被再选入理事会。在联合国的五个常任理事国中,只有中国没有被选入。

我要补充的是,1945 年在旧金山曾达成一项君子协定,即五个常任理事不仅是安理会的常任理事,而且在重要的委员会中也应选为代表,例如经济及社会理事会、托管理事会,以及其他重要的委员会。但是自从大陆失守以后,中国失去了不少这样的席位。君子协定原是打算保证非欧洲大国的平等代表权的。但是就亚洲来说,美国把印度看作是中国的合适代替者。在这一点上,美国判断错误了;拥抱印度,并不能解决亚洲的问题。

以后,爱尔兰大使约翰·赫恩于 12 月 12 日前来询问我们政府对爱尔兰在国际会议上的立场方面如何理解。刚一开始,他交给我一件照会,大意是说爱尔兰政府指示它出席布鲁塞尔的万国邮政联盟代表大会的代表团,在中国的代表权问题上和联盟的执行理事会改选时国民党中国的候选资格问题上,投票时弃权,他的政府还指示它出席 1952 年 10 月在布宜诺斯艾利斯举行的国际电信联盟会议的代表团,在保留“中华民国”的代表权问题上和它被重选为联盟的行政理事会理事的问题上,投票时弃权,两者都是借口爱尔兰如投票支持国民政府,将会危害中国大陆上爱尔兰传教士的利益。

赫恩说,他亲自送给我这件照会,因为他想解释一下:爱尔兰政府一贯是反共的,并且同情自由中国,但是还有许多爱尔兰传教士在中国传教。他们属于一个由法兰克·达夫创建、名叫“圣母军”的爱尔兰教会。达夫是一位虔诚的信徒,在爱尔兰政府工作一个短时期以后,把全部时间和精力用于指导和发展这个教会。这个教会大约有二千名传教士分布在全世界。赫恩又说,达夫在爱尔兰的影响很大,他认为,由于达夫的干预,外交部长艾肯才指示爱尔兰代表团在上述两个国际会议上对有关中国的两个特殊问题投票时弃权。

我说,对于赫恩先生不辞辛劳亲自光临,并加解释,我表示感谢。我可以理解促使爱尔兰政府在有关中国的两个问题投票时弃权的原因。一般说来,这不只是爱尔兰政府的态度,还有其他国家在国际会议上投票也同样弃权,或者对中国共产党政权采取类似的妥协态度。但是事实上共产党在政策方面有其固定的目标,他们可以经常变换手法,然而决不会改变目标。

我于是回忆梵蒂冈对于北平政权的态度。我说,梵蒂冈指示它的驻华公使黎培理,在共产党占领中国大陆以后留在南京,不要追随国民政府到台湾去工作,为的是避免与共产党当局发生摩擦,危害在中国的天主教会的利益。黎培理最后被驱逐到香港。他在那里停留了一些时候,后来到台湾建立一个大主教区,任命一个中国主教,其后接到梵蒂冈的指示,留在那里,依傍自由中国的国民政府继续传教。

赫恩说,有些传教士仍然留在中国大陆,这就是为什么他的政府极力希望不做危害他们安全的事情。在爱尔兰成为自由邦以前,他个人就认识了黎培理,他是一个意大利人。他记得教过黎培理开汽车,并且发现他是一个鲁莽的司机。黎培理后来在非洲传教,有一天在开车的时候果然轧死了一个人。赫恩还说,黎培理的性情不是经常镇定和平稳的。

几天前,8月12日晚上,我为几位中国地理学者举行宴会,他们是被美国全国地理学会邀请来参加将在纽约召开的地理和地图工作会议的。我国教育部、中央研究院、中国地理学会和台湾大学的正式代表是洪绂(音译)教授。洪教授在那天下午的早些时候,曾从斯塔特勒饭店的会议厅给我们打来电话。他想问我,是否应该像他考虑的那样,提议把巴西作为1956年召开下次会议的地点，而不是联合王国和澳大利亚，这两个国家和巴西都表示了邀请会议到他们国家举行的愿望。他不喜欢联合王国，因为它承认了共产党中国。我告诉他，他的立场是很对的，可以用每次会议地点应采取地区轮流原则的理由来支持巴西。

他正是这样做的。8月16日他来告别。他说，最后选择了巴西为下次会议的地点，葡萄牙大力支持我们的提议。他相信，下次我们会派一个坚强一些的代表团。这次我们只有他一名正式代表，而日本，一个新会员国，却派了八名代表。会议主席乔治·格雷西教授也向他建议，我们应该扩大研究的范围，注意空中摄影科学，这门科学在上次大战中和大战后取得巨大的发展。

关于在那个国际会议上国民党与共产党对中国代表团之争，洪教授说，上次会议共产党中国参加了，并且又被邀请参加这次会议，但是因为它没有交会费，邀请被取消了，剩下他作为中国的唯一合法代表。这就含有会议正式承认我们政府的合法性的意思，而出席这个会议的苏联一方国家的代表约有三十来人。

然而最重要的国际"会议"，则是联合国大会。我需要指出的是，在那次大会，也就是第七届大会上，苏联方面照例很快提出了中国的代表权问题，并且迅速地由国民党中国取得优势而解决，这次获得的票数比前几年还多。1952年10月25日，大会决定把苏联要求驱逐国民党中国而把席位让给共产党中国的议案推迟到下届大会考虑，投票结果是四十二比七，十一票弃权，而上一届大会的投票结果则是三十七比十一，四票弃权，与共产党入侵朝鲜以前的1950年投票相比，本身就是一个进步。我们可以回忆一下，在那个时候，把席位让给共产党中国的提议，仅以三十六票比十六票被否决，有十票弃权。

联合国大会的第七届常会规定于10月14日在纽约新的永久总部开幕，外交部长叶公超将到美国来领导参加大会的代表团，这是他担任外交职位以来的第一次。我准备于10月13日到纽约去见他。

我无意于亲自参加开幕式,但是在华盛顿的外交界同仁们则习惯于这样做。因此,当我于 10 月 8 日回访玻利维亚大使比克托尔·安德拉德的时候,我问他是否将去参加大会。

他说不去,因为他在华盛顿有许多带有紧急性质的工作要做,关系到他的国家锡矿国有化而引起的问题。他又说,由于中国大陆现在处于铁幕之后,玻利维亚变成了锡和钨的一个非常重要的供应中心。玻利维亚锡的供应量占全世界产量 25%,美国工业以及美国军备都需要大量的锡。玻利维亚政府最近采取的锡矿国有化的政策,是促进人民福利的必要措施。设在特拉华州的三家美国公司都在玻利维亚从事开采锡矿。但是这些公司(它们一共雇用了大约八万名玻利维亚工人)一心只顾为它们的老板赚取巨额利润,而对于工人或玻利维亚一般老百姓的福利,则漠不关心。

发现这个问题很有意思,我就问安德拉德,有多少美国资本投入到玻利维亚的采锡工业。

安德拉德回答说,"大约百分之二十五"。他说,这三家公司现在拥有的锡矿,最初是属于玻利维亚人的,他们希望得到美国的保护,故意组织公司,在美国立案。后来,由于玻利维亚政府对于那些公司要求美国保护提出抗议,结果美国国务院规定,除非具有美国公民在这些公司享有实际股权的证明,否则不给予保护。因此,那些公司把他们股票的四分之一抛到市场上去,被美国公民买进。安德拉德补充说,他正与美国国务院交涉关于锡矿国有化的问题。那个星期他会见了国务卿艾奇逊,解释为什么玻利维亚采取这一政策,并且向他保证,玻利维亚将对三家公司中的美国股权给与适当的赔偿。

我问,美国国务院在原则上是否同意国有化的政策。

安德拉德回答说,美国国务院虽然承认锡矿开采工业的国有化是在玻利维亚的主权范围之内,但是争论说,玻利维亚采用的实施方法是不可取的。可是由于国务院没有具体说明方法不可取的要点是什么,他感到难于进一步谈判。

在回答另一个问题时,安德拉德说,他的国家现在已经接管了有关的锡矿。它虽然愿意付给矿主以适当的赔偿,但是坚持认为,这三家公司在过去二十五年中逃避应交给玻利维亚政府的税款,应该加以估计和推算出来,并从议定的赔偿总额中扣除。他相信公司会反对玻利维亚政府的这一要求,而这正是遇到的困难之一。

同一天,我参加了巴西大使在大使馆举行的招待会。这是为到华盛顿访问的巴西海军部长举行的。有许多大使出席,但是美国政府的官员很少。荷兰大使罗范·罗伊延赶来与我握手,像荷兰承认北平红色政权以前一样的热情。我也向他问候,但没有交谈。驻华盛顿的外交使团团长、挪威大使也同我握手。我在日记中写道:"时代的确是变了。时间啊! 习俗啊! 老一套的严格的外交礼节不再时兴了。"

晚上,我参加了葡萄牙大使馆的晚宴,第二天中午,到沃德曼公园饭店回访柬埔寨大使侬金乃。谈话开始,他告诉我一个"秘密":他的祖父母中有一个是中国人。他说,虽然他的同胞出国留学大多数是到法国,但是他最近建议,凡愿学工程和医学的,政府应送他们到美国,而那些愿学文学、艺术和音乐的,仍可送到法国。我认为这是很合理的建议。他还说,他的国家仅在曼谷和华盛顿两地派有外交使节。

10 月 12 日,星期日,我从华盛顿去纽约会见外交部长叶公超,他的飞机预定于星期一晚上到达。星期二,14 日,联合国大会第七届常会开幕。我们代表团邀请我去参加,我由于参加过多次,谢绝了。这样很好,因为除了这是第一次在联合国新大厦开会以外,这次会议是很平淡的。加拿大外交部长和首席代表莱斯特·皮尔逊顺利地被选为大会主席。

当晚,蒋廷黻在顶好饭店为叶公超举行晚宴。来宾约五十人,除了胡适和我以外,都是出席那年联合国大会的中国代表团成员。在宴会上,叶向蒋廷黻和全体来宾祝酒,蒋也向他祝酒。宴会后,叶和我回到我的旅馆闲谈,这是他在美国期间我们多次谈话之一。

一星期后,通过华盛顿大使馆与美国国务院的安排,叶在纽约拜会了国务卿艾奇逊。我婉言谢绝了参加这次会谈,但是叶向我作了口头传达,后来又送给我一份会谈的记录,供我参考。这里我摘述他们关于亚洲国际形势的讨论于下:

在交换了关于美援问题的意见以后,叶外长问国务卿,是否认为在现阶段朝鲜的停战应该在三八线实行。他说,停战应该在现时的战线实行,因为,他认为,从自然特点来看,现时的战线差不多与三八线一样好。

外长指出,如果联合国不争取实现它在朝鲜所预定的目标,而是接受现时战线的停战,那将是对联合国道义立场的致命打击,不仅使朝鲜人民而且使所有的亚洲自由国家非常失望。

国务卿回答说,他非常坚定地认为,联合国的直接目标应该是,只要能够办到,就在现时战线停战,作为联合国方面希望恢复和平的表现,虽然他不认为这是联合国在朝鲜的最终目的。他说,这不但是美国的意见,而且是联合国大会这一届会议大多数代表团的意见。国务卿又说,美国陆军差不多有三分之一被牵制在朝鲜,鉴于战争带来的巨大开支,美国的公众舆论肯定赞成停战,作为在朝鲜恢复和平的第一步。

外长问国务卿,是否认为在坚持自愿遣返原则的条件下,苏联会同意在现时战线停战。

国务卿对于苏联是否同意这样安排作为恢复和平的第一步,表示怀疑。但是他坚定地赞成联合国在本届大会上提出这样的建议。

外长问,在过去几天里,朝鲜的联合国司令部的报告是否提供了一些乐观的因素。国务卿作了否定的回答。

问及美国政府是否坚持自愿遣返的原则。国务卿回答说,美国政府对这一点是坚定的,而且在这方面他还能代表英联邦国家,特别是联合王国。

外长告诉国务卿说,大量从朝鲜前线来的中国战俘表明了要去台湾的愿望,而且许多中国战俘甚至要求送到朝鲜前线去,以便最后能被遣送到台湾。国务卿说,他以前没有那一方面的消息。无论如何,他预料苏联将支持波兰在联合国大会上的提案,从而继续对自愿遣返的原则作斗争。(波兰代表团于10月17日提出提案,实际上是关于"世界和平"的一揽子提案。其中关于朝鲜的提案有:立即停止敌对行动,并"按照国际惯例",归还全部战俘;在两三个月的期限内,撤出全部外国军队,然后实现朝鲜统一。)

艾奇逊国务卿向叶外长进一步提出,有些人认为,苏联指使波兰重弹苏联的老调,为的是它们自己有提出一个折衷方案的自由。但是他自己倒不抱这样的幻想。不过对于朝鲜形势的看法,苏联和中国共产党的分歧可能有所发展。例如,据他了解,对于在朝鲜战争中苏联给予中国共产党的援助数量,中共是不满意的,他们并不热心于继续打仗,虽然他们坚持要把全部战俘搞回去。

外长认为,他不相信分歧有所发展。他指出,中国共产党毕竟只把他们陆军力量的五分之一用在朝鲜,他们还没有动用海军和空军力量,而这两者都由于苏联的援助而在过去六个月中得到极大的扩充。外长表示,凭借那样的设想来预测苏联将来的动向,将是危险的。

国务卿说,他希望他没有给人以印象,认为他的政府满足于把朝鲜停战本身作为终结。为了强调需要继续努力以实现联合国在朝鲜的目标,他说,铁幕外面的国家必须准备制订一个行动方针,假设苏联在战俘自愿遣返的条件下同意停战;而且,还要想到假设停战的建议被拒绝,制订另一种行动方针。国务卿说,他回到这个题目上来,是因为这对美国的内政是相当重要的。

他接着向外长保证说,不管能否达成停战协议,所有对国外援助的计划都将继续下去。政府已尽其所能为国家准备应付突然事变。这就把谈话引回到美国物资外流到台湾和其他地区的问题,一直到叶外长又转到朝鲜问题上,问道:万一停战拖延,美国政府是否处于对进一步的集体安全措施负责的地位。

国务卿回答说,这主要看联合国的舆论。他虽然不能对这个问题作什么承诺,但是他将注意决不让美国在联合国中建议屈从苏联的要求。

叶外长对印度支那的不幸情况表示关切,并愿听取国务卿对那里情况的看法。

国务卿同意印度支那的情况确实是可悲的,又说法国丧失了一大批青年军官,并且消耗超出了它的能力。他问外长是否有什么特殊的意见要说。

叶外长强调了印度支那在战略上的重要性,表示希望美国充分理解那里的严重局势。他指出,如果法国对印支失去兴趣,局势将会迅速恶化。鉴于印支有大批华籍居民,如果丢给了共产党,就会立即对泰国和缅甸的地位产生不利影响。

艾奇逊说,他对外长的关切抱有同感,并告诉叶外长,法国政府在欧洲正经历着非常艰苦的岁月,北大西洋公约组织所遇到的基本困难,大部来自法国所采取的立场。

在回答法国政府是否会批准对德和约的问题时,艾奇逊说,他是希望能够,但如果舒曼遇到内部的反对,法国的批准或者会推迟。他又说,美国政府和英国政府都批准了对德和约,其他政府大概要等到法国的批准获得通过以后。

叶外长一般地谈到东亚和东南亚的共产党威胁,他说,希望美国政府对于加强亚洲自由阵线这一紧急任务给与适当的考虑。他以马来亚的共产党活动和长期拖下去的英国人对共产党的战争为例,证明亚洲人民需要更紧密的政治组织来对抗共产主义,他表示,仅仅军事努力是不够的。在那些共产党合法化的亚洲国家里,共产党渗透的危险要比一些人愿意承认的大得多。他引证东京的五月暴动和婆罗洲的共产党暴乱作为例子,国务卿也补充了最近苏门答腊的暴乱。

国务卿说,他同样注意到共产党渗透的严重性,但是内部政策的不同,使亚洲人民联合一致的任务,比使北大西洋公约组织的成员国联合一致要困难得多。他又说,美国政府在联合国处理涉及印度、印尼和一些阿拉伯国家的问题时必须非常慎重,因为在对抗我们的共产党"朋友"时,必须得到和保持它们在一个统一阵线中合作。国务卿提出这样的看法:共产主义是经过长期渗透和宣传的过程才得势的;要抵制它,我们可能要运用超出我们意愿的耐心。

外长说,在看到中国大陆连同它的亿万人民落入共产党的手里以后,他只有更加感到阻挡共产主义侵略这一任务的极端迫切。直到现在,苏联在亚洲仍掌握着主动权,更不用说在朝鲜了。他希望看到把主动权从苏联手里夺过来,至少是在政治上把主动权夺过来。

艾奇逊国务卿表示完全同意叶外长的意见,说他的政府对于亚洲人民加强政治团结反抗共产主义的任何计划都肯定是欢迎的。然后他问中国政府在与日本政府的关系中是否遇到什么困难。

叶外长回答说,中国政府在与日本缔结双边和平条约的谈判中是非常和解的。这样做,是由于希望与日本早日建立正常关系,并努力把日本引进民主国家的行列。

国务卿表示,中国政府与日本签订和平条约的做法是明智的。他了解到,杜勒斯认为,条约的签订是双方国家领导人表现其政治家风度的结果。

在向国务卿告别时,外长再一次表示他很高兴得到会见国务卿的机会。

国务卿向外长保证,在他在纽约停留和以后在华盛顿停留的期间,他愿意再次见到外长,进一步与他交换意见。他请外长与美国驻联合国代表团的成员基大使联系,以便安排将来的会晤。

董显光博士的侄子董绍琦(音译)上校从东京来参加江杓将军的班子。他于 22 日中午前来拜访。他于美军占领时期曾在中国驻日代表团工作。在回答我的问题时,他说,日本人表面上对美国人感谢,但实际上对于美国人的傲慢和胜利是忿恨的。他们早已在宣扬他们的独立精神了。

当我问到日本人对于中国人和国民党中国的态度时,他说,在街道上遇到的人带有轻蔑的态度。在东京的中国大使馆为蒋委员长的特使张群将军举行招待会时,甚至连日本的外相都不出席。(当然,外相也许是由于事先有重要的约会而耽误或缺席。)

10 月 24 日傍晚,我到纽约去再次与叶联系,25 日见到他,他给我一份他与艾奇逊谈话记录的副本。我们翻阅一下交谈的内容,并对他访问华盛顿的安排检查一遍。几天后终于决定,他将在华盛顿停留五天,从 11 月 11 日至 15 日。由于需要参加各种约会,我自己在纽约又多逗留了两天。

11 月 7 日,我回到华盛顿十天以后,为欢送多米尼加大使托门和夫人举行午宴,他大约在三个月以前在多米尼加驻日本和台湾公使古斯曼-桑切斯来访时曾经招待过我们。接着我又在 8 日设晚宴招待最高法院法官里德和夫人,其他来宾有金问泗夫妇、亨培克夫妇、里格尔曼夫妇、前大使郑天锡和夫人。里德法官为了减轻体重和降低血压,一直只吃米饭,但看来对这次宴会颇为欣赏,每样中国菜都品尝了,每种香槟酒都喝了一口。亨培克回忆说,第一次认识我是在 1915 年,听我在美国国际法学会的年会上发表演说,参议员鲁特主持会议,但是那时他没有机会同我交谈。

饭后,里格尔曼告诉我,他与美国国务院的珀金斯谈论了美国国务院对于接纳红色中国进入联合国的态度。主管欧洲事务的助理国务卿珀金斯争辩说,不可能长期拒绝红色中国的进入,因为它代表着四亿五千万中国人民。但是里格尔曼告诉他,台湾有八百万人口,比澳大利亚和新西兰还多,根据珀金斯的原则,也应参加联合国。珀金斯表示同意。里格尔曼提出,那样中国在安全理事会就有两票,这是违反联合国宪章的原则和诺言的,这也意味着苏联集团有了两票,因为北京肯定是同苏联投一样的票的。里格尔曼问珀金斯,如果把票分成两半,给每一方半票,那会不会好些。珀金斯认为那可能是一个出路,但是里格尔曼又说,在关于东方或西方的重要问题上,一方将会投票反对另一方,结果是双方的票被抵消了,那就意味着根本没有票了。里格尔曼告诉我,珀金斯也同意这个说法,但是提不出其他解决办法。里格尔曼当然是反对接纳红色中国进入联合国的。

11日,我参加了基督教和犹太教全国会议在五月花饭店中国厅举行的午宴。在饭店的门口,新任印度大使梅塔自我介绍说,他是从印度来的。我们握了一下手,但我回避交谈。不久,英国大使奥利弗·弗兰克斯进来,也向我打招呼,虽然他们两国都已承认红色中国,并与国民党中国断绝了邦交。

在艾森豪威尔取得压倒的胜利以后,我参加了一次午宴。杜鲁门总统不会那样快地公开露面,虽然他被邀请而且接受了。我认为那是对的。他派内政部长替他宣读演说稿。我坐在最高法院首席法官和我的一位老朋友丹麦大使中间。虽然他的国家也承认了红色中国,但他同我谈话好像我们两国依然保持旧日的友好关系。他告诉我,下星期他将进行一次飞越北极的激动人心的旅行,从旧金山到哥本哈根,途中在极北地区格陵兰停留,向当地居民讲话,并且视察由美国援建的空军新基地,这是北大西洋公约组织对苏联防务的一部分。

那天晚上,叶外长按照计划来到华盛顿。他有一个繁忙的日程表,特别是因为他要来来去去地飞往纽约参加联合国会议。12日我大部分时间是陪他,首先会见代理国务卿戴维·布鲁斯,然后去见杜鲁门总统。叶同总统首先讨论了最近的总统选举,虽然在当时情况下那是一个颇为微妙的题目,以及美国的援华问题。然后我提出了朝鲜问题,说叶博士是来参加联合国大会的,会上要着重讨论朝鲜问题。我又说,从维辛斯基最近的演说来判断,共产党好像并不真想在朝鲜缔结停战协定。我知道总统一直在为世界和平而工作,不知道他的印象如何。

杜鲁门说,我的话很对。他一直在为和平而工作,而苏联似乎并不需要和平,尽管它的驻联合国代表经常在念和平经。他也感到实现停战协定是不容易的,但是他要继续努力以赴。无论如何,他不相信苏联会要扩大战争。他说,美国一方面要推进它的防御计划,而且帮助其他自由国家建立防务,另一方面它将继续想方设法促使朝鲜战争结束。如果苏联不用扩大战争来进行报复,他相信苏联最终将会认识到它自己对于和平的需要,并与其他国家合作促其实现。

叶说,中国政府对于总统的和平愿望抱有同感,下一天他在联合国所做的演说中,他将指出俄国人所表白的和平愿望是极不诚实的。他相信,和平主要依靠英国与美国的合作。他希望杜鲁门总统继续努力使英国了解中国共产党政权的真正性质和共产主义对整个自由世界的威胁。

总统说,他肯定会那样做。他相信英国现下已较为了解共产党对自由世界的威胁,正试图与美国紧密合作。

我指出,我非常欣赏总统为了自由世界的团结而如此努力奋斗,这是对付苏联及其卫星国的一件很重要的事。

杜鲁门总统说,正是这样。他一向认为,对付共产党威胁的唯一有效办法,就是组成一个联合阵线。这就是他创始了援助其他爱好和平的国家进行自卫政策的理由并已为在中东援助土耳其和希腊的政策、马歇尔计划和北大西洋公约组织等所证实。

我说,整个自由世界将以感激的心情念念不忘总统在 1950 年所作出抵抗和击退北朝鲜对南朝鲜侵略的决定。总统在这一行动中的领导作用具有深远的影响,并且提高了受到共产帝国主义威胁的各地人民的士气。

杜鲁门总统说,他只能这样做。他是为了支持自由事业而这样做的。

叶外长说,总统的那一决定确实具有伟大的历史意义,它将作为抵抗侵略、支持自由事业的里程碑而永垂史册。接着,我们站起告辞。

以后我与叶一同去见中央情报局比德尔·史密斯将军。但是我没有参加他的下一个约会,这是与日本公使上村信一(音译)的会见,他到双橡园来访,事后叶告诉我,上村的来访是为了请求他支持日本向美国提出的释放关押在日本的乙级战犯的申请。这些战犯在条约规定的各占领国的同意下,可以由日本释放。

那天晚上,叶外长返回纽约到联合国大会去发表正式讲演。但是紧接着他又回到华盛顿参加其他约会。事实上,我于11月13日在国民机场同他会面,直接带他到五角大楼去见国防部长洛维特。在会谈中,洛维特问叶对于远东特别是朝鲜战争的一般局势有什么看法。

叶回答说,他不相信中国共产党人真心希望在朝鲜缔结停战协定,否则不会这样难于实现。他认为他们的意图是把局势拖下去。北平电台一直在广播关于朝鲜战争的虚构消息。大陆共产党报纸甚至印出联合国停战谈判代表手举证明使者身份的白旗的照片,为的是歪曲他们的形象,好像是在向共产党投降。叶又说,中国共产党在苏联的供应下进行朝鲜战争,在遭受如此惨重的伤亡之后,决不能接受停战协定而空手回大陆去。不管怎样,最近的情报指出,中国共产党的空军还没有在朝鲜参战,他们的陆军实力是大约一百四十万人在朝鲜,三百多万人在中国。

洛维特说,就火力来说,联合国军毫无问题可以控制局势。由于美国空军在9月的轰炸,共产党空军很少露面,而且美国空军使用的导弹是非常有效的。联合国军在朝鲜消耗的炸弹、炮弹和小型武器的数量比在整个第二次世界大战时期还多。每月有超过二百万吨的军用物资运出太平洋沿岸,主要是用于朝鲜前线,虽然也包括一些用于印度支那、台湾,以及该区域的其他地方。接着洛维特问叶,在大陆是否还有游击队。关于这个问题我以后再述。

在参加了许多约会、午宴、晚宴等等之后,叶外长回纽约去了。15日下午大约四时三十分,我在国民机场为他送行,我自己则准备乘下一班飞机去纽约。但是天气预报很坏,我不得不于16日改乘火车。

在纽约,我听到杜勒斯将在艾森豪威尔的新政府中担任国务卿。于是,我于17日做好安排,请他到卡莱尔饭店我的寓所来吃午饭,这样叶公超就能与他会面畅谈。午宴确定在11月19日(星期三)中午一时。

在叶公超到达前,我与杜勒斯谈论了他的新职。当叶进来参加谈话时,他提起了曾经赠送杜勒斯一支中国毛笔,表达对他在促进缔结中日双边和平条约中大力协助的谢意。

杜勒斯说,他很高兴接受这一礼物。他必须说,他为促成此约花了很大力气,因为他在这件事中遇到过许多困难,特别是来自英国一方。他们的意思是要邀请中国共产党参加和平会议,但是他和他的政府当然不能接受。杜勒斯说,他不得不对英国力争,他们有一个时期态度颇为僵硬。后来他提出一个妥协方案,英国才勉强接受。他之所以妥协,是因为必须使英国与美国共同倡议这个条约。

对于日本,杜勒斯继续说,他劝说它同国民党中国谈判和缔结一个双边条约也有困难。当他尽力催促吉田接受他的观点时,英国驻东京代表丹宁却对吉田施加压力,要他拒绝接受。当然,英国在这一事件中的动机是自私的。他们害怕日本在东南亚贸易中的竞争,希望把日本排挤出去,提出日本的正当利益在于与中国大陆和北方的苏联进行贸易。日本的商业界也压吉田不要与国民党中国签订条约。面对这许多压力,吉田犹豫、动摇、极力推迟这件事。他必须非常坦率地同吉田谈话，指出美国比英国更强大，能够在经济和安全方面更多地帮助日本。既然日本选择了与西方合作的道路，那么正像订立多边和平条约所证明的，接受美国对于国民党中国的政策，对它是有利的。只是在这样坦率地谈话以后，他才得以说服吉田在他建议的信件上签了字。

叶公超说，在他这方面也有困难。台湾的人民，报纸和立法院都要求他坚持索取赔款和其他东西，只是经过很大的努力，他才说服他的政府放弃赔款问题，而代之以日本的技术和工业援助。

我回顾了叶在要求中国政府也接受关于领土裁决问题的方案时所遇到的困难，这一方案是杜勒斯和我在华盛顿制定的。

叶提出了另一个题目，他问杜勒斯，对于整个亚洲，个别来说，对于国民党中国、英国和美国的政策是否可能统一起来。他说，英国和美国不团结，是对付共产党威胁的一个软弱的因素，尤其是在亚洲。叶问，在这方面有没有达成英美联合的希望？

杜勒斯回答说，这正是他曾极力想完成的，但是英国似乎非常坚持他们的不同观点。他们承认了共产党中国，而且看来他们正处于非常困难的境地。在经济上，他们的贸易情况很糟，他们急于想要改进，虽然他并未找到解决困难的任何捷径。在政治上，他们渴望保持英联邦的团结。他们觉得必须迎合印度，并且迁就印度对共产党中国的观点，为的是使印度留在联邦之内。而印度对国民党中国的政策，正如我们都所熟知，是不友好的。

叶问，美国是否能影响英国使它撤销对共产党中国的承认，这样就会消除英美之间的一个政策分歧。他认为，这样的撤销承认甚至比承认国民党中国更为重要。

杜勒斯说，他认为那不是容易做到的事。英国仓促承认了北平政权，现已认识到这完全是单方面的行动，因为共产党中国方面对此毫不感谢或关心。他们终于明白这是一个鲁莽的行动，但是他们认为，取消这一行动更不明智。他们相信，耐心地对待北平,他们最后能够把它与苏联拆开,因为,由于俄国人盛气凌人的态度,和他们在满洲和中国西北的扩张主义政策,总有一天中国共产党会发现情况无法忍受,而与莫斯科决裂。

杜勒斯然后问到大陆的情况,我们对此及其有关问题讨论了一会儿,接着叶提出了朝鲜的形势。为谋求朝鲜问题的解决,从这一届会议开始,就在政治委员会和联合国大会上围绕着战俘问题反复辩论,而无明显的结果。后来,在与杜勒斯谈话的前两天,印度代表团向大会的政治委员会提出了一份关于遣返战俘的建议。其他代表团以特殊的兴趣估量这一建议,因为几个月来印度就已探知了北平政府的意向而为众所周知,因此,有理由相信这个建议对于中国共产党是可以接受的。

印度的建议规定,由中立国组成一个特别遣返委员会,来办理战俘的非强迫性遣返事宜。具体安排遣返的协议会使停战协定得到实现,它的条文包括召开政治会议,所有战俘如在停战协定签字后九十天内没有回到家,就可向政治会议提出。

叶外长谈到他对印度建议的看法。他首先说,他知道美国人民急于结束朝鲜战争,签订停战协定。他希望停战协定能够订立,和平能够实现,假如那是真正和平的话。但是就他所了解的共产党的战略和目标,停战协定以及和平解决方案的签订,都是策划作为赢得时间进一步侵略朝鲜或其他地方的手段。在苏联被打败以前,真正的共产党威胁是不可能消除的。

杜勒斯问,叶博士所说"被打败"是什么意思。他说,艾森豪威尔将军决没有想用战争的方法来解决问题。新当选总统的观点是用和平的方法来求得解决。

叶公超说,印度的建议,目的在于实现停战,接着为政治解决而举行政治会议,这只能意味着向共产党的要求屈服。

杜勒斯说,英国认为对中国共产党作适当的让步,能使后者与苏联分开,最后倒向西方。他自己相信中国人民不会甘受苏联的统治,必然对之不满。再则,他们中间必然有些领导人将会扔掉苏联的枷锁。但是他的意思并不是迁就,艾森豪威尔在竞选演说中已经明白表示在解决朝鲜战争中,他不赞成迁就政策。

我们接着讨论了大陆上的游击活动,这是杜勒斯提出的问题。最后,在会谈将要结束时,我说了我的看法:朝鲜以及整个亚洲问题的根本解决,依赖于把中国大陆从共产党的统治下收复过来。

杜勒斯走了以后,叶公超和我对于杜勒斯的意见交换了看法。大约下午四时,我坐火车返回华盛顿。第二天我去见助理国务卿艾利森,安排他和叶公超在纽约会见,探询有关拘留在印度支那的我们的军队的情况。会见安排在卡莱尔饭店午餐,时间是11月24日,星期一。我认为这将给他们一个良好机会进行会谈,因为艾利森最近访问了台北,作为他在远东的广泛旅行的一部分,但是没有见到叶外长,因为他正巧到纽约参加联合国大会。

我也向艾利森提出了关于琉球群岛的问题,因为他曾去过东京。我告诉他,我曾接到报告说,日本人渴望收回琉球群岛,我不知道他在日本旅行期间日本人是否提出并同他讨论过这个问题。我说,琉球群岛离台湾很近,中国政府自然对于这一问题的发展极为关注。

艾利森说,他最近在东京访问时,日本政府并没有对他提到这个问题,但是日本报纸发表社论,表示了把琉球群岛归还日本的希望,群众也向他递交了同样的请愿书。但是就美国来说,目前无意对此做出什么事情,对于琉球群岛的南半部更是绝对不会。至于北半部,美国正在考虑这个问题,但是还没有作出结论,而且至少在两年之内不会。美国可能考虑授予琉球群岛北半部居民以日本国籍的问题。

我说,我知道美国人民对冲绳就坐落在那里的琉球群岛南半部怀有浓烈的感情。我回顾前一个时期曾经争论过把群岛作为托管地区的可能性。

艾利森说,这是正在研究的问题的另一方面,但是他在东京对于日本收回琉球群岛的任何部分的活动都坚定不予支持。

在 24 日与艾利森共进午餐时,我提出了印度支那的形势问题。我问艾利森他访问那个国家后带回来什么印象。我说,报纸上报道那里的形势日益严重,越盟部队在河内的西南处于优势。

艾利森证实了印度支那形势严重。他表示希望法国人还能阻挡住越盟部队的前进。

叶外长认为,法国人处理印度支那的局势颇为愚蠢。他说,几年以前他就熟识胡志明,这个人曾在中国军官学校受训,是孙中山先生三民主义的信徒。他回忆起一个中国上校,是胡志明的好朋友,曾经在几年前向中国政府提出一个大胆的建议,那就是送给胡三千支步枪和一百万元钱,帮助他为印度支那的独立而战斗,但是这个建议被否决了。胡志明最初更多地是一个国民党人而不是共产党人。如果法国人那时与他建立联系并且达成协议,印度支那的全部灾难本来是不致发生的。仅在三四年前,胡才与莫斯科建立联系,开始更倾向于他的党内的亲共派。由于中国共产党的帮助,他现在变成了印度支那北部的一个可怕的敌人。

我说,我认为法国人对印度支那冲突的估量颇为迟钝。他们本来应该很快地同意把拘留在印度支那的中国军队遣返台湾,或者想法利用他们。按照印度支那今天的形势来看,对于法国的人力和资源都成了无穷无尽的消耗。此外,我还了解到,法国人对于如何处理这个问题,意见非常分歧。有些法国政界领袖和人民赞成从印度支那全部撤退。

艾利森说,法国在对待印度支那问题上缺乏团结,这是一个最大的缺陷。他认为,随着时间的流逝,法国人如能找到一条从印度支那撤退而又不太丢面子的出路,他们是愿意那样干的。不过现在要找那样的出路是已不容易。

我问艾利森是否见到印度支那的保大皇帝,他回答说,他这一次没有见到。但是他见到了柬埔寨的国王,那是一位能干而精力充沛的年轻人,很受他的人民的爱戴。当他谒见国王时,国王刚从边境指挥一次反击共产党的战役回来。

叶外长说,他与保大很熟。当我谈到对于保大,一般的印象是一个花花公子时,叶说保大故意过着花花公子的生活。他回忆在香港的一次宴会上与保大会面时,当场还有许多歌女。由于他想与保大进行严肃的谈话,便把保大领到一边交谈。保大告诉他,外界常把他看作一个花花公子,法国政府也公开地竭力宣传他的私生活和个人享受。但是他强调说,他是故意这样做的,他的真正意愿是为国家的独立而工作。然而法国人不信任他,不肯给他组织一支独立军队,或者任命自己的内阁的权力。保大说,没有这两种权力,他就不能博得人民的尊敬,而继续被看作是法国的傀儡。

艾利森认为,美国的政策是加强和发展越南和印度支那其他国家的独立,法国也是走这条路,虽然走得也许很慢。

叶外长说,美国应该向亚洲人民讲清,它支持亚洲人民的独立和自由,反对欧洲殖民主义在这一地区继续下去。如不那样做,亚洲人民就会继续怀有戒心,而不是全心全意地投向自由世界这一边。他举出马来亚的形势作为例证。他说,英国同大约两千名共产党人在丛林中打了三四年的仗,这些人几乎都是华人。在抗日战争时期,他自己曾将马来亚半岛的华人组织起来,武装他们成为抗日力量。战争结束后,英国人没有慷慨地对待他们,他们于是急切想要占领附近的岛屿来保持自己的组织。他们要求中国政府的帮助,其领导也曾寻求他的个人援助,但是他告诉他们放弃这种想法。现在他们转为共产党,并同英国人作战。然而新加坡的华人居民却变得反共了,虽然这两千多共产党人过去依靠他们的物资援助,可是现在这些新加坡居民却拒绝再给他们以任何支援。叶说,他曾经鼓励在知名华人陈祯禄先生的领导下,在新加坡组成一个新党。现在成立了一个政治组织,拥有两万多党员。它支持英国当局的反共计划,并宣称反对在新加坡设立共产党中国的领事馆。

至于印度尼西亚,叶外长说,那是另一个强烈支持亚洲人民自由和独立事业的国家。他认识一些印尼领导人如苏加诺等等。再者,印尼的华人,以及那些新加坡、马来亚和印度支那的华人,三四年前曾同情北平政权,而对国民党中国态度冷淡,如今醒悟过来,保证支持台北的国民政府。台北政府完全了解海外华侨的困难处境,尤其是在那些承认共产党中国的国家里。至于印度尼西亚的华人居民,印尼当局已经命令他们,或者宣告自己愿意接受印尼公民的身份,或者在共产党中国驻印尼领事馆登记作为共产党中国的公民。如果两者都不办理,他们将被视作无国籍。他们曾向台北的中国政府请求指示,他在一天晚上通过无线电广播敦促他们接受印尼公民的身份,支持印尼政府,因为在目前情况下宣称自己是自由中国的公民,对他们是不利的。

关于任命杜勒斯为新政府的国务卿,叶外长问艾利森,估计杜勒斯会推行什么样的政策,因为艾利森曾同杜勒斯一起工作过若干年。叶说,他非常希望美国运用其影响使英国在远东协调一致,因为,如果这两个国家在这一地区执行不同的政策,其行动必然是无效的。在对待朝鲜的政策上,以及近来在对待印度的关于实现朝鲜停战的提案上,它们之间发生的分歧是极为不幸的。他向杜勒斯指出了这一点,并且表示,如果能够劝说英国撤销对北平政权的承认,(他认为这比重新承认国民政府更为重要。)那将给亚洲人民和整个自由世界留下深刻的印象,从而可能组成一个反抗共产党威胁的有力的联合阵线。

艾利森说,那倒是一件值得去做的事,但他认为这要花费时间。英国只能慢慢地行动。接着他说另有约会,必须先走,并且表示在叶博士回台湾之前,希望能够再一次与他相会。

几个星期以后,我为缪培荃和夫人举行午宴。缪夫人是英国人,缪先生是中国人,与孙科关系密切。他们刚从伦敦来。在谈到伦敦方面改变政策的可能性时,缪先生证实了我得到的消息:邱吉尔内阁需要一些时间才能考虑这一问题,因为英国的公众大多数赞成不撤销对红色中国的承认。这是由于受到下述影响：要求开展贸易，希望避免朝鲜战争的扩大，愿意与莫斯科达成全面解决世界问题的协议。

至于英美对印度提案的意见分歧方面，美国要比英国更为不赞成，提案实质上已在 11 月 24 日联大政治委员会上被维辛斯基的强硬谴责所否定。维辛斯基进一步告诉政治委员会说，他是代表北平和朝鲜以及他自己的政府发言的。这就引起艾奇逊表示他的"失望"，并说，他把印度提案看作是对解决战俘问题的一个有政治家气度的努力成果，然而按他的政府的观点，提案还需要作一些修改，才能使它看起来是切实可行的。

12 月 1 日，委员会作了一些修订后，以五十三对五的票数，采纳了印度的提案，美国和英国都投了赞成票。我们的代表弃权。蒋廷黻解释我们的立场时说，中国代表团认为，决议案规定的贯彻执行条款的机构，既有缺陷，又不充分。尽管别的代表可能心中同情我们基于上述原因而保留意见，印度代表梅农在最后时刻增加了另一条修正案，规定在达成一项遣返协定以后应紧接着实现朝鲜的停火。联合国大会终于在 12 月 3 日以五十四对五的票数批准了委员会的议案。只有蒋廷黻在投票时弃权。12 月 5 日将决议通知了北平政府和北朝鲜当局。

同一天，艾森豪威尔在汉城的记者招待会上宣布，他对于结束这场战争，"既无灵丹，也无妙计"。他谈到制订一个能取得决定性胜利而不冒扩大战争危险的方案的困难。他已在朝鲜呆了三天，完成了他的竞选诺言，并定于当日动身，去与他在中太平洋美国军舰海伦娜号上的工作人员商谈，直驶珍珠港和檀香山，在那里他将与雷德福海军上将和将任国务卿的杜勒斯会合。

前文已提到爱尔兰大使赫恩在 12 月 12 日来访，请求国民党中国对爱尔兰在国际会议上的立场加以谅解。他解释说，爱尔兰虽然是反共的，但是出于对大陆上的爱尔兰传教士的关怀，在中国代表权等问题上只好弃权。我指出共产党的政策是不会由于和解行为而改变的。然后赫恩提出了一些其他问题。他想要知道,我是否认为艾森豪威尔将军和麦克阿瑟将军能够制订一个计划使朝鲜战争早日结束。

我回答说,我个人对此抱有很大的怀疑。我回忆当北朝鲜首次入侵南朝鲜,美国政府面临非常严重的局势时,美国国务院的某些负责官员问我怎样想法。我回答说,朝鲜战争的爆发,恐怕仅仅是共产党在亚洲的扩张计划的一个方面,这将是一个长期拖下去的事件。1951年夏季开始时,马立克表示,愿意对联合国和北朝鲜、共产党中国之间的停战谈判给予帮助。当时国务院再次征询我的意见,我对这样的谈判在最近的将来能导致任何结果表示怀疑。我指出,这是共产党按照他们著名的"谈谈打打、打打谈谈"的策略,为赢得时间重整兵力而采取的步骤。

我继续说,我对于朝鲜战争早日结束的前景所持的悲观看法,使国务院官员有点吃惊,但是过去十八个月中流产的停战谈判证实了我的忧虑。苏联政策的目的,显然在于把西方牵制在各处,以消耗其实力,并使世界各地陷于混乱,以便于推进它的扩张目的。它可以推行这种政策而不怕引起战争,因为西方不愿挑起战争,而它自己则因而也没有必要从事战争。由于不经过战争也可稳得利益,因此,我个人不相信世界上会有扩大战争的危险。

赫恩问我,那么如何应付当前的局面呢?

我回答说,我看不出有什么轻而易举的应付方法。往日国家间进行战争时,他们总是千方百计争取胜利,以便结束战争。在目前的朝鲜冲突中,西方显然害怕战争扩大,因此恐怕僵持局面将会无限期延续,而这正符克里姆林宫之所望。

赫恩说,他最近在都柏林与他的外交部长弗兰克·艾肯谈话时,艾肯持有与我非常相似的见解。艾肯也不相信在最近的将来会有全面战争。但是他认为,苏联不久会提出一项和平建议,坚决主张裁军,这样就会使西方的军火工业转向生产过量的民用商品,从而导致经济崩溃以及西方人民中的普遍不满。等到苏联认为它自己有了足够的军事力量时，便诉诸武力来试图完成其统治世界的野心的最后阶段。

我说，共产党时刻在盼望另一次就像美国在 1929—1932 年那样的世界萧条。自从第二次世界大战结束以来，共产党和左派经济学家一直就此事向世界发出警告，他们的如意算盘认为，这种情况定将发生。这是共产党方面的一条自然思路，因为他们了解西方的主要力量，在于经济和工业的实力。但是西方知道如何关心他们的经济，因此，我不相信共产党的愿望能够实现。

赫恩完全同意我的观点。他接着描述最近有一次他坐出租汽车，在威斯康星和马萨诸塞大街附近交通堵塞，把他的汽车阻挡了大约十分钟。他问司机，这么多汽车都是从哪里来的？司机回答说，人们生活过得比以前好了。他回忆他在 1929 年几乎饿死，而现在生活得很好，有了自己的汽车。

我说，我认为西方的真正力量，不仅在于它的经济实力，而且在于对个人的尊重，并给以机会。在西方，每一个人都被视作重要的财富，而在共产主义国家，所有的人民被看作是一群群的人，当权者各自以国家的名义任意加以塑造。因此，只要西方的人民享有自由，他们就能继续保卫自己，反抗国际共产主义征服全世界的企图。

三天以后，周恩来送给联合国大会主席皮尔逊一封正式回信。这是对联大决议的严词拒绝，这一决议包括了印度关于解决战俘问题和停止朝鲜战争的提案。北朝鲜的答复在 12 月 18 日公布，当然也是拒绝决议。1952 年就这样结束了，战俘问题毫未解决，朝鲜停战协定的签订也遥遥无期。当美国总统在 1953 年 1 月 20 日就职时，甚至板门店的谈判仍在休会。

第二节　美国国内局势及其对华政策

1951 年 8 月—1953 年 1 月 20 日

一、援华和共同安全计划

1951 年 8 月—12 月

1951 年 5 月 24 日,杜鲁门总统要求国会批准一项称作"共同安全计划"的八十五亿美元对外军援和经援计划。该计划把马歇尔计划的经援和前几年的军援计划合并成为一项一揽子的方案。众议院外交委员会的听证会于 6 月 26 日开始举行,由艾奇逊首先作证。6 月 27 日,当他尚在众议院作证时,参院外交委员会主席汤姆·康纳利向该委员会提出一项包括"共同安全计划"在内的议案。他说,这主要是为了向参院介绍一些情况。参院外交委员会对八十五亿美元政府法案的正式听证会于 7 月 26 日开始。

8 月 8 日,我把听到有关美国政府提出的法案中中国所占份额的情况电告外交部。在该电中,我说:美国国务院的一位代表对参院军事委员会和外交委员会联席秘密会议说,美国政府"共同安全计划"法案中,建议以三亿零七百万美元援助台湾的国民政府军队,其中二亿一千七百万美元用于装备我武装部队二十五到三十个师,包括提供步枪、大炮、弹药、军车与飞机等装备。在电报中我还谈到:国务院代表还说,改变对国民政府政策是出于朝鲜战争的关系,但是这又一笔援助的目的仍是为了保卫台湾。目前尚无意改变杜鲁门总统 1950 年 6 月使台湾中立的命令。

众院外交委员会在前一周结束了对共同安全计划的听证会后,于 9 月 9 日批准了一项法案草案,对政府要求的八十五亿美元削减了六亿五千一百二十五万美元。按比例,经援比军援减得更多,但这也在意料之中。

这月 14 日，我出席了刚从台湾回来的美国退伍军人协会全国司令小厄尔·科克先生的招待会。他对我说，他全力支持国民政府返回中国大陆，并愿为此竭尽一切。15 日，我设午宴招待经济合作署的罗伯特·莫耶和其他两位先生以及国务院中国科的特罗伊·珀金斯先生和中国技术代表团的霍宝树先生。霍来得较早，他给我看了台北美援运用委员会副秘书长王蓬来的一份电报。电报说，经济合作署中国分署非正式地告诉他，华府要求得到有关中国 1953 和 1954 年经、军援需要的资料。电报还请霍了解一下经合署中国分署上述要求的背景。

后来在餐桌上，经济合作署中国分署署长莫耶向我证实了台湾的严重经济形势。他说，虽然在增收节支方面做了许多工作，但仍嫌不足，主要的问题是如何削减和平衡国民政府的预算，其主要困难就在于维持六十多万部队的沉重军事开支。

（在这方面，我要附带提一下，经济合作署的斯庞斯勒和弗兰克·特纳先生早在 7 月 18 日就曾偕技术代表团李斡博士来访。这次来访主要是为了介绍一下斯庞斯勒先生。他即将以预算专家的身份去台北，就预算改革问题担任我方顾问。斯庞斯勒曾以同样的身份在希腊工作两年。他说，我们的问题与希腊很相似，国家预算面临着沉重的、不相称的军事开支。）

莫耶继续谈到，预算必须加以平衡；如果告诉国会，尽管有很慷慨的援助，台湾仍不能维持其经济的话，则后果堪虞。但是，另一方面，如果经济得以维持，那么军援就能得到最佳效果，而且由于这一成就，也将成为对大陆的例证。他非常希望国会不要削减对台湾的经援，因为没有一个稳定而有活力的经济，单有军援是无济于事的，而且也不可能投到有效的用途中去。

至于我方的武装部队，莫耶说，美国军事援助顾问团团长威廉·蔡斯将军高兴地发现其士气是旺盛的，不过他觉得不够现代化，装备差、领导弱、训练不足。假使真的送三万人去韩国，蔡斯将军相信他们会被敌人消灭得精光。

第二天为了商讨有关对日和约问题,我会见了腊斯克。临结束时,腊斯克说,他愿就对国民党中国的经、军援问题非正式地和我交换意见。他说,他一直出席与此问题有关的各个国会委员会,发现他们要求的是两件事:第一,所给予的任何援助必须加以密切监督,以使其产生最有效的结果;第二,国民政府的各种财力资源应与经合署援款合并使用,以实现最有效的合作。他认为,注意国会在援助问题上的这种情绪,对国民政府来说是很重要的。

我说,我一直在注意着台北中国经济安定委员会的活动,参加该委员会的,除中国政府的重要成员外,还有一些美国代表。我告诉他,我高兴的是,我国政府在委员会讨论时摊开了全部底牌,美方成员也积极参加讨论,这是一个很好的合作迹象。

腊斯克说,参加委员会的蔡斯将军和莫耶博士的报告,都说到了中国成员的真诚合作精神;但对中国政府中的其他人士则又当别论。他希望那些表示出合作精神和赞成与美国密切合作的人,将会胜过那些反对这样做的人。

我说,我一定要提请我国政府注意此事。

第二天,8 月 17 日,众议院的"共同安全计划"法案草案在削减了对西欧经济援助计划三亿五千万美元之后获得通过。我在给外交部的电报中说,美国政府原提出的总额(八十五亿美元)被众院外交委员会削减了差不多十亿美元,现在的总额是七十四亿九千八百万美元。但参院的气氛仍倾向于进行大幅度削减,尤其着眼于经援方面。我说,美国政府正在竭力联合民主党参议员来反对这一行动,但是根据此间目前的舆论,某些削减则是不可避免的。有些人甚至提出了削减总额约百分之十的可能性。如果这项建议实现了,那么援华的总额也会受到影响。

8 月 22 日,我设午宴招待国会议员周以德。他告诉我,国务院和五角大楼已决定支持蔡斯将军关于取消中国军队政工人员的建议,并正与国会领袖们进行磋商,目的在于谋求他们支持一周内在台北的摊牌。(政工人员受蒋经国将军的控制。前文提到过,美国当局非常反对他们,一般来说,也反对总裁的儿子日益增长的权力。一方面,这不符合他们想在中国创立第三势力的愿望;当然,另一方面,他们希望台北的中国政府行事更加民主。)

同一天(8月22日),参院外交委员会和军事委员会联席会议暂定接受众院"共同安全计划"总数中的大部分,但据说增加了远东经援的数额。两天后,参院法案草案获得通过。众院通过的总额为七十四亿九千八百七十五万美元,参院通过的总额为七十五亿三千七百七十五万美元,对亚洲的经、军援稍有增加。

8月28日,我邀俞大维将军一起进餐,讨论毛邦初一案。俞是从台北到达旧金山休息后来到此间的。前文曾提到,他在到达后曾告诉我,他是受命帮助我来解决毛案的。但他还有一项特殊的任务,即在美国军、经援和采购等各种事务方面,对我进行帮助。我们的谈话自然就转到了美援这个题目上来。

俞将军说,他在国务院见到了在中国时就熟悉的利文斯顿·麦钱特先生。麦钱特当时是负责远东事务的助理国务卿帮办。他在回答俞的问题时,告诉俞国会将削减杜鲁门总统的援外要求。与向其他各国提供的援助相比,台湾的总额按其人口平均和就其面积来说,都是很高的。但是麦钱特说,国会坚持要通过控制和监督来使援款的运用取得成效。俞将军说,他已告诉麦钱特,中国决心改进其预算控制,但这需要时间,因为中国并非美国,在中国事情进行得不会很快。

俞大维还告诉我,下午他已见过马歇尔,这比预想的要早。他曾以为马歇尔必然有什么事情要告诉他,因为在俞提出约见的当天马歇尔就会见了他,但他发现马歇尔并没有什么要特别对他说的事情。不管怎样,他对华的态度还是比较友好的。俞告诉他,运往台湾的军援物资太慢,最近几个月仅收到用于各港口的探照灯。马歇尔答应调查一下这件事。俞说,他还会见了五角大楼主管对外军援的奥姆斯特德将军。奥姆斯特德问他,什么是台湾最为需要的军用物资。俞答应发电询问有关情况。

在我们讨论了毛案以后,俞大维和我的话题转到了各个方面。俞说,台北常常感到我的电报太慢。他建议我在那里派驻专人负责把电报转送各个部门,不必通过外交部转交。他还认为,要我花那么多时间来修改中英文照会和信件草稿实在不公平。建议我最好利用各部门驻此间的代表来帮助我工作。

他告诉我,他在南京主管交通部时,用不到二十分钟的时间了解所有收到的电报内容,并指示如何答复。他总是让人朗读比较重要的电报,并立即指示如何回复。这样,他所说的每件事,所有在场的主要同事和各部门负责人都能听到,并载入记录,而按其口头指示或命令所拟的回答,就不必再送其批准或签署,即可发出。他说,当然这种办法不一定适用于外交文件。

事实上,俞所提在其工作中行之有效并且省时的办法,不仅很不适于外交文件,而且在华盛顿也不能援用,因为台湾各机关和各部在此间所建的代理和办事机构都多少有点独立性质。如果大使馆指望他们及时答复和提供消息,则大使馆就必须等待很长时间,同时,如果某代理机构按其想法不想把某件事告诉大使馆,那么有关消息就会被扣压起来。

至于俞建议大使馆在台湾派驻专人来处理发给外交部以外各部的电报一节,不仅所费不赀,而且外交部极难同意提供经费。无论如何,公认的做法是:向外交部电告的消息,如果对其他各部也有用,正常的情况是由外交部转告。我的做法是,如果我觉得某一封电报中的消息对另一个部也很重要(例如国防部或财政部),我就会特别要求将其内容转知该部,有时如果是一项委员长应该知道的重要国际关系事务,那我也在结尾处要求抄呈委员长。但是,所有的转递当然都要花费时间,特别是这种各部门间的通讯办法更加费事,因为根据既定的程序,外交部有关科室还须备文以便转达。所有这些,都意味着某些延误是不可避免的。

俞将军又把他的谈话转向了台湾的局势。他说,反攻和收复大陆的问题,并不像表面上看来那样困难,问题的十分之一在于军事准备,十分之九是心理战。只要大陆人民感到厌烦和愤怒,他们揭竿而起之日,就是国民党部队返回大陆接受人民欢迎之时。应当以占领海南岛为起点,进而夺取广州和广东省,并向长江沿岸推进,可以把福建这样不重要的地方暂时留给共产党。他认为整个的战斗过程需要四五个年头。他的看法颇使人感到兴趣,因为公认俞是一个卓越的战略家,甚至早先德国总参谋部中和他友好的成员也对他有此看法。当他还在德国时,他就密切注意战略问题。

约一周以后,我宴请了威廉·波利先生。我觉得与他谈话很有意思,也很有启发。他很和蔼、坦率而且友善,其看法一般也是正确的。他告诉我,他最近去远东,并不是国务院的建议(虽然他是艾奇逊的特别助理),而是由中央情报局局长比德尔·史密斯将军提议的。比德尔·史密斯很赏识他在十来个国家中十五年的海外经验,以及他与这些国家许多领袖和其他重要人士之间的联系。正是因为这些,史密斯希望波利为他就亚洲局势进行个人的调查。但是,在出发时,他曾被通知不要去台湾。只是当他在印度准备返美前请求指示时,艾奇逊国务卿才让他经过缅甸、印尼和台湾立即返回华盛顿。

他说,1949 年他曾就远东局势向杜鲁门总统呈递了一份备忘录,指出:为了美国安全和世界自由的利益,美国对蒋委员长的政策应予改变,要最大限度地支援他,以帮助他在大陆保持一个立足之点。在备忘录中,他还预言,如果中国大陆沦于共党之手,则八到十二个月之内,缅甸、印度支那或朝鲜就会遭到共党的进攻,美国青年男子就不得不被派往那些地方去作战牺牲。总统对他说,他不懂得他说的是什么意思,直到朝鲜战争爆发,才接受了他的建议。他补充说,杜鲁门总统那时对国务院中为美国政府制定政策的那些人是很猜疑的。

我问他:"你是怎样回到国务院的?"波利说,这完全不是国务卿主动提出的。他是杜鲁门竞选的赞助者,是终身民主党人,是国会和政府中许多杰出民主党人的朋友。年初他在迈阿密,有一天,三位报界人士和两名国会中的朋友给他打电话说,为了美国的缘故,他必须回到政府中去,帮助拨正美国对亚洲和对远东的政策。

他来到华盛顿,对他的朋友们说,他与古巴糖业刚签了合同,在五年中每年可以使他获利约七百到八百万美元。他认为放弃这份收入而参加政府,对他来说牺牲太大了。他们回答说,如果美国陷入困境,何来他个人的利益?他说,这个论点确定了他的去向,于是就同意了,但他们没有说怎样帮助他回到政府里去。所以他就进见马歇尔将军,对他谈了这些情况,马歇尔立即邀请他加入国防机构,但他表示想在国务院中供职。马歇尔向总统谈了此事。其后由民主党全国委员会主席(这是一个有权力的职位)博伊尔先生给总统写了一封信,然后波利拜访了杜鲁门本人。博伊尔亲自带他进行这次拜会。杜鲁门同意了他的打算,于是波利又访问了艾奇逊,看看他作何反应。波利问他,他们在布雷登事件上的分歧(在该事件中波利持反对艾奇逊的立场)是否使他不宜参加国务院工作担任艾奇逊的特别助理(特别助理一职是总统和波利之间达成的协议)。艾奇逊说不会。这样总统就给艾奇逊写了一封信授予波利此职,并指示由波利协助艾奇逊推进美国外交政策上的合作和改组国务院人事(时在 1951 年 1 月末)。但是,波利说,他在国务院的七个月中,艾奇逊既未找他去征求过一次意见,也未邀请他参加过任何对外政策的讨论,即使是关系到远东的政策也未邀他讨论过。他曾四次会见艾奇逊谈话或者说是提出他的看法,但每次都是不得不由他提出要求去会见国务卿。

同一天下午,我拜会了负责远东事务的助理国务卿腊斯克,主要向他谈了有关羁留在印支的中国部队的情况,同时也讨论了在使用美援中如何加强中美合作的问题(此事在我们上一次的谈话中就曾扼要地谈过）。我告诉他,我已向我国政府报告了这个问题,外交部让我请腊斯克放心,我国政府最真诚地表示,在有效使用美援这件事上,愿与美国当局通力合作。我说,在电报中叶外长似乎觉得腊斯克可能在脑子里想着两件事。一是改善中国政府的军政预算,使之实现削减并达到平衡。我告诉腊斯克,据我所知几周前美国就提出了这个想法,而且我国政府也已原则上采纳。事实上,这个建议正在研究之中,行政院已成立了一个委员会来起草使这一想法付诸实施的各种具体办法。虽然该委员会尚未完成任务和提出报告,但是我可以担保,一俟报告完成,定会与美国在台湾的代表进行讨论。叶外长认为腊斯克脑子里的另一件事,就是许多部队不足额,要招募一万五千人来充实中国军队中的缺额。我知道这一步骤已经造成了蔡斯某种程度的担心甚至误会,但是,当中国政府自愿将数字削减一半,即压缩至七千五百人时,这个问题就不复存在了。

　　腊斯克承认在对我谈到中国政府给予全力合作的必要性时,他脑海里是存在这两个问题。他说,美政府向国会提出给台湾军、经援总额比起其他各国来说要算是庞大的。如果考虑到台湾人口少、面积小,就等于给这个小岛“镀上一层金”。国会自然坚持要得到令人满意的保证,使这笔钱花得妥当,运用有效。国会强调的问题之一是,中国政府的财源必须与美国给予的任何援助合并使用。

　　我向腊斯克保证:中国一方一定会全力合作,以达到所要求的效果。后来我们又简要地谈到了行将召开的旧金山对日和约会议。

　　国会之所以对美援使用是否妥当一事变得更加关注,无疑是受毛邦初及其支持者的宣传活动的影响,同时也受莫尔斯和麦克马洪两位参议员要求调查所谓“中国院外活动集团”的影响。所谓宣传活动,譬如说,就包括德鲁·皮尔逊在《华盛顿邮报》上责难美国对华军援款项被贪污和滥用的几篇文章。而“中国院外活动集团”则被指责使用美援款项来影响国会。

8月6日,使馆一等秘书顾毓瑞告诉我,他从参议员布鲁斯特处得知,由于前白宫助理克拉克·克利福德和前海军部长约瑟夫·沙利文曾以法律顾问的名义,分别从国民政府得到七万五千和五万美元的酬劳,所以布鲁斯特认为美国政府不会催促国会对"中国院外活动集团"进行调查①。

参议员布鲁斯特是一个有责任感的人。现在回想起来,我认为他对白宫有意不去调查所谓"中国院外活动集团"的估计是正确的。不能说克利福德和沙利文两位先生接受法律咨询的报酬有什么不对之处,因为他们是开业律师,与其在政府中的职务无关。但是,那时在害怕共党和对世界局势捉摸不定的背景下,对华政策上的斗争和由于两党政策分歧所造成的互相猜疑和指责,使得每个问题都更加复杂化。

但是调查"中国院外活动集团"的要求并不像参议员布鲁斯特想象的那样一下子就被放弃。艾尔弗雷德·弗兰德利一系列五篇文章中的第一篇,9月9日在《华盛顿邮报》头版登了出来。该文略称,政府召回毛邦初将军和向惟萱上校是由于向上校竭力反对贪污,特别是由于关系到中国国际商业公司(据说它另有几个分公司与共产党中国做生意)。这样参议员莫尔斯又重新要求立即对企图影响美国政策的几个外国院外活动集团进行调查。1951年9月14日出版的《国会季刊》第9卷1379页载:

> 参议员莫尔斯说,艾尔弗雷德·弗兰德利在《华盛顿邮报》上的几篇文章含有对"中国国民党政权在进行商务活动

---

① 原注:《国会季刊》在1951年6月29日周末出版的《每周报道》上,全期只刊登了一篇文章,这就是:《中国院外活动集团:一个事例的研究报告》。该文说,联合辛迪加公司是一家经过注册、为纽约中国银行代理宣传的公司,曾请约瑟夫·沙利文法律事务所在某些问题上为中国银行提供法律咨询。文章特别提到了中国银行在美国各银行里的财产的问题,(关于这个问题,控制上海总行的共产党政权曾经有过声明。)也提到1951年该公司出版的小册子里把克拉克·克利福德列为联合辛迪加的法律顾问这件事。

方面的贪污和骗局"的一些"严重"指责。

9月14日，我看了根据前一天国会记录改写的例行报告。该报告说：

> 参议员莫尔斯要求将艾尔弗雷德·弗兰德利和德鲁·皮尔逊9月12日和13日在《华盛顿邮报》上发表的几篇有关中国供应情况的文章加以印发。参议员在介绍了有关材料之后说：
>
>> ……就像上周我散发的通告中所说的那样，我还要继续谋求引起外交委员会成员们足够的关注，使他们对我所提出的对在美国各外国院外活动集团进行调查的决议案采取行动，我今天得到消息(我相信这是很可靠的)：政府的行政部门已经要求行政部门所属各单位准备一下他们文卷里有关所谓中国院外活动集团在美活动的材料。(11480—11482页)

特别是9月13日的文章，对政治方面的争论起到了火上浇油的作用。除了指出在采购方面有不正当之处以外，该文并强调，在国民党军队和空军的首脑周至柔将军、台湾防卫司令孙立人将军与文章称之为控制秘密警察和政工系统的蒋经国将军之间存在着权力之争。文章说，这场斗争所围绕的中心是：周至柔企图将孙立人排除于美国军援之外，想把全部美援用于空军和海军以及委员长小儿子蒋纬国领导下的装甲兵部队。

前文对毛案的论述中曾提及潘朝英在9月14日曾对我说过，他最近会见了众议院拨款委员会委员、华盛顿的沃尔特·霍兰众议员。霍兰告诉他，众议院拨款委员会和参议院拨款委员会达成了一项谅解，要在中国政府采取步骤清理毛案之后，再着手分配已经获准向国民党中国提供的军、经援的拨款，虽说这两个委员会并不一定是反对援华本身。

9月15日召开了一个研究毛案的会议，蒋廷黻也参加了。会间，他报告说，中国出席联合国代表团的顾问刘驭万告诉他，甘介侯曾对他说,参议员麦克马洪和他的集团(包括国务院的艾德里安·费希尔和汤姆·韦尔)要求甘介侯参加共同署名发表一系列文章,攻击蒋委员长使用腐败亲信和 1939—1940 年企图通过陈公博和缪斌与日本缔结和约,揭露魏德迈和鲁斯与"中国院外活动集团"的联系,以及杜威州长的秘书被国民政府收买的内幕。

当然,康涅狄格州的民主党人、参议员麦克马洪和参议员莫尔斯一起,都是请求对各"外国院外活动集团"进行一次调查的参院决议案的发起人。费希尔是国务院的法律顾问,早先在中国当过开业律师。汤姆·韦尔是国务院南亚司的副司长,30 年代后期曾在美驻华使馆工作。甘介侯那时仍是李宗仁在华盛顿的得力助手。

蒋廷黻说,甘介侯拒绝了,但由于未得到居留的许可,故一再遭到被逐的压力,甚为苦恼,虽然费希尔曾经负责安排甘的孩子们获准来美并继续让他在此旅居。甘介侯告诉刘,他不可能同意这件事,但是他想得到一项保证,就是必要时台湾允许他回国,同时在未得他同意就使用他的名字而必须诉诸法院时,国民政府会向他提供打官司的费用。蒋说,这是十天以前的事。这天上午,甘又催刘回答,但蒋廷黻说,他还没有作出回复让刘转达。

我自己认为,参议员米勒德·泰丁斯是这些活动的真正策划者。他也是甘介侯最为了解的人。过去他曾帮助过甘,是甘和美国政府来往的中间人。但是此时甘介侯企图使李宗仁当中国总统的梦想已经完全破灭,委员长和国民政府正呈现出能够存在下去的各种迹象,所以甘不愿意再与参议员泰丁斯周围的小集团继续合作。他可能已感到他终归有一天将不得不离开美国,如果他要去中国的话,只有一个地方能够去,那就是台湾。显然他不希望断绝后路。

几天之后,李幹博士访问旧金山回来向我报告了有关"自由亚洲委员会"的情况。月初,他被邀去美国西海岸,帮助该委员会制订一项方案。他曾与我商量是否接受这次邀请。我鼓励他去。

回来后,他告诉我,该委员会系由岭南大学教务长香雅各为首的一些知名人士所组成,是由乔治·格林发起的。他们征求他对"自由中国电台"广播节目的意见。他说,他觉得该委员会强烈反共,但也并不太亲国民党。实际上,该委员会给他的印象是:怀着一种诱发铁托主义的希望,鼓励第三势力在中国大陆出现,而不倾向于把帮助或推进国民党的事业作为破坏共产党在大陆统治的合乎逻辑的方案。他补充说,国务院和经济合作署虽然与他们没有正式联系,但他肯定认为,他们的背后有国务院和经合署做靠山。

他还说,香雅各显然反对委员长和国民政府,他(李)不得不圆滑而明显地表达了这样一种想法:在共产党中国致力于铁托主义是不可能实现的,而最可能和最现实的方针是指望国民党在台湾的统治成为自由中国和反对共产党独裁的最坚强的象征,从而给大陆的民众一种希望:台湾有组织的军队终究有一天会成为一支把他们从压迫中解放出来的有效力量。

至于向大陆广播的材料和题目,李榦认为,应当符合我们民众的需要,并在他们能够理解和欣赏的范围之内撰写,而用于其他地方(如欧洲)的美国文章的译文不会对我们民众有什么用处,他把这个想法也对该委员会谈了。

李榦对我讲的话并不使我惊讶。国务院和经合署充当该委员会后盾一事,表明在国务院里仍然存在着企图鼓励或促进第三势力的出现以及在美国舆论中制造赞成国务院这种政策的态度。前文提到过国务院过去的政策使蒋委员长领导下的国民党政权丧失威信,加速了它的垮台,造成整个大陆陷落,建立了共产党政权。而恰恰正是这个共产党政权公开宣布它反对美国和美帝国主义,并在朝鲜战争中参加北朝鲜和苏联一边加剧了朝鲜的局势。之后,国务院就采取了现在这样的政策。

9月20日,崔存璘参事报告说,他在国务院的朋友们对毛案甚为不安。如果不能很快得到澄清,他担心会因此而动摇政府的地位。他说,他们对委员长及其两个儿子牢牢控制政府的做法已深为不满,特别对蒋经国在军队中的政工人员及其秘密警察感到不满。他们决心强制取消这种做法。崔在国务院里的朋友们所提供的消息说,甚至委员长也控制不了他的两个儿子。据说蒋夫人因为各种政治上的原因正在讨好陈诚夫人。我告诉崔,两周前我就得到了类似的消息,并已及时报告台北,提请注意。

前者,在9月5日,我曾接待过中国驻巴拿马的公使郑震宇。他终于得到委员长的批准,让他返回台湾汇报国外情况。他想听听我的意见。一周前,他请我考虑一下,在我国目前局势下,他应该对委员长说些什么,或提些什么建议。

在此之前,他一直未被批准回台。据我所知,这是由于他与陈氏兄弟关系密切之故。在政府迁台之后,出现了反对国民党过去的管理方式的潮流,特别是反对陈氏兄弟。据说,委员长曾要求陈立夫本人离台。我想这是郑的返台申请被长期搁置的原因。因为他是陈氏兄弟的亲信之一。但据他最近所说,通过国防部长郭寄峤的斡旋,向委员长说项,已被召回述职。

他还说他曾对美驻巴拿马新大使威利先生谈到他在长沙一度在周恩来手下供职一事。(周在抗日期间是军事委员会政治部副部长,驻在长沙。)这件事引起了威利大使的兴趣,并给他写了一封给国务院的介绍信,建议其来此一谈。

至于他返台汇报的内容,我建议:(1)1953年以前不可能发生第三次世界大战;(2)不管我们是否与日本签订双边和约,我们都应发展与日本的友好关系;(3)国务院对委员长的态度基本未变,但朝鲜战争以及国会和美国的政治形势已迫使国务院在对台湾乃至整个亚洲的关系上,采取更为现实的态度。

国务院对台乃至对整个亚洲关系中现实主义的增长,也许是决定当时对华政策实际准则的更为重要的一个方面。美国国内集中在中国问题上的政治争论,和美国某些政府人士对蒋委员长和国民党根深蒂固的成见,看来有使台湾急需的援助被削减或取消的危险。但与此同时,国际局势的发展又好像有使美援继续下去,甚至将来还会有所增加的把握。

在这方面,我想再提一下毛邦初 9 月 19 日的来访。他妄想要我与他共谋组织一个反对蒋委员长和政府的政党。我对他说,虽然某些美国人不喜欢蒋委员长,而且也对我国政府怀有偏见,但是美国政府和美国人民现在已经采取了现实的态度。他们也知道,委员长领导下的国民政府拥有常备不懈的武装力量,怀有与共产主义战斗的深刻信念和决心,在反对共产帝国主义的共同斗争中仍是一个可以利用的因素。在亚洲,它是一个反共和自由中国的象征。我指出,美国政府已经进一步开始采取一种现实的强权政治方针,目的在于利用意识相同的那些人的合作,而暂时,至少在目前,把对他们的政治制度或政府模式的不满放在一旁。我说,美国政府正在转向这样一种观点:不管任何人,只要他愿意反对共同的敌人,就是美国的朋友。所以给台湾的援助将会更多,而不是更少,以便帮助台湾增强其军事实力,首先用于保卫该岛,其次在必要时在大陆与中共进行战斗。出于同样的原因,美国正在向一个共产党国家南斯拉夫和被认为是反动独裁的西班牙提供援助。

我继续谈到:虽然迄今未获成效,但国务院中有少数几个人可能仍在力图设法在中国扶植第三势力和铁托主义。领袖是不可能一夜之间造就的。委员长尽管有许多失误,但他仍是一位反对共产党立场的有经验的领袖。国民政府是亚洲反对共党统治最有效和最有决心的政权。所以我告诉毛,他那个组织第三势力的想法是与美国当时正在推行的政策相违背的,不能指望得到美国的实际帮助。

9 月 26 日,我派谭绍华就以下三个问题拜会国务院的珀金斯:(1)了解一下在与法国塔西尼将军会谈时有无讨论到中国在印支部队的问题;(2)按国防部给我的电报解释一下所谓台湾军队中的政工人员的真正目的,以及蒋经国的地位问题;(3)探听一下对叶外长要求蓝钦请美政府采取步骤防止毛邦初和向惟萱从美逃跑或出走一事,国务院有什么反映。

27日,参众两院会议最后同意修改过的折衷援外法案。我早先已电告外交部,参议院在8月31日,以六十一票对五票通过了授外法案。将杜鲁门总统要求的八十亿美元削减为七十二亿八千六百二十五万美元。我说,这比众议院批准削减的数字还多二亿一千二百五十万美元;亚太地区的总数已经减到七亿八千三百七十五万美元,其中五亿二千九百二十五万美元为军援,二亿五千四百五十万美元为经援。但最后的决定尚有待参众两院会议协商,一致确定一个肯定的数额。我又报告外交部,根据《巴尔的摩太阳报》8月31日的报道,援外法案中,还包括在共产党权势下的各地区进行秘密活动的经费一亿五千万美元,其中五千万美元用于在中国地区的秘密活动。

参众两院会议同意的修改后的折衷法案,核准总数为七十四亿八千三百四十万美元,比参院批准数多一亿九千七百一十五万美元,但比众院通过的总数少一千五百三十五万美元;给亚太地区的军援金额为五亿三千五百二十五万美元,对外经援为二亿三千七百五十万美元。

两院联席会议还一致同意撤销经济合作署,把它的任务交给新成立的共同安全署。该署与总统、国务院和国防部一起,协同主管军事和经济援助事宜。联席会议通过的法案,在10月10日由总统签署后成为第165号公法,称为《1951年共同安全法》,其有效期至1952年6月30日。该署署长将由艾夫里尔·哈里曼担任,经济合作署署长威廉·福斯特已内定在国防部担任一项新职。

9月12日,白宫宣布马歇尔将辞去国防部长的职务,由副部长罗伯特·洛维特接替。几天之后,参议院确认了对洛维特的提名。据了解,威廉·福斯特接替洛维特任国防部副部长,同时经济合作署副署长小理查德·比斯尔成了代理署长。

9 月 29 日是星期六,胡适和蒋廷黻在中华教育文化基金会借大使馆召开的一次会议之后到我的办公室来访。蒋是该会主席,胡是董事。他们向我介绍了一起来的其他董事会成员,有两位成员未来。美国成员霍普金斯因其 92 岁的父亲在加利福尼亚州突然中风必须立即飞回,在最后一刻未能前来;司徒雷登则因其仍很虚弱,未能出席会议。

为表示对董事会成员的敬意,我邀大家一起去双橡园设午宴招待。我为董事会祝酒,蒋廷黻立即提议为我干杯作为回敬。他们告诉李榦和我说,我们已被推举填补董事会的两名空缺。后来谈到太平洋学会活动的问题,我们大家的印象是该组织对国民党中国并不友好。此外,该学会由于被指摘受共产党的影响而受到以参议员帕特·麦卡伦为主席的参议院司法委员会下属国内安全小组委员会的调查,与此同时,太平洋学会前理事、美国无任所大使菲利普·杰塞普(此时,参议院外交委员会正为杰塞普提名为美驻联合国代表举行听证会)也因参议员约瑟夫·麦卡锡在参议院外交委员会中指摘他与共党有往来而受到抨击。因此重新估量我们与该会的关系是非常有必要的。中华教育文化基金董事会成员之一的麦凯说,他已经调查了这件事,并且发现向学会提供捐助的各大公司对它并无真正的兴趣,而听任别人利用它去实现自己的目的。他建议,或者是撤销基金会对它的全部财务赞助,或者更积极地参加它的指导工作。

10 月初我去看了玛莎·朗特里小姐从"五月花饭店舞厅"广播的节目。这是一套新的电视——广播系列节目(名为"了解情况")中的第一个节目,该套节目是由《星期六晚邮报》发起的,参加者是参议员诺兰、劳伦斯·斯皮瓦克、詹森和亨培克,以"在中国毛病出在那里"为题作为本周的一周大事。由参议员诺兰作答,由其他三位提问。站立在厅内和走廊里约有四十位听众,其中有几位也提了一些问题。参议员诺兰的表现值得称赞,给人的印象极佳。提出的主要一点是:国务院对国民党中国抱有偏见,推行了一项不正确和不明智的对华政策，使中国大陆陷于共产党之手，造成了像韩战这样十分明显而痛苦的后果。

10月10日星期三，李榦博士因为去台湾来向我辞行。我给他一封有关毛案的信，请他面交叶外长，并就有关敌视国民政府的人，特别是国务院和国会中的敌对分子，企图诋毁国民政府和鼓吹铁托主义的情况带去口信。这些企图从甘介侯的信息中，从关于国务院对毛案态度的报道中，或从美国自由亚洲委员会的意图和自由中国电台节目中都曾流露出来。尽管我觉得这些不是确定美国对华政策的决定性因素，但我仍认为政府应该了解这些情况。

那天庆祝双十节，尽管大使馆和其他中国机构成员许多未偕夫人和家属出席，同时华盛顿唐人街代表们因双十节恰逢工作日，不得不到自己店铺里或其他工作岗位上去，因而庆祝会参加人员不太多，但仍比去年热闹。出席的人中有俞大维夫妇、查良鉴及其代表团，以及头一天晚上刚从台北到达的刘烱光和石兆鹭。

我请俞大维讲话，但他推说过去他从未发表过演说，而坚决拒绝；同时他相信邀请查良鉴讲话也不恰当，因为他是专为毛邦初一案而来的。所以我就讲了二十分钟，报告了我国国际地位的改善，政府在改革方面的努力，华侨、中国留学生和联合国里中国成员在感情上转向国民政府的变化，以及美国人民和政府方面对共产党的危险和对我国与共同危险进行战斗的政策和努力有了更加现实主义的了解。

我重申忠实于我们事业的重要性，和深信总有一天要返回大陆。每个人都要问一问自己这样一个问题：为了帮助自由中国的事业我们是否已经做了力所能及的每一件事和是否做了任何危害这种事业的事情？我这样说，完全是由艾奇逊的话所引起的。他曾武断地说，美国已经为中国做了一切，在拯救国民党中国方面美国再已无能为力，国民党中国的垮台完全是因为国民党军队和政府已经因其自身的腐化、无能和失去民心而崩溃。(作为国务卿,这种言词太重了。)不过艾奇逊的这番话前一天晚上已经遭到了参议员诺兰的否定。

第二天,我与俞大维作了一次长谈。他告诉我两件他认为应让我知道的事情。两天前,他与经济合作署远东处处长艾伦·格里芬谈话时,艾伦·格里芬说他即将去台北,并提出了一项有关经援方面的建议。对欧洲的经济援助将于 1952 年结束,所以格里芬说,台湾期望继续得到这种援助是与美国当时所奉行的政策不相符合的。他认为国民政府应制定一项长远计划,提出几年之内的需要。他敦促这项工作应该在近期完成,以便供美国考虑。

但是格里芬没有说明这仅是他自己的想法,还是来自于上面的意思。俞大维怀疑这一点并非出自经合署的决策的首脑。对格里芬说,除非有把握这项计划能被接受,否则国民政府对向美国官员提出要求援助的计划而最终却遭到拒绝,会感到非常难堪。俞对他说,国民政府终究还是一个主权政府,自然对它的尊严十分敏感。

俞大维问我对格里芬建议的来源有什么看法。我同意俞的想法,这只是格里芬出于对台湾的同情而提出的个人考虑。这种主动精神是与美国公务员的传统相一致的,在美国,公务员们的传统是主动考虑,提前作好准备,在当局要求拿出某种计划时,能迅速提供。

俞大维说的第二件事,是他与奥姆斯特德谈话的内容。前文说过,俞与奥姆斯特德私人之间是很熟悉的。他猜想,而奥姆斯特德则证实了:新近通过的对亚洲的援助和对欧洲的援助一样,不规定给哪些国家,而是只规定给哪些地区。根据形势需要的迫切程度,对东南亚的援款还可能大部分转向印尼。

在回想到众议员霍兰关于要到毛案澄清之后拨款委员会才会拨出款项的警告之后,我也向俞询问了他对此事的想法。但他认为拨款委员会不致因毛案给我们制造任何困难。相反,他们会把是否动用援外拨款援华和动用多少金额的问题让政府去决定。这也是我的理解。

至于军事物资的运输问题，俞说，总的说来发运太慢。最近他对马歇尔也谈到这点。马歇尔当场用电话查问情况，因主管官员不在其办公室而生气。后来有人拿着文件来了，因为害怕有点哆嗦。马歇尔开始向俞读文件，据此透露，在确定的九千万美元总额中运出的总数迄今只有一千二百万美元。就在这时，拿文件的官员在马歇尔的耳边耳语了一番，马歇尔脱口说了一句："为什么这不能告诉俞将军？"但他也不再继续读下去了。俞说，使美国采取一项援助我们的政策是一回事，使其把该项政策付诸实施则完全是另一回事。

俞大维前已告诉过我经合署的格里芬即将赴台。前此，在10月2日，我在与皮宗敢谈话时，向他证实了大使馆已对皮讲过的消息：美陆军参谋长约翰·劳顿·柯林斯将军也将访问台湾。皮宗敢说，他刚刚拜会了美陆军部第二署署长，发觉他的谈话很不爽朗，对柯林斯出访的日程和印支、台湾，菲律宾之行的计划，显然不愿提供太多的情况。

我对皮说，不要挤五角大楼提供太多的情况，他们不愿讲，可能出于保密的原因。不如只对他们说，如果此间中国大使馆有什么可做的事能为柯林斯将军的访问提供便利的话，我很高兴去做。我说，他访台的日程表很可能要在当地与蔡斯将军的军事代表团一起安排。

10月12日我会见了另外两位即将去台北的人士，他们是由霍宝树带来使馆的。特雷尔是一位对外贸易的专家，雷金纳德·丘特尔是一位进口税则专家。根据我国政府的要求，他们由经合署派遣在其专业范围内帮助我们。

曾于8、9月份访问过台湾的杜威州长，10月11日下午从奥尔巴尼来电话说，他正在写一本书，记述他最近的远东之行，并写出他的印象和看法。当然也想把访问台湾以及蒋委员长的接见和蒋夫人的谈话写进去。他说,他不可能在这本书里把他了解到的和别人告诉他的消息全都写进去,因为他不想刺激或激怒美国政府,也不想导致美政府改变其正在逐渐改善的对待国民政府的政策,特别是因为他想在其书中敦促向台湾提供更多的全面援助。他说,实际上他已经把这一想法对杜鲁门总统谈了。为了使这本书更为引人入胜和富有意义,他想引述委员长对他讲的某些内容。不过,他不想不经中国大使馆的人审阅就如此做。他问我是否可以派人去奥尔巴尼审阅该书的这部分内容。

他朗读了叙述访台印象和受蒋委员长夫妇接见的部分章节,说到蒋委员长因美国未邀请中国出席旧金山会议,把中国排除在对日和约之外而生气,并说蒋夫人也探身过来以其严肃而诚恳的态度表示了同样的情绪。杜威写道:蒋委员长觉得美国在这个问题上的态度是对他的侮辱。

在我看来,所有这些等于是一篇间接的声明。我问杜威,是不是这样。他说是的,但也有些是引用蒋委员长的谈话。我说,我愿意派人去奥尔巴尼,但如能通过可靠的途径把手稿有关台湾的部分送来的话,我也愿意自己来审阅。他认为这是个好主意,并安排在 10 月 16 日进行。我在日记中写道:

> 州长用电话把关于这本书的事告诉我。这的确是一个周到而得体的做法。我向他道谢。当天下午我给蒋委员长发电报汇报此事。

10 月 16 日星期二,《柯里尔》双周刊的贝里厄先生代表杜威州长带来了有关最近访台和在台北与蒋委员长夫妇谈话以及与其他国民政府领袖谈话的篇章的稿件。我请陈之迈参事与我一起接待。我们两人都翻阅了贝里厄先生给我们看的两份抄本,其中有直接引述蒋委员长对排除中国于旧金山对日和会之外而表示失望的某些评论,其余则是他对台湾情况的印象,和中国人在与大陆共产党统治进行斗争的问题上的观点,以及迎合亚洲人心理进行切合实际的宣传的必要性等等的叙述。总的说来,这是一篇公正而友好的描写,同时还提出了一些论点,赞成美国给国民党中国以大量的援助。

陈之迈建议修改有关蒋经国属下的秘密警察和军队中的政工人员这部分内容。他解释说,这些人是为了提高军队的士气,而不是控制军事指挥官。我建议不要作任何改动,因为杜威自己也这样说:军队中的政工系统是不得人心的,但目前为了防止共产党向军队渗透,这也被人们认作是必需的,因为台湾的民众已感受到横渡一百英里海面而来侵的危险。

我对贝里厄说,州长在这样短促的访问中,能够搜集到这么多关于中国政府和台湾民众想法的情况,以及以这样全面和切合实际的方式把一切展示在美国公众面前,实在是一件了不起的事。我说,他对亚洲局势的看法是非常正确的,他建议的有现实意义和富有建设性的政策,表明他完全抓住了在世界性问题背景下的远东局势的许多重大问题,我看没有什么要修改的。贝里厄说,他对我的评论表示感谢,并将向杜威州长汇报。

星期五,叶外长就安理会对伊朗问题的英国决议案进行投票表决一事,从台北打来电话。我利用这个机会,问他行政院改组和陈诚将军辞职的报道是否确有其事。他说“并非虚妄”。说时带着轻轻的笑声,还说,这是一步政治棋。他对我讲了被认为可以做陈诚继任人选的全部名单。其中也包括我在内。我立即对他说,我不可能接受,而且不管怎样我尚未收到台北方面的消息。我请他帮助把我的名字排除在外。他说,他盼望他自己的“解脱之日”早日到来,然后作为一个普通公民来华盛顿,向我说说台北政治调整的全部背景。于是我对他说,他近三年来肩负重任,仍要为国家继续从事他这项十分需要的工作。

在某种程度上讲,叶公超说他要以普通公民身份来华盛顿,未免过于谦虚。因为他常向我说,他对继续任职外交部长已感厌倦,而我自己也一直希望退休。所以我总是对他讲,他最适当的地方是华盛顿,但他的困难是物色一个人继任他在台北的外交部长职务。

事实上,在那年 11 月底我会见董显光时,就谈到有来年辞职的打算,不是出于任何政治理由,而只是为个人考虑。我说,第一,我对多年来无假日无休息地连续工作至感疲倦,相信由较年轻的人来任此职会更好些。第二,我需要考虑老年的生计,我想,如果我能在翌年退职,我还可以写作为生,并稍作积蓄以度余年。否则,当我不再能像现在这样工作时,我的老年将无足够的收入来维持生活,因为我在大陆的私产已被共党没收;父母留给我的有限的资产由于法币贬值而全部化为乌有;上海的一些房子已毁于日本侵略和轰炸;我在江湾的土地因被日本人划入江湾军用机场,战后国防部接收时未给任何补偿。此外,出于爱国,我放弃购买外国债券而购买中国政府的英镑整理公债,现在已不值一文。但是,我对他讲,我说的全部这些内容,并不是希望得到政府或委员长的周济。我说,所有这些年来,我从未为我自己主动提出过要钱。我知道政府在外汇方面有困难,我现在更无意于此。我告诉他,我提到此事,只是由于我想使他知道我想退休的理由。

还有一些事我没有对董显光提及,这就是有关抗日期间在中国的一笔财产损失。我早先听一位去过甘肃玉门的俄国人说起,那里有一条淌着黑水的河,当地居民用河水点灯。所以,1930 年当我身为平民的时候,我就兴办一项企业着手勘测和开发可能成为中国最丰富的石油资源。这是由一个中国投资集团(包括钱永铭的交通银行、周作民的金城银行以及我自己)和美孚石油公司所组成的有发展前途的企业,它得到了南京实业部的核准并且也得到行政院、蒋委员长和中央党部的最终批准。

首先,进行了广泛勘测。中国集团提供了全部的当地费用,美孚石油公司提供了外国专家和技术设备,结论报告足有四英尺厚。地质调查所所长翁文灏博士给我来信索取一份副本,他说,因为该报告有很重要的科学意义和学术价值。我颇为乐意地送给他一份,因为我不是一位计较商业秘密的商人,而且我也很敬佩他所做的工作。但结果却使他成了集团之外唯一获得勘测报告的人。(勘测报告证明玉门地区的石油资源确有开发价值,并提供了全部精确的资料。)

将近 1931 年底时,我们这个投资集团准备开始打试验井。我们给甘肃省建设厅写信,请其允许着手进行,因为该地区直接归它管辖,而且我们也需要某些帮助。其时正值日本于 1931 年 9 月 18 日入侵满洲,随即向北京推进并威胁我国西部和南部各地区。甘肃建设厅答复说,他们不能保证我们的安全,也不能提供保护。中国地方官僚就是这样,答复也很清楚,所以我们就给甘肃省政府主席(我的一个旧友)发了电报要求帮助。他很友好但含糊其词。因此,我们只有暂缓,别无选择。

当我们等待之时,战事迅速发展。在此情况下,美孚石油公司建议一直等到剧烈动荡的时期完全结束。所以我们这个集团向实业部呈报了情况。实业部同意延期。就在此时我被任命为李顿调查团的中方代表,随团去了东北。后来我又出国在国联为调查报告进行辩护。玉门油矿的事业暂时搁置。我继而作为大使去法国任职。

1943 年在巴黎时,我收到一封来自经济部的电报(该部接替了实业部),那时部长是翁文灏,兼任资源委员会主任委员(他从 1935 年起就任此职)。电报通知我和中国投资集团说,勘探玉门油矿的执照业已期满,因为我们未能履行合同,政府的特许已经终止。政府将自己开发该地区,以应战事之需。

1930 年的合同中有关于政府给予补偿的规定,如果各方不能取得一致意见,可以通过仲裁解决。所以,在我回国时,我就将这件事向各方官员提出来了。但当时的财政部长最后的话是:我们的投资(中国集团每方约二十万元)与政府为开发玉门油田所需的费用比起来是微不足道的,甚至与日本拦劫一船油而使政府受到的三百万美元损失相比,也是微乎其微。

正如我所说,我并未对董显光提过此事。我只是告诉他,我之所以对他讲那些我所讲过的话,是因为想让他了解一下,为什么我要退休。他说,他还是要原原本本报告给蒋委员长,不过他可以真诚地告诉我,蒋委员长、王世杰和叶公超对我非常信任,也很赞赏我的工作。他说,他们至少在两年内不会让我离开。我说,因为过去我们的政府境况相当暗淡,我不想让外国朋友们认为我急于要离开这条下沉的船,所以最近两年内我一直留任而没有提过任何有关辞职的话。但目前形势已有所改善,美国不再破坏我们政府的声誉,也不再无视蒋委员长了。董显光说,但是他相信,如果我辞职,那么在美国就再也不会有另一位中国大使了,因为美国在整个国际局势明朗之前,可能不会同意另外的大使提名。

事实是,到华盛顿来接替我的人正是董显光。蒋委员长特别希望派他到华盛顿来。因为第一,董当初曾是蒋委员长的英语教师;第二,董除了当大使这一官方职务外,还能够而且也是特别受命与蒋委员长的美国朋友们保持接触,使他们更为理解蒋委员长的领导能力和他的品德。但董在华盛顿任职的时间并不长,与外交部共事中,他感到十分头疼,而且有许多摩擦,还有一两次或是对美国听众讲话时太坦率或是做事过于认真而未想到台湾当局和舆论会产生误解。当叶外长把这种情况向蒋委员长汇报时,引起蒋委员长不悦,所以董显光只当了一年多大使。当他离开大使馆时甚至激动和愤怒。他是从华盛顿直接飞往海牙的,名义上是出席道德重整会议。他一到达就给我打电话。那时我正在荷兰的国际法院任法官,他的突然到来使我十分惊讶。他告诉我,他不可能继续呆在华盛顿了,因为他知道有人太希望他的位置。于是他就由叶公超接替了。

但是,为了使蒋委员长能够让叶公超到华盛顿来,正如我说过的,叶必须推荐一位合适的人选来接任其外交部长的职务。他竭尽努力,终于成功地说服黄少谷担任该职。黄是一位聪明而能干的人,受到蒋委员长的信任。他曾任行政院秘书长四年,1958年时又已任行政院副院长四年。在 1958 年,他被任为特使参加阿根廷和墨西哥两国的总统就职典礼和教皇约翰二十三世的加冕典礼。他对外交部长一职犹豫不定,但因为他也是叶公超的挚友,不好坚持拒绝。

我想,叶公超在力劝黄担任特使出国时,他的脑子里已经有了我所提到的想法了。在他能够期望出使外国之前,他必须找到一位能使蒋委员长认可担任外交部长的人。我一直对他说,他的问题就在于能让蒋委员长同意任命接替他当外交部长的人不会接受此职,而那些渴望这个高位的人其声望又不足以博得蒋委员长的首肯。与北京政府时代的理解和做法不同,国民党政权下的外交部长实际上没有什么实权,而是由蒋委员长亲自或他所信任的秘书长紧紧执掌对外政策的实施。

那个星期五(10 月 19 日)我在长途电话中对叶外长说,参众两院联席会议同意了共同安全计划的折衷拨款案,拨款总数为七十三亿二千八百九十万零三千九百七十六美元,政府提出的对欧经援数额有所减少,但对亚太地区的经援和军援均维持不动。

来通报情况的俞大维告诉我说,美国的策略好像是把确切的金额对我们保密,打算根据我们接受其使用意见和我们执行改革的程度,陆续把援款分配给我们。他说,他们宁愿与台湾的我国政府直接联系,而对此间大使馆隐瞒这种消息。(对此我根本不感诧异。)一位美国人甚至对俞说,现在我们已经没有能力侈谈主权了。换句话说,他们企图迫使我们在政府活动的任何领域中都接受他们的建议。不过,主管官员告诉俞大维,不提供精确数字的理由是,国会只是批准用于军援的总数,并指定用于某一地区,而不是对着每一个国家的。这个办法就使美国没有义务向任何一个外国分配数目明确的,作为应该援助或承诺援助的款项。俞说,他之所以能够了解到这些,仅仅是出于偶然的机会。由于不允许其记录,他用心记住这些数字。他仍在与台北送来的数字进行核对,明天再告诉我确数。

与此同时,他想与我讨论一下如何通知国务院撤销驻在华盛顿的中国空军办事处的问题。以前,我们一直避免发出通知,因为这必然会引起对现有合同以及与制造厂商和供应商的困难,同时还因为我们怀有毛邦初仍能把文件账册和款项交出来的希望。但是这个想法落空了,我们的本案律师巴德森先生坚持认为,发出通知是必要的。(附带说一下,通知书是在新的联合采购团团长江杓将军到达华盛顿后于 11 月 14 日发出的。通知文本见附录十八。)

次日,俞大维来报告说,据他的了解,美援中不包括货币,只包括以运交武器弹药作为军援和以运交实物商品作为经援。这些援助用金额估算大致如下:在新表决的军、经援总数中,我们约可得二亿八千万美元,其中大部分为军援和经济影响援款。“经济影响援款”是用以应付军援本身带来对经济的影响的援助。此外,上个财政年度尚未使用部分为四千万美元,援款总数大约为三亿二千万美元。

俞说,他收到了五角大楼关于加速运送的保证。1951 年底前交运的军事装备可以供应二十个陆军师,其中包括第一批运送的迫击炮、步枪和机关枪,以及后续交运的 75 毫米、105 毫米大炮和炮弹。后两种武器足以装备二十个师,还能抽出一些供应军团和军的独立炮兵部队。俞口头上向我提供了一系列数字,但未写在纸上。他说,这些数字是保密的。他将不以电报发回任何报告,他要我也不要向台湾报告,因为台北的美国军事援助顾问团会随时通知台北我国有关方面。

至于经援,我告诉俞大维,美国人要我们在台北制订出削减军事和行政预算的计划。但是俞说,他对即将访问台湾的经合署的格里芬说,远东现在也和世界其他地方一样,存在着共产主义威胁。在此情况下,真正的问题在于我们是否应该削减我们在台湾的武装力量。我们是否肯定在将来不必运用这些武力与共产党侵略作战,譬如说,在印度支那作战？他说,不管怎样,我们不能放弃打回大陆的意图,这是一个全面的问题。单削减行政预算并无多大帮助,它仅占国民政府预算的15％,而85％则用于军队。台湾省政府在国家预算中占30％,但是如果不想把更多的痛苦强加予民众的话,这部分预算就难以削减,而民众对政府的支持则是必须维护的。俞说,除此之外,他现在还告诉经合署的人说,对武装力量的规模作任何削减都于事无补,因为目前的士兵还不满额。因此,他解释说,减掉几个师并不意味着减少人数,这是由于保存的那些师仍需使其补足缺额,而且他们需要更多的给养和更好的食物。但是我说,我知道在台湾的美国人仍在竭力迫使我们减少支出和增加税收,他们正在竭力设法减少整个预算中的赤字。

该日晚些时候,从芝加哥取道纽约去巴黎出席联合国大会会议的郑宝南来访。他告诉我,通过芝加哥的美国朋友们,他发现国务院的政策未变,仍反对蒋委员长本人。他曾被邀与设在旧金山的美国自由亚洲委员会进行商谈,李翰因同一目的也去过那里。他说,他了解到该委员会不是不同情台湾,也不是不对台湾友好,但仍然盼望在大陆出现一个中国的铁托。他说,它目前的计划意在支持中国和台湾的任何非共产党势力或因素。

后来,郑又提到他挚友之一的保罗·道格拉斯参议员。他说,道格拉斯虽然倾向于执行一项帮助非共产党中国的政策,但他本人却反对蒋委员长。参议员道格拉斯在一次关于中国问题的谈话开始时问过他:"你能否在蒋委员长以外找出另一个人来领导中国？"郑还说,道格拉斯强烈地反共,并且一般地也支持杜鲁门政府及其对外政策。

派往联合国的中国代表团的两位顾问也在同一个星期内来看我。他们希望了解一下,在他们以中国官方顾问的身份参加了联合国大会巴黎会议之后,如何才能取得重新进入美国的签证。他们即将去巴黎,但希望有把握能够重新进入美国。我设午宴招待了他们。大使馆的谭绍华和崔存璘都向他们解释说，国务院一直讲，如果他们想会后返回，就须申请重新入境的签证。根据国务院的说法，他们是出席联合国大会的中国代表团的顾问，这样的官方身份并不需要他们回到这里来。

在这方面，我可以再解释一句。自从大陆丢给共产党，就出现了国务院从严控制中国国民政府官员进入美国的情况。他们即使不是完全禁止，也力图限制由于大陆陷落所造成的中国官员寻求进入美国的人流。国务院的这种意向，似乎不仅存在于当初还很乐意看到台湾落入共党之手的时期，而且甚至在 1951 年底台湾"国民政府"已获得保证能取得广泛的经济和军事援助之时，还继续存在。这也不属于允许中国人来美的限额问题，特别是这种情况主要涉及到的是中国官员以这种或那种名义寻求入境的问题。许多人可能打算留在美国，他们虽说想离开大陆，而又不真正准备去台。但我认为这不是问题的核心，因为提出申请的人数虽比通常的多，但并非多到需要采取限制政策的程度。相反，我觉得国务院的行动反映出了它的官员们的态度——对国民政府缺乏同情，或多或少对国民政府的官员怀有偏见。正是由于这个原因，他们似乎对这些人争取入境制造了不必要的困难。至于派往联合国的中国代表团的成员，国务院如果想办的话，本可很容易地发给他们再度入境的签证。

当然也有一些其他非官员的情况。譬如，一位叫埃德蒙·李（音译）的在数月后来访，建议建立一个委员会，发动对当时滞留在香港的数千名来自共产党大陆的知识分子进行帮助，使他们能到美国来，并在此间中国学生们中间开展社会福利工作。我不得不告诉他，这是一个好主意，但大使馆在推动美国驻香港领事当局为他所说的目的给予签证一事不能起什么作用，因为美国的政策对这类的签证一直越来越严格。不过我建议他与郭秉文夫妇进行接触，商量一下如何促进此间中国学生中的福利事宜，因为他们与这一问题直接有关。李本人曾在安徽安庆担任基督教圣公会牧师二十五年,一直到 1925 年因为健康的原因才回到美国。

10 月 30 日,俞大维获得了有关军援计划的进一步消息。又有两批高射炮和其他大炮即将运往台湾。但是他又说,他觉得必须不时盯住五角大楼的人,才能让他们加快运输。

此后一个月的大部分时间以及 12 月份,主要用于处理毛案的工作——法律讼诉的开始、调查委员会的建立,以及李宗仁将军提出的有关总统身份的问题。还有与日本双边条约的问题、和吉田首相就日本与共产党中国未来关系所作的不祥的声明问题。至于军事和经济援助,在拨款法案获得通过后,就已变成采购委员会、技术代表团、大使馆人员等每天都要与俞大维合作处理的事务了。俞将军在这些问题上对我进行协助,并不时报告有关消息。

我想说一说在这期间一些有助于澄清那时美国气氛和台湾情况的谈话。例如,《时代先驱报》编辑弗兰克·沃尔德罗普先生和在参议院非美活动委员会为拉铁摩尔辩护的律师瑟曼·阿诺德之间曾有一次对话。这次谈话发生在 11 月 20 日沃尔德罗普举行的一次宴会上。这次宴会我也参加了。阿诺德批评沃尔德罗普不支持拉铁摩尔。根据阿诺德的看法,拉铁摩尔不是共产党,甚至也不是一个同路人,他为拉铁摩尔服务,没有收过一分钱。他说,他之所以为他辩护是因为出于正义。他还批评《时代先驱报》不支持泰丁斯,泰丁斯在 11 月的参议员选举中输给了巴特勒先生。阿诺德曾指控巴特勒在竞选中有不正当活动。

沃尔德罗普很好地为自己作了辩护。他说,前几年他特地支持泰丁斯入选参议院,但是泰丁斯一进入参议院就忘记了朋友,一意孤行,拒绝为沃尔德罗普争取公平对待的斗争提供帮助。他既然未得到泰丁斯的恩惠和帮助,自己为什么还应再一次帮助泰丁斯呢?他说,一个人想要报纸支持时,高谈新闻自由当然不错,但编辑则必须负责决定登载什么或不登什么。他说,否则没有一份报纸能够取得成功。

阿诺德温和地说,只要他和沃尔德罗普先生一起吃饭,总是争论,而他不想继续争论下去了。沃尔德罗普说,他并不介意,否则要朋友有什么用?他说,一个人肯定不会和敌人进行争论的,一个人只能和朋友们进行争论。我认为这是一种杰出的思想。

　　第二天,萧铮先生在出席了威斯康辛大学讨论土地改革的会议之后与谭绍华一道前来。我与他作了一次饶有兴味的谈话。萧说,他们阐述了台湾土地改革的成就和对照在大陆的失败所拟的未来计划。我询问了关于我国政府赞成农田国有化的报道的真实性,因为国有化在美舆论中已造成了疑虑。萧说,这是一种误解,行政院长陈诚的政策的构思是:(1)减租(已降到37.5%);(2)将国家土地卖给农民(已部分地进行了);(3)收购大庄园用以出售或分配给农民。蒋委员长在"建设计划研究会"的一次讲话中曾提到在共产党统治下大陆的土地国有化的想法是一个失败。但他也说,作为原则而言,还是好的。但不管怎样,尚无把它定为政策的意图。

　　关于台湾的政治局势,萧说,最近陈诚将军要辞掉行政院长的意向,实际上是他和吴国桢省长之间政治较量中的一着棋。后者是主张以放任政策来处理日趋严重的财经问题,而不管黄金储备的消耗。另一派意见则赞成实行一种对外汇、进出口和进口商品的出售分配进行严格控制的政策。

　　吴国桢的政策在该年春就应已开始收到效果,但那时陈诚和蒋委员长已在为黄金储备出现的大漏洞感到担忧,而财经形势尚没有立即得到解决和改善的指望。陈诚赞同实行控制政策的意见于是取得胜利,在最近的六个月里进行了试验。不料结果不佳,台币币值下跌至二十八元折一美元,而早先则为十七元折一美元,物价上涨,舆论哗然,工商界人士大为不满。

　　萧先生是一位属于自由贸易和放任主义学派的经济学家,按照他的看法,真正的问题在于军事预算的膨胀。在这种情况下,经济越是受到控制,情况必然变得越坏,因为减少外汇分配就会使进口下降,转而造成价格上涨,生产成本升高,生产下降,经济停滞,出口不振,外汇更加减少,从而形成恶性循环。陈诚因其失败的控制政策而受到抨击,提出辞职,但是要任何一个人来改善这种状态为时已晚,所以蒋委员长说服了他,让他继续留任。

萧铮是台湾土地银行董事会董事长。世界银行中国执行董事张悦联先生几个月后来访,并告诉我,萧以土地银行董事会董事长的名义,请他建议世界银行提供一笔五千万美元的贷款用于实施台湾土地改革计划。他告诉张,政府随后将给他发来指示或授权书,并对张说,该项贷款的目的是为了使政府能够收买地主们的土地转售给农民。(这就是萧向我描述的陈诚计划中的第三点。)张补充说,其设想是:偿付土地的款项,部分付给食糖专卖证券,部分付给政府公债,部分付给现金。

张悦联因为这项请求而感到相当为难。他建议萧以中国专家身份与世界银行的专家们交换一次意见,随后由世界银行的专家们去台访问,再共同制定出一项包括商讨世界银行贷款在内的计划。张说,萧先生已提交了一份备忘录,但世界银行的专家们鉴于三七五减租计划取得成功,他们对购买地主土地再予出售的整个计划是否明智提出了疑问。因此张悦联把这一情况写信告知财政部长、世界银行理事严家淦。他说,同时也向我报告,以便使大使馆了解情况。

11月30日,我邀董显光共进午餐。我们长时间讨论了日本在与国民党中国缔结和约上的真正态度,随后与我商量了有关看望杜威州长并把叶公超外长的礼品交给他的事。该礼品是一块汉白玉,上面以中文刻着杜威的名字。我们都觉得安排约会不很容易,最好附上一封信送去。不过董显光已安排于12月4日去见麦克阿瑟将军。他说,这次约会还是他上次夏天在华盛顿时推延下来的,这次才算肯定。

12月7日,李榦报告了他最近去台和返美后在纽约与杜威州长谈话的情况。李对台的印象不错,他说,在增加大米产量方面已取得了巨大的进展。怀特公司在台的代表告诉他，我们的工业专家水平很高，资格很好，尽管陈诚院长提出辞职而且不同意吴国桢的政策，但是政治局势还是稳定的。他补充说，所有关于这方面的报道都已过时，因为现在危机已经度过。

李榦说，他见到了蒋委员长，但当蒋委员长问他美国对国民政府的态度这样非常笼统的问题时，他觉得难以回答。但是，他与杜威州长的谈话还是比较有意义的。他拜会杜威时，转交了陈诚的一封私人信件。杜威设宴款待，陪同在座的只有他的一个儿子。杜威说，他对在台的所见所闻，并不像他公开讲的那样满意，他认为，人民的命运本应可以再改善些，能比日本人统治下过得更好些。

李榦说，他竭力纠正杜威的这一错误看法，因为国民政府统治下的人民经济情况已有好转，这不仅限于所谓三七五减租，同时台湾人现在实际上还能吃上大米，而在日本人统治下只能吃山芋。在政治上，他们享有各种权利，并能担任高级职位，这是日本人从未给予过的。教育方面也一样，台湾人现在能在台湾受到大学教育，而以前则是不可能的。

杜威还说，军队吃得太差，虽然他被告知士兵每天得到二千五百大卡，而实际上他们只能获得一千五百大卡，这太少了。他问道，如何能指望这些士兵好好作战呢？孙立人将军、吴国桢省主席和陈诚院长给了他深刻的印象，但他说，军事顾问团对台北的国防部并不满意，同时他们之间还有许多摩擦。

至于美国的政策，杜威告诉李榦说，他的访问报告和一些建议中，除了有关增加对台湾的援助这一建议外，其余均获杜鲁门总统批准。杜鲁门总统说，对于增加援助一事，他将不得不仔细加以考虑。杜威把这句话看作为显示局势的一根知风草，他警告李榦说，康涅狄克州参议员麦克马洪正在准备一项关于中国的第二份"白皮书"之类的东西，来攻击国民政府。他认为，如有可能，我们应竭力予以制止。李把这件事告诉了俞大维，同时正在给陈诚写信。杜威要求李对此予以保密,并保证不公开宣传他(杜威)对台湾的批评。李还说,杜威对蒋委员长也没有好印象。(不知为什么这么多的美国朋友不能理解蒋委员长的观点和对美国的期望。)

后来在1952年的2月份,当杜威论述上年夏季远东之行的书行将付印时,他把有关台湾的一章送给我征求意见。他请我为其核对一下各种事实,因为他想叙述得确切一些。我先前已读过他的原稿,并没有发现严重的差误,但这一次,在我读完和交给陈之迈审阅和提出意见之前,我觉得为了避免因误解而有伤于国民政府或蒋委员长本人,按我的意见其中约有六处左右需要修改或澄清。

1951年12月10日,在法国大使博内夫妇举行的宴会上(我已在另外的章节中提及),当大部分客人跳舞时,我与最高法院首席法官文森的夫人进行过一场友好的谈话。她说,首席法官一直赞成援助国民党中国,在同时还在许多场合告诉杜鲁门总统,尽管有一些关于国民政府中存在贪污和无能的报道,但它还是美国在反对共产党阴谋统治世界的斗争中的朋友。首席法官过去认为并且曾对总统说,即使国民党中国浪费二十亿美元的美援完全属实,但是与中国一旦陷入共产党之手美国因而不得不花费的钱相比,那就微不足道了;现在他的预言完全成为事实,甚至更糟。不只几十亿美元倾注到朝鲜,而且还葬送了成千上万名美国青年的生命。她说,总统一再对她的丈夫说,首席法官和马歇尔将军是活着的两位最伟大的美国人,但是,首席法官告诉总统,他不同意他的对华政策。文森夫人高兴的是,对国民党中国来说,现在情况已有好转,但她希望到头来不致为时过晚。

12月11日,"蒋总统"机要室的周宏涛先生来看我说,他将短期返回台北。我告诉他,我有关于毛邦初案的信请其分别带呈蒋委员长和叶公超,还请他转告某些有关我们与美国关系的问题。我是请他这样说的:美国对在台政府,基本上仍不抱同情态度;但美国在面对朝鲜冲突和舆论的情况下,已被迫修改其被动的政策。我对他讲了杜威在他与杜鲁门就进一步援助国民政府进行谈话时,所得到的印象,以及据说麦克马洪参议员正打算准备一份国务院关于国民党中国"白皮书"的补充材料,可能在1952年竞选之时予以公布等情况。我还告诉他(前文业已述及),美国当局由于政治上的原因,特别是为了安抚民众因在朝伤亡人员不断增加而日益加剧的怒火,内心非常急于就朝鲜停战达成一项协议。最后我把我在对日和约上的意见也向他谈了。

几天之后,我宴请吴经熊博士。他已经辞去了在檀香山的教学工作,最近受聘在塞顿霍尔大学教授中国哲学。他过去曾任我国驻梵蒂冈的公使多年,因为他和他的全家都是虔诚的天主教徒,所以颇为胜任。他有十三个孩子。他还是一位学者和律师,最近把《圣经》译成了中文,译文受到中国知识分子的称赞。

在席间谈话过程中,他猛烈攻击国民党坚持教育受该党控制的政策,并说,陈立夫赞同这种政策主张。他还把国民政府在大陆垮台和缺乏民众支持,部分地归罪于我们教育政策的失败。他说,这个政策不可能传授真正的知识和独立思考。所有在座的客人也都认为我们过去的财政政策只着重高税和只知为增加政府收入向人民征税,而不考虑人民在经济上和政治上的反应。这和政府控制某些赚钱工商业的政策一样,同属大错特错。

那天下午,新任美国驻台北使馆参赞霍华德·琼斯先生来作礼节性拜会。那天华盛顿刮起多年来最大的一次暴风雪。风雪来得很突然,我被阻于我的医生的楼里,等我的汽车送秘书去办公室后回来接我,等了四十分钟。然后我坐车想返回办公室去接待琼斯先生,又用了四十分钟也未能开到。我不得不步行回去。所幸的是琼斯先生也迟了四十五分钟来践约,因为他也不得不从国务院弃车步行前来。

最后当我们会面时,他告诉我,他曾从哥伦比亚大学公法系毕业,并到威斯康辛大学学习,在那里他在塞利格曼教授指导下主修经济课程,并在杰塞普教授指导下进行研究。自从他在德国连续多年担任美占领当局财经顾问之后回到国务院以来,一直跟秦沛华(音译)学习中文。我觉得他比蓝钦先生温和、圆通。蓝钦将在琼斯抵台后回国度假。琼斯以前从未到过远东,但他有善于学习的灵活头脑。

周宏涛在赴台北向蒋委员长和叶公超汇报毛案进展情况、美国政局(特别是关于 1952 年选举展望)、美对我政府态度以及对日双边和约问题之前,于 12 月 15 日前来继续交谈。我请他提醒台北小心,不要指望毛案会很快定案,也不要随便或草率作出可能影响我国与美国的关系或激起美当局和人民反应的任何公开声明。我说,未来的十个月是美国国内的紧张时期,随着总统竞选日益迫近,政治角逐将会不断加剧,各种情绪将会激昂起来,政客们正准备抓住任何一个机会以推进其个人的事业或他们政党的利益。我告诫说,我们必须小心谨慎,不要受他们利用。

在我们谈到过去的错误问题时,周强烈地表示他不同意政府对某些工商业实行垄断,以及政府自己拥有和经营工商企业。这些企业从未有效地经营过,而只是剥夺了人民经营这类企业的机会,使工商业无法成功地迅速发展,因之往往不利于人民。

12 月 16 日星期日,是那年最冷的一天,气温降到华氏 15 度,但天气晴朗。如果以室内活动为主,则还不是令人讨厌的日子。星期一,我与哈罗德·里格尔曼和查良鉴共进午餐。里格尔曼是大使馆的法律顾问,他要求大使馆派人到法院就中国邮政储金汇业局投诉向美国索回其存款一案出庭作证,证明该行是国民政府的机构,其存款属于国民政府,而不是像共产党代表所声称属于人民。由于共产党代表认为这笔存款属于共产党政府的主张已被法院裁定不能成立,我不同意派出任何大使馆的官员。但我建议可以请邮政储金汇业局的人去作证,他们能更有效地解释和明智地回答各种问题。

里格尔曼还谈到教育部代表二十家大学索还已经付给纽约

一家中国公司购买课本和实验仪器的款项,其中一部分已被公司经理用于"拯救他在中国大陆家属的赎金"了。被告拒绝付出此款的理由是这笔钱属于在大陆的各大学。我指出,首先的问题是这笔钱是否经由政府的教育部付给该公司的。对各国立大学来说,情况确系如此,但我不能马上肯定其他学校是否也如此。里格尔曼希望有证据证明这二十所提出要求的大学属于哪种性质。

我在12月20日召开了一次有关毛案的会议。会后俞大维私下来看我,并说,政府三次敦促他接受联合国军事参谋团中国代表的任命。虽然他推荐了何世礼将军作为该职务的理想人物,但蒋委员长仍坚持要他担任。我告诉他,该职务要求这个人具有他那样的声望和经历,以便能与另外四强的代表们共事,并且能经常接触和获得有关世界军事局势的有用情报。我告诉他,我认为何将军在东京抽不出来。

他还带来了有关军援的新消息。他说1950至1951年度的八千七百万美元截止到1951年6月30日已经用完。虽说迄今只有轻武器和炮弹运抵台湾,但援品正在继续运送之中。至于经援,约有百分之六十的金额已经制定了主要包括化肥、棉花、纺织品和食品在内的供应方案。他说,其余百分之四十专用于工业项目和工业原料,但是采办所需的供应物资则是一个缓慢的过程。他已向蒋委员长建议,将来应由我们自己来承付我们需要而又不易购到的东西。这样做就可使大部分美国经援用于采购那些容易到手的物资,避免剩下大批用不完的剩余援款。

1951—1952年军援的使用方案尚未拟就,没有一个国家分配到任何肯定的数字,因此难以约束美国当局。俞大维说,在台北的蔡斯军事代表团不愿意大使馆插手军事援助。俞自己也只能通过五角大楼的朋友们得到消息。他请我仍像上次他所要求的那样,自己知道这一情况就行了。

碰巧我办公室的天花板在昨天晚上掉下来了。我与俞将军谈话后走出去时,接待员向我表示庆幸,因为这事没有在白天发生,那时我正在那里。

陈之迈的职务也要调动。但在 12 月 21 日他告诉我说,他与医生商量后,已决定再留在华盛顿九个月至一年,以便于他妻子从最近的一次大手术中恢复过来。我让他去拜会周以德,问问他去远东和台湾的计划。我知道周以德很不高兴,因为按台湾的中国朋友们对报界提供有关他旅行的消息,似乎他是去看望私人朋友的。而他原来则是预计参加包括众议院外交委员会主席理查兹在内的国会议员小组于 1 月初前往。我还让陈秘密告知周以德,有人暗中阴谋出版另一本反对国民党中国的"白皮书",一本补篇,并且可能在来年竞选中加以利用,请他设法予以制止。

12 月 27 日,为澄清日本在与国民党中国缔结双边条约上的意图拜会杜勒斯时,我亲自把上述消息带给他,请他注意。前文提及,杜勒斯曾认为日本将在政策上与美国取得一致;在这一方面他提到美国对国民政府的态度已在稳步改善。因此在这次谈话中,我后来就说起我很高兴地听到他说国务院对国民党中国的政策自朝鲜战争以来有了很大的改善,但我收到一份使人相当不安的报告,大意说一本有关国民党中国的"白皮书"补篇正在康涅狄克州参议员麦克马洪指导下准备之中。

杜勒斯先生问这样做可能有什么目的,我回答说不知道,预料可能是在来年竞选中使用的。杜勒斯先生认为,第一份关于国民党中国的白皮书就是一桩错误,它的公布结果对美国政府比对国民党中国更为不利。不过他认为我所说的并无其事,对此他也未有所闻。他将调查一下,但他确信这个消息是虚构的。我说,在第一份白皮书公布之前,我听到后就敦请国务院艾奇逊重新考虑这个决定,指出这样做不仅会伤害国民党中国,也将会证明美国政府要自食其果。

12 月 29 日晚,我按照惯例设辞岁宴会招待使馆同人和为毛案从台湾来华府的工作人员。俞大维因在家举行晚会庆祝自己的生日而未能前来,所以我打电话给他祝寿,并请在宴会后去看望俞的顾毓瑞带一盒加州水果送给他以表我的贺意。

12 月 31 日是这个多事之年的最后一天,外交部长叶公超从台北打来电话,询问杜勒斯在对日双边和约问题上最近的看法。他还说,蒋委员长收到一份关于罗伯特·艾伦在《纽约邮报》上发表文章攻击国民政府和我的报告,还问他大使馆是否已给予驳斥。我告诉他,我已经考虑了这一点,并与同事们进行了讨论,结论是罗伯特·艾伦因其对国民政府怀有恶意以及与德鲁·皮尔逊关系密切而声名狼藉,因此不值一驳,甚至对有关顾太太父亲财产的说法也无意去纠正。

我向叶外长报告说,陈之迈六个月至一年内不可能接受去阿根廷的任命,因为他的妻子在大手术后需要在此就医。然后他问我公使衔参事谭绍华是否可用。我说他是一位认真谨慎的人,工作细致,但我怀疑他是否还会接受在另一个国家的任命,因为他是特意辞去了我国在巴西和墨西哥两个外交使馆的领导职务,而接受了在华盛顿的第二位职务的。

简言之,现在中美间的紧张和困难关系至少有了某种程度的松动,外交部已在考虑某些调动了。这些人在华盛顿已经有了很长时间,都在提升之列。同时,重要的是,为这些较年轻的人提供机会,使外交工作中经常保持新鲜血液,这一向是我的看法。我想叶公超是同意我的,但是,我推测外交部在我们与美国关系动摇不定的时候,是不愿在我的使馆中作任何调动的。因此可以说,在 1951 年结束之际,把仔细考虑若干人提升的问题提了出来,正表示出现了时局有所改善的更多迹象。

二、选举年前期的中美关系

1952 年 1 月—6 月初

和往年一样,我的新年是以招待大使馆成员和华盛顿地区我政府各机构的成员以及其他中国人士开始的。出席 1952 年招待会的人数超过往常,虽然只发出约三百一十份请柬,但至少有四百人出席,因为有儿童和一些朋友们也随来参加庆祝活动。我采取了一项革新的措施,给到会的孩子每人一个糖果和水果礼盒作为纪念,在盒盖上写有"中华民国四十一年新年"和"中国大使馆赠送"的字样,以便年轻一代对盛会的地点和意义有个留念。在我致简短的欢迎词后开始了自助午餐,餐后合影。元旦上午有雾,但中午转晴,我们穿着大衣在花园照相时,阳光灿烂,十分和煦。

1952年1月4日星期五,我去纽约和那里的一些华人领袖进行磋商。星期六,我设午宴招待前大使钱泰,并在我所住的旅馆中进行叙谈。他和我一样,觉得国务院对国民政府的态度,内心里并没有改变,但形势迫使其对台湾采取一种较为友好和较有助益的政策。他认为,今后的态度则要看台湾的行事和政策了。我同意这个看法。

我们互通消息。我向他谈了毛案的情况。他为毛求助于李宗仁将军和对蒋委员长采取不承认的态度而大加惋惜。李汉魂将军告诉钱,他是如何反对甘介侯关于支持毛的说词的。(李宗仁已经采纳了甘的劝告支持毛。)

钱泰出席了我国外交界一些前大使、前公使轮流作东的月聚餐会。陈立夫也参加了,但没有成为实际成员。钱泰说,陈以缺乏参考书和健康不佳为由拒绝为《华美日报》写社论,因其他人如董霖、吴南如和沈士华在这方面都很积极。

钱泰还与我商量怎样才能使他的外交护照得到展期。他的护照在1951年9月就已期满,他不愿把这件事提交外交部去决定。我告诉他,根据规定必须提交外交部,但我将与大使馆主管护照的官员商量一下。

当我在星期一返回华盛顿时,叶外长从台北打来电话,询问毛案的某些情况。我提供了他所希望知道的那些消息,并向他谈了陈家博的事情。陈家博在外交部下令免去现职另有任用并派王恭守来接替他之前,一直在大使馆当我的二等秘书。但是担任波士顿中国领事的王先生只有在另一位继任者接替他时,才能离开其领事岗位,而外交部一直未任命他的继任者,王不得不留在他的领事岗位上。与此同时,十八个月以来,陈家博继续担任二等秘书的职务,因为我需要他的帮助。但是,从外交部任命王来接替陈之日起,就停止了陈的薪金,而由我自己掏腰包来发给。这是一个根本不应当发生的管理上的问题。我告诉叶部长,我已经连续付给陈十八个月的薪金,但外交部仍在拒绝发给。我请他把这个问题解决一下,因为无论对陈或对大使馆来说,都应得到公正对待。

另一个行政管理上的麻烦,涉及到商务参事刘大钧辞职一事。他的辞职是商务处内发生一些争吵之后,结果两位助理参事中的一位已经被解除职务,行政院长陈诚的一位亲戚吴锡泽被任命为新的助理参事来接替他。吴在1951年11月底到达华盛顿,但不愿到差,他向我解释说,由于经济部对他的任命,陈诚可能受到"裙带关系"的指摘。所以刘辞职以后,商务处不只缺少一位参事,而且仅有的两名副手中也缺少一位。

1月12日,我请我的参事崔存璘在二等秘书周尔勋的帮助下,从刘大钧手里接管了商务处。我告诉他,目前我还要请留任的助理商务参事石道生继续做他的工作。在这样的安排之后,于2月7日,崔和周接管了商务处的档案、钥匙和文件。我请石道生来,正式告诉他,在台北作出由他或是别人长期从事这项工作的安排之前,他暂时继续在商务处里做他的工作。我告诉叶公超,大使馆人员工作已经超负荷,我考虑大使馆编制的人员中,腾不出人手来经常搞这项工作。

顺便说一下,我曾设法说服王守竞暂时接管商务参事的职务,因为他对该项工作颇为熟悉。我希望他打消离开外交界的打算,因为王在1月24日对我说,他业已决定在某个美国公司里找一份较长期的工作。他建议让霍宝树领导的中国技术代表团中的陈良辅担任这一职务。当时我竭力说服王至少再留一年,那时选举结束,国际局势也容易判断了。同时我告诉他,一旦远东委员会最终撤销,他的代表团顾问职务结束时,我将推荐任命他为大使馆的参事。但是他说,他已下了决心退出外交界,如果我能同意实在是对他的莫大照顾。然而他深感这些年来我一直对他很好,所以觉得如此提出要我同意他的要求未免过分一些。

几周之后,我不管他的申述,仍对他谈了有关商务参事职务的问题。他确实是一位非常能干的人,我不愿看到他就此永远脱离外交界。但我完全未能说服他,尽管他说他还能留任四个月。

1月11日,由于蒲立德急于想见到我,就邀他一道进午餐,蒲立德谈起他最近访问台北和旅居小憩颇为兴高采烈。他说,他从来没有在任何地方得到过比这更愉快的休息,真希望能多呆几天。他说,他想在下一个冬天去多住些日子。他发现一般中国人和他的朋友们都非常可爱、自由自在;而在日本,则人们常常是紧张和忧虑的。他给我看了许多在高雄海滨浴场拍摄的有孙立人将军和一些拉网渔民的照片。他还给我看了蒋夫人画的一幅中国山水画,上面有蒋委员长为他题的词和蒋夫人的亲笔签名。这幅画出自仅经一年训练的业余作者之手,是一幅给人印象十分深刻的作品。

但是蒲立德的主要目的是告诉我国务院的动向,即在蓝钦返美休假晋升去别处后,把司徒雷登博士派回台湾担任大使。他觉得司徒雷登博士和傅泾波在目前局势下不能胜任,他相信另作安排可能更好些。

至于台湾的局势,他的印象极佳。他特别注意到领袖们和政府官员们的决心,他们人品正直、具有信念、精神振作和工作勤奋,他觉得那里的整个气氛是令人振奋的,预示着光明的未来。

1月15日我参加了宋子文的长女的婚礼。在招待会的贵宾中,有前大使钱泰和中国外交使团的其他成员。钱大使告诉我金问泗先生的内弟吴先生在幻想中度过两年之后,被中共当局逮捕。在这两年中,吴先生曾给海外的朋友写信说他很愉快,而且对在大陆共产党统治下教授法律甚为满意。但是对他来说形势发生了变化,他以"不接受改造"而受到指控。这是许多幻想破灭之一例。

艾夫里尔·哈里曼于1951年10月被任命为共同安全署的署长,弗兰克·罗伯茨为他的副手。俞大维在会见罗伯茨后于1月19日告诉我说,他发现罗伯茨赞同整个远东局势仍在动荡之中这样的观点。但是罗伯茨却不赞成采取积极步骤以便在应付任何突然事件中利用台湾的军队来支援亚洲的其他地方,也不赞成为应付对台湾的进攻或为执行进攻大陆的大规模军事计划而采取主动行动。

俞大维还给我带来了两份说明经援商品运送已有巨大进展的表格。在1951年财政年度项下约有百分之九十已订妥,百分之七十五已运出。1952年财政年度项下约有百分之五十二已授权采购,约百分之十一已运出。至于军援计划,他告诉我,1951财政年度的项目,将于1952年4月左右全部运往台湾。

第二天,我收到了蒋委员长给我的电报,答复我在得到蒲立德预先通知说蓝钦可能在别处另有任用和司徒雷登博士可能被派往台湾后发给他的电报报告。复电与我估计的一样,我原来就怀疑蒋委员长不会欢迎这项拟议中的变动,因为蓝钦在台湾深孚众望和受人喜爱,而司徒雷登曾在南京施展反对蒋委员长的手腕和不愿随政府迁往新都,因此使自己成了一个不受欢迎的人。

几天之后,我邀董显光共进午餐以交换情报。我们讨论了司徒雷登和蓝钦的问题。由于董显光不认识参议院外交委员会远东小组主席约翰·斯帕克曼参议员,所以他提出由他去拜会约翰·斯蒂尔曼(总统助理)。和我的提议一样,他认为首席法官文森是我应拜会的最佳人选。

董曾会见过五角大楼和中央情报局之间的联络官卡特·马格鲁德将军。早先马格鲁德曾在北京担任过武官,故在华北有许多中国朋友。马格鲁德说,所有的政府机构和部门都问他,为什么他认识的人不设法找一个新的领导人来推翻大陆政权。董显光告诉他，没有这样的人，并指出蒋委员长在中国人之间，在香港和其他地方已经重新树立了威信。他说，只须美国帮助蒋委员长恢复广东、广西和福建等二三个沿海省份就可使赤色分子不再在朝鲜向前推进或向印支进攻。马格鲁德曾提到："为什么不为这个目的去攻占山东？"这就给了董显光以这样的印象：山东可能是美国计划中的一个目标。

董显光说，他将在26日麦克阿瑟七十二岁生日时，去纽约拜会他，当面祝寿；他还要举行中式午宴招待麦克阿瑟的副官们来庆祝他的生日。

施肇基夫人的一个亲戚陈创先生那天下午前来问候，并就他新组成的自由基金会一事征求我的意见。该组织为了使在美的中国知识分子保持他们在各自技术知识领域中的兴趣，提供援助基金，以便他们能够在国会图书馆这类美国联邦机构的监督下继续其研究工作（这是国务院一名官员建议的，为的是能够分得共同安全署的拨款），一般地说，是使他们准备将来光复大陆后，在中国大陆上负起各种责任。

他给我的印象是：不管国务院还是共同安全署的人都赞成他的意见，并且答应给予支持。但有一个条件，这就是，除受益人不得为共产党这个限制外，不需再作任何政治上的限制。我有些怀疑，从美方来说，这个建议正像马格鲁德所评论的，表明美国的某些方面仍不放弃建立一个新的政府来代替以蒋委员长为首的政府的意图。

陈先生说，福特基金会也使他相信该会将予以财政援助；洛克菲勒基金会以前虽曾拒绝他要求帮助的申请，但该基金会的新主席迪安·腊斯克也使他有理由相信该会亦将给他以财政支持。

我告诉他，这个想法是好的，但我不能以官方的资格给他任何形式的支持，不过，我建议他应该去拜访一下像周以德众议员和胡适博士这些人，征求他们的意见。特别是因为周以德已在组织一个美国公民的委员会，来提供基金，救济滞留在香港的中国知识分子，胡适已被邀请为该团体的顾问。除了他们关心的是在香港的知识分子，而他所关心的是在美的知识分子这一点区别外，他们的目的似乎和他的一样。

1月25日，我拜会了美国前驻菲律宾大使迈伦·考恩。前文已提到过，那时他是国务卿的远东顾问，最近又委派他代表国务卿和共同安全署署长哈里曼及国防部长洛维特商讨有关共同安全的各种问题。

在互致问候之后，我说，我对考恩先生在国务院里担任主管远东事务的新职表示高兴，并相信由于他曾担任过美驻菲大使并去过远东其他各国，具有丰富的经验和知识，一定能够对国务卿提供极有价值的帮助。我问考恩先生是否去过台湾。

考恩回答说，他从未访问过台湾，因驻在马尼拉时，他恐怕引起某些方面的误会，因而不想访问该岛。他还说，在他被委任为国务卿的远东顾问以外，现在又给了他另外一项任务。他解释说，这项任命就是代艾奇逊先生来照应共同安全计划。（艾奇逊和国防部长洛维特及共同安全署署长哈里曼一起组成了一个委员会担负管理经、军援一揽子新计划的责任。）考恩补充说，他本来打算经欧洲去远东，但是由于他的新任务，已改变了计划，首先将访问日本和台湾，预计在2月中到台湾。考恩在回答我的问题时说，他尚未确定其行程，但不管如何，他将乘飞机前往，因为他一向喜欢乘飞机旅行。

考恩提到了艾奇逊发布的新命令，这就是所有美国外交人员，除了极少的情况外，现在都必须乘坐飞机以节省时间和费用。他还告诉我，美国新任驻澳大利亚大使从纽约乘船赴任，用了六个星期。他补充说，当今世界上的事态变化很快，在这期间就可能发生许多事情。考恩说，他一旦确定出发日期就通知我。他预料在台湾逗留三四天，此后将访问印支、缅甸、泰国和其他各国。

我说，我曾收到某项报告说，蓝钦先生将从台湾返美休假，不知是否属实。我说，蓝钦是中国政府和人民大众非常喜欢的人；正在台湾发挥杰出的作用。所以我希望蓝钦休假后仍返回到那里去。

考恩说，虽然蒲立德曾对他提及有关可能任命新人的报道，但他知道没有换掉蓝钦的计划。他补充说，目前国务院没有这样的想法。

在谈到他近期访问台湾的目的时，考恩说，他想看看那里的形势。尽管都在谈论中共侵略印支的威胁，但他认为台湾才真有遭到入侵的危险。他说，如果他处在中共位置，他必然将设法首先攻取台湾，因为只要国民政府仍存在于台湾，中共就不得不在对着该岛的沿海各省布署大量的部队。

我提到，中共还不得不应付游击队和地下工作人员以及同情国民政府的人们，只要国民政府认真准备返回大陆，他们的政权就不会安全。

但是，考恩认为，在军事上台湾的地位比大陆更为暴露。他了解到中共为了进攻该岛已经训练了一些伞兵部队。他说，另外，中共可使用原打算用于入侵印支和缅甸的部队大规模突击台湾。他问国民政府在该岛拥有多少战斗机。

我回答说，中国空军的第一线实力有大约一百五十架 C-49 型飞机，这种飞机很容易被来自朝鲜的中共喷气式飞机突然袭击所击毁。

考恩说，中共伞兵部队可能在台湾空降，占领那里的机场，与此同时，帆船和轮船就有可能渡过海峡。美国第七舰队至少要二十四小时才能从朝鲜水域开到台湾。

我说，我收到的一些报告表明，俄国教官已经在大陆的二三个学校里训练伞兵部队，一期二千人在去年 8 月已经毕业，另一期很快也要毕业。

考恩认为，制止中共进攻台湾或远东任何一个其他国家的唯一有效办法，是自由世界的领袖们直截了当地警告中共：他们对任何一个自由国家的侵略,不管是印支、缅甸还是台湾,都要遭到西方的立即报复;这种报复不像在朝鲜那样仅限于局部,而是扩大到哪里最能伤害侵略者就在哪里进行打击。他征询我对他的意见有何看法。

我表示完全赞同考恩的观点,并说,这样庄严的警告将使他们能够清醒一些,因为任何和解性质的声明将会被他们视为软弱的表现,朝鲜停战谈判就是一个明证。只有力量和决心才能引起他们的注意,成功的柏林空运在这方面提供了令人信服的证据。我们之间这样交换看法,自然导致对一般国际局势的讨论,这我已另有叙述。

1月28日星期一,我在纽约接待了胡适博士。我去纽约是为了出席席德懋先生的葬礼。他在四天前去世,使我受到很大的震动。胡适和我就毛案的问题交换了情况。他还告诉我,《纽约时报》的查尔斯·梅尔茨对他说,要警惕国务院在朝鲜停战成功后可能做些什么。仍然存在着这样一种企图:在美国不坚决反对的情况下,让红色中国进入联合国,最终予以承认。梅尔茨进一步断言,对蒋委员长和国民政府的偏见,并未从美国决策人的脑子里消失。

和许多人一样,显然梅尔茨也认为,一旦朝鲜战争结束,美国在远东的政策就会倒退到战前的状态。换句话说,美国将实行一种不利于国民政府的政策。但对国民政府而言,所幸至少朝鲜战争无法得到真正的解决,而只是一种妥协:朝鲜分治,建立一个非军事区,这在目前就仍需美军的存在。

星期四,孔祥熙到达华府,从他的旅馆来电话表示问候,并告诉我,他来华府与刚刚辞职的经合署驻台北代表雷蒙德·莫耶共进午餐。后来我又见到了董显光。他来告诉我说,他已经见到了司徒雷登和傅泾波,并发现司徒雷登虽然能够走动,但仍未完全康复。董首先以对比台湾和华盛顿的气候为题,小心地试探他有无去台湾的打算。司徒雷登说,他预计在5月去台湾。傅说,"是以巡回大使的身份去"。但司徒雷登纠正他说,不,不是巡回大使,仍是驻华大使;并且补充说,他将在那里呆到 9 月份。董说,傅提醒司徒雷登,他的医生劝他不要在那里呆得太长,要在 7 月份回来。董解释说,全部谈话是在他们送董去他的旅馆时,在傅泾波的儿子驾驶的汽车里进行的。傅还告诉董,副国务卿韦布已同意让蓝钦呆在台北帮助司徒雷登,而司徒雷登也希望蓝钦呆在那里帮助他。但是,据说约翰·艾利森与蓝钦关系不好,反对这个做法。

董还告诉我,他又见到了马格鲁德将军和弗兰克·多恩将军。虽然两位将军都给他这样的明确印象:可能不得不用台湾的武装力量来对付中国的赤色分子,但是华盛顿高层中对蒋委员长的反对情绪和偏见仍然存在。他们推测,远东的局势不可能有什么改善,而只能是恶化,因此动用台湾的武装力量不过是个时间问题。

惯常都来向我报告援华拨款和运交情况的俞大维在 2 月 4 日又给了我一份简况:1952 年财政年度的大部分经援已经拨款,只有约占总数八千一百万美元的百分之十二由于注明用于第四季度,尚有待拨付。五角大楼正在设法帮助我们把航空汽油运往台湾,因为我们不可能用普通的商船或油轮来运输,不但因这类船稀少,而且根据共同安全法也不允许付出这些船的高额运费。

两天后,弗吉尼亚州雷诺兹金属公司的路易斯·雷诺兹先生打来电话,说德鲁·皮尔逊的办公室给他的办公室来电话说,皮尔逊先生得到一份大使馆电报的副本,透露国民政府在 1949 年曾提出以五百万美元请魏德迈将军到台湾担任军事顾问。皮尔逊办公室说,皮尔逊将于星期天在其广播中宣布这件事。雷诺兹想听听我的意见。他说,他已经拒绝对皮尔逊评论此事,但他对我解释说,1949 年春天他在五角大楼对魏德迈将军谈过这件事。将军说,他单独一个人不可能起多大作用,而需要一个约二百五十人的参谋机构工作二三年,所需费用约五百万美元;但是不管怎样,他还是拒绝了该项建议。我说,雷诺兹先生想必已对魏德迈将军说清,这是他(雷诺兹)自己以一个平民身份主动提出来的。雷诺兹说,他是得到曾居国民政府要位、那时已经辞职并住在纽约的两位著名中国人士的授权的。我告诉他,我不知道与魏德迈将军的这次接触,我回忆不起来大使馆曾就此事给中国政府发过任何电报。

当时,我没有得到这次与魏德迈接触的正式消息。实际上,我是事后从司徒雷登的助手傅泾波那里得到有关此事的一些情况的。这要回溯到1949年9月,而且全是几经转手的材料。人们可以回想一下,不管怎样,在那个中国危急的时期,有许多著名的华人在正规的外交渠道之外,在纽约独立地尽其最大可能设法进行工作去争取援助,并不与大使馆联系。

根据雷诺兹所述,按照我的想法,在这种情况下,魏德迈拒绝考虑他们的提议,本来就是显而易见的事。从来就不应当以这种方式提出建议。这件事情反过来又常常使自由中国的事业受到纷扰,并且围绕"中国院外活动集团"这个题目,引出被人注目而广为宣传的文章来。《报道者》杂志在4月份的两期中,就为此提供了相当多的篇幅。

我向雷诺兹指出,皮尔逊当然可能知道许多中国政府机构如空军办事处和武官等等过去是(而且仍然是)习惯用密码与他们的有关部门直接通电报的。雷诺兹说,那时,有一位中国大使馆的人员在五角大楼魏德迈办公室外等待会见,雷诺兹被邀请与魏德迈和其他两位官员(魏德迈的助手)一起共进午餐,但是那位中国人并没有在那里午餐。

我告诉雷诺兹,他最好与魏德迈联系一下,并征求他的看法。我说,我想不出皮尔逊公布所谓的电报内容究竟想达到什么目的。雷诺兹认为,皮尔逊公布电报是想揭露滥用美国的钱来影响国会,使其采取更有利于国民政府的立场,并以此使国民政府出丑。他说他已设法与魏德迈将军接触,但未成功。他想再试试

（在这期间，皮尔逊当然已被毛邦初和向惟萱利用来作为他们的私人代理，在毛案中为他们一方做宣传；而且德鲁·皮尔逊的作用，全在于他可以诽谤国民政府，并使其丢丑）。

董显光在 13 日来访，讨论了毛案调查委员会事宜。我那时一直认为这个委员会也许是必需的。在我这方面，我告诉了他台北对司徒雷登以美大使身份即将赴台复职一事的反应，以及最近陈之迈直接从司徒雷登得到的情报。（即证实司徒雷登有去台的愿望。）董认为，司徒雷登由于健康的原因，（一年前他患了瘫痪症，尚未完全恢复。）去台一事仍未肯定，还有时间来得及设法阻止其前往。

那天，我还接到了宋子文的电话要我接待一下宋子文夫人的妹妹张如怡和她的丈夫基思·怀特。这是一件私事，但我提及此事是为了说明，作为大使，我所要不断应付的种种问题都是些什么。这对夫妇在下午来到，解释了由李英生先生提出的问题。李英生对他们的婚姻是否有效提出了疑问。理由是她与画家周某的离婚无法律效力。他们请我出具一张证明，承认离婚是有法律效力的，并且要我请求司法部次长查良鉴也出具一张相似的证明，写明她的离婚在"中华民国"的任何法院都会得到承认。

我审阅了离婚协议（照相副本）和纽约领事馆证明英文译本无误的证明书。这份协议是根据中国民法关于协议离婚的规定，由她和她前夫周先生订立的，在纽约签字生效，并有三个证人证明，其中有胡适和她的姐姐张美怡。按照她的说法，离婚协议也在上海的中文报纸上刊登过。

情况好像是这样：她与其丈夫因业务去巴基斯坦旅行后拟再度入境时，移民当局拒绝了这次的签证申请。因为移民当局接到了三封匿名信，（按她的说法，这些信是李英生所写。）内容是通知他们，她与怀特的第二次婚姻无法律效力。她说李企图敲诈她五千美元，要挟她把他介绍给宋子文，遭到她的拒绝。（据别人告诉我，实际情况是李拒绝与她在他们都经营的保险业务中进行合作,引起了她和李之间的争执,她威胁要在业务上与他较量。)

我认为离婚协议书很正常,虽然是在纽约签字生效,但根据国际私法,该协议是有约束力的。因为不管是她还是她的前夫住所都在中国,都是中国国民,他们的身份和行为能力都受中国法律的管辖。我告诉他们我将予以帮助。

2月14日,怀特来拜访我,并告诉我谭绍华按我指示拟就的证明不起作用,因为证明只是说了中国法律对双方同意的离婚是怎么规定的,而没有说她和其前夫的离婚有法律效力。我作了修改并出具了一份证明,承认这个离婚协议的有效性。我还说服查良鉴以司法部次长的身份出具一份相似的证明,说明他认为该协议在"中华民国"的任何法院都会得到承认。

另一个难题是不久前的大使馆商务参事刘大钧提出来的。他请我向对商务处直接负领导责任的经济部部长建议,把他和他家属去台湾的旅费汇给他。但是刘已经向我承认,那时他没有去台湾的打算。所以我告诉他,经济部对我的要求是:只对那些查明确实要回台湾的人才建议汇给旅费。在此情况下,我不能对经济部部长撒谎,我也没有根据作这样的建议,因为我知道他并不回去。

还有西藏达赖喇嘛的哥哥嘉乐顿珠的一件事。他希望在经英、法去印度看望他母亲之前,把他的国民政府护照展期。我已经将这事电告外交部,但没有收到回答。所以当他在2月2日拜访我时,我就答应再发一电,并且这样做了。他说,这次旅行实际上并不需要中国护照,他要护照是为了表示热爱和忠于自由中国。不过,他又说,如果可能还很想带他的母亲一起回到这里来。在这种情况下,就必须有自由中国的护照,否则美国当局也许就不会允许他入境。用红色中国的护照肯定是不会允许进来的。在回答我的问题时,他说他没有给他母亲写信,但收到了他兄弟的几封信。由于中国共产党在拉萨的代表们常常向他弟弟达赖喇嘛问起为什么他的家属留在印度和美国,他兄弟的处境十分为难。

皮宗敢将军2月12日报告说,台湾美国军事顾问团团长蔡斯将军预定于当天晚上到达华盛顿。这才算得上是大使馆的正常外交工作。皮说,他回来名义上是为了磋商,而实际上是为其病妻离开太平洋西海岸作出安排。后来皮宗敢给蔡斯打了电话,并在15日来见我说,蔡斯很高兴接受我的建议,在18日与我共进午餐。皮为了把新任海军武官柳鹤图上校介绍给我,也把他带了来。已被免去海军武官职务的周仲山中校,已在马里兰大学注册,学习运输,也前来告别,下周离去。

星期一,18日,快到午餐时,我接待了在中国呆了二十五年的基督教长老会传教士詹姆斯·格雷厄姆博士,他的教堂在张北。他来只是礼节性的拜会。他说得一口漂亮的北京官话,对蒋委员长和蒋夫人极为仰慕,他反对美政府使台湾中立化的政策,主张美国全力援助蒋委员长,以便其领导收复大陆的反攻。他说,他已经公开发表了几次讲话,以推动此项事业。

午宴本身用了一小时。我的客人有美国方面的蔡斯将军和奥姆斯特德将军,雷克托、诺里斯和陶布三位上校以及卡尼和圣约翰两位少校,在中国方面有俞大维、江杓和皮宗敢三位将军和董显光、谭绍华两位博士。蔡斯说,他返美是为了和当局进行磋商,并敦促加速运交对台湾的军援。他对台湾和所有其他国民党管辖下各岛(他都访问过)中国军队的士气和质量的改善颇为赞许。虽然陆军给他的合作少于海、空军,但他还是对所得到的合作甚表满意。他认为存在着来自大陆入侵的可能性,但他相信,在朝鲜达成停战之前共产党不会进军。在这个意义上,他还提到有一次他问蒋委员长派中国军队帮助法国人制止中共入侵印度支那有多大希望时,蒋委员长回答说"无所行动"。

他告诉我,在台湾有相当数量的装备供应,包括轻武器和一些大炮的弹药业已运到,虽不是新型的,但比没有要强。他说,仍急需飞机和重炮。一个雷达系统已经建立起来,虽也不是最新式的,但正在该岛西岸有效地发挥作用。

蔡斯说,他非常欣赏蓝钦,并拟与国务院谈一谈,让蓝钦留在台湾。如果应该得到提升,他将建议就地晋升为大使。后来他又问及司徒雷登博士,我说他的健康虽有好转,但仍不正常。我补充说,在与艾奇逊的特别顾问考恩谈话中,我曾提到蓝钦在台湾的杰出工作以及其结交朋友和赢得那里政府和民众信任的能力。但避免提到我们对司徒雷登的任何感想。蔡斯说,他将亲自去谈蓝钦获得我国信任的情形。

席间,奥姆斯特德告诉我,运交台湾的军援比例在所有受援国家中是最高的,同时他将继续催促装运。他的努力已由俞大维和顾毓瑞转告给我了,故我对此表示了谢意。奥姆斯特德然后又说,我们最好不要因目前运交台湾的援助和供应有所迟缓而表示出任何的失望。他解释说,今年是选举年,共和党人正在对美国政府的对华政策及美政府对国民政府提供军事援助之菲薄提出批评,这些都是出于政治上的原因。但是他说,他可以向我保证,一年之前政府是不急于运送军援的,现在则是真心诚意地在执行援助国民政府的政策。他接着说,11月份选举的结局尚未肯定,不管怎样,如果我们受到怀疑,说我们支持了指摘援助国民党不力的共和党人,那将是不幸的事。因为一旦民主党人再次获胜,他们就能这么说:共和党全力援助国民党中国的竞选纲领在投票中未曾得到美国民众的批准,所以他们就可毫不犹豫地修改目前他们执行的援华政策。

我告诉他,我们也考虑到这一点。三个月前我就劝告台湾的人士,在此间敌对的政治候选人就援助国民党中国的问题进行任何辩论或讨论时,要保持缄默。我还指示大使馆的全体人员要谨慎少言。奥姆斯特德完全同意我的措置,并说他提出这一点是为了帮助中国。他对中国极为同情,而且他本人是一个共和党人,所以我可信赖他提出这一忠告的诚意。

同一天,大使馆的一位女职员报告说,《华盛顿邮报》、《明星晚报》和《时代先驱报》的记者们给她来电话说,地方法院因顾夫人(黄蕙兰女士——译者)没有交纳所得税而对她的财产实行扣押。她问我怎么回答。这件事非常使我烦恼。我让她打个电话给经管顾夫人和我的纳税申报单的会计师弗雷德里克·蔡斯先生,请他回答记者们的询问,并澄清这样的事实,即顾夫人的税金已于1951年11月全部付清,2月9日她又收到了一张通知说是因她的申报单提出晚了,有义务交纳罚金及利息。通知单上说这笔款应于十天内付清,但根据邮戳,该通知是1952年2月8日下午七时发出的(虽然日期是1月16日),在十天期限还未届满时,2月18日下午四时地方法院就发出了扣押令,而顾夫人已经外出,预计到晚上才能回来。

会计师蔡斯只能与《明星晚报》和《时代先驱报》的记者联系上,女职员也给有关三家报纸的记者打了电话,但都未找到《华盛顿邮报》的记者。她被告知,该记者要到七时三十分才到办公室。至于其他两位记者,当告知其并非不交所得税,而仅仅是关于滞纳金时,就答应不再撰写公开的消息。后来我又亲自对蔡斯讲了这件事。他不仅是一位会计师,而且还是乔治·华盛顿大学的会计学和审计学的讲师。他怀疑这件事有某种政治背景,但我不以为然。

这几家报纸在对待中国政府的态度这个一般问题上原受国务院影响,继而又受毛邦初、向惟萱通过其宣传代理人的影响,一有机会就抢先发表诋毁国民党中国及其官员的报道。特别是那时大选在即,对华政策已成为竞选中的一个争论点。但是纳税一事,却是一个异乎寻常的事件。在正常情况下,一位外交代表及其家属甚至家庭随从,依法都不需要纳税。我之所以为我的有限投资(主要是顾夫人的投资,她从其富有的父亲那里得到一笔遗产,故比我富得多。)交纳所得税,是出于我自己的决定。我认为,那些投资与我大使的职务无关,所以我觉得应该对私人投资交纳所得税,以表示对法律和美国的尊重。

早在 1915 年,当我还是中国驻美公使时,我的同僚比利时大使说,投资是他的一项消遣。他发现投资能使他舒服地生活,并能使他坚持其使馆的各种职责,因为尽管政府付给他所要求的津贴极其微薄,但是所有的招待却是使馆任务不可缺少的。他解释说,他之所以做到这一点,是因为他创造的投资利润根本不需交纳任何税金。但是我认为,因为我的公职而要求豁免投资的所得税是不正当的,所以我坚持纳税。当时受我所聘的蔡斯先生去了税务局,被告知:追溯到 18 世纪开创美国历史以来,从未有过外国公使或大使交纳过或者被要求过交纳任何税金,所以主管官员也不知道怎么办。他回来报告说,我不需要纳税。但我讲了我本人的处世之道,并说,为使我的良心得到宽慰,我宁愿纳税。我向他谈了我的观点:这完全是个人的事,与我的公职无关。我这样办了,也说服了我的夫人同样纳税。但是,结果竟然落得如此!有一句非常恰当的中国谚语是这样说的:天下本无事,庸人自扰之。

　　2 月 19 日,《华盛顿邮报》煞有介事地公布了顾夫人纳税处境的情节,通过歪曲给人以这样的印象:这不只是延误申报的利息或罚金的问题,而且也是逃避交纳所得税而造成的利息或罚金。这是不真实的。我请来蔡斯,我们讨论了这件事。他对此很愤慨,但劝我立即交纳这笔款项,以便得到法院对扣押令的解除。我给在纽约的我的律师(他也为我处理有关纳税的问题)打了电话,他也劝我交纳所要求的该笔款项,然后由我的妻子以提出宣誓书的办法要求退还罚金。他还建议她和我赋予他代理权,以便国内收入署有关税务的全部信件能够直接送给他迅速处理,避免像最近发生的不幸事件。

　　第二天,《时代先驱报》发表了顾夫人的税务问题的情节,完全是蔡斯告诉记者的一样;但是《明星晚报》的说法却作了篡改,与《华盛顿邮报》颇为相似。我给蔡斯写了一封更正信,请他交给《华盛顿邮报》。他打来电话,我们安排了讨论问题和他访问国内收入署的事宜。

次日上午 11 时，我接待了蔡斯。他报告了为扣押顾夫人财产一事去国内收入署交涉的情况。他说，主管秘书无法解释为什么第二封日期为 1 月 16 日的通知实际上在 2 月 8 日下午 7 时才付邮。秘书道了歉。蔡斯把支付罚款和利息的支票交给了他，罚款留待将来按正规手续由律师辛德尔先生申请退回。税务问题就这样清理了，但是有损害性的使人误解的文章已在报纸上披露。

当时住在美国的菲律宾作家、时事评论员文森特·维拉明是我 2 月 19 日午宴上的客人。他告诉我，他与季里诺是同学，自从季里诺担任菲律宾共和国总统以来，时常通过长途电话与他磋商国事。

维拉明认为，美国应当给中国以充分的支援和帮助。因为台湾必须掌握在反共的国家手里，也因为国民政府不仅是东南亚各国、韩国以及日本安全的，而且还是美国太平洋边界安全的巨大而不可缺少的因素。但是为了激发美国公众的兴趣，避免翻出对国民政府偏见的旧账，他认为最好以一种新的方式来探讨援助问题。他说，不应该只探讨国民党中国的利益，因为这样会迫使美国政府（在面对共和党的抨击为其过去几年对华政策进行辩护时）说国民政府在大陆的失败是由于其自己的腐败和无能等等之类的话。最好把西太平洋地区看成一个整体，指出美国西海岸的安全是如何地有赖于从日本、韩国经过琉球、澎湖、台湾直至菲律宾、印度支那和印尼这一防御线的安全，还要指出这不仅是台湾安全和国民政府命运的问题，也是美国安全和幸福存亡所系的整个地区的安全问题，他说，这样做，国民政府就能够避免在竞选中成为一个政治争论的题目，而美国政府也可免于困窘，不必以牺牲国民政府来为其过去错误进行辩护。我告诉他，我完全同意他的看法。事实上，这也是我与美国朋友们交谈和向美国公众讲话时所遵循的准则。

当晚,我参加了一位中国在华盛顿的朋友、慈善家弗雷德里克·布鲁克夫妇的晚宴。这是一次很有意思的宴会。参加者有十六位,全是熟悉的友好人士,其中包括参议员罗伯特·塔夫脱夫妇(塔夫脱夫人仍患半身不遂,在其丈夫帮助下很艰难地前来赴宴)、参议员弗格森夫妇、海军上将金凯德夫妇以及戴维·劳伦斯。布鲁克在餐桌上宣布这次宴会都是用我在圣诞节送给他的礼物,一只十二磅重的史密斯菲尔德火腿做的。席间提到某商人送给杜鲁门夫人的礼物,杜鲁门夫人接受了。此事披露在报纸上,引起了一阵喧嚣。在餐桌上,我们就拿这项礼物——貂皮大衣和帽子开了一阵子玩笑。参议员塔夫脱说,按照他的理解,用一只火腿送礼是完全可以的,但是不能超过十磅。

宴会后,男士们亲切而有兴趣地聊天。塔夫脱和我先单独谈了一阵。他说,除非中共进攻印支半岛,他不赞成国民党部队马上入侵共产党大陆。他说,他不信任参谋长联席会议,并举奥马尔·布莱德雷将军为例。他说,布莱德雷在 1950 年对军事委员会说,一百一十五亿美元就足以保证美国的安全,如果让他再多花钱,他将宁愿辞职。但在 1952 年布莱德雷在国会对他们说,为了美国的安全,至少要五百二十亿美元。塔夫脱说,为此理由,他不能信任他。他个人主张,用国民党军队来分散中共的兵力,以减轻他们在朝鲜的压力。

利用国民党部队来对付大陆,似乎又成了许多人思考中的问题。据我日记中所载,蔡斯对海外新闻俱乐部所作的讲话,用赞成的口气,称赞台湾军队的士气和岛上的进步。但他谨慎地回避这样的问题:国民党部队是否要进攻大陆? 美国第七舰队是否会制止他们?

当时很受人拥戴当共和党总统候选人的塔夫脱参议员说,他对其西部六州之行颇为满意;还说,参议员布鲁斯特那天早上曾对杜鲁门讲过,应该着手竞选总统的活动,因为他找不到其他适合干这个差事的民主党人了。这一点使塔夫脱感到开心。谈到此处,他不得不起身告辞送他妻子回家。但是讨论仍在继续。《纽约时报》的名记者戴维·劳伦斯在回答我的问题时说,仅仅是朝鲜停战,还不能从台湾召回第七舰队,因为根据杜鲁门1950年8月的声明,该舰队仍要留在那里执行任务,一直到朝鲜冲突得到解决为止,而停战是不同于议和的。但他又补充说,杜鲁门为了取得停战,还得作很大的让步,因为得不到停战,他就要丧失总统竞选取胜的机会,而他是打算竞选的。

至于在最近同意召开的停战后政治会议上讨论政治问题一事,记得劳伦斯曾说过,同意讨论政治问题并无意义,就像联合国代表接受"等等"这一用语实际上没有什么意义一样。因为,同意讨论一个问题与该问题在讨论中如何处理,是截然不同的两回事。他认为,无论怎样,美国政府是不会接受中共进入联合国或取得台湾的要求的。(共产党想利用"等等"这样的用语,含蓄地把有些问题包括在停战会谈的日程里;而联合国代表坚持认为"等等"一词,不应理解为包括朝鲜之外的任何问题。当然,将来如何解释还是一个问题。)

几天之后,我拜会了查尔斯·爱迪生,告诉他有关毛案和调查委员会延期的情况。他和我还谈到该年选举的前景。爱迪生说,他不久前在弗罗里达海湾他父亲庄园里度假,发现在一次二十八名全是南方民主党党员的艺术家和演员的民意测验中,他们一致反对杜鲁门,而倾向于代之以塔夫脱、艾森豪威尔、麦克阿瑟或史塔生。他说,这表示了一种动向,如果有些选票既不投塔夫脱,也不投艾森豪威尔,而使他们得不到多数的话,麦克阿瑟还是有可能出冷门成为折衷产物的。但是,对任何情况进行预测,还为时过早,很大程度上要看7月份举行的芝加哥全国提名大会的结果。他回忆了华莱士1944年在芝加哥全国大会上被除名的过程。在一次下午会议期间,华莱士的支持者们手持大标语牌,高声喝彩举行游行,以征集对他的支持。当主席有所觉察时,就突然宣布会议休息但不是休会,下午会议的入场券被承认为晚间会议的入场券,原定正式晚间会议的入场券(已被华莱士的支持者大批掌握)则宣布作废。主席的宣布,阻止了华莱士派企图使晚上的会议倒向他的提名的图谋。

前文说过,在总统候选人其他可能性的问题上,原先曾经有过不少议论。那时,国防部长路易斯·约翰逊亲自告诉我,他可能参加共和党的候选人的角逐。但是,最近有人把他的名字和一家武器制造商联系在一起。蒋荫恩 1951 年 12 月在访问了约翰逊的亲密助手奥凯里赫上校之后立即报告说,由于这一原因,约翰逊在 1952 年竞选中充当主要角色的机会已经变得非常微小。在美国的政治竞争中,看来为使对手丧失信誉,是什么方法都会用上的。

在拜访爱迪生后的一周左右,我设午宴招待里格尔曼夫妇。里格尔曼夫人因着凉在最后一分钟未能出席。我还邀请了诺曼·利特尔,他因最高法院有案件正在进行不得脱身,但利特尔夫人来了,和平常一样光彩照人。她告诉我,美国人民要求改变政府领导。她还说,不管党的名称怎样好听,民主党人掌权二十五年,时间太长,对国家的民主制度没有好处。

2 月 25 日,我去蒋廷黻的纽约办事处访问他。我们进行了一次长谈,交换情况和看法。我们没有讨论选举之事,主要是谈国际局势。将近结束时,我问他,最近的将来,是否要去台湾。他说,有人再次要求他出任外交部长,但他回去只为参加会议,如果要留他担任外交部长职务的话,那他就干脆不回去。他说,他的电报尚未得复。最后,我向他叙述了毛案和毛最近逃往墨西哥的情况。

第二天,我与即将返台的董显光共进午餐。在谈话中,我暗示,因蒋廷黻出于个人的原因再次推辞,他有可能被邀请去代替叶的职务。根据董显光的说法,与其他问题相比,蒋的决定更多地是受他与其离异前妻之间的麻烦的影响。董显光请我帮助他摆脱这一任命。但我得到的印象是,他可能在台北被说服而同意。

在纽约,宋子文告诉我,他劝蒋廷黻不要接任,因为他在联合国非常有用,而且可能有较多的贡献。宋告诉我,由于蒋廷黻固执和难与人合作,他在台湾当外交部长不可能取得成就,而在联合国他一直工作得很好。

3月4日,空军武官曾上校向我介绍了新任美国驻台北空军武官菲茨杰拉德上校和同时派往台北的美国礼宾官欧文中校。他们来只是礼节性的拜会。菲茨杰拉德似乎曾受过担任外交职务的良好训练。他谈得很从容,但完全避免涉及各项严肃的问题。我们只触及一些表面上的题目,如台湾的环境以及美国大使馆武官和在台湾的顾问团之间的关系。菲茨杰拉德和该礼宾官对这一点回答得都很清楚,即武官协助美国大使馆,而顾问团则是协助中国政府并向中国政府提供顾问意见。

第二天,于斌大主教来访并告诉我,他将去纽约一段时间,以便推动组织一个促进中美人民友谊的"中美中心"的工作。他是筹备委员会主席。他解释说,该中心的政策是在纽约唐人街的人士、避难者和富裕华人中征集支持者,以承担该组织的费用,以后再邀请美国人加入为成员。所以,它不同于现在的一些组织,如华美协进社、中国协会、援助中国难民委员会、自由中国委员会等等。这些组织因为经费大都来自美国人士,全都在美国人控制之下,而新组织则由中国人控制。他解释说,新组织不是政治性的或党派的。它的目的是通过联系推动中美人民的友谊,它将是一个社交中心,甚至不以文化团体为其目的。它也反对第三势力的想法。他自己一再说明他反对这样一种势力。他说,没有蒋委员长,全民性的反共运动就不能成功。

于斌已经发觉,包括上述的许多美国人的委员会并不明确支持中国的国民政府。至于共同安全署所援助的中国学者和研究人员,国务院法律顾问艾德里安·费希尔曾告诉美国朋友,他并不赞成中国的任何受援者撰写任何反共的作品。结果,被批准研究的题目，除了古代的以外，对当前的问题则全然无关。

我问他，梵蒂冈派到中国的代表在什么地方。他说，黎培理被共产党当局强迫离开中国之后，斯佩尔曼红衣主教在香港曾见到过他。斯佩尔曼对他讲，他应该驻节的地方是台湾，因为他是被派往"中华民国国民政府"的。但是，有人对黎培理说，不要去台湾，以免他对台湾的访问激怒大陆的共产党，从而使他们不快而迁怒于那里的天主教徒。

于斌说，两年多以前，梵蒂冈要求他本人不要从事任何公开反共的活动，以免招致大陆中共领导的反感，从而引起他们对在华天主教神父采取敌视的态度。梵蒂冈劝他不要去台湾或在香港停留。但他告诉教皇和梵蒂冈，共产党对在华的天主教会和天主教人士的政策，不是看梵蒂冈和它的代理人的态度，只是根据他们自己的利益，他不赞成梵蒂冈回避刺激中共当局或避免引起摩擦的政策。他说，尽管梵蒂冈和天主教教会本身各项原则没有妥协的意思，但是，安抚的做法无济于事，而且在原则问题上也是不可能有折衷和中立的。当然，如果他受命避免摩擦，作为教会的拥护者，当然要服从，所以两年多来，他一直留在美国保持沉默，并继续沉默下去，而且还要避免发表反共的公开讲演。但是，他又说，是在沉默中继续贯彻自己的信念。

1949 年，他在香港时，毛泽东通过其代表之手送给他一封亲笔信和一张照片，邀请他返回大陆，并请他对把他的名字列入战犯名单一事不要过于介意（该名单中也包括我在内）。北平向他保证不干涉他的宗教事务，仅要求他对共产主义保持中立态度。于说，他告诉密使，他不能接受来信、照片或保证。按照他的观点，事关正义，不可能有中立。他是坚决反对共产主义的。

他说，所以北平又企图提升田（耕莘）红衣主教，并与其进行了接触，意在取得他的合作。但田也仍在美国。他告诉于和其他一些人，愿意返回本土，但必须不被人当作工具。于说，现在随着北平建立独立的民族自主教会运动的推进，其诱惑于斌和田返回中国的真正目的已经十分清楚,那就是利用他们带头搞这种运动。于还相信,没有蒋委员长的领导,任何自由运动都不可能成功,一切组织第三势力或推动中国铁托主义的企图都无济于事。

两天后,我离开华盛顿去度三周的假期。这是医生建议并经外交部长叶公超批准的,而且已经拖得太久了。我不在期间,使馆工作已经全作了安排。剩下唯一要做的事,就是和与我一起旅行的宋子文夫妇和郭慧德夫妇作最后的安排,为此,我的第一站就是纽约。然后我们全体在夜间乘飞机去圣胡安,航程六小时,一路顺风,于拂晓抵达。我们下榻希尔顿饭店,早餐后即入寝,因为旅程中一直坐着实在太累了。

约两周的假期颇为称意。我的时间主要用于游泳、散步和打网球,总之,我设法尽可能多做些体育活动。我谢绝一切社交活动或邀请,只在例外情况下,才同意出席。例如,3 月 14 日星期五,我与布兰科夫妇一起饮茶,他们的两个女儿协助招待。宋子文夫妇和我是仅有的三位客人。我之所以接受这次约会,是因为布兰科先生 1910 年在哥伦比亚大学做研究生时,我同时也正好在哥大学习。他说,他这些年来一直在注视我的事业。布兰科夫人说,他们宁愿住简陋的木屋,因为这种建筑的税较低,在火山爆发时也较为安全。她是西班牙血统,在岛上仍忠实于西班牙传统。她认为较高的教育对于大众来说,并非好事。她说,在他们毕业后不能找到收入较好的工作时,就会使他们失望。她有许多中国牙雕和刺绣,收藏甚富。

我还出席过圣胡安扶轮社的一次集会,这是主管该社活动的威廉·哈里森先生第二次来邀请,我才去的。他说,圣胡安人非常不了解远东的局势,由我给他们讲讲局势概况,这对自由中国和当地的人都有好处。这次集会在 3 月 18 日举行。我讲的内容是亚洲和世界的和平问题。会议开得很顺利,会后有几分钟的提问和回答。有人问我:从共产党手里收复大陆的希望如何? 如果联合国向中共宣战,是否有所帮助? 对于第一个问题,我作了肯定的回答,并谈了我的理由。对于第二个问题,我说,鉴于大多数联合国成员国在反对共产党的朝鲜战争上缺乏支持的意愿,而让美国承担战斗的主要压力和对战争的支援,所以这样一种宣战即使得到大多数成员的批准,除了道义之外,不会有太多的实际意义。因为这只不过表示一下批准国的愿望而已。

我接受的另一次约会,是波多黎各总督路易·马兰及其热情的夫人在总督府举行的鸡尾酒会。总督解释说,这次招待会是为我们举行的(宋子文夫妇已经离开)。主人对我们的欢迎极为隆重,大约有一百人出席。我们受邀与总督夫妇站在一起,以接待引见给我们的其他客人。点心是种类繁多的本地及外国的饮料和冷热食品。总督告诉我,他曾住在纽约的布鲁克林区并就读于布鲁克林学院。他介绍了他的许多内阁成员和圣胡安市长——一位女士。后来,他的夫人又带领我们一直走到总督府内——用一座旧西班牙堡垒改建成现时使用的场所,有一个景色迷人的庭院,周围满布遗迹和游廊。她告诉我们,她对台湾或中国一无所知,她正在读两本有关该岛的书籍,知道台湾的水果和波多黎各的非常相似,了解到桐油是适于引入波多黎各种植的。总督说,波多黎各要养活二百五十万人确实太小,他打算使其工业化,以便提高占百分之九十以上的农业人口和贫民的生活水平。他赞成引进美国资本,并正在提出许多有吸引力的条件。但是,他说,情况并非尽如人意。

第二天,3月20日的早晨,谭绍华从华盛顿打来电话。声音不清,我要求接得好些。当接线改善后,我得悉《纽约时报》和《华盛顿邮报》以一种勾引人们兴趣(如果不算是耸人听闻的话)的词句登出一则广告,宣布即将出版的一期《报道者》杂志将刊出两篇有关"中国院外活动集团"的文章,并保证其中有一些会轰动一时的新发现。谭说,俞大维、查良鉴和大使馆成员对应该作何行动意见分歧,他已经给我寄出一封信,报告他们讨论的情况,并附来一些剪报。

次日,收到了谭绍华和顾毓瑞寄来的有关《报道者》上"中国院外活动集团"文章的挂号函。我告诉他,在采取任何反击的步骤之前,应先了解一下文章的内容,这是必需的和明智的,任何不成熟的声明或向报纸发出通函只能是投合了杂志想扩大发行额的目的,并使我们在以后处理局势时处于不利的地位。(当我休假或离开华盛顿到别处时,常常出现特别紧急的情况,遇有任何这样的问题,使馆就与我联系。)

　　3月25日,哥伦比亚大学1909届毕业生、土木工程师、参议员爱德华多·福萨斯和他的两个儿子下午专门来访。他的小儿子帮助他经营商业,即将开办一家有八十个房间的旅馆。他的长子是一名医生,对该岛过分膨胀的人口表示担心,因为该岛的资源不足以养活那么多的人。他说,问题的形成是由于结婚过早,十八九岁的年轻人就忙着结婚,一个家庭有十个或十二个孩子。他提倡通过对妇女施行手术来节制生育,他亲自动手,平均每天有一次。

　　3月29日,我们离开波多黎各返回华盛顿。在办妥了移民当局的手续之后,于圣胡安时间十二时四十五分起飞。我没有带护照,但移民当局对我以国务院开的身份证明代替,感到完全满意。我们在七时十分到达艾德威尔德机场,受到好几位朋友的欢迎。

　　从波多黎各回来后需要我过问的紧急事务之一,就是各在美的民用和军事采购机构的合并问题。最近已收到了政府要求合并的命令,而且俞大维将军当我不在时已经为此做了工作。合并所有采购机构的命令,就像早先只合并军事采购机构一样,无疑是受到需要提高工作效率的推动。另外,不幸的毛案也使政府察觉对任何用途的公款都必须建立更有效的控制。因此,原未包括在前次改组之内,但也掌握几百万美元军民用采购的世界贸易公司也将纳入新的改组之中。中央信托局纽约办事处也一样。这倒不是因为对他们的工作有什么怀疑之处,而是为了更加合乎逻辑。如果所有的采购和对出口、外汇的掌握都能协调和集中起来,那就将便于管理和控制,同时也将免除好多机构和人员之间的摩擦、争论和纠纷,使行政工作更为有效,而先前他们只觉得主要应效忠于台北各自的部和政府机关,因为他们是这些部门的代表。

俞大维将军于 4 月 1 日来访。他告诉我,他已建议在华府的所有机构全部合并,但又觉得世界贸易公司应该分阶段处理。世界贸易公司的总经理洛克黑德会见了他,对他的意见表示赞同。洛克黑德建议,改组世界贸易公司的第一步是先减员三分之一,并把各政府机关委托它的各项采购资金的余额约二百万美元也上缴给政府。俞说,在纽约的全国资源委员会也将包括到拟议中的新代表团中来。新代表团由目前的“国防部驻美采购委员会”扩大组成,取名“中国政府采购服务协调处”。他征求我的意见,我建议取消“协调”一词,因为他说该机构将受大使馆管理,而大使馆的主要职能就是管理和协调。他同意我的意见。我也同意他的看法:对世界贸易公司的清理要逐步进行;按其业务的减少,根据其实际需要缩小规模。

世界贸易公司的性质比较特殊,它是第一批建立起来在美从事采购所需物资和出售中国产品以换取外汇的少数机构之一。资金全部来自政府,但它是根据美国法律组成的一家公司。为了保证其有效性并使其看来更像一家美国公司,美国人洛克黑德先生长期以来受雇,先任总经理、副董事长,最后成了该公司的董事长。

俞大维在通报美援的情况时告诉我说,下个财政年度的经援和当年差不多,但军援可能略有减少。另外还有三千五百万美元左右一般用途或消除影响用途的援款。他还说,由于我们拖延批准以 75 毫米大炮替换 105 毫米大炮,使我们失去了获得大量 75 毫米大炮的机会,因为几个月以前可以提供的巨大数量现在已有一半被处理掉了(大部分给了意大利和印度支那)。这是很可惜的,特别是虽然 75 毫米炮的口径较小但却更有效更实用。他补充说,蒋委员长仍在敦促台北的我国政府,在公开市场上自购美国根据共同安全计划所不能公开供应的东西。这样一来,我们就能够尽快地使用共同安全计划的资金,而不致像上一年那样剩下大量未用完的款项。上年度剩余了大约四千万美元,结转到本财政年度。

我们讨论了《报道者》杂志上关于"中国院外活动集团"的文章。我在波多黎各时,曾向我报告过这件事。当时大使馆人员、俞大维和查良鉴在如何行动或如何反应的问题上是有分歧的。但我倾向于同意俞的意见,即在我们决定采取任何反击的步骤之前必须了解其内容;当然,那时实际上还没有披露任何文章,只是广告上预告将有骇人听闻的揭露。在 4 月 1 日的讨论中,俞和我仍都认为有必要稍缓行动。我们所持的相同观点是:在决定如何对待这两篇文章之前,最好等它们刊出来。

实际情况是在随后一周的周初,刊有"中国院外活动集团"一文第一部分的 4 月 15 日一期《报道者》杂志就出现在大多数报摊上了。10 日,在大使馆一次有关毛邦初案某一问题的会议之后,皮宗敢武官留下来和我个别谈话。他想告诉我,《报道者》杂志有关"中国院外活动集团"文章冤枉了他。他说,文章所述 1949 年由他发给"蒋总统"的那些电报,实际上是毛邦初签发的。这件事更加深了我的怀疑:许多情况想来是向惟萱或是在中国空军驻华盛顿办事处的某人提供的,目的在于继续进行其抨击政府的活动。实际上,《报道者》的文章也在说,关于引用的一则电文及译稿是由一位前中国官员提供的。

我和皮宗敢谈话的同一天,俄勒冈州参议员莫尔斯在参议院的一次讲话中,引用了二十多封电报。除了两封以外,都是我的参赞陈之迈签发的,这例外的两封是皮宗敢签发的。这些电报全是打给总统办公室秘书周宏涛的,提供了美国形势、美国对华的舆论和宣传工作等等情况。

第二天,陈和皮给参议员莫尔斯发出了一封联名信,解释说,虽然有些情况由他们提供,但所有的电报其实都是由毛邦初将军发出去的。他们还进一步解释说,实际上,这些电报与中国大使馆无关。大使馆有自己的通讯渠道,不需要用空军办事处的通讯渠道,空军办事处完全独立于大使馆之外。他们还备好一套完整的档案,可供莫尔斯检查。在他们的信里还提醒莫尔斯注意,由于毛将军和向上校不交清资金的账目和本来属于中国政府的文件,已对他们提出了诉讼。同时还说,在他讲话中引用的那些电报,就是这些文件中的一部分等等。区法院已经命令毛把这些文件交给法院保管。莫尔斯参议员既未直接答复他们,也没有通过任何方式表示有兴趣查阅提供给他的案卷。

1951年11月来华盛顿接替皮将军担任新的国防部采购委员会领导职务的江杓将军,于4月3日,为他台北之行前来辞行。他说,他从到达后的几个月里,已经了解到妨碍军事采购代表团顺利执行其职能的原因所在,并已向俞大维将军建议,要求政府重新调整人员。他说,目前在同一个机构中有过多的高级军官,使其难以顺利地进行工作。有几位都是同一军阶。按说只应有一位高级军官,其他都应是拥有适当军衔的助手或成员,这样就易于指挥和控制了。但是俞大维认为应当从缓行事。俞觉得目前太突然地打乱其组织,是不明智的。至于公款,江杓说,他已成功地使属于几个部门的全部款项都存在委员会名下,而不是存在各代表自己名下。这个改变非常必要。

当江杓说到他将回台述职,但可能要待在那里一些时候,我敦请其尽快返回华盛顿。我还请他在台湾解释一下在毛案上我为什么不得不小心行事的原因。鉴于美国法律和手续复杂,案件头绪繁多,加上可能影响美国对华舆论,以及美政府对我们掌握公款的信任,故尔谨慎行事是十分必要的。我还请他说明一下,目前和今后,总统竞选活动已接近各候选人之间进行重要政治竞争的阶段,而且将越来越紧张。我们无论是在此间还是在台湾,公开的言行都必须加倍小心,才不致在美国人民方面引起任何疑虑,和招致任何原本可以避免的抨击和恶意。我还说,我要请他为我捎一封信给叶公超。

我与 4 月 2 日来访的王守竞博士商讨,据我的推荐外交部已新任命其为商务参事的事。我力促其接受该职并接管商务处,以便落实政府命令废除商务处独立地位,并将其职能移交给大使馆的命令。他显得很勉强,但答应在充分考虑其向一家美国公司申请技术职务的情况以后,将给我答复。

4 月 9 日星期三,我与石道生谈了一次话。他自刘大钧离职后一直是代理商务参事。我把最近外交部有关他的职务的指示和我拟请其在商务参事王守竞属下继续工作,以后设法让他继续领取目前的薪金(比外交部为职员所定的薪金高得多)的想法告诉了他。他要求在与美国商务部和其他美国政府机关通讯时,能够继续以代理商务参事的名义签署信件。我告诉他,这样做不符合外交部的命令。

星期二晚上,我出席了由国际经济社会发展全国会议举行的晚宴。该会议是民间发起的,主要是听听对"第四点计划"的意见和评论,以及可能采取的改进步骤。杜鲁门总统原定在宴会上发表讲话,但由于午夜肯定要出现钢铁罢工的紧急情况而未能到来。实际上我在十点三十分就得知,他已广播其决定:如果到午夜,钢厂与工会之间不能达成协议,就接管钢厂。在总统缺席的情况下,艾奇逊国务卿代读了他事先准备好的讲稿。

同一天傍晚,我接待了菲律宾大使罗慕洛。他是前来作礼节性拜会的。当我问起他对总统竞选中各候选人的前景有何看法时,他回答说,他认为艾森豪威尔的机会最大,如果塔夫脱当选,那么对于整个国际局势来说,将不是一件好事。

我反驳说,塔夫脱一再宣布过,他在亚洲坚持一种肯定的反共政策。罗慕洛同意说,就亚洲来讲,塔夫脱的政策是好的,但他考虑的是对整个世界形势可能造成的影响。他认为欧洲的防御计划将会蒙受损失,因为塔夫脱从内心来说是一个孤立主义者。

我说,虽然艾森豪威尔非常了解欧洲的局势,但对远东知之甚少,所以我怀疑艾森豪威尔担任总统后是否会给远东以更大的关注。

罗慕洛说,艾森豪威尔在菲律宾当过两年麦克阿瑟的助手,所以他对远东也有些了解。但是艾森豪威尔与麦克阿瑟之间有争论,他们的关系可能现在甚至比过去更加紧张。不论怎样,罗慕洛相信,艾森豪威尔如果成为总统,他将继续马歇尔所执行的政策,因为艾森豪威尔是马歇尔的门下,而且正是由于马歇尔的影响才被提拔到现在的显赫地位的。

于是我又转到了腊斯克辞职的真正原因的问题,是否与他在纽约华美协进会举行的宴会上发表有关对华政策的演说有牵连。

罗慕洛回答说,那件事必然与辞职有很大的关系,因为艾奇逊处理腊斯克那次讲话的事对他很不客气。但是,事实上那时福特基金会确向腊斯克提供了一个极富吸引力的职位,工资较高,行动更为自由,这也是一个因素。

4月10日,中央银行总裁徐柏园以国际复兴开发银行理事会1952年中方理事的身份来作礼节性拜会。他是在辞去了台湾银行董事长一职以后接受该项新任命的。徐先生证实了这样一则报道:蔗糖再度出口赚取外汇后,从该年1月起外汇的最严重危机时期已经过去。他还告诉我,吴国桢已放弃辞去台湾省主席之意,但是吴与行政院院长陈诚的私人关系仍不和谐,不能令人满意。

星期四当晚,我设宴款待徐柏园。这次宴会气氛活跃,因为他和俞大维及谭伯羽都是旧识(从在柏林时起他们三人就成了朋友),频频举杯祝贺他们的重逢,举座欢快。谭伯羽那时是国际货币基金组织的中方执行董事。

在那一周里,还有二位来访者,他们是刘维炽夫妇。他们是进行一次消遣的旅行并到华盛顿来观赏樱花的。我邀他们一起午餐。饭后互叙私衷。一开始他告诉我有关早在1941年12月解除郭泰祺外交部长职务的某些情况,然后又说到 1949 年的孙科内阁。刘先生是广东人,又是孙科的挚友。孙科当行政院院长时,刘成了孙内阁中的一位部长。刘先生回忆道,当 1948 年 12 月孙科被蒋委员长说服就任行政院院长时,一般舆论认为,应由胡适博士或者我来担任外交部长;如果胡博士拒绝入阁,我就将被任命,而由胡来华盛顿继我大使之任。但是,胡对两者都坚决拒绝,而驻美大使一职,正如刘说,又过于重要,其他人均不适合,因此吴铁城在未获得南京大多数主要政治元老或退休外交家支持的情况下,当上了外交部长。

刘还说,他拜会了李宗仁并受到了款待。他之前去是为了说明,与蒋委员长一道来拯救国家,对李来说,是多么的重要。但他发现李既固执而又无政治见识。刘认为,在他身边的甘介侯起了不良的影响。

星期五,我乘火车去纽约,因为我在次日上午要在纽约接待杭立武先生。我早先提到过,杭立武来美之前曾在伦敦停留了差不多两个月。我们在讨论美国形势之前,先讨论了英国的态度和政策。在美国形势的问题上,他说,他觉得有一股倾向于扶植第三势力的强大的舆论潜流。这一点他说得不错。但我告诉他,美国当局鉴于朝鲜战争中美国人流血丧命牺牲惨重,和红色中国在苏联支持下在停战谈判中的无理态度,以及由此引起的美国舆论对过去对华政策不满情绪的增长,和认识到对台湾的重要性和国民政府对美国的友好态度,他们已经觉得有责任要逐步修改其政策,使之有利于国民政府。我补充说,这并不意味着他们已经回心转意,只是不得不暂时向形势低头而已。作为我的看法的实例,我提到了《报道者》杂志上所谓“中国院外活动集团”的几篇文章。我告诉他,这些文章是受华盛顿的一些对国民党中国不友好的势力所煽动、帮助和支持的。我指出,今年是总统选举年这个事实,一定会加剧有关美政府对国民党中国政策的政治争论。

至于选举结果,我说,究竟哪一个主要政党将在 11 月份赢得选举的胜利,还不易肯定。艾森豪威尔一般以"欧洲第一论者"为人所知,如果当选,不可能改变其立场,使之大大有利于亚洲。但是,他是一名军人,由于高级军官多半赞成给台湾以更多的军事援助,他可能在一定程度上受到这种看法的影响。

随后,我领杭立武去德雷克饭店一起进餐。我还请胡世泽去该饭店找我。因为胡(担任联合国职务)想在去台湾休假回家之前与我谈一次。

16日星期三中午,在大使馆举行给雷蒙德·莫耶授景星勋章的仪式。随后是冷餐招待会。出席者有许多以前曾任经合署代表当时是在共同安全署任职的人士,以及某些其他美国官员、知名华人和大使馆成员。我在日记上写道:

> 莫耶博士在主持经合署中国分署期间,深得我台湾民众的喜爱。他以前在山西省学校任教,精通中文,并非常同情我国人民。外交部让我亲自授予他勋章,并对此次授勋仪式写一报告。考虑到莫耶博士和大使馆只发出了有限数量的请柬,美中双方出席观礼者堪称踊跃。

我发表了一篇赞颂其工作的简短讲演,强调对他的合作精神的赞赏,表达我们对经合署援助的谢意,特别是对他鼓励此间的政府和经合署当局为我们制定一项卓越的计划所表现出的精神表示谢意。莫耶博士的合作态度使整个台湾的事业成为经济合作领域远东其他各国可贵的榜样。对此我也表示了我们的感激。莫耶博士以简短恰当的讲词作答。

晚上,我设宴招待了连瀛洲夫妇。他们从新加坡来到华盛顿,作为他们周游世界的一部分。连先生告诉我,战斗在马来亚丛林中的中国人并不都是共产党。许多年轻的中国人是为反对英国人歧视而战斗的。英国人规定:中国人必须父母都在马来亚出生才能取得公民资格。其他的人则不满于英国人的自食其言,没有按承诺对曾与日本人战斗、由丛林中返回的人,付给六百美元。因为在新加坡,对所有的英国人都全部照付了。他们还不满于在他们取得完全的英国属民身份之前,对他们征收高额登记费用(而马来亚人就不需要)。

许多东南亚国家的华侨那时都有很多困难。在各国的难处虽不尽相同,但都是由于国民政府逃离中国大陆而引起的。一位来自印尼爪哇的华侨陈(音译)先生在1951年9月对我作礼节性拜会时,谈了那里华人的一些问题。陈先生是《泗水新闻报》的编辑,是被派来美国研究美国报纸和宣传手段。他反共,与泗水(爪哇主要港口)当地国民党和台湾的国民党的关系都很好。

他问我爪哇的华人应当怎样做才好。当地政府要他们在1951年12月31日前作出选择,或者在中共领事馆登记为中国国民,或者入籍为印尼国民。他告诉我,许多华人对两者都不愿意。

我建议说,入籍印尼是一个明智的临时办法,否则将被当作无国籍人对待,并被认为无权完全享受印尼法律的保护。他说,这也是台北国民党中央党部提出的建议。他赞成我的看法。

4月17日,我出席了《洛杉矶日报》社社长史密斯先生举行的鸡尾酒会。史密斯与其他两三个人一起,和我谈到了有关《报道者》杂志上"中国院外活动集团"的文章。他们都说,在这些文章里毫无新的内容。他们认为,更多的是为了扩大该杂志的销路。他们对我下面的话丝毫也不感到奇怪:"这些文章得到了华盛顿和纽约某些人的支持和帮助。这些人对贬低国民党中国颇有兴趣,并以此为过去的对华政策作辩护,而正是过去的对华政策使中国大陆沦为共产主义,并造成了朝鲜冲突"。他们全都同意我的看法。

几天之后,在康纳将军夫妇(康纳一度曾任在华美军司令)举行的宴会上,他们的两三位客人也说了极为相似的话。他们说,《报道者》杂志上"中国院外活动集团"的文章没有新东西,不值得对这些文章给予过多的注意。他们也认为,这是一个扩大该出版物销路的企图。

前者,4月8日霍宝树和中国技术代表团的李榦曾来对我说,共同安全署负责远东事务的助理署长克拉伦斯·德克尔即将去远东(包括台湾)旅行,想来见我。为了节约时间,我提议举行一次午宴,最终安排在4月23日举行。除了德克尔(原来他是去台向美大使馆和共同安全署中国分署提出有关经济方面建议的)外,我的客人中还有弗兰克·罗伯茨、俞大维、霍宝树和李榦。罗伯茨是艾夫里尔·哈里曼的副手,共同安全署官员,主管援助计划,特别是与军方有关的所谓紧急援助。谈话内容主要是有关台湾的经济问题。

　　4月24日,我接待了联合国秘书处法律部主任梁鋆立。他是在赴欧洲出席联合国国际法编纂委员会会议之前来华盛顿参加美国国际法学会年会的。他在日内瓦曾随我供职多年。虽然他那时在联合国秘书处工作,但我们互相之间仍保持联系。他是一位卓越的学者,一位尽责的律师。虽然自由世界和共产主义阵营的战后斗争,使国际法的威信和权力丧失不少,但他并不感到失望,而且相信在编纂国际法方面还有许多有用的工作可做。我还可以附带提一下,他在会议上是大会和委员会的当然秘书。

　　第二天和以后两天的大部分时间,都花在医生那里。他为我做了一系列难受的检查。尽管我最近度了假,但仍不舒服,觉得精疲力竭,故决定做一次彻底的检查。全部检查结束后,我愉快地访问了华盛顿名流安斯伯里夫妇,轻松地在他们的俱乐部里吃了一顿饭。

　　我的右边是德鲁·皮尔逊夫人,她是那位声名狼藉的记者的妻子。她在回答一个我经过慎重考虑提出的问题时,对我说,民主党将会获胜,她敢打赌。她说,她的看法与她的丈夫不同。她的理由是:尽管大众现在可能对当局的这种或那种做法表示不满,但是当11月份投票时刻到来,他们就会慎重考虑投民主党的票。因为他们会对自己这样说:"这些年来在民主党统治下,我们毕竟过得不坏,境况还算宽裕,每年在各种费用开支和纳税等等以后,我们也能有点剩余了。"最后她说,这种政策那种政策都与民众无关,对他们切身有关的是他们的收入如何。

28 日,援助中国流亡知识分子协会在纽约广场饭店举行宴会,听取麦圭尔神父关于中国流亡知识分子在香港境况和遭遇的报告。周以德和马歇尔联名发起这次宴会并写信邀我参加,每十人一桌,每道菜十美元。在信里,他们说过去他们于美国对外政策的观点不同(我想尤其是对华政策),但是正因为如此,更强调了他们共同的目的:支持这项人道主义的努力来帮助从中国大陆共产党统治下逃出来的苦难中的中国知识分子,并盼望能有助于维持他们的生计。

宴会开得很好,参加者超过五百人,自由中国各方面代表人物都有。中国人士包了五六桌,其中包括我的一桌。周以德以主席和主持人的身份在讲话中对听众讲一个诙谐的故事。他说,男人们都觉得比女人们强,不管怎样,丈夫总认为比他们的妻子高明,他们常常表现得就像真有其事。有一个晚上,一位丈夫正在读一份晚报社论,社论强调美国被一群包括大资本家和华尔街领袖们在内的少数人所操纵。作为金融家的他,颇为得意,问妻子:她认为这一群少数人有多少。妻子两眼瞪着他,认真地说:"我不知道确切的数目,但是不管怎样,它比你想象的要少一个。"

腊斯克最后在宴会上发表了一篇富有建设性和实际意义的讲演,开场白中也讲了一个故事。他说,战前他在德国的一次国际会议上发言,因为听众大部分是德国人,他又在德国念过书。德语说得还可以,就用德语发言。讲完后许多客人都向他来祝贺,问他来自哪一州。腊斯克回答说,他来自佐治亚①。于是一位赞美他的人说,他已经注意到他的德国话带有俄语味道。

5 月 2 日,李幹应我之邀前来。我请他给我写一份关于外交

①　美国佐治亚州和苏联格鲁吉亚加盟共和国的英文名字都叫 Georgia。——译者

部的建议为什么行不通的备忘录。外交部的这项建议,是要对美国提出的有关在台美国私人投资的保证一事的换文草稿进行修改。我说,这项修改是行不通的,因为这样就与美国向所有接受共同安全署援助的各国提出的统一格式不一致,同时也与美国国会为设立共同安全署所制定的法令不相容。

李答应尽快把备忘录给我,以便我签发电告外交部。我身在华盛顿,能较密切地接触到美国政府的观点和打算,同时也比较了解美国宪法的规定,所以在这种问题上,当外交部长从中国观点出发来研究协议草案并打算提出建议时,有必要提出不同的意见,因为很难要求美国政府接受有悖于国会授权法案所规定的进行修改。

后来,给外交部的电报发出去了。政府同意了我的建议,但是还有一个问题必须解决。外交部又来电说,它希望对我政府就美私人在台投资向美国政府作出保证一事,与美使馆在台北换文生效,以便广为宣传,有助于振奋民心。我当然赞成这一意见,但美国国务院只在下述条件下才表示同意:美国务院要先在华盛顿和中国驻美使馆谈妥文本,只在台北进行签字和换文仪式。据我回忆,最终就是这么安排的。

5月6日,在参加了秘鲁大使贝尔塞梅耶的招待会后,我在使馆设宴款待众议院议长雷伯恩夫妇。其他客人有参议员诺兰和夫人、肯·里甘和夫人、格雷夫斯和夫人、古根海姆上校和夫人、参议院秘书比弗尔和夫人、坦克斯利和夫人、安斯伯里先生和夫人以及塔基阿尼夫人。这次宴会是我那年预定四次外交宴会的第一次,众议院议长是这次宴会的主宾,他的妹妹雷伯恩小姐坐在我的右边。

宴会结束时,议长向我的妻子和我祝酒,这使我受宠若惊而站起来。他祝贺我在艰难时期杰出而严肃地代表了我的祖国,是一位伟大的外交家。他说,议长在众议院里通常是沉默的,但是在这个场合他不能也不应该沉默,因为他想对男女主人表示一下他的深厚情谊。

我在简短的答词中,强调了议长和其他客人的光临是我们的荣幸,并且提到了议长关于想在这个场合表达其感情和不像众议院主持者通常要保持沉默等等。我说,我把这一点看成是真正民主的象征。我对议长希望看到中国大陆民众再次获得自由表示了感谢。我说,在大陆由于自我坦白的严令,连沉默的自由也不能有。但是我又说,我和其他热爱自由的中国人抱着深切的信念,认为"中华民国"终有一天将在中国大陆重新建立政权,中国民众将恢复自由。我提议为议长干杯,并请全体客人和我一起干杯。他们都接受了该项提议。

计划中的第二次外交宴会,是在两天后举行的。客人中有葡萄牙大使费尔南德斯和夫人、菲律宾大使罗慕洛和夫人、几位国会人士、其他著名美国人士、霍宝树和夫人、皮宗敢和夫人。宴会后,我与前众议院议长、当时的共和党领袖约瑟夫·马丁叙谈了几分钟。他说,7月芝加哥共和党全国代表大会将提名谁的问题尚未解决。塔夫脱和艾森豪威尔两个阵营之间的竞争非常剧烈,甚至达到苦战的程度。他预料第一轮投票中两人都得不到多数,如果几轮投票都不能使哪一位得到提名所必须的多数的话,就不得不举出某位中间的候选人以打开僵局。他(马丁)将是第四次担任全国代表大会的常设主席,最后他甚至也有可能被提名。他补充说,虽然他自己并不钻营提名,但是他的许多朋友正为此目的在活动。

第三次宴会(5月13日)的客人有秘鲁大使贝尔塞梅耶和夫人、最高法院法官伯顿和夫人、希腊大使波利蒂斯以及迈伦·考恩和夫人。最高法院的首席法官文森和夫人是我的主宾。首席法官发表了很有礼貌的讲话,赞扬我是一位伟大的政治家和外交家,在那些艰难的岁月里出色地代表了我的国家,并且仍继续赢得美国政府及人民最崇高的敬意。他实际上是对我和我的妻子用了许多溢美之词。他说,我们在华盛顿这里交了很多的亲密朋友,这次宴会就是这一事实的证明。他提议为自由中国干杯,并且希望中国将来在亚洲恢复其应有的地位。我原没有想讲话,当文森通过我的妻子问我是否要讲话时,我是这么回答的,是他作了如此动人的讲话,我觉得必须感谢他。所以我就站起来致了谢意,并说,我的妻子和我感激他们这些人赏光,我也很感激最高法院首席法官盛情的讲话。我强调了中国人民对自由的热爱,以及中国人民对美国人民的自然喜爱,把他们当做朋友,所有热爱自由的中国人民都坚信,我们的事业最终会赢得胜利,返回大陆。我说,这个目的不仅符合我们迫切的愿望,而且也大大有助于全世界和平和自由的事业。然后我提议为我们的主宾干杯,并为其他出席宴会的全体美国朋友干杯。

5月15日,我在双橡园举行了另一次宴会。这次客人中有弗兰克·多恩将军和夫人、德·帕斯夫人、邮政局长唐纳森和夫人、参议员麦克莱伦和夫人、约翰·艾利森和夫人等等。这次宴会是我计划这段时期举行一系列正式外交宴会中的最后一次。德·帕斯夫人是新任阿根廷驻美大使的妻子。她是一位机智、聪明、有抱负的年轻女子,对阿根廷的庇隆十分钦佩。她告诉我,她的丈夫是一位教师而不是一位职业外交家。实际上,以前当他得到通知被任命为外交部长时,他简直不能相信。但是,据说这是庇隆夫人的提名。他是该国历史上最年轻的外交部长。她还告诉我,她发现他在美国的新职务环境很不同寻常,并且问我许多问题,如怎样才能了解华盛顿官场和社会上的知名人士等等。她对宴会上有那么多的杰出有影响的美国参议员和官员感到惊讶。

后来我与参议员麦卡伦个别交谈。他和来自他那个州(内华达)的共和党参议员马隆关系不好。他告诉我,马隆是不会重新当选的,因为他正在提名一位民主党候选人来把他打下去。关于他的移民法案遭到各方反对的报道,以及杜鲁门总统竭力阻止该法案在参众两院通过,如果阻止不住就要进行否决的那些报道,他并不感到担心。麦卡伦说,他在两院中拥有足够的多数,不仅能使法案获得通过,而且如有必要还可以使总统的否决无效。

在那多次举行宴会的两周里,我还接待了许多来访者,并出席了多次招待会。例如5月8日,应我之请,张君劢博士来与我一起午餐,并作了个别的谈话。他刚从印度经香港来美。看来他对国民政府,特别是蒋委员长的政策相当反感。他表示,他不知道为什么国民党政权还在指望人人依旧忠于它并对它表示满意,而不理解国民党政权在大陆造成人民流离失所遭受苦难的那些错误。

他说,他和另外许多强烈反共的人都不满国民政府过去和现行的政策。他一直认为政府应放开眼界对这些人宽容。他说,蒋委员长过去采取控制出国护照和控制出入台湾的办法,试图迫使这些人声明支持台北政府,而且现在依然这么做。他问道:蒋委员长为什么不能理解从事于反对大陆共党政权活动和帮助自由中国事业的每一个人,都应该受到鼓励和支持,而不应通过各种控制手段强迫他们宣布支持蒋委员长?(蒋委员长的政府现在已行使不了过去在大陆所掌握的权力。)他对于反对共产党政权的工作和为此建立起一支足够强大的力量怀有信心。他的工作就是为此目标而进行的,理应得到台湾的承认。至于谁应当是未来政府领袖的问题,可以留待推翻共党后再去解决。

我告诉他,如果他的目的也是反共的话,他就应当支持台北政府,因为,为反共而工作的人就必须为一种已经组织起来的活动、一支武装力量、一个被承认有国际地位的政权和领导进行工作。而所有这些不可缺少的特征,在台湾政府中都找得到。我说,没有这些,我们都不可能指望得到任何一个国家的帮助,也不能得到自由世界的支持。我强调指出,一个人必须在他从事反共工作和设法收回大陆的态度和政策上采取现实主义。看来他不同意我的看法,但是他说,他对我说的是推心置腹话,要我不要对别人说起。因此,直到现在,我只在司徒雷登博士和傅泾波谈到这件事的时候,与他们作过一般性议论。

那是在一个月之后。司徒雷登博士到双橡园拜会我。和以往一样，他是由他的秘书傅泾波陪同前来的。大使看上去比六个月前上次见到时要好一些，身体恢复很有进步。傅泾波说，张君劢先生已经拜访过司徒雷登博士几次，他请司徒雷登把他介绍给美国知名人士，他想与他们讨论一下中国未来的问题。傅说，张积极鼓吹第三势力的观点，再三表示对北平政权和蒋委员长领导的国民政府之不满。傅说，他已经给国防部主管军事情报的郑介民将军写了信，并把他收到的回信给我看了。郑介民好像十分了解张君劢的行踪和活动，因为他信上说，张在印度会见了尼赫鲁，建议尼赫鲁领导一项运动，建立一支中间力量或一个国家集团，以缓和苏美之间的紧张形势。为此目的，尼赫鲁应建立一个第三集团，其中包括工党领导下的英国等国家。郑介民还说，张建议艾德礼把各国社会主义的政党联合起来，发起一项同样目的的运动。傅劝告我提防张的活动。

我告诉傅，我已见到了张君劢，并与他谈了话，得到的印象是：他的观点是书生气的，他对美国的政策不甚了解。我已敦请他现实一些，要与国民政府合作，把它看作是亚洲反共运动的逻辑上的必然核心和领袖。我告诉他，空话毫无用处，我们应当实际一些，承认台湾"国民政府"现存的力量、组织和国际地位。全体热爱自由的中国人，应当团结在国民政府的周围，并且帮助它推动完成收复大陆和建立统一、独立、自由的中国这一共同的目标。

司徒雷登表示承认张的观点是不现实的，并且承认美国对国民政府的政策在过去一两年里已经有了很大的改进。他向我强调了两点：

（1）关于国务院对中国的错误政策，他无由施加影响，因为他既未被邀征求意见，也没有参与决策。

（2）艾奇逊从阻止共产党扩张的全球性争夺考虑，对亚洲问题已经有了进一步的了解；在遏制共产党扩张这样的大问题中，对亚洲这个角色和中国问题的重要性也有了进一步的了解。

我告诉他,我也有同样的印象,在对情况更加了解的美国舆论压力下,政策已经逐步地发生了变化。舆论一直是美国主要对外政策的真正基础,没有美国民众的支持,美国政府不可能无困难地长期实行任何一项对外政策,这就是民主力量真正的考验。

5月12日来访的客人中有一位是刘毓棠,他是张群将军的女婿。他当时正与自由亚洲委员会一道进行工作。他告诉我,这个委员会现在已更加了解在工作中谋求台湾合作的重要性。人们可以回想一下,一开始他们本想把台湾降到次要地位上去,因为他们也倾向于在中国鼓励第三势力。

5月13日下午一时,缅因州的众议员罗伯特·黑尔和夫人在议长餐厅举办午宴,主客是"1951年母亲"龚太太。她是一位出身于缅因州波特兰市的华人寡妇。她有三女五男,都是她当洗衣工带大并使他们受到教育的。一个儿子是律师;一个是外科医生;一个是电机工程师;另一个是教授,在伦塞勒工艺学院教书;最小的还在读书。她的一个女儿是美国政府一个机构中的职员。

虽然出身微贱,但龚太太仍使自己保持其尊严和魅力。她坐在我的旁边,我们用广东话聊天。在黑尔发表讲话赞扬龚太太和感谢我出席之后,我代表她和我自己致答词,感谢主人们的款待,并对该年的荣选加诸于一位华人感到自豪。负责远东事务的助理国务卿约翰·艾利森也出席了。出席的还有众议员周以德和夫人。整个宴会包括龚太太的孩子们在内共约三十人。

第二天,我也在大使馆为龚太太举行了一次茶会,为她以美国"1951年母亲"身份访问华盛顿送给她一只银盘。被邀参加的有:她的一家、众议员黑尔和夫人、众议员周以德和夫人和选举她的金箴基金会的代表,以及随各种代表团去过中国或者与救济工作有关的许多著名美国人士。包括我大使馆和在美的其他中国政府机构的许多人在内,共约五十人。

我在向她赠礼时,发表了简短的讲话,并为众人的出席致谢。我强调指出,作为中国社会基础的家庭,现在正在外来的思想引导下,为共产党任意摧毁。我赞扬了美国生活的民主方式,使得龚夫人能够按照她的方式培育一家,为她自己增添了光彩,为她出身的国家增添了光彩,也为她选择落户的国家增添了光彩。讲话后上了点心,并集体照了相。

第二周,我去纽约赴几处约会,其中包括浪琴表公司发起的哥伦比亚广播公司电视访问节目。我和预定的采访者们先作一番简短的讨论,然后开始五十分钟的正式采访,其中包括关于台湾情况、国民政府收复大陆的能力、共产党维持其统治的能力以及他们和莫斯科的关系等等问题和我的回答。这些都反映了公众最有兴趣听的那些内容。

上述是 26 日的事。25 日我接待了纽约中华新闻社社长倪源卿先生。他的来访,是为了告诉我,他已被召回台湾述职并进行磋商。他相信,这将使他能熟悉一下这个过去他从未见到的岛上的进步和情况。他将在两三周后返回纽约。关于美国这边的宣传工作,他说,他和他的同事都认为雇用美国人来为我们做这项工作不是很明智的。他对中华新闻社的报界关系顾问(或叫公共关系代理人)诺曼·佩奇的工作颇有意见。倪指出,佩奇的薪金占了他办事处月预算的一半,这样不仅费用太大,而且也不妥当,《报道者》杂志上发表的"中国院外活动集团"的几篇文章就是证明。我告诉他,我们已通过协议来削减佩奇的报酬和费用,美国人做的一些联络工作我们自己人做不了。此外,佩奇在他打交道时谨慎不冒失。不过我说,对于继续雇用他的问题,我再考虑考虑。

倪先生给我看了外交次长时昭瀛的私人来信。信里说,他备受心脏病之苦而且正在住院,这表明他大约不会再寻求或得到海外的任命。然后根据倪的要求,我概括地谈了我对各项问题的看法,以供其在台湾汇报。我说,由于两党的总统提名大会即将来到,以及随之而来的竞选和选举,美国国内政治形势又升高一级。至于谁有可能 7 月份在芝加哥赢得共和党和民主党的提名,尚难于断定,而且言之过早。但是艾森豪威尔和塔夫脱两阵营之间的紧张竞争使得共和党已经陷入苦战之中,这一事实可能要危及共和党11月份取胜的前景。据说如果两者之中有一个得到提名,则另一人的拥护者将联合抵制投票。最可能被民主党提名的候选人尚未得知,但有人说,如果塔夫脱被提名,杜鲁门就可能同意对他的提名,因为总统认为,11月份他能够轻易地击败塔夫脱。

至于第三次世界大战的危险,我说,虽然不时出现各种事件和危机加剧了紧张局势,但危险性并不严重。至于美国对国民党中国的基本政策,我说,自从朝鲜战争爆发1950年7月总统声明发表以来,迄无变化,仍仅是保卫台湾,而不鼓励,更不帮助对大陆的进攻;只有当朝鲜战争扩大,全面战争重开,因而认为有必要时,才会改变这一政策。

倪的反应一般也是这样。他也同意我一再对台北的忠告,即在美国国内政治问题上,特别是在即将到来的总统提名和选举上,完全保持中立。无论共和党或者民主党在国会内外对"中国院外活动集团"或者对国民党军队无力在朝鲜帮助联合国部队,或在印度支那帮助遏制共产主义高涨等问题上说些什么,都不要过于介意。美国人特别是政治家都全神贯注于即将来临的选举,他们的演讲内容,大部要受这个现实政治目的的影响。两党过去和现在就外交政策,特别是就对华政策各自所发表的那些讲话都是如此。

5月28日,我回到华盛顿接待了皮宗敢。他向我报告了应美国陆军当局的邀请将要派一个中国陆军代表团访问美国军事部门的计划。他还就德鲁·皮尔逊最近在《华盛顿邮报》上的攻击,特别是参议员韦恩·莫尔斯的挑衅性声明,征求我的意见。莫尔斯的声明显然受到毛邦初和向惟萱的唆使,矛头直指皮宗敢和陈之迈,说他们从事于刺探美国原子弹秘密的活动并向蒋委员长拍发电报,还说这是大使馆工作的一部分。

就像我曾对陈所说,我也对他说,对这次指摘应该作出回答,但最好由空军武官出面。要指出,我们在战争中是盟国,对于原子弹在广岛的作用,我们理所当然要关心,要查一查是否由于这个原因而加速了战争的结束。至于太平洋比基尼岛上的试验,中国和其他十二个国家是应国务院的邀请派出观察员去的,所以不存在窥测美国原子弹秘密的问题。这次邀请,是由国务卿在送给我们的照会上签字的。

下一周的一个晚上,皮宗敢和陈之迈一起来访,进一步讨论了参议员韦恩·莫尔斯指控他们从事间谍活动的声明。在回答我的问题时,他们解释说,他们和李惟果、俞国华是如何在毛邦初处聚会,核对他们分头收到或搜集到的情报,并以此为基础草拟给台北周宏涛的电报转达蒋委员长的。他们说,电报一般由陈之迈草拟,但都经小组全体同意,由毛用他的密码经他核发。虽说德鲁·皮尔逊在《华盛顿邮报》的专栏中武断和捏造了许多内容,但他们一再说,他们从未议论过我的工作或我是否适于担任大使职务。这说明确有一个核心,起草电文和报告经过周宏涛直接上达蒋委员长,并不通知大使馆。

对于引起以上谈话的形势,我在 6 月 18 日写给叶外长的信里简要地作了解释。信中首先提到了早先我给他的一份报告,即有关参议员哈里·凯恩(来自华盛顿的共和党人)6 月 6 日在参议院作了声明,回答所谓"中国院外活动集团"的指控之事,同时也述及参议员莫尔斯 6 月 9 日(?)在参议院就这一问题所作的第二次发言。我告诉叶,他的这次发言看来与他的第一次发言一样,情报谬误,明显的目的是使我国政府丧失信誉。我的信继续写道:

> 根据我的指示,陈之迈和皮宗敢拟出致《纽约时报》和《先驱论坛报》的信件。(该两报都在第一版大标题下登载了参议员莫尔斯的讲话。)因为参议员莫尔斯的武断言论中最无稽的部分是说国民政府曾命令其在美空军武官处尽可能搜集有关原子弹、美国空军基地和飞机工业等情报,并说我

国政府方面的一个企图就是刺探美国军事秘密,所以上述信件由现任空军武官衣复恩上校签字发给了这两家报馆的编辑。……

从最近询问陈之迈和皮宗敢得到的回答获知,大约在1949年,蒋夫人到达美国之后不久,就在华盛顿形成了一个小组,其中包括毛邦初将军、李惟果博士、陈之迈博士、皮宗敢将军和世界银行的俞国华先生,把美当局对我政府的态度以及关于中国问题的官方和公众舆论,报告给周宏涛转呈蒋委员长。该小组经常在毛将军住处聚会,提出每一个人从报纸上或通过与美国人接触所能搜集到的最新情报。然后,他们进行核对,并汇总拟出电报,这些电报用"公"字押脚("公"即表示小组),并由毛将军下令通过其自己的译电员拍发出去。

1950年底,在毛将军台湾之行以后,该小组开始瓦解。于是引起毛在改组此间空军采购机构的问题上,怀疑皮将军是否忠于他。1951年春天,当皮被指派接管军事采购任务之后,毛和皮公开反目。当时,皮常就商于陈之迈,所以陈之迈又被毛怀疑与皮一起反对他,这两个人的关系也归破裂。

私人关系的这些变化,可能是毛和向把发送小组电报的责任加罪于陈和皮的原因,而不再顾及当初不让使馆了解他们活动是否合适这一问题。应该指责的是,毛和向把小组的这些电报转给了美国参议员、美国各报和美国其他方面,他们这样行动的后果,同时也许是他们的目的,乃是使那些与我友好的美国人不再同情和保持善意,使那些不喜欢我国政府和蒋委员长的人更加敌视。但是,我并未因此而冲动,我正致力于向美国方面澄清形势。

今年是总统选举年,政治左右了此间许多重要人物的公共生活的思想和活动。参议员莫尔斯和他的一伙人力图使国民党中国丧失信誉的根本目的,可能是替那种加速中国大陆失陷并从而对自由世界造成深远影响的错误和鲁莽的对华政策进行辩解。

我在给叶外长的前一报告中，曾进一步传达了我所了解的情况：由于参议员凯恩声明的结果，使参议员莫尔斯感到难堪，所以他作了第二次声明。我在信里还附去了陈之迈的备忘录。陈在凯恩的声明发表前，曾仔细读过这篇极长而有力的材料，了解到它是在详尽调查研究的基础上写成的。但是，陈就这个问题所写的备忘录，是以这样一种令人痛苦的观察结束的：

> 在通篇读完该声明后，我得到一种显明的印象：它基本上是一篇政治声明，目的是回击那些为了政治利益而选中诽谤所谓"中国院外活动集团"的人们。可悲的是，在这场政治争论中，我们不可能也不应该有什么举动来进行干预。虽然我们无所畏惧，但正如蒋廷黻博士所说：令人最不愉快的事实，是充当外国政治上的一个足球。对这几年中国问题的状况来说，这个说法仍很精辟。上述一事，只不过是更近一点的实例而已。

三、中美关系表面改善
1952 年 6 月—10 月 10 日

时至 1952 年下半年，有关台湾形势的报道表明，情况大为好转。美台合作的进展令人满意。1952 年上半年，有许多美国文武官员前往台湾。下半年，美国官方人士继续赴台访问；同时，国民党政府的官员也到美国旅行。5 月间，皮宗敢武官向我汇报了关于中国陆军代表团应美国陆军的邀请将参观美国陆军设施的计划。6 月 3 日，空军武官衣复恩上校报告说，中国空军总司令王叔铭将军应美国空军当局的邀请，将来美国参观和研究重要空军基地和空军训练方法。他把和美国空军部一起为王叔铭安排的日程告诉了我。

6月6日,我宴请了吴国桢夫人。她是为到芝加哥参加她女儿的婚礼而初次来美的,尽管她对我说,她同时也是来美就医的。像往常一样,她对台湾的政治和经济情况十分熟悉。她也证实了共同安全署援助专款在水稻和化肥等生产方面所取得的巨大进展。

　　6月11日,我邀请了俞大维将军共进午餐,以便交谈。他对我讲了有关实施我们的经济和军事援助计划的概况。他说,一般说来,经济援助计划已经完成或即将完成百分之八十;军事援助计划则拖延了大约一年。由于他的努力,海军援助物资的百分之八十已经装运;陆军援助物资的百分之五十也已装运,然而尚有重要物资如车辆、105毫米大炮和一些其他物资有待装运。在空军计划中,飞机尚未发送。装运要在9月份才开始,并将于转年春季完成。

　　我告诉他即将会见蓝钦大使和太平洋舰队的雷德福海军上将,他们很可能提出这个问题。他们二人都在华盛顿述职,而且来访已作安排。俞大维极力劝我不要和他们讨论这个问题,除非是他们提了出来,那样的话,也只可一般地谈谈,因为他知道在台北的蔡斯将军妒忌他的办事处,并且不愿意在华盛顿通过大使馆来处理这个问题,而只愿在台北通过他来处理。为了同样原因,俞特别希望在我打给台北的电报中不要提任何数字,希望我们台北当局对汇报的情况保密,尤其是对蔡斯保密,除非蔡斯向台北当局谈及这些情况。

　　当天下午四时半,蓝钦来访。他的来访是礼节性的。我们作了非正式的交谈,主要是关于台湾的形势。他于5月11日离开台北,6月8日到达华盛顿,中途曾在许多地方停留。他认为我们的合作是令人满意的,台湾的法律和秩序的维护比东南亚任何一个国家都好,而且在使用共同安全署援款方面的合作比在亚洲或欧洲任何地方都更令人满意。他说,在对应项目的援款帮助下,中国政府的预算接近平衡,但是并非一切问题都已解决。从前景看,国会将日益难于继续通过巨额援外法案,而且更无意于此。

他接着说,台湾在今后数年中,必须致力于经济上的自给自足。因此,他认为开始实行工业复兴计划确实如军事计划具有更为深远的重要性,尽管军事计划在当时是必不可少的。他认为最重要的是帮助台湾生产或增产许多当时必须全部或大部进口的物资,如化肥、汽油、纺织品、棉花和机器备件等。他还说华盛顿的美国人对于向中国武装力量各部队派遣政工人员的做法是不满的。

次日,我与太平洋舰队的雷德福海军上将会晤。夏威夷的法林顿先生把这次会晤安排在大使馆。雷德福是一位典型的海军将领,态度直率,熟悉国际形势,尤其通晓太平洋和亚洲的情况。最近他曾访台,并曾与委员长和政府其他领导人交谈。他说,他获得了极好的印象。

他赞扬了我们政府领导人的精诚团结。尽管他们的生活很简朴,甚至节衣缩食,但他们仍精神振奋地努力工作。他钦佩蒋委员长对未来的决心和信心。关于朝鲜战争,他认为,正如我所提到的,美国可以利用中国国民党军队在中国大陆东南沿海采取一些军事行动,以转移共产党的注意力。他认为美国本应加速并增加对台的军事援助。他说,那时大约只有六个师有战斗力,但其余各师本来也应同样接受美国军官的训练并使其装备达到标准。他要把这个军事援助问题向五角大楼提出。这是他来华盛顿的目的之一。

关于我们谈话的更为详细的内容,至少是涉及上述那些问题的部分,我查阅了这次谈话的记录。根据记录,谈话开始时,我说,他最近访台,使我国政府和人民不胜欣喜。我问他对那里的军事和经济形势的总的印象如何。

这位海军上将说,他曾会见了蒋委员长夫妇、外交部长叶公超、省主席吴国桢、陈诚将军和其他一些人,并和他们交谈,他还参观了高雄和左营海军基地。

我谈到中国还只有一支不大的海军,并询问他对海军情况的看法。

他回答说,他认为军舰虽然不多,但海军装备很好,也十分令人满意。

我提到最近委派的一位新的中国海军总司令。

雷德福说,他见到了马纪壮上将,也见到了他的前任桂永清将军,并由他们陪同参观了左营海军基地。他补充说,他高兴地看到一位专业军官领导目前正处于发展阶段的中国海军。(显然他暗指马的前任是一位陆军将领。)

我告诉他,一年半以前我到台湾时,看到那里的部队伙食质量比规定的标准低不了多少,并且我听说最近又有所改进。

他说,他看到给养的质量已大为改善,士兵、水手和飞行员的体格也令人满意。当然,中国的军队需要加强训练和增添装备。他到华盛顿的目的之一就是要求当局加速军需品的装运。他又说,关于军事援助计划,供应中国海军的部分最少,而且主要是备件;这些备件,或已运送,或正在运送中。

当我谈到对华军事援助计划的执行落后于预定计划时,这位上将表示同意,并重申他到华盛顿的目的之一就是争取加速物资的装运。

记得当我询问他对东南亚国际形势的看法时,他在回答中提到了中共军队集结在印度支那边界以北,还提到有大量共军在面对台湾的沿海各省。但是他认为,只要共产党被牵制在朝鲜,这些军队就不会发动攻势。

我说,诸如入侵台湾之类的企图将是一场大战,除需一支庞大的陆军外,还需要庞大的空军和海军。我曾得到报告说,中共集结了成千上万只机帆船,但是我怀疑在一次入侵的企图中,这些机帆船会有多大的战斗力。

这位上将说,他们也许能把一支庞大的军队登上台岛,但困难在于补给。有美国第七舰队控制着海上和强大的中国陆军驻守台湾,他相信任何这种尝试都不会成功。另一方面,台湾的大批中国军队牵制了大量的共军,否则这些共军就可能用于朝鲜战场。此外,他说,中国共产党对他们在朝鲜作战一定会感到是沉重负担,如再有任何进一步的企图必然会使负担更重。毫无疑问,他们最想往的是征服台湾。两年之前他们还有可能做到,但现在这对他们就非常困难了。中国不仅工业生产不足,而且运输工具也有限;从华北到华南只靠单轨铁路。他们也许想从海上运送物资,但在狭窄的台湾海峡控制在美国舰队和中国海军手中的情况下,那将是一项艰巨的工作。

接着,我问他对所访问的东南亚各国的情况的印象如何,他首先谈到它们不如台湾那样令人满意。后来,我在谈话中提到自由中国返回大陆的希望。我说,一切热爱自由的中国人对国家前途抱有坚强的信念,他在他最近访台期间一定已经看到了这种迹象。雷德福说,他相信国民党中国的利益也就是美国的利益,因为对他的国家来讲,必须有一个友好的中国,而这不可能是共产党中国。

我说,我认为大陆的解放不只是为了中国本身的利益,同时也是为了整个自由世界的利益。因为中国是亚洲的要害,而一个和西方合作的友好的中国会对亚洲其他地区产生巨大影响。而且对自由世界是极为宝贵的。

雷德福对我的看法表示完全赞同,并且说,这就是他告诉美国人民尽量多给台湾国民党中国以援助的重要意义。他重申台湾形势较亚洲其他国家为好。他说,台湾有大批努力工作的人;他们过着非常简朴、几乎是节衣缩食的生活,献身于他们的工作。还有为数众多的训练有素的技术人员,这是在亚洲其他国家所没有见到的。

我说,我为听到他这些话而非常高兴,正如我过去从访台的美国其他著名人士听到同样的话一样。我又说,国民党中国一贯致力于与美国政府和人民合作,以及与美国各代表团和各代表合作,在使用美援方面尤为如此。我和我国人民对来自美国的援助深为感谢。

雷德福说,正如他在台湾对蓝钦讲的那样,重要的是改善台湾的经济状况。他这次去台湾,主要是察看该岛的军事防御;他希望在秋季再次访台,更多地注意经济形势。他认为台湾在军事方面所需要的是装备和补给。中国军队的人员补充是足够的。然而在经济上,最重要的是该岛应该在大多数方面自给自足。接着他说,台湾的休伯特·申克博士告诉他,台湾正在努力挖掘油井。(申克继雷蒙德·莫耶任台湾的中国分署署长。)日本人曾经发现有油,但是他们没有集中力量于最有可能找到石油的地区。申克是一位地质学家,他告诉雷德福,钻探将于秋季开始,而且如能找到足够的油,这对台岛将具有巨大的经济和战略价值,因为在经济上,当中国不再需要进口汽油时,就会节省外汇;而在战略上就可以较少依赖外界的汽油供应,在遭到大陆进攻时尤为如此。他又说,如果台湾能在和平和秩序以及在巩固经济方面树立榜样,这将对大陆人民产生巨大影响。他确信这种消息会传到大陆人民中去,并且会加强他们对国民党事业的效忠精神。

我插话说,这也会给生活在暴政下的大陆人民提供一个鲜明的对比。

这位上将重申他此行是为了使其本国人民知道支持台湾国民政府的重要性。他说,他在台湾所见到的令人满意的情况和军民的良好士气主要是由于蒋委员长领导有方。他还说,也许我知道,这里还有一些人喜欢喋喋不休地谈论过去,但是他更关心的是当前的现实。

我说,他的观点颇有政治家的风度。他说他所看到的情况自然向他表明了台湾在东方所能起到的重要作用。我说,过去几年的事件是非常不幸的,而且中国方面无疑也是有失误的。这时,这位上将说,某些事情在当时也许可用不同的方法去处理,不过那是过去的一页了。

我说,最关紧要的是现在和未来。然后我提出了朝鲜的前途问题。经过我们简单讨论之后,我再次提到中国人民光复大陆的愿望,并且询问这位上将对这个问题的看法。

他答复说,他个人认为应该协助国民党中国返回大陆,因为重要的是应该有一个友好的中国。

他起身告辞时,我问他准备在华盛顿逗留多久,因为我想设午宴或晚宴款待他。

他为不能接受我的邀请表示歉意,因为他将于星期六(6月14日)动身,但他希望在秋季再次赴台前重返华盛顿。他补充说,他计划在此只逗留十天,这足以实现他走访一些人并和他们探讨各种事务的计划。我请他在再来华盛顿时通知我。他应允了,并且邀请我在去台湾时顺道访问夏威夷。他说,他乐于与我相会。

蓝钦夫妇在华盛顿逗留时间较长。他们应邀出席我于6月18日为他们举行的午宴。其他来宾有参议员爱德华·马丁夫妇、莫耶夫妇和国务院及共同安全署中和处理中国事务有关部门的一些其他人,还有谭绍华夫妇、李榦夫妇和崔存璘夫妇。

午宴后,我对蓝钦谈了我和台北所关注的在印度支那为法国所拘留的两万多军队的遣返问题。法国联邦部长让·勒图尔纳先生当时正在华盛顿访问。他在塔西尼将军过早去世之后,于4月受命兼任印度支那高级专员。他应美国政府邀请前来讨论印度支那的美援问题,首先在纽约逗留。他在纽约强调了中国随时可能介入印度支那。然后他在华盛顿和国务院的艾奇逊和艾利森举行会谈,还和共同安全署及美国财政部的代表进行会谈。

外交部得悉勒图尔纳将访问华盛顿后,曾电告我再次把拘留在印度支那的军队问题提请国务院注意。来电称,勒图尔纳已表示愿意将所拘留的军队遣送回台,但认为有必要物色一个国际机构来办理此事。我方已通知法方,将此事移交一个国际机构,可能造成延误或引起其他纠纷。为此,我们曾声明最好由法国直接和我们讨论此事;但是如果法国能提出某个国际机构,这个机构确能有效地安排此事，则我们也可以考虑接受这个办法。来电接着说，法国政府迄今尚未作确切答复，而仍在拖延。因此他们愿意我利用勒图尔纳访美之机，敦促美方劝说法国从速释放被拘留的军队。

至于我，我曾试图会见负责远东事务的助理国务卿艾利森，以便在他同勒图尔纳举行会谈前和他讨论此事。但是我未能成功，因为艾利森必须参加国会有关外援法案讨论的委员会会议，而后立即和法国高级专员会见。实际上，我在 18 日见到蓝钦时，艾利森和勒图尔纳的会谈已经进行了三天，而我还没有机会和他谈话。所以我要求蓝钦把我的音信转达艾利森，并敦促他将此问题向勒图尔纳提出，以期从他那里获得一个明确的允诺。

蓝钦表示非常同情，并且同样希望把被拘留的军队遣返。他说，他将于当日下午三点见到艾利森，那时他一定要使艾利森注意我的要求。后来，当我得知蓝钦确已提请艾利森注意此问题后，我就把情况扼要地电告外交部，并称待我和艾利森在约定的 6 月 24 日见面时，我将询问他和那位法国人会谈的结果。

在我和蓝钦谈话的同一天，俞大维将军来访，并带来一张图表，说明执行对台军事和经济援助计划的进度和现状。后来，江杓将军前来，我们讨论了他作为即将在纽约设立的中国政府驻美采购服务团的负责人的工作。

早些时候，我曾于 7 日在江杓刚从台湾回来时见过他。那时，他向我汇报了有关设置在美国的民用部门和在这里的军事采办机构的合并和改组的讨论情况和决定。他说，由于这个新机构还要代政府销售台湾国营企业的产品，所以决定在这个新代理机构的中文名称内加上"贸易"二字。但是俞大维认为最好不要加上，而台北则愿意把名称的英译交由大使馆办理。这倒省事！我对江杓说，我同意俞大维的意见。江于是说，在美国的技术代表团、世界贸易公司和中央信托局保险经理处将暂时不动，也不予合并。他那时还告诉我，为了方便起见，他将把办公处设在纽约。

18 日，江杓告诉我说，叶外长从台北给他打长途电话，问他是否愿意委任陈良辅为他的代表团成员。江对我说，准备任命陈为秘书长，但是如果我需要他的话，我可以请他来大使馆工作，担任商务参事或其他职务。

江杓本人刚刚正式就任这个代表团的负责人，并且向我保证，也愿意承担我委派他的任何任务。但是这不只是单纯客气地保证效忠，因为正如他说的那样，按照建立这个机构的章程，这个机构是由大使馆管理的，而且他得依靠我的领导。我对他讲了我向叶公超推荐委派陈良辅接替王守竞的背景情况，尽管我对外交部愿否批准此事不无踌躇，因为陈从来不是外交部的中国驻外机构的成员。

关于江杓本人的地位以及叶公超要求我考虑在大使馆给他什么名义以便他进行工作和联系美国政府的相应部门或代理机构问题，我坦率地对他说，鉴于他的机构和供应人之间，或是在采购合同方面可能出现矛盾，从他本身或大使馆的方便来看，或许不宜给他这样一个大使馆的头衔。就他和美国代理机构的关系而论，我说，作为代表团的负责人，他不难会见美国各代理机构的任何人，而且如果他的工作需要支持的话，大使馆随时准备向美国政府交涉。然而为了使这种交涉更为有力，大使馆最好保持主动。如果他担任某种兼职头衔而成为大使馆的一名成员，这种主动就会受到影响。

至于他的正式身份及由此而享有的法律上的权利，我说，在大使馆正式通知国务院他就任代表团的负责人之后，他自然就得到相应的身份和权利。江杓完全同意我的看法，并表示将遵照办理。他说，他认为这是最明智的做法。他还同意我将我们的讨论情况和结果电告叶公超。

次日下午，俞大维来访，他对我说，乔治·奥姆斯特德将军夫妇将于 10 月份访问远东。他建议我们联名电告委员长并建议向他们发出访台邀请，邀请形式则由台北决定。他解释说，奥姆斯特德(五角大楼军事援助计划负责人)在告诉他出访计划时称,南斯拉夫曾以陆军总参谋长名义邀请他,但是他还必须访问欧洲其他国家以检查军事援助款项的使用情况,可是由于那些国家并未向他和他的夫人发出邀请,他将单独去欧;而亚洲方面,暹罗以政府名义邀请他和他的夫人,所以他将携夫人同行。但是,他解释说,除非台北也对他们两人都发出邀请,否则就难办了,因为美国陆军条例规定如无这种邀请,军官公出不得由夫人陪同。

我立即对俞大维的建议表示赞同。我们当即拟稿联名电呈蒋委员长。谈话后,我出席了菲律宾大使馆的招待会。这是新任大使的首次招待会,据称是为纪念该国的一位古代英雄而举行的。

6月24日下午,我拜访了负责远东事务的助理国务卿艾利森。这是他就任该职后我们的第一次会见。我和他谈了三个问题:拘留于印度支那的国军;朝鲜停战的前景;如可能,加速装运供应台湾的军需品。负责中国事务的特罗伊·珀金斯先生也在座。

我向艾利森解释说,原先我一直渴望能在法国驻印度支那的高级专员勒图尔纳和美国政府官员会谈之前见到他,以便敦促勒图尔纳为遣返在印度支那被法国当局拘留的国军问题寻求一项解决办法。由于他未能早日接待我,所以我曾于上星期三要求蓝钦向他转达口信,希望他能向法国高级专员提出此事讨论。我说,中国政府迫切希望把这些军队遣返台湾。法方的拖延不决以及对这些被拘留的军队的不能令人满意的待遇,已经影响了这些军队的士气,并且造成了导致许多官兵逃跑和受共产党特务的煽动而进行破坏活动的局面。然后我表示想知道艾利森是否已探讨此事。

艾利森说,他在一次午宴上曾向勒图尔纳提出这个问题。这位法国高级专员对他表示愿意早日予以解决。他还说,他已放弃通过某个国际机构解决此事的想法,因为他担心这可能引起纠纷。现在他愿意根据这些人的自愿来安排遣返，同时他打算对他们进行甄别，以便查明他们愿意被遣返台湾还是被遣返大陆中国，然后照办。但是艾利森向我指出，勒图尔纳并不把这看做是他所承担的义务，但表示不久将把决定通知他。

我说，放弃寻求国际机构协助的想法是明智的，因为我国政府一向认为这种举动会造成长期延误。我设想勒图尔纳此刻已返回巴黎向法国政府请示并要求作出决定。

艾利森说，他知道勒图尔纳已前往伦敦向舒曼汇报。舒曼正在伦敦和艾登及艾奇逊商谈其他问题。可能他去那里也是为了把这里的会谈情况向艾登通报，同时征求英国外交大臣对这个问题的意见。截至当时为止，艾利森尚未得到勒图尔纳的回音。但是他说，一俟获得消息，当即通知我。

接着，我提出了根据军事援助计划供应台湾的军需品的装运问题。我说，装运已远远落后于预定时间。我的特别助理俞大维最近已向五角大楼提出交涉。结果他获得保证称，某些物资，尤其是那些供中国陆军使用的物资，如卡车和其他车辆等，将在接近 6 月底时加速装运。各类枪炮和弹药则将于 7 月份开始装运。但有关供应中国空军的军需品的发运则只字未提。我说，据我了解，截止目前已发往台湾的只有分配额的百分之十。可是正像他或许已经知道的那样，中国空军的装备现已过时。中国当局急于按照军事援助计划得到新的补给。我又说，当然我知道根据对各国的军事援助计划，要求美国政府提供的军事装备很多，而且都是同等紧急的，朝鲜和印度支那在军需品的供应方面都像台湾一样享有很大的优先权。但是我说，他为加速对台军需品装运所作的任何努力，我和我的政府都将深为感谢。

艾利森说，他将了解此事并和有关当局研究。但是正像我正确地谈到的那样，其他从美国接受军事援助的国家也在敦促加速装运，台湾的情况并非独一无二。然而他肯定将努力协助。

然后我问他对于朝鲜谈判前景的个人看法，后来又向他询问了有关和日本的双边和平条约。这些问题我已在别处叙述。

会见结束后，我立即前往参加司徒雷登博士的生日晚会。傅泾波夫妇又一次是照料宾客的主要人物。司徒大使的兄弟及其子女也特地从南方前来。我和在场的周以德闲谈。他对我说，他赞成艾森豪威尔作为总统候选人，因为他自己的那个州即明尼苏达州全都赞成，同时因为塔夫脱尽管有才干和有教养，但不可能在 11 月份选举中获胜。

彼时已经退休的巴大维将军也前来祝贺。他谈到了他作为美国军事顾问团团长出使南京的情况。他说，虽然大陆沦于共产党是令人遗憾的，但是蒋委员长是一个好人，是爱国的，是勤勉的，而且是愿意为中国做好事情的。这些赞美的话出自巴大维之口是颇为使人惊奇的，因为据说他在国会的军事委员会和外交委员会联席会议作证时，所描绘的情况不论对中国还是对蒋委员长都不很有利。

6 月 25 日，海军部长丹·金布尔在"西克亚"号上举行了一次有趣的非正式宴会。这是一条供海军部长专用的游艇。这次宴会是为蓝钦大使夫妇以及为我和我的妻子举行的。这位海军部长也到过台湾，并且对台湾的印象极好。他在宴会前对我说，他赞成利用台湾的国民党军队通过占领海南岛来对中共施加压力。他说，他将敦促美国政府按照军援计划更快地发运诸如补给和装备之类的军事援助物资。他还说，他发现中国军队精神焕发，而且比他想象的更为年轻。全部在二十二至二十五岁之间，因为那些年纪较大的士兵已经调到非战斗部队中去了。但是他们需要加强营养和加速训练。他要亲自增派二十名海军陆战队军官，以补充目前的一名军官，去训练我们的海军人员。他认为美国军事援助顾问团应予扩大，从现在的五百人增至三千人。

他说，他回国后即向杜鲁门总统汇报，但是杜鲁门从未公开提到那次接见。他当时曾主张利用国民党军队和给予中国更多的军事援助。他还曾向陆军部长和空军部长谈到增加对台援助的意见。他发现陆军部长佩斯完全同意他的意见,而空军部长芬勒特则不然。

金布尔还向另一位客人诺兰参议员谈到他的意见,应该许可国民政府实行对共产党大陆的封锁和制止一切船只载运战略物资给共产党人。他说,他要让国民党舰只阻拦任何国籍的船只,但英籍船只除外,因为英国海军在远东海域中为数众多,他们可能干预而引起纠纷。这个意见他也曾向内阁中他的两位同僚说过,结果又是空军部长不同意而陆军部长赞同。

弗格森夫人当时和她的丈夫也在场。她的丈夫是密执安州的参议员。她谈论了共和党的提名大会。她对我说,关于这个大会和两位竞争的候选人,她的丈夫正处于难以应付的状况。底特律是他的政治据点,可是现在公开分裂了。她解释说,通用汽车公司和福特汽车公司支持艾森豪威尔,而克莱斯勒汽车公司则支持塔夫脱。

在该艇的宽敞的宴会厅进餐后,我们都享受了一次短程巡游的乐趣,沿波托马克河而下,途经乔治·华盛顿的诞生地芒特弗农。在壮丽的夕阳下,景色优美。

紧跟着的一次活动是乔治·威廉斯先生在"F"街俱乐部举行的宴会。这是一次约有二十位来宾的亲切聚会。那是一个非常热的夜晚,我们都感到酷热,但是我们仍然过得很快活。在我座位的左边是霍普·米勒夫人。她对我说,在对国民党中国的一般舆论比以前远为有利的情况下,我现在一定是感到愉快得多了。她认为在此间各重要部门对国民政府的看法既不友好又不同情的整个时期,我作为国民党中国的大使,身处逆境而能表现得保持尊严和机智,从而不断赢得尊敬,这是令人钦佩的。她说,这也是她在政府内外的朋友们的意见。她认为因为政府政策和公众舆论已经表明了国民党中国不必再对美国心怀疑虑。

我的妻子和我于 27 日参加了"F"街俱乐部的另一次宴会。这是小威廉·伦道夫·赫斯特先生和夫人及加文·坦克斯利先生和夫人为新婚的玛莎·朗特里和她的丈夫奥利弗·普雷斯布雷举行的。女主人小赫斯特夫人是一位非常吸引人的欧洲女伯爵。我和她进行了一次关于政治的有趣的闲谈。她认为《纽约时报》、《先驱论坛报》、《时代杂志》和《世界电讯》都过早地刊登支持艾森豪威尔的表态。她说她自己的各报是支持塔夫脱的,但是尚未宣布,也未在社论中透露支持他。

7月1日,我设午宴招待中国驻丹麦的最后一任公使陈国廉。继丹麦承认中国共产党政权之后,在他撤离哥本哈根时,由于外交部对他的不公平待遇,他颇有怨言。外交部拒不给他从丹麦回到台湾的全程旅费,结果他不得不乘丹麦的三等车,而且使丹麦外交部官员给他送行时感到诧异,他回香港时又不得不坐统舱。最近他来美国时,还是由国务院以救济中国学者的共同安全援助基金帮助成行的。我嘱他向外交部索取他应得的款项,因为在1950年初他撤离时,我们政府处于混乱状态,而目前情况不同了,叶公超肯定愿意公平对待他。

在这方面,我愿意插几句我的看法。正如人们可能已经注意到的那样,国务院以及由国务院予以有力支持的西海岸的亚洲基金会和自由亚洲委员会,对已知的或已显出颇为反对台湾"国民政府"的中国学者和其他知名华人,从来是毫不踌躇地予以帮助的。而另一方面,不幸的是外交部把诸如陈国廉的问题处理得造成长期的怨恨;即使是考虑到当时的巨大困难,这也是不幸的。

我于8月13日接待前驻瑞典大使谢维麟,他也非常怨恨地谈到外交部对待驻外使团和人员的不合理情况。当谢维麟报告瑞典已撤销对我政府的承认并要求汇款以结束大使馆时,外交部复称自1月1日起已停止对瑞典的一切汇款,并称除旅费外已无款可汇给他。他说,他不得不提醒外交部,撤销承认是在1月14日,也就是停止汇款后的两星期。他质问外交部根据什么自1月1日对他拒付一切开支。但与陈不同的是,谢打算在台湾居住。他曾函告叶公超,如有具体任务分配,他愿去台工作。后来他被任命为外交部顾问。

7月1日下午六时，我接待了石道生。他来给我看共同安全署副署长的一封来信。该信邀请中国大使馆商务参事参加大约十九个接受美国经济援助的国家的代表的会议。会议的目的是公开宣布决定停止使用共同安全署资金采购汽油和其他油类，因为美国各石油公司拒绝按照国会援外法案开价。石道生要求允许他以商务参事而不以助理商务参事的名义参加。他说，否则他就根本不去了。我对他说，名义是无关紧要的。我要他去听一听宣布的内容。我准备让技术代表团派某位石油专家陪同他前往。我又说，在会上，除非美方主席要求，否则他不要发言；即使发言，也只说他将向我汇报，供我考虑。

石还要求再预支部分薪金。我说，外交部尚未授权支付，经济部则认为他的办事处已取消，而且其职能已移交大使馆。但是，由于他已经五个月未获薪金，我答应帮他解决困难。

次日，我接见了技术代表团的霍宝树和李榦。我问他们对美国打算召开有关采办石油和决定停止使用共同安全署资金购买石油的会议的意见。他们解释说，这是一个对各石油公司施加压力的行动，使他们降低油价。他们说，对中国来讲，没有任何不便，因为现有存货足敷三五月之用。

他们说，他们已经聘请石油专家夏勤铎参加，并认为大使馆没有必要也派代表。但是我告诉他们，我已决定派助理商务参事石道生前往，因为有共同安全署致大使馆的正式邀请函。我还建议李榦也去，以便如有需要讨论的事项，他可充当发言人。由于李榦有些踌躇，我没有坚持这个意见，而说，石无论如何是要派去的，而且他的地位自然是在石油专家夏勤铎之上，但是应该告诉夏在必要时应在石油技术问题上协助石。随后，我把石找来，确定我准备派他在夏的陪同下参加会议并把结果向我汇报。

那天晚些时候，最近任命的中国空军总司令王叔铭将军来作礼节性访问。他带来了"蒋总统"、行政院长陈诚将军、周至柔部长及叶公超部长的问候。他在两周前到达旧金山,并已按照美国空军为他安排的日程视察了空军基地、空军部队和飞机制造厂。美国空军就是为此而邀请他访美的。他说,美国空军对他和对我们政府的热诚给他留下了深刻的印象。许多美国空军官员对他说,他们不喜欢国务院过去的对华政策,但政策已有所改善。他发现他们赞成向我们政府提供更多的帮助以加强防御和提高对共产党人的战斗力。我愿指出,王叔铭是一位很好的飞行员,美国空军人员很喜欢他。我们都称他为"王老虎"。

次日,我同王叔铭对空军部长芬勒特进行礼节性访问。实际上,王叔铭与空军武官衣复恩和夏功权当时已在五角大楼拜访一些中下级官员,所以我就在那里同他们去拜访芬勒特,因为我已经作了安排,而且作为大使,我有义务把重要人物向高级官员引见。我找到他们时,发现一位叫舒曼上校的正在招待他们,在一起的还有一位中国话讲得极好的联络官。当空军部长的副官询问来访人数时,舒曼说,我是同王叔铭和夏功权来的,于是我只好加上衣复恩的名字,因为他是我的空军武官,我以前还没有向空军部长引见。

芬勒特曾在纽约任律师多年,外表严峻。他显然还感到在这种场合下,更需要举止端庄。至于王叔铭,他没有许多话要说。空军部长问他准备何时开始访问美国空军基地和部队。王叔铭由夏功权翻译答称,自从他两周前到达旧金山后,已访问完毕。显然有关此次访问,这位部长没有及时获得简要的汇报。我接着插话表达我和王叔铭对王在旅美期间所获得的方便和礼遇的感谢;多亏美国空军的协助,王能在这样短的期间看到这样多的内容,我们对此表示满意。

随后,王叔铭说,他即将参观安纳波里斯海军军官学校和西点军校。我说,当日晨报称,不久还将成立空军军官学校。

这位部长说,早就有此想法。他相信这个学校将于明年初成立。然后他向王叔铭询问中国空军的情况及其现状。王给他的印象是中国空军需要更多的装备。我补充说，我们非常感谢军事援助计划。根据这个计划，飞机将运往台湾。我们目前非常需要这些飞机以使空军现代化并予以加强，使之能应付可能发生的来自大陆的共产党袭击。但是，我说，我们的政府希望能够加速飞机的装运。

芬勒特对此未置可否，但询问了大陆的情况以及是否有共产党打算袭击台湾的迹象。

王叔铭就此作了些说明，大意是台湾对岸的沿海各省已集结空军力量。这一点从下述情况可资证明，即新的空军基地的建立和大量苏联喷气式飞机的集结，这些都由苏联技术人员和军事顾问监督管理。

芬勒特再次看了一下一个文件。这个文件是我们进入他的办公室时有人交给他的。他问我是否认为中国共产党能巩固他们在大陆的统治以及是否有中国民众反对中共统治的迹象。我对他说，民众已从幻想中悲痛地醒悟。他们愤恨共产党统治者实行的压迫和恐怖行为，但是共产党通过秘密警察、强制性自我批评和公审等无情的统治和监督方法，迄今尚能胁迫民众使之消极顺从。然而这并不意味着在国内一些地区，在游击队的协助下，没有公开反抗甚至叛乱。总的来讲，华南的反抗最为强烈，华中次之，华北和东北最差。再者，我说，共产党蓄意破坏家庭团结以及破坏人们的宗教信仰和对个人自由的热爱，这使民众比以往任何时候都更加憎恨他们；家庭团结数千年来一直是中国社会的基础。如果国际形势突变，很难说大陆民众不会一齐起来彻底推翻这个政权。这次访问以空军摄影师为这位空军部长、王叔铭和我合影而告结束。

晚间，我为王叔铭及其代表团举行晚宴，共计二十六人出席。我祝酒两次，一次为中华民国并为蒋介石总统的健康干杯；另一次为王叔铭将军及其代表团干杯。接着是我的简短讲话。我在讲话中强调了空军在保卫台湾和光复大陆两个方面的作用。

我还强调了美国对我们日益增进的了解和合作的可喜迹象,这一点可由王叔铭的这次访问得到证明,他应美国空军的邀请视察了美国空军基地和部队,特别是视察了他们的训练。王叔铭对我表示感谢并提议为我干杯作为回敬。

7月4日是美国国庆。宋子文从纽约的拉伊来电话说,他获悉美国政府已禁止汽油出口,而且共同安全署的受援国已与美国举行会议宣布这一决定。他问我这是否表明世界局势的严重性和战争爆发的可能性。我把会议的真实目的告诉了他。我说,国际形势并没有令人不安的新情况。禁令系由于各石油公司索取高价并拒绝减价所致。这就有必要暂时停止石油的采购和装运。

7月7日,大使馆举行鸡尾酒会。来宾很多,其中包括海军部长、空军部副部长、助理国务卿和他们的夫人,以及约六十位海陆军将领。正如好几位客人所说的,与两三年前相比,这里许多官员的态度已显著地转变为对我们有利。其中一位甚至对我说,美国政府终于明白了国民党中国毕竟是"在我们共同反对共产帝国主义斗争中的最忠实的盟友"。这次酒会也是为王叔铭举行的。

那天夜里,我收听芝加哥的共和党提名大会广播直到次晨两点。塔夫脱集团大力推动在资格审查委员会通过一项多数报告,支持得克萨斯州和佐治亚州有争议的代表取得席位,使之有权对除去他们自己有问题的以外的席位投票。但艾森豪威尔集团最后却成功地反击了多数报告,将少数报告加上一项"公平对待"修正条款,在大会公开投票表决中获得通过。艾森豪威尔集团在大会上取得这一公开投票的胜利,对随即到来的共和党总统候选人提名具有深远的心理影响。它揭示了两位竞争的候选人在大会会场上的力量对比,并且对参加提名大会的中立的或态度未定的各代表肯定有很大影响。塔夫脱集团把这个问题提到大会上来,致使对方有机会要求进行摊牌的投票,这显然是一个不明智的策略。

最后,当然艾森豪威尔赢得了提名,从而结束了这场共和党人为总统候选人提名而进行的出乎意料的激烈争夺。7月11日星期五,霍宝树先生到纽约中心车站来接我。我那时打算在纽约度周末。他把《世界电讯》扔给我,上面有通栏大字标题:"艾森豪威尔被提名"和"尼克松被选为副总统候选人"。起决定作用的是明尼苏达州代表团宣布投艾森豪威尔十九票。

在此以前,纽约中华新闻社社长倪源卿先生于7月9日前来汇报他最近台湾之行。他说那里的改革和进步给他留下了良好的印象。他看到委员长精神焕发,身体极为健康,远较政府中一些比他年轻的人为强,例如,陈诚将军当时仍患胃溃疡。倪又说,陈诚和吴国桢之争仍在继续,但后者的权势正趋消失。在他看来,陈诚将来可能成为委员长的继承人。

他谒见了蒋委员长。委员长听取了他的汇报,但未询问任何具体问题。他发现台北人自委员长以下都洞悉美国的情况和国际形势。他还对王世杰谈了不宜在美国雇用外国人为我们从事宣传工作,但是他估计不会很快考虑他的意见。王世杰的健康情况也不太好。

最近也到过台湾的卡尔·尼克斯先生于7月10日来访。他说,行政院长陈诚、财政部长严家淦和周至柔将军曾款待他。我们军队的高昂士气和经济形势好转的景况给尼克斯以良好的印象。随着美国在经济和军事方面的援助的增加,形势转变得如此之好,以至他曾向陈诚提供五千万美元的敞口信用,用以凭抵押品购买橡胶轮胎和其他商品。

在美国,他发现政府当局现在对国民政府的态度好得多了。他说,几年前,杜鲁门总统由于他力主向国民政府提供更多援助,由于他反复表示对蒋委员长和国民政府的良好印象,以及由于他含蓄指责美国政府拒不支持台湾的错误政策,非常恼火,以致从那时以来他不敢再求见总统。然而最近在他这次访问华盛顿时,他从他的远亲同时也是童年以来的朋友杜鲁门夫人处听说,总统现在对他的印象好多了,而且也不再对他有任何恶感,因为总统本人对国民党中国和国民政府的态度已大为转变。

　　三天之后,我和王叔铭一起拜访了负责远东事务的助理国务卿艾利森。中国科代理科长珀金斯在座。他也是王叔铭的朋友。王将军和艾利森进行了友好的谈话。他说,他十分珍视此次横跨美国之行和参观美国空军部队和设施。我则询问艾利森是否已从法国部长兼印度支那高级专员勒图尔纳处获得有关遣返被扣留在那里的中国国民党军队的消息。我还要求加速装运对台军援计划项下的军事物资,特别是空军的补给品。艾利森说,他尚未获得法国部长的回音,但是他听说法国将向台湾提出这个问题。关于第二个问题,他说,他将予以调查,并尽力加速装运。

　　接着,我同王叔铭访问了国务院中东科的拜罗德将军。他们两位在抗日战争时期修建美国飞机场时在成都就是朋友,因而显然很高兴会晤。我也是在国内认识拜罗德的。那时他在马歇尔将军麾下在北平军事调处执行部执行小组工作。

　　在非正式的闲谈中,拜罗德说,他由于要处理国务院由他分管的从非洲西海岸的西班牙属地摩洛哥直到印度边界的二十九个国家的全部问题,待办事项很多,所以未能参加上星期日王叔铭举行的宴会。我提到了这个地区的许多紧迫问题,诸如伊朗石油问题及克什米尔争端等,对他一定是头疼的事。但是,他说,最危急的是埃及的局势。

　　15 日,应我邀请,《美国新闻与世界报道》的劳伦斯先生和他的一些同事来和我共进午餐,因为他们刚发表了一篇蒋委员长访问记,而访问是通过我们大使馆为他们的刊物安排的。劳伦斯刚采访了芝加哥的共和党总统提名大会,他说,在大会期间,塔夫脱集团在谋略上被艾森豪威尔集团挫败,所以失去了塔夫脱的提名。但是关系到中国,他认为艾森豪威尔也不会不利。

　　他本人还不能理解中国大陆是如何失守的。随着大陆的失守,美国在亚洲失去了一个传统的伙伴和朋友。他还记得甚至当他还仅仅是一个少年时,就曾听到他的亲属总是以极为友好和同情的口吻谈论中国和中国人。他记得每当发生饥馑或水灾或是有筹款运动以资派遣传教士去中国时，他们是何等愿意相助。他问我们何时能返回大陆，因为，他说，除非自由中国得以重新控制大陆，亚洲就不会有和平，美国也不会有真正的安全。

7月17日，在王叔铭前来辞行的几个小时以后，蒋荫恩前来报告称，杜鲁门总统的私人医生格雷厄姆大夫刚刚告诉他说，虽然据报道总统因患病毒性疾病而住海军医院，但实际是患胃溃疡，或许需要动手术。随后江杓给我带来一封公函，附有一个任命他为新的中国政府采购服务团主任影印本，这个机构代替国防部采购委员会并接管某些民用采购和销售代理机构，如驻纽约的资源委员会经理处、中国银行、中央信托局办事处、这里的交通部和招商局代表团等。

江杓对我说，他准备把这个代表团各部门的职务交给原有人员办理，但是他将和主管官员会签一切支票，雇用一位会计照管账目，雇用一位美国技术顾问以就任何有关采购或销售的全部技术问题提供技术性的意见，同时他将签署一切合同和向技术顾问咨询。他希望这样就可以防止任何类似毛邦初当初那样的丑闻；毛那时掌握大量公款，而无有效措施检查其使用。

约在两星期后，纽约中国银行的李德熵先生自纽约来电话。他已经收到我授权江杓为中国政府采购服务团开立各所需账户的信，但是纽约州银行管理委员会的代表尽管已经见到财政部长严家淦给江的指示的抄件，但希望知道我曾否从台北得到指示。如已得到，这位代表要求给他一份译文，尤其是有关我信中"日后如有变更，另行通知"那句话。这句话系指受权在中国银行所开账户签署支票的人。

我坦率地对李德熵说，从私人来讲，我可以告诉他，这句话是根据行政院总的指示按照江杓的要求写上的，同时江是在大使和俞大维将军的监督和指导下执行任务的；从公务来讲，李本不应提出这样一个问题，同时纽约州银行管理委员会的代表也无权过问。我对他说，大使馆在美国代表中国政府并由美国政府承认为正式派驻美国的。如果纽约州银行管理委员会对此信有任何疑虑，他可询问国务院。但是李本人，作为中国政府银行的经理，肯定更无理由提出这一问题。

李德馪表示歉意，并说，他将知照该委员会的代表。我说，我将和江联系。如果中国银行的纽约经理处不能为江开户，我将电告台北将款存于欧文信托公司并在该公司开立必要的账户。这就会排除李的银行在开立拟议中的存款和支票账户的困难。况且，欧文信托公司从未对大使馆代表中国政府以及为中国政府在美各机构开立存款和支票账户之权提出过任何问题。在以后和江联系时，他说，这一定是李德馪方面的误会，他将立即用电话向李提出这一问题。

在某种程度上，遗憾的是中国政府这么多设在国外的机构或办事处竟一点也不知道在国外各团体之间的关系，各大使馆和其他各机构之间的关系，或各代表团和驻在国政府之间的关系。或许这一缺点，我想，并不限于中国在国外各机构的负责人，特别是技术人员和专业人员，往往尽管在他们特定领域中非常能干，但是他们并不知道按照国际法和国际惯例，他们处于什么国际地位。

在江杓带着他的新任命的公函抄本来访的前一天，中国复兴航业公司的总经理谭伯英来访。他刚从台湾回来。在台湾，他向交通部长贺衷寒及行政院长陈诚汇报了航运情况以及经营招商局和中国复兴航业公司船只的最佳方案。他来访是为了汇报此行情况。他说，除非对交通部和招商局在美国的机构进行必要的改组，使设于纽约的新机构与航运市场保持密切联系，并争取而不是等待租船业务，否则鉴于航运业的日趋衰退，到年底势将出现新的危机。那时我们会再次面临向海事委员会摊还我们抵押的船只的债款和利息的困难。

他清楚地对我谈了复兴航业公司的高级职员如何侵占公司

利益,把租船合约的佣金中饱私囊。他还说了这里招商局的代表何等无能,以致在修船方面浪费了二百万美元,而当时正值船舶市场为卖方市场,船只需求量极大,这些船只本应予以售出。

考试院铨叙部部长雷法章定于 7 月 22 日到达国民机场。我派去迎接他并为他定旅馆的谭绍华公使和陈之迈博士都没有接着他。当他们在休息室等候时,这位部长直接到行李房去了。于是他乘出租汽车到了中国使馆的旧公使馆大楼。在那里,他没有找到人,就又走了。这次他到了比利时大使馆,从那里打电话给大使馆,然后来到。

他打算告诉我,他刚在布鲁塞尔参加了国际文职人员管理会议,而且主席唐纳德·斯通博士在会议上给予他极大的荣誉。斯通是共同安全署管理处长和前美国文官委员会的官员,他说,在会议上,主要问题是集中和分散两个原则之间的抉择。他还说,我们本身的许多困难都是由我们的人员在文官管理方面缺乏经验而引起的。

那天晚上,我设宴为雷法章洗尘。两天后他来辞行时,我又会见了他。通过共同安全署人事处,他曾和一位美国文官委员会的成员及国务院同一机构的主任讨论了文官管理问题。

雷法章提出了这样一个问题,即国务院是否总是接受并执行美国驻外外交和领事机构负责人向国务院提出的人员调动及免职意见。国务院文官管理处主任答称,一般都予照准,除非有国务院其他代表对个别有关人员作出不同断语的直接报告。他对雷说,各使团团长有时偏袒个人亲友。在这种情况下,国务院就自行决定,而不受使团团长推荐的影响。

我强调了我们的文官年终人事考核制度的不切实际,因为各使团团长经过对一年来工作的审慎考核而认真提出的意见往往为政府所忽视。那些一年来的工作并未获得好评因而未被使团团长推荐提升或增薪的人,却往往实际上得到提升或增薪,从而导致使团其他成员的不满。

雷法章说,他也听到了驻欧洲和美国的其他大使馆及领事馆的同样怨言。他说,这不是一个规章有缺点的问题,而毋宁说是人事部门管理人的无能问题。我对他说,还有人向我抱怨报酬低和难于找到效率高的雇员,如打字员和速记员,因为他们的报酬的上限过低,目前限于每月一百七十七美元以下,而在美国机构中甚至在华盛顿的中国政府其他机构中,同工种雇员的最低薪金为每月二百美元。

那天早些时候李榦博士曾来访。他将前往科尔盖特大学参加一个有关经济问题和第四点计划的讨论会,为此前来请示。我建议他谈谈台湾的经济和财政改革问题;如有人直接提问,可予答复。他说,他想把资料列入声明,但是他想知道他应该先宣读这一声明,还是在圆桌讨论时保持缄默而等待提问。我鼓励他先宣读声明。我说,预料不会引起使人为难的情况,因为舆论以及美国政府人士中的一般气氛已转变为对我们有利。虽然科尔盖特大学的校长蔡斯曾是国务院过去对华政策的追随者,但是他和该大学的其他人必已意识到这种转变,因而现在应该比较同情我们。

恰好在那时候,芝加哥的民主党提名大会正处于高潮。各方面的报道都表明情况极为混乱。23 日,无线电广播宣称不论在艾尔本·巴克莱演说以前还是以后,与会者对他的鼓掌欢呼都非常明显,而且时间之长也是少有的。但是,事实上,他遭到了劳工——或者更确切地说,产联和劳联的代表——的坚决抵制,正由于此,他宣布放弃候选人资格。尽管如此,当收听 24 日提名候选人的各发言时,我听到甚至连巴克莱的名字也提出来了。但是民主党总统候选人最后选了伊利诺斯州州长艾德莱·史蒂文森,尽管这只是在杜鲁门三次点名和两次专程去芝加哥之后。亚拉巴马州的约翰·斯帕克曼参议员被提名为副总统候选人。

7 月 25 日,我和谭绍华讨论了中国陆军军官访美事宜。如我以前所提到的,曾经有过计划,使陆军以及空军代表团应邀访美,参观其各自领域的美国军事设施。由四位将军组成的陆军代表团最近已到达美国。谭绍华来此是向我说明皮宗敢将军的报告是没有根据的。皮曾报告称一位美国军官对他说，国务院对给予我们四位将军的陆军代表团的接待表示不满。谭绍华说，刚刚离美的中国空军首脑王叔铭将军对美方的接待非常满意，并曾对美国空军和国务院官员反复表示感谢。事实是皮宗敢作为陆军武官未能使美国陆军当局给予四位陆军将领像空军武官为王叔铭及其代表团获得的同样礼遇和方便。因此，皮宗敢感到不快，而他本人又无法予以改进。

次日，我接待了在皮宗敢陪同下来作礼节性访问的四位将军。这四位将军是由蔡斯将军领导下的军事顾问团在台北安排，应美国陆军的邀请，前来美国专门视察陆军训练和补给中心的。这是他们第一次访问美国和西方。四位军官中只有一位会说英语。

晚上，我设宴招待他们时，其中一位傅亚夫将军对我说，代表团原应由五位将军组成。美国军事顾问团要求我方提出五位高级将领的名单作为美国陆军的客人参观美国的军事设施。我方在答复时，送去了五位的名单，作为建议。石觉将军的名字列于政府建议名单的首位，因为他是台湾南部地区的卫戍司令。但是由于某种原因，美方同意我方建议的复函只提了四个名字，石觉的名字则去掉了。遵照委员长的指示，我们对美方没说什么，也未提出问题。这样，就来了四位。

赵家骧将军是这四位中的另一位。他曾在沈阳任熊式辉将军的参谋长，那时我军在东北和共产党叛乱分子作战。他谈到了冷战和第三次世界大战的不可避免性。其他两位，即吴嵩庆将军和宋达将军，在回答我提出的问题时说，我们军队的食物定量，通过每人每日增加四两大豆和每人每周增加四两肉和鱼，已有所改善。虽然这还是不够的，但已使大部分士兵体重增加；在六个月期间，有些增加七磅，有些增加十磅。至于热量，宋将军说，目前摄入量约为三千大卡;虽说较高,但不均衡,因为米饭含淀粉过多,而且在目前的饮食中,蛋白质或维生素太少。

7月31日,我同这四位将军拜访了负责远东事务的代理助理国务卿阿历克西斯·约翰逊先生。约翰逊也询问了中国军队的食物定量,并且说,拿破仑曾坚决认为军队吃饱才能进军。傅、宋二位将军谈了定量增加的情况,虽然仍不充足,但是每个士兵的体重和精神都已有所改善。美国的军事援助计划有助于定量的增加;对此,我表示感谢。

约翰逊问这几位将军是否有问题向他提出。傅在和我商量后,询问了约翰逊对援助前景的看法,是按目前数额继续援助呢,还是将来有可能增加或削减。约翰逊说,在美国国会中,国会的动向是无法逆料的,但是普遍的意见是赞成节约。然而,关于台湾,美国政府将努力要求国会将来按目前数额拨款。

傅亚夫还询问了美国公众、特别是美国金融界对中美互换照会有何反应;照会是保证美国私人在台投资的安全并保证所获利润可兑换为美元。约翰逊说,目前还没有多少反应。然而,他又说,由于美国本身投资机会极多,一般来讲,在台湾也好,或在其他地区也好,美国资本并不热衷于寻求在国外投资的机会。约翰逊认为台湾可能争取的私人投资的一大来源是华侨。作为一个团体,华侨是富有的,而且会有相当大的财力可供投资。

我表示完全同意。我说,事实上,我们的政府正在制订一套吸引华侨资本向台湾投资并保证其安全的规章。近来,菲律宾、泰国、印度支那、马来亚和印度尼西亚等地的华侨已派代表团到台湾向蒋委员长和国民政府宣誓效忠。希望美国华侨也会照办,就是说,也会派出对投资确感兴趣的代表团。

离开国务院后,我同这四位将军对陆军部长弗兰克·佩斯进行了礼节性访问。佩斯比较年轻,大概是美国内阁中最年轻的。他诚挚而细心。他问这几位将军都看到了哪些。对此,为他们担任联络官的希金斯上尉作了汇报。接着,佩斯说,他很高兴他们在这样短的时间内看到了这么多；他们这样做很重要。没有什么能比得上亲自探索，所以待他前往远东视察那里的美国军事设施和军队时，他愿意亲自去看看台湾。我立即向他发出了一个长期有效的邀请，并且保证台湾将对他热诚欢迎，一如对他的同僚那样，其中有海军部长金布尔、柯林斯将军、海军上将雷德福，以及最近的海军作战部长费克特勒海军上将。

在上述交谈之前，佩斯诚挚地说，对军队来讲比装备和武器尤为重要的是领导，因为军队的士气和精神反映着它的领导人。因此，要建立一支有战斗力的军队，首先要培养领导人员，然后其他事情就好办了。他说，这就是美国陆军邀请各位将军前来看看美国的情况以及了解这里如何办事的目的之一。我说，他的话很有启发性；中国政府对给予台湾的军事援助以及经济援助深为感谢。正是军事援助计划才使四位将军得以访美，而这次访问对他们回去后必然是极为有益的。

在此之前，我于 7 月 29 日接待了马康卫先生，他最近接任国务院中国科科长。他是由陪同前来的珀金斯先生介绍给我的。马康卫在共产党接管大陆后曾在上海和北平工作，此后又在香港任总领事两年。他刚去过台湾，那里法律与治安的维护和经济的稳定给他留下了深刻印象。我注意到他是一位有才智的、机警的和精力旺盛的人，是这项新工作的恰当人选。

30 日星期三，我设午宴招待克拉伦斯·德克尔先生和其他几位客人。德克尔系共同安全署负责远东的助理署长。他刚从台湾和远东其他国家视察共同安全署活动回来。他也对他在台湾看到的情况感到振奋，这些情况是：和平和安全；政府领导人员平均年龄在五十岁以下，朝气蓬勃；经济恢复方面的成就；以及在执行美国援助计划方面中国与美国的有效而令人满意的合作等。

他希望在台湾成功地设计出来的合作方式应该在亚洲各受援国普遍推行。他认为军事援助虽然重要，但台湾主要应致力于经济自足，经济自足是军事实力的基础。他还认为我们本身在吸引华侨私人资本在台湾投资方面大有可为。我告诉他,我们政府已着手制订一套专门吸引这种投资并予以保证的规章。

次日傍晚,我到我的医生那里看病。这却给我带来了痛苦。我患枯草热,他给了我过量的豚草浆,致使我卧病在床,恶心和高烧直到星期五下午,尽管我有很多需要做的工作并计划在大使馆举行鸡尾酒会招待那四位将军。到星期五黄昏,我感到好一些。四位将军于8月3日在皮宗敢的陪同下前来辞行。我会见了他们。在我和这几位将军于星期四前往五角大楼拜访陆军部长佩斯时,皮宗敢对我说,他已奉召回台湾工作。

大约与此同时,大使馆得到报告称,蒋夫人计划去檀香山或美国本土就医。我向外交部询问。该部于8月6日复称,"不知道她的计划"。但8月8日无线电广播称,孔祥熙夫人已和蒋夫人的医生赴檀香山等候蒋夫人来临。

次日晨,皮宗敢来电话称,俞大维问我是否将派人去檀香山迎接蒋夫人。我说不拟派人,因为大使馆不知道她的访问,她可能不愿让人注意此事。然而后来游建文在檀香山宣布,蒋夫人将于午夜一时到达檀香山就医,而且如无成效,她可能来美国大陆。又稍后,夏功权少校来电话称,台北来电嘱他立即赴檀香山照料蒋夫人。他征求我的意见。我告诉他,如果台北来电系命令形式,那就去。至于我,我于11日致电蒋夫人如下:"谨致问候并祝康绥。"8月14日,我收到她的复电表示谢意。

8月11日,杨继曾来作礼节性访问。他正由台湾取道美国赴欧洲调查食糖市场,以便推销国营台糖公司的食糖。他是该公司的总经理。杨继曾说,共同安全署对增加食糖生产并不十分赞成,同时美国共同安全署代表团对在欧洲寻求更多的市场而不倚靠日本作为主要出路的想法也同样感到不快。但是他已向他们解释称,我们对日本的贸易已有大量顺差。我们除购买日本产品外,无法提取外汇,而日本又无法供应我们需要的大部分商品。然而在欧洲,以西德为例,我们本有可能以我们的食糖换取我们需要的商品。他又说,他还指望将绵白糖售与亚洲各国如巴基斯坦和伊朗等。

次日,俞大维来访,谈论毛邦初在墨西哥被捕事。他还对我说,10月份国民党大会后,台湾将发生许多变化。他建议我不久赴台一行。我说我有意在美国总统11月大选后访台。

8月15日,我接待了一位年轻妇女。当我在哥伦比亚求学时,她父亲系宾夕法尼亚大学的学生,与我相识四十多年。她是研究农业经济和统计的,并和另外二位一起,应共同安全署根据中国农村复兴联合委员会计划的邀请,来美考察美国在他们的研究领域里的做法。她说,她刚刚在北卡罗来纳大学读完为期六个月的培训课程,并正从事于草拟一个农业统计数字的表报格式。美国农业部对她的大学成绩全是甲等非常满意,因而曾致函中国农村复兴联合委员会的中国当局,建议把她的留美期限再延长六个月,这样就使她能继续其研究工作,从而使她将来回国后能在她的专业方面做极为有用的工作。但是,美国农业部认为那另外两位研究人员在读完第一期六个月后就应返回台湾。

中国农村复兴联合委员会当局以不愿开创延长期限的先例为由,拒不同意。当时在美的许多中国受训人员都曾提出这种要求。为此,她即将回国。但她愿参加行政院美援运用委员会所属农村复兴联合委员会的工作,而不愿回经济部。她原是经济部的技术专员,但是该部没有开展她所受训练工作的预算。在她的请求下,我决定致函中国农村复兴委员会主任蒋梦麟和行政院长兼美援运用委员会主任陈诚,提出她所希望的推荐。

8月26日晚,我为二十八名受训人员举行自助晚餐招待会。他们是一年前根据共同安全署计划来美接受各自工作领域的在职训练的。来美以前,他们曾在中国政府各不同部门和单位工作,如经济部农业研究所、内政部卫生署、台湾省政府卫生局、中国农村复兴联合委员会、台湾大学和台湾糖业公司等。他们都是通过考试甄选的,其中百分之六十五是台湾人,而且没有一个人以前到过国外。

我致辞欢迎他们。我强调了他们所获得的少有的学习机会，以提高他们在各个不同领域的专业知识水平。更重要的是他们能看到美国生活方式以及美国实行民主的一些情况。我说，除经济发展外，在中国建立一个真正的民主国家是我们的政治目标。民主的原则对我们并不陌生，这从我们的先哲特别是孟子的教导中可资证明，但作为一个民族，我们从来不了解如何有效地予以实施和如何享受民主的果实。我感谢共同安全署——该署许多代表也应邀出席招待会——关于人员培训的可贵想法。人员培训是有效地施政和成功地执行改革计划的基础，不管改革是政治方面的、经济方面的还是其他方面的。我说，美国给予我们的慷慨援助是具有远见的政治家姿态。这种姿态导致一种合作方式的逐步形成，而这种方式据我了解可供东南亚其他国家在利用美援方面予以有益地仿效。

德克尔和马康卫也出席了招待会。我请他们讲几句话。他们都讲了。德克尔赞赏他在台湾所看到的为促进和开展各方面工作所做的努力。马康卫说，他不喜欢把"受训人员"这个词应用于从台湾派来此地而目前又将返回各自的部门和单位的那些人。这个词有些消极被动的意味，而他认为培训计划是有重大作用的。他祝贺他们访问和学习计划完成。我开玩笑地说，我也不大喜欢这个词，但是事后想到的解释是这个词的词尾"e"代表效率。这些从台湾来的男女青年是作为他们各自单位和部门效率最高的人而选拔的，所以词尾的两个"e"意味着他们在美国经过这段时期的培训后，效率又翻了一番。

我最后邀请发言的是中国技术代表团的负责人霍宝树。他感谢共同安全署和美国政府的援助，并强调说，援款的申请计划迄今仅适用于应急。他说，根本的需要是建立实际可行的自给自足经济，这是中国为了完全自立所必须具备的。他希望不仅目前规模不大的工业复兴计划能够成功，而且美国将把援助持继到实现一个更大的目标。他告诫这些青年男女说，他们在美国学到的方法不见得完全适用于台湾或全中国，因为我们的国家贫穷而美国富有。美国有条件运用工农业生产最现代化的方法。发言就此结束后，自助晚餐端了上来。我安排德克尔·马康卫和即将继德克尔任共同安全署负责远东的助理署长的塞缪尔·海斯先生同我坐在一桌以便交谈。这次出席的中国人和美国人总计约一百人。

约两星期后，我为另一批根据共同安全署计划来美的中国人举行午宴。9月底我又接待了一批来自台湾的受训人员。被邀请出席午宴的那一批，大多数为台湾中小学英语教员。一半是台湾本地人，而且没有一位以前来过美国。他们中间有一位刘小姐；她同时是立法院的一名成员，并且刚参加了在西班牙举行的儿童福利会议。还有一位任显群太太，她是台湾省政府财政厅长的夫人，取道欧洲来美。这两位看来都是很能干的妇女。事实上这整批人，尤其是妇女，都显得机警、认真而渴望学习。另外，来宾中还有李（音译）先生和胡（音译）先生。前者是省政府交通处的公路科长，他刚参加了公路规章和管理会议；后者是高雄港务管理局的官员。

我上面提到的第二批系由六位工程师组成。凌鸿勋先生系交通部的工程师，其他五位是港道工程、化学工业、电力工业及纺织工业等方面的专家。他们都是在共同安全署的主办下前来美国参加芝加哥的一个大型的工程会议，并为进修而漫游美国。我又一次高兴地看到这样一批年轻有为的中国人为学到其各自领域的一些最新方法的知识来到美国。

正如有些共同安全署官员对我们说明的那样，当时的美国基本政策似乎是协助台湾发展经济，以便为解决台湾的政治以及经济的许多问题奠定基础。这不仅包括向台湾直接提供经济援助，而且包括用经济援助款项在美国培训各种行政人员、技术人员和专家，以便台湾能建立一个现代的、高效率的行政和技术基础。

问题是:在他们想法的背后有什么文章? 制订各种计划,邀请省政府和国民政府各部门的官员、学校教师、农业专家以及港道和港口技术人员等,这是否出自某种特殊考虑? 这种考虑也许是在一些美国的远东规划者的思想深处。他们是否在考虑训练一批年轻的技术人员、行政人员和学校教师,以期建立一个独立的台湾共和国? 我到处都碰到过美国高级人士流露这种想法。而且在那时,大使馆当然也知道美国中央情报局正朝着这个方向活动,甚至达到在冲绳岛秘密训练一支武装部队的地步①。

　　还有许多其他可能性。一种可能是把台湾的经济和行政管理作为美国军事援助计划的附加内容来予以扶持,最终目的是随着台湾的中华民国日益不依赖他人,并能以较少的外界援助,在那个地区的防御方面发挥作用,而使美国能够减少援助。再一种可能是美国有意建立一支第三种力量,一支亲美而有才能的第三种力量,以便和共产党争夺大陆的控制权。但是第三种可能,即建立一个独立的台湾共和国的愿望,我想是美国官员头脑中一直存在的想法②。也确实有可以共事的对象,因为一些有政治考虑的台湾人也赞成台湾独立运动,他们能够而且确实得到中央情报局的帮助。有些台独领袖在日本避难,有些人甚至被送到美国以推进这个运动。

　　当时中国大陆已陷入中共之手,而这是远东和太平洋地区发生巨大变化的标志。有鉴于此,打算理解美国对台湾独立的关心,当然有许多因素可以考虑。为了对远东和太平洋地区可能出现的新威胁的演变和发展有所准备,美国,特别是美国的军事领导人,由于意识到这一危险,感到有必要建立和加强从朝鲜经冲绳岛、台湾和菲律宾到日本的这道防线,作为反对中共扩张的屏障。这就是对开发台湾感觉兴趣的一批人。在建立防线方面,他

---

①　原注:中央情报局推行这项训练计划的时间不详。
②　原注:顾维钧博士于 1968 年 10 月 2 日记下了这一看法。

们之中有些人认为建立一个独立的"台湾共和国"是最有效的办法,因为这个共和国会或多或少地成为美国的卫星国,以及形成美国的防御和安全体系的重要一环。再者,美国人对蒋委员长和国民政府的反感当然依旧存在。这种反感并未消失,尽管朝鲜战争和共产党侵略把它推到他们思想深处去了。

我认为这种反感的存在,正是另一种有些反常的局面的部分原因。一方面,许多年轻的低级官员和专家应邀由台来美接受广泛的训练;另一方面,有正常公务的国民政府官员及卸职官员在获得美国入境权或再入境权方面却遇到许多困难。

我已经提到几起这类事例,甚至涉及驻联合国中国代表团的中国官员在赴巴黎参加那里的联合国大会第六届会议前申请再次进入美国的签证。毛邦初于 1950 年他的案件提出之前,和以后的江杓,都在启程回台湾述职之前未能从国务院获得再次入境的签证。接着,我驻加拿大大使刘锴于 1952 年 9 月 10 日代表郑天锡从渥太华打来电话。郑天锡在英国承认共产党政权前是驻英大使。刘锴解释称,郑天锡夫妇已从伦敦抵加并愿访美,但需我协助要求国务院指示渥太华美国大使馆发给入境签证。

就在这次通话时,我从和郑天锡本人的交谈中得知,他最初曾在 1949 年对美国驻英大使卢·道格拉斯谈到获得访美入境签证的愿望。道格拉斯曾对他说,如果这件事会有困难,那太难为情了,并答应予以协助。过了一段时间,郑天锡又对道格拉斯谈起此事,道格拉斯也还是那样讲。后来他对驻伦敦美国大使馆参赞并曾在国务院负责中国事务的阿瑟·林沃尔特谈了此事,林沃尔特答应电告国务院。但是林沃尔特从当时负责远东事务的助理国务卿巴特沃思获得回复称,办理此事并非没有困难。

听了郑天锡的叙述后,我嘱他先和美国驻渥太华大使馆联系。如有困难,可告知,然后我再和国务院联系,因为国务院对这类事情通常总是复称应先向当地的大使馆或领事馆申请。

当日下午,刘锴大使打电话给谭绍华称,驻加拿大大使馆的王克勤(曾任中国政府驻伦敦购料委员会总干事的王景春博士之子)已要求驻渥太华美国大使馆发给郑天锡夫妇入境签证,但被告知需由驻华盛顿中国大使馆联系国务院给他们指示后才能发给。这纯属推诿。

9月12日,梁声泰先生来访。我们和谭绍华一起讨论了有关梁声泰赴台前获得返回美国的再次入境签证的愿望。梁赴台是以纽约华侨所选代表的资格参加国民党大会和华侨会议。他在纽约的选举已经举行,但全美华侨的最终选举尚待举行。

谭绍华向梁声泰解释称,国务院没有发放再次入境签证的惯例。他援引了毛邦初在其案件发生前的事例和江妁的事例。他说,鉴于以下事实,梁的情况不宜由大使馆提出这种要求:第一,梁是在1947年作为部的官员并持有相应的官员护照来美的,但从未要求大使馆将其官方身份通知国务院并予以登记;第二,他的护照已于两年多以前到期;第三,一年前他任《美洲日报》编辑这一有报酬的职业,这和他的官方身份相矛盾,并可能使美国财政部注意他的所得税申报问题;第四,要求国务院发给再次入境签证会引起移民局核对他的身份和财政部核对他缴纳的所得税,因为美国所有口岸的海关当局对不能出示国内收入署的所得税缴清证的任何人是不会放行的。这对要离开美国的外国人以及对美国本国人都是适用的。

梁似乎不相信他的事不好办,尽管他显然已注意到他面临的问题之多。我向他保证全力合作和协助,但对他说明我们努力的结果不能肯定。我向他指出,比较明智的办法是先去台湾,然后在外交部的支持下在当地向台北美国大使馆申请再次入境的签证。这个办法可取得多。

后来在午餐时,再次讨论了这个问题,而且我们又一次向他保证我们真诚愿意给予他一切可能的协助。然而在下午晚些时候,我惊奇地见到一份待我核准的电稿。电稿是以华侨界的李觉之先生和其他三位知名人士的名义致外交部将该电转交侨务委员会,要求该会再次任命梁为侨务视察员并指示大使馆加速办理必要的手续以为他获取再次入境的签证。我没有立即批发,而要求谭绍华把情况和这个新做法的理由向我汇报。这个新做法似乎含有大使馆不愿予以协助的意思,而且就推荐任命为观察员来说,这个做法未见得是要求再次入境签证的充足理由。

我不能责怪梁想规避已经制订的手续和繁文缛节,但是在这件事情上,他的举动只会使事情复杂化。果然,谭绍华于 10 月 4 日汇报称,纽约中国领事馆的马先生曾给崔存璘打电话说,梁声泰已向纽约移民局索取所得税缴清证明并被告知需由大使馆通过国务院申请,因为他的身份是中国官员。梁的行动使崔存璘、谭绍华和我自己都吃了一惊。梁声泰自从受命为没有报酬的华侨视察员而作为部级官员到达美国以来,一次也没有要求过大使馆把他的官方身份通知国务院;而且自从上年以来,他不仅担任纽约唐人街中华公所主席,还担任有报酬的中文报刊《美洲日报》的编辑。这些他自己都知道,而竟做出这样的事。此外,大使馆已建议他在旧金山申请有关证明书,旧金山是他赴台参加台北的国民党大会和华侨会议的离境港口。大使馆已用电话嘱旧金山总领事张紫常尽最大努力予以协助。另外,大使馆还根据他的要求,出具了空白抬头的证明信,证明他是中国官员,以使他便于旅行和联系美国移民当局。

至于郑天锡的情况,他于 10 月 8 日从渥太华再次来电话称,他希望尽快从美国驻渥太华领事馆获得入境签证。他说,他曾和斯坦利·伍德沃德先生共进午餐。伍德沃德系那时驻渥太华的美国大使。伍德沃德已应允予以协助,并称经向美国领事馆了解,申请入境签证,一般需时很长,最快的办法是由他从我处获得议事的召唤或是受任参加下周举行的联合国大会的中国代表团。

郑天锡要求我按照所提出的大意给他拍电,但是我对他说,事已至此,这样办在国务院看来,显然是企图规避规定的手续。比较好的和更合乎常规的办法是由叶公超召唤他前来汇报或开会;叶公超是外交部长,他作为参加联合国大会的中国代表团首席代表即将到达纽约。但是郑天锡告诉我说,他曾写信给叶,叶复称美国当局不愿发给我们的前官员入境签证,而且郑作为退职的大使,美国当局不会轻易承认他的外交护照。叶曾建议他要求刘锴大使尽力予以协助。

后来我给他拍电,告知崔存璘已再次前往国务院并获得保证称,一俟郑向渥太华美国领事馆提出申请,即当迅速发给入境签证。但是他们说,这样的申请还是必要的。后来谭绍华告诉我,郑坚持要外交人员签证或政府官员签证,而崔存璘称这是美国不会发给的,因为美国的判断标准不是申请人的护照性质,而是申请人的来美目的。换言之,如果他在此地没有官方使命,他的外交护照对他就没有帮助。

在这种情况下,郑天锡接受了大使馆的意见,并提出了相应的申请。正如已经答应大使馆的那样,这份申请办理得相当迅速。到了11月1日,他已来到华盛顿。他除头发已全部变白和小胡子已刮掉外,看来和1946年我上次在加尔各答见到他时没有什么两样;那次我是在去伦敦途中,而他则在去南京途中。他仍能畅饮。在谈话过程中,他说,英国外交大臣贝文曾于1949年把我反驳当时报道的英国意欲承认赤色中国的言论告诉他。贝文对我们防守台湾的能力表示怀疑,更不用说我曾对他谈的我们的政府决心防守广州并从而保护香港了。还记得在广东省的防御已由白崇禧将军全部安排就绪的情况下,我认为政府守住广州是多么自然的事。但是部署在他的右翼的部队突然奉命撤退,于是白崇禧也束手无策了。

那天晚上谭绍华也是我的客人。当谈到那时居住在纽约及其附近的许多从前的大使和公使时,他建议由外交部协助组成某种形式的俱乐部,以研究当前国际问题并向外交部提供意见。他说,这也许是个好办法,因为这样他们就可以有某种名义,也就是某种可以凭藉的正式理由或资格,而不至于从移民当局那里碰到过多的麻烦；与此同时，我们的政府可以在需要时，尤其是大陆光复以后，指望这些训练有素的外交官效力。他又说，保存一批有经验的外交官供将来使用是符合我们国家的利益的。

这个建议和我自己的想法完全一致。我曾在若干场合下向外交部长提出。然而当时在台北官方人士中却存有一种相当普遍的不满态度。他们认为这些外交官首先应去台湾熟悉那里的情况，而不应该害怕艰苦和对他们的安全的威胁而不愿前往。问题是他们之中有不少人已经获得新的驻外任命而且在职务上对他们还是提升，但同时又被要求去台湾一行以便在走上新的工作岗位前熟悉情况，而他们却宁可放弃提升。这是我能够理解的，但是我不能同意他们的踌躇和不情愿。

郑天锡回顾了美国驻渥太华大使伍德沃德曾提出最好他能弄到政府官员的签证，而最后发给他的只是一般的签证。他告诉我说，他是怎样不得不提出申请的，并在一位女秘书的指引下，又是怎样不得不在渥太华美国领事馆按指纹的。在入境港口，移民办公室问他计划在美国逗留多久。他回答说，自从他上次在二十多年前访问美国以来，美国已经取得极大的进展，所以他愿意参观美国。于是他们给了他三个月。（三个月是规定。）

显然事先已经做了一切准备，以保证郑天锡无法在美国继续停留。至少就退职的中国官员来说，美国政府对准许入境的迟疑，分明是出于对国民政府的反感，而又夹杂着担心他们在中国大陆已陷入共产党之手而想要在美国居住。

我随后不久宴请了郑天锡夫妇。这是一次非正式的宴会，这样安排是为了我能和郑天锡促膝畅谈。我要求他把导致英国承认赤色中国和英国撤销承认国民党中国的情况告诉我。他说，直至 1949 年 11 月，尽管贝文对他谈过中国政府武装力量缺乏战斗意志和领土不断陷入共产党之手，但是贝文尚未下决心。无论如何，英国政府尚未作出正式承认北平的决定。这从贝文接受邀请参加中国大使馆为祝贺他的生日而举行的中餐宴会这一事实可资证明。但是当外交部国务大臣麦克尼尔于 1950 年 1 月 7 日召见他时,他知道是为了对他宣布英国政府承认北平的决定。郑天锡说,麦克尼尔急于要立即执行他的"令人遗憾的"任务,但是他制止了麦克尼尔。他说,他知道麦克尼尔要告诉他什么,但是他愿意先说几件事作为一般性的谈话,正如儒家的传统,君子绝交,不出恶声。郑天锡对我说,他的目的是要显示镇静和有机会表达他的观点。他所表达的观点是,即使联合王国在承认一个政治实体而不含有赞成的意思的情况下,给予北平以承认,也不应该撤销对国民党中国政府的承认;这个政府"仍有一支较亚洲任何其他国家单独的武装力量为强大的陆海空军"。他还指出,中国海军正在执行在公海上搜查和扣留中共船只以及其他和赤色中国进行贸易的商船的政策。他对麦克尼尔说,万一在搜查一艘英国船只的过程中发生冲突并导致联合王国与其以前的盟友国民党中国之间的战争,那将是灾难性的事件。麦克尼尔答应把郑天锡所说的话向内阁汇报。

郑天锡说,印度高级专员返印前夕,遵照新德里的指示前来访问他并把印度承认北平的决定通知他。当时他把同样的话对那位高级专员也讲了。后者对此很注意并说,他未曾考虑这方面,回到印度后一定要向尼赫鲁汇报。

我请郑天锡谈谈伦敦决定承认北平的理由或者说当时是怎么考虑的。郑天锡说有三条:第一,由于共产党控制了幅员辽阔和人口众多的大陆,这是国际生活中的现实;第二,这样做是为了保留印度在英联邦之内,因为印度强烈赞成承认北平政府;第三,解决英国在华的商业界和金融界困难,以期在那里保持贸易关系和保护英国的投资。

郑天锡带着轻松愉快的情绪,对我谈了他在伦敦任大使期间的经历以及英国宫廷和政府对他的礼遇。当伊丽莎白王后(即现在的太后),知道他的一个女儿是在英国出生时,曾对他说:"儿子没有娶媳妇时是儿子,而女儿则终生是女儿。"我认为举世都是如此。

当陈光甫先生设法来美国时,出现了完全不同的情况,尽管其中也涉及要求入境签证问题。陈是早期留美学生之一,毕业于宾夕法尼亚大学的沃顿金融商业学院。回到中国后,他创办了上海商业储蓄银行,办得非常成功。在早期年代,这家银行的存款额在中国各银行中占首位。很久以后,共产党占领了大陆,陈跑到香港。他把香港分行改组为总行。英国承认北平政权后,他宣布他的港行和上海断绝关系,并着手把港行改组为一个独立的单位,即上海商业银行。但是实际情况并不是这样截然分开的。

在我于8月27日召集的,有俞大维、江杓和谭绍华参加的会议上,俞大维提出了这样一个问题,即外交部命令向国务院请求为香港上海商业银行负责人陈光甫预发一张入境签证,以便他作为世界贸易公司的总经理可以来美着手改组纽约世界贸易公司。俞大维说,大使馆在为此而进行联系时,应当谨慎从事,而且一定不要用书面照会。我们就在最近还得到情报称,事实上香港上海商业银行悬挂中共旗帜,而且北平政权的官员名单上还有陈光甫的名字。他说,假使国务院复照指出这些事实并要求解释,那将非常尴尬。

正如谭绍华指出的,两年多来我对陈光甫的问题一直是非常谨慎的。我曾指示,在我们查明他的确切立场和地位前,不得就他申请入境签证问题向国务院提出正式请求。我说,叶公超给大使馆的电令可能是出于协助一位老朋友——实际上陈也是我四十年的朋友——而未经政府先从足以影响政府的各个角度予以充分商讨。

江杓证实了俞大维所谈该银行的状况和悬挂中共旗帜的事实。我嘱谭绍华非正式地联系国务院,设法探明陈光甫申请近两年的入境签证何以迟延不准以及其主要困难所在。

约一个月后,我在纽约的一次午餐聚会上和香港的上海商业银行董事会的一位活跃成员朱如堂先生进行了有趣的交谈。他生动地叙述了他在北平作为陈光甫的代表为该银行和周恩来联系及谈话的情况。

朱说,周恩来知道陈光甫身体不好,要他转告陈保重而无需设法到北平来见周。当他回到上海时,发现该行职员受共产党的影响,要求陈光甫到北平汇报该行情况。但是他宣布了周恩来嘱他本人转告陈无需来北平而只是要注意身体,于是就使那些职员不吭声了。

朱在第三次北平之行时,发现难于再次南返,同时他旅行许可的申请已被搁置好几个星期。共产党打算拘留他。他最后采取了笼络他的一位旧时的朋友的手段。他的这位朋友是共产党的天津市副市长。他假装不愿返回香港,尽管他的银行同仁已多次来电催他回去处理银行的某些重要业务问题。他对这位副市长说,他喜欢住在华北,过得很愉快。此时,这位副市长建议他去香港作短时间的逗留,结束业务问题,然后回来。他顺势谈出他的去港申请已搁置数星期的事。于是他的老朋友很不智地承担了为他获取旅行许可的责任,并且在两天后就办妥了。朱急忙奔赴香港,而且永远不想返回共产党统治下的大陆。他认为共产党在施政方面是廉洁的、诚实的,效率也是高的,但又是无情而专横的。

至于陈光甫,他终于获得了入境签证,并从香港来到美国。那是在1952年10月,因为在他到达后不久,我在纽约的一次聚会时见到了他。

王守竞博士从波士顿回到华盛顿来参加一个会议。这个会议与他在麻省理工学院的研究工作有关。于9月4日来作礼节性访问。他说,他未被分配任何具体科研项目,因为他和研究部门都认为他从事这么多年的其他方面的工作之后,应该先用一些时间重温他在机械工程学方面的知识。

同日,蓝钦来访。他是在回台北前来辞行的。我们愉快地交谈了四十五分钟。他曾会见国防部副部长福斯特先生,并略谈了军事援助计划内给台湾的军需品的加速装运问题。他即将会见陆军部长佩斯,并希望能说服佩斯访台。我对他说,我在一个月前曾劝佩斯访台;我的印象是佩斯愿意访台。可是蓝钦对空军部长芬勒特没有把握。

蓝钦还对我说,他正等待谒见杜鲁门总统。他希望在下星期初能获约见,一俟约见后立即动身。他说,叶公超很想访问美国。蓝钦已尽力促使阿默斯特大学授予叶名誉学位。这样就会使叶公超除率领中国代表团于 10 月份参加联合国大会外,还有机会出访。

数日后,夏功权汇报了他的檀香山之行。他曾协助蒋夫人从檀香山前往旧金山就医,并代表她和那些不断坚决要求发表声明和拍摄照片的报刊和电台代表周旋。他说,他终于说服了那些代表。他对他们说,她在病中是谢绝拍照的。他又说,没有一位妇女在她气色不是最好的时候会愿意拍照的。他对我说,有两位警官陪同她从台湾到檀香山,但她到达后,他们已被遣回。她的中文秘书也被遣回,但是有一位女秘书留了下来,她是蒋夫人的非常得力的助手。

一星期后,我在国家机场为蓝钦夫妇赴台北送行,因为蓝钦曾在两年前在台北为我送行,而且他曾来大使馆向我告别。我是带了顾毓瑞一起去的。谭绍华夫妇也去了。美国方面,只有他的私人朋友,其中有一位是英国将军,曾于战后初期和他一起在奥地利。蓝钦说,他和他的妻子将在旧金山拜访蒋夫人并向她问候,然后在檀香山和东京逗留几天,并在 10 月初到达台北,也就是在助理国务卿艾利森和海军上将雷德福 10 月下旬到达台北之前。蓝钦又一次说,台北的最新消息证实了他以前关于叶公超即将率领参加联合国大会的中国代表团出国的报道。但是蓝钦希望叶在艾利森和雷德福访问之后来美。他说,叶公超知道如何照料美国宾客,而且如果他在 11 月初的某一天到达纽约,参加联合国大会的时间短一些,只露一下面,这倒关系不大。

在这前一天,助理商务参事石道生为他的薪金问题来访。他要求再预支部分薪金。外交部截至目前一直拒不授权,而只准在固定职工每月 176 美元报酬限度之内预支;这对他是十分不公平的。我曾建议外交部向政府申请追加预算以供大使馆设置商务秘书办理过去商务处的工作;商务处最初有七人,后改为四人。在等候外交部对此建议的反应期间,我决定再借给他五百元。大使馆在不增加一个人的情况下,是无法履行这样加给它的职责的。

我应该补充一下,将近那个月的月底,外交部还没有批准他加薪。这时,石要求再次约见。他要再借一笔款。他说,他任助理商务参事已达十年,而外交部只委任他为一名雇员;对此,他应如何办。他征求我的意见。我对他说,他不应退回委任的薪金。而且将继续承认他为照料商务参事处工作的助理参事。这个处虽然已被台北正式取消,但仍担负与美国商业部及美国和台湾的商业界之间的工作。我说,为了便于他进行工作,我不会把他的职位变更正式通知国务院。我将等待新预算的通过。新预算如经经济部同意,尚需报请政府批准。但在 10 月末,石又来见我。我对他说,外交部正按照我的建议在政府预算中列入一个新的项目,而获得批准尚需一些时间。我让他到大使馆负责财务的傅秘书那里去取必要的临时补助。

拉尔夫·沃德主教是美以美会的高级教士,曾长期居住于中国。他前来申请访问台湾的入境签证。在上次大战期间,他被日本人拘禁在集中营里,直到日本投降才获释。共产党征服中国大陆后,他继续住在中国。他显然是希望得到共产党默许,继续开展传教工作。他解释说,我们共同的朋友、东吴大学校长杨永清曾敦促他在共产党统治下居住下去,理由是假定他能和美国经常联系,他留在大陆就是一个和外界联系的有用的一环,并对那些未能逃离大陆的中国基督徒是个鼓舞。但是后来随着情况日益困难,杨永清劝他离开大陆,因为情况既然这样,他在美国为大陆的基督教会工作对这些教会可以更为有益。

我对他说，杨永清鉴于共产党管辖的中国大陆的地区迅速扩大，曾于1948—1949年就他是否应返回东吴大学征求我的意见。当时我极力主张他留在美国，因为我确信共产党一旦当权，是不会让传教士或传教机构继续开展正常工作的。他本人作为一个基督教会机构东吴大学的校长，和传教士或传教机构联系密切，因而是不会取悦于或见容于共产党当局的。然而杨永清感到难以听从我的劝告。现在听说他已处于困境。我说，对共产党的真正目标和方法缺乏了解，使得他以及包括我们的在华美国朋友在内的许多其他人，落入共产党的圈套并蒙受其后果。

沃德主教承认那些传教士曾设想共产党当局会采取容忍的态度，而这种设想是错误的。他问道："将来会怎样呢？"我说，不知怎么地，我仍然对最终从共产党的极权统治下解放我们的大陆和我们的同胞，抱有坚定的信念。我说不出在什么时候，但是这是必然要到来的，因为我无法相信像共产党所代表的那样一股黑暗势力会延续下去，并且会扭转我和他所了解和热爱的中国文明的方向。

他害怕那种通过消灭一切对立分子和政治敌对分子来对居民进行有力控制的方法会加强他们对人民的支配。他还害怕时间对自由世界不利。我表示同意。我说，这正是为什么一切爱好自由的国家应该团结合作，一起反抗共同的威胁，并忘却我们的国家或另一个国家过去所犯的错误。按照轻重缓急，我们当前最重要的任务是在自由世界内部肃清对和平、自由和文明的这种共同危险。

我对他说，听到他打算再次访问台湾是多么高兴。他说，他在台湾有许多朋友，如张群将军、王宠惠博士和吴国桢先生等。他表示将继续为自由事业竭尽全力发表讲话和文章。他说，共产党称美国是一个帝国主义国家，想要包围和奴役亚洲人民以便对他们进行剥削，这是错误和不真实的。他从和美国广大民众的接触中,知道他们一点也没有这种想法,并且知道他们在中国为教会事业作贡献和在其他地区一样,仅仅是想帮助那些人看到光明和真理,以及过比较好的生活,而毫无自私的想法。他说,共产党怂恿中国人民憎恨美国和美国人民,他们并无真正充足的理由。他们在这方面的宣传是无视全部真相的。

我说,中国大陆沦于共产党的统治,不仅是对中国人民,而且也是对美国和美国人民的巨大灾难,因为中国是这样一个国家,在这个国家,美国传教士在把民主和自由的理想传给民众方面取得了最为明显的成功,而且建立了相互信任和相互友爱的感情,从而为世界和平和人类利益的前景提供了无限的希望。一个半世纪以来,先是美国商人,以后是美国传教士及中国留学生的辛勤工作,才取得了这一成果,而现在已全部丧失,但是我希望不会是永久丧失。

9月18日,最近被选为美国退伍军人协会司令的刘易斯·高夫和他的三位同僚拜访了大使馆。他即将访问远东并希望把台湾包括在行程之内。他打算代表协会亲自视察一下局势。他说,退伍军人协会在中国国民政府反对共产主义的斗争中一贯主张全力支持国民政府。他说,作为协会的司令,他是无党派的,而且也不会发表任何政治意见;但是他要收集第一手资料,以便在许多复杂的国际问题上能更好地指导他的组织。他打算拜会蒋介石总统和中国政府其他领导人。我表示愿意给他写几封介绍信致国防部长和外交部长以及沈昌焕先生,以安排他拜会蒋委员长。

23日下午,我接待了行政院设计委员会负责社会福利的委员周鲸文。他持有行政院代院长张厉生先生的介绍信。他解释称,他由于获得联合国奖学金而能成行。他是来研究美国的社会福利问题及其管理的,已经给他指定了三个课题:美国的就业、失业保险和劳工福利。为此目的他将在美国度过六个月。

次日,我参加了理查德·帕特里奇少校和夫人在麦克奈尔堡军官俱乐部举行的宴会。这次宴会是为皮宗敢将军在华盛顿任职期满即将返台而举行的。主人帕特里奇少校提议为他所崇敬的伟大领袖蒋介石将军干杯,然后讲了几句有关皮宗敢的话并提议为他干杯。皮宗敢请我致答词。但是我对他说,他作为位于女主人右侧的主宾应致答词,我则位于女主人左侧。于是皮宗敢致了谢词,并为男主人和女主人干杯。

我于 25 日再次去军官俱乐部,因为奥姆斯特德将军和夫人也是为皮宗敢即将离任而在那里举行鸡尾酒会。参加者多为美国军官,但是法国武官也在场,同时还有南斯拉夫大使。主人把南斯拉夫大使介绍给我时,我感到诧异,因为我从未见过他,同时他的国家是赤色中国的强烈支持者。我只是有礼貌地鞠躬而未和他握手。看来他也有点诧异,或许他是在不了解这个场合的性质的情况下来参加酒会的。

我还和当时负责远东事务的助理国务卿艾利森进行了谈话。他秘密地告诉我,美国政府由于司徒雷登的健康状况不允许他在台湾继续担任驻华大使,将接受他的辞职,而蓝钦将被晋升大使。他说,这两个行动都将在 11 月份大选后采取,新大使将由新总统任命。这被认为是最好的解决办法,因为虽然有通过向台湾派驻大使以提高国民党政府威信的迫切愿望,但是总统竞选运动正全面开展这一事实使任何行动目前都不可能,以免这种行动招致两党的评论和非难。

9 月 26 日,我为艾利森夫妇前往远东到国民机场送行。在机场上,除包括罗慕洛将军在内的菲律宾大使馆几位成员外,美国方面只有艾利森的私人朋友和以前的助手。

当日晚,我设宴招待蒋廷黻博士和胡适博士。他们是来美参加中华教育文化基金会年会的。在宴会上,蒋廷黻对我说,他打算在 10 月 9 日华美协进社的宴会上发言敦促美国向台湾派遣大使。他曾就此和美国代表团的格罗斯商量。格罗斯提出在答复前需先试探国务院的意见。几天后,格罗斯告诉他说,国务院不希望蒋廷黻提出这一点,因为这样会破坏由美国新总统委派新大使以及同时在 11 月大选后立即把蓝钦提升到大使级的计划。胡适告诉我,他将在 11 月份去台湾并于 1 月份返美。

次周初,萧勃少将作为接替皮宗敢的新任武官来作礼节性拜访。他实际是陆军中将,但是宁愿在美国用比较合适的军衔,以免麻烦。在台湾,有人吩咐他就此事请教国防部长郭寄峤。这位部长认为在华盛顿再用上校衔太低了,于是正像萧本人愿望的那样,提出了少将衔。(谭绍华后来对我解释说,1949 年李宗仁将军代总统时,曾将萧从少将晋升为中将,但是这招致了委员长的不悦。所以在情况好转后,萧来到台湾时,仍像以前一样用少将衔,随后通过幕后活动由国民政府晋升为中将。)萧对我说,总统和国防部长都嘱他到达后向我报到,并嘱他在华盛顿应经常向大使请示。

稍后,前一天夜间从台北到达的赖家球先生作为一等秘书前来报到。叶公超曾特意向我推荐他是一位有才能的人,在联合国控诉苏联违犯条约义务以及在和日本有关双边和平条约的谈判中,曾在汇集资料方面对外交部大有帮助。他给我的印象是机敏而善于合作。

我还接见了海军武官柳上校。由于他曾任驻台北的军事援助顾问团的海军顾问的联络官,并在就任华盛顿的新职前曾担任海军军官和中国海军当局历次会见的译员,所以我请他把他所知有关我们为加强海军而向美国海军要求二百多艘中小型舰只的情况告诉我。柳称美国海军当局认为所要求的舰只对我们并非必需,因为美国第七舰队已承担保卫台湾的责任,而且美国的目前政策是不帮助台湾作入侵大陆的准备。他补充说,这确系海军作战部长费克特勒海军上将在他最近访问台北时对我们的人讲的。

10 月 3 日,我在款待拜尔利和卡罗尔二位海军上校的午宴上又提出了这个问题。拜尔利作为军事援助顾问团海军顾问,在完成任务后刚从台湾回来。卡罗尔即将赴台接替拜尔利执行任务。午宴的其他客人有梅乐斯海军少将、俞大维将军、谭绍华博士和柳上校。梅乐斯是戴笠将军在中美合作所的亲密合作者，也是俞大维的朋友。中美合作所是第二次世界大战期间重庆附近的美国军事情报中心。我安排这次小型宴会是为卡罗尔送行并且想弄清我们海军当局要求二百多艘舰艇和其他各种物资的情况，尽管台北美国大使馆已回复外交部称，蔡斯将军不同意并建议代以六艘扫雷艇和十套扫雷装置。

拜尔利说，不会采取任何行动，因为没有听到蔡斯的意见。梅乐斯证实了我的猜疑，即有关供应台湾的军事物资，必须由蔡斯领导的军事援助顾问团首先提出。梅乐斯说，五角大楼并不首先提出，而只是传达蔡斯作为台湾军事援助顾问团负责人所提出的建议。因此，这里的行动一般是对建议的数字予以削减而从不予以增加。

拜尔利玩笑地说，或许陆军认为台湾不需要建立作战舰队。我也玩笑地问是否蔡斯认为几艘驱逐舰就能组成一支作战舰队。梅乐斯说，如果真打算完成统一大陆的事业，那么美国海军是可以做到的；地面作战有海军陆战队，空中则有空军掩护，同时还有船只和航空母舰运送飞机和空军人员。我得到的印象是美国海军对我们的需要非常同情，而且赞成给我们尽可能多的援助。但是看来卡罗尔说话有保留，他很少讲有分量的话。

当日傍晚，谭绍华汇报称，俞大维曾要求在他的办公室见他。在那里，俞大维说，他不了解我在午宴上对美国客人所谈的扫雷艇问题，因此，如果有大使馆收到的文件，他希望看看。他还对谭绍华说，蔡斯曾告他，所有军事援助事项都应在台北商讨，并且要求他不要在华盛顿和美国当局商讨。所以有关应予供应的军事物资或是任何军事援助问题，他在联系五角大楼时，除非常谨慎地催办外，一直是小心翼翼的。他建议大使馆把蔡斯对他所谈电告外交部。谭绍华说，他于是把大使馆最近收到的有关海军援助问题的,尤其是有关供给我们海军舰只数目的两三封电报告诉了俞大维。

我对谭绍华说,过去三四天,我曾争取对俞大维谈此事,但是他说他在纽约得了重感冒。所以我曾想在午宴前和他谈这个问题,可是美国客人来早了;而午宴后,俞又说他感冒仍未痊愈。我补充说,没有对他可隐瞒的事,尤其是有关军事援助事项。

我立即亲自用电话请俞大维来见我。我说,我愿在星期六和他共进午餐时把文件给他看并和他商讨此事。他说,此事不急,他愿于星期一任何钟点来见我。我们约妥在双橡园共进午餐。他问我是否已发出他所建议的电报。我说,我们可以在星期一商讨。

在和各方面代表处理双方共同关心的问题时,采取周到而慎重的办法总是明智的。具体到俞大维,尤为如此。他是作为我的特别助理奉派前来协助我办理军事援助事项的。

俞大维按照约定于星期一来和我共进午餐以便交谈。我让他阅读外交部有关从美国获得海军舰艇问题的急件。至于供我陆军和空军的军需品的情况,他把应予运往台湾的 F－47 型战斗机的几个数字给了我。从 1952 年 10 月到 12 月三个月期间应予移交的总数为七十二架。他把数字写在一张纸条上给我看,然后让我把纸条销毁。我说,我的记忆力很差,记不住数字和说明;希望他给我一个节略,说明各项军事装备物资的装运进展情况,如供给陆军的枪炮和车辆等。他要求我同意免写。他说,这些数字只有他、我和韩朝宗三个人知道。他还说,尽管他让他的儿子照管他有关经济援助的文件,但他不让他儿子看到那些有关军事援助的文件。

他再次强调不宜在这里向美国当局催办军需品。蔡斯曾对他明确这一点。他本人也只是以非正式的私人途径催促他的五角大楼朋友加速装运。他认为五角大楼不会不愿意尽量多发给我们,但是某些项目的供应确实不足。

那一周的星期日,我参加了莫里斯·卡弗里兹夫妇的家庭招待会。我习惯于在社交集会上向一些具有各种政治见解的美国朋友询问他们对于即将到来的总统大选的可能结果有何印象。我向安斯伯里太太也提出了这个问题。她就是以前的路易丝·斯坦曼小姐。她是一位政治工作者,是宾夕法尼亚州州长詹姆斯·达夫的秘书。她说,目前艾森豪威尔较史蒂文森占优势。然而她认为得克萨斯州州长阿伦·希弗斯和南卡罗来纳州州长詹姆斯·贝尔纳斯这两位民主党人支持艾森豪威尔的表态不会使艾森豪威尔得到这两个州对他的支持,因为这两个人影响有限,希弗斯尤为如此;他曾和杜鲁门政府打成一片,直到他和杜鲁门发生争吵并闹翻为止。

以后几天,我又接待了那时从台湾来美国的许多受训人员或观察员中的好几位。星期二来访的陈先生是台湾血统的台湾警察局副局长。他是作为参加在洛杉矶举行的国际警察局长会议的代表来美国的。万彦信和李绍荣(音译)是来美国参加共同安全署主办的训练班,这个班是学习使用雷明顿蓝德牌的计算机的。万是财政部长的女婿。他们两个人都在台湾银行任职。

10月9日我接待了布鲁金斯学会的包兰亭先生。他原来是国务院远东司司长,在那以前曾担任过驻华和驻日领事。他曾为布鲁金斯学会写过一本关于当代台湾的书,书名《今日台湾》。早些时候,他在9月份曾为此书来访。当时他说,他在此书中试图对形势和涉及的问题提出客观的看法。他请我阅读此书,并把我的看法,特别是对结论部分的看法告诉他。他说,他准备向在国务院的朋友提出同样的要求。我同意让我的助手阅读,并称我本人将按照他的建议阅读最后三章。这三章是他的结论,还提出了对外政策问题。然后,我说,我们将先在内部讨论,然后再安排在10月上旬和他会面,以提出我们经过思考的看法。

10月9日他来访时,我们首先回顾了对亚洲和太平洋地区的明智稳妥的美国对外政策问题所涉及的一些争论。我们双方都同意美国过去的政策是明智稳妥的,这个政策的基本原则是公开声明对中国人民的友好和维护中国的领土完整及政治独立。近年来出现的困难,只是由于偏离了传统的政策,而不是由于这一政策本身的执行。

我建议他再撰写一篇专题文章,作为目前这本文笔流畅、考虑周密的书的继续,内容是论述美国作为自由世界领袖的积极的总政策所必备的条件;这个政策旨在保障仍处于自由中的爱好自由的国家和人民,和帮助解放那些已成为共产党侵略的牺牲品的其他国家和人民。我说,台湾中国政府的国际地位和台湾的法律地位,以及太平洋地区的安全,在这样一个政策中都是构成总政策的各个方面。一旦确定了维护自由世界这个基本目标并尽一切方法予以实现,那么,所有具体问题和争论就会得到恰当的对待和正确的解决。

我交给他两份摘记,内容是陈之迈和顾毓瑞对包兰亭所写的书的评论和意见,准备供我审阅的。我请他审阅并随意使用。我告诉他,我本人对这些评论并不完全赞同,有的我同意,有的我不同意。他可以看一下,然后退回。他答应了,并感谢我在这本书上所花费的时间和精力。他还对我两周前和当天同他再次讨论表示感谢。我赞扬他撰写这本著作的学者风度,他的客观见解,和他对制定太平洋和远东总政策所涉及的基本问题的条理清楚的叙述。他说明他的目的是为今后制定这种总政策提供背景和对事实的分析。他说,他只是从美国的观点来看问题的。他不愿意批评美国的政策,以免在这总统竞选运动的紧张时刻,会显得偏袒这一方或那一方。(后来,该书出版了,书名是《台湾:美国对外政策的一个问题》。包兰亭送给我有他签名的一本。)

和包兰亭谈话后,我参加了亨培克为祝贺包兰亭最近结婚而举行的鸡尾酒会。包兰亭向我介绍了他的岳父罗伯特·弗罗斯特先生,是一位当代闻名的美国诗人。包兰亭还向我介绍了他的新婚妻子,就是这位诗人的女儿。据包兰亭说,弗罗斯特先是在英国教书和写作时成名的,而只是到了后来美国人才因他的诗而尊重他。一位美国作家的优点先为英国人所发现,而只是后来才为他本国人所赞颂和欣赏,这并不是唯一的事例。

1952年10月10日是辛亥革命四十一周年纪念日。由于外交部的指示和有限的节日庆祝津贴,大使馆在双橡园再次以较小的规模举行了庆祝活动,尽管我曾建议这一年比较适当地举行庆祝活动并接待外宾。外交部的指示和津贴恰好在我把建议交付空邮以前到达大使馆。既然部里的指示是根据行政院的正式决议,而且给驻外各大使馆和领事馆的津贴也都是按照同一决议拨出的,我就撤回了我的建议。

约一百五十位华籍人士及其家属来临,其中包括国务院资助的研究人员、在华盛顿的共同安全署受训的人员、世界银行和货币基金组织的中国员司以及中国政府各机构的人员。和往常一样,庆祝仪式以唱国歌开始,由郭秉文夫人钢琴伴奏,然后由我讲话。我回顾了辛亥革命之所以能够迅速地达到从满族的桎梏下解放中华民族的目的,是因为中国人民的全心全意的支持。但是革命的成果中华民国,在成功地反抗日本入侵之后,现在已因中国共产党在苏联的援助和支持下在大陆横行而迁都台湾。为此,在庆祝中华民国成立四十一周年的时候,我们还有一个需要在今后达到的目的,那就是从大陆上受外国指使的共产党分子的桎梏下解放我们的同胞。

四、共和党的胜利和自由中国的新希望
1952年10月12日—1953年1月20日

1952年10月12日是个星期天,晚间,我去纽约迎候从台北来美的叶公超外长。星期一晚,叶公超和夫人到达,和他们一同走下飞机的有他十五岁的儿子,身着蓝色的毛线衫。叶手中提着一个大公文包。到机场欢迎他的有联合国秘书长赖伊的代表让·德·努先生和美国国务院驻纽约代表。此外还有中国驻联

合国代表团全体官员以及驻纽约领事馆的工作人员。

我催请蒋廷黻引见联合国礼宾司司长让·德·努，因为他比较谦逊，走在人群的后头，我刚把他带到前面来。接着，我和蒋商量好，用我的车把外长及其夫人、公子送到斯坦霍普饭店，叶外长一行人就住在那里，

不一会儿，蒋夫妇都来看望叶外长夫妇，随后又来了二十来个在机场欢迎的人。叶给我和蒋要了饮料，并从公文包中取出一封信交给我，那是中国空军总司令王叔铭请他转致的，接着他又取出另外一些文件，和蒋另行辟室密谈，许久未出。时已午夜，我急于离去，等叶出来拿了一包香烟又将匆匆回去时，我就招呼向他告辞。他似乎感到我有点不高兴，就说也有些事想和我谈谈，打算次日到我旅馆去找我。

跟往常一样，这次也有唐人街的代表在领事馆授意下到机场欢迎外长。他们按惯例请外长从机场直接到唐人街去参加欢迎他的招待会。总领事力请叶部长前去，哪怕呆上二十分钟也好。但其时已很晚，将近一点半了，外长从西海岸长途飞来，显已劳顿。我提出应该对外长更隆重些，不如过些日子为他重新举行一次欢迎会，那时他将能够到会宣讲台湾所取得的进展，那是所有在美华人都喜闻乐听的。大家同意了我的意见，不过总领事和唐人街的代表们总不免有些扫兴。

第二天早上，联合国大会七届会议开幕。虽说这是第一次在新建总部大厦里举行的会议，但代表团约我去参加，我还是辞谢未去。因此，到那天晚上，蒋廷黻在顶好餐厅为外长举行晚宴的时候才再次和他见面。客人约共五十人，除了胡适和我以外，其余都是出席联大的中国代表团成员，团长是叶公超。宴会开始时，叶公超向蒋廷黻和全体与宴人员祝酒，蒋也向叶回敬。饭后叶和我一同回到我的旅馆，长谈了近四小时。

我们首先研究了他访问华盛顿的可行方案。我说必要时我可以设法让他在纽约访晤国务卿，因为后者也要参加联合国大

会。他决定在大选以后再去华盛顿并拜访杜鲁门总统。接着他告诉我,蒋夫人是何等地急于来美国而同时总统又是何等地切望第一夫人不要离开台湾。不过经她示意,叶已和委员长谈妥,并为她办好了来美的护照和在檀香山入境的签证。这一消息一经走漏出去,美国大使馆代办琼斯先生立即走访了外交部,他提出,国务卿将去檀香山参加美、澳新理事会会议,蒋夫人的行期正好和国务卿的到达日期巧合。这就可能引起外界对她此行目的产生猜疑。因此他提出蒋夫人是否可以推迟一周起程。叶说,他没有把琼斯的话告诉委员长,而是把推迟行期作为他自己的意见提出来的。这是非常审慎的做法。他说他的建议很顺利地被接受了。

叶还告诉我,1950年他终于未能担任中国代表团团长来纽约参加联合国大会,(虽然我曾为他向委员长进言,并得到了委员长的同意。)其中原委,他从未向外人道及。原来正当他准备动身之际,报纸上忽然发表,有人建议派出一个观察小组到远东(包括台湾),视察该地区和平与安全的总形势,联合国正在考虑中。据说这一建议来自安理会中的中国代表。委员长对此深感惊异,问叶外交部有没有收到蒋廷黻关于此事的报告;如此攸关国家存亡的大事,为什么对他这个总统竟然只字不提。叶说,由于没有对委员长报告此事,他不仅激动,而且生气了。为了给蒋打掩护,叶说他收到过蒋的报告。这一来不啻火上浇油,委员长认为叶时刻不离左右,竟不向总统或政府报告,怒不可遏。叶说,事实上蒋廷黻根本没向他报告过。不管怎么说,这事使委员长对他大发雷霆,命令他不要去纽约,告诉他此行干脆作罢,中国外交部长无需到美国去出席联合国大会。

叶说委员长对蒋廷黻不满意,因为他曾向政府推荐过好几个人,结果都不合适。举个例说,他曾推荐驻埃及公使何凤山充任出席联合国大会的五位代表之一,台北很不以为然。他又推荐过我国驻希腊大使温源宁担任此职,结果也是一样。

叶自己感到在台湾工作很紧张，一再要求辞职，但是每一次行政院院长陈诚都不予考虑。事实上，行政院长对他说过，如他要辞职，那就一块儿下台算了。叶说陈诚本人身体不好。他和委员长打交道一贯直言不讳，每因力陈己见而招致委员长不悦，尽管他是委员长的亲信，但却敢于直率地反对他认为对国家不利的观点。据叶说，曾有几次，由于委员长不顾行政院的一致反对，固执己见，陈气得一连几个星期对委员长避不见面，而让叶在中间传话。

由于他谈起了台湾要人的情况，也谈到了那里的政治秘闻，我就问起外传陈诚打算辞职，吴国桢有意取而代之的事。叶说，吴已不是那么得势了，人们都把他视作美国人的宠儿，这种情况，对他实在是害多利少。

不难想起，吴国桢在美国的名声是很响的，特别是在新闻界。譬如说，过去在大陆驻留过的新闻记者都很欣赏他，因为他很容易接近，向他提出什么问题时，他总是侃侃而谈，这对他们的工作就很有帮助。此外，由于他的名字经常出现在美国报刊上，以前访问大陆，现在到台湾来访问的一些美国名流在谈话中也常常提到他。因此，许多美国人对他的表面资望着了迷，就力主应让他在政府中担任更重要的角色。当然，政府自迁台湾以来，威信一落千丈，危机四伏，迫切需要美国的帮助。政府首脑深望能够表白国民政府、委员长及其左右，并非有意拂逆美方的意向，因此各方认为，如果把吴国桢扶上台湾省政府主席的宝座，在委员长来说，不失为高明的一着。

台湾政府终于逐渐安定下来，而蒋经国的地位也开始上升。小蒋显得很能干，他少说多干，尽职尽责。吴国桢这才转而把他当作一个竞争对手。本来吴国桢是与陈诚抗衡，企图夺取行政院长职位。他日久而得意忘形，在言谈举止中对他在台湾的几个对手摆出一副趾高气扬的姿态，在有些人看来简直是目中无人。这样一来，他在官场中就越来越不得人心。看来他以为得到了美国人的青睐,有美国人给他撑腰,就可以青云直上了。

叶的话并不是说,一个人受到了美国人的器重就会在台湾失去人望,而是说吴国桢由于滥用了他在海外美国人中的声望,反而使自己失去了本国人的支持。另一方面,也说明在中国人中间始终存在着民族自尊的暗流。过去就有过这样的例子:如果某一位中国知名人士受到外国人的过分赞扬,人们就会怀疑这些外国人是想通过这一途径来影响中国的政治,把他们的意志强加于我们。这可以称为人民的潜在民族感情。这是一种压抑着的感情,但始终存在。

我请叶谈谈传闻台湾对驻外使节有所批评的情况。叶说对我的批评是我在华盛顿没有设法多接触一些人,仅此而已。我说,这是我两年来,特别是最近十二个月中有意识采取的策略。因为这是一个高度紧张的大选之年,竞选双方和他们的追随者必然要在两党之间、两个候选人之间展开进攻和反攻战。我并告诉他,美国经援和军援的基本政策业已确定,堪称满意。至于实施问题,此间有关当局认为,特别是五角大楼在军援问题上认为应由美国军事援助顾问团与我国当局就地制订计划。关于这一点,俞大维从台北来此访问时,华盛顿五角大楼人士和蔡斯都已向他说明。

谈至此处,我对叶说,借此机会我想谈一件个人的事。此事我想先要和他面谈一番,然后再正式用书面提出。我说,相当一段时间以来,我一直在盘算着想辞去驻美大使职务,但一直未敢向政府提出,唯一原因是近年我国政府的国际地位以及对我国至关重要的中美关系都很艰难。但是,目前美国的对华政策,与1946—1950年期间相比,已经有所改善。美国舆论对美国政府过去所犯错误及其后果,诸如中国大陆沦于共党之手;以及红色中国的一举一动,它对朝鲜、对整个西方,特别是对英美两国的所作所为,无不受苏联指使等等情况,均已有所体会。当然,这一切都是我国政府近年来下定决心,努力进行改革的结果。

我说改善的基础既然是我方自己创造的,因此美国对我态度及政策的改善这一事实就使我对中美关系的前途较有信心。近两年来,大约召开过一百多次国际性会议,在每次会议上美国都支持我们保有代表权。不仅如此,美国还联络并促使其他代表团支持我们,这已经成为美国的既定方针。共产党越是在朝鲜和其他亚洲地区进行侵略活动,美国就越要挫败它,越要下力量帮助我们。因此,我认为现在退休是适逢其会了。我已经为国家效劳四十年,理应略事舒展身心,并拨出一些时间来料理料理私人事务。

我说第二个原因,是我认为应该派一个年轻些的人到华盛顿这个岗位上来。此职任务繁重,像我这样的老年人常感力不能胜。不错,我还算结实,不过一天工作下来,总感到劳累不堪。此外,一个老人久踞在驻华盛顿大使这样重要的岗位上,难免使应予升迁的年轻人受到阻碍,从而使我国外交界的士气趋于低落。

第三个原因是,我的祖传田地房产已荡然无存;随着通货膨胀,法币贬值,三十多年来积聚的房地租收入也已化为乌有;有鉴于此,我不能不考虑何以终养余年的问题。家业如此,我退休后只得自食其力,要自食其力,就得有力可食。如果退休过晚,体衰力竭,就无法谋生了。我国对老年人或退休公职人员并无养老金制度。

我对叶说,等他去华盛顿时,将把辞职书交给他,请他转交委员长。他说不想听这些话;至于给我捎带辞职书的事,他说责任太大,他是吃不消的。我向他担保,此事绝非出自个人恩怨,只因他是外交部长,是我唯一能够而且应该坦率说明我的情况和计划的人,故此恳切陈词。

他说,委员长和陈诚将军无论如何不会准我辞职的。他回想起陈诚受命担任行政院长时,曾经想让我当外交部长或行政院副院长。委员长同意了,但有个条件,就是我必须同时兼署这两个职务。只因当时王世杰和陈诚等人指出,驻华盛顿大使这个岗位极端重要,除非能找到同样合适的人选,不应考虑易人,此事才作罢论。也有个别人说,他们认为我不会同意在台湾政府中任职。叶说,除非我肯当行政院长,委员长和陈诚不会准我辞职的。本来委员长希望物色一位在国际上有声望的人物来领导政府,因此考虑过授予我行政院长职务,后来有人向委员长进言,十之八九我不会受任此职,而华盛顿这个岗位甚至更为重要,委员长和陈诚这才打消原议。我说,我所考虑的不是换一个工作;我是想彻底摆脱公职,俾可略事整顿私事,并稍治生产,诸如搞点写作之类。此间已有两家出版商向我约稿,一旦我能接受,就可签订合同。

10月15日星期三,我给艾奇逊国务卿的纽约办公室挂了个电话,安排叶公超拜访他的日期,事毕即返回华盛顿。星期五,我在华盛顿接到纽约领事馆的电话通知,蒋夫人乘联合航空公司班机从旧金山来华盛顿,将于星期六早晨到达。我问他们消息从何而来,是否可靠,因为大使馆既没接到蒋夫人本人的通知,也没有收到旧金山中国领事馆的报告。纽约的总领事阮崀利说,纽约总领事馆是从旧金山的中华总商会得到的消息,并经和旧金山领事馆核实。阮还说,纽约唐人街中华公所已接到通知派代表到机场迎接蒋夫人。我问他蒋夫人是否同意这一安排,他说,蒋夫人已请孔祥熙博士传话同意。

下午四点,我乘东方航空公司客机飞纽约。第二天上午十点三十分,前往拉瓜迪亚机场,经与联合航空公司询问处数度联系,得知她所乘班机将在十一点十五分到达,而不是如纽约领事馆对大使馆说的十点三十分。机场上有近百个中国人,其中有孔祥熙、宋子文及夫人、宋子良夫妇、叶公超夫人、刘锴、张平群夫妇、徐堪和陈立夫夫妇等以及唐人街代表五十人左右。

张平群总领事高声宣布只有少数几个人准许接近飞机。然后请我、孔祥熙和其他几个人随他去往停机坪。飞机舷梯口有一位警官守卫,欢迎人群被挡在绳栏之外,这些人也都不准入内。

该警官宣布只有霍华德夫妇可以登上飞机。因此,在其他客人下完后,霍华德夫妇登上了飞机。就在这时,从旧金山陪送蒋夫人来的佟(音译)先生匆匆走下飞机又立即上去。然后蒋夫人和霍华德一同下机。她在舷梯上时,应摄影记者之请停下来拍了照。下机后我上前和她握手,接着是孔祥熙也走上前去,并同她合影留念。我在人丛中把叶公超夫人领到前面去向蒋夫人问好。时间够紧,那时蒋夫人已经要去上汽车了。

飞机到达之前,我告诉孔祥熙博士,我是坐大使馆的汽车来的,是否请她乘大使馆的汽车,由我护送到她的临时寓所。孔毫不迟疑地说,他是用车来接她到他自己家中去的。因此蒋夫人由孔祥熙和霍华德左右跟随护卫着,走向孔的汽车。霍华德夫人和我紧跟在他们后面。但是一瞬间,警察和联邦调查局人员就把我和蒋夫人隔开了。我只好挤上前去送她上车。这时有一百来个人拥上去和她握手,其中有许多被警察撑开了。

唐人街的代表们列队夹道欢迎,不过她无法和他们一一握手,甚至都没有顾得上向他们致意感谢。她坐进了汽车,霍华德夫妇和孔祥熙跟着也上了汽车。我俯身对她说,如有需要大使馆效劳之处,只管通知我就是。她向我道谢,我就向她告辞。这时张平群总领事赶上前来招呼暂勿开车。他打开车门,请蒋夫人出来向在场恭候的唐人街代表们讲几句话。他说代表们未得机会向她致敬,甚至她都不知道他们来欢迎她,因此很感失望扫兴。(这些代表那天早上起得很早,又因飞机误点,很多人已经等了很长时间。)蒋夫人虽因皮肤病曾就医诊治,肤色略受影响,但看起来健好无恙。她显然不高兴地下了汽车,张平群鼓掌请大家注意,说蒋夫人要向他们发表谈话。结果她叫张代讲几句,并表示感谢。她说她由于长途跋涉颇感劳顿,不能亲自向代表们讲话,请张原谅。于是张平群就向大家讲了三十秒钟,跟着她的汽车就开走了。事毕,我回纽约,她则直奔长岛格伦科夫孔家。后来听说孔家为她举办了一次午宴欢迎会。除了家庭近亲如宋家外,陪客只有霍华德夫妇。

叶公超原定第二天即 10 月 19 日上午十点到我旅馆来。但是他的秘书张慰慈打来电话说,叶由于昨晚就寝过晏,要十点三十分才能来;而实际上他十一点三十分才到,因为他的司机不知到哪里去了。我们谈了一个半小时,开始时就毛案商谈了一回,然后叶谈起可能要作一些人事更动。有些领事似乎不能令人满意。叶娓娓而谈,听来委员长自己另有许多机密渠道经常给他打"小报告"。举例说,叶提到委员长对驻纽约的总领事张平群很不满意,要求把他撤掉,最近提出来的理由是张的夫人仍不断去毛邦初夫人那里打麻将。对檀香山总领事唐榴也不大满意,我婉转地向叶指出,那是唐缺乏经验造成的。我当时为外交界着想,尽量提出一些客观的建议。有些人在外交界服务多年,并无特殊严重问题,遽尔遭到摈弃。尽管政府对他们不满有其原因,但是并不构成不予使用的理由。就唐的情况说,我对叶说如果坚欲换人,可以把他调到比较次要岗位上,但不要永不叙用。

叶说,他对郑宝南(其时正在驻联合国代表团)和洛杉矶现任总领事江易生的印象都不错,但倾向于以郑取代纽约的张平群,因为委员长坚决要求把张撤职。我说郑宝南和江易生都很干练,不过按照常例,不妨把旧金山总领事张紫常调到纽约,把江从洛杉矶调往旧金山,而把唐榴从檀香山调往洛杉矶。郑宝南在驻联合国代表团的岗位上非常有用。叶说,原来委员长要把张平群撤职,经他争取,委员长总算已同意把张召回,在外交部任职。

10 月 20 日,叶公超和宋子文来到卡莱尔饭店在我居室内共进午餐。餐次叶谈得最多,而宋则专心倾听。叶描绘了政府中的变化情况和委员长在促进宪政上的合作态度。他说委员长时而会坚决要执行某项得意措施,诸如为武装部队扩大后备力量之类,但是由于缺乏资金,内阁一致反对。

他纵谈了行政院的物资供应委员会这个新机构在台北如何权倾一时,只因它是由美国大使馆、美国军事援助顾问团和共同安全署中国分署以及中国农村复兴联合委员会,外加许多中国政府的领导成员,像财政部长、经济部长、国防部长、吴国桢省主席、中央银行总裁、台湾银行董事长、美援运用委员会的秘书长以及生产事业管理委员会主席委员等等组成的。叶说,凡涉及预算、财政、经济的重要措施均先经该委员会研究,提出意见供政府考虑实施,通常都由行政院在例会或特别会议上通过。

我正想把华盛顿大使馆给我发来的消息告诉叶,叶说基大使已通知他艾奇逊国务卿当天下午将在纽约接见他。叶问基是否需要我陪他去,基说不必。我也请他原谅少陪,因为我打算乘当天下午四点三十分的"国会"列车返回华盛顿,这正好是他和艾奇逊约见的时间。他问我应和艾奇逊谈些什么。我建议对美国给予台湾的援助表示感谢,再谈谈由于驻在台湾和美国国内许多美国官员的密切配合,我们对美援使用得颇著成效。我又建议他表示一下希望能尽快收到军援项目。我说,他也可以问问艾奇逊对朝鲜的停战作何看法以及全面解决朝战的前景如何。

叶一直坐到四点二十分,以致我误了火车。宋子文在他走后又坐了几分钟,我们又畅谈了一会儿。我向他问起孔家午宴的事,他说,蒋夫人星期六到达后和他一同参加了孔家的午宴。那次午宴是招待霍华德夫妇的。我又谈起蒋夫人到达时飞机场上的那种情景,他说,蒋夫人此次来美,最初是霍华德发起的,他夫妇二人提前到旧金山去迎接了她。

然后宋问起美国大选的前景如何,还问艾德莱·史蒂文森在华盛顿州、西雅图市接见记者时曾暗示,必要时准备承认红色中国,只当不存在台北的中国政府,到底是怎么回事。我说史蒂文森在记者招待会上所作的答话看来事前并无准备,无需过分重视。他说史蒂文森周围似乎充斥着左倾分子,这一点不容忽视。

我告诉他民主党全国委员会曾经发过一种小册子作为民主党候选人的发言人的指导性文件。那里面对雅尔塔协定和中苏条约,都有所引证和申述,其说法于我甚为不利,把我们当时的态度说成对该条约是完全满意的,并说后一个文件让予莫斯科的权利比盟国在雅尔塔考虑过的还多。宋子文说,并不全对。他说他不愿意在该条约上签字,因此把王世杰带去代表中国签字的。"总而言之,"他又加上一句,"现在已无法挽回。"这是他的口头禅。

第二天,叶外长从华盛顿打来电话详告了他和迪安·艾奇逊的谈话内容。他说这次谈话进行了四十分钟。事实是,当谈话进行了二十分钟,他正要告辞,艾奇逊说,他的下一个约会还不到时间,请叶再坐一会儿。叶说他准备把他给台北的报告电文副本给我一份。后来他把他写的此次谈话的纪要抄送我一份,我把它存入了我的档案中。根据纪要所载,会见时基大使,即美国前驻缅甸大使戴维·基,和国务院中国科科长马康卫先生在座。

叶外长来纽约途中,道经檀香山和旧金山时,国务院曾两次派员迎送,为此,他首先向艾奇逊国务卿表示感谢。国务卿说,部长先生此次能拨冗来美领导中国代表团,使他得以和部长会见,对此深感欣慰。

国务卿说,几个月来,他不断收到有关台湾在各个领域中取得进步的报告,特别是在预算问题方面和中国军队的改组方面,这使他感到非常鼓舞。外长说,国府迁往台湾以来,虽曾积极致力于平衡预算和解决军队缺额充实战斗力的问题,但是中国军队中仍然存在着某些情况,而这些情况只能逐步加以根除或调整。

国务卿告诉叶外长最近蓝钦先生在华盛顿时曾和他作过长谈。据蓝钦报告,中国政府正在向导致政治经济稳定的某些目标努力迈进,这使他感到欣慰。国务卿并说,不仅官方报告对中国有好评,美国报界一般对台湾也作了有利报道,有的甚至大为赞美。

外长告慰国务卿说,台湾运用美国的经援和军援都已经发挥了高度的效益。作为例证,他举了中国农村复兴联合委员会的成就,说那是中美合作的典范,还有共同安全署和美国军援顾问团在台湾的工作卓有成效。他表示希望军用物资的运送能进一步加快，特别是华盛顿早经批准的飞机和大炮。外长还指出，据他了解，这些物资的供应只涉及办理一个"重新使用"手续（已经转入后备役的物资）的问题。

国务卿说，他意识到中国政府对于这些物资运往台湾的安排不太满意；他本人也同样不满意。他请外长放心，今后军用物资运往台湾必将大大加快。他说，指定给台湾的物资并无因故扣发等情。外长似乎以为援台物资的优先等级被降到了援助印度支那的类似物资以下，事实并非如此。他并且保证要派助手调查飞机大炮的供应问题，并尽一切可能加快发运。

至此，叶外长方就朝鲜停火的秘密消息征询艾奇逊的看法。于是双方就朝鲜停战的可能性问题进行了深长的探讨。不难想起，我在前面论列这一问题的章节中曾提到：艾奇逊曾向外长保证，无论能否达成停战，所有援外计划都不会中止，政府已竭尽所能，准备应付任何不测。接着艾奇逊概述了杜鲁门总统和他本人是如何始终聚精会神地在设法提高美国的防务潜力以及履行他们对国外的承诺的。他说也曾出现过这样的局面，如果美国倾注全力于满足在海外承担的义务，则美国本身的防务需要就会受到严重损害。他说，这一点决不能忘怀。至于向台湾和其他地区输送物资的问题，他很高兴可以对外长说，这方面技术上的困难大部已经克服，他估计输送物资的速度会大大加快。但是国务卿又强调提出，除了国内和海外对军用物资的需求而外，美国还必须向朝鲜输送急需物资。而要维持用于三个不同目的三个方面的生产，并不是轻而易举的事。这时叶外长又把谈话拉回到朝鲜问题上，还谈了国际舞台上另一些麻烦的问题。

在我 22 日约见的人中有一位赖家球，他新近被派来大使馆任一秘。外交部长专函向我推荐，说他很有才干。他在五点钟来见我，我向他强调必须了解美国政府的制度、国会与行政部门之间权力划分的情况，以及美国制度不同于其他西方国家的许多奇特之处。我对他说，许多欧洲的外交家和政治家，包括我们自己的人在内，经常感到美国政府的态度和国会的行动无法理解，难以判断。因此，作为他的第一个任务，我想请他负责分析新闻剪报、杂志上的专论文章和国务院发布的各种材料，还要分析美国权威人士发表的，透露美国政策的谈话和声明，以及国会有关我国和有关美援一般性问题的各种法案。

24日傍晚，我乘飞机去纽约会见叶外长，于第二天去到他住的旅馆。他给我一份他和国务卿谈话的纪要，彼此把他所谈的一切研究了一番。我在那天日记中写道：

> 总的说来，这是一次友好的谈话。关于艾奇逊不承认向印度支那运送军援优先于我方的问题，我告诉叶，大使馆从五角大楼了解到的情况正好相反，印度支那是优先于中国的。

我们再一次商讨了他即将赴华盛顿的事和暂定计划，还探讨了美国大选的前景。我二人一致认为"艾克"占优势，不过他认为即使"艾克"获胜，众议院也可能落入民主党之手。我说，不至于如此。不过从另一方面说，如果史蒂文森落选，参议院倒有可能被民主党夺走。

之后，他引见了他的女儿。她是从芝加哥大学来看望她父母的。叶说，他曾请游建文转告蒋夫人，那天拉瓜迪亚国际机场欢迎她的场面是"一片壮丽的喧哗"。她说实在不知道有那样的排场，希望见谅。接着她说，已经在一家中国餐厅邀请唐人街的华人领袖们开了一次茶会，表示谢意。这不失为一个巧妙的姿态。后来，游建文告诉我，那天我没有能上飞机迎接蒋夫人，并陪送她去寓所，这使她深感遗憾。这一切都是由于事前没有把欢迎的安排告诉她而造成的。

这种事情关系到那么多人的感情，的确应该注意安排的细节。大约一周以后，驻芝加哥总领事余先荣来访，他是到纽约去晋见叶外长后来华盛顿的。他说他是因为叶公超飞纽约途中,10月13日凌晨在芝加哥机场降落,他未能到机场迎迓,特来向叶道歉。那天就只有叶的女儿到机场迎接。余先生本来指望着旧金山领事馆能把叶所乘班机的航班通知他的,因为他知道,叶小姐就是他们受叶本人之托电告的。

他还告诉我,蒋夫人飞纽约途中在芝加哥停留时,他曾到机场迎候,但未见到蒋夫人。当时的情况,也已向叶作了报告。早一天,联合航空公司打电话通知他,蒋夫人乘坐的班机要在芝加哥机场降落,他们把航班号告诉了他,并说飞机约在清晨六时到达。他就行动起来,动员华人社会派出一个人数可观的代表团去机场迎候。并组织华人妇女俱乐部的主席、干事等届时向她献花。总共二十多个人全都跟他到了机场,可是他们却并没有见到蒋夫人,他自己也没有见到。游建文告诉他,她还在睡觉,不便惊动。那么多人,大清早来到机场干等一场,真是万分扫兴,怨声载道。他告诉我,他听说纽约的华侨也是因为蒋夫人在拉瓜迪亚国际机场对华侨代表六十余人的欢迎没有领情而感到不满。他说芝加哥华侨的情绪也完全相同。

他说,蒋夫人曾在纽约一家中国餐厅为华人社会举行了个茶会,希望借以弥缝感情上的裂痕,但结果并不圆满。他听说开会时也没有安排一些桌凳请来宾们入座,而是自始至终让他们站着。(华侨界人士认为,如果请他们赴茶会,就应该安排他们入座,这是惯例。当然应该说蒋夫人事前也不可能知道安排的细节。)

余又说,两三年前对政府持批评态度并对北平表示好感的中国学生已经对政治争端认识得比较清楚,现在都保持缄默或者更倾向国民党这边。这样,我们的谈话总算才以一个比较欢快的情调结束。

我打算10月26日在塔里敦设午宴招待外长全家。他的秘书张慰慈打电话通知我,外长稍晚一点才能来,因为斯佩尔曼红衣主教请他去参加圣帕特里克教堂的弥撒,不能不去。叶原来估计约需半小时,现在打不住了。结果,叶和他一行晚到了好长一会儿。他们来后,我们分乘三辆汽车,前往坐落在纽约塔里敦,哈德逊河上的塔潘希尔餐厅。赴宴的共十五个人,叶夫人因为感冒,没有出席。

那是一次非正式的宴会,目的是让叶暂时抛开公务在乡村气氛中舒畅一下身心。不过由于我是让他和家人搭乘我的车前往塔里敦的。一路上我还是和他简略地谈了一件公事,那就是诺曼·佩奇的合同续约问题。我还交给他一份我致外交部快信的副本。我在该函中建议续约一年。

晚间,我在一次晚餐会上碰见了香港上海商业储蓄银行的陈光甫。他刚从香港取道巴西和欧洲来到美国。回想起来,他费了将近两年的时间,才取得了美国的入境签证。我和他还是抗战期间在重庆见面,以后就再没有见过。谈到大陆的情况和我们在台湾的政府,他深表遗憾。他说他年事渐高,思乡心切,我辈如不能重返自由大陆,则将终身郁郁。

第二天早上,我到胡适家拜访。他说已决定赴台湾一行,并将于11月8日首途,预计最迟1月份回来。我祝他一路顺风。关于大选结果,他也认为艾森豪威尔将以微弱多数获胜。不过他觉得新总统就职后相当一段时期内美国的对外政策不会有何重大改变,任何改变都需要时间。我们也谈论了毛案,直到我告辞赶赴机场搭乘回华盛顿的班机。

10月30日蒋荫恩告我,某些新闻记者怒气冲冲地对他说,蒋夫人一直在私下为艾森豪威尔的竞选奔走。我说此种谣言毫无根据,请他不要轻信。事实上她早已离开长岛,目前正在远离纽约的乡间悉心静养,一不接电话,二不见来客。

接着,谭绍华来说,共同安全署副署长约翰·肯尼将在13日下午三时会见叶公超,技术代表团的霍宝树希望随同我前去参加会见。如果不让他陪叶前去,他将深感失望。我对他说,霍应该同时来此,我们可以和外长一同去。事情正巧,叶决定于 11 日来华盛顿,住到 15 日。

次日蒋荫恩又来谈起另一件事。就是奥凯里赫上校听说五角大楼订了一个利用国民党军队的计划,第一步是让他们进攻大陆。我说这种说法已经听到不知多少次了,但是从来也没看见过事实,我要仔细核实后才能置信。他说奥凯里赫上校想亲自来详告一切。但我思想上认为,尽管五角大楼某些人士有可能赞成这一设想,但这并不意味着美国政府的政策就同意这种意见。

下一个来访者是俞大维。他显得颇不自在,因为谭绍华已经把国务院关于 1948 年援华基金余款一百八十万元的答复告诉了他。事前俞已经从美国陆军和空军方面了解到该款可由我政府用以采办物资,此点他已直接报告台湾。但是,有一次国务院的政治、经济及法律官员们和谭开会的时候,国务院说,根据 1948 年法案以后的立法规定,该款已不是中国专用款,而是"中国地带"的专用款了,(其中约二十万元已由五角大楼挪作他用,共同安全署请我们不要深究此事。)因此不能移交给我们。

俞大维认为该款应该交给我们,不论后果如何,大使馆应该照会国务院提出我方立场备案。我说这是在议会最新立法下,这笔钱的法律地位问题,我们应该先进行研究,弄清问题,然后再声明我方的立场。我们还应该先和我方的美国律师进行磋商。(很明显,俞大维感到有些为难,因为他已向台湾报告这笔钱肯定可以为我国使用,而结果不然。)

11 月 4 日是大选日。这一紧张激烈的政治运动已经在前一天晚上结束。早上七时开始计票,几乎每个人都在收听选举结果。那天晚上为刚从欧洲来美的金问泗大使夫妇设宴洗尘,大家的注意力都集中在大选上。顾翊群手持纸笔,收听无线电,记录计票数字,不时宣布结果,整整搞了两个小时。给客人们助兴不少,也取得了重要的消息。

回家后,我打开收音机,午夜后在日记中写下了如下一段:

从早晨七时开票以来，大多数州都已计票完毕。开始对双方票数呈现拉锯形势，但不久艾森豪威尔就占上风。到午夜十二时，尽管计票工作还远未结束，但艾森豪威尔显已获胜。一点四十五分，艾德莱·史蒂文森在伊利诺斯州斯普林菲尔德发表无线电谈话承认艾森豪威尔获胜，语含辛酸。哥伦比亚广播公司的评论员说，有些听众为他流下了同情之泪。史蒂文森宣读了他给艾克的电报，表示接受美国人民的选择，祝艾克顺利，并保证在今后四年中给予支持，他也请求全国公民都要那样做。二十五分钟后，艾克来到纽约康默多饭店共和党全国委员会总部，宣布收到了史蒂文森的电报，在宣读电文后，发表了简短的谈话表示接受选民们的支持，并向所有支持他的人们表示感谢。轻松愉快之情，溢于言表。

给我印象最深的是计票之速，并不时向全国通报计票结果，让人们随时都可以知道，哪一个候选人走在前头。今年有近六千万人投了票，而在 1948 年只有四千三百万人。可是到午夜时分，已经有百分之九十的选票箱用计算机统计出来，用无线电向全国宣布，并用长途电话通知全国委员会总部。该总部正式宣布结果，同时发布他们对最后结果的预测。当时东部及中西部各州都已计票完毕，只有西部、远西地区和太平洋沿岸各州还在统计中。

今天美国能把进步的技术应用于如此重大的事件，这是举世无与伦比的。如是，这一激动人心的运动和选举遂告结束。不仅是艾森豪威尔赢得总统职位，而且共和党也取得国会参众两院的控制权，尽管竞争双方差距不大。这标志着民主党当政二十年的结束，而共和党则自 1932 年下台以来，又回到了执政地位。当年这个国家正忍受着国内危机的煎熬。今天内部非常繁荣，但外部世界正值多事之秋，和战的重大问题正等待着高手来处理，睿智去解决。

记得我们中国人听到这一消息时是感到大有希望的。我们认为并深信,艾森豪威尔作为一个共和党人,又有共和党控制的国会作后盾,他就职以后,考虑对华政策问题时,可以不受前届民主党政府对华政策的羁绊约束。换句话说,他完全可以摆脱民主党执政时期所有的一切纷扰、不愉快和痛苦的经历。只要他愿意,他就可以改弦更张,不偏不倚,毫无成见地从头做起。

　　就援台问题而论,当时我认为共和党政权不见得会大量增加。因为即将卸任的杜鲁门政府鉴于朝鲜战争,鉴于北平政权。敌视美国的公开政策,已经逐渐认识到台湾的作用和不让台湾落入共产党之手的重要性,不仅对台湾提供军援、经援,而且还有所增加。此外,只要有可能,就尽量给援台军用物资的采购和运输提供方便。至于有关对华政策的其他问题,尽管当时要说新任总统会采取什么具体措施还为时过早,但据我的看法当会有所改善。

　　11 月 5 日,顾毓瑞来见,他建议我设法求见艾森豪威尔,并向这位当选总统发个贺电,然后将此事向报界宣布,任其发表。他说某些新闻记者和报馆编辑办公室要求我们对大选的结果发表意见,这就等于给他们作了答复。我对他的建议有些犹豫不决,最后决定给艾森豪威尔写封信,向他表示祝贺,但不交报界发表。至于和艾克会见则为时尚早,时机还远没有成熟。即使艾克在几天内接见我,他也不可能就有关对远东或台湾的政策问题发表多少意见。他必须先和他的助手们对各项问题进行研究讨论,才能作出决定,才有条件向别人发表,尤其是对外国的外交代表们。

　　叶公超从纽约打电话来说,他必须在星期三即 11 月 12 日晚回到纽约(也就是他到华盛顿的第二天),因为很可能星期四上午他要在联合国大会发表演讲。他说,他原来是要求在星期二即 11 月 11 日晨发表演讲的,但是英国代表团告诉他,安东尼·艾登将在那一天发表演讲。为了避免报界集中报道艾登的讲话而把他搁在一边的危险,他考虑还是改期在艾登讲完以后再讲为好。

叶说,他将在 11 月 14 日晨乘飞机返回华盛顿参加国务院为他举行的午宴。11 月 13 日下午他要在纽约参加法国驻联合国代表团为法国外长舒曼举行的招待会,因为他想和舒曼商谈我方军队撤出印度支那的问题。我说,他最好还是回来参加已经为他安排在 13 日下午的重要约会。事毕再乘飞机去纽约,这样满可以赶上参加法国人的招待会。不过,他还得再乘夜车赶回华盛顿以保证在 14 日上午到达,出席国务院的午宴。

他问我在联大发表演讲是否应该用汉语,因为有人极力主张用汉语,认为这样对台湾和世界各地的华人社会作用很大。我说,如果他讲汉语,大会的代表们一定会不满意,特别是因为大家都知道他能讲英语而且讲得很流利。最后我提出一种折衷办法。我说,我也同意用汉语讲在国内的政治影响比较好。如果他一定要讲汉语,就应该及早把演讲的英译稿交给译员们,让他们充分研究并熟悉,以便到时候在译意风上同时播出英译本。

同一天,我给中央情报局的艾伦·杜勒斯写信安排叶外长和他会见之事。11 月 6 日我分别给当选总统艾森豪威尔和当选副总统尼克松发了信,祝贺他们当选,并致以最良好的祝愿。7 日蒋荫恩带来奥凯里赫的另一个口信。

艾森豪威尔在 10 月 24 日在底特律发表的竞选演讲中说,如果当选,"我将到南朝鲜去"设法结束战争。当时传说,他将早在 1 月份以前就动身赴朝。奥凯里赫的意见是蒋委员长应该在艾森豪威尔到南朝鲜前线视察时设法会见他。他本人可以建议朝鲜总统李承晚向蒋委员长发出邀请。我对蒋说,让一个主权国家的首脑用这种方式去谋求一次会见,这倒是一种挺新鲜的想法,但不太好办。归根到底,艾森豪威尔只不过是因为自己在竞选中打出了一张保票而到南朝鲜去走一趟,他不可能就有关美国对外政策的任何重大问题发表什么意见,更不用说有关国民党中国和台湾的问题了,那是在竞选运动中争论得很激烈的问题。

11 月 9 日是星期天,我正驱车去参加郭秉文夫妇宴请金问泗大使及夫人的晚宴,无线电播出了产业工会联合会主席菲利普·默里和以色列总统钱姆·韦茨曼的死讯,我不觉一怔,因为另外有一次,也是一个星期天的晚上,也是由郭秉文转告我一则惊人消息,也是在无线电上收听到的。那是 1941 年 12 月我在任驻伦敦大使的时候,接收听到日本人袭击珍珠港的消息后,打电话来告诉我。

星期一,《芝加哥太阳报》的名记者弗雷德里克·库来访。他此来有两个目的:(1)假使他在报道艾森豪威尔访朝新闻之余,还能抽出一些时间的话,想去台湾一行,因此要个入境签证;(2)想从我这里探听台北的意图,台北打算邀请艾克去台湾呢,还是蒋委员长去南朝鲜会见他? 1950 年 6 月北朝鲜入侵南朝鲜后,我们曾立即提出愿派两万三千人的部队去朝鲜参加联合国军作战;现在对这个问题怎么考虑? 有些人揣测,蒋委员长会赴朝会见艾森豪威尔,或者我们会再度提出派兵入朝,我颇不以为然。至于邀请艾森豪威尔去台湾之说,我也没有附和。因为我知道艾森豪威尔之赴朝,只不过是为了还愿而已,还的是他在竞选运动中向美国人民许下的愿。在他 1 月就职之前,国内有数不清的事需要他作出决定,此行他不可能再抽得出时间去其他亚洲国家。此外,一次访问要取得成果,事先必须对要讨论的项目和想达到的谅解有所准备,而对艾森豪威尔来说,这一切大概还在进行之中。反过来说,没有具体结果的访问和会谈,会使双方都感到失望。不过,我对库说,在我看来,如果艾森豪威尔本人或是和他接近的其他负责人士作出某种直接或间接的具体暗示或表态,台湾是会欢迎他去访问的,会向他发出邀请的。这样,我是向他隐示,如果发出邀请而没有被接受的保证,双方都将感到难堪。

我问库,谁将充当艾森豪威尔的国务卿,他说这方面没有消息。不过在和艾森豪威尔以及他的班子在竞选的旅行中,他得到的印象是,约翰·福斯特·杜勒斯和艾森豪威尔的关系并不像外界所想象的那样亲密。他告诉我,杜勒斯鼓吹解放苏联势力范围内被压迫民族的讲话,艾森豪威尔事先并不知道也未同意。事实上这位将军对此感到相当烦恼,好不容易才把这件事解释开。库说,这是谢尔曼·亚当斯(新罕布什尔州州长,艾森豪威尔竞选运动的总管。艾克进入白宫后,他成了总统的首席助手。)告诉他的。关于杜威州长,库说,他听哈格蒂说(詹姆斯·哈格蒂原是杜威的人,那时是艾克的公共关系秘书。)这位纽约州长一心只想干完他的任期,毫无参加艾克内阁之意。

那天下午,我给委员长发了一个长电,其内容是有关他和艾森豪威尔会见的整个问题,以及最近几天各方面向我询问和试探的情况。我指出,不论我对库或其他人说了些什么,都只是我个人的意见,这一点,我也向这些人作了声明。我向委员长请示他自己对这个问题有何感想或意见。

星期二,11日,傍晚前我去国民机场接叶外长。有一大群中国官员也在那里欢迎他。我让他坐我的汽车回双橡园,他就住在这里,我把我的套房让给他。欢迎他的晚宴结束后,接着是与在华盛顿的中国官方人士见面的招待会。客人约共五十人,我请叶向大家讲话,他谈了台湾取得的进步和那边的生活情况,然后请大家进了些茶点。

客人们走后,我二人闲谈,直到将近凌晨两点。我们谈的是台北政界的角逐、委员长和陈诚的关系、吴国桢和陈诚间的争衡,以及委员长不乐意把那位外交次长派到国外去,因为他贪杯,不修边幅,特别是他的头发太成问题。因此即使是男人也应注意发式。其实这位外交次长是个很好的中国学者,一位诗人,也是个哲学博士,说得一口漂亮英语。

由于我和叶谈到这位外交次长不修边幅的事,正好在美国大选期间,这使我联想到电视的广泛应用逐渐迫使参加竞选的候选人越来越重视他们的仪容问题。时至今日,各种各样的候选人都不惜花费,把自己打扮得适于与电视观众见面。我还记得我第一次应邀在哥伦比亚广播电台和全国广播电台露面的情景。节目开始前几分钟,有一位漂亮的妇女请我跟她到一个类似化妆室的地方去。我感到奇怪而有点踌躇,而她却挽着我的胳臂就走,硬是把我拖了进去,她解释道,她要给我略加修饰,使我在强烈的灯光下,显得更精神些。为了使我相信她要办的是正经事,她告诉我,副总统候选人尼克松在电视上露面的时候,她也为他办了她将为我办的事情。因此我只好听她的,让她在我嘴唇上涂了些口红,在我眉毛上涂些炭黑以及其他一些手续。据说这样可以使我在强烈的水银灯下显得更悦目些。这头一次实在觉得有点滑稽,后来也就习以为常了。

11 月 12 日为叶安排了一系列重要的约会。首先我带他到副国务卿戴维·布鲁斯处作了一次礼节性拜访,当时艾奇逊作为美国出席联合国代表团团长正在纽约,由布鲁斯代理国务卿职务。叶对布鲁斯说,他已从大陆的经验中总结出一套和在台湾的美国代表们合作的方式。他说中美双方都有自尊心。因此,他的办法就是把蓝钦代办请到外交部,事先率直地告诉蓝钦哪些事情中国方面能做到,哪些事情办不到,不论美方建议是出于多么良好的愿望也罢。叶说,这样就达成了非正式的谅解,然后才把事情交到经济安定委员会去研究解决。这个会上有中美双方的代表,不过美方代表是以观察员或者顾问身份出席的,没有表决权。但是,叶说,在中美双方得出一致意见以前,该委员会是不会向中国政府提出什么见解的。布鲁斯说,他接到过一份报告,美方代表证实了这一事实。叶在布鲁斯面前把蓝钦大大夸奖一番,说他们双方在台北合作得很密切。

在国务院辞别布鲁斯后,我送叶去白宫见杜鲁门总统,这是原定在中午十二时的约会。国务院礼宾司司长约翰·西蒙斯把我们引进了总统办公室,在整个谈话过程中,他一直在场。

我向总统介绍了叶外长。作为开场白,我说尽管总统刚经历过一段热烈而紧张的日子,但是总统的气色还是很好。另外是总统在选举运动中发表了不少非常漂亮的演讲,使我深受感动。

杜鲁门总统说，多谢我的好意，并说他本人确实很欣赏这次竞选运动。我知道那是实在的。

叶说，选举日那天，他彻夜等待选举结果。虽然他学生时代曾在美国住过几年，其后也曾数度来美，但这还是第一次看到美国的大选活动。他对史蒂文森州长发表的承认失败的讲话和向艾森豪威尔将军保证给予支持特别感动。这说明他是一个了不起的爱国者。所有这一切对外国人来说都是难以理解的，对于缺乏民主传统的东方人来说尤其是这样。外国人听到双方候选人的竞选演说时，他们会说，美国是四分五裂的，而实际上这个国家是非常团结的。

杜鲁门总统说这话很对。这就是美国人实践民主的方式。不论这个党的候选人如何激烈地攻击对手一党的候选人，一旦选举结束，宣布结果，全国就会安定下来，各安其业，团结一致，为国效劳。

接着，叶说蒋介石总统请他向杜鲁门总统致以问候。

总统表示感谢，并请叶代他向蒋委员长致以最良好的祝愿，他说他向来是钦佩蒋委员长的。

叶说，他代表中国政府对美国政府给予援助表示感谢，并报告总统知道，每一块美元都是以最经济而有实效的方式使用的，这要归功于在台湾的中美双方代表们的圆满合作。叶说，中国政府在大陆的时候，由于双方都造成过一些困难，中美合作并非一帆风顺。但自从中国政府迁台以来，吸取以往教训，制定了一个合作的计划，已证明是成功的。他们和美国代表们都各自屏弃了过去的妄自尊大而代之以开诚商讨，通力合作，以求最有效地利用美援。他本人和他的同僚通过总结经验认为要使两国卓有成效地合作，必须把牌全部摊出来，这也是最好的办法。美国代表似乎也很理解。因此，他们始终能够克服障碍取得一致，尽管有时候也要经过充分而坦率的研讨甚至辩论才能办到。

杜鲁门总统表示对外长反映的情况很感欣慰，并说驻台美国代表们送来的报告证实了叶谈的情况。

这时我把谈话引到了朝鲜停战问题上,这我在前面的章节中已经提过。不难想起,叶在那次谈话时,最后就朝鲜战争问题说,总统在 1950 年对朝鲜问题所作的决定确实具有重大历史意义,这在抵抗侵略维护自由事业的斗争中将作为一个里程碑,而载入史册。

我在日记中写道:

> 叶对总统的拜谒是在友好的气氛中进行的,总统显然想把这次会见搞得很愉悦。但是叶谈了他如何赞赏民主党候选人史蒂文森在大选之夜落选后所作让步的讲演以及该讲演反映出来的爱国主义和民主精神,这本来是一番好意,却使总统感到一怔。很多人说这次民主党候选人是总统亲自选定的,他对这次败北犹有余痛,这是很自然的。显然他是没有想到在这样一个正式场合有人会谈起此事。我赶紧把话题扯开去,我说人民群众如何踊跃地出来投票、计票和公布结果又是何等神速,这样高的工作效率,只有在科技发达拥有计算机的美国才能达到。这才把大家的注意力从总统看来不爱回味的话题引开去。我说,我很喜欢阅读和在无线电上聆听他在竞选运动中的一些演讲,觉得很好,总统似乎很高兴,并说他也确实对这些演讲很感得意。后来摄影师们进来给我们摄影留念,这时他已恢复了往常的轻快心情。

下午一点,我带叶去中央情报局局长沃尔特·比德尔·史密斯将军家餐叙。那是我安排的一次非正式会见,因为叶希望详谈一下有关亚洲心理战的情报交流问题。叶建议在双方特别指定的代表之间建立某种形式的联络或合作。这一设想引起了这位将军和他的副手艾伦·杜勒斯的兴趣,艾伦是在场的唯一第四者。史密斯说这种联络工作最好不要在美国或台湾进行,以免引起我们所不希望的注意,而以放在其他地方为好,像香港,或者最好是马尼拉。他应允对这个问题作进一步研究,而在原则上则已同意。

这位将军谈到朝鲜战争、中共的企图和大陆的情况,特别是中国大陆人民的态度时,似乎认为人民对莫斯科的统治不会长此忍受下去。他还问起大陆游击队干得怎么样,能对中共政权产生多大压力。

就我的看法而言,我说,尽管朝鲜冲突已造成这样的困难,但我认为这不过是共产主义威胁的一个方面。我表示不信共产党是真心希望停战。我说,虽然他们愿意停战,但不是为了和平,而是为了取得时间,准备作更大的冒险。他们唯恐天下不乱,旨在推行削弱西方民主力量的消耗战略。因此,他们对印度支那的局势也同样会加以利用,使其逐步升级。

我接着说,对付这种危险的唯一有效办法是解决问题的核心,而核心就是中国大陆。它是亚洲的关键。如果当初中国大陆没有输给共产党,就不会有朝鲜或印度支那问题。所以西方政治家应该努力解决如何击中要害的问题,也就是怎样把中国大陆归还中国人民,使之摆脱共产党的统治。当然,这只能由中国人自己去进行,台湾的中国政府有此决心,正在准备,迟早要解放大陆。他们不会要求西方提供人力,所需要的只是物资和科技方面的援助诸如供应、设备以及专家的指导等等。这不会扩大战争,因为俄国人并不想打第三次世界大战,他们还没有作好准备。这种军事行动只能作为最后一步棋。当务之急是把自由亚洲和西方的智囊集中起来,共同拟订一个对付共产主义威胁的全面方案。共产主义的威胁是全球性的,因此我们的对策也必须是全球性的。西方的防务计划应该和远东以及整个亚洲的防务计划联系起来,协调起来,采取统一行动。这个计划应该包括政治、经济、心理等各方面的措施,最后才是军事措施。

我接着说,因此有必要采取一种对付赤色中国的统一政策。目前,自由世界有些国家和北平保持着外交关系,这种局面具有破坏性、也是灾难性的。在经济政策和贸易政策方面也存在同样情况。整个西方对付东方的心理战争也应该统一协调起来。

我的论点似乎打动了这位将军和艾伦·杜勒斯。事后叶说他很高兴我言之有力，因为他感到我打动了他们，终于他们开始考虑一个全面而建设性的计划以对付共产党扩张和控制的整个问题。不过还不知道我的谈话对这两个中央情报局领导人到底有多大影响。可能他们考虑了这个问题，这不知他们下一步怎样走。也可能会拟订出一个计划，报送国家安全委员会，也可能空谈一阵，吃完饭就完了。

餐后，下午四时，叶外长在双橡园和上村信一先生还有个约会，我和叶外长一同接待了这位日本公使。但我没有参与谈话。事后他给我转述了谈话的概要。四时三十分，叶到国泰餐厅出席华侨界为他举行的茶会。晚间，我为他举办了宴会，来客中有代理国务卿布鲁斯夫妇、空军部副部长罗斯韦尔·吉尔帕特里克夫妇、海军陆战队司令谢波德夫妇、奥姆斯特德将军及夫人、阿历克西斯·约翰逊夫妇、马康卫夫妇、俞大维夫妇、谭绍华夫妇和霍宝树夫妇。其后叶就去纽约出席联大，发表正式演讲。

叶发表演讲后又飞回华盛顿。我到国民机场接他径赴五角大楼会见国防部长罗伯特·洛维特。到达五角大楼后，弗格森上校把我们领进部长办公室。弗格森是国防部对外军援部门远东科的负责人。会见时他始终在场。我向国防部长介绍了叶外长，然后像往常一样谈了点天南地北的事，借以打破沉寂。

我很奇怪，他肩负着国防重任，何以竟能保养得如此之好，简直毫无劳瘁之色。（没想到他在答语中会透出一些他个人的意图。）

洛维特说，他任现职已久，希望能在年底卸职。他说已三次膺命在华盛顿担任要职，现在急欲返回纽约操持私人事业。

我说，我能够理解他的心情。然后对外长说，我了解洛维特先生确实是从他自己的事业范围中被征召来担任公职的，他是出于爱国主义而来为国效劳的。

叶说，他自己曾在国立大学任教九年，也是在战争年代被征召担任公职的。他曾在三届内阁中担任过外交部长，下一次内阁更迭时，希望能回去重操旧业。然后叶转入正题，他向洛维特介绍了台湾取得的进步，和那边已进行的一些改革，以及中国军队改组和整训工作的成就。他并谈到中国政府在大陆时，中美密切合作的道路上曾有过一些障碍。诚如他对美国驻台北代办蓝钦先生所说，那是由于存在妄自尊大的情绪，以致影响了合作。但是台湾中国当局已经学会了屏弃那种妄自尊大的心情，在研究需要合作的问题时能够开诚相见。这就是我们在利用美援时所遵循的政策，已经取得了很大成效。

叶接下去说，政府取得的成就之一是平衡国家预算。上年度财政赤字为百分之六点七，在本年度的预算中已降为百分之五点六，而在大陆时开支甚至超过预算达百分之八十七之多。他认为在中国历史上政府预算能达到这么微小的赤字，尚无先例。他说，当然必须指出，那是有了美援才做到的，否则政府的财政会陷入极大的困境。

洛维特说，访问过台湾的美国代表们提出的报告和叶刚才所说的情况完全吻合。他指的是海军上将雷福德、柯林斯将军，海军部长金布尔，海军作战部长海军上将费克特勒、蔡斯将军以及他的副部长福斯特等的报告。他又说，那天上午他看到一份最近的报告是由蔡斯将军发来的。其中提到蒋委员长对中国士兵年龄编组问题所作说明，颇有意思。他说中国军队效能最高的年龄编组是二十二至二十六岁，而美国军队的最令人满意的年龄组是十八至二十二。他认为中国士兵年龄编组较大的原因说明需要提高中国一般士兵的教育水平，使他们能理解并使用机械化武器。在美国，一个十四五岁的孩子就会开汽车，在年龄较小时就有机会学到有关机械设备的知识。

洛维特说，他的副部长福斯特给他讲过一段故事，使他感触很深。福斯特在台时,曾被邀到离台北不远的某地参观一些部队实弹演习以及表演在炮火掩护下前进。这些部队经过了两小时的艰苦训练,看起来却仍然精神奕奕。有人告知福斯特,他们是在前一天晚上从别处开来的,而且参加演习前已经行军四十英里,这使他大为惊奇。可是他们从一开始就毫不显得疲劳。

叶说,中国军事当局重视部队长途行军的重要性,这是一种既定政策,因为那是中共军队的特长。他讲了中国士兵的一次演习——五人一队的夜行军。队长在二百至三百码前行进,其余四人又再分为两组。每队携带一个行军床,四个人中有两个轮流躺在床上,由其余二人抬着走。叶还向洛维特简单地介绍了台湾的各项成就,如谷物增产,不仅能满足本地消费需要,还有剩余可向日本出口,换取外汇。

洛维特说,这是颇不寻常的成就,情况和在大陆的时候已大不相同,那种情况是他四五年前经常和我谈论的问题。他觉得在大陆时的国民党政府官员和现在台湾的官员是两种不同的人,而后者的成功的努力给他印象很深。他估计中国政府已经消除了那些不良分子,留下的人员都渴望把事情办好。

我说,美国政府给我国政府的军援提高了中国军队的士气,这才有可能进行整编和改进。

接着洛维特问叶对远东总的形势,特别是对朝鲜战争作何看法。不难想起,在前面某章节中他们曾谈论过这一问题。洛维特又问叶大陆上是否还留有游击武装。

叶说还有,不过由于共产党执行残酷镇压的政策,近几个月来人数已大大减少。虽然如此,他说仍有可观数量的游击队留在大陆上,而台湾的中国当局始终与他们保持着密切的联系。为了鼓舞他们的士气,国民党军队曾对厦门附近的两个小岛进行了袭击。他回忆了委员长主持的一个会议,会上就参谋长呈报的三个偷袭计划抉择了一个。作为外长,他反对前两个计划而赞成用第三个,即小规模行动,不动用坦克。因为他认为遵守杜鲁门总统关于台湾中立化的宣言非常重要。

洛维特说,这他知道。

在再次谈到美国给予台湾的军援问题时,我提出中国军队需要大炮,特别是 105 毫米口径的大炮,但是 75 毫米的也有需要。

洛维特说,有两种 105 毫米口径的大炮。一种炮弹较长,效果较好。有一个时期这种大炮和 75 毫米的在朝鲜战场上应用甚广。

我转达了中国政府对美国给予军援的谢意,洛维特说,中国政府把美援使用得的确很得当。

我表示同意。我说国府理解美援的精神,这是帮助它进行自卫。国府也决心把美元利用到最佳之处。

洛维特说,那正是美国向国民党中国和其他热爱自由的国家提供美援的宗旨。他了解中国政府一直在沿着这一方向努力迈进。

事后,我在日记中写道,洛维特非常友好:

> 叶公超谈了台北利用美援所取得的进步,特别是在整训军队和平衡国家预算两方面,借助经援并在蔡斯将军领导的美国军援顾问团的协助下取得的进步更为突出。美国国防部长说,他从驻台北的代表得到了不少类似的报告。就在那天上午,还从刚由东方归来的某某得到最新的报告(可能是他的副手福斯特)。叶还谈了中国军队对大陆附近许多岛屿袭击的情况。他说这些袭击很成功,尽管国军通常在占领一个地方几小时或几天后就撤离,因为他们的目的是从俘虏的共产党人取得可靠的情报。不过,有鉴于杜鲁门总统已经宣布台湾为中立地带,可能美国不会赞成这种偷袭。洛维特说,他知道进行过偷袭,不过进行偷袭时美国代表们不闻不问,只当不知道就是了。

离开五角大楼后,我陪叶到巴尔的摩与俄亥俄大厦去拜会共同安全署副署长约翰·肯尼。霍宝树作为中国驻美技术代表团团长在那里会同我们一起参加了会见。在这次会见中,叶再一次强调了中美之间通过经济安定委员会进行的密切合作。肯尼先生表示满意,他说这可以作为亚洲其他接受美国经援国家的榜样。

会见后,我和叶驱车通过华盛顿市区驶往机场,他再次飞纽约去参加法国代表团为法国外交部长举行的鸡尾酒会。他按我的建议,于当夜十时左右飞回华盛顿。因为他已约定第二天上午在财政部和该部助理部长小爱德华·弗利会见,这样才能保证不致失约或误点。本来已经为叶约定在 12 日星期二上午十点拜会财政部长斯奈德,后来取消了,因为斯奈德想起那天上午他得和他夫人一同出发作长途旅行。我陪外长去往财政部,他向弗利表示了我国政府对美国援助的感谢,并说,多亏美国的援助和美国专家的帮助,我国现财政年度的预算已经接近平衡。

我回大使馆后接见了美援运用委员会的副秘书长王蓬。他是为向驻美代表团传达下年度对美援计划要求的要领而来美的。他报告说,我国政府希望在今后四年内做到经济自给,要求美国给予更多的援助,以重建并扩充我们现有的工业设施。不过,他是否具体地提出政府为了经济自给而制定的第一个四年计划,我却没有记下来。

大约半小时后,叶外长来到大使馆。我请他在使馆内巡视一周,使他对馆务有个印象。请他和全体馆员见了面,领他到各办公室看看,使他看到大家都在勤勤恳恳地工作。他本想等到星期六才来使馆视察,但我劝他那天就来,因为星期六是他在华盛顿逗留的最后一天,很可能就没有时间来了。

事后,我们到布赖尔-李大厦去出席代理国务卿戴维·布鲁斯为叶举办的午宴。这事我是通过谭绍华安排的,他和中国科科长接洽过多次。中国科说他们会对叶有所表示的,但直到叶到达前一星期才具体确定下来。显然,他们要在内部研究一下才能决定,但直到那时才宣布是一次午宴。与宴的美方人员中有国防部的福斯特、共同安全署的肯尼与德克尔和国务院的艾利森。中方客人中有俞大维、谭绍华和崔存璘。

我被安排在代理国务卿的对面就座,右边是福斯特,左边是肯尼。福斯特告诉我,他刚访台归来,在台湾见到了不少高级官员,在一次晚宴上和东道主蒋委员长作了长谈。他们谈了很多问题,"包括使用国民党军队的问题"。

下午,我在双橡园为叶访美举行招待会。不少美国客人和外交界人士都说,近几年来他们参加过不少这类聚会,这次非常成功。原来是按五百位来宾安排的,但是我的二等秘书陈家博告诉我,实际到了大约八百人,其中较知名的有空军部长、农业部长布兰南夫妇、邮政总局局长唐纳森夫妇、海军上校李海、谢泼德将军,还有好多位大使。

晚上我参加了俞大维将军及夫人和霍宝树夫妇在大地餐厅宴请外长的宴会。共设三个圆桌,宾主约共三十人,没有演说。席散后叶和我一同离开餐厅回到双橡园,又谈到近凌晨三点。他很健谈,喜欢在夜间聊天,显然不大关心及时休息。我们的谈话包罗万象,涉及大使馆职员的问题,陈家博的事,石道生的事,在生活费用日高的情况下大使馆的财务问题,外交部近乎强迫地向驻外使节和使领馆人员劝募外交部福利基金的问题,台湾的政治,委员长可能访美以及他在美期间因双橡园不大合用需要为他找一适当住所等等。

第二天星期六是叶在华盛顿的最后一天。大使馆全体人员在环球中餐厅设午宴招待他。席间叶讲了话,说明为什么福利基金是有益于外交部同仁的。一部分将用于外交部人员改善午餐,另一部分则对他们的家属在患病或育儿期间给予补助。该基金由外交部职工自己选出的委员会管理。他说,他听说驻外人员对每月的扣款有些意见,但是外交部对他们的捐助非常赞赏。(就在前一天晚上,我曾告诉他每月从薪金中按百分比扣除的捐款对薪金很低的人是个多么沉重的负担,因为这里的生活费用很高,而且还在持续上涨。)石道生请求我允许他向部长发问,我还没来得及答复他,他却脱口问外长道,商务参事是否能成为外交官。叶愣了一下,我赶紧说石不应该在这样的宴会上冒昧提出这种个人问题,特别是我已经向叶详细谈过了他的情况。接着我的二等秘书周先生就乘机向外长敬酒。我总不明白,为什么有的人能在微妙的时刻表现得彬彬有礼,而另外一些人则根本不懂社交礼仪,或者满不在乎。

那天上午九点钟,奥姆斯特德为了和外长进行长谈,曾在双橡园进早餐。我们三人谈了一个半小时,后来奥姆斯特德有事要走方罢。他的主要建议是海外华人在对付共产党危机的事业中可以更好地组织起来。他说,如果我们能对这个问题提出一个切实的计划,则可以从美国给予自由中国的军援项下取得必要的经费。为此,他希望叶能给他一份备忘录。叶说,他回台后将和政府研究这一问题。

当天下午外长乘飞机离开华盛顿。我本人和大使馆大部分职员以及其他一些中国机构的人员都到机场送行。我本应稍晚一些就乘飞机离华盛顿,但气象预报不佳,航班取消了。陈家博打电话订了下一班开往纽约的火车票,但我认为太晚了,决定等到星期日再去纽约。

星期一,在纽约和道布尔戴出版社的夏夫利和巴克以及哈罗德·赫西共进午餐,是后者给我介绍和前两位相识的。事实上这次餐叙也是赫西安排的,因为这家出版社的二位负责人打算建议我写一本关于我一生公私经历的回忆录,想听听我的意见。我说此事我很有意考虑,因我正设想在近期内退休,致力著述,以度余年。我说,我有两种想法,其一是写一本回忆录性质的传记,其二是根据我几十年来的阅历,以及从中总结出来的一些原理,写一本我对人生以及有关问题的看法,这对年轻一代该是有所裨益的。我并说,这本书要用中文写,以便中国青年阅读。(我觉得那时我太乐观了。现在我感到实际上我越来越不了解年轻一代,鉴于老年和青年一代之间的隔阂越来越大,这也是很自然的。)这两位出版商完全赞同我的这两种想法,说他们打算提出一个具体的稿酬数字,由我考虑,并声明我可以不急于作复。

下午我到叶外长处,告诉他我已为他安排了一次工作午餐。前一天下午我抵达纽约后,就获悉杜勒斯将出任艾森豪威尔政府的国务卿。我就打电话请他在 19 日到卡莱尔饭店我的房间来,以便我介绍他和叶外长见面,并详谈种切。叶外长认为这样很好,于是我们就研究了一下我们对使用国民党军队的问题所抱态度以及我本人认为朝鲜及亚洲问题的根本解决有赖于从共产党手中收回中国大陆的看法等等应该怎样说。

星期三,19 日,杜勒斯来到我的房间时,叶还未到,因此我们二人就先谈了一会儿。作为开场白,我对他说,昨天我听到了他将在当选总统艾森豪威尔的政府中担任国务卿的消息,这使我感到非常高兴。事实上,这是我一直在企盼的,因为尽管也提到过其他人选,但是这些人无论在知识、经验或国际威望等方面都远远赶不上他。

杜勒斯说,他也知道还有其他人的呼声。不过英国人不喜欢他,正在设法拆他的台,去年英国人阻挠他出任国务卿,结果如愿以偿。目前,《华盛顿邮报》通过赫伯特·埃利斯顿的关系,和《先锋论坛报》都受英国人的影响,还在反对他。他说,此外还有一些期刊杂志也在反对任命他为国务卿。

我不知道《新闻周刊》是否也在反对他之列,他说,《新闻周刊》和《时代杂志》也都是明显地倾向英国的。

我说,我认为艾森豪威尔将军和其他共和党人不同于民主党人,他们不见得会受英国人的影响。我深信英国人这一次无法阻止杜勒斯出任国务卿。

杜勒斯说,他也认为他们不能得逞。

这时叶来了,我们就一起谈。他想起来要向杜勒斯赠送一支中国毛笔,以表示对他在推动中日缔结双边和平条约中作出的巨大帮助。这就很自然把话题引向条约的谈判情况,以及在对远东政策,特别是对华政策上,英国能否和美国取得一致等问题。

后来杜勒斯问起大陆上的情况,他认为中共领导人不会满意俄国人,从传统的中国民情来看,中国人民同样也不会忍受苏联的对华政策。

我说,对中国人民来说,这一点是对的,但就中共而言则不然。中国共产党是1921年在苏联共产党的诱发和积极帮助下建立起来的,而且自从成立以来,它一直是苏联共产主义的工具。

杜勒斯回忆道,俄国人曾把鲍罗廷派去帮助中国共产党人。

叶说,那时莫斯科的代表是越飞。

我说,中共明确规定,要向俄国一边倒,一切党员不得违背。因此不见得会背离俄国的支配和指挥。

这时叶提出了朝鲜战争的停战问题,话题就转移到朝鲜局势上。但是杜勒斯又把话题拉回去,他说,英国人认为如果对中共作出适当让步,譬如说在朝鲜问题上作出某种让步,就可以使他们摆脱苏联。他认为中国人民不会心甘情愿地接受苏联的控制,必然会有某些领袖人物起来挣脱共产主义的桎梏。他还问了大陆上游击队活动的情况。

叶答道,遗憾的是,由于中共在大陆执行无情镇压的政策,游击队已经大大地削弱。他说,尽管台湾岛上武装力量已经大有提高,但是如果没有美国的援助,也还是不足以解放大陆的。

杜勒斯说,美国不希望卷入战争,艾森豪威尔将军已经发表过声明,他的政策是避免同苏联打仗。

我说,我知道杜勒斯在对朝鲜战争、共产党中国及亚洲的共产主义侵略等问题所执行的路线始终是正确的。我对杜勒斯说,我曾读过其他不少美国政治领袖的竞选演说,但是觉得只有杜勒斯是唯一揭橥积极政策以对付远东局势的人。那是一条非常正确的路线,因为亚洲的共产主义威胁必须全面地加以解决。朝鲜战争只不过是问题的一个方面,这和印支战争一样。而整个亚洲共产党侵略问题的关键所在是中国大陆。如果共产党没有征服中国大陆,那就不会有朝鲜或印支战争。

叶插言道,也就不会有日本问题。

我接下去说,我个人认为,国民党中国在对付亚洲的共产党侵略这一共同斗争中怎样才能作出最大贡献的问题,应从这一问题的全面来考虑。我觉得,一旦中国大陆上的共产党统治被推翻,中国人民得到了解放,亚洲的共产帝国主义问题基本上就解决了。台北的国民政府所需要的是美国的物资和技术援助。至于战斗部队则国民党中国可以提供,承担大陆上的全部战斗任务,无需美军参加作战。

我认为应该有一个对付亚洲国际共产主义的全面计划,包括经济与政治措施、心理战,而军事行动仅作为一种不得已的手段。我相信只要美国负责提供物资和技术方面的援助,国民党中国是可以独立作战的。这样不会挑起全面战争。我认为,俄国人既不打算,也没有准备好打一场全面战争。因此,即使共产党中国受到四面八方的强大压力,到了生死存亡关头,也不存在苏联出面援助他们的危险。俄国考虑的首先是保存它自己的实力,它向中共提供援助的程度,如同对其他卫星国家一样,仅足以供这些国家用消耗战术来拖住西方民主国家,决不会达到削弱其自身力量的程度。

我接着说,这在西班牙内战中已有明证。那时西班牙共和军队在技术人员和物资供应方面得到了俄国的全面支援。但是到了战争对西班牙共和军不利时,苏联就不管了。人们可以说,关于西班牙问题,该国和俄国彼此遥隔,俄国是无法继续给予支援的。但是在保加利亚入侵希腊时也发生了同样的情况。当俄国看到英美决心帮助希腊战斗到底时,就撤销了对保加利亚的支援,从而保加利亚的侵略也就以失败告终。我说,这些都是明摆着的事例,证明苏联对其卫星国的援助有其限度,决不会使它本身直接卷入同西方的公开战争中去。

杜勒斯说，还有柏林的空运问题，也是这样。莫斯科一看西方民主国家决心要抵制苏联的封锁，就缩回去了。

叶说，他看到过杜勒斯关于解放被奴役国家的演讲稿，他理解是用心理战的办法来解放。他在华盛顿时和比德尔·史密斯将军及艾伦·杜勒斯先生都谈过，并提出了国民党中国和美国通过联络官员互通情报，在亚洲进行心理战的某种合作计划。他希望在这方面能有所作为。

杜勒斯表示对这种设想有兴趣，然后就告辞，因为他急于参加另一个约会。

我送他去上电梯，并再一次祝贺他即将出任国务卿。他承认有此一说，但他说在艾森豪威尔将军正式宣布以前，还不能把这种报道当做事实。不过他也提到要到康默多饭店去参加会议，而康默多饭店是艾森豪威尔的竞选总部所在。这就使事情得到了佐证。因为当天的晚报报道他的入阁已成定局。

杜勒斯走后叶和我继续谈到三点四十五分光景。我们对杜勒斯所表达的观点交换了看法。然后我乘四点三十分的火车返回华盛顿。我已和助理国务卿艾利森约定次日下午去找他。

不难想起，我去拜访艾利森是为了安排叶外长和他在纽约见面，以便探询法国对拘留在印度支那的我方军队取何态度。说起他最近的远东之行时，我说我知道我国政府对他这次访问非常欣慰。此外，我了解到他不仅到了台北，还去过台湾的其他一些地方。

艾利森说，在台北会见了一些中国政府领导人之后，他去到草山，在那里受到了蒋介石总统的接见和宴请。当时王世杰博士和蓝钦公使也在座。他和总统进行了长谈，看到总统很健康。他还参观了高雄的海军基地，视察了孙立人将军指挥下的一些部队。他在某地观看了一支前进部队和空中支援部队的联络演习，在另一个地方他看到了孙将军麾下部分部队表演的健身体操，都使他感触很深。他说,台湾的精神状态非常振奋,人人埋头苦干。中国当局确实已经取得了很大的进展。

我问艾利森有没有找到机会同掌握对台湾美援的人员谈谈,是否感到中美在使用美援方面合作得很有成效。

艾利森说,和他们谈过。中国政府领导人全心全意地希望提供合作,他看到这种合作卓有成效,非常高兴。最使他感动的事情之一是在中国农村复兴联合委员会赞助下,正在建立一个保健中心。这个中心在台北附近,正在兴建中,他去过这个地方。他听说当地的中国人捐献了工程费用的四分之三,只需要美援基金提供四分之一,使他感到非常高兴。这充分说明中国人民是渴求改进,并愿全力以赴,承担所需费用的。

我说,这说明中国人民认识到了美国向友好国家提供经援和军援首要目的是帮助他们自助。

艾利森说确实如此。美援的目的就是促进自助精神。他说,几年前他访问过中国大陆,把台湾的现状和他那时在大陆的所见所闻对比一下,他感到无论在精神状态还是行动方面都有了很大的改进。

我说台湾还会碰到许多问题,不过中国政府和人民都在努力进行改革。

艾利森说,虽然台湾取得了很大进步,使他很高兴,但那并不是说一切困难都没有了。不过中国政府和人民有这样的精神和努力,他深信这些困难就可以克服。

我说叶公超外长也正是这样说的。这一来就把话题引向了我来此的目的之一。

艾利森表示希望和叶见面,他说,想来我是能够为他们双方安排一次会谈的。

我说,叶这次来访华盛顿的目的之一就是想和他作一次长谈。外长有可能还要返回华盛顿,但要是艾利森打算去纽约的话,那么外长可能要邀他和我一起在那边餐叙一次。

艾利森说,11月24日星期一他要去纽约,打算上午乘飞机或汽车去,当晚就返回华盛顿。于是我就和他约定,只要叶认为方便,我们三人星期一就在一块吃中饭。(事后我和叶联系,他同意这个安排。于是我就打电话给艾利森,告诉他就这样办。)

接着我就提出了扣留在印度支那的中国军队的遣返问题,我说过去已经和他谈过此事。最近中国政府曾向法国政府提出,为了减轻他们对中共作出不良反应的顾虑,拟议中的遣返可以分批进行,第一批可以与中国军队一同关押在印度支那的中国妇女、儿童、老弱病残为主。这样的行动方案可以说明遣返是出于人道主义的行动。我说,一星期前,在纽约的一次晚餐会上,舒曼曾对叶说,法国政府对中方建议已作出答复,声明第一批遣返人员只限于中国妇女、儿童及老弱病残。这当然不是中国建议的目的,叶对舒曼就是这样说的。我不知道艾利森先生在印度支那时曾否和当地的法国当局谈过此事,法国目前对这事取何态度。

艾利森说,他去过金边。因为法国高级专员与法国总司令都到北方去了,而他又无法去往河内,所以未能和他们联系。不过,两天以前他在办公桌上看到一封电报,也不知是巴黎还是西贡发来的,该电说,法国人已经接受中国的建议。

我问他接受的是中国提出的原建议还是经过法国人修改后的建议。

艾利森说他无法答复我的问题,但他将查明后告诉我。

24日,我按原定计划在旅馆请艾利森和叶公超吃饭。这次餐叙进行得颇好。叶表示阔别数年后再次见到艾利森非常高兴。我说,艾利森在远东作了一次广泛的旅行刚回来,对在台湾的所见所闻印象不坏。艾利森说,他对这次台湾之行感到非常愉快,在该岛逗留四天观感甚广。他和蒋委员长、陈诚将军以及其他政府要人都进行了会谈,也择要参观了一下陆海军。他并说,他对中国农村复兴联合委员会的工作特别感兴趣,觉得非常满意。

叶说,他和他的同僚们已经定出了一种同美国代表们合作的方式,其重点在于管理美援款项方面。他对这种方式作了阐述,并说这种方式已被证明是成功的,希望艾利森先生能看到这种迹象。

艾利森同意两国在台湾的合作相当成功,特别是在与美国和其他远东国家合作的结果对比之下更为突出。

叶于是问艾利森在其他东南亚国家看到了些什么。

艾利森说,在缅甸时当局向他提出了现在中缅边界上李弥将军所部约一万二千国军的遣返问题。缅甸人非常希望这批军队撤出该国。艾利森认为可以把他们空运出来。

我指出伦敦曾有消息说,缅甸政府可能会把这个问题提交联合国。但是仰光不承认这种说法。

艾利森说,他认为缅甸政府不会把这个问题提交联合国,不过他们迫切希望这些军队离开缅甸。他本人希望中国政府能命令李将军照办。

叶说,这里面情况很复杂。在缅甸有"白旗"共产党和"红旗"共产党,还有克伦人。李弥并不接受台北中国政府的指挥,他是个特殊的人物。例如,李弥曾对他说过,他曾帮助过缅甸某一部落的酋长,送给他一些步枪、手枪等,用以支持其统治。这个酋长野心很大,想推翻缅甸政府取而代之。仰光当局知道了他的阴谋,就把他请到首都,扣押起来了。这使李将军感到难堪,于是扶植该酋长的兄弟充当这个部落的统治人。

谈到印度支那时,我问艾利森对该国的印象如何,因为那天各家晨报都报道那儿局势越发严重了,河内西南的越盟部队正在取得优势。就此,我插言提出了我国被扣留在那边的军队问题。我说不难回忆,法国对印度支那的冲突未能当机立断,他们应该痛痛快快地同意把中国军队撤回台湾,否则就设法在印度支那加以利用。我们也谈论了东南亚其他地区的问题,叶提出了新任国务卿杜勒斯对远东可能采取什么样的政策的问题。

那天晚上我参加了宋子文夫妇在纽约寓所为叶外长和霍华

德夫妇举行的晚宴。霍华德问中国所最希望于美国的是什么,我谈了我个人的看法。我谈了美国在与共产帝国主义的斗争中采取广泛的全球性政策的重要性,美国的亚洲政策必须以解放中国大陆这一目标为基础,因为中国是亚洲的关键所在。我并说,仅仅致力于结束朝鲜战争无补于给亚洲缔造和平。

星期二,25 日,我乘"国会"列车返回华盛顿。那个星期四是感恩节,我利用这个假日略事休息,并清理我案头积压的私人函件。星期六,我又回到纽约,因为叶将动身去墨西哥城代表中华民国向墨西哥新任总统表示祝贺,顺便调查一下引渡毛邦初问题的进展情况。我于星期二即 12 月 2 日回到华盛顿。

第二天,我在双橡园接待了俞大维将军。随同他来美的有韩朝宗准将和杨觉勇先生。他们两人协助俞简要地介绍了有关美国军援的情况,以及台湾在改组和整训军队方面所取得的成果。那时韩将军是行政院驻美采购服务团中联合勤务部队的代表,而杨是该代表团中的空军成员。他们介绍的大体情况是:原来的每一军三个师已给改为两个师,所以十个军只有二十个而不是三十个师,外加金门岛上还有一个独立师。至于军援物资,其中大炮已大部运到台湾,但装甲车、吉普和卡车的交货情况则较迟缓,因为本年度计划中要求的大都是弹药。海军的计划已经完成了百分之八十七。飞机也开始运到。应于 1953 年内全部运到。简言之,军援计划比原定时间表大约拖后了一年,而经援计划则执行得比较好。虽然复兴工业用的物资的交货情况仍然落后于原计划,但各种商品如化肥、棉花、小麦、大豆等等都已发运。

在这以后,前驻瑞士公使吴南如来访。他即将返台就任外交部顾问,特偕夫人来辞行。他告诉我瑞士外交部长在 11 月份(1949 年)还向他保证说,瑞士无意于承认赤色中国。但到 12 月末,瑞士副外长召见他,并通知他政策将发生变动。他说变动的理由是:(1)瑞士在中国有贸易利益;(2)他们过去由于不承认苏联,造成了二十多年的僵局,从中吸取了教训;(3)英国给他们施加压力,要求他们同英国采取一致行动,承认中共政权。吴先生认为最后一个因素是使瑞士作出这一决定最有力的因素。

吴大使并说,早在1950年1月份,他在伯尔尼的同行,英国公使,有一次打电话请他出席为他举行的晚宴,那时已经盛传英国即将承认红色中国。吴就在电话里直截了当地问道,局面如此,他去出席宴会岂不难堪。对方答道,还早得很。他说实际英国就是在宴请他的那个晚上承认共产党政权的。我在日记中写道:"这就是英国人公私事务区别对待的典型方式。"

第二天晚上,我宴请了查良鉴、霍宝树、谭绍华、谭伯羽以及另外几个人,这是为我国驻菲律宾大使陈质平接风的。事前他曾来信通知我,将在加拿大渥太华乘下午两点的殖民地航空公司的班机来华盛顿。我曾回信表示欢迎,并说不久即将见面非常高兴。我让交际秘书陈家博坐我的汽车到国民机场去接他,但没有接到。这位大使没有露面,也没有带个口信来。因此这次宴会就成了一出主角没有出场的戏。

大约一星期后,在纽约宴请叶公超的一次宴会上又提起了这事。叶和在座的客人纵谈台北的情况,显得轻松而坦率。客人中有刘锴大使和郑天锡大使。他说现在政府在台湾的行政方式和在大陆时迥然不同,内阁凡事都力求按法律执行,大家都听得很有兴致。他并说,他向委员长报告工作时碰过不少钉子,陈质平大使的行径就使他触过霉头。

陈质平行动诡秘,不仅没有到华盛顿,据刘锴说,也没有按他自己定的日子到达渥太华。谈到此事,叶说委员长曾向他电询,际此菲律宾即将举行大选的重要时刻,叶身为外长,对该大使离马尼拉赴美之行,是否曾予批准。委员长对该大使此行未接到任何报告。(委员长对各驻外大使无不随时密切注视。)因此,尽管事实上叶对陈的行踪同样是毫无所知,也只好说陈此行前曾向他呈准。但是叶又说,在委员长眼中他是个后辈,对委员长的责备已习以为常,所以他就代人受过,为陈开脱。否则委员长肯定会将陈撤职。

12月5日，我赴纽约因蒋夫人约我当天下午在卡莱尔旅馆茶叙。前此我曾去函求见，结果她让游建文约我茶叙。我觉得蒋夫人比六个星期前从旧金山来此时气色较好。我们互致问候，过了几分钟，孔夫人也来了。又过了半小时，孔祥熙也从他在长岛的寓所赶来晤叙。谈话属于一般性质，没有专注于什么具体问题。我谈的是美国的政局，美国竞选运动中的中国问题，行将卸任的民主党人态度有所改善，美国访台官员提出的报告对我有利，以及杜鲁门总统和洛维特国防部长也都肯定了访台官员们对我们在使用美援款项方面提供合作的良好印象等等。

我知道蒋夫人那天中午宴请了魏德迈一家，前一天晚上曾和菲律宾大使罗慕洛夫妇餐叙。但是她对这两件事只字不提，甚至我在谈别的事情时提起了这些人，她还是不露声色。他们相互间都很亲热，但似乎是故作和谐。当我提起报上说，孔博士可能要去台湾时，他发作了。他说那都是谣言，他根本不想去。这显然是因为台湾各报过去对他啧有烦言，对他这次传说中的台湾之行也都表示反对之故。但是蒋夫人却说她一直在劝孔回台，1950年就曾请他同行。她回台湾后又为孔去台作好了安排。

茶叙开始的时候是由黄仁泉在那里张罗的。但是后来我向夫人们告辞时，起来送我的却是孔令傑。孔祥熙已经先回家，他不愿意在暮色苍茫中乘汽车走一点一刻多钟。

我到全国广播公司的广播室去看了一下，因为叶定于12月7日晚在"会见新闻界"节目中在此露面。叶公超前一天晚上已从墨西哥城回来，下午我见到了他，按他的意见研究了他在这次"会见新闻界"节目中谈些什么好。这次采访是劳伦斯·斯皮瓦克和玛莎·朗特里安排的。我们预测了可能向他提出的一些问题，并研究了一些适当的答复。

在这次采访中，果真碰到了一些难于应付的问题，《新闻周刊》的欧内斯特·凯·林德利的问题最难对付，特别是其中有这样的一个问题:"国民党军队口粮不足,装备很差,连鞋都穿不上,怎么能指望它去反攻大陆,战胜远为众多的中共军队呢?"叶强调说,现在部队的士气振作,斗志旺盛,远非昔比。林德利便引用蔡斯将军的话来辩护。不过这话已经过时,因为这位将军本人也一直在赞赏台湾经过整训的国军。另外,是关于大陆上游击队的力量和组织的问题。叶对这个问题的答复失之过于保守。他说了一个很低的数字,比中外各报通常报道的数字低得多。

9日,我出席了上海午餐联谊会在市政厅俱乐部举办的午餐,我是主宾,并应邀发表演讲。该会的一位副会长郭宝树亲自来接我赴会。到会的人很多。在餐厅进午餐的约有三百五十人,其中有大通银行的副董事长,他告诉我听众之多打破了鲁斯两年前在该午餐联谊会演讲时的记录。我讲的是自由中国和世界的关系,又是一次即席演说。

回到华盛顿以后,10日,我的海军武官柳鹤图上校偕同美国海军上校保罗·威廉斯来见。威廉斯将接替海军少将贾勒特担任美国驻台北的海军武官。他此来是作礼节性拜访,由柳上校引见。其后我接见了由李华明(音译)少将率领的中国空军代表团。他们刚到华盛顿,由空军武官衣复恩上校引见。

那天晚上麦克唐纳将军夫妇在博林空军军官俱乐部举行自助晚餐会招待他们。主要客人围坐一长桌,由麦克唐纳夫人做主人,我坐在她右手。李将军不大会说英语,因此我尽量为他的代表团翻译借以克服困难。到九点,这顿晚餐按时结束,这是军人传统的守时作风。

叶公超从墨西哥城回来后对我说过,希望能见到艾森豪威尔将军。他说杜威州长曾表示愿意为他安排此事,但他宁愿由大使馆来办。我说这样很好,他又让我在求见时说明一下,他准备在12月20日离美回台。

12月11日,我函请艾森豪威尔将军约期接见叶公超;又给未来的国务卿约翰·福斯特·杜勒斯写了一封信,把我给当选总统艾森豪威尔写信的事告诉了他,并请他给予方便。给这位将军的信是通过太平洋舰队司令部送檀香山转交的,给杜勒斯的信也是一样。他已首途赴威克岛会见艾森豪威尔,并参加在海伦娜号巡洋舰上举行的会议。(艾森豪威尔已于12月2日动身赴朝履行他竞选时提出的诺言。在朝逗留三天后,他已开始和顾问们在巡洋舰上会商广泛的战略问题,此会后来又转移到檀香山举行。)谭绍华按我的嘱托把我致艾森豪威尔函的副本寄给了叶,请他注意我已提出请求在他预定的12月20日"前后"离美之前安排一次礼节性拜访。

12月15日,我参加了秘鲁大使贝尔塞梅耶夫妇举行的晚宴,西班牙大使拉克里卡是第二主宾。我问他是否在大选前就已知道艾森豪威尔将军将当选。他说在大选前一周,就已向马德里报告,各方普遍认为下一届总统将是艾森豪威尔将军。不过1948年发生的情况记忆犹新,他又小心地加了一句,1952年也可能隐伏着像1948年那样出人意料的事。他说因此,他在报告中也留有余地,以防万一。

由于我已应约第二天上午到宾夕法尼亚大学发表演讲,因此提前退席赶乘夜车去费城。在火车上与《费城晚报》华盛顿分社社长卡尔·麦卡德尔邂逅相遇。他即将被任命为负责公共事务的助理国务卿,此事我并无所闻,他也秘而不宣。一路上彼此谈笑风生。在宾夕法尼亚大学的座谈会上将有许多人向我和我的对等人物韩国大使梁裕灿提出一系列问题,诸如朝鲜战争问题、国民党中国军队如何使用的问题以及共产党中国在中国大陆上的统治属于什么性质的问题等等。他也将在那里提问。他把打算向我和梁大使提出些什么样的问题对我说了,并在琢磨我将如何回答。他说我可以放心,与会的人都会友好相待,听众都是知识界人物,其中有大学生和费城对外政策协会的会员,他们也想在预定的演讲节目结束后提些问题。

麦卡德尔谈了美国在远东总的对外政策,他说新政府将采取远为健全合理的路线。新任国务卿杜勒斯主张采取一种积极而富有建设性的政策,他打算赋予国民党军队,从全面来说是赋予台湾,以重要的任务。他说他曾多次和杜勒斯探讨远东的形势,就在前一天还谈过。杜勒斯认为,台湾在北起朝鲜、日本,南至菲律宾和印尼这个防卫圈中具有一种战略地位。因此麦卡德尔认为,我在座谈会上解答问题时,如果表示赞同这种观点,那是得策的——真可说是老谋深算。

第二天中午,我在座谈会上发表了演说。座谈会是在企业管理学校的新礼堂举行的。听众很多,整个会场都挤满了。诚如麦卡德尔所说,他们都是大学生和对外政策协会在费城及其近郊的会员。接着麦卡德尔请我和梁大使谈谈我们的看法,我们的看法往往是相反的。例如,梁大使说他认为不应该把国民党军队派到南朝鲜去,以免使中国的内战之火烧到他们国家的土地上去。他认为国军应当留在中国大陆,也只有在那儿才能起最大的作用。我向他和听众保证,自由中国不打算也不希望把军队强派到任何国家去,尤其是在别国不愿意的情况下更不会这样做。自由中国自愿向南朝鲜派出军队是在 1950 年 6 月份北朝鲜开始入侵南朝鲜的时候,而且是率先倡议这样做的。其目的在于担负起一个联合国的成员国在支援一个热爱和平的国家抵抗侵略保卫自由和独立中应有的责任。这一建议联合国没有接受,也再没有重提过。当然,我国政府并未撤回此议。不过,即使一个国家已经受到一个侵略国的非法攻击,而该国不需要中国的军队,中国就无意于把军队强派到这个国家去。

会后设午宴招待我和南朝鲜大使。参加的有该校的教务长以及大学和协会的成员十多人。当天下午我离费城回纽约。第二天上午我去看叶外长。

我们就几个问题进行了长谈。我将关于他希望会见艾森豪威尔之事的进行情况告诉他,并说我将催促对方迅速答复。我交给他一份蒋总统指令的副本,以便他见到当选总统时在应该强调的内容和采取何种态度等问题有所遵循。按常例说,他不应在向南朝鲜派遣国军或在任何其他地方使用这些部队等方面作出承诺,但应向艾森豪威尔说明,我们愿意派出军队,不过需要一段时间以及部队还需要更多的装备。他还应该把美国军援物资运送迟缓的情况告知艾森豪威尔。另外还需要用喷气式飞机加强台湾岛的防空,以便使台湾人民放心,并对敌人空军可能发动突袭,特别是喷气式飞机的突袭有所防范。因为这可能对台湾造成不可挽回的物质损失,对人民的士气也是一大打击。凡此种种都需要向艾森豪威尔说明。

我对叶说,因为他不同意我引退,也不愿代我向委员长转呈辞呈,我就暂缓求去,以免使他为难。我姑且继续留任本职,尤以际此美国新政府成立伊始,如果要求政府另派新大使来华盛顿应付完全陌生的局面,确有困难。我说,因为在 1949 年那样艰危的局面下我曾敦促他出任外长,并允予全力支持,不论怎样,我将暂时留任继续予以支持。但是我说,一旦他决定辞去外长,转到国外服务时,我想推荐他继我担任驻美大使。叶说,他对现职已感厌倦,颇有出国之意,但无意出任驻华盛顿大使(这是客气话)。他说他属意于驻巴黎大使之职,该职较为轻松,且就个人而言,也比较适宜。

我们转而谈起另一个问题。自从李宗仁将军公然宣布背弃委员长这位"中华民国总统"以来,我就对他敬而远之。叶完全赞成这种态度。他并说,驻巴拿马公使郑震宇由于回台湾前曾访问了李,委员长已令其无庸返回巴拿马任所。叶批准我在 3 月份休假三星期,一如去年。同时批准对公共关系人员诺曼·佩奇继续雇用一年。他给美援运用委员会的副秘书长王蓬打电话,请他把我国的四年计划给我一份,这是我们谈过的问题之一。这个计划政府已于 12 月 2 日公布,并已抄送美国驻台北官员。

从外长那里出来我给小阿瑟·范登堡打电话,问他关于外长要求在回台湾前约见艾森豪威尔的事有何下文。范登堡在竞选中一直是艾森豪威尔的高级助手,12月初就任总统秘书。我那次没有接通范登堡本人,但他的秘书说,将代我转告。

我回到华盛顿时,范登堡从纽约打来电话说,他已给我回信,艾森豪威尔将军非常遗憾,实在无法安排和叶公超的会见。我说是不是12月20日,即中国外长预定离美之日以前没有时间。如果就是这种情况,我知道叶可以推迟几天动身。但范登堡说,将军只接见过两三位外交使节,都是老相识。由于就职以前有很多事情需要处理,因此除非有紧急问题,他现在不能接见其他外国官员。我说,我知道叶和我国总统之间通信频繁,虽然我不敢说叶有什么紧急事件,但他很可能带有蒋总统的某种重要口信。如果将军在就职以前的过渡阶段不接见外国官员是一项政策,我当然可以理解,并将向我国外长说明。他说,他已经说得很明白,事情就是那样,因为将军已经收到了许多类似的求见要求。因此我就打电话给在纽约的叶外长,把这些情况告诉了他。他似颇感失望,说12月21日一定动身去旧金山。我说我将为他送行,希望能再谈谈这件事以及其他一些问题。

12月20日,我乘中午的火车赴纽约,下午五时前后在叶的旅馆见到了他。范登堡的答复给他带来了烦恼,因为他已把晋见艾森豪威尔的打算向委员长报告并请示机宜,而且委员长的指示已经到达。我说,我将设法给约翰·福斯特·杜勒斯打个电话,了解一下在接见外国使节的问题上,他是否给艾森豪威尔出过主意,并打算对他说,如果在下星期或十天内有可能会见艾森豪威尔,则我将劝叶推迟行期。

第二天上午驱车到斯坦霍普旅馆把叶送到拉瓜迪亚机场。有十余人在旅馆为叶送行,其中有刘锴大使、前驻荷兰大使张谦、前大使郑天锡和另外几位中国外交官员。机场上约有四十人等着给他送行,其中有蒋廷黻和张平群。叶这次西海岸之行没有随行人员,自己拖带着许多大包小裹,这使我颇为不解。我建议他带一个秘书,譬如说他的私人秘书张慰慈或是他的密友、常驻纽约的联合国代表团成员郑宝南。他和他们谈了一下,但是谁也不能这样仓促就道。天气很坏,风雨交加,尽管我很钦佩他的精神,但是爱莫能助,实在引以为歉。他此行是应邀赴旧金山联邦俱乐部发表演说,并会见参议员诺兰,然后去芝加哥,参加他女儿定于12月29日举行的婚礼。

第二天下午我回到华盛顿,12月24日又去纽约度圣诞节。宋子文夫妇在圣诞之夜举行宴会。宴上,我忽然因胃疼而感不适,但仍勉强接了宋夫人亲自给我送来的一盘食物,我吃了以后,病况加剧,竟致无法静听圣诞颂歌。奇痛难忍,使我不得不走出宴会厅。约半小时后,我回到席间,大家都看到我不舒服,就请郭先生送我回旅馆,我的确亟需卧床休息。半小时后,旅馆的医生来给我吃了几片药,同时又用热水袋敷在胃部,方才止痛,也感到略微舒服一些。医生认为我在火车上吃的三明治是胃疼的直接诱因,而我往返奔波和疲劳,外加有可能我还摄入了一些流行性病毒,助长了病痛的发作。结果是圣诞佳节我整天躺在床上,一碗米汤就是我所享受到的传统的圣餐。

12月27日星期六,我乘火车回华盛顿。星期日我整天忙于清理我的个人函件。星期一上午,我给在纽约的约翰·福斯特·杜勒斯打电话,告诉他叶公超希望会见艾森豪威尔一事。我把范登堡的答复对他说了。我并说,如果叶部长还能有适当机会可以会见艾森豪威尔,则我可以劝他暂缓回台,不知此举是否可取。我说范登堡的答复并非出于什么政策性的考虑。

杜勒斯说艾森豪威尔在就职以前不能发表任何正式谈话,而在纽约有许多国家的外交部长正参加联合国大会,都希望会见他,因此决定一个也不见。所以他劝我决不要为了等待机会见艾森豪威尔而劝叶展缓行期。不过他说可以告诉我一个机密情报,就是关于朝鲜战争和包括台湾在内的远东形势的某种备忘录正在研讨中,还未得出肯定的结论。如能找到适当时间,他想和我谈谈这个问题,最好是在他家中谈,以免招引外界注视。我很感激他的善意,我说,希望过了元旦节就能和他联系。他说这样很合适。

我给叶挂了个电话,才知道他尚在途中,于是写了封信,把我和杜勒斯的谈话向他作了报告。我对他说了我的看法,我认为范登堡的回信是在杜勒斯指示下按其意思写的。事前杜勒斯已经和艾森豪威尔商议过在就职以前不接见外国使节的方针。

那天晚上,我举行自助晚餐招待使馆职员,对他们在过去一年中给予我的合作表示感谢。同往年一样,我邀请了全体职员,包括美国人和全部雇员。

12月30日,叶公超从芝加哥打来电话说,他已经收到了我的信,不过又出现了新情况。在旧金山,参议员诺兰建议他还是要想办法见艾森豪威尔。因此他收到我的信以后,又打电话给诺兰把求见艾森豪威尔的情况告诉了他。诺兰说他12月31日有事要去找艾森豪威尔,届时他将代叶求见这位将军。我说这是个好消息,希望诺兰办成这件事。我提出只是诺兰应和杜勒斯通通气,以免引起误会。

12月31日,叶又来电话说诺兰参议员已用电话通知他,艾森豪威尔将军将在1月2日上午九时三十分接见他,诺兰和杜勒斯也已打过招呼,并把情况告诉了他。叶问我,他该和艾森豪威尔谈些什么,我说待我考虑一下再给他去电话。

半小时后,我打电话把我的意见告诉叶部长。我说,他可以:(1)转达蒋总统的问候与祝贺;(2)赞扬他对朝鲜的访问;(3)然后可以向他指出我们认为共产主义是一个全球性问题,朝鲜、中国大陆、印度支那、马来亚和菲律宾都属于同一个问题;(4)中国对集体安全非常关心并且深信不疑,在台湾取得安全以后,随时准备对共同事业作出贡献;(5)中国感谢美国的军援,但希望加快援助的提供;(6)在对付共产主义的威胁方面中国希望美国在政治上和军事上采取一种全面完整的计划。英国承认赤色中国并反对使用国民党军队,可以作为西方民主阵营意见分歧的一个例子。假使英国取消承认共产党政权,其他国家就会跟着做;(7)他可以探询一下在对付共产主义的新政策方面有没有得出什么新的结论。特别是在朝鲜问题上。

我问他会见艾森豪威尔时是否需要我陪同。他说在英国时曾和这位将军见过,我就不必去了,估计杜勒斯总会在场的。不过他想在会见以后立即就把经过情况告诉我。我说,我已把他会见艾森豪威尔的日期和时间电请王世杰转报委员长。这样,如果委员长还有什么新指示的话,还能及时下达给他。

从华盛顿、弗吉尼亚和马里兰等州来出席 1953 年在双橡园举行的新年招待会的华侨比往年多,其中有官方人士,也有以个人名义来的,都带着家眷。施肇基博士和夫人也来了,施曾三度出任中国驻华盛顿公使和大使。我发表了简短的新年祝词。由于共和党在 11 月份投票中取得了胜利,同时希望自由中国和下届政府能相处得好一些,大家似乎比较高兴乐观。我的讲话和他们有同感,但我提醒大家不要过早地心存奢望。我说结果如何还要看情况的演变和事态的发展。

1 月 2 日,叶按约定的时间拜访了艾森豪威尔。事后他从纽约打来电话,把他和当选总统所作二十分钟谈话的要点以及其后和膺选国务卿杜勒斯的谈话告诉了我。此外,叶说打算把他这两次会谈的记录抄送我。他说,他只准备把要点电告台北,等见到委员长时再作全面报告。

叶在电话中对我说,他和艾森豪威尔谈话时,首先代表蒋总统向艾森豪威尔致意。艾森豪威尔对此表示感谢,并请叶代他向蒋总统回致问候。后来谈到在亚洲的反共斗争以及台湾在其中所起的作用,叶强调了自由世界必须制定全盘计划,并提出亚洲反共国家的领袖们应该共同协商,通力合作。他说,如果艾森豪威尔想知道蒋总统对这一问题的看法,总统随时都可以和他面商。叶还对艾森豪威尔说,美国给台湾的援助一直是以合法防卫的原则为依据的,不过并没有对这一原则作出明确的定义。他提出这个问题应根据亚洲的情况重新审查。并表示如果艾森豪威尔想要提出什么有关台湾的问题,他都可以解答。

艾森豪威尔向叶告慰说,他对亚洲反共斗争的关心并不亚于蒋委员长。他从来都认为亚洲和欧洲是同样重要的,两方都值得注意。

叶指出,为了有效抗击亚洲的共产主义威胁,自由世界必须结成一条联合阵线。他说在这方面,英国的态度似乎不太合作,而这一事实将使自由世界的任务趋于复杂化。

艾森豪威尔转过身去对杜勒斯说道:"这是你的事了。"

叶说,在此以前,美国政府每当作出涉及中国政府的决定时,既不在事前征求中国政府的意见,也不进行磋商,只是简单地通知一声而已。而且尽管华盛顿驻有中国大使,他也不得而知。叶极力主张美国应在政治上支持中国政府。

艾森豪威尔问叶,所谓"政治上的支持"究何所指。

叶答道,例如过去每逢中国代表权问题在任何国际会议上提出来时,美国代表团总是仅仅主张推迟考虑这一问题,而不是采取支持中华民国政府代表的明确立场。作为另一个例子,他说向中国政府派驻一位大使也意味着一种政治上的支持。

艾森豪威尔问杜勒斯这是怎么回事。

杜勒斯说,正在考虑这件事,将向台北派出一位大使。

关于其后他和杜勒斯的会谈,叶说杜勒斯问他对于修订美国对台中立政策,取消对台湾的限制,以便台湾可以对中国大陆采取军事行动有何看法。

叶说,如果能保证台湾本身得到保护,他同意这种设想。

杜勒斯问道,有没有可能使蒋委员长受到约束。

叶说他自己就曾试图这样做,但实在困难重重。

杜勒斯请叶注意,说尽管他一直在朝着这个方向想,但还没有作出什么决定,因此这个事要保密。

关于国务院以前把杜鲁门总统宣布派遣美国第七舰队去台

湾执行他的台湾岛中立政策通知台北中国政府时的做法,叶说那是一种专断的命令形式,而且尽管中国大使就驻在华盛顿,但国务院既没有把这事通知他,事前更没有和他商讨过。

杜勒斯说,新政府会这样做。接着他问叶对美国驻台北代办蓝钦有何意见。

叶说,蓝钦非常能干,而且很乐于和中国政府合作。

叶说,他不愿在杜勒斯面前过多推重蓝钦,因为新政府可能已经内定了派驻台北新大使的人选。他又说,杜勒斯不主张在朝鲜使用国民党军队。不过他对杜勒斯说,台湾的防务对于自由世界关系重大,该岛必须拥有足够的武装力量。因此,在台湾以外使用国民党军队应以能发挥最大效用为原则,换句话说,应该要产生最大的效果。关于这一问题,叶力主美中两国应达成一项准则,对外要口径一致。杜勒斯说,刚才叶所说的最有效地使用国民党军队就是一条很好的准则。任何时候只要提起这一问题,就可以这样说。

叶说,杜勒斯也谈了前此叶要求会见艾森豪威尔的事,说他曾建议将军谢绝这一要求。据他解释,那是因为当时有许多国家的外交部长都在美国参加联合国大会。如果将军接见了中国外交部长,别国的外交部长就很可能也要求会见。不过现在大会已经结束,杜勒斯考虑,将军接见了他,可使国民政府高兴一些。

接着叶告诉我,他将在当天晚上离纽约去西雅图,并将在1月3日到当地的中国俱乐部发表演讲,然后在晚间去旧金山。他将在1月5日晚离旧金山赴檀香山,1月6日晨抵檀香山在海军上将雷德福处作客,停留两天。事毕动身返回台北,预计1月9日到达。

叶接下去说,日本政府曾邀请他去东京作客两周。他谢绝了,因为他亟望在1月12日返抵台北,实在挤不出时间。不过他将作为日本政府的客人在东京逗留两天。他并说,日本驻台北大使芳泽曾打电报力劝他接受日本政府的邀请,并表示愿意返回东京亲自安排叶的访问事宜。叶觉得芳泽大使可能正想回国,而把叶对东京的访问作为实现这一愿望的绝妙借口。但是非常抱歉,他不能在东京久留。

我说,我将把外长的旅行日程通知我国驻旧金山和檀香山的总领事馆以及驻日大使馆。叶说已通知旧金山总领事馆他即将前往该地,如果我能通知檀香山总领事馆和驻日本大使馆,则他将很感谢。我答应照办。

其后郑宝南在1月12日送来叶同艾森豪威尔会谈的纪要,并附有叶本人的信:

> 下面是1953年1月2日上午九点四十五分叶公超外交部长在康默多饭店和美国当选总统艾森豪威尔会谈的纪要,会见时约翰·福斯特·杜勒斯在场:

> 在互致问候后,中国外长说,他受蒋介石总统之命,亲自向将军转致祝贺,并转达下列各点:

> (1)关于反对世界共产主义侵略的全面战略,蒋总统深望将军能制订一种政治、军事、经济各方面行动的综合政策,其目的在于剥夺苏联先发制人的能力。将来制订这种政策时,蒋总统随时都乐于亲来会商一切。我们对共产主义的斗争是全球性的,重欧轻亚或重亚轻欧的做法都是错误的。首要的是应该有一个反对共产主义的全球性计划,规定欧亚两洲的国家应该统一行动,情同一体。

> (2)关于涉及远东和东南亚的各种问题,蒋总统希望下届美国政府将用充分时间同所有亚洲领袖进行磋商。鉴于收复中国大陆已构成远东问题的核心,蒋总统认为,在作出任何最后决定之前,务必了解中国政府的观点并加以充分考虑。外长说,美国政府过去并非如此办事的。他以杜鲁门总统的台湾中立化命令和他用以通知蒋总统该项命令已经发布的照会为例。他说,这个照会措辞专横,如果落入维辛斯基之手,就无异向俄国人提供了指控美国侵略台湾的绝妙

武器。

（3）现在向台湾提供军援是按国务院的政策办事，这一政策就是不准台湾的中国军队反攻大陆。换句话说，提供这种援助只是为了满足"台湾的合法防卫"所需而已，这些是协定原文中所用的字眼。国务院始终不考虑中国希望取得喷气式飞机和驱逐舰的要求，其真实原因是害怕这些装备会鼓励台湾的中国军队去进攻大陆。假如美国新政府打算在远东采取更积极的政策以对付共产党，则必须重新审查对台军援计划，并增加新项目，这是合情合理的。此事应由中美双方官员会商办理。

（4）蒋总统授权叶外长向艾森豪威尔将军提供他所希望知道的关于台湾的任何情况。

将军在作答时，请外长向蒋总统代致问候，并请叶告诉蒋总统，他和他的同僚们正在制订一项在全世界抵抗共产主义的各方协调的政策。今后凡是涉及远东，特别是涉及中国的重要问题，他一定会和蒋总统进行磋商。他说，他和杜勒斯先生都深信远东应该有一种更积极的政策，而且他们都希望台湾的中国政府在时机到来时能作出贡献。

将军表示完全同意，任何反对共产主义的计划都必须以全球为基础来制订。他强调说那是一个欧洲和亚洲的问题。他问道，照外长看来，中国政府是否足够重视促使农业增产的问题，如有紧急事态，台湾能否做到粮食自给。

外长说，台湾没有粮食不足的问题，事实上，过去一年中台湾出口的大米达二十万公吨之多。外长并说，国府正设法加强工业生产，他希望共同安全署能加速经援计划。

这时杜勒斯插话，他告诉当选总统，最近有关台湾的各种报告都说明，工农业的发展工作都取得了相当大的进展。

外长表示希望新政府在联合国对中国代表权问题能设法采取比较坚定的政策。他列举了种种事件，清楚地说明了美国在这一问题上的立场削弱了。

于是将军转向杜勒斯征询他的意见。杜勒斯说,他认为美国在中国代表权这个问题上立场并未削弱,而是产生了一系列新的情况,因此需要采取更坚定的立场。

外长又广泛地谈论了政治上的支持问题,希望美国政府尽可能随时对我国政府在政治上给予支持。他回顾以往,在某些场合国务院本来可以把事情说得有利于我国政府,而无损于美国,但国务院没有这样做。他举例说,艾奇逊有几次关于台湾的谈话都有损于我国政府的地位,而并无补于美国的立场。另一个例子是,台湾切望美国任命一位新大使,而艾奇逊迄未办到。

将军转向杜勒斯询问关于这事的情况。杜勒斯说,司徒雷登博士在不久前辞职以前,还挂着大使衔,目前正在考虑指派新的驻华大使。

临别时外长问将军有没有什么口信要带给蒋总统。

将军说:"请告诉他我憎恶共产主义的程度不亚于他,希望他与我能互相合作,以对付我们面临的共同威胁。"

1月2日,我举行晚宴,厉志三上校是客人之一。两星期前,他到我处作礼节性拜访时告诉我,他在台湾时经常在黄仁霖将军手下负责励志社工作。经蒋夫人推荐,由委员长电令他来美国参加采购委员会。席间他给我谈了蒋夫人在台北农业试验站内建造卫理公会教堂的始末。他说,从教堂建成后,为了安全关系,这一优美地区已不向公众开放。过去人们都喜欢在这一宽旷而美丽的地区漫步,那时人们把它当作公园。

1月7日晚,国务卿艾奇逊举行招待会,意在告别。我估计他是事先宴请了某些大使,而后才请另一些大使们和他及他的同事一起参加这个招待会的。但是土耳其大使埃尔金很想知道为什么特别邀请某些大使赴宴。当我了解到只有北约组织国家的大使们出席艾奇逊的晚宴,我立即就问埃尔金是否也参加了,因为那时土耳其也是北大西洋公约组织的成员国之一。他毫不含糊地说："没有，土耳其只是个小伙伴。"我说，那样的话，不知希腊大使波利蒂斯有没有赴宴。埃尔金立即想弄个水落石出，便去找波利蒂斯问个究竟。事实上不出我之所料，希腊大使也没有接到邀请。这可说是典型的艾奇逊的态度。

第二天傍晚，《芝加哥太阳时报》的弗雷德里克·库来我处表示谢意，这是因为在他的访台湾之行中，我给予了方便。他谈了些对台湾的印象。听来他对在台时所见一切，并不感到震惊，甚至也没有什么深刻印象，尽管总的说来他对此行还不无兴趣，也认为台湾的情况比预料中还好些。但是他发现雇用童工的现象普遍存在，应该设法制止。我说，这牵涉到孩子本身的福利问题，因为家长们不放心把十至十四岁的儿童留在家里，无人照看，滋生事端。他们觉得把孩子带到工厂，他们就可加以关照，同时愿意让他们的孩子能干什么就干点什么，挣些额外收入。这并不是由于工厂主想剥削童工而产生的现象。

美国退伍军人协会的全国司令刘易斯·高夫和该组织的公共关系主任对他们在台湾所见所闻都有极佳的印象。他们访问远东包括台湾之行甫经结束归来，我就在 12 月 18 日请他们餐叙。他们说，已把该地区的情况向艾森豪威尔作了报告，并呈交了加快结束朝鲜战争的建议。高夫强烈主张在朝鲜战场使用国民党军队，因为据他说他对我们台湾军队的高昂士气、良好体质和战斗精神印象很深。他说，与蒋委员长会谈过，并和他探讨了这一问题，对委员长反攻复国的决心深为感动。高夫说，要很快结束一场战争的唯一办法是彻底打垮敌人，朝鲜战争也不例外。他相信在即将上任的艾森豪威尔政府下自由中国的处境将顺利得多。

约翰·艾利森仍旧担任负责远东事务的助理国务卿。1 月 14 日，他举办了个自助晚餐会，这在外交界是件新鲜事。他对我和另外几位低声说道，此事并无什么政治意义，仅仅是和几个朋友小叙一下而已，来客主要是所有的亚洲代表加上加拿大、荷兰和卢森堡的使节。不过一般的传说是他将奉派出任美国驻东京大使,因此举办了这个餐会,意在告辞。他不承认这事有政治意义,显然是为了暂时抵消这一传说,因为这大概还只是新任总统和国务卿的秘密决定。荷兰大使范·罗伊延和我漫谈我们在联合国供职时的往事,就好像我们两国仍然保持着正常的外交关系一样。虽然一年来这种事情不时出现,我仍不免感到有些奇怪。

第二天,蒋荫恩来报告,五角大楼已决定在朝鲜使用国民党中国军队,并对共产党中国实施封锁。我对这个报告的可靠性表示怀疑。事实上,就在前一天,中央社华盛顿分社主任任玲逊曾来我处,应他之请,我为他扼要谈了美国下届政府有关对华政策的态度和意向,特别是关于使用国军对朝鲜共产党施加压力以加快结束战争的问题。我告诉他,艾森豪威尔和杜勒斯无意倡议在朝鲜战争中使用国军,而是只考虑对中国大陆沿海进行打了就跑的袭击而已,至少在近期内是如此。

1月16日,我接见了《伦敦每日快报》的国外新闻编辑查尔斯·弗利。他说是新任国务卿杜勒斯建议他来的。因为杜勒斯曾力劝他访问台湾,亲自看看那儿的情况。此来是想问问我是否可去台湾,有何手续。我们谈了一小时,多半是我讲他听,他也提了一些问题。我谈了我对亚洲战场在自由世界共同斗争中的重要性的看法以及我的理由:克里姆林宫把亚洲作为冷战中的首要目标,一心想要先发制人,把亚洲控制在手中。那种认为欧洲是重心的邱吉尔式的观点,就第二次世界大战的情况说可能是对的,但对幅员广袤、横跨欧亚两大洲的苏联来说就不一定适用了。上次大战中希特勒德国和军国主义的日本虽是同盟,但彼此相去万里远隔重洋;而现在自由世界却必须对付在欧亚两洲都强大有力的一个整体敌人,而且它已下定决心,不管需要多长时间,也要达到统治全世界的目的。而美国地处大西洋太平洋之间,必须兼顾两条战线。由于亚洲的朝鲜和印度支那都在打热战,很自然,美国对亚洲战线的关心就远胜于英、法两国,这两个国家离朝鲜和印支两个战场都很遥远。

我也为英国执行承认赤色中国的政策而遗憾。英国素以狡黠和对国际形势判断准确著称,而这一政策却是极不现实,而且和这样一个国家极不相称。我说,过去可能是英国据以确立承认赤色中国政策的那些想法今天已被北平毁弃。英国在中国的投资并未受到尊重,而香港的安全仍无保障。我问他这一政策有没有改变的可能。弗利说没有,并说要修订这一政策还须假以时日,因为公众仍然认为这一政策是正确健全的。

17日,最近访台归来的蒲立德应邀来我处吃饭,他想和我谈谈在台湾的见闻。他说蒋委员长领导下的政府决心打回大陆去的精神使他颇受感动。这个政府是由一批能干、爱国并且大公无私人所领导的。他认为军队士气高昂,但装备不足。他还看到台湾人民生活艰苦,但毫无怨言。他在高雄几乎每天都见到委员长。他原打算在那儿盖一所房子,因为太贵,而没有兴建。

我问他是否会参加艾森豪威尔总统的新政府,他说不会,他的性格不适于担任公职,因为他习惯于全权处理一切,就像他担任驻法大使时那样。那时总统向他授予全权,只要他的想法和白宫一致,他可以相机处理对法关系,他只向总统作报告,根本不理会国务院。蒲立德接着说,他听说我想辞去现职,并力劝我决不能引退,要以自由中国的利益为重。

随后几天内,华盛顿有不少应酬活动,这些活动和1月20日的总统就职典礼都直接或间接有关。其中之一是奥斯瓦尔德·洛德夫妇在"F"街俱乐部举办的鸡尾酒会。艾森豪威尔总统刚任命洛德夫人接替罗斯福夫人担任联合国人权委员会的美方委员。我知道洛德夫人本来请的是我的一等秘书顾毓瑞,并把他称为顾大使,这使他莫明其妙。我对毓瑞说,明明是请的他,只管去好了。但是他怕有差错,就打电话去问了一下。洛德夫人说,她没有请我,因为她觉得和我交往不多,不便请我参加她那样的小型宴会,不过假如我能接受她的邀请,她将感到荣幸之至。她说早晚会来拜访我,向我致意,并想就人权委员会的工作向我请教。

　　跟着,来了一份邀请顾大使的电报。我觉得经过这番曲折,不去似乎有些失礼,因此就去了,结果发现有不少朋友都在那里。杜勒斯国务卿也去了,还有中国科科长马康卫。我和杜勒斯小谈了一会儿,我说等他一就职我就想法去拜访他。他说,如果能挤出一点合适的时间他将很高兴和我碰头,因为他在十天内将赴欧洲作一次短暂的旅行,以便会见北约七国的政府首脑。他说他将在 4 月份去远东,并说他本来打算先到亚洲和远东访问的,但是出乎意料,艾森豪威尔总统却请他先到欧洲访问,去研究北大西洋公约组织的紧急情况和西欧防务共同体的进展情况。(至少在当时还是欧洲优先。)

附录一　美国关于对日和约
节略之修正译文①

美国政府兹将其认为适于终结对日战争状态之和约形式，简要提出下列一般性之声述。须予强调者，此项声述仅属建议性质且系初步意见；美国政府对将来任何草约之细节或措词，并不因此而受约束。美国政府期望在界与机会研究此一大纲后，将有一连串非正式之磋商，加以研讨，并使骤视不甚明晰之任何部分，得以阐明。

美国建议一项旨在终结战争状态，恢复日本主权并使日本得以平等资格重返自由民族社会之对日和约。至细节方面，和约内将表达下列各项原则：

（一）缔约国——凡参加对日战争之任何或全体国家，其愿依此处所建议并经获致同意之基础而媾和者，均得参加缔约。

（二）联合国——日本之会员资格将予以考虑。

（三）领土——日本将（甲）承认韩国独立，（乙）同意以琉球及小笠原群岛交联合国托管并以美国为治理国，及（丙）接受英、苏、中、美四国将来对于台湾、澎湖列岛、南库页岛及千岛群岛地位之决定；倘于和约生效后一年内尚无决定，联合国大会将作决定。日本在中国之特权及利益将予放弃。

（四）安全——和约中将提及在未有其他圆满安全办法，如由联合国担负切实责任之前，日本区域之国际和平与安全，将由日

---

① 此件录自顾氏所存函电原文。——译者

本供给便利与美国军队或美国暨及其他军队，以继续合作之责任维持之。

（五）政治与商务办法——日本将同意加入关于麻醉药品及渔业之多边条约。战前之双边条约得由相互同意予以恢复。在新商约未缔订前，除正常例外之情况外，日本将给予最惠国待遇。

（六）赔偿要求——各缔约国将放弃一九四五年九月二日以前因战争行为而引起之赔偿要求，但（甲）各盟国就一般而论将保持其领土内之日本资产，及（乙）日本应将盟国资产归还或在不能完正归还时，以日圆补偿其业经同意部分之损失价值。

（七）争端——补偿要求之争端将由国际法院院长组织特设中立法庭裁决之。其他争端将由外交途径或提交国际法院处理。

附录二

一、1948 年 3 月 27 日《中央日报》社论：
我们的对日方针

美国陆军次长德雷柏调查团赴日之行,颇为世人所重视。东京的报纸认为德雷柏此行,对于日本经济复兴,将有重大的影响。德雷柏使命究竟如何,此时评论还嫌太早。我们今日乘此机会,要把我们中国对待日本的态度,重加申述,借以祛除一些误解。

三十四年秋季,日本甫告投降,我最高统帅蒋主席立即于八月十五日宣示中国对于日本人民,决不采取报复主义。蒋主席说:"我们要严密责成忠实执行所有的投降条款,但是我们切不可图谋报复,更不可对于敌国无辜人民加以侮辱。"从此以后,中国政府对日政策始终一贯依据这个方针。只要日本军国主义不再萌芽滋长、来威胁中国国家安全与远东和平,我们中国愿见日本以民主国家与太平洋各国和平相处。我们更依据这个方针,就于左列各点说明中国应取的态度。

我们首先对于麦克阿瑟元帅管制日本的勋劳,表示钦佩。特别是麦帅所取的政策,随日本民主化的进度而放宽,使日本人民爱戴他们的宪法,依赖他们的民主制度,熟悉他们的民主生活,并培植他们与太平洋各国和平相处的精神,尤其是使他们信任民主国家,而不复怀念过去侵略军国时代的"大和魂"与"大日本主义"。因此我们认定麦帅的政策是正确的,而麦帅的勋劳是值得钦佩的。

其次，我们决没有意思断绝或抑制日本人民的经济生活，使他们无法生存。过去日本军阀的罪恶就是借口日本地狭人稠，不能不向外发展，作为他侵略中国瓜分世界的辩护。我们今日要改造日本为和平民主国家，应使其国民经济足以自存，与太平洋各国进行其和平贸易。日本工业水准的高度，分担管制之责的各国自应妥为商量，只要日本的工业装备不能作为他重新建立其军国主义的基础，我们中国并不抱任何嫉视的心理。

第三，我们对于日本民主社会主义政党的成长，寄予同情。自日本军阀摧毁了旧政党之后，日本便没有健全的政党。我们反对那样旧政党复活，也反对那些旧政客的抬头。我们同时反对日本共产党及其外围的活动。因为共产党今日的企图是破坏世界和平，制造三次大战。我们所期待者，只有真正的民主主义，特别是民主社会主义政党的成长。只有这种政党，才能引导日本政治迈进于彻底民主化的前途，而预防其民主化为共产党所利用，终致罗马尼亚或匈牙利式的政变。因此我们赞助片山与芦田诸人所领导的政党及其所支持的内阁，并希望他们的政党益趋于健全有力的境域。

最后，我们愿见太平洋各国对日和约及早签订。对日作战已结束两年有余，而对日和约尚未签订，不能不说是一种遗憾。我们盼望这一缔造远东和平局面的重要条约，能够在太平洋各国开诚互谅之下，早告成功。

……

二、1948 年 5 月 21 日中央社电讯：
芦田感谢对日本的政策

中央社东京二十一日电：日首相芦田均本日告中央社记者称：蒋总统就任演辞中所揭示之中国对日政策声明，重申为日本人民极为感激之中国对日本决不采取报复主义之崇高意见。芦田称:蒋总统之声明,适得其时。渠称:因中国舆论最近所作之相反表示而引起日人之极端焦灼,刻已大为放心。芦田称:"蒋总统之声明,显露中日两国共同合作之希望。"渠指出日本企求恢复正常贸易关系。芦田称:日本刻正派遣商务代表团赴法、印、美及南美诸国,若在中国有欢迎此类代表团之任何表示,将愿派遣一类似之商务代表团赴华。芦田并谓:若中国政府邀请日本文化界及科学界人士赴华访问,并与中国之科学家及文化界领袖合作,则日本将立可派遣代表团。芦田称:蒋主席在战事结束时之声明,曾在日本全体人民间造成一种深刻印象;但最近中国报纸相反之言论,迄已引起日本国内之不安。蒋总统此时重申此项政策,正值日本人民对于此项政策发表感激之时。记者询以日本是否预期中国进口货物在最近所宣布之五年经济复兴计划中,占据重要地位。芦田答称:即使无五年计划,日本亦将欢迎中国之铁砂、焦煤、工业用盐及其他原料。渠并称:同时中国或亦愿意输入日本之某若干种工业成品①。

---

① 以上两件均录自台湾《中央日报》。——译者

附录三　1950年12月28日美国送交苏联的备忘录

（美国发布的新闻稿）

下面是今天下午在纽约送交马立克先生的备忘录：

"本年11月20日，马立克先生递交杜勒斯先生一份备忘录，表示苏联政府希望澄清10月26日杜勒斯先生递交马立克先生的美国关于对日和约的初步原则声明中的几个问题。在仔细研究了苏联11月20日的备忘录之后，美国政府得出的结论是，苏联政府提出的大部分问题，事实上已在10月26日递交马立克先生的原则声明中回答了。可是，为了消除任何可能的误解，对苏联政府所提各点再行陈述如下：

（1）美国政府希望所有与日本作战的国家都参加缔和。然而美国不承认任何一国对其他国家和日本缔结和约有永久的否决权。苏联提到的1942年1月1日的战时宣言，旨在保证所有对日或对其他轴心国家或其附从国家继续作战，直到取得胜利。它们已经做到了。美国不接受除非按某个国家提出的条件行事，否则就得不到和平的论点。苏联就经常提出这种论点。日本在其战败之后的五年多以来，一直忠诚地遵守议定的投降条件，因此它已取得享有和平的资格。美国希望知道，苏联是否认为，除非能够求得所有签署或参加1942年1月1日宣言的四十七个国家的每一个国家都完全满意的条件，否则就决不能与日媾和。

（2）1943年的开罗宣言陈述了归还'满洲、台湾和澎湖列岛给中华民国'的意图。美国政府认为，该宣言，有如雅尔塔宣言和波茨坦宣言等其他战时宣言，应从属于对所有有关因素都加以考虑的最后的和平解决办法。美国政府不能接受苏联政府公然提出的凡未出席开罗会议的盟国的意见一概不予考虑的见解。美国认为,像在开罗发布的这种宣言,都必须按照联合国宪章的观点来考虑。对联合国宪章的义务,优先于对其他任何国际协定的义务。

(3)美国政府不理解苏联针对将琉球群岛和小笠原群岛置于联合国托管制度之下并由美国行使管理权的建议所提出的'领土扩张'的说法。联合国宪章第七十七条明确规定可将托管制度扩展到由于第二次大战的结果而可能脱离敌国的领土。这种托管制度无疑不能与'领土扩张'相提并论。

美国政府也不理解苏联的这种说法:琉球群岛和小笠原群岛在开罗宣言或波茨坦协定中没有提到,因此就自然被排除在和平解决的考虑之外。苏联政府似乎忽视了波茨坦宣言规定了日本的主权应限于四个大岛(宣言——列举了这四个岛)和由我们决定的若干较小岛屿。因此,和平解决应决定其他这些岛屿的将来地位,是完全符合波茨坦协定的。

(4)美国政府认为,对日和约一旦缔结,对日本的军事占领即告结束。同时,由于波茨坦宣言中所设想的和平、安全和正义的新秩序尚未建立起来,不负责任的军国主义尚未从世界上被驱除,因而日本就有理由同美国和其他国家一起参加个别和集体自卫的安排,正如联合国宪章特别是其中第五十一条所设想的。这些安排可以包括美国和其他国家的军队驻扎在日本的规定。

美国不拟提出将日本排除在斯大林部长会议主席1939年3月10日所描述的'集体安全政策,集体抵抗侵略者的政策'之外的对日和约。

(5)远东委员会有一项政策决议,这类决议一般都认为只在占领期间具有法律效力,除非作为特别条款的实质性规定而写入和约中。关于这项决议,苏联政府对缔结和约后日本的安全提出两个问题。

两个问题都由 10 月 26 日递交马立克先生的原则声明的第四段以及上面表达的关于那一点的评论解答了。

（6）美国认为，对日和约不应限制日本和平时期的经济，也不得拒绝日本获得原材料资源或参加世界贸易。美国在正式缔结和约前，即已给予日本巨大的财政援助，使它得到食品及其经济生活所需要的原材料，并鼓励日本在世界很多地方设立贸易促进办事处，努力帮助日本发展繁荣的和平时期经济，并不断提高日本人民的生活水平。

（7）现在的会谈是由美国通过外交渠道进行的，一如苏联所熟知的，美国政府与所谓的中华人民共和国政府没有外交关系。

美国真诚希望，苏联政府对美国关于对日和约的建议所给予的密切注意，乃是表明苏联不仅愿意参加对日和约的讨论，而且愿意与其他同日本作战的国家合作，使和平成为现实。

国务院，

华盛顿，1950 年 12 月 27 日"

附录四 1951年1月22日国民政府 对美国政府七点节略的答复全文

1950年12月9日在国务院举行的一次会谈中,中国大使按照他的政府指示,向尊敬的约翰·福斯特·杜勒斯先生传达了中国政府对美国政府关于"旨在终结战争状态,恢复日本主权,并使日本得以平等资格重返自由民族社会"的对日和约的初步建议的一般意见。这份备忘录扼要重述了这些意见,并作了补充评论。然而,这些意见并不是最后的,也不是完整的。待进一步研究了美国的备忘录,或了解到其他有关政府的意见之后,将作出更全面的声明。

(1)中国政府同样地愿意以适当的和约结束对日战争状态,同时使日本回到自由主权国家的行列。为此目的,中国政府希望早日召开和平会议。但如因一个或更多的有关国家制造困难,使会议无法召开,则中国政府准备同意与日本缔结双边和约的程序。在这样的情况下,中国政府希望所有盟国要尽可能地采用一个大家同意的文本,尽管分别缔结和约可能是必要的。

(2)中国政府愿意看到日本进入联合国。日本加入联合国的申请书,应在拟议中的和约缔结之后递交。

(3)中国政府认为,日本明确地承认朝鲜的独立是必不可少的。琉球群岛和小笠原群岛由联合国托管并由美国行使管理权,中国政府在原则上是可以同意的。关于所谓台湾和澎湖列岛的地位,中国政府经过仔细研究之后认为,这些岛屿,在历史上、种族上、法律上、并在事实上,构成了中国领土的一部分,尽管尚有待于正式确认。由于这些理由,其地位确与南库页岛和千岛群岛不同。但鉴于远东动荡不定的形势,并为了促进目前太平洋地区的普遍安定,中国政府将不反对这四组岛屿的地位将由英国、苏联、中国和美国来决定的建议。中国政府希望,它不提出反对不要被理解为中国关于台湾和澎湖列岛是中国领土的基本看法有所改变。中国政府还认为,在缔约后一年内作出此种决定为时太短,建议至少经过两年或更长的时间再作出决定。虽然如上所述,四组领土的性质是不同的,但可按同一程序同时作出决定。如在建议的时间内不能作出决定,可根据当时的情况考虑提交联合国大会解决。就日本而论,在条约中概括地声明放弃其对这些领土的主权即为已足。关于日本以前在中国的特权和利益,由它明确表示放弃将是必要而适宜的。

(4)中国政府同意这样的建议,即在建立由联合国承担有效责任之类的满意的安全措施之前,为了维持日本地区的国际和平与安全,日本各机关与美国部队或者其他部队之间仍有继续合作的义务。特别注意到,为此目的,不仅考虑到美国部队,而且还考虑到其他部队。

(5)中国政府同意美国的看法,日本应加入某些多边条约,特别是那些关于麻醉药品的条约。至于战前的双边条约,就中国和日本而言,中国政府在1941年12月9日宣布中日之间存在战争状态时,已声明全部作废。日本因此应在和平条约中明确承认这一声明。但中国政府并不反对插入一个一般的规定,即战前的双边条约,经双方同意可以恢复。而且,中国政府同意这样的建议,即在新的商务条约缔结之前,日本将在正常的例外条件下,给予最惠国待遇。

(6)关于赔偿的要求,应当指出,由于日本的长期侵略,中国人民遭受的痛苦和牺牲,与任何其他被侵略国家的人民相比,时间更长,范围更广。由于中国领土内的日本财产不足以满足合法的赔偿要求,并由于三年前的临时部分赔偿只是象征性的,因此如果中国坚持要求日本为它的侵略所造成的损害付出适当的赔偿,本来是完全符合公正的原则的。然而,为了促进对日和约的早日缔结,中国政府准备放弃进一步的赔偿要求,假如其他有关国家也这样做的话。如其中任何一国坚持必须给予赔偿,中国政府即使不要求得到优先赔偿,亦将要求得到同等的考虑。鉴于中国政府在索赔问题上的和解立场,希望美国对中国在索回被掠夺的财产,和归还某些对中国有历史和文化价值的艺术品,及转交在日本的属于"满洲国"傀儡政权和台湾银行的财产问题上,给予中国友好的支持。在上述声明的前提下,中国政府同意如下建议,即日本应归还在日本的盟国财产,如不能完整地交回,可按商定的损失价值的百分比以日元赔偿。

(7)美国备忘录第七段所提的两种解决索赔和争端的程序,中国政府大体上可以接受。

中国大使馆

于美国首都华盛顿

1951 年 1 月 22 日

附录五　1951年3月美国致送
对日和约临时草案的节略全文

　　兹送上对日和约临时草案,仅供参考。本草约系根据美国政府代表和澳大利亚、缅甸、加拿大、锡兰、中国、法国、印度、印度尼西亚、朝鲜、荷兰、新西兰、巴基斯坦、菲律宾、英国和苏维埃社会主义共和国联盟政府代表所交换之意见而制订。此等意见交换,主要是在1950年9月至1951年1月期间进行的,同上述每个政府至少有过一次意见交换,而在多数情况下有数次交换。

　　交换意见的主题是美国作为讨论基础的七项原则声明。

　　在与盟国交换意见后,美国总统于1951年1月10日建立了一个以约翰·福斯特·杜勒斯为首的赴日和平使团,该使团于1951年1月22日前往日本,与日本政府、日本政治和公众领袖,以及在东京的要求与和平使团会见的盟国外交代表举行会议,讨论了七项原则。使团还访问了菲律宾、澳大利亚和新西兰。自回到华盛顿后,使团成员又与几个盟国驻华盛顿外交代表会见。

　　关于对日和约应早日进行谈判,似无不同意见。对缔约条件,各方意见在相当大的程度上是一致的。既然如此,现在从一般原则的讨论转入具体条款的讨论是有益的。送上的草约文本,就是为此目的而准备的。

　　美国政府与之交换意见的各国政府一般都表现出建设性的真诚合作精神。目前所拟文本,在相当大的程度上就是反映了本着这种精神交换意见的结果。因此,送上的文件是一个综合各方面意见的文本,不是来源于某一个方面。它只是一个初步的、参考性的文件,美国方面保留就草案的详细内容和文字提出改动和变更的权利,如果经过进一步的考虑认为这样做合乎需要的话。

美国政府欢迎对送上的草案加以研究并尽快提出意见。然后,美国政府希望能与第一段所提的各国政府进行接触,以便协调今后的程序。

1951 年 3 月 28 日

对日和约美国临时草案全文(仅供参考):

各盟国及日本决定,他们此后之关系将是平等的主权国家间之关系,在友好的结合下进行合作,以便促进他们共同的福利及维持国际和平与安全。日本方面申述其志愿,请求加入联合国及在一切情况下遵守联合国宪章之原则;致力于联合国世界人权宣言的目的之实现;在日本国内创造安定及福利条件,一如联合国宪章第五十五条及第五十六条所规定,并已由战后日本立法所创造者;并在公私贸易及商业方面,遵守国际上通行的公正惯例。各盟国对日本在这些方面的志愿表示欢迎,并将设法便利其实现。为把他们将来之关系置于稳定与和平的基础上,各盟国同日本缔结本条约。

第一章 和平

1.各盟国与日本之间的战争状态宣告终止。

第二章 主权

2.各盟国承认日本人民对日本及其领海有完全的主权。

第三章 领土

3.日本放弃对朝鲜、台湾和澎湖列岛的一切权利、权利根据与要求;以及与委任统治制度有关的,或由于日本国民在南极地区的活动而获得的一切权利、权利根据和要求。日本接受联合国安全理事会 1947 年 4 月 2 日关于将托管制度推行于以前委任日本统治的太平洋各岛的措施。

4.美国可以向联合国提出将北纬 29 度以南的琉球群岛、小笠原群岛,包括西之岛、琉璜列岛、冲之鸟岛以及南鸟岛置于其托管制度之下,由美国行使管理权。日本将同意此种建议。在提出此种建议和此种建议得到正式认可之前,美国对这些岛屿的领土和居民,包括其领海,有行使一切行政、立法和司法之权。

5.日本将库页岛南部及其邻近的所有岛屿,归还苏维埃社会主义共和国联盟,并将千岛群岛移交苏联。

第四章 安全

6.日本接受联合国宪章第二条所定之义务,特别是下列各项义务:

(甲)用和平方法解决国际争端,避免危及国际和平、安全及正义;

(乙)在其国际关系上,不得使用威胁或武力,或使用与联合国宗旨不符之其他方法,以侵害任何国家之领土完整或政治独立。

(丙)对联合国依据宪章所采取之行动,应尽力予以协助,联合国如对任何国家采取防止或强制行动时,日本对该国不得给予协助。

各盟国亦向日本保证,在其对日关系上,将以联合国宪章第二条之原则为准绳。

7.盟国承认日本作为一个主权国家,具有联合国宪章所提及的单独或集体自卫的固有权利,并得自愿加入一项或多项由盟国参加的仅是为了防止武装进攻而制定的集体安全措施。

(注:上述有关安全建议的本身,尚不完备,须依目前交换意见所取得的成果作补充。这次交换意见的目的是维护太平洋安全,使日本在不发展进攻性武器,不违反联合国宪章促进和平与安全的宗旨和原则的情况下,在今后能维护其自身的安全。)

第五章　政治及经济条款

8.日本将继续作为促进公平贸易的实践,防止滥用麻醉药品及保护鱼类和野生物的现有多边条约和协定的缔约国,如目前尚不是缔约国将设法加入此种条约和协定。

9.日本同意立即与愿意签订新的管理、保护和发展公海渔业的双边或多边协定的国家进行商谈。

10.每个盟国在本条约对于该国及日本生效后一年之内,通知日本,对其战前与日本所签订的双边条约,何者愿其继续有效或恢复,此种条约除其中有任何与本条约不一致的规定者外,都可继续有效,或予以恢复。其与本条约不一致的规定,应视为已被删除。所有未经如此通知之条约,应视为已被废除。

11.日本放弃在中国之一切特权与利益。

12.凡监禁在日本的由盟国军事法庭判决之战争罪犯之宽大、减刑、假释和赦免,只能由日本与宣判国之政府共同执行。至于由远东国际军事法庭判决之犯人,此种权力则只能由日本和参加法庭的大多数国家政府共同行使。

13.日本宣布准备立即与各盟国签订条约或协定,将它们之间的商务和贸易关系置于稳定和友好的基础之上。与此同时,日本政府将从本条约开始生效起三年期限内,对各盟国进出口商品的关税,所收费用及所有其他有关规定,给予最惠国待遇,并对盟国的船只、国民和公司以及其在日本的财产、利益和营业活动,给予国民待遇或按最惠国待遇,视何者更为优惠而定。国民待遇不包括日本的沿海和内河航运。就以上任何事情而言,日本政府可以拒绝给予任何盟国以比该国准备给予日本者更为优惠的待遇,在其商务协定中通常规定的正常例外不在此限。

尽管有本条第一段的规定,日本政府有权采取措施,以保护其对外财政地位和支付平衡,或其必不可少的安全利益,但对按惯例在商务协定中规定的例外不在此限。

在签订民航运输协定之前,在三年期限内,日本给予各盟国的民航交通的权利和特权,不得少于本条约开始生效时盟国所行使的此种权利和特权。

连接日本与脱离日本控制的领土之间的海底电缆,按照本条约,应予对半分配,日本保有电缆的日方终端及其相连的一半,分离出去的领土,则保有电缆的其余部分和该领土一端的设施。

第六章　索赔及财产

14.盟国承认日本无力用为维持能够生存和发展的经济而需要的金条、货币、财产或服务偿付自 1945 年 9 月 2 日以来为促进占领的目的而提供的救济和经济援助,并对盟国的战争损失作出适当的赔偿。然而,日本给予每个盟国授予保留和处理自 1941 年 12 月 7 日至 1945 年 9 月 2 日之间在盟国领土之内的,或在日本放弃的领土之内的,或在由盟国管理的联合国托管领土之内的所有日本的和日本国民的财产、权利和利益之权。以下几点除外:(甲)被允许在一个盟国领土居住的日本国民的财产之不受 1945 年 9 月 2 日以前的特殊措施影响者;(乙)有形的外交的或领事的财产,但为保管此项财产之费用得予扣除;(丙)非政治性的宗教、慈善、文化或教育机构的财产;(丁)在日本境内的财产,无论在别处有无关于此种财产的权利、所有权和利益的文件或类似证明,也不论对此种财产有无债权要求;和(戊)证明产品生产于日本的商标。

如任一盟国曾从另一盟国领土拿走属于日本或日本国民的工业性质的财产、权利或利益,前者应向后者交代。

盟国的赔偿要求和其对占领的直接军事费用的要求,应从它们前述各自的管辖范围内的日本财产中,以及从占领期间由日本本土各岛得到的财产中偿还。

(注:上述关于赔偿的建议,尚待目前进行的意见交换来确定。)

15.日本在本条约开始生效六个月内,将根据每个盟国的要求归还盟国及其国民在日本的有形和无形的资产,以及一切权利或利益,除非物主已经在没有胁迫或欺诈的情况下对之自由地进行了处理。至于盟国国民在日本的财产,因战争所受的损失或破坏,将按日本国内立法,通过日本的外汇规章,用日元赔偿。

16.日本放弃对盟国在由此结束的战争状态期间对日本及其国民所采取的行动的赔偿要求。同时放弃对任一盟国部队或当局在本条约生效以前在日本领土上的留驻、调遣和行动而引起的赔偿要求。

第七章　争端之解决

盟国与日本之间关于本条约的解释或执行的任何争端,如通过外交渠道不能解决,经争端一方请求,应提交国际法院裁决。日本及尚非国际法院规约缔约国的盟国,在其各自批准本条约时,将遵照联合国安理会 1946 年 10 月 15 日的决议,向法院书记官交存一份概括性宣言,声明对于有关本条所提此类性质之一切争端,一般接受国际法院之裁判权,而无须另订特别协定。

第八章　最后条款

18.本条约所称之盟国,应为对日作战的国家,或与日本处于交战状态的国家并成为本条约的缔约国者。

19.除第十一条的规定外,本条约不对任何国家授予任何权利、权利根据和利益,除非它签署并批准或加入本条约;除第十一条的规定外,不得认为本条约的任何规定削弱或损害日本的权利、权利根据和利益,而施惠于未签署和批准或加入本条约的国家。

20.日本与任何国家签订的和平解决办法或战争索赔办法授予该国的利益不得超过本条约所拟授予本条约国的利益。

21.本条约应由盟国和日本批准,应于日本及包括作为主要占领国的美国在内的远东委员会大多数成员国业已向美国政府交存其批准书之日起,在日本和批准的国家之间生效。如在日本批准九个月后尚未生效,则任一盟国可自行决定通知日本及美国政府,使条约在该盟国与日本之间生效。加入本条约应从将加入书交存美国政府之日起生效,美国政府收到加入书后,即应通知所有签约国和加入国。

22.任一与日本作战或处于交战状态之非本约签字国,可以于本约在日本和任一批准国之间生效后三年内的任何时期加入本条约。加入本条约应从将加入书交存美国政府之日起生效,美国政府收到加入书后,即应通知所有签约国和加入国。

附录六 1951年4月11日中国大使馆工作人员所拟关于美国对日和约草案的评注

    1951年4月9日,大使阁下邀请李惟果博士、谭绍华公使、崔存璘参事和代表团的全体人员参加会议,对美国《对日和平条约草案》作初步研究。本备忘录即此次研究的结果,并作为向外交部报告的电文的基础。要求美国政府澄清的各点,在有关段落的末尾,用星号作了标志。

    (一)在讨论的过程中,草案所含的二十二条,其中对我们有比较重要关系的,有如下诸点:

    (1)第三条关于台湾和澎湖列岛的处理问题;

    (2)第十一条规定日本放弃所有在中国的特权和利益问题;

    (3)第十四条关于赔偿问题;和

    (4)第十九条关于非签约国的地位问题。

    (二)第三条只提出日本应放弃所有的权利、权利根据和要求,特别是对台湾和澎湖列岛,但对这些岛屿的最后处理则悬而不决。在正常情况下,我们本应坚持按照开罗宣言、波茨坦公告和投降文件的有关规定,把这些岛屿归还给中国。对日和约不过是对这些国际协议的最后正式认定而已。不过,鉴于现时远东的动乱状况,如我们执意要求作如此解决,似乎不大现实而且有欠明智。在条约中作明确的规定,只能导致应该由哪一个党代表中国的争议。而这种难堪的局面正是我们想要避免的。我们的要求还会与美国维持太平洋地区安全的总政策相对立。考虑到这些困难,第三条所采取的方案可以认为是两害相权取其轻。这一条至少具有剥夺日本对台湾和澎湖列岛的权利要求的好处,而无损于我们认为这些岛屿是中国领土的一部分的基本观点。

第三条还应同第十九条联系起来考虑。十九条规定,不得削弱或损害日本的权利、权利根据和利益,而施惠于未签署和批准或加入本条约的国家。否认我们政府有成为缔约国的权利是完全可能的。在这种情况下,本条约(除第十一条外)对中国将不起作用。就第三条的规定而论,日本放弃台湾和澎湖列岛,不会给予中国任何权利。这些岛屿的将来,将留待那些缔约国来决定。把第三条和第十九条合在一起看,可以推断,美国打算为国际解决台湾和澎湖列岛问题铺平道路,如果必要的话,甚至可以把中国排除在外。按我们的观点,这样的不测事件,是一定要想尽方法加以防止的。

可以回想一下,在1951年1月22日我们致送杜勒斯大使的备忘录中,我们曾强调我们之同意把台湾和澎湖列岛的地位交由四个盟国决定,如不能解决,则由联合国决定,是以千岛群岛和南库页岛也要作同样的处理为条件的。可是,现在的美国草案并未将这两组岛屿放在同样的地位上。与我们的愿望相反,它以两种不同的方式来对待这两类领土。我们应当要求对这种区别对待的理由加以解释。☆

(三)我们觉得第十九条主要是对付苏俄的。因为预料苏俄可能拒绝签署该和约。不过,这也可以用来应付中国由于这样或那样的原因不能参加和约的情形。这一条开头的例外条款,透露了美国对这个问题的关切。该例外条款,确定日本放弃在中国的所有特权和利益,即使中国不是缔约国。字里行间表明中国可能被排除在条约之外。其含意可能是美国政府对我们是否可能成为缔约国心中存有严重的疑虑;也可能是美国仍然打算让中国共产党参加条约之门开着,如中共拒绝这一建议,则条约将在没有中国参加的情况下签订。不论是什么意思,第十九条的规定实际上是以微妙的方式对我们参加签订和约的能力表示了怀疑。因

之,美国草案中的第十九条才真正是最关键之点。对我们来说,探明美国政府对将来签订和约程序的意见,是十分必要的。☆

(四)关于赔偿,我们已表明,我们愿意放弃对日本的全部赔偿要求,条件是其他盟国也这样做。在这一政策的基础上,我们准备原则上接受第十四条的规定,即盟国"有权授予、保留和处理"在他们各自领土上的"日本及其国民的财产、权利和利益"。可是,第十四条规定这类日本财产中有五种可免受此种对待。由于种种理由,我们必须对前四个例外保留我们的立场。具体说来,第一个例外不适用于中国,因为在战争期间居住在日本军队占领的中国领土内的日本国民,是中国政府所不能控制和管理的。第二个例外是指日本的外交或领事财产,就中国来说,经常是由日本人以第十一条认为应当放弃的"特权和利益"所取得的。第三个例外可能引起争议,很难说究竟哪些所谓宗教的、慈善的、文化的或教育的机构是"非政治性的",因为在中国的这些日本机构,多半带有政治性质。第四个例外是最有问题的,因为它取消了我们对在日本国内的属于中国或台湾经济和金融机关的财产、存款和储备基金的权利要求。☆

(五)除第十四条所规定者外,还有几个与赔偿问题密切相关的悬而未决的问题:

(1)归还文物——远东委员会制定了一个政策性建议,要求日本用"在日本可能得到的,性质和文化价值大约相等的文物"偿还盟国或其国民所有的,由于战争而损毁或丢失的文物。美国代表团投票反对这一政策建议,其理由为"美国的立场是,归还文物的建议,依照欧洲的例子,如在和平会议上提出,应对具体问题作具体考虑。"按照这项陈述,这件事应提请美国政府注意,在和平条约中作适当的决定。☆

(2)日本的金、银和贵金属——根据远东委员会就"日本进出口临时政策"所作政策性的决定"确认为日本所有的金、银、其他贵金属、宝石和贵重饰物的库存,最终应作为赔偿处理"。这类库存,在日本投降后立即为盟军最高司令部所没收,而现在由远东委员会核准用作日本外贸的周转资金。其价值,据各种估计,在一亿五千万至两亿美元之间。条约草案除在第十四条提出日本没有能力为赔偿付出"金条、货币"等外,对其最后的处理未作表示,大概将要交还给日本。问题在于,这样的建议如何能与上面提到的远东委员会的现有政策决定相一致。

(3)中立国和前轴心国内的日本财产——远东委员会曾几次讨论过中立国和前轴心国内的日本财产的处理问题。美国代表团建议,这些财产一旦清理完毕,应用以支付占领费用。后来,美国的建议由于没有得到其他成员国的支持而撤回。因此,这件事仍然潜伏着,应在和平条约中加以处理。☆

(七)还有几个值得注意的较次要之点①:

(1)南沙群岛,大约位于中国南海北纬 8 度和东经 112 度 30 分,一度曾被日本占领。中国和法国都声明对这些岛屿拥有主权。对于这些岛屿的处理,需要从外交部获得更多的消息后,方能作出明确的提议。

(2)第十一条总括地提到"在中国之一切特权和利益"。这一无所不包的提法比列举要好。同时,我们对那个含义广泛的词汇的内容作一彻底的研究是有用的。

(3)第十二条允许日本与有关盟国共同行使给予监禁在日本的战犯宽大、减刑、假释和赦免之权。由于战犯的审判是完全由盟国负责进行的,允许日本享有给予宽大等等之权,似不相宜。

(4)第十三条第二段给予日本在其对盟国的贸易关系中,应用特别措施之权,以"保护其对外财政地位和支付平衡,或其重要利益"。我们对这些不大明确的规定的态度,应按台湾和日本之间现行的贸易方式来制定。

(5)关于第十四条最后一段,对连结日本和台湾的海底电缆

---

① 本件中的序号无(六),原文如此。——译者

的现况,应作调查。

(八)下面列出对草约修改的建议:

(1)第十四条第五行"然而,日本给予每个盟国……之权"。用"承认"代替"给予"。

(2)第十四条第三段第二行中"偿还"一词用得不当。

(3)第十五条的第二句修改为:"至于每一盟国或其国民在日本的财产,因战争所受的损失或破坏……"

(4)第十五条第一句开头:"日本将归还……"用"应"代替"将"。

1951 年 4 月 11 日

附录七

一、中国大使馆就美国对日和约临时草案致送美国政府的节略全文

1951 年 3 月 28 日,约翰·福斯特·杜勒斯阁下交给中国大使一份对日和约临时草案,已及时报送中国政府。大使现已收到政府的答复意见,谨遵照指示,荣幸地将答复送交国务院:

中国政府业已收到美国政府草拟的对日和约临时草案及所附之备忘录。

中国政府由于同样希望早日与日本缔和,立即对草案进行了研究。中国政府对草案所提及的一些最重要的问题经过考虑之后提出以下意见:

(1)中国政府重申,它愿支持结束对日战争状态,以便日本能够回到自由主权国家的行列并加入联合国。

(2)关于领土条款,中国政府注意到,美国政府不再坚持1950年 9 月 11 日七点原则声明所作的将台湾、澎湖列岛、南库页岛和千岛群岛的地位,交由英国、苏联、中国和美国将来决定的建议。中国政府的意见是,这一建议现在既已取消,就不要再重新提出。同时,中国政府希望就此机会告知美国政府如下意见:

(甲)台湾和澎湖列岛,在历史上、种族上、法律上以及事实上构成中国领土的一部分,是中国政府的基本观点。而条约草案仅规定日本放弃台湾和澎湖列岛,然而,却规定日本将南库页岛及

其所有邻近岛屿归还苏联,并将千岛群岛移交苏联。对这两组领土处理上的不一致如此明显,以致造成了对中国歧视的印象,这显然不是条约草案草拟者的意图。关于这点,中国政府认为应当遵守不歧视原则。如果在条约内明确规定将台湾和澎湖列岛归还中华民国,中国政府就不会对条约草案目前形式的第五条提出反对意见。如果不包括这样的规定,则这一条的规定应代之以日本单纯声明放弃南库页岛和千岛群岛这样一个句子。

(乙)中国政府重申,原则上同意北纬 29 度以南的琉球群岛、小笠原群岛,包括西之岛、琉璜列岛、冲之鸟岛和南鸟岛建立联合国托管制度,并由美国任管理当局的任意条款。

(丙)中国政府仍然认为,和平条约中应有承认朝鲜独立的明确规定。

(3)条约草案关于日本安全的第四章,中国政府原则上同意。中国政府理解日本所可参加的安全安排,只限于完全以反对武装进攻为目的者。

(4)关于赔偿的要求,中国政府曾通过驻华盛顿的中国大使向美国政府传达以下意见:"应当指出,由于日本的长期侵略,中国人民遭受的痛苦和牺牲,与任何其他被侵略的国家的人民相比,时间更长,范围更广。由于中国领土内的日本财产不足以满足合法的赔偿要求,并由于三年前的临时部分赔偿只是象征性的,因此如果中国坚持要求日本为它的侵略所造成的损害付出适当的赔偿,本来是完全符合公正的原则的。然而为了促进对日和约的早日缔结,中国政府准备放弃进一步的赔偿要求,假如其他有关国家也这样做的话。如其中任何一国坚持必须给予赔偿,中国政府即使不要求得到优先赔偿,亦将要求得到同等的考虑。鉴于中国政府在索赔问题上的和解立场,希望美国对中国在索回被掠夺的财产,和归还某些对中国有历史和文化价值的艺术品,及转交在日本的属于"满洲国"傀儡政权和台湾银行的财产问题上,给予中国友好的支持。上面所引声明,仍然代表中国政府在赔偿问题的总的态度。鉴于不是所有盟国都已同意放弃赔偿要求,中国政府尚不能提出更多的意见。

(5)不言而喻,以上提出的建议,只是初步的,中国政府可能在日后提出进一步的评论。

中国大使馆

华盛顿,1951 年 4 月 24 日

二、1951 年 4 月 24 日提交上述节略时顾大使向杜勒斯先生宣读的声明全文

鉴于中国正竭尽全力抵抗共产主义的侵略,以及中国政府在对日和约上采取的合作立场,希望美国设法在缔结和约问题上给予中国政府坚定的支持。据报道某些盟国同意把中共作为缔约的一方,或者把中国排斥于条约之外。这种姑息倾向,如果不及时加以制止,将会使早日缔结对日和约的目的归于失败,而给予全世界以深远的影响。中国政府强烈地感到,美国政府,作为和平条约的主持者,应帮助阻止此种倾向,并在如此作的时候,强调如下事实:(甲)我国政府是联合国所承认的政府;(乙)我国政府曾对日作战并对日宣战,是绝大多数对日作战的国家或处于交战状态的国家所承认的政府;和(丙)我国政府是在远东委员会代表中国的政府。

附录八^①　1951年7月3日对日和约草案的抄本

序言

各盟国及日本决定,它们此后之关系将是平等的主权国家间之关系,在友好的结合下进行合作,以便促进它们共同的福利及维持国际和平与安全。因此,愿缔结和约,借以解决一切由于它们之间存在之战争状态所引起而尚未解决的问题。

和约之缔结将使日本方面能够实现其意愿:请求加入联合国及在一切情形下遵守联合国宪章之原则;致力于世界人权宣言的目的之实现;设法在日本国内造成安定及福利条件,一如联合国宪章第五十五条及第五十六条所规定,并已由投降后日本立法所创造者;并在公私贸易及商业方面,遵守国际上通行的公正惯例。

各盟国对于上节所述日本之意愿表示欢迎。

因此,各盟国及日本决定缔结本和约,为此各派签名于后之全权代表,经将其所奉全权证书提出校阅,认为妥善,议定下述条款:

第一章　和平

第一条　日本与第二十三条所列之各盟国之间的战争状态,自本条约生效之日起,予以结束。

---

① 1951年7月3日对日和约草案及日本政府的两个声明,均参照《1951年国际条约集》333页至352页1951年9月8日正式和约和日本政府声明。——译者

第二章 领土

第二条

甲、日本承认朝鲜之独立,并放弃对朝鲜包括济州岛、巨文岛及郁陵岛在内的一切权利、权利根据与要求。

乙、日本放弃对台湾及澎湖列岛的一切权利、权利根据与要求。

丙、日本放弃对千岛群岛及由于 1905 年 9 月 5 日朴资茅斯条约所获得主权之库页岛一部分及其附近岛屿之一切权利、权利根据与要求。

丁、日本放弃与国际联盟委任统治制度有关之一切权利、权利根据与要求,并接受 1947 年 4 月 2 日联合国安全理事会将托管制度推行于从前委任日本统治的太平洋各岛屿之措施。

戊、日本放弃对于南极地域任何部分的任何权利、权利根据或利益之一切要求,不论其是由于日本国民之活动、或由于其他方式而获得者。

己、日本放弃对南威岛及西沙群岛之一切权利、权利根据与要求。

第三条 日本对于美国向联合国提出将北纬二十九度以南之琉球群岛、孀妇岩岛以南之南方诸岛(包括小笠原群岛、西之岛与琉璜列岛)及冲之鸟岛与南鸟岛置于联合国托管制度之下,而以美国为唯一管理当局之任何提议,将予同意。在提出此种建议,并对此种建议采取肯定措施以前,美国将有权对此等岛屿之领土及其居民,包括其领海,行使一切及任何行政、立法与司法权利。

第四条

甲、日本及其国民在第二条及第三条所指区域内的财产及对于此等区域之现在行政当局及居民(包括法人)的要求,包括债务之处理,以及此等行政当局及居民在日本的财产及此等行政当局与居民对日本及其国民要求,包括债务之处理,应由日本及此等行政当局商订特别处理办法。

乙、为日本所有之连接日本与依照本条约脱离日本统治的领土间的海底电线应平均分配。日本保留在日本之终点及与其相连电线之一半,该脱离之领土保留其余电线之一半及其相连之终点设备。

第三章　安全

第五条

甲、日本接受联合国宪章第二条所定的义务,特别是下列各项义务:

(一)应以和平方法解决国际争端,俾免危及国际和平、安全及正义;

(二)在其国际关系上不得使用威胁或武力,或以与联合国宗旨不符之任何其他方法,侵害任何国家之领土完整或政治独立;

(三)对于联合国依据宪章规定而采取之行动,应尽力予以协助,并于联合国对于任何国家采取防止或执行行动时,对该国家不得给予协助。

乙、各盟国确认在其对日关系上,将以联合国宪章第二条之原则为准绳。

丙、各盟国方面承认日本以一个主权国家资格,具有联合国宪章第五十一条所提及的单独或集体自卫之自然权利,并得自愿加入集体安全协定。

第六条

甲、各盟国所有占领军,应于本条约生效后尽早撤离日本,无论如何,其撤离不得迟于本条约生效后九十日之期。但本款规定并不妨碍外国武装部队依照或由于一个或一个以上的盟国与日本业已缔结或将缔结之双边或多边协定，而在日本领土上驻扎或留驻。

乙、所有曾供占领军使用、并于本条约生效时仍为占领军所占有尚未予补偿之日本财产，除相互协定订有其他办法外，均应于本条约生效后九十日内归还日本政府。

第四章　政治及经济条款

第七条

甲、各盟国在本条约对于该国及日本相互间生效后一年内，通知日本，其在战前与日本所订之双边条约，何者愿予继续有效或恢复。经此通知后之条约，自通知之日起三个月后应视为继续有效或已恢复，并应向联合国秘书处登记。所有未经依照上述方法通知日本之条约，应认为业已废止。

乙、依照本条甲款所作之任何通知中，得将由通知国所负有国际关系责任之任何领土，置于某一继续实施的或恢复的条约之效力范围以外。倘愿停止实行该项例外办法时，则自通知日本之日起，三个月以后停止。

第八条

甲、日本承认盟国现在或今后为结束自 1939 年 9 月 1 日开始之战争状态而缔结之一切条约以及盟国为恢复和平或关于恢复和平而订之任何其他协定之完全效力。日本并接受为结束前国际联盟及国际常设法庭所订之各项协定。

乙、日本放弃其作为签字国由 1919 年 9 月 10 日圣日耳曼公约、1936 年 7 月 20 日蒙得娄海峡协定，以及 1923 年 7 月 24 日洛桑土耳其和约第十六条所取得之一切权利及利益。

丙、日本放弃其由下列各协定所取得之一切权利、权利根据

及利益,并解除日本由各该协定所产生之一切义务:1930
年1月20日德国与各债权国间之协定及其附件,包括
1930年5月17日之信托协定,1930年1月20日关于国
际清算银行之协定及国际清算银行规程。日本将于本条
约生效后六个月内将其放弃本项所称之权利、权利根据
及利益一事通知巴黎外交部。

第九条　日本将与愿意谈判之盟国迅速进行关于规定或限
制公海捕鱼及保护与发展公海渔业之双边及多边
协定之谈判。

第十条　日本放弃在中国之一切特权与利益,包括由于1901
年9月7日在北京签订之最后议定书及其所有附
件、补充照会与文件所产生之一切利益与特权,并
同意就日本方面而言,该议定书及其所有附件、照
会与文件一概作废。

第十一条　日本接受远东国际军事法庭与其他在日本境内
或境外之盟国战罪法庭之判决,并将执行各该法
庭所科予现被监禁于日本境内之日本国民之处
刑。对此等人犯赦免、减刑与假释之权,除由每
一案件科刑之一个政府或数个政府之决定并由
日本之建议外,不得行使。如该项人犯系由远东
国际军事法庭所判决,该项权利除由参加该法庭
之多数政府之决定并由日本之建议外,不得
行使。

第十二条

甲、日本宣布准备立即与各盟国进行缔结条约或协定之谈
判,借以将其贸易、航业及其他商务关系置于稳固与友好
的基础上。

乙、在有关条约或协定尚未缔结之前,日本将在本条约生效
之时起四年期内:

（一）对于各盟国及其国民、货物及船舶给予以下各项待遇：

    （甲）对于有关进出口货物的关税、费用、限制及其他有关规章方面，给与最惠国待遇；

    （乙）关于船运、航行及进口货物以及关于自然人与法人及其利益给予国民待遇。该项待遇包括关于赋课、征税、诉讼、订立及执行契约、财产权，参加依照日本法律所设立之法团以及一般的从事各种商业及职业的活动。

（二）保证日本国营贸易企业之对外采购及销售，应仅基于商业上的考虑。

丙、但无论任何事项，日本所给予某一盟国之国民待遇或最惠国待遇应仅以该有关盟国关于同一事项所给予日本之国民待遇或最惠国待遇之程度为限。上文所包含之互惠原则，其涉及某一盟国任何本部以外领土之产品、船舶与法团，及在该领土内有住所之人民，及涉及某一具有联邦制度之盟国之任何一州或一省之法团及在该州或省有住所之人民者，应依照在该领土、州或省所给予日本之待遇决定之。

丁、在适用本条时，如果某项差别待遇办法系基于引用该项办法一方之商约中所通常规定之一项例外，或基于保护该方之对外财政地位或支付平衡之需要（除涉及船运及航行者外）或基于维护切要的安全利益之需要，则此等差别待遇办法，不得视为对于国民待遇或最惠国待遇有所损害。但以该项办法适合于情况，而非出以武断或不合理之方式为限。

戊、本条所规定之日本义务，不得因本条约第十四条所规定任何盟国权利之行使而有所影响。本条各项规定，亦不得理解为限制日本在本条约第十五条下所承担之义务。

第十三条

甲、日本遇有任何一盟国或数盟国请求缔结关于国际民用航空运输之双边或多边协定时,应立即与该盟国举行谈判。

乙、在未缔结该项协定以前,日本将在本条约生效之时起四年期内,给予该盟国以不低于在本条约生效时,该盟国等所行使之航空运输权利及特权之待遇,并应在经营及发展空运业方面,给予完全平等之机会。

丙、日本在未依照国际民用航空公约第九十三条之规定,加入该公约之前,对于该公约内所适用于国际航空交通之条款,应予施行,并对于依照该公约条款作为附件规定的标准、办法及手续,亦应予以施行。

第五章　索赔及财产

第十四条

甲、兹承认,日本在原则上应对其在战争中所造成的损害及痛苦给盟国以赔偿,但同时承认,如欲维持可以生存的经济,则日本的资源目前不足以全部赔偿此种损害及痛苦,并同时履行其他义务。然而:

（一）日本愿尽速与那些愿意谈判而其现有领土曾被日军占领并曾遭受日本损害的盟国进行谈判,以求将日本人民在制造、抢救及其他工作上的服务,供各该盟国利用,作为协助赔偿各该国修复其所受损害的费用。此项办法应避免以额外的负担加诸其他盟国。当需要制造原料时,应由各该盟国供给,而不以任何外汇上的负担加诸日本。

（二）（甲）每一盟国应有权没收、扣留、清算或以其他方法处置在本条约生效时即受该盟国管辖之下列一切财产、权利及利益:

（子）属于日本及其国民者;

(丑)属于日本或其国民的代理人或代表者;及

(寅)属于为日本或其国民所有的或控制的团体者。

(乙)以下各目不在上列(甲)项规定范围之内:

(子)在战争期内,经有关政府准许,在未经日本占领的盟国领土内居住之日本国民之财产,但在战争期内,财产所在地政府对其采取特别措施的财产(此种措施对居住在该地的其他日本国民之财产并不施行),则不在此列。

(丑)属于日本政府所有并为外交或领事目的使用的一切不动产、家具与固定设备、私人家具与设备,以及其他非投资性质的、且为执行外交与领事职务所经常必需的、日本外交及领事人员所有的私人财产;

(寅)属于宗教团体或私人慈善机构,并纯为宗教或慈善目的使用的财产;

(卯)本条约生效之前有关国家与日本恢复贸易及金融关系之后所获得的财产权,但通过违反有关盟国的法律的交易而获得者,不在此列。

(辰)日本或其国民的债务,对于日本境内有形财产的任何权利、权利根据或利益,对于依照日本法律所组织的企业的利益,或任何有关的书面证据,但此项例外应仅适用于日本及其国民以日本货币计算之债务。

(丙)以上(子)目至(辰)目的例外所提及财产应予归还,但为保存及管理此项财产而支出的合理费用得予扣除。如任何此限财产已被清算,则应归还其清算所得之款。

  (丁)以上(子)目所规定之没收、扣留、清算或以其他方式处理财产的权利,应依照有关的盟国之法律行使之,该所有人仅有那些法律所给予他的权利。

  (戊)各盟国同意对日本商标及其文学上与艺术上的财产权利,予以每一盟国情形许可范围内的优遇。

乙、除本条约另有规定者外,各盟国兹放弃其一切赔偿要求,盟国及其国民对由日本及其国民在作战过程中所采行动而产生的其他要求,以及盟国对于占领的直接军事费用的要求。

第十五条

甲、各盟国及其国民,自 1941 年 12 月 7 日至 1945 年 9 月 2 日之间,所有在日本之有形财产及一切权利或任何利益,在本条约生效后九个月内提请归还者,日本应自请求之日起六个月内归还之,但为所有人未经胁迫或诈欺而业已自由处理者不在此列。此项财产之归还,应免除因战争所加予之负担与费用,归还时亦不应收任何手续费。所有人或者代理人或其政府在规定期间未请求发还之财产,日本政府得自行决定处理。如此项财产于 1941 年 12 月 7 日系在日本境内,而现在无法归还或已因战争而遭损害或毁坏者,则当依不低于日本内阁于 1951 年…月…日通过的第…号法律赔偿之。

乙、关于在战时遭受损害之工业财产权利,日本对于盟国及其国民将继续给予不少于 1949 年 9 月 1 日生效之内阁命令第三〇九号,1950 年 1 月 28 日生效之命令第十二号及 1950 年 2 月 1 日生效之命令第九号及各该命令之所有修正所给予之利益,但以此项国民曾在规定之期限内请求此种利益者为限。

丙、(一) 日本承认在 1941 年 12 月 6 日存在于日本境内有关
　　　　盟国及其国民已出版或未出版之文学或艺术作品的
　　　　财产权利,在该日以后继续有效,并承认在该日以后
　　　　由于日本在该日仍为缔约国之任何公约或协定之效
　　　　力而在日本产生的权利,或若不是因为战争而可能
　　　　产生的权利,不论此类公约或协定在战争爆发时或
　　　　以后曾否由日本或有关盟国以国内法予以废止或暂
　　　　停其效力。

　　　(二) 不待权利所有人申请及缴纳任何费用或履行任何其
　　　　他手续,自 1941 年 12 月 7 日至日本与有关盟国间
　　　　的本条约生效日之期间应自其权利正常继续期间计
　　　　算中减除之;此项期间,并另加六个月期间,应自一
　　　　文艺作品为获得在日本之翻译权利而必须译成日文
　　　　之期限内减除之。

　　　(注:本条(一)取决于日本将通过的立法的可接受性。本
　　　　条(二)的前提是为了根据有关的内阁命令提出申
　　　　请而能获得至 1951 年 9 月 30 日为止的展期。)

第十六条

为对盟国武装部队人员在为日本拘留之战俘期间所受过分
之痛苦表示赔偿之愿望起见,日本允将在战时中立之国家或
与任何盟国作战之国家内的日本及其国民所有之资产或由
其所选择的此类资产之等价物移交红十字国际委员会,由其
清理此项资产,并将所得资金,依其所认为公平之基础,分配
予前战俘及其家属。但本条约第十四条甲(二)(乙)(丑)至
(辰)各目所述各类资产,不在移交之列。同样,本条关于移
交之规定,不适用于现为日本金融机关所有之国际清算银行
一万九千七百七十股份。

(注:日本在泰国的资产状况须作进一步考虑。)

第十七条

甲、日本政府经任一盟国之请求,对于日本捕获审检所涉及盟国国民所有权之案件所作之判决或命令,应依国际法原则予以复核及修正,并提供此项案件记录之全部文件抄本,包括所作判决及所颁布之命令,如该复核或修正显示必须恢复权利时,则第十五条之规定应该适用于该有关之财产。

乙、日本政府应采取一切必要措施,以便任一盟国国民得在本条约生效之日起一年内,向日本有关当局提请复核从 1941 年 12 月 7 日起至本条约生效之日止所作之任何判决,而在该案任何程序中,该国民未能以原告或被告之身份为充分之陈述者。如该国民因此项判决而受损害,日本政府应设法使其能恢复在未作判决前之地位,或获得依其情形公平合理之救济。

第十八条

甲、兹承认,根据战争状态存在前已有之义务与契约(包括有关公债者)及已取得之权利,日本政府或其国民应承担的付予任一盟国政府或其国民的金钱债务之义务,或任一盟国政府或其国民应承担的付予日本政府或其国民的金钱债务之义务,并不因战争状态之介入而受影响。对于因为在战争状态介入以前发生之财产丧失或损害或个人受伤或死亡而由任一盟国政府向日本政府或由日本政府向任何盟国政府提出或再提出之要求,应就其案情予以考虑之义务,亦不得视为因战争状态之介入而受影响。本款之规定并不妨碍本条约第十四条所授予之权利。

乙、日本政府承认对战前日本国家的外债及随后宣布由日本国家承担之法人组织之债务负有义务,并表示愿早日与债权人就恢复偿付债务一事进行谈判;对于战前的私人权利要求及义务之谈判将给予方便;并对于由此而发生之款项的拨汇亦予以便利。

第十九条

甲、日本放弃日本及其国民对盟国及其国民因战争状态之存在所采取行动而发生的一切要求,并放弃其由于本条约生效以前任何盟国在日本领土上的部队或当局的驻在、活动或行动所产生的任何要求。

丙、在相互声明放弃的条件下,日本政府代表日本政府及日本国民声明放弃其对德国及德国国民的一切要求(包括债务在内),包括政府与政府间的要求及为战时所受损失或损害之要求在内,但下列两项要求除外:(一)与在 1939 年 9 月 1 日以前所订契约及所取得的权利有关的要求,及(二)由于在 1945 年 9 月 2 日以后德国及日本间的贸易与金融关系而产生的要求。

第二十条

日本将采取必要措施,保证依照 1945 年柏林会议的议定书中有权处分德国在日本资产之各国所已决定或可能决定的对该等资产之处分得以实施。又日本在该等资产未作最后处分之前,将负保存及管理之责。

第二十一条

虽有本条约第二十五条的规定,中国仍得享有第十条及第十四条甲款二项所规定的利益;朝鲜得享有本条约第二条、第九条及第十二条所规定的利益。

第六章 争议之解决

第二十二条

倘本条约之任何一方认为业已发生有关本条约的解释及执行而未能以其他协议方法解决的争议时,该项争议应在当事任何一方的请求下,提交国际法院裁决之。日本及尚非国际法院规约缔约国之各盟国,在其各别批准本条约时,均将依照联合国安全理事会 1946 年 10 月 15 日之决议,向国际法院书记官长递送一概括宣言,声明对于有关具有本条所提及的性质之一切争议,一般地接受国际法院的管辖权,而毋须另订特别协定。

第七章　最后条款

第二十三条

甲、本条约应由包括日本在内的签字国批准,并应于日本及包括作为主要占领国的美国在内之下列过半数国家(此处列明下列各国中的本条约签字国),即澳大利亚、缅甸、加拿大、锡兰、法国、印度、印度尼西亚、荷兰、新西兰、巴基斯坦、菲律宾、大不列颠和北爱尔兰联合王国、苏维埃社会主义共和国联盟及美利坚合众国业已交存其批准书后,对各该批准国发生效力。对于其后批准的国家,本条约即于各该国家交存其批准书之日起,发生效力。

乙、如本条约在日本交存其批准书九个月后尚未生效,任何批准国得为此目的,于日本交存批准书之日起三年内,通知日本政府及美国政府,使本条约在该国与日本间发生效力。

第二十四条

所有批准书应交存美利坚合众国政府,美利坚合众国政府将以上述交存情况及依照第二十三条乙款规定所作的通知,通知所有签字国。

第二十五条

本条约所称盟国应为曾与日本作战并已签署及批准本条约之国家。除第二十一条之规定外,本条约对于非本条所指盟国之任何国家,不给予任何权利、权利根据及利益;本条约之任何规定也不得有利于非本条所指盟国而减少或损害日本之任何权利、权利根据或利益。

第二十六条

日本准备与任何签署或加入 1942 年 1 月 1 日联合国宣言,且对日本作战而非本条约签字国之国家,订立一与本条约相同或大致相同之双边条约,但日本之此项义务,将于本条约最初生效后三年届满时终止。倘日本与任何国家成立一媾和协议或战争赔偿协议,给予该国以较本条约规定更大之利益时,则此等利益应同样给予本条约之缔约国。

第二十七条

本条约应存放于美利坚合众国政府档案库。美利坚合众国政府应以本条约之认证副本一份送致每一签字国,并依照第二十三条本条约生效的日期通知各该国。

后面签署的各全权代表签字在本条约上以资证明。

1951 年…月…日订于旧金山,用英文、法文、俄文和西班牙文写成,各文本同等有效,并用日文写成。

日本准备发表的两个声明

一

关于本日签字的和约,日本政府声明如下:

一、除本和约另有规定外,日本承认在 1939 年 9 月 1 日日本为一方而现在有效的一切多边国际文件的完全效力,并且声明在本条约生效时,日本将恢复上述文件所产生的一切权利和义务。但若参加某一文件牵涉到一项国际组织的会员资格,而日本已在 1939 年 9 月 1 日或是日以后停止此项会员资格时,则本款的规定应以日本恢复该项国际组织的会员资格为条件。

二、日本政府有意正式加入下列各项国际协定,其期间自和约生效之日起不超出六个月:

(一)1946 年 12 月 11 日在成功湖开放签字的修改 1912 年 1 月 23 日、1925 年 2 月 11 日、1925 年 2 月 19 日、1931 年 7 月 13 日、1931 年 11 月 27 日和 1936 年 6 月 26 日

关于麻醉品的一切协定、公约和议定书的议定书；

（二）1948 年 11 月 19 日在巴黎开放签字的、将 1931 年 7 月 13 日签订并经 1946 年 12 月 11 日在成功湖签订的议定书所修改的限制麻醉品制造和规定麻醉品分配的公约所未包括的麻醉品置于国际管制之下的议定书；

（三）1927 年 9 月 26 日在日内瓦签订的关于外国法庭仲裁裁决的执行的国际公约；

（四）1928 年 12 月 14 日在日内瓦签订的国际经济统计公约和议定书及 1948 年 12 月 9 日在巴黎签订的修改国际经济统计公约的议定书；

（五）1923 年 11 月 3 日在日内瓦签订的简化海关手续国际公约和签字议定书；

（六）1934 年 6 月 12 日在伦敦签订的关于预防假冒货物原产地的协定；

（七）1929 年 10 月 12 日在华沙签订的统一国际航空运输某些规则的公约和附加议定书；

（八）1948 年 6 月 10 日在伦敦开放签字的海上人命安全公约；

（九）1949 年 8 月 12 日关于保护战争受害者的日内瓦公约。

三、日本政府也有意在和约生效后六个月内申请（甲）加入 1944 年 12 月 7 日在芝加哥开放签字的国际民用航空公约，并一俟日本成为上述公约的缔约国后，接受 1944 年 12 月 7 日也在芝加哥开放签字的关于国际航空过境运输的协定；以及（乙）加入 1947 年 10 月 11 日在华盛顿开放签字的世界气象组织公约。

二

关于本日签订的和约，日本政府声明如下：

日本承认任何盟国之一所授权的任何委员会、代表团或其他组织在日本领土内辨认、编列、维持或管理军事坟墓、坟场和纪念建筑;日本将对上述组织的任务给予便利并将与有关盟国或盟国所授权的任何委员会、代表团或其他组织进行关于上述军事坟墓、坟场和纪念建筑物的谈判,以期缔结可能认为必要的一切协定。

附录九　1942年1月1日华盛顿宣言①

本宣言签字国政府：

对于1941年8月14日美利坚合众国总统与大不列颠和北爱尔兰联合王国首相所作联合宣言，称为大西洋宪章，内所载宗旨与原则的共同方案业已表示赞同。

深信完全战胜它们的敌国对于保卫生命、自由、独立和宗教自由并对于保全其本国和其他各国的人权和正义非常重要，同时，它们现在正对力图征服世界的野蛮和残暴的力量从事共同的斗争，兹宣告：

（一）每一政府各自保证对与各该政府作战的三国同盟成员国及其附从者使用其全部资源，不论军事的或经济的。

（二）每一政府各自保证与本宣言签字国合作，并不与敌人缔结单独停战协定和和约。

现在或可能将在战胜希特勒主义的斗争中给予物质上援助和贡献的其他国家得加入上述宣言。

二十六个联合宣言签字国为：中国、英国、美国、苏联、澳大利亚、比利时、加拿大、哥斯达黎加、古巴、捷克斯洛伐克、多米尼加共和国、萨尔瓦多、希腊、危地马拉、海地、洪都拉斯、印度、卢森堡、荷兰、新西兰、尼加拉瓜、挪威、巴拿马、波兰、南非及南斯拉夫。

---

① 1942年1月1日华盛顿宣言全文录自《1942年国际条约集》。——译者

附录十　叶公超部长 1951 年 7 月 11 日面交美代办蓝钦公使之节略[①]

　　中华民国政府已自美利坚合众国政府收到经修正之对日和约稿一份,并深感有将中华民国政府对于该项和约之下述立场予以重申之必要:

　　一、中华民国在对日和约之缔结中,实具有其确定之地位,其事实根据如下:

　　　　(一)吾人对日之共同战争,系以日本于一九三一年九月十八日武装侵略中国为起点。

　　　　(二)中华民国为最先抵抗日本侵略之国家。

　　　　(三)中华民国军队伤亡最重,而中国人民所受痛苦亦最深。

　　　　(四)中华民国对于击败日本有重要贡献。

　　二、中华民国政府参加对日和约之权利,复有下述事实为依据:

　　　　(一)中华民国政府为对日宣战及作战之政府。

　　　　(二)中华民国政府向为在一切有关日本之国际机构(如盟国对日委员会)中代表中国之政府,现仍为在各该机构中代表中国之政府。

　　　　(三)中华民国政府为对日作战或存有战争状态国家之大多数所承认之中国合法政府。

---

　　① 此件录自顾氏所存函电原文。——译者

中华民国政府早已宣布其与日本缔结宽大和平条约之意愿，为此对于对日和约之实质及其他有关事项，均采最协调与合作之态度。

虽有上述各项情形，美利坚合众国政府所准备之修正对日和约稿竟未将中华民国包括在该合约签字国之内。中华民国政府于此愿剀切指出：对日和约之缔结，为所有对日作战或存有战争状态各国之共同事项；任一盟国或少数盟国集团，无论采取个别或集体行动，均无权剥夺另一盟国参加媾和之平等权利，或规定该盟国参加和约之条件。故中华民国政府坚决反对该修正和约稿第廿三条之现有方式，并请美国以其对日本主要占领国之身份将中华民国国名加入该条所载签字国名单之内；或如认为较属便利，使日本担负确定义务，以与中华民国在同时缔结与美国为其他盟国所准备之多边和约相同之双边和约，中华民国政府并愿保留其对该修正和约稿提出其他意见之权利。

附录十一　叶公超部长 1951 年 8 月 13 日递交蓝钦公使之节略①

（一）中华民国政府重申要求美国政府作为缔结对日和约的主持者，承担使日本负有与中华民国政府签订双边和约的义务，如其负有与其他盟国订立多边和约之义务相同。在重申此要求时，中国政府的条件是双边条约的内容实质上与多边条约相同，并与多边条约同时或其后不久签订。

提出此项要求之理由如下：

（1）日本对中国负有对其他盟国缔结和约之同样义务。中国政府所要求于美国政府者仅系使此项对中国之义务得以履行。

（2）由于日本方面的此项义务，中国政府不能同意中国仍必须谋求与日本缔结和约的意见，因为如果这样做，中国就要免除日本的此项义务，从而丧失中国本身的盟国地位。

（二）查中华民国与日本缔结和约长期以来一直是中华民国政府与美国政府多次会谈的主题，但迄未形成可行的方案。最近的会谈表明：

（1）美国政府亟愿中国政府不久与日本政府开始会谈，以便缔结双边条约。

（2）美国政府认为把此项会谈的目的定为使双边条约与多边和约同时签订的想法是不切实际的。

现中国政府希望以下各点能得到澄清：

---

① 此件录自顾氏所存函电原文。——译者

（1）中国政府与美国政府似均认为中日双边和约与多边和约的最终形式实质相同。如依此项理解，则中国无须与日本谈判双边条约的条款。关于这一点，中国政府愿重申其立场，即中国政府虽愿与日本政府为缔结和约而商讨对中日有独特关系的补充事项，中国不能就条约本身与日本谈判。因此，中国政府要求美国政府告知，美国政府是否正在考虑实质上与多边和约不同的中日双边条约。

（2）既然不赞成中日和平条约与多边条约同时签订，中国政府进一步要求得知美国政府认为何时签订双边条约最为适宜。具体言之，双边条约的签订是否将推迟到多边条约签订之后很久，或者甚至须待多边条约生效。

附录十二 1951年9月26日致蓝钦公使关于双边和平条约适用范围之节略

参照外交部1951年8月13日备忘录及最近中国外交部长与美利坚合众国驻台北代办关于中华民国与日本缔结和平条约之会谈,尤其参照美国代办1951年8月23日向外交部长口头转达国务院函电内容,外交部长据以获得以下理解:美利坚合众国将努力促进中华民国与日本缔结双边和平条约,该条约须于旧金山和平条约签字后以下述理解为基础即速签订,即中国政府不谋求对多边和平条约作重大改变;在双边条约签字前,先就该条约适用范围之方案达成协议;该方案不得影响中华民国政府目前在联合国中之地位及其对中国大陆之合法权利主张。

根据上述会谈并考虑到我国为对日作战中盟国一员之地位,中国政府亟望日本与中国签订双边和平条约,其条款大体与1951年9月8日在旧金山签订之多边和平条约中所规定之各项条款相同;该双边和平条约应在多边和平条约正式生效前尽速签订。

为此目的,中华民国政府愿就双边和平条约之适用范围提出下述两种供选择之方案以为讨论之基础。

A.双边和平条约签字时,中华民国全权代表将发表如下声明:

本条约应适用于中华民国之一切领土。至于领土中因国际共产主义侵略之结果,现仍处于共军占领下之地区,中华民国政府一俟该地区置于其有效控制之下,将保证在该地区实施本条约。

B.中华民国政府与日本政府互换双边和平条约批准书时，下
　述声明将记入双方认可的记录中：

关于中华民国之一方，本条约应适用于目前在中华民国政府
控制下及今后可能在其控制下之全部领土。

制定上述两方案时，已注意到下述理解，即上述方案毫不影
响中华民国政府现在联合国中之地位及其对中国大陆之合法权
利主张。美国政府如欲提出与此种理解相一致之任何其他方案，
中国政府将立即予以考虑。

1951 年 9 月 26 日于台北

附录十三　吉田茂首相于 1951 年 12 月 24 日致杜勒斯函^①;1952 年 1 月 16 日向报界公布

当对日和约及美日安全条约在日本国会众议院及参议院辩论时,关于将来日本对华政策之若干问题曾经提出若干声明,因亦随而发表,该项声明因与上下文及背景割离而予阅读,致引起种种误解,对于此种误解,本人极愿予以澄清。

中国为日本之近邻,日本政府终愿与之有一全面之政治和平与商务关系。

在现时,我方希望能与中华民国政府拓展该项关系;盖中华民国政府现在联合国拥有席位及发言权与表决权,并对若干领土行使实际上之政府权力且与大多数联合国会员国保持外交关系,为此,我国政府曾获得中国政府之承允于一九五一年十一月十七日在台湾设立一日本政府海外事务所,此乃在多边和平条约生效之前,日本现所获许与其他国家间最高形式之关系。

日本政府驻台海外事务所,在人事上,具见重要,此适显示我国政府重视与中华民国政府间关系之意。我国政府现准备,如中国政府有此愿望,即尽速在法律上可能时,依照多边和平条约同所揭橥之原则,与该国政府缔结一项将重建两国政府间正常关系之条约。该项双边条约之条款,关于中华民国之一方,应适用于现在在中华民国政府控制下或将来在其控制下之全部领土,我方

---

① 此译文转录自台湾出版的《中华民国年鉴(民国四十一年)》第 341—342 页。——译者

愿迅速与中国政府探讨此案。

至于中国共党政权,该政权事实上现仍被联合国判定为侵略者,且联合国已因此而建议对抗该政权之若干措施,日本对该项措施现正赞同,将来亦必予赞同,因依照多边和平条约第五条甲款第三项之规定,日本已承担对于联合国依宪章规定而采取之任何行动,尽力予以协助,并于联合国对于任何国家采取防止或执行行动时,对该国不给予任何协助也。复查 1950 年在莫斯科缔结之《中苏友好同盟互助条约》实系以对付日本为目的之军事同盟,而在事实上亦有甚多理由相信,在中国之共党政权现正支持日本共产党,图以暴力推翻日本之宪政政权体及现有之政府。鉴于此等考虑,本人可向阁下保证,日本政府无意与中国共党政权缔结双边和约。

附录十四　1952 年 1 月 16 日杜勒斯复吉田首相函；1952 年 1 月 17 日向报界公布

亲爱的首相：

1951 年 12 月 24 日尊函已奉收，您在该函中表达了贵国政府对中国的意愿。如您所估计，对于日本在辩论批准对日和约和日美安全条约的过程中所发表之若干声明，因脱离其上下文和背景，或许发生若干误解，您这份清楚的声明应将排除任何此类误解。

我感谢您给我这封信，并对您在面对这种困难而有争议的事件中所表现的勇敢而又坦率的态度，我表示尊敬。

您的真诚的

约翰·福斯特·杜勒斯

（美国《国务院公报》第 26 卷，1952 年 1 月 28 日，120 页）

附录十五　中国政府所拟中华民国与日本国和平条约草案全文；1952年2月初递交河田烈

中华民国与日本国

鉴于两国因历史文化联系及地理邻近而产生之相互睦邻愿望；

理解两国密切合作对增进共同福祉及维护东亚和世界和平与安全之重要；

愿望恢复两国及两国国民之和平幸福，将其未来关系置于牢固友好之基础上；

且认为因盟国与日本间，尤因中日间战争状态之存在而引起之各项问题亟待解决；

爰经决定缔结和平条约，并为此双方各派全权代表如下：

　　中华民国总统阁下：

　　×××；

　　日本国天皇陛下：

　　×××；

各该全权代表相互交换并校阅全权证书，认为均属妥善，乃议定条款如下：

第一章　和平
第一条

（甲）中华民国与日本国间之战争状态，自本约生效之日起，即告终止。

（乙）中华民国承认日本国国民对于日本及其领海有充分主权。

第二章　领土
第二条

（甲）日本国放弃对台湾及澎湖列岛之一切权利、权利根据与要求。

（乙）日本国放弃对南沙群岛及西沙群岛之一切权利、权利根据与要求。

（丙）日本国承认朝鲜独立，放弃对朝鲜包括济州岛、巨文岛及郁陵岛之一切权利、权利根据与要求。

（丁）日本国放弃与国际联盟委任统治制度有关之一切权利、权利根据与要求，接受联合国安全理事会 1947 年 4 月 2 日对前此委任日本统治之太平洋群岛实行托管之行动。

（戊）日本国放弃对于与南极区任何部分有关之任何权利或权利根据或利益之一切要求，而不论其来自日本国民之活动或其他方式。

第三条

（甲）关于日本国及其国民在台湾及澎湖之财产及其由此对于台湾及澎湖之中华民国当局及居民（包括法人）所作要求（包括债权在内）之处置，及该中华民国当局及居民在日本国之财产及其对于日本国及日本国民所作要求（包括债权在内）之处置，应由中华民国与日本国另商特别处理办法。任何其他盟国或其国民在台湾及澎湖之财产，如尚未归还，应由中华民国按其现状予以归还。（本条约任何条款所用"国民"一词，均包括法人在内。）

（乙）按照本条约而脱离日本国控制之领土，其与日本连结之海底电缆，应均等分配。日本保有在日本之终端设备及相联之一半电缆，所脱离之领土则保有其余一半电缆及相联之终端设备。

第三章 安全
第四条

（甲）日本国接受联合国宪章第二条所规定之义务,尤其是下
列义务:

- （子）以和平方法解决国际争端,俾免危及国际和平、安
全及正义。
- （丑）在国际关系中不得以武力相威胁或使用武力,或
以与联合国宗旨不符之任何其他方式,侵害任何
国家之领土完整或政治独立。
- （寅）对联合国依宪章规定而采取之任何行动,尽力予
以协助,并于联合国将对于任何国家采取防止或
执行行动时,对该国不给予任何帮助。

（乙）中华民国确认在其对日关系中将遵循联合国宪章第二
条规定之各项原则。

（丙）中华民国承认日本国为主权国家,拥有联合国宪章第五
十一条所提出之单独或集体自卫之自然权利;承认日本
可志愿参加集体安全协定。

第四章 政治与经济条款
第五条

日本国同意取消 1941 年 12 月 9 日以前中国与日本国间缔结
之一切条约、专约与协定。

第六条

日本国承认中华民国 1941 年 12 月 9 日以来为结束中华民国
与日本国以外之其他国家间所存在之战争状态而现已缔结或日
后将缔结之一切条约以及中华民国为恢复和平所作之或与恢复
和平有关之任何其他协定为完全有效。日本国并接受为结束前
国际联盟及国际常设法院所作出之安排。

第七条

日本国一俟中华民国提出要求，将尽速与之缔结一项为规范或限制公海捕鱼及保存与发展公海渔业之协定。

第八条

日本国放弃一切在华特权与利益，包括由于 1901 年 9 月 7 日在北京签订之最后议定书中各项条款及一切附件、补充照会、补充文件而产生之一切优惠及特权，并同意就日本方面废除该议定书及其一切附件、补充照会、补充文件。日本国并放弃与 1927 年 4 月 18 日前以中国当局为一方、日本国当局或国民为另一方所存在之任何约定有关之一切优惠及利益。

第九条

日本国接受远东国际军事法庭及其他在日本境内或境外之盟国战罪法庭之判决，并将执行对囚禁于日本境内之日本国民所作之判刑。非经日本国建议并经判刑国或判刑诸国决定，不得对上述犯人行使赦免、减刑及假释之权力。如系远东国际军事法庭判决之罪犯，则非经日本国建议并经该法庭多数政府决定，不得行使此种权力。

第十条

（甲）日本国宣布即拟与中华民国谈判缔结条约或协定，借将两国贸易、航海及其他商务关系置于稳定与友好之基础上。

（乙）缔结上款所指之条约或协定前，日本国将在本条约生效后四年内：

（子）对中华民国及其国民、货物和船舶给予以下待遇：

一、在关税、规费、限制及施行于货物之进出口或与其有关之其他规章方面，给予最惠国待遇。

二、在船运、航运和进口货物以及自然人、法人及其利益方面，给予国民待遇。该项待遇包括关于征收税捐、起诉及应诉、订立及执行契约、产权（有形财产及无形财产）、参加依日本法律设立之法人团体及通常从事各种商业及职业之活动。

（丑）保证日本国营贸易企业之对外采购及销售，仅应以商务考虑为基础。

（丙）但无论涉及何种事项，日本国负责给予中华民国之国民待遇或最惠国待遇，仅应以中华民国就同一事项给予日本国之国民待遇或最惠国待遇之程度为限。

（丁）应用本条款时，如某项差别待遇办法系基于应用该办法一方之商约中所通常规定之一项例外，或基于保障该方之对外财政地位或收支平衡之需要（除涉及船运及航行者外），或基于维护其主要安全利益之需要，则该项差别待遇办法不得视为对于所应给与之国民待遇或最惠国待遇有所减损；但以该项办法与情况相称而非出以武断或不合理之方式为限。

（戊）本条款所规定之日方义务，不因中华民国行使本条约第十二条规定之任何权利而受影响；本条款之各项规定，亦不得理解为限制日本国依本条约第十三条而承担之各项义务。

第十一条

（甲）日本国一俟中华民国提出要求，将尽速与之缔结民用航空运输协定。

（乙）前款所指协定未缔结前，日本国将于本条约生效后四年内，在空运权利及特许方面，向中华民国提供不低于中华民国自条约生效之日起实行之待遇，并将在经营及发展航空服务业方面提供完全之平等机会。

（丙）本条约之任何一方，凡涉及两国间航空服务，均有责任施行 1944 年在芝加哥签订之国际民用航空公约所确立之各项原则。

第五章　索赔与财产
第十二条

（甲）承认日本国应向中华民国及其他盟国赔偿其在战争期间造成之损失及灾难。同时并承认，日本国如欲维持足以生存之经济，则其资源目前不足以完全赔偿所有此类损失及灾难同时并承担其他义务。为此，

（子）日本国将立即与中华民国进行谈判，以求利用日本国民为中华民国从事生产、打捞及其他工作，俾便有助于补偿后者修复其所受损失之费用。此类措施应避免为其他盟国增加额外负担；所需加工原料，应由中华民国供应，以不增加日本国之外汇负担。

（丑）（一）在下开（二）项限制下，中华民国有权扣押、扣留、清算或以其他方法处置下列一切财产、权利及利益：

　　（1）属于日本国及日本国民者；

　　（2）属于日本国或日本国民之代理人或代表人者；以及

　　（3）属于日本国或日本国民所有或控制下之团体之财产，本条约生效时即受中华民国管辖者。本项所规定之财产、权利和利益包括现由中华民国敌产管理当局封存、处理、占有或管制，且在受敌产管理当局管制时即属上列（1）（2）（3）各目所述之个人或团体，或为其所持有或代管者。

　　（二）以下各目不属上述（一）项所规定之权利：

　　（1）战争期间经中华民国政府允许居住在非为日本占领之中国领土上之日本自然人

财产;但战争期间受到限制,且在本条约
生效之日仍未解除限制之财产,则不在
此列;

(2)属于日本政府所有、用于外交或领事目的
之一切不动产、家具与固定设备,及其他
非投资性、且为执行外交与领事职务通常
必需之日本外交、领事人员所有之一切私
人家具、设备及其他私人财产;

(3)属于宗教团体或私人慈善机构,纯粹为宗
教或慈善目的使用之财产;

(4)1945 年 9 月 2 日后因中华民国与日本国
已恢复贸易及金融关系而接受中华民国
法律管辖之财产、权利及利益;但违反中
华民国法律之交易所得不在此列;以及

(5)日本国或日本国民之债务,日本国境内有
形财产之任何权利、权利根据或利益,按
照日本法律所建企业之股权或由此而产
生之任何票证;唯此项例外仅适用于日本
国及日本国民以日本货币计算之债务;

(三)上开(1)至(5)目例外情况所示之财产应予归
还,但应扣除其合理之保存及管理费用。如
此类财产已被清算,则应退还清算收入。

(四)上列(1)目所规定之扣押、扣留、清算及以其
他方式处理财产之权利,应依照中华民国之
法律行使之,该所有人应仅具有上述法律所
赋予之权利。

(五)中华民国同意对日本商标及文学艺术方面之
财产权利在中华民国情况允许之范围内予日
本以优待。

（乙）除本条约另有规定者外，中华民国放弃一切赔偿要求，放弃该国及其国民因日本国及日本国民在作战过程中所采取任何行动而产生之其他要求。

第十三条

（甲）中华民国及其国民在本条约生效后九个月内，对 1937 年 7 月 7 日起至 1945 年 9 月 2 日止之任何时间在日本国所取得之有形、无形财产及各种权益提出发还申请者，日本国应在申请之日起六个月内归还、恢复之；但有关当事人非经胁迫或欺诈，已自由处理者不在此列。一度属于或被要求置于"满洲国"及"汪精卫政权"等中国伪政权管辖下在日本之财产、权利及利益，应作为中华民国之财产、权利及利益。上述财产、权利及利益应予归还或恢复，并免除因战争而可能加予之一切负担与费用，归还与恢复时亦不需支付任何费用。有关当事人或其代理人或中华民国政府在规定期间内未申请归还或恢复之财产、权益，日本政府得自行决定处理之。如此项财产、权利或利益系 1937 年 7 月 7 日在日本境内而不能归还或恢复，或者已因战争而遭受毁坏或损失者，则应依不低于日本内阁 1951 年 7 月 13 日通过之盟国财产赔偿法草案所规定之条件赔偿之。

（乙）关于战争期间遭受损害之工业财产及权利，日本国对中华民国及其国民应继续给予不少于现经修正之下列命令所给予之利益，即：1949 年 9 月 1 日生效之内阁命令第 309 号、1950 年 1 月 28 日生效之内阁命令第 12 号及 1950 年 2 月 1 日生效之内阁命令第 9 号；唯上述国民应在规定期间内申请上述利益。

（丙）（子）日本国承认，1937 年 7 月 6 日存在于日本国境内之中华民国及其国民已出版及未出版之文学艺术作品的财产权利，于该日以后继续有效；并承认由于日本国在该日仍为缔约国之任何公约或协定之实施，而在日本产生的权利，或于该日以后在日本国已经产生或如无战争必将产生之种种权利，而不论该公约或协定在战争爆发时或战争爆发后是否为中华民国或日本国之国内法所废除或暂停实施。

（丑）无需权利所有者之申请，亦无需交纳任何费用或履行任何手续，1937 年 7 月 7 日起至本条约生效之期间，应自上述权利正常持续期间中减除之，此一期间，并另加六个月，应自一文艺作品为在日本获得翻译之权利而必须译成日文之期限内减除之。

第十四条

为对中华民国及其他盟国武装部队人员在作为日本战俘期间所受之过分痛苦表示补偿之愿望，日本国允将该国及其国民战时在中立国家或与任何盟国作战之国家内之资产或由其所选择之此类资产之等价物移交红十字国际委员会，由该会清理此项资产，并将其所得资金，依其认为公平之基础，分配给中国红十字委员会及其他盟国适当之国家机构，作为前战俘及其家属之优抚。但本条约第十二条（甲）款（丑）项（二）目（2）至（5）节所述各类资产不在移交之列。并经理解，本条关于移交之规定，不适用于现为日本金融机关所有之国际清算银行股票一万九千七百七十股。

第十五条

（甲）日本政府经中华民国之请求，对于捕获审检所涉及中华民国国民所有权案件所作之判决或命令，应依国际法原则予以复核及修订，并提供此项案件记录之全部文件抄本，包括所作判决及所颁布之命令。如该复核或修订表明应予恢复，则应将第十三条之规定应用于该有关之财产。

（乙）日本政府应采取必要措施，以便中华民国国民在本条约生效后一年内之任何时间，就 1937 年 7 月 7 日起至本条约生效时止日本法庭所作之任何判决，因其在审理该案程序中，未能以原告或被告身份作充分之陈述，得向日本有关当局提请复核。如该国民因此项判决而蒙受损害,日本政府应设法使其恢复判决前之地位或酌情给予公平适当之救济。

第十六条

(甲)兹承认,在服从第八条规定之前提下,由于战争状态存在前已有之义务与契约(包括有关债券者)及已取得之权利所产生,而系日本政府或其国民应付予中华民国政府或其国民之金钱偿付义务,或系①应付予日本政府或其国民之金钱偿付义务,不因战争状态之介入而受影响。同样,对于因在战争状态存在前发生之财产丧失或损害,或人身受伤或死亡,而由中华民国政府向日本政府、或由日本政府向中华民国政府,提出或再提出之要求予以考虑之义务,亦不得视为因战争状态之介入而受影响。本款之规定并不妨碍本条约第十二条所授予之权利。

(乙)日本国承认对于战前日本国家之外债及后经宣布由日本国家承认之法人组织之债务负有义务,并表示愿早日与债权人就恢复偿付债务一事进行谈判;鼓励就其他战前之要求与债务进行谈判;并对由此发生之款项拨汇提供方便。

第十七条

(甲)日本国放弃日本国及其国民对中华民国及其国民因战争或因战争状态之存在所采取行动而发生之一切要求,并放弃因中华民国当局于本条约生效前在日本国领土内留驻或行动而发生之一切要求。

(乙)上述放弃包括因中华民国自 1937 年 7 月 7 日至本条约生效期间内对日本船只采取行动而产生之任何要求,并包括涉及中华民国当局拘留下之日本战俘及平民而产生之要求与债务,但不包括 1945 年 9 月 2 日以后为中华民国所制定之法律所特别承认之日方要求。

(丙)日本国承认占领期间占领当局指令或由于占领当局之

---

① 此处疑有文字遗漏,因未找到中文文本,无法校正。——译者

指令,或由当时日本法律授权所作之行为或不行为之效力,并将不采取使中华民国国民担负由于此等行为或不行为而产生民事或刑事责任之行动。

第十八条

日本国应采取一切必要之措施,确保 1945 年柏林会议授权之各国所已确定或可能确定之德国资产得以处置;上述资产未作最后处置前,日本国应负保存及管理之责。

第六章 争议之解决
第十九条

倘本条约之任何一方认为有关本条约之解释或执行已发生争议,且未能以向特别求偿法庭提出或以其他协议方法解决时,该项争议应于当事任何一方请求下,提交国际法院裁决之。日本国在批准本条约时,应依照联合国安全理事会 1946 年 10 月 15 日之决议,向国际法院书记官长递送概括宣言一份,声明对有关本条所指性质之一切争议,一般将接受国际法院之管辖权,而毋须另订特别协定。

第七章 最后条款
第二十条

就本条约而言,中华民国国民,应认为包括依照中华民国在台湾及澎湖所已施行或将来可能施行之法律规章而具有中国国籍之一切台湾及澎湖居民;中华民国之法人及船舶,应认为包括依照中华民国在台湾及澎湖所已施行或将来可能施行之法律规章而登记之一切法人及船舶;中华民国之货物应认为包括在台湾及澎湖所出产之一切货物。

第二十一条

倘日本与任何其他国家达成媾和协议或战争赔偿协议,给予该国以较本条约所规定之更大利益时,则此同等利益应扩大至中华民国。

第二十二条

本条约应予批准,批准文件应尽速在 　　　　互换。本条约应自批准文件互换之日起发生效力。

上开全权代表各于本条约签字盖印,以昭信守。

中华民国四十一年　月　日,即日本国昭和二十七年　月日,订于台北。本条约以中文、日文及英文分缮。遇有解释不同应以英文本为准。

附录十六　中华民国与日本国间和平条约（最后文本）①

中华民国与日本国

　　鉴于两国由于其历史文化关系及领土邻近而产生之相互睦邻愿望；了解两国之密切合作对于增进其共同福利及维持世界和平与安全，均属重要；均认由于两国间战争状态之存在而引起之各项问题，亟待解决；

爱经决定缔结和平条约，并为此各派全权代表如左：

　　中华民国总统阁下：

　　　　　　叶公超先生；

　　日本国政府：

　　　　　　河田烈先生；

各该全权代表经将其所奉全权证书提出互相校阅，认为均属妥善，爱议定条款如左：

第一条

　　中华民国与日本国间之战争状态，自本约发生效力之日起，即告终止。

第二条

　　兹承认依照公历一千九百五十一年九月八日在美利坚合众国金山市签订之对日和平条约（以下简称金山和约）第二条，日本

---

　　① 本件及以下议定书，互换照会和同意记录均录自台湾《中华民国年鉴（民国四十一年）》。——译者

国业已放弃对于台湾及澎湖群岛以及南沙群岛及西沙群岛之一切权利、权利名义与要求。

第三条

关于日本国及其国民在台湾及澎湖之财产及其对于在台湾及澎湖之中华民国当局及居民所作要求（包括债权在内）之处置，及该中华民国当局及居民在日本国之财产及其对于日本国及日本国民所作要求（包括债权在内）之处置，应由中华民国政府与日本国政府间另商特别处理办法。本约任何条款所用"国民"及"居民"等名词，均包括法人在内。

第四条

兹承认中国与日本国间在中华民国三十年即公历一千九百四十一年十二月九日以前所缔结之一切条约、专约及协定，均因战争结果而归无效。

第五条

兹承认依照金山和约第十一条之规定，日本国业已放弃在中国之一切特殊权利及利益，包括由于中华民国纪元前十一年即公历一千九百零一年九月七日在北京签订之最后议定书与一切附件及补充之各换文暨文件所产生之一切利益与特权；并已同意就关于日本国方面废除该议定书、附件、换文及文件。

第六条

（甲）中华民国与日本国间在其相互之关系上，愿各遵守联合国宪章第二条之各项原则。

（乙）中华民国与日本国愿依联合国宪章之原则彼此合作，并特愿经由经济方面之友好合作，促进两国共同福利。

第七条

中华民国与日本国愿尽速商订一项条约或协定，借以将两国贸易、航业及其他商务关系，置于稳定与友好之基础上。

第八条

中华民国与日本国愿尽速商订一项关于民用航空运输之

协定。

<h2 style="text-align:center">第九条</h2>

中华民国与日本国愿尽速缔结一项为规范或限制捕鱼及保存暨开发公海渔业之协定。

<h2 style="text-align:center">第十条</h2>

就本约而言,中华民国国民应认为包括依照中华民国在台湾及澎湖所已施行或将来可能施行之法律规章而具有中国籍之一切台湾及澎湖居民及前属台湾及澎湖之居民及其后裔;中华民国法人应认为包括依照中华民国在台湾及澎湖所已施行或将来可能施行之法律规章所登记之一切法人。

<h2 style="text-align:center">第十一条</h2>

除本约及其补充文件另有规定外,凡在中华民国与日本国间因战争状态存在之结果而引起之任何问题,均应依照金山和约之有关规定予以解决。

<h2 style="text-align:center">第十二条</h2>

凡因本约之解释或适用可能发生之任何争执,应以磋商或其他和平方式解决之。

<h2 style="text-align:center">第十三条</h2>

本约应予批准,批准文件应尽速在台北互换。本约应自批准文件互换之日起发生效力。

<h2 style="text-align:center">第十四条</h2>

本约应分缮中文、日文及英文。遇有解释不同,应以英文本为准。

为此,双方全权代表各于本约签字盖印,以昭信守。

本约共缮二份,于中华民国四十一年四月二十八日即日本国昭和二十七年四月二十八日即公历一千九百五十二年四月二十八日订于台北。

中华民国代表:

日本国代表:

议　定　书

署名于后之双方代表,于本日签署中华民国与日本国间和平条约(以下简称本约)时,议定左列各条款,各该条款应构成本约内容之一部分,计开:

(一)本约第十一条之实施,应以下列各项了解为准。

(甲)凡在金山和约有对日本国所负义务或承担而规定时期者,该项时期,对于中华民国之任一地区而言,应于本条约一经适用于该领土之该地区之时,开始计算。

(乙)为对日本人民表示宽大与友好之意起见,中华民国自动放弃根据金山和约第十四条甲项第一款日本国所应供应之服务之利益。

(丙)金山和约第十一条及第十八条不在本约第十一条实施范围之内。

(二)中华民国与日本国间之商务及航业应以下列办法为准绳:

(甲)双方将相互以左列待遇给予对方之国民、产品及船舶:

(子)关于关税、规费、限制及其他施行于货物之进口及出口或与其有关之规章,给予最惠国待遇;及

(丑)关于船运、航行及进口货物,及关于自然人与法人及其利益,给予最惠国待遇;该项待遇包括征收税捐、起诉及应诉、订立及执行契约、财产权(包括无形财产,但矿业权除外)、参加法人团体,及通常关于除金融(包括保险)业及任何一方专业其国民所保留之各种职业活动以外之各种商业及职业活动行为之一切事项。

(乙)关于本项(甲)款(丑)节所载之财产权、参加法人团体及商业及职业活动之行为,凡遇任何一方所给予彼方之最惠国待遇,在事实上臻于国民待遇之程度时,则该方对于彼方并无给予较诸彼方依照最惠国待遇所给待遇最高待遇之义务。

(丙)国营贸易企业之对外购买及出售,应仅以商务考虑为基础。

(丁)在适用本办法时,双方了解:

> (子)中华民国之船舶应认为包括依照中华民国在台湾及澎湖所已施行或将来可能施行之法律规章所登记之一切船舶;中华民国之产品应认为包括发源于台湾及澎湖之一切产品;及

> (丑)如某项差别待遇办法系基于适用该办法一方之商约中所通常规定之一项例外,或基于保障该方之对外财政地位,或收支平衡之需要(除涉及船运及航行者外),或基于其保持其主要安全利益,又如该项办法系随情势推移,且不以独断或不合理之方式适用者,则该项差别待遇办法不得视为对于以上规定所应给予之各待遇有所减损。本项所规定之办法应自本约生效之日起一年之期限内继续有效。

本议定书共缮二份,于中华民国四十一年四月二十八日即日本国昭和二十七年四月二十八日即公历一千九百五十二年四月二十八日订于台北。

互换照会

(一)日本国全权代表致中华民国全权代表照会

照会　　第一号

关于本日签订之日本国与中华民国间和平条约,本代表谨代表本国政府提及贵我双方所成立之了解,即本约各条款,关于中华民国之一方,应适用于现在在中华民国政府控制下或将来在其控制下之全部领土。

上述了解,如荷

贵代表惠予证实,本代表当深感纫。

本代表顺向

贵代表表示崇高之敬意。

此致

中华民国全权代表叶公超阁下

昭和二十七年四月二十八日于台北

　　（二）中华民国全权代表覆日本国全权代表照会

照会　　第一号

　　关于本日签订之中华民国与日本国间和平条约，顷准

贵代表本日照会内开：

　　"关于本日签订之日本国与中华民国间和平条约，本代表谨
代表本国政府提及贵我双方所成立之了解，即本约各条款，关于
中华民国之一方，应适用于现在在中华民国政府控制下或将来在
其控制下之全部领土。

　　上述了解，如荷

贵代表惠予证实，本代表当深感纫。"

　　本代表谨代表本国政府证实

贵代表来照所述之了解。

　　本代表顺向

贵代表表示崇高之敬意。

　　此致

日本国全权代表河田烈阁下

中华民国四十一年四月二十八日于台北

　　（三）中华民国全权代表致日本国全权代表照会

照会　　第二号

　　本代表兹谨声述，本国政府了解：在本日签署之中华民国与
日本国间和平条约第八条所规定之协定未缔结以前，金山和约之
相关规定应予适用。

本代表谨请

贵代表惠予证实:此亦系日本国政府之了解。

本代表顺向

贵代表重表崇高之敬意。

此致

日本国全权代表河田烈阁下

中华民国四十一年四月二十八日于台北

（四）日本国全权代表覆中华民国全权代表照会

照会　　第二号

关于本日签订之日本国与中华民国间和平条约,顷准

贵代表本日照会内开:

"本代表兹谨声述,本国政府了解:在本日签署之中华民国与日本国间和平条约第八条所规定之协定未缔结以前,金山和约之相关规定应予适用。

本代表谨请

贵代表惠予证实:此亦系日本国政府之了解。"

本代表谨证实此亦系日本国政府之了解。

本代表顺向

贵代表重表崇高之敬意。

此致

中华民国全权代表叶公超阁下

昭和二十七年四月二十八日于台北

同意记录

（一）

中华民国全权代表:

"本人了解:本日第一号换文中所用'或将来在其……'等字

样,可认为具有'及将来在其……'之意。是否如此?"

日本国全权代表:

"然,确系如此。本人确告贵代表:本约系对于中华民国政府所控制之全部领土,概予实施。"

（二）

中华民国全权代表:

"本人了解:凡因中华民国二十年即公历一千九百三十一年九月十八日所谓'沈阳事变'之结果而在中国组设之伪政权,如'满洲国'及'汪精卫政权',其在日本国之财产、权利或利益,应于双方依照本约及金山和约有关规定成立协议后移交与中华民国。是否如此?"

日本国全权代表:

"确系如此。"

（三）

中华民国全权代表:

"本人了解:金山和约第十四条甲项第二款（二）（丑）内之任何规定,不得解释为对于自中华民国二十年即公历一千九百三十一年九月十八日以来未经中华民国政府同意而曾一度自称为日本国政府在中国之外交或领事机构所使用之不动产、家具及装备及各该机构人员所使用之家具设备及其他私人财产,予以除外,是否如此?"

日本国全权代表:

"确系如此。"

（四）

日本国全权代表:

"本人了解:中华民国既已如本约议定书第（一）项（乙）款所述自动放弃服务补偿,则根据金山和约第十四条甲项之规定日本国尚须给予中华民国之唯一利益,即为该约第十四条甲项第二款所规定之日本国在其本国①之资产。是否如此?"
中华民国全权代表:

　　"然,即系如此。"

---

　　① 转录中文原文如此。但查本书英文原稿及《旧金山和约》有关条款,应作"日本国在国外之资产"所谓"国外",此处应指在中国。——译者

附录十七　白宫就杜鲁门总统和邱吉尔首相会谈结束后发表的联合公报全文

（1952 年 1 月 9 日）

　　杜鲁门总统和邱吉尔首相于 1952 年 1 月 7 日和 8 日在白宫举行了四次会谈。邱吉尔首相的随行人员有外交大臣安东尼·艾登、联邦关系大臣伊斯梅勋爵和主计大臣彻韦尔勋爵。杜鲁门总统的顾问人员包括国务卿、财政部长、国防部长、查尔斯·威尔逊先生和艾夫里尔·哈里曼先生。邱吉尔先生及其同僚的来访，也为一些非正式的会晤提供了机会。

　　会谈结束时，总统和首相发表声明如下：

　　两天来，我们能够亲自就这关键时期的各种问题进行了讨论。我们的讨论是在相互友好、尊敬和信任的气氛中进行的。因此，双方政府对于对方的想法和目标都获得了进一步的了解。

　　全世界的自由国家决心同心协力，确保和平与安全。我们确认我们的政府和人民，依照联合国宪章的宗旨和原则，进一步实现此项决定之决心。联结我们两个国家的坚强纽带是对壮大自由世界的巨大贡献。

　　根据为共同防御所作的安排，美国得以使用联合王国的某些基地。我们重申，在紧急的形势下使用这些基地，将由国王陛下政府和美国政府根据当时的具体情况共同决定。

　　我们怀着共同的希望和决心，务使应用现代化武器的战争不再降临人间。我们将就可能危及维持世界和平的事态发展保持密切的磋商。

我们不认为战争是不可避免的,这是我们各项政策的基础。我们愿意随时探索一切合理的办法来解决当前威胁世界和平的问题。

美国政府完全同意1951年12月18日英法会谈结束时在巴黎发表的联合声明中所表达的观点。我们两国政府将继续全力支持目前为建立欧洲防务集团所作的努力,并将提供所有力所能及的援助使之实现。我们认为这是使一个民主的德国作为正式的平等的伙伴参加一个旨在保证欧洲安全的纯粹防御性组织的最好途径。通过建立一个欧洲防务集团,作为不断发展中的大西洋共同体的一个部分,自由世界的防务将得到加强和巩固。

我们两国政府决心促进中东国家的稳定、和平发展与繁荣。我们两国政府在中东地区的目标完全一致。两位外长将继续制订一致的政策以实现这一目标。我们认为尽早建立中东盟军司令部对促进我们的共同目的至关重要。

关于埃及问题,我们深信,四大国的解决方法提供了缓和当前紧张局势的最美好的前景。

我们双方都希望,国际复兴开发银行采取的主动行动将使伊朗石油问题得到一项为所有有关利益方面都能接受的解决办法。

我们讨论了远东许多影响我们两国的严重问题。通过这些讨论我们取得了广泛一致的观点,因为我们看到在那个地区反对共产主义威胁这一压倒一切的需要胜过了诸如我们对华政策的分歧。我们将继续全力支持联合国为反对侵略朝鲜所采取的措施,直到在朝鲜恢复和平与安全。我们很高兴,美国、英国和法国的参谋长将于几天内会晤,考虑加强东南亚安全的具体措施。

我们考虑了我们两国在为彼此的防务计划和经济稳定提供重要的稀有物资方面如何最有效地进行互相合作的问题。我们审议了英国需要美国供应更多的钢以及美国需要英国供应包括铝和锡等其他材料的问题。审议工作进行顺利。讨论将继续进行,我们希望不久即可公布协议。

我们复查了北大西洋公约组织中步枪和弹药标准化问题。双方都认为在这关键时刻采取改换步枪的重大步骤是不明智的。为了节约时间和费用,我们一致认为美国和英国将继续依靠库存的和正在生产的步枪和弹药。然而,为了最后达到标准化,我们还同意两国只在试验性的规模内生产各自的新步枪和弹药;与此同时,通过共同努力,研制适合将来标准化的步枪和弹药。

　　关于大西洋司令部的问题仍在讨论之中。

　　在我们会谈的整个过程中,我们一直深深地感到,必须采取我们力所能及的一切手段,并和其他成员国取得完全一致意见,来加强北大西洋公约组织。我们决心建立一个大西洋共同体,不仅是为了当前的防务,而且是为了持久的进步。

　　(《国务院公报》,1952 年 1 月 21 月,第 83—84 页)

附录十八 中国大使馆关于各军事 采购机构改组与合并的照会

中国大使馆向代理国务卿致意并荣幸地将中国政府关于合并和改组所有在美的中国各军事采购机构的某些措施,通知国务卿阁下:

1.根据 4 月 27 日中国政府的命令和其他补充命令,下列在美的中国军事采购机构已经撤销:

a.中国军品采购技术团;

b.中国空军驻美办事处;和

c.中国各军种在美的一些代表的办事处,其官方或半官方称谓如下:

　　(1)中国海军代表

　　(2)中国装甲兵团代表,以及

　　(3)中国联合勤务部队代表(包括兵工署、通讯署和军医署)。

2.由中国国防部驻美采购委员会负责执行上述各机构的职能,其办事处在华盛顿西北区 R 街 2224 号,电话 Ho-bard4840。

3.采购委员会由代表各有关部门的下列成员组成,

皮宗敢准将,主任兼委员(陆军),由王乃聪(音译)上校(装甲兵)襄助。

韩朝宗准将,委员(联合勤务),由王达(音译)中校(通讯兵)襄助。

黄思研中校,委员(海军)

夏功权少校,委员(空军)

如果国务院将上述情况之有关部分惠予转知美国政府各有关机构,本大使将深为感激。

1951 年 11 月 14 日

于华盛顿中国大使馆

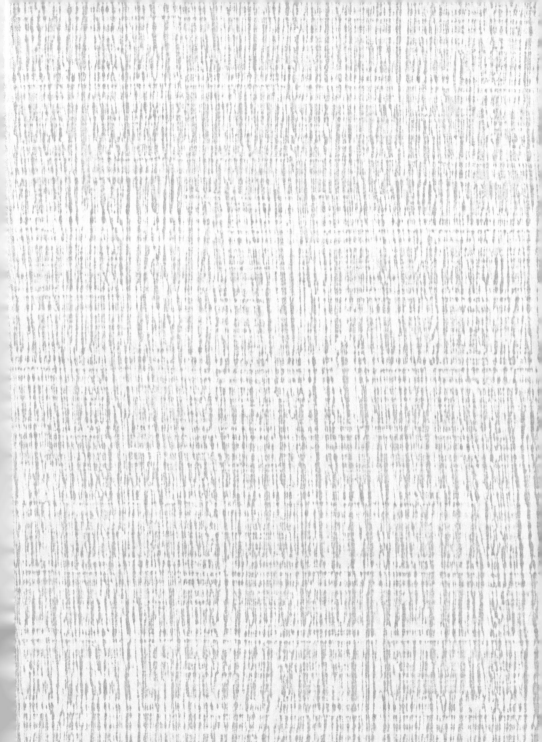